Ludwig Büchner

Grundzüge der natürlichen Weltordnung

Ludwig Büchner

Grundzüge der natürlichen Weltordnung

ISBN/EAN: 9783743302471

Hergestellt in Europa, USA, Kanada, Australien, Japan

Cover: Foto ©Thomas Meinert / pixelio.de

Manufactured and distributed by brebook publishing software
(www.brebook.com)

Ludwig Büchner

Grundzüge der natürlichen Weltordnung

Kraft und Stoff

oder

Grundzüge der natürlichen Weltordnung.

Nebst

einer darauf gebauten Moral oder Sittenlehre.

In allgemein verständlicher Darstellung
von
Prof. Dr. Ludwig Büchner.

———

Neunzehnte deutsche Auflage.

Mit Bildniß und Biographie des Verfassers.

———◦—◦———

Leipzig.
Verlag von Theod. Thomas.
1898.

„Für den Dialektiker ist die Welt ein Begriff, für den Schöngeist ein Bild, für den Schwärmer ein Traum, für den Forscher allein eine Wahrheit.“   **Orges.**

„Es ist ein specifisches Kennzeichen eines Philosophen, kein Professor der Philosophie zu sein. Die einfachsten Wahrheiten sind es gerade, auf die der Mensch immer erst am spätesten kommt.“   **Ludwig Feuerbach.**

„Erfahrung und Beobachtung müssen unsere einzigen Führer sein; wir finden sie bei den Aerzten, die Philosophen gewesen sind, und nicht bei den Philosophen, die keine Aerzte gewesen sind.“   **Lamettrie.**

„Wir müssen Thatsachen und eine positive, auf Natur und Vernunft gegründete Philosophie haben.“   **H. Tuttle.**

„Was sind die ärmlichen Vorstellungen der Religion von der Welt und dem Dasein im Vergleich mit der auf positiv umfassender Forschung beruhenden Denkervorstellung vom Weltall!“   **Dühring.**

„Die Philosophie umfaßt die ganze Welt des Gedankens — — alle Fachwissenschaften dienen ihrem Zweck und strömen ihr ihr Lebensblut ein.   **G. H. Lewes.**

„Und wenn auf einer Pyramide zu Sais eine uralte Inschrift sagt: Ich bin Alles, was ist, was war und was sein wird; kein sterblicher Mensch hat meinen Schleier aufgehoben — so könnte man darauf erwidern: Die moderne Naturforschung hat den Schleier gelüftet und gefunden: Stoff und Kraft waren, sind und werden sein.“   **F. J. Pisko.**

„Die Zahl der Irrthümer ist grenzenlos, die Wahrheit aber nur eine.“   **Ph. Spiller.**

„Es ärgert die Menschen, daß die Wahrheit so einfach ist.“   **Goethe.**

„Gesunder Menschenverstand und Wissenschaft sind in inniger Verbindung.“   **Huxley.**

„Ein Buch, das auf keinen Widerstand stößt, kann nicht viel werth sein. Was Jedem gefällt, ist — Musik von Offenbach.“   **Lombroso.**

Inhalt.

	Seite
Friedrich Carl Christian Ludwig Büchner	VII
Vorwort zur erften Auflage	XXI
Vorwort zur neunzehnten deutfchen Auflage	XXV
Kraft und Stoff	1
Unfterblichkeit des Stoffs	17
Unfterblichkeit der Kraft	25
Unendlichkeit des Stoffs	37
Werth des Stoffs	56
Die Bewegung	74
Die Form	86
Die Naturgefetze und ihre Unabänderlichkeit	95
Die Allgemeinheit der Naturgefetze	112
Der Himmel	130
Die Schöpfung der Erde	145
Urzeugung	159
Nachzeugung	178
Die Zweckmäßigkeit in der Natur	211
Der Menfch	239
Gehirn und Seele	254
Der Gedanke	295
Das Bewußtfein	304
Sitz der Seele	317
Angeborene Ideen	343
Die Gottes-Idee	379
Perfönliche Fortdauer	401
Die Lebenskraft	429
Die Tierfeele	446
Der freie Wille	464
Die Moral	475
Schlußbetrachtung	492
Alphabetifches Regifter	503

Friedrich Carl Christian Ludwig Büchner,

Verfasser von „Kraft und Stoff",

wurde geboren in Darmstadt am 29. März 1824 als dritter Sohn des großherzoglichen Physikatsarztes und späteren Obermedicinalraths Dr. Ernst Büchner und als jüngerer Bruder des durch sein Trauerspiel „Danton's Tod" berühmt gewordenen und im dreiundzwanzigsten Lebensjahre als politischer Flüchtling und Privatdocent in Zürich verstorbenen Georg Büchner.*) Nachdem er das Gymnasium seiner Vaterstadt besucht und bei seinem Abgange von demselben am 5. April 1842 im Alter von achtzehn Jahren in seiner Maturitätsbescheinigung das Zeugniß erhalten hatte: Inhaber dieses Zeugnisses hat sich durch tiefeinbringende literarisch-philosophisch-poetische Studien ausgezeichnet und in seinen stilistischen Productionen ein vorzügliches Talent beurkundet", bezog er die höhere Gewerbeschule zu Darmstadt, um daselbst Physik, Chemie, Botanik und Mineralogie zu studiren, und

---

*) Dessen „Nachgelassene Schriften" und Biographie erschienen 1850 bei J. D. Sauerländer in Frankfurt a. M. und wurden im Jahre 1879 von K. E. Franzos neu herausgegeben unter dem Titel „Georg Büchners sämmtliche Werke und handschriftlicher Nachlaß. Erste kritische Gesammtausgabe. Mit Portrait des Dichters und Ansicht des Züricher Grabsteins." Frankfurt a. M., J. D. Sauerländer.

ein Jahr darnach (Frühjahr 1843) die Landesuniversität
Gießen, auf der er sich zunächst allgemeinen philosophischen
Studien widmete. Auf den Wunsch seines Vater vertauschte
er dieselben jedoch ein Jahr später mit dem speziellen Studium der Medicin, zu einer Zeitperiode, während welcher
gerade die neuere, durch Chemie und Mikroskop gestützte
und durch Liebig und Bischoff vertretene Richtung der Naturwissenschaften und der Medicin die ältere naturphilosophische
Schule unter Wilbrand, Ritgen ꝛc. zu verdrängen begann.
Neben den medicinischen setzte jedoch Büchner seine philosophischen und ästhetischen Studien unter Hillebrand, Adrian,
Carriere und Krönlein fort. Als Student betheiligte er sich
lebhaft an den damals in der deutschen Studentenschaft
auftauchenden Reformations-Bestrebungen und befand sich
unter den Gründern und Leitern der in Gießen gestifteten
und bald mehrere hundert Mitglieder zählenden Fort-
schrittsverbindung Allemannia. Nachdem Büchner auch
in Straßburg medicinische Vorlesungen in französischer
Sprache gehört hatte, bestand er im Frühjahre 1848 sein
Fakultäts-Examen in Gießen „magna cum laude". Der
Sommer dieses stürmischen Jahres theilte sich für ihn
zwischen der Abfassung seiner Inaugural-Abhandlung:
„Beiträge zur Hall'schen Lehre von einem excitomotorischen
Nervensystem" (Gießen 1848), sowie der Vorbereitung zu
seiner öffentlichen Disputation, und der Theilnahme an
den politischen Bewegungen der damaligen Zeit. Aus
dem „Vorparlament" in Frankfurt a. M. schrieb er Berichte für ein in Gießen erscheinendes politisches Blatt,
war auch bei den zahlreichen, damals in und um Gießen
gehaltenen Volksversammlungen, sowie bei Errichtung der
Bürgerwehr thätig.

Im Herbst 1848 verließ Büchner nach Druck seiner
Abhandlung und Bestehen seiner Disputation, in welcher
er unter andern den Satz vertheidigte: „Die persönliche
Seele ist ohne ihr materielles Substrat undenkbar" — die

Universität Gießen, um als Doctor promotus in seine Vaterstadt zurückzukehren. Hier setzte er im Verein mit seinen
jüngeren Studien- und Gesinnungsgenossen und anlehnend
an die damals in Darmstadt unter Redaction Dr. Otto
Lüning's erscheinende „Neue deutsche Zeitung" seine politischen Bestrebungen auf einem allerdings sehr unsicheren
Boden fort, bis die Niederschlagung des Aufstandes in
Baden aller politischen Agitation ein Ende machte und
eine nun folgende schwere Zeit für alle Diejenigen, welche
sich politisch eifrig gezeigt hatten, begann. Den Nach=
theilen, welche seine Freunde und Gesinnungsgenossen be-
trafen, entging Büchner einigermaßen durch seine Stellung
als Arzt und dadurch, daß er nicht lange darnach behufs
weiterer Berufs-Ausbildung eine Reise nach Würzburg
und Wien unternahm, nachdem er noch vorher die Heraus-
gabe der „Nachgelassenen Schriften" seines Bruders Georg
besorgt und die Lebensbeschreibung desselben als Einleitung
dazu geschrieben hatte. In Würzburg war es namentlich
Virchow, dessen damals mehr und mehr emporkeimender
Ruhm ihn fesselte, und der zum Theil seine spätere Richtung bestimmte. Nach der Rückkehr von Wien befaßte sich
Büchner theils mit der ärztlichen Praxis in seiner Vaterstadt, theils nach Wunsch und Anleitung seines Vaters mit
der Abfassung gerichtlich-medicinischer Arbeiten und Ober-
gutachten, welche größtentheils Aufnahme in die „Vereinte
deutsche Zeitschrift für die Staats-Arzneikunde" von Schneider, Schürmayer 2c. (Freiburg im Breisgau) und einen
solchen Beifall fanden, daß der Verein badischer Aerzte
für Förderung der Staats-Arzneikunde den Verfasser im
Jahre 1855 zu seinem correspondirenden und Ehren-Mit-
glied ernannte.

Inzwischen hatte Büchner eine Stellung als Assistenz-
arzt an der unter Leitung des Professors Rapp stehenden
medicinischen Klinik in Tübingen und als Privatdocent
daselbst angenommen. Während der drei Jahre, welche er

in Tübingen zubrachte, hielt er, abgesehen von den ihm als Hospital-Arzt obliegenden Geschäften, besuchte und mit Beifall aufgenommene Vorlesungen über Syphilis, Receptirkunde, physikalische Diagnostik, medicinische Encyklopädie und gerichtliche Medicin. Die letztere, deren humane Seite Büchner's Neigung anzog, bildete sein Haupt-Fach, in welchem er namentlich durch Verwerthung der neueren Resultate der Physiologie und pathologischen Anatomie zu wirken suchte. Seine Antrittsvorlesung als Privatdocent über „Das Nachtleben der Seele in Beziehung auf Staats-Arzneikunde" erschien später in der schon genannten badischen Zeitschrift. Ferner lieferte er während dieser Zeit zahlreiche medicinische Aufsätze in die „Deutsche Klinik", das Virchow'sche „Archiv", die Prager „Vierteljahrsschrift", Vierordt's „Archiv" 2c., sowie auch einige naturwissenschaftliche Arbeiten populärer Tendenz in Zeitschriften für allgemeine Bildung. Im Jahre 1854 fand die Versammlung deutscher Naturforscher in Tübingen statt, nach allgemeinem Urtheil eine der schönsten und angeregtesten. Büchner schrieb die Berichte über dieselbe für den „Staats-Anzeiger für Württemberg" und für die Augsburger „Allgemeine Zeitung". Diese Arbeiten, sowie die Lectüre von Moleschott's „Kreislauf des Lebens", gaben ihm die Idee zu seinem so bekannt gewordenen Buche: „Kraft und Stoff. Empirisch-naturphilosophische Studien", in welchem er den kühnen Versuch unternahm, die bisherige theologisch-philosophische Weltanschauung auf Grund moderner Naturkenntniß umzugestalten. Tendenz und Art der Darstellung gewannen dem zuerst 1855 (bei Meidinger in Frankfurt a. M.) erschienenen Werke eine solche Theilnahme, daß schon nach wenigen Wochen eine neue Auflage nöthig wurde. Für den Verfasser selbst hatte dasselbe die persönliche unangenehme Folge, daß er seinen Lehrstuhl in Tübingen aufgeben und in die Heimath zurückkehren mußte, wo er seine frühere Thätigkeit als praktischer Arzt wieder aufnahm. Das Buch erlebte inzwischen in rascher Reihenfolge immer neue Auflagen, rief einen wahren Sturm in der Presse und eine große Menge anfeindender Kritiken, wie geharnischter Gegenschriften hervor und verwickelte Büchner in eine Reihe litterarischer Streitigkeiten, denen er theils durch die Vorreden zur dritten bis zehnten Auflage von „Kraft und Stoff", theils durch Journal-Artikel zu begegnen suchte, in welchen er außerdem noch andere, seiner Richtung verwandte Gegenstände in den Kreis der Betrachtung zog.

In die im Jahre 1856 in Hamburg gegründete Wochenschrift „Jahrhundert" lieferte Büchner unter andern die Aufsätze: Geschichte der Erde; Licht und Leben; Der Gottesbegriff und seine Bedeutung für die Gegenwart; Die Positivisten; Keine speculative Philosophie mehr; die Kraft- und Stoff-Poesie; Die Unsterblichkeit der Kraft; Professor Schleiden und die Theologen; Erde und Ewigkeit ꝛc.; in die in Leipzig erscheinenden „Anregungen für Kunst, Leben und Wissenschaft" die Aufsätze: Der Kreislauf des Lebens; Erde und Ewigkeit; Aus und über Schopenhauer; Zur Naturlehre des Menschen; Materialismus, Idealismus und Realismus; Zum Seelenleben des Neugebornen; Zur Schöpfungsgeschichte und zur Bestimmung des Menschen; Geist und Körper; in die „Stimmen der Zeit": Professor Agassiz und die Materialisten; Philosophie; Zur Philosophie der Gegenwart; Die Fortentwicklung des „Freien deutschen Hochstifts" in Frankfurt a. M.; Wille und Naturgesetz; Eine neue Schöpfungstheorie; in die „Gartenlaube" die populären Abhandlungen: Das Alter des Menschengeschlechts; Das Schlachtfeld der Natur oder der Kampf ums Dasein; Die organische Stufenleiter oder der Fortschritt des Lebens. Außerdem hatte Büchner einen großen, mitunter aus den entferntesten Winkeln der Erde aus Anlaß seiner Schrift ihm zufließenden Correspondenz zu genügen, welche oft mit den sonderbarsten Anforderungen verbunden war. Im Jahre 1857 veröffentlichte Büchner sodann die Schrift „Natur und

Geist oder Gespräche zweier Freunde über den Materialismus und über die realphilosophischen Fragen der Gegenwart",
in welcher er den Versuch unternahm, die beiden in der
materialistischen Streitfrage sich bekämpfenden Standpunkte
einander gegenüberzustellen und durch einen gegenseitigen
Meinungsaustausch die Grenzen zu bestimmen, bis zu denen
zur Zeit die menschliche Erkenntniß auf Grund realer Principien vorzuschreiten vermag. Verstimmung über die dadurch
hervorgerufenen Mißverständnisse und die Erkenntniß, daß
die Gesprächsform keine für das große Publikum geeignete
sei, ließen den Verfasser das Werk nicht fortsetzen, so daß
nur der erste Band (Makrokosmos) vorliegt, der zweite aber,
welcher den Mikrokosmos behandeln sollte, fehlt. Nichtsdestoweniger hat dieser erste Band nach und nach drei Auflagen erlebt, von denen die letzte im Jahre 1874 erschienen
ist (bei Th. Thomas, Leipzig).

Nachdem sich der Sturm etwas gelegt hatte, erschienen
die nächstfolgenden Auflagen von „Kraft und Stoff" ohne
weitere Vorreden, und Büchner benutzte seine Zeit wieder
mehr zur Fortsetzung seiner fachwissenschaftlichen Studien.
Eine Arbeit über Hämin-Krystalle und deren gerichtlich-
medicinische Bedeutung, welche in Gemeinschaft mit Dr. Simon
in Darmstadt (später Professor in Heidelberg und dort ver-
storben) vollendet wurde, fand in dem Virchow'schen „Archiv"
Veröffentlichung und trug ihm, im Verein mit fortgesetzten
gerichtlich-medicinischen Aufsätzen, die Ernennung zum Ehrenmitglied und im November 1860 die Ertheilung der silbernen
Preis- und Verdienstmedaille von Seiten des badischen
staatsärztlichen Vereins ein. Bald darnach ernannte ihn
das „Freie deutsche Hochstift" in Frankfurt a. M., in
dessen Sitzungen er mehrere Vorträge gehalten hatte, zu
einem seiner Meister und Ehren-Mitglieder. Diese, sowie
einige im Verein hessischer Aerzte in Darmstadt gehaltene
Vorträge ergaben in Verbindung mit einigen in Zeitschriften veröffentlichten populär-wissenschaftlichen Aufsätzen

ben größten Theil des Materials für das Buch „Physiologische Bilder" (Leipzig, Th. Thomas, 1861), von dem
der erste (1872 in zweiter und 1886 in dritter Auflage erschienene) Band zum Inhalt hat: Das Herz, Das
Blut, Wärme und Leben, Die Zelle, Luft und Lunge,
Das Chloroform; während der zweite (erst 1875 erschienen
und 1886 neu ausgegeben) nur zwei große Aufsätze über
das Gehirn und über die Nerven enthält. Die darauf folgende Publikation Büchner's, umfassend eine Auswahl der
genannten Journal-Aufsätze und eine Anzahl noch ungedruckter
Arbeiten, führt den Titel: „Aus Natur und Wissenschaft.
Studien, Kritiken und Abhandlungen. In allgemein verständlicher Darstellung u. s. w." (Leipzig, Th. Thomas,
1862). Aus diesen Abhandlungen, welche gewissermaßen
eine Erläuterung und Vervollständigung seiner Schrift
„Kraft und Stoff" bilden, sind unter andern hervorzuheben:
Die organische Stufenleiter oder der Fortschritt des Lebens;
Materialismus und Spiritualismus; Ewigkeit und Entwickelung; Philosophie und Erfahrung; Zur Entstehung
der Seele; Physiologische Erbschaften; Instinkt und freier
Wille u. s. w. u. s. w. Ein zweiter Band dieser Schrift,
enthaltend sechsundvierzig Einzel-Aufsätze, erschien 1884 in
gleichem Verlag.

Inzwischen hatte Büchner weiter eine Uebersetzung und
populäre Bearbeitung des neuesten Werkes des berühmten
englischen Geologen Lyell veröffentlicht unter dem Titel:
„Das Alter des Menschengeschlechts auf der Erde und der
Ursprung der Arten durch Abänderung, nebst einer Beschreibung der Eiszeit in Europa und Amerika. Nach dem
Englischen des Sir Charles Lyell, mit eigenen Bemer-
kungen und Zusätzen in allgemein verständlicher Darstellung
von Dr. L. Büchner u. s. w." (Leipzig, Th. Thomas, 1864. Zweite Aufl. 1874). — Von der oben erwähnten
Schrift Büchner's: „Aus Natur und Wissenschaft" ist eine
französische Uebersetzung erschienen unter dem Titel:

„Nature et Science. Etudes etc.“ (Paris 1866. Zweite Auflage ebenda, 1882), eine italienische unter dem Titel: „Scienza e Natura“ (Milano 1868) und eine russische (Rieff 1881); endlich eine zweite und dritte deutsche vermehrte Auflage (Leipzig, 1869 und 1874).

Im Jahre 1868 erschien: „Die Darwin'sche Theorie in sechs Vorlesungen“ u. s. w., welche Schrift einen solchen Anklang bei dem lesenden Publikum fand, daß sie rasch nach einander fünf Auflagen erlebte. Die letzte, sehr vermehrte Auflage wurde 1890 ausgegeben. Eine französische Uebersetzung dieser Schrift erschien in Paris 1869, eine polnische in demselben Jahre in Warschau, eine arabische von Dr. Schemeil in Tantah in Egypten im Jahre 1884.

In demselben und dem folgenden Jahre veröffentlichte Büchner seine Schrift: „Der Mensch und seine Stellung in der Natur in Vergangenheit, Gegenwart und Zukunft, oder: „Woher kommen wir? Wer sind wir? Wohin gehen wir?“ in drei Abtheilungen. Sie wurde gleichzeitig in französischer, englischer und italienischer Sprache ausgegeben und erlebte 1889 ihre dritte deutsche Auflage, während die französische Uebersetzung im Jahre 1885 in vierter Auflage erschien unter dem Titel: „L'homme selon la science etc.“ (Paris, E. Reinwald). 1878 erschien eine holländische Uebersetzung dieser Schrift von R. E. be Haan bei Blomhert und Timmerman in Nymwegen, 1886 eine spanische Uebersetzung von Dr. Enrique soms y Castelin (Madrid, Ricardo Fé, 1886), 1893 eine Uebertragung in das Griechische von Dr. A. Pharmacopulo in Athen. Die italienische Uebersetzung hat zwei Auflagen erlebt, deren zweite im Februar 1888 bei Ottino in Mailand ausgegeben wurde.

Auf diese Schrift folgte: „Aus dem Geistesleben der Tiere oder Staaten und Thaten der Kleinen“ (Berlin, A. Hofmann, 1876) als zweiter Band der dritten Serie

ber von dem „Allgemeinen Verein für deutsche Litteratur"
herausgegebenen Schriften, in welcher zuerst die Instinktfrage
behandelt und dann das wunderbare Leben und Treiben
der geistig höchststehenden Gliedertiere, (Ameisen, Bienen,
Spinnen u. s. w.) eingehend geschildert wird. Schon ein
Jahr darnach erlebte das Buch seine zweite, im Jahre 1880
(bei Th. Thomas in Leipzig) seine dritte, im Jahre 1897
seine vierte Auflage. (Uebersetzt wurde dasselbe in das Französische von Letourneau, (Paris 1881), in das Englische
von A. Besant (London 1880), in das Holländische von be
Haan (Nymwegen 1877), in das Spanische von Ocina de
Aparicio, (Madrid 1881).

Als ein Seitenstück zu dieser Schrift erschien 1879 als
zweiter Band der vierten Serie der Veröffentlichungen des
Allgem. Vereins für deutsche Litteratur: „Liebe und Liebes-
lieben in der Tierwelt" (Berlin, A. Hofmann). Die zweite
Auflage dieser Schrift erschien bei Th. Thomas in Leipzig
im Jahre 1885. Eine holländische Uebersetzung von be
Haan erschien 1880.

Im Jahre 1882 erschien „Licht und Leben". Drei
allgemeinverständliche naturwissenschaftliche Vorträge als
Beiträge zur Theorie der natürlichen Weltordnung."
(Leipzig, Th. Thomas.) Zweite Auflage 1897. Diese
Schrift ist aus öffentlich gehaltenen Vorträgen entstanden
und behandelt „Die Sonne und ihre Beziehung zum Leben",
„Der Kreislauf der Kräfte und der Weltuntergang" und
die „Philosophie der Zeugung". Eine französische Uebersetzung von Letourneau erschien 1883 unter dem Titel:
„Lumière et Vie etc." bei Reinwald in Paris, eine polnische von F. E. Polzenius, eine russische von Jul.
Steinhaus (Warschau, 1884). Eine theilweise italienische Uebertragung von Albifio Sammito erschien
1892 in Palermo, eine desgl. vollständige von Dr. André
Apebbu in Sardinien (Terranova Pausania).

Gleichfalls aus öffentlichen Vorträgen entstanden sind

vier kleinere Schriften Büchner's: „Der Gottesbegriff und
seine Bedeutung in der Gegenwart" (Erste Auflage 1874,
zweite Auflage 1874, beide bei Th. Thomas in Leipzig)
„Die Macht der Vererbung" (Leipzig 1882) als Nr. 12 der
von Günther's Verlag in Leipzig herausgegebenen Serien
Darwinistischer Schriften und von Jul. Steinhaus in das
Russische übersetzt (Warschau, 1884); „Der Fortschritt in
Natur und Geschichte im Lichte der Darwin'schen Theorie"
(Stuttgart, Schweizerbart, 1884) und „Über religiöse und
wissenschaftliche Weltanschauung. Ein historisch = kritischer
Versuch." (Leipzig, Th. Thomas, 1887.) Das Schriftchen
über den Gottesbegriff ist in das Italienische und Ungarische
übersetzt worden und im Jahre 1897 in dritter, ganz um=
gearbeiteter Auflage erschienen unter dem veränderten
Titel: „Gott und die Wissenschaft." (Leipzig, Th. Thomas.)
        Für den Verlag des Berliner Allgemeinen Vereins für
deutsche Litteratur lieferte Büchner außer den bereits ge=
nannten zwei weitere Schriften: „Thatsachen und Theorien
aus dem naturwissenschaftlichen Leben der Gegenwart"
(Berlin 1887, erste und zweite Auflage) und „Das goldene
Zeitalter oder Das Leben v o r der Geschichte" (Berlin,
1891).
        Im Jahre 1889 erschien bei M. Spohr in Leipzig:
„Das künftige Leben und die moderne Wissenschaft. Zehn
Briefe an eine Freundin" und im Jahre 1890 in dem=
selben Verlag eine Sammlung einzelner Aufsätze und Be=
sprechungen von Büchern unter dem Titel: „Fremdes und
Eignes aus dem geistigen Leben der Gegenwart."
        Die letzte größere Schrift Büchner's behandelt ein
populär=medicinisches Thema unter dem Titel: „Das Buch
vom langen Leben oder die Lehre von der Dauer und Er=
haltung des Lebens (Makrobiotik). Nach den wissenschaft=
lichen Principien der Neuzeit allgemeinverständlich u. s. w."
(Leipzig, M. Spohr, 1892.) Von kleineren Schriften aus
späterer Zeit sind noch zu nennen: „Zwei gekrönte Frei=

benker" (Leipzig, Thomas, 1890); „Darwinismus und Sozialismus" (Leipzig, Günther, 1894) und „Meine Begegnung mit F. Lassalle" (Berlin, Herz und Süßenguth, 1894). Die neueste Schrift B.'s heißt: „Am Sterbelager des Jahrhunderts. Blicke eines freien Denkers aus der Zeit in die Zeit." (Gießen, E. Roth, 1898.)

Das Hauptwerk Büchner's, „Kraft und Stoff", hat, wie man ohne Uebertreibung sagen darf, die Weltrunde gemacht und ist in nicht weniger als siebzehn lebende Sprachen (Englisch, Französisch, Italienisch, Spanisch, Ungarisch, Polnisch, Schwedisch, Holländisch, Griechisch, Russisch, Dänisch, Armenisch, Rumänisch, Czechisch, Littauisch, Arabisch, Bulgarisch) übersetzt worden. Die französische Uebersetzung hat bis jetzt sieben, die englische vier, die italienische drei, die ungarische zwei, die holländische zwei Auflagen erlebt. Auch sind zwei deutsch-amerikanische Ausgaben erschienen, eine bei Steiger in New-York, eine bei Thomas in Leipzig, sowie ein englisch-amerikanischer Nachdruck.

Die späteren Auflagen von „Kraft und Stoff" haben so zahlreiche Zusätze und Bereicherungen erhalten, daß das Werk in seiner gegenwärtigen Gestalt fast als ein neues, wenn auch getragen von derselben Grundidee, angesehen werden kann. Noch mehr Licht auf die ganze Richtung werfen die später als selbstständige Schriften erschienenen Abhandlungen Büchner's, indem sie das reiche, inzwischen angesammelte Material nach verschiedenen Seiten hin in gedrängter und übersichtlicher Weise verarbeiten. Das Studium dieser Abhandlungen, deren Fortsetzung in Aussicht gestellt ist, sowie auch der übrigen Schriften des Verfassers dürfte für Denjenigen unerläßlich sein, der sich ein selbstständiges Urtheil in einer so wichtigen Sache, welche so vielen Staub aufgewirbelt hat und noch aufwirbelt, bilden will. Die Litteratur, welche „Kraft und Stoff" theils unmittelbar, theils mittelbar hervorgerufen hat,

ist sehr groß und kaum übersehbar, und die dadurch er=
zeugte Bewegung auf geistigem Gebiete kann epochemachend
genannt werden.

Büchner lebt seit 1860 in glücklicher Ehe mit einer
geb. Thomas aus Frankfurt a. M., welcher Ehe vier,
jetzt erwachsene und sämmtlich verheirathete Kinder ent=
sprossen sind. Während der Kriegsjahre 1866 und 1870
betheiligte er sich lebhaft an der Pflege und ärztlichen Be=
handlung der Kranken und Verwundeten und wurde dafür
durch die Verleihung des Ritterkreuzes I. Klasse des hessischen
Philipp=Ordens, des preußischen Kronenordens, des öster=
reichischen Franz=Josef=Ordens, des hessischen Militär=Sani=
täts=Kreuzes und der preußischen Verdienstmedaille ausge=
zeichnet. Dazu kam später noch die Verleihung des
Ritterkreuzes I. Klasse des Herzogl. Sächsisch=Ernestinischen
Hausordens und des Titels als „Professor" von Seiten des
Sachsen=Coburg=Gotha'schen Hofs aus Anlaß einer an dem
dortigen freisinnigen Hof gehaltenen Vorlesung.

Den Winter 1872—73 brachte Büchner in den Ver=
einigten Staaten von Nordamerika zu, aus Anlaß einer an
ihn ergangenen Einladung von Seiten verschiedener deutscher
Vereine, namentlich der Turn=Vereine, zur Abhaltung öffent=
licher Vorlesungen. Diese Vorlesungen, welche in deutscher
Sprache in einer Zahl von ungefähr Einhundert in zwei=
unddreißig verschiedenen Städten abgehalten wurden, er=
streckten sich über eine Anzahl naturwissenschaftlicher und
naturphilosophischer Gegenstände, welche inzwischen in den
weiteren Publikationen Büchner's ausführlicher behandelt
worden sind.

Seitdem lebt Büchner, neben ärztlicher Praxis mit
schriftstellerischen Arbeiten beschäftigt, ruhig im Schooße
einer zahlreichen Familie in seiner Vaterstadt Darmstadt,
welche Ruhe bisher nur zeitweise durch Vorlesungsreisen in
Deutschland selbst unterbrochen wurde. Die Aufnahme,
welche B. während solcher Reisen in einer Reihe deutscher

Städte, wie Berlin, Wien, Prag, München, Dresden, Stuttgart, Mannheim, Karlsruhe, Wiesbaden usw. fand, war
durchweg eine sehr enthusiastische. Nicht weniger als fünf-
zehn wissenschaftliche und freidenkerische Vereine im In- und
Ausland haben ihm den Charakter als correspondirendes
und Ehrenmitglied verliehen. Im Jahre 1881 gründete
B. im Verein mit einer Anzahl Gesinnungsgenossen den
„Deutschen Freidenkerbund" und trat an dessen Spitze,
vertrat auch denselben mehrmals auf den internationalen
Freidenker-Congressen und bei der Einweihung des Diderot-
Denkmals in Paris im Jahre 1880, wo er im Namen
der deutschen Freidenker vor einer unzählbaren Menschen-
menge eine Ansprache in französischer Sprache hielt. Der
Bund hat sich seitdem unter seiner fortdauernden
Führung kräftig entwickelt.

In dem öffentlichen Leben seines engeren Vaterlandes
und seiner Vaterstadt war B. insoweit thätig, als er
während neun Jahren die Stelle eines hessischen Landtags-
abgeordneten und während sechs Jahren diejenige eines
Darmstädter Stadtverordneten bekleidete. Beide Stellen
legte er wegen Mangel an Zeit freiwillig nieder. Dagegen
hat er während eines Zeitraums von nicht weniger als
dreißig Jahren der großen Darmstädter Turngemeinde als
erster Sprecher vorgestanden — mit einer kurzen Unterbrechung durch seine amerikanische Vortragsreise.

B. hat sich durch seine radikalen, seiner Zeit weit
vorausgeeilten Standpunkte in Wissenschaft und Leben und
durch seine Angriffe auf entgegenstehende Lehrmeinungen
eine große, erbitterte und zum Theil mächtige Gegnerschaft
auf den Hals geladen, welche in den bestehenden Zeitver-
hältnissen eine starke Unterstützung fand und findet. Ein
abschließendes Urtheil über B.'s Stellung in Philosophie
und Wissenschaft, sowie zu den herrschenden geistigen Strö-
mungen seiner Zeit wird daher wohl nicht zu erlangen sein,
so lange die dadurch angeregten Gegensätze und aufgeregten

b*

Leidenschaften nicht zum Ausgleich und zur Beruhigung
gekommen sind. Erst einer entfernteren Zukunft dürfte die
Erfüllung einer solchen Aufgabe möglich sein.

Eine ältere Schwester Büchner's ist Luise Büchner,
die Verfasserin von: „Die Frauen und ihr Beruf" (5. Aufl.
1884); „Aus dem Leben. Erzählungen aus Heimath und
Fremde", eine Novellensammlung (1861); „Das Schloß zu
Wimmis", ein Roman (1864); „Clara Dettin", ein erzäh=
lendes Gedicht (1873); „Deutsche Geschichte von 1815 bis
1870" (1875) — sämmtlich bei Th. Thomas in Leipzig;
ferner „Frauenherz", Gedichte (1860; zweite Aufl. 1864);
„Dichterstimmen", eine Anthologie deutscher, englischer und
französischer Gedichte (5. Aufl. 1878) — beide bei Gesenius
in Halle; ferner der reizenden, den beiden ältesten Kindern
ihres Bruders Ludwig erzählten und gewidmeten „Weih=
nachtsmärchen" (zwei Auflagen bei Flemming in Glogau)
— sowie verschiedener kleinerer Schriften über weibliche
Erwerbsthätigkeit, worunter namentlich „Praktische Versuche
zur Lösung zur Frauenfrage" (Berlin, Janke, 1870). Luise
Büchner starb nach einem bewegten, zumeist der Bildung
und der Verbesserung des Looses des weiblichen Geschlechts
gewidmeten Leben im Jahre 1877 im sechsundfünfzigsten
Lebensjahr. Ihre nachgelassenen belletristischen und ver=
mischten Schriften erschienen 1878 bei J. D. Sauerländer
in Frankfurt a. M. in zwei Bänden; ihr auf die Frauen=
frage bezüglicher litterarischer Nachlaß erschien in demselben
Jahre bei Gesenius in Halle unter dem Titel: „Die Frau.
Hinterlassene Aufsätze, Abhandlungen und Berichte zur
Frauenfrage, von Luise Büchner." Im Jahre 1882 ließ
der Verband deutscher Frauenbildungs= und Erwerbs=Ver=
eine, zu dessen Gedeihen die Verstorbene durch ihre Thätig=
keit viel beigetragen hatte, derselben auf dem Darmstädter
Friedhof ein kostbares Grabdenkmal errichten.

Ein älterer Bruder Büchner's ist Wilhelm Büchner,
Besitzer einer großen Ultramarinfabrik in Pfungstadt bei

Darmstadt und von 1877—1883 Reichstags-Abgeordneter für den Wahlkreis Darmstadt-Großgerau. Er starb am 14. Juli 1892.

Ein jüngerer Bruder ist Alexander Büchner, Professor der deutschen Sprache und Litteratur an der Universität Caen in Frankreich. Er ist Verfasser der „Geschichte der englischen Poesie" (Darmstadt 1855), der „Französischen Litteraturbilder" (Frankfurt a. M. 1858), der Uebersetzung von Byron's Childe Harold (Frankfurt, Meidinger), der Novellen: „Der Wunderknabe von Bristol" (Leipzig 1861) und „Lord Bryon's letzte Liebe" (Leipzig 1862), der „Briefe des Prinzen Louis Ferdinand an Pauline Wiesel" (1865), der „Fidele Geschichten" (1887), sowie einer ganzen Reihe verschiedener litterar-historischer und für Zwecke des höheren Unterrichts geschriebener Veröffentlichungen in französischer Sprache. Die bemerkenswerthesten darunter dürften sein: „Les comédies de Shakespeare" (1865), „Jean Paul et sa poétique" (1862), „R. Wagner et sa Musique" (1864), „Les Troyens en Angleterre" (1867), „Les derniers critiques de Shakespeare" (1876), „Kryloff et ses Fables" (1877), „Hamlet le Danois" (1878), „Shakespeare ou Bacon" (1885), sowie eine ganze Reihe von Essays über Heine, Hoffmann, Dümont und die deutschen Dichterheroen, in welchen der Verfasser den Franzosen die Kenntniß des deutschen Genius zu vermitteln sucht. Dagegen warnt er dieselben vor blinder Nachahmung des deutschen Unterrichts in seinen Aufsätzen: „De l'imitation de l'Allemagne dans l'enseignement français" (1887/88) und „La conversation en allemand" (1891).

(Vervollständigt nach einem in „Unsre Zeit, Jahrbuch zum Conversations-Lexikon", Brockhaus 1863, 75. Heft, Seite 199 und flgb. enthaltenen biographischen Aufsatz.)

Vorwort zur ersten Auflage.*)

Now what I want, is — facts.
Boz.

Die folgenden Blätter machen keinen Anspruch darauf,
ein erschöpfendes Ganze oder ein System zu sein; es sind
zerstreute, wenn auch untereinander mit Nothwendigkeit
zusammenhängende und sich gegenseitig ergänzende Gedanken
und Anschauungen aus dem fast unendlichen Gebiete em-
pirisch-naturphilosophischer Betrachtung — welche wegen des
für einen Einzelnen nur schwer zu beherrschenden materiellen
Umfangs aller jener naturwissenschaftlichen Gebiete, welche
hier zur Sprache kommen mußten, eine milde Beurtheilung
von Seiten der Fachgenossen für sich in Anspruch nehmen.
Wenn die Blätter es wagen dürfen, sich selbst zum voraus
ein Verdienst oder einen Charakter beizulegen, so mag sich
derselbe in dem Entschlusse ausdrücken, vor den ebenso einfachen, als unvermeidlichen Consequenzen einer vorurtheilslosen, empirisch-philosophischen Naturbetrachtung nicht zimper-
lich sich zurückzuziehen, sondern die Wahrheit in allen ihren
Theilen einzugestehen. Man kann einmal die Sachen nicht
anders machen, als sie sind, und nichts scheint uns ver-
kehrter, als die Bestrebungen angesehener Naturforscher, die
Orthodoxie in die Naturwissenschaften einzuführen. — Wir

*) Geschrieben in Tübingen im Jahre 1855. Das Buch trug
damals den einfachen Titel „Kraft und Stoff. Empirisch-naturphilosophische Studien" und war nur siebzehn Bogen stark.

berühmen uns dabei nicht, etwas durchaus Neues, noch nicht
Dagewesenes vorzutragen. Aehnliche und verwandte Anschauungen sind zu allen Zeiten, ja zum Theil schon von
den ältesten griechischen und indischen Philosophen gelehrt
worden; aber die nothwendige empirische Basis zu denselben
konnte erst durch die Fortschritte der Naturwissenschaften in
unseren Jahrhunderten geliefert werden. Daher sind auch
diese Ansichten in ihrer heutigen Klarheit und Consequenz
wesentlich eine Eroberung der Neuzeit und abhängig von
den neuen und großartigen Erwerbungen der empirischen
Wissenschaften. Die Schulphilosophie freilich, wie immer
auf hohem, wenn auch täglich mehr abmagerndem Rosse
sitzend, glaubt derartige Anschauungen längst abgethan und
mit den Aufschriften: „Materialismus", „Sensualismus",
„Determinismus" 2c. versehen in die Rumpelkammer des
Vergessenen geschoben oder, wie sie sich vornehmer ausdrückt,
„historisch gewürdigt" zu haben. Aber sie selbst sinkt von
Tag zu Tag in der Achtung des Publikums und verliert
in ihrer speculativen Hohlheit am Boden gegenüber dem
raschen Emporblühen der empirischen Wissenschaften, welche
es mehr und mehr außer Zweifel setzen, daß das makro-
kosmische wie das mikrokosmische Dasein in allen Punkten
seines Entstehens, Lebens und Vergehens nur me ch a n i sch e n
und in den Dingen selbst gelegenen Gesetzen gehorcht. —
Ausgehend von der Erkenntniß jenes unverrückbaren Verhältnisses zwischen Kraft und Stoff als unzerstörbarer Grundlage, muß die empirisch-philosophische Naturbetrachtung zu
Resultaten kommen, welche mit Entschiedenheit jede Art von
Supranaturalismus oder Idealismus aus der Erklärung des
natürlichen Geschehens verbannen und sich dieses letztere als
gänzlich unabhängig von dem Zuthun irgend welcher äußeren,
außer den Dingen stehenden Gewalten vorstellen. Der endliche Sieg dieser real-philosophischen Erkenntniß über ihre
Gegner scheint uns nicht zweifelhaft zu sein. Die Kraft ihrer
Beweise besteht in T h a t s a ch e n , nicht in unverständlichen

unb nichtsfagenden Redensarten. Gegen Thatfachen aber läßt fich auf die Dauer nicht ankämpfen, nicht „wider ben Stachel löcken." — Daß unfere Auseinanderfetzungen nichts mit ben leeren Phantafien ber älteren naturphilofophifchen Schule zu thun haben, braucht wohl kaum angebeutet zu werden. Diefe fonderbaren Verfuche, die Natur aus bem Gedanken, ftatt aus ber Beobachtung zu conftruiren, find bermaßen mißlungen unb haben ihre Anhänger fo fehr in ben öffentlichen Mißcredit gebracht, baß bas Wort „Natur= Philofoph" gegenwärtig faft allgemein als ein wiffenfchaft= liches Scheltwort gilt. Es verfteht fich indeffen von felbft, baß fich biefer unangenehme Begriff nur an eine beftimmte Richtung ober Schule, nicht an bie natürliche Philofophie überhaupt anknüpfen kann; unb gerade bie Erkenntniß fcheint jetzt allgemein werden zu wollen, baß bie Naturwiffenfchaften bie Bafis jeber auf Egactheit Anfpruch machenben Philofophie abgeben müffen. „Natur unb Erfahrung" ift bas Lofungs= wort ber Zeit. Das Mißlingen jener älteren naturphilo= fophifchen Verfuche kann zugleich als ber beutlichfte Beweis bafür bienen, baß bie Welt nicht bie Verwirklichung eines einheitlichen Schöpfergedankens, fonbern ein Complex von Dingen unb Thatfachen ift — ben wir erkennen müffen, wie er ift, nicht wie ihn unfere Phantafie gern erfinnen möchte. „Wir müffen bie Dinge nehmen, wie fie wirklich find," fagt Virchow, „nicht wie wir fie uns benken."

Wir werden uns bemühen, unfere Anfichten in allge= meinverftänblicher Weife unb geftützt auf bekannte ober leicht einzufehenbe Thatfachen vorzutragen unb babei jebe Art philofophifcher Kunftfprache vermeiden, welche bie theoretifche Philofophie, namentlich aber bie beutfche, mit Recht bei Gelehrten ober Nichtgelehrten in Mißcredit gebracht hat. Es liegt in ber Natur ber Philofophie, baß fie geiftiges Gemeingut fei. Philofophifche Ausfüh= rungen, welche nicht von jebem Gebildeten begriffen werden können, verbienen nach unferer Anficht nicht bie Drucker-

schwärze, welche man daran gewendet hat. Was klar gedacht ist, kann auch klar und ohne Umschweife gesagt werden.*)
Die philosophischen Nebel, welche die Schriften der Gelehrten bedecken, scheinen mehr dazu bestimmt, Gedanken zu ver-
bergen als zu enthüllen. Die Zeiten des gelehrten Maul-
heldenthums, des philosophischen Charlatanismus oder der
„geistigen Taschenspielerei", wie sich Cotta sehr bezeichnend
ausdrückt, sind vorüber oder müssen vorüber sein. Möge
unsere deutsche Philosophie endlich einmal einsehen, daß Worte
keine Thaten sind, und daß man eine verständliche Sprache
reden müsse, um verstanden zu werden!

An Gegnern, und zwar an den erbittertsten, wird es
uns nicht fehlen. Wir werden nur diejenigen beachten,
welche sich mit uns auf den Boden der Thatsachen, der
Empirie begeben; die Herren Speculativen mögen von ihren
selbstgeschaffenen Standpunkten herab untereinander weiter
kämpfen und sich nicht in dem Wahn beirren lassen, allein
im Besitze philosophischer Wahrheiten zu sein. „Die Specu-
lation", sagt Ludwig Feuerbach, „ist die betrunkene
Philosophie; die Philosophie werde daher wieder nüchtern.
Dann wird sie dem Geiste sein, was das reine Quellwasser
dem Leibe ist."

---

*) Menschen, die weder der höchsten, noch der niedrigsten geistigen
Sphäre angehören," sagt treffend der berühmte englische Physiker
Tyndall, „läßt oft vollkommene Klarheit auf Mangel an Tiefe
schließen. Sie finden Trost und Erbauung in einer abstrakten und
gelehrten Phraseologie."

Vorwort zur neunzehnten deutschen Auflage.

Ein Buch, wie das vorliegende, das sich im Laufe beinahe eines halben Jahrhunderts durch ganze Heere von Gegnern durchgekämpft und im Sturm zahlloser Anfeindungen seinen hervorragenden Platz in der zeitgenößischen Literatur des In= und Auslandes fest behauptet hat, ohne daß das Interesse der Leserwelt an demselben eine Abnahme erfahren hätte — ein solches Buch bedarf bei Gelegenheit eines abermaligen oder erneuten Hervortretens weder einer wiederholten Einführung bei dem Publikum, noch einer erneuten Abwehr gegen alte, größtentheils längst vergessene Angriffe, oder auch gegen deren neue. Alle zu solchen Zwecken geschriebenen Vorreden zu früheren Auflagen sind daher — mit Ausnahme derjenigen zur ersten Auflage, welche ein gewisses historisches Interesse beansprucht — entbehrlich und beseitigt worden, werden aber von der Verlagshandlung für Diejenigen, welche davon Kenntniß zu nehmen wünschen, in einem besonderen Abdruck zur Verfügung des geehrten Leserkreises gehalten. Auch ist Verfasser inzwischen in die glückliche Lage gekommen, überall da, wo es nöthig oder wünschenswerth erschien, behufs weiterer Verständigung auf eine ganze Anzahl weiterer, aus seiner Feder erwachsener Schriften hinweisen zu können, womit ältere wie neuere Vorreden mehr oder weniger entbehrlich geworden sein dürften.

Besitzern älterer Auflagen dürfte es von Werth sein zu erfahren, daß diese, wie die vier vorhergehenden Auflagen durch Hinzufügung fünf neuer Kapitel (Die Bewegung — Die Form — Nachzeugung — Das Bewußtsein — Die Moral) bedeutend vermehrt und auch sonst an der Hand der rastlos voranschreitenden Forschung dergestalt vervollständigt worden ist, daß das Buch an Gehalt wie an Umfang im Vergleich mit früher als ein fast neues zu betrachten ist. Zugleich gibt dasselbe in dieser neuen Gestalt ein, wie der Verfasser glaubt, ziemlich vollständiges Bild von den allgemeinen Resultaten der modernen Naturforschung, soweit dieselben auf philosophische oder die allgemeine Bildung angehende Bedeutung Anspruch machen können. Selbstverständlich mußte dabei der Umfang der Schrift eine Erweiterung erfahren, welche sich mit den Zwecken einer ganz populären Darstellung, wie sie der Verfasser von Anfang an im Auge gehabt hat, nicht mehr recht vertragen wollte. Daher die dieser vorhergehende oder a ch t z e h n t e Auflage dazu benutzt worden ist, um eine im Umfang auf beinahe die Hälfte und im Preis auf etwas mehr als ein Drittel reducirte „Volksausgabe" in einer sehr großen Anzahl von Exemplaren (10 000) herzustellen. Der Erfolg dieser Auflage, die beinahe erschöpft ist, zeigt, wie groß das Bedürfniß eines solchen Unternehmens gewesen ist, und wie groß das Interesse nicht bloß der Gebildeten, sondern auch der weniger gebildeten Schichter der Gesellschaft, namentlich der Arbeiterkreise, an der neuen Denkrichtung ist. Es zeigt dieser Erfolg aber auch, wie sehr Diejenigen irren, welche diese ganze Richtung als eine abgethane, widerlegte und nicht mehr der Rede werthe behandeln zu dürfen glauben. Und es wird sich diese Erfahrung noch weit stärker bemerkbar machen, sobald in einer hoffentlich nicht mehr fernen Zukunft der gegenwärtig auf uns ruhende Druck reaktionärer Zeitstimmung und Zeitströmung hinweggenommen sein wird.

Die Veränderung des ehemaligen bescheidenen Titels der Schrift aus „Empirisch-naturphilosophische Studien"

oder „Naturphilosophische Untersuchungen" in den an-
spruchsvollern „Grundzüge der natürlichen Weltordnung"
ist bereits in der fünfzehnten Auflage vorgenommen worden.
Sie erklärt sich aus dem seit Ausgabe der ersten Auflage
dieser Schrift massenhaft angewachsenen wissenschaftlichen
Material, welches trotz seiner vielen Lücken und Unvollkommenheiten dennoch dem ordnenden und nach Einheit
suchenden Geist erlaubt, ein mehr oder weniger zusammenhängendes Ganze natürlicher Weltordnung und einheitlicher
Weltanschauung daraus aufzubauen — und zwar an der
Hand der durch die Erfahrungen der Vergangenheit ge-
rechtfertigten Erwartung, daß die absolute oder relative
Dunkelheit, welche in so vielen Richtungen noch unsere
Ausblicke beengt, sich im Sinne jener Theorie durch die
Fortschritte der Wissenschaft von Tag zu Tag mehr auf-
hellen werde. — Daß die Moral oder Sittenlehre mit
dem Glauben an das Bestehen einer natürlichen Weltordnung nicht bloß gut, sondern selbst besser vereinbar
sei, als mit kirchlich-religiösen oder theologischen Vorstellungen, hat der Verfasser in einem besonderen, der
fünfzehnten Auflage zuerst einverleibten Kapitel nachzuweisen versucht, obgleich er strenggenommen von seinem
Standpunkte aus zur Führung eines solchen Nachweises
nicht verpflichtet gewesen wäre.   Denn die Aufsuchung der
Wahrheit kennt keine andern Rücksichten als diejenigen,
welche in ihr selbst liegen.   Um so erfreulicher, wenn die
Bedürfnisse des Kopfes wie des Herzens in diesem wichtigen Punkt zusammentreffen, und wenn die auf die Einheit von Kraft und Stoff gegründete Idee der Entwicklung,
welche, wie in diesem Buche nachgewiesen, den alten
Schöpfungsgedanken zu ersetzen bestimmt ist, auch auf
dem moralischen Gebiet ihr Recht behält!

Darmstadt, im Dezember 1897.

Der Verfasser.

Kraft und Stoff.

Kraft und Stoff.

Das Weltall, dasselbe für Alle, hat weder der Götter noch der Menschen Einer gemacht, sondern es war immer und wird sein ein ewig lebendiges Feuer, nach bestimmtem Maße sich entzündend und verlöschend, ein Spiel, das Zeus spielt mit sich selbst.

Heraklit von Ephesos.

Wem Zeit ist wie Ewigkeit
Und Ewigkeit wie Zeit,
Der ist befreit
Von allem Streit.

J. Böhme.

Tres physici, duo athei.

„Die Kraft ist kein stoßender Gott, kein von der stofflichen Grundlage getrenntes Wesen der Dinge, sie ist des Stoffes unzertrennliche, ihm von Ewigkeit innewohnende Eigenschaft.“ — „Eine Kraft, die nicht an den Stoff gebunden wäre, die frei über dem Stoffe schwebte, ist eine ganz leere Vorstellung. Dem Stickstoff, Kohlenstoff, Wasserstoff und Sauerstoff, dem Schwefel und Phosphor wohnen ihre Eigenschaften von Ewigkeit bei.“ (Moleschott.)

„Geht man auf den Grund, so erkennt man bald, daß es weder Kräfte noch Materie giebt. Beides sind von verschiedenen Standpunkten aus aufgenommene Abstractionen der Dinge, wie sie sind. Sie ergänzen einander, und sie setzen einander voraus. Vereinzelt haben sie keinen Bestand.“ — „Die Materie ist nicht wie ein Fuhrwerk, davor die Kräfte, als Pferde, nun angespannt, dann abgeschirrt werden können. Ein Eisenteilchen ist und bleibt zuverlässig dasselbe Ding, gleichviel ob es im Meteorsteine

den Weltkreis durchzieht, im Dampfwagenrade auf den
Schienen dahinschmettert oder in der Blutzelle durch die
Schläfe eines Dichters rinnt. — Diese Eigenschaften sind
von Ewigkeit, sie sind unveräußerlich, unübertragbar."
(Dubois-Reymond.)

„Nichts in der Welt berechtigt uns, die Existenz von
Kräften an und für sich, ohne Körper, von denen sie ausgehen und auf die sie wirken, vorauszusetzen."　(Cotta.)

„Wir kennen gar keinen Stoff, der nicht Kräfte besäße,
und wir kennen umgekehrt keine Kräfte, die nicht an Stoffe
gebunden sind."　(Häckel.)

„Die Materie als passiv anzusehen, auf die dann von
Außen her eine Kraft wirkte, ist ein solcher Irrthum, daß
er nicht möglich sein würde, wenn nicht angeborne und
mystische Einbildungen den Geist umschleierten.　Materie
und Kraft, wie Materie und Geist sind keine getrennten
Wesen, sondern verschiedene Zustände einer und derselben
Sache."　(T. Vignoli.)

„Körper und Kraft lassen sich nur in Gedanken trennen,
in Wirklichkeit machen sie Eines aus."　(A. Mayer.)

„Wir müssen festhalten an dem Satze, daß Stoff und
Kraft unzertrennlich mit einander verbunden sind, und zwar
so, daß der Kraft außer dem Stoffe keine selbstständige
Existenz zukommt."　(S. Cornelius.)

„Es zeigt sich, daß alle Versuche, Kräfte ohne Materie
anzunehmen und umgekehrt, nur einseitige Abstractionen
sind, davon herrührend, daß man Kraft und Stoff, weil sie
sprachlich verschiedene Ausdrücke sind, auch in der Natur als
verschiedene Dinge finden zu müssen vermeinte."　(Weis.)

„Wir können an einem Gegenstand jede einzelne Kraft
in Gedanken isoliren; aber wir können nie etwas von demselben trennen, das wir als Stoff ohne Kraft bezeichnen
dürften."　(Nägeli.)

„Es ist einleuchtend, daß die Begriffe von Materie und
Kraft nie getrennt werden dürfen.　Die Annahme einer

reinen Materie ist so fehlerhaft, wie die einer reinen Kraft. Beides sind Abstractionen von dem Wirklichen. Wir können ja die Materie eben nur durch ihre Kräfte, nie an sich selbst wahrnehmen." (Helmholtz.)

„Kraft ist die dynamische Seite des Stoffs, und Stoff die statische Seite der Kraft." (Lewes.)

„In der Natur sind Kraft und Stoff ein und dasselbe Prinzip und können nur sprachlich von einander getrennt werden." (A. Herzen.)

„Das erste und letzte Wort der Wissenschaft wird immer die untrennbare Vereinigung oder die Identität von Kraft und Stoff sein." (A. Lefèvre.)

Mit diesen Aussprüchen anerkannter Forscher oder Gelehrten leiten wir ein Kapitel ein, welches eine der einfachsten und folgewichtigsten, aber vielleicht grade darum noch am wenigsten bekannten und anerkannten Wahrheiten zur Grundlage der nachfolgenden Untersuchungen machen soll. Keine Kraft ohne Stoff — kein Stoff ohne Kraft: Eines für sich ist so wenig möglich oder denkbar, als das Andere für sich. Auseinandergenommen zerfallen beide in leere Abstractionen oder Begriffe, welche nur dazu dienen, zwei Seiten oder Erscheinungsweisen eines und desselben (seiner eigentlichen Natur nach uns unbekannten) Wesens der Dinge zu veranschaulichen. Kraft und Stoff sind daher im Grunde dieselbe Sache, nur unter verschiedenen Gesichtspunkten betrachtet. In der sinnlichen Welt kennen wir kein Beispiel irgend eines Stoffteilchens, das nicht mit Kräften begabt oder durch dieselben wirksam wäre; ja wir müssen bei näherer Betrachtung einsehen, daß der Stoff als solcher gar nicht im stande sein würde, einen Eindruck auf unsre Wahrnehmungsorgane oder Sinne zu machen; er kann dieses nur durch das Mittel der mit ihm verbundenen oder in ihm wirksamen Kräfte. So drückt ein Stück Blei, welches wir in der Hand halten, auf dieselbe nur durch die Anziehungskraft der Erde und erzeugt dadurch das Gefühl

1*

der Schwere. — Aber auch ideell sind wir in keiner Weise
im stande, uns die Vorstellung einer kraftlosen Materie zu
machen. Denken wir uns einen Urstoff, wie wir wollen,
immer müßte ein System gegenseitiger Anziehung und Ab=
stoßung zwischen seinen kleinsten Teilchen stattfinden, welches
die Ursache der nachfolgenden Veränderungen würde, oder
eine durch Kräfte geregelte oder beherrschte Beziehung jener
Teilchen unter einander, welche den daraus hervorgehenden
Verbindungen oder Bildungen ihre Eigenschaften verleiht.
„Wie das Wasser", sagt A. Laugel, „unter den Händen
davon fließt, so löst sich die Vorstellung des Stoffs auf,
sobald man sie von der Vorstellung der Bewegung oder
der Kraft, ebenso wie von derjenigen der Form zu trennen
sucht." *)

Ebenso leer und haltlos wie der Begriff eines Stoffes
ohne Kraft, ist derjenige einer Kraft ohne Stoff. Nur der
Aberglaube oder die Unwissenheit früherer Jahrhunderte
konnte die Existenz von Kräften in der Natur für möglich
halten, welche unabhängig vom Stoffe wirksam wären,
während heutzutage derartige Möglichkeiten gänzlich aus der
Wissenschaft ausgeschlossen sind. Nichts Anderes kann uns
über die wirkliche Existenz einer Kraft Aufschluß geben, als
die Eigenschaften, Veränderungen oder Bewegungen, welche

---

*) Daher kommt es denn auch, daß man gegenwärtig die Chemie
oder die Wissenschaft, welche von den Stoffen handelt, (wie man
dieses übrigens zum Teil bereits im 17. und 18. Jahrhundert gethan
hat) mehr und mehr als eine Abzweigung oder Unterabteilung der
von den Kräften handelnden Wissenschaft der allgemeinen Physik
zu betrachten sich gewöhnt. Vielleicht oder wahrscheinlich besteht der
Unterschied zwischen chemischer und physikalischer Kraft nur darin,
daß erstere vorzugsweise das s. g. Atom oder das kleinste Teilchen
eines Grundstoffes, letztere das aus mehreren, gleichen oder ungleich=
artigen Atomen zusammengesetzte Molekül in Angriff nimmt. Oder
— mit anderen Worten — die Chemie kann als Mechanik der
Atome, die Physik als Mechanik der Moleküle bezeichnet oder
angesehen werden.

wir an der Materie sinnlich wahrnehmen, und die wir je
nach der Aehnlichkeit oder der Verschiedenheit ihrer Er=
scheinungsweisen mit den Namen verschiedener „Kräfte"
belegt haben; jede Kenntniß von ihnen auf anderem Wege
ist eine Unmöglichkeit. Man denke sich eine Elektricität,
einen Magnetismus, eine Schwere, eine Wärme, eine chemische
Verwandtschaft oder dergl. ohne die Körper, an denen wir
die Erscheinungsweise dieser Kräfte beobachtet haben, oder
ohne jene Stofftheilchen, deren gegenseitiges Verhalten eben
die Ursache dieser Erscheinungen abgibt — es würde uns
nichts bleiben, als ein leerer Begriff, eine Wortbezeichnung,
die nur dazu dienen soll, um uns eine gewisse Klasse oder
Reihe von Erscheinungsweisen des Stoffes anschaulich oder
vorstellig zu machen. Ein wirklicher Begriff von dem, was
Kräfte an und für sich sind, oder was Kraft außerhalb des
Stoffes sein könnte, geht uns ebenso ab, wie ein Begriff
von dem, was ein Stoff oder Stoffe ohne Kräfte sein
würden. Wir können daher strenggenommen nicht von
Elektricität reden, sondern nur von in elektrischem Zustand
befindlichem oder elektrisch erregtem Stoff. Wir können
nicht von Licht reden, sondern nur von einem leuchtenden
oder in Lichtschwingungen befindlichen Körper; nicht von
Wärme, sondern nur von einer Veränderung in der gegen=
seitigen Lage oder Stellung der um ihre sogen. Gleichge=
wichtslage schwingenden Atome oder Moleküle eines Körpers;
nicht von Schwere, sondern nur von einem Körper, der
durch Anziehung einen Druck ausübt, u. s. w., u. s. w.
Alle sogen. Imponderabilien, mit welchem Namen man
früher die als unwägbare Stoffe vorgestellten, angeblich
mitgetheilten Kräfte bezeichnete, wie Wärme, Licht, Elektri=
cität, Magnetismus, sind nichts mehr und nichts weniger,
als Veränderungen in den gegenseitigen Verhältnissen oder
Thätigkeitszuständen der kleinsten Körpertheilchen — Ver=
änderungen, welche durch eine Art von Ansteckung oder
Bewegungs=Uebertragung von einem Körper auf den andern

ober von Materie auf Materie übergehen. Die Wärme, jene Ur- oder Grundkraft der Natur, welche unaufhörlich und überall bei allen Natur-Vorgängen im Spiele ist und in alle übrigen Naturkräfte verwandelt oder aus ihnen gewonnen werden kann — ist nicht, wie man früher glaubte, ein unwägbarer Stoff, welcher von Körper auf Körper übergeht, sondern eine Molekular- oder Atom-Bewegung oder eine äußerst rasche, zitternde, drehende oder fortschreitende Bewegung der kleinsten Theilchen oder Moleküle eines Körpers, wobei sich zugleich diese Theilchen mehr oder weniger von einander entfernen oder auseinanderweichen, während sie unter dem Einfluß ihres Gegentheils oder der Kälte näher zusammenrücken. Wärme und Kälte unterscheiden sich nur dadurch, daß diese Bewegung in einem relativ kalten Körper weniger energisch vor sich geht, als in einem relativ warmen. Daher auch Wärme ganz allgemein als Ausdehnung, Kälte als Zusammenziehung der Materie bezeichnet zu werden pflegt; wir kennen, wie Grove (Verwandtschaft der Naturkräfte) bemerkt, „nichts als bestimmte Veränderungen des Stoffs, für welche Wärme die allgemeine Bezeichnung ist; das Ding Wärme ist uns unbekannt." Gleicherweise ist das Licht, welches ja nach neueren Anschauungen als identisch mit der Wärme angesehen werden muß, indem ihre Verschiedenheit nur auf der Verschiedenheit der Zahl der Aetherschwingungen und der durch diese hervorgerufenen Schwingungen der Körper-Moleküle beruht, kein unwägbarer Stoff, wie man früher glaubte, sondern eine unglaublich rasche, schwingende oder wellenartige Bewegung des Stoffes oder der Atome des als ungeballter Stoff den Raum erfüllenden und alles Körperliche durchdringenden, unermeßlich feinen Licht-Aethers — eine Bewegung, welche je nach Umständen bald als Licht, bald als Wärme, bald als Elektricität oder Magnetismus, bald als chemische Verwandtschaft u. s. w. erscheinen kann. Auch der in seiner Fortbewegung dem Lichte ähnliche Schall

ist kein Gehörstoff, welcher dem Ohre durch die Luft
zugetragen wird, sondern nur die bewegte Luft selbst,
welche diese ihre Bewegung unserem Gehör=Organ mit=
theilt.

Die merkwürdige und die glänzendsten Aussichten in die
Zukunft eröffnende Kraft der Elektricität beruht nicht, wie
man früher glaubte, auf der Existenz eines s. g. elektrischen
Fluidums, das von Körper zu Körper überflösse; im Gegen=
theil lehrt uns die Forschung der Neuzeit die elektrischen
Wirkungen lediglich als Veränderungen der Zustände der
gemeinen Materie oder des Stoffes kennen. Wenn man
alle bekannten Klassen elektrischer Phänomene oder Er=
scheinungen, so setzt Grove (a. a. O.) auseinander, einer
Rundschau unterwirft, so findet sich darunter keine einzige,
bei der sich nicht eine Veränderung der kleinsten Stoff=
theilchen der elektrisch erregten Substanzen nachweisen ließe.
Läßt man z. B. die Entladung einer Leydener Flasche durch
einen Platindraht hindurchgehen, so findet man, daß der
Draht sich dabei verkürzt, indem seine kleinsten Theilchen
eine Veränderung erfahren haben. Setzt man die Ent=
ladung fort, so erhebt sich der Draht zuletzt in kleinen
Falten oder wirklichen Unregelmäßigkeiten. Ein Bleidraht
erhebt sich sogar in Knoten, die sich an einander drücken,
wie auf einer Schnur aneinandergereihte Körper einer
weichen Substanz. Auch verändern sich Metalldrähte, durch
welche lange Zeit Elektricität hindurchgegangen ist, allmälig
in ihrer inneren Struktur und werden bald fester, bald
brüchiger. Auch Magnetisirung verändert die Elasticität
des Eisens oder Stahls, und eine durch ihr eignes Gewicht
leicht gebogene Stange richtet sich wieder grad, wenn man
sie magnetisirt. — Dasselbe Verhalten der Körper läßt
sich übrigens (mutatis mutandis) nach Grove bei allen
anderen Kräften nachweisen. So können z. B. chemische
Zerlegungen von Substanzen, welche durch sehr schwache
Verwandtschaften verbunden sind, durch rein mechanische

Urſachen, z. B. durch die Schwingungen, welche der Ton in der Luft erzeugt, hervorgebracht werden.

In noch höherem Grade gilt dieſes von den Schwingungen des Lichts, welche die auffallendſten chemiſchen Wirkungen hervorbringen und bald Zerſetzungen chemiſcher Verbindungen, bald Vereinigungen der Elemente veranlaſſen, z. B. letzteres bei der exploſiven Vereinigung des Chlors mit dem Waſſerſtoff zu Salzſäure durch die Einwirkung der Sonnenſtrahlen, oder erſteres bei der Zerlegung der Kohlenſäure der Luft durch das Pflanzenwachsthum unter Einwirkung des Sonnenlichtes. Dieſes zeigt zugleich wie auch die ſ. g. ruhenden oder Spannkräfte, zu denen außer der chemiſchen Differenz oder Verwandtſchaft auch noch die Schwere oder allgemeine Maſſen=Anziehung und die Cohäſion oder molekuläre Kraft zu rechnen ſind, jeden Augenblick in lebendige oder Bewegungs=Kräfte umgeſetzt oder aus letzteren erzeugt werden können, und wie daher auch bei dieſen immer nur von Zuſtänden oder Bewegungen der kleinſten Stoff=theilchen die Rede ſein kann. Ob ſich dabei dieſer Zuſtand nur in einer möglichen oder in einer wirklichen Bewegung äußert, ob nur eine Kraftwirkung oder eine eigene Bewegung des Kraft=Trägers ſtattfindet, macht in der Sache ſelbſt keinen Unterſchied. Auch ſcheint die Zeit nicht mehr ferne zu ſein, in welcher man im Stande ſein wird, alle Kräfte ohne Ausnahme nicht bloß aus Bewegungsfähig=keit, ſondern aus Bewegung ſelbſt herzuleiten.

Aus dieſen Gründen definiren die Eingangs des Kapitels genannten Forſcher und Autoren die Kraft bald als eine Eigenſchaft des Stoffs, bald als eine Leiſtungsfähigkeit des=ſelben. Genauer ausgedrückt muß man Kraft als einen Thätigkeitszuſtand oder als eine Bewegung des Stoffs oder der kleinſten Stofftheilchen oder auch als eine Fähigkeit hierzu oder noch genauer als einen Ausdruck für die Urſache einer möglichen oder wirklichen Bewegung definiren — was aber Alles in der Sache ſelbſt nichts ändert. Es

kann eine Kraft so wenig ohne einen Stoff existiren, als
ein Sehen ohne einen Seh-Apparat, als ein Denken ohne
einen Denk-Apparat.

„Nicht außer den Stoffen, außer den Körpern befindet sich die vorausgesetzte Kraft oder Eigenschaft, sondern
lediglich in ihnen selbst; und enthält der Gedanke, die
Affinität (Kraft) habe auch außer den Körpern, denen sie
inhärirt oder ihnen die Fähigkeiten zu ihrem eigenthümlichen
Verhalten verleiht, ein gesondertes Dasein, etwas so ganz
Ungeheuerliches, so ganz Unfaßbares, daß es nahezu einer
Beleidigung des gesunden Menschenverstandes gleichkommt,
dabei noch länger zu verweilen." (A. Mayer) —

Welche allgemeine philosophische Consequenz läßt sich
aus dieser ebenso einfachen wie natürlichen Erkenntniß ziehen?

Daß Diejenigen, welche von einer außerweltlichen oder
übernatürlichen Schöpferkraft reden, welche die Welt aus
sich selbst oder aus dem Nichts hervorgebracht habe, mit dem
ersten und einfachen Grundsatze einer auf Erfahrung und
Wirklichkeit begründeten philosophischen Naturbetrachtung in
Widerspruch gerathen. Weder konnte die Kraft den Stoff,
noch der Stoff die Kraft erschaffen; denn wir haben gesehen,
daß eine getrennte Existenz dieser beiden weder empirisch
möglich, noch logisch denkbar ist. Was aber nicht getrennt
werden kann, konnte auch niemals getrennt bestehen. Daß
die Welt nicht aus dem Nichts entstehen konnte, werden uns
spätere Betrachtungen lehren, welche von der Erhaltung oder
Unsterblichkeit des Stoffes und der Kraft handeln. Ein
Nichts ist ein empirisches, wie logisches Unding, eine Ver-
neinung jeder Existenz überhaupt. Niemals kann nichts zu
etwas und etwas zu nichts werden. Ex nihilo nihil fit,
et in nihilum nihil potest reverti. Die Welt oder der
Stoff mit seinen Eigenschaften, Zuständen oder Bewegungen,
welche wir Kräfte nennen, mußten von Ewigkeit sein und
werden in Ewigkeit sein müssen, oder — mit anderen Worten — die Welt kann nicht geschaffen sein. Wollte man

bennoch eine solche Weltschöpfung annehmen, so müßte man
vor allen Dingen nachweisen, wie es möglich oder denkbar
sei, daß etwas aus nichts entstehen könne, was eine Un=
möglichkeit ist. Man müßte weiter nachweisen, wie es mög=
lich oder denkbar sei, daß die als Welturfache angesehene
Schöpferkraft vor ihrer Schöpfung existirt habe, ohne zu
schaffen oder in irgend einer Weise thätig zu sein — was
eine noch größere Unmöglichkeit ist. Die Vorstellung einer
unthätigen Schöpferkraft ohne reale Existenz außer ihr ist
ebenso unmöglich, wie diejenige einer Kraft ohne Stoff.
Will man aber ein ursprüngliches Chaos annehmen, in
welches die Schöpferkraft nur zu einer bestimmten Zeit
Ordnung und Vernunft gebracht habe, so gibt man den
Begriff der Schöpfung als solcher auf und kehrt zu der
Ewigkeit der Welt zurück, welche, wie noch näher gezeigt
werden wird, jedes schaffende oder ordnende Princip aus=
schließt oder unnöthig macht. Wollte man sich also eine
Schöpferkraft, eine absolute Potenz, eine Welt= oder Ur·
Seele, ein unbekanntes X — einerlei welchen Namen man
diesem X gibt — als die Ursache der Welt denken, so müßte
man, den Begriff der Zeit auf sie anwendend, sagen, daß
sie weder vor noch nach der Schöpfung sein konnte. Vor=
her konnte sie nicht sein aus den bereits angeführten Grün=
den; nachher konnte sie nicht sein, da sich wiederum Ruhe
und Unthätigkeit mit dem Begriff einer solchen Kraft nicht
vereinigen lassen und denselben aufheben würden. Eine
Schöpferkraft, die sich nicht äußert oder keine Zeichen ihres
Daseins von sich gibt, kann nicht existiren oder doch bei
unserm Denken in keiner Weise in Rechnung gezogen werden.
De non apparentibus et non existentibus eadem est·
ratio.*) Wollte man sich die Schöpferkraft nach der
Schöpfung als in ewiger, in sich selbst zufriedener Ruhe

---

*) Nicht Erscheinendes und nicht Seiendes muß in gleicher Weise
beurtheilt werden.

ober innerer Selbstanschauung versunken vorstellen, so wäre
dieses ein philosophisches Phantasie-Gemälde ohne jede reale
oder Wirklichkeits-Basis.

So bliebe also nur eine dritte Möglichkeit übrig, d. h.
die ebenso unnöthige, wie monströse Vorstellung, es sei die
Schöpferkraft plötzlich und ohne bestimmte Veranlassung
aus dem Nichts emporgetaucht, habe die Welt geschaffen
(woraus?) und sei mit dem Moment der Vollendung wieder
in sich selbst versunken, habe sich gewissermaßen an die Welt
dahingegeben oder in dem All aufgelöst. Philosophen und
Laien haben von je diese Vorstellung mit Vorliebe behandelt, weil sie auf die Weise die allzu unbestreitbare Thatsache einer einmal festgesetzten und unabänderlichen Weltordnung mit dem Glauben an ein übernatürliches oder
außerweltliches, schaffendes Princip vereinigen zu können
glaubten. Auch die meisten religiösen Vorstellungen lehnen
sich mehr oder weniger an diese Idee an, nur mit dem
Unterschiede, daß sie den Weltgeist nach der Schöpfung zwar
ruhend, aber doch als fortbestehende höhere Macht, welche
die gegebenen Gesetze jederzeit nach Belieben wieder aufheben oder ändern kann, denken. Für Diejenigen, welche
das Welträthsel mittelst des religiösen Glaubens auflösen,
mag dieses genügen. Für Diejenigen aber, welche auch hier
die Vernunft oder logisches Denken als Richtschnur gelten
lassen, ist jene Vorstellung ebenso unannehmbar, wie alle
übrigen ihr ähnlichen. Schon die Anwendung des endlichen
Zeitbegriffs auf die Schöpferkraft enthält eine Ungereimtheit;
eine noch größere ihre Entstehung aus dem Nichts. Eine
Schöpferkraft, die sich selbst schafft oder aus dem Nichts
emporzieht, also eine causa sui (Ursache seiner selbst) darstellt, gleicht auf ein Haar dem Freiherrn von Münchhausen,
der sich an seinem eignen Schopfe aus dem Sumpfe zog.
Legt man aber der Schöpferkraft, um dieser Schwierigkeit
zu entgehen, das Attribut der Ewigkeit bei, so ist dieses nur
ein andrer Ausdruck für die Ewigkeit der Welt selbst, welche,

wie schon erwähnt, jedes schaffende Princip ausschließt oder
unnöthig macht. Das vergebliche Suchen der Philosophen
nach einer Ursache der Welt ist ein sog. Regressus in
infinitum, d. h. ein Rückschreiten in das Unendliche und
gleichbedeutend mit dem Besteigen einer endlosen Leiter, wobei die Frage nach der Ursache der Ursache die Erreichung
eines letzten Endzieles unmöglich macht. Jedenfalls ist ein
Bestehen der Welt mit allen ihren Vollkommenheiten und
Unvollkommenheiten, mit ihren ewig einander ablösenden
Processen von Entwicklung und Rückbildung von Ewigkeit
her leichter möglich oder begreiflich, als die ursachlose Entstehung einer als vollkommen gedachten Schöpferkraft aus
dem ursachlosen Nichts.

Schon das Merkmal der Vollkommenheit schließt die
Möglichkeit der Schöpfung aus, da ein vollkommenes Wesen
ein zugleich sich selbst genügendes ist und daher jedes An-
triebes oder Anlasses zur Veränderung seines Zustandes
entbehrt, während der Uebergang eines solchen Wesens zur
Weltschöpfung nothwendig den Begriff der Unvollkommenheit oder Selbstbeschränkung einschließt. Auch ist das von
den Theologen geforderte Fortbestehen Gottes oder des Welt-
schöpfers neben und außer seiner sich selbst überlassenen
Schöpfung eine ganz undenkbare Sache — ein dualistisches,
aus Gott und Welt zusammengeflicktes Ungeheuer.*)

Wenn also die Annahme einer in menschlicher Weise
gedachten Schöpferkraft auf unüberwindliche Schwierigkeiten
stößt; wenn es ferner keine Kraft ohne Stoff und keinen
Stoff ohne Kraft gibt; wenn endlich diese beiden, wie noch
gezeigt werden wird, unsterblich oder unvernichtbar sind, so
kann uns wohl kein ernstlicher Zweifel darüber bleiben, daß
die Welt als solche nicht geschaffen oder durch einen außer
ihr stehenden Willen in das Leben gerufen sein kann, sondern

---

*) Man vergl. des Verfassers Schriftchen: „Gott und die Wissen-
schaft", S. 31 und folgende.

daß sie ewig ist. Was keinen Anfang oder kein Ende in
der Zeit oder im Raum hat, kann auch keinen in der Existenz
haben. Was nicht vernichtet werden kann, konnte auch nicht
geschaffen werden. Mit andern Worten: die Welt als solche
ist ursachlos, unentstanden und unvergänglich. —

So einfach und selbstverständlich uns heute und bei
dem gegenwärtigen Stande unserer Kenntnisse die Unzertrennlichkeit der Begriffe von Kraft und Stoff erscheinen
mag, so ist dieses doch nicht immer so gewesen, und es ist
dem menschlichen Verstande erst nach dem Durchlaufen
mehrerer und verschiedener Phasen der Erkenntniß oder des
Irrthums gelungen, zu jener einfachen Anschauung durch-
zubringen. Denn die einfachste Ansicht von einer Sache ist
häufig diejenige, auf welche der menschliche Geist zuletzt ver-
fällt; und Einfachheit ist bekanntlich das Kennzeichen der
Wahrheit. (Simplex veri sigillum.) Nach dem englischen
Gelehrten Bence Jones haben die Ideen über Kraft und
Stoff drei getrennte und verschiedene Entwicklungs-Phasen
durchgemacht, in deren letzter wir uns jetzt befinden. In
der ersten Phase stellte man sich Kraft und Stoff als gänzlich getrennte und verschiedene Dinge vor und gab den für
sich bestehenden Naturkräften oder deren Erscheinungsweisen,
indem man sie aus der Thätigkeit besonderer überirdischer
Wesen (vulgo Götter) herleitete, verschiedene Namen. So
erhielten Erde, Himmel, Luft, Wasser, Winde, Flüsse, Licht,
Feuer, Sonne, Finsterniß, Tag, Nacht u. s. w. jedes seinen
besonderen Geist oder Gott. So war z. B. den Griechen
Zeus der Gott des Donners und Blitzes, während seine
Gemahlin Juno den Segen und die Dünste repräsentirte.
Apollo war der Gott des Tages, seine Schwester Artemis
die Göttin der Nacht. Uranus repräsentirte den Himmel,
Gäa die Erde, Poseidon das Meer, Hephästos das
Feuer, Aeolus die Winde Venus die Kraft der An-
ziehung, u. s. w., u. s. w. Aehnliche Anschauungen nährten
die alten Inder, Chinesen, Egypter, Perser u. s. w. Auch

die griechischen Philosophen, obgleich einige unter ihnen
schon sehr geläuterten kosmophysischen Anschauungen hul-
digten, (die sog. Materialisten oder Kosmophysiker), machten
in ihrer Mehrzahl eine strenge Trennung zwischen Kraft
und Stoff und ließen den letzteren, welchen sie eigner Bewegung für unfähig hielten, von Außen her bewegen —
eine Anschauung, welche sich durch den mächtigen Einfluß
der Aristotelischen Philosophie noch bis zu den Zeiten von
Descartes und Newton erhielt. — Auf diese erste Phase
folgte die zweite, in welcher an die Stelle der vollständigen
Trennung von Kraft und Stoff eine unvollständige Trennung
dieser beiden Begriffe trat. Die Kraft wird dabei wohl als
etwas mit dem wägbaren Stoff Verbundenes, aber doch im
Grunde davon ganz Verschiedenes und selbst als ein unwägbarer
Stoff, als ein sog. Imponderabile gedacht. Aus dieser Vorstellung floß die berühmte, jetzt ganz beseitigte Emanations-
oder Emissions-Theorie des Lichtes, wornach dasselbe aus
kleinen, mit ungeheurer Geschwindigkeit fortgestoßenen, unwägbaren Körpertheilchen bestehen sollte. Auch die Wärme
stellte man sich als einen von Körper zu Körper sich mit-
theilenden flüchtigen Stoff vor; beßgleichen Elektricität und
Magnetismus, für welche man besondere elektrische und
magnetische Flüssigkeiten oder Fluida erfand. Auch der
Glaube an das ehedem so berühmte Phlogiston oder den
Feuerstoff, welcher die Ursache der Verbrennung bilden sollte
und welcher erst gegen das Ende des vorigen Jahrhunderts
durch die Entdeckung des Sauerstoffs beseitigt wurde, gehört
hierher; beßgleichen die Seele des Bernsteins, welche schon
Thales für die Ursache von dessen eigenthümlicher Anziehungskraft erklärt hatte, und manches dem Aehnliche. —
Erst die dritte Phase oder die Phase der Neuzeit erkannte,
daß es keine unwägbaren Stoffe gibt, und entdeckte die
Einheit, Unveränderlichkeit und Unzerstörbarkeit des kraft-
begabten Atoms. Dieses ist die Phase der Einheit und
Untrennbarkeit von Kraft und Stoff, in der man eingesehen

hat, daß es z. B. ebensowenig einen Stoff ohne Anziehung
oder Schwerkraft, wie eine Schwerkraft oder Anziehung
ohne Stoff geben kann, und daß alle uns bekannten Kräfte
oder Kraftwirkungen nur aus Zuständen oder Bewegungen
der feinsten Theilchen der bestehenden Materie hervorgehen.
Ueberall wo Stoff ist, ist auch nothwendig Kraft im Zu=
stand von Bewegung, Spannung oder Widerstand und
umgekehrt.

Uebrigens zeigen, wie nicht anders möglich, alle diese
Phasen untereinander Uebergänge. Am schwierigsten gestaltete
sich die Beseitigung der dualistischen Vorstellungen von Kraft
und Stoff in der Biologie oder Lehre vom Leben, welche
wegen der complicirten und daher schwerer zu durchschauen=
den Verhältnisse des organischen Stoffwechsels einer besseren
Einsicht am meisten Widerstand entgegensetzen mußte. So
wagte noch der berühmte Arzt Paracelsus (um 1500
n. Chr.) es nicht, die körperlichen Funktionen der Ernährung,
Verdauung, Absonderung u. s. w. als das anzusehen, was
sie wirklich sind, d. h. als Verrichtungen oder Thätigkeiten
der damit betrauten körperlichen Organe, sondern er schrieb
dieselben der Thätigkeit bestimmter Lebensgeister zu. In
gleicher Weise vertraten später der „Archäus" oder „Magen=
geist" van Helmont's, der „Nervengeist" Borelli's, die
„Lebenssubstanz" Hofmann's, die „Reizbarkeit" Haller's,
die „Anima animata" Stahl's oder die allgemeineren Be=
zeichnungen von Nervenkraft, Bildungskraft, Lebenskraft,
Laufkraft des Blutes u. s. w. in der Lehre vom Leben die
Stelle der Imponderabilien in der nicht=organischen Natur.
Auch hier erscheint die Kraft als eine sehr feine und flüch=
tige Substanz oder als ein unwägbares Elementar=Princip,
dessen vorübergehende Verbindung mit dem Körper durch
den Tod gelöst wird. Leider muß man sagen, daß die An=
schauungen der Biologie diese zweite Periode oder Phase
noch nicht vollständig überwunden haben, und daß das ab=
gelebte Gespenst der „Lebenskraft", von welchem ein späteres

Kapitel eingehender handeln wird, immer noch in so vielen
Köpfen namentlich philosophischen, umgeht, während die
physikalischen und chemischen Wissenschaften längst in das
dritte und letzte Stadium übergetreten sind.

Zwar wissen wir heutzutage ebensowenig wie man es
früher wußte, und man wird es wohl niemals wissen, was
Kraft an sich, oder was Stoff an sich ist. Aber wir
brauchen es auch nicht zu wissen, da, wie vorstehend gezeigt
wurde, die Trennung beider in für sich bestehende Wesenheiten nur im Gedanken, nicht in der Wirklichkeit möglich
ist, und da beide Worte, ebenso wie die Worte Geist und
Materie, nur Bezeichnungen für zwei verschiedene Seiten
oder Erscheinungsweisen eines und desselben, seiner eigentlichen Natur nach uns unbekannten Wesens oder Urgrundes
aller Dinge sind.*)

---

*) Ausführlicheres über das Verhältniß von Kraft und Stoff
findet sich in des Verfassers Schrift „Natur und Geist", Dritte Aufl.
Seite 1—105; deßgleichen über das Geschichtliche der Kraft- und
Stofflehre in des Verfassers Schrift „Licht und Leben", Zweite Aufl.
S. 196—216.

Unsterblichkeit des Stoffs.

Aus Nichts wird Nichts. Nichts, was ist, kann vernichtet werden.

Demokrit.

Es ist eine unbezweifelte, durch tausendfältige Beweise
der Chemie bestätigte Thatsache, daß kein wägbarer Körper oder Element vergehen oder verschwinden kann, und
ebenso, daß kein neuer entsteht. Es folgt daraus, daß
die Materie von Unendlichkeit her existirt, daß sie weder
geschaffen, noch entstanden ist, daß ihre Menge, die unendlich groß ist, sich weder vermehren, noch vermindern kann.

F. Mohr.

„Der große Cäsar, tod und Lehm geworden,
„Verklebt ein Loch wohl vor dem rauhen Norden.
„O daß die Erde, der die Welt gebebt,
„Vor Wind und Wetter eine Wand verklebt!“

Mit diesen, aus tiefster Empfindung hervorgegangenen
Worten deutete der große Brite schon vor dreihundert Jahren
eine wissenschaftliche Wahrheit an, welche trotz ihrer Klarheit und Einfachheit, trotz ihrer Unbestreitbarkeit immer noch
nicht diejenige allgemeine Anerkennung gefunden zu haben
scheint, welche ihr in so hohem Grade gebührt. Der Stoff
als solcher ist unsterblich, unvernichtbar; kein Stäubchen im
Weltall kann verloren gehen, keines hinzukommen. Es ist
das große Verdienst der Chemie, uns seit ungefähr hundert
Jahren auf das Unzweideutigste darüber belehrt zu haben,
daß die ununterbrochene Verwandlung und Umgestaltung der

Dinge, welche wir tagtäglich vor sich gehen sehen, das Ent=
stehen und Vergehen organischer und unorganischer Formen
und Bildungen nicht auf einem Entstehen vorher nicht da=
gewesenen Stoffs oder einem Vergehen eines dagewesenen
beruhen, wie man wohl in früheren Zeiten ziemlich allgemein
glaubte, sondern daß diese Verwandlung in nichts Anderem
besteht, als in einem beständigen und unausgesetzten Kreis=
lauf derselben Grundstoffe, deren Menge und Beschaffenheit
an sich stets dieselbe und für alle Zeiten unabänderliche
bleibt. Mit Hülfe der Wage ist man dem Stoff auf seinen
vielfachen und verschlungenen Wegen gefolgt und hat ihn
überall in derselben Menge und Beschaffenheit aus irgend
einer Verbindung wieder austreten sehen, in der man ihn
eintreten sah. Die Berechnungen, die seitdem auf dieses
Gesetz von der Unsterblichkeit der Grundstoffe gegründet
worden sind, haben sich überall als richtig erwiesen. Wir
verbrennen ein Holz, und es scheint auf den ersten Anblick,
als müßten seine Bestandtheile in Feuer und Rauch auf=
gegangen oder verzehrt worden sein. Aber es scheint nur
so — denn die Wage des Chemikers belehrt uns darüber,
daß nicht nur nichts von dem Gewicht jenes Holzes und der
in ihm anwesenden Nebenbestandtheile verloren worden,
sondern daß im Gegentheil das Gesammtgewicht aller in
dem Holz vorhandenen Bestandtheile vermehrt worden ist;
sie zeigt, daß die aufgefangenen und gewogenen Produkte
oder die bei der Verbrennung entwickelten Luftarten neben
der zurückbleibenden Asche nicht nur alle diejenigen Stoffe
wieder enthalten, aus denen das Holz vordem bestanden
hat, wenn auch in anderer Form und Zusammensetzung,
sondern daß in ihnen auch noch diejenigen Stoffe anwesend
oder enthalten sind, welche die Bestandtheile des Holzes bei
der Verbrennung aus der Luft an sich gezogen haben. Mit
einem Wort, das Holz hat durch den Vorgang der Ver=
brennung das Gesammtgewicht seiner Bestandtheile nicht
vermindert, sondern vermehrt. „Der Kohlenstoff, der

in dem Holze war", sagt K. Vogt, „ist unvergänglich, er
ist ewig und ebenso unzerstörbar, als der Wasserstoff und
Sauerstoff, mit welchem er verbunden in dem Holze bestand.
Diese Verbindung und die Form, in welcher sie auftrat, ist
zerstörbar, die Materie hingegen niemals."

Oder wir begraben einen todten Körper und finden nach
einer Reihe von Jahren an der Stelle nichts weiter vor,
als ein mit Erde vermischtes Häufchen von Knochen. Der
äußere Anschein erweckt den Glauben, als ob von den ehemaligen Bestandtheilen des einst der Erde übergebenen Körpers außer jenen Ueberresten nichts mehr vorhanden sei;
aber die Wissenschaft sagt, daß in Wirklichkeit auch nicht
das kleinste Stäubchen davon verloren gegangen ist, sondern
daß die ganze Veränderung nur darin besteht, daß die
Grundstoffe jener Bestandtheile ihre ehemaligen Verbindungen verlassen haben und wieder in den allgemeinen Kreislauf der Stoffe zurückgekehrt sind, um heute in dieser, morgen in jener Gestalt ihre ewigen Bahnen weiter zu verfolgen.
Mit vollem Rechte hat daher die kühne Phantasie des brittischen Dichters den Stoff, welcher einst des größen Cäsar
Leib bilden half, bis zu dem Punkte verfolgt, wo er in
Gestalt von Erde oder Lehm ein Loch der Wand verklebt.

Mit jedem Hauche, der aus unsrem Munde geht,
athmen wir einen Theil der Speisen aus, die wir genießen,
des Wassers, das wir trinken. Wir verwandeln uns so
rasch, daß man wohl annehmen kann, daß wir in einem
Zeitraum von vier bis sechs Wochen stofflich ganz andre und
neue Wesen sind — mit Ausnahme der festeren und daher
der Veränderung weniger unterworfenen Stützorgane des
Körpers. Die Atome oder kleinsten Theilchen der chemischen
Grundstoffe wechseln fortwährend, und nur die Art der
Zusammensetzung bleibt dieselbe. Diese Atome selbst aber
sind an sich unveränderlich, unzerstörbar; heute in dieser,
morgen in jener Verbindung bilden sie durch die Verschieden-
artigkeit ihrer Lagerung oder ihres Zusammentritts die

2*

unzählig verschiebenen Gestalten, in denen der Stoff unseren Sinnen sich darstellt, in einem ewigen und unaufhaltsamen Wechsel und Fluß dahineilend. Dabei bleibt die Menge der Atome eines einfachen Grundstoffes im Großen und Ganzen unveränderlich dieselbe; kein einziges dieser Stofftheilchen kann sich neu bilden oder hinzukommen, keines, das einmal vorhanden, aus dem Dasein verschwinden; keines kann seine Natur ändern. Ein Sauerstoff=, ein Stickstoff=, ein Wasserstoff=, ein Eisen=Atom ist überall und unter allen Umständen ein und dasselbe Ding, begabt mit denselben und von ihm unzertrennlichen Eigenschaften oder Kräften und kann nie und in alle Ewigkeit nicht etwas Anderes werden. Sei es, wo es wolle, überall wird es das nämliche Wesen sein; aus jeder noch so verschiedenartigen Verbindung wird es bei dem Zerfall derselben als dasselbe Ding wieder austreten, als das es eintrat. Nie und nimmer aber kann es neu entstehen oder aus dem Dasein verschwinden, es kann nur seine Verbindungen wechseln. Dasselbe Atom, welches heute den stolzen Gang eines Herrschers oder Helden vermitteln hilft, liegt vielleicht schon morgen als Straßenschmutz zu dessen Füßen. Dasselbe Atom, welches heute in dem Gehirn eines Schafes kreiste, hilft vielleicht schon morgen an der Gedankenarbeit eines Denkers oder Dichters. Dasselbe Atom, welches heute noch Unrath und Dünger bilden half, wiegt sich vielleicht schon morgen im Verein mit Seinesgleichen als duftender Schmelz auf Blumenkelchen.

„Ein einfaches Grund=Atom“, sagt B. Stewart, „ist wirklich ein unsterbliches Wesen und erfreut sich des Vorzugs, unverändert und in seinem Wesen unberührt zu bleiben unter den mächtigsten Angriffen, die dagegen ausgeführt werden; es ist wahrscheinlich in einem Zustande unaufhörlicher Bewegung und Form=Veränderung; aber es bleibt doch immer dasselbe.“

Diesen ewigen und unaufhaltsamen Wechsel und Kreislauf der an sich unveränderlichen kleinsten Stofftheilchen hat

der Gelehrte den Stoffwechfel genannt; und die Wiffen-
fchaft liefert Beifpiele und Beweife für denfelben in zahl-
lofer Menge. Es genüge zu bemerken, daß die Wanderungen
und Wandlungen, welche der Stoff im Sein des Alls
durchläuft, und welchen der Menfch zum Theil mit Wage
und Maß in der Hand gefolgt ift, millionen= und abermil-
lionenfach, daß fie ohne Ziel und Ende find. Auflöfung
und Zeugung, Zerfall und Neugestaltung reichen fich aller
Orten in ewiger Kette einander die Hand. In dem Brode,
das wir effen, in der Luft, die wir athmen, ziehen wir den
Stoff an uns, der die Leiber unferer Vorfahren bereits vor
Taufenden von Jahren gebildet hat; ja wir felbft geben
tagtäglich einen Theil des unfern Körper bildenden Stoffs
an die Außenwelt ab, um denfelben oder den von unfern
Mitlebenden abgegebenen Stoff vielleicht in kurzer Zeit von
Neuem einzunehmen. Von den Engländern kann man buchstäblich fagen, daß fie ihre Voreltern, die im Kampfe für
fie und ihre Freiheit gegen die französische Herrschaft gefallen
find, zum Danke dafür in ihrem täglichen Brode auffeffen,
da man die Knochen des Schlachtfeldes von Waterloo in
großer Menge nach England geführt hat, um die Felder
damit zu düngen, wodurch der Ertrag derfelben um ein
Bedeutendes erhöht wurde.

Doch es bedarf, wie gefagt, keiner weiteren Beifpiele,
um zu beweifen, daß der Stoff unsterblich ift, und daß er
daher auch nicht geschaffen fein kann. Wie könnte etwas
geschaffen worden fein, das nicht vernichtet werden kann!

Es ist eine bis zum Ueberdruß gehörte und mißbrauchte
Redewendung vom „sterblichen Leib" und vom „unsterblichen
Geist". Eine genauere Betrachtung wird den Satz vielleicht
mit mehr Wahrheit umkehren laffen. Der Leib in feiner
individuellen Form oder Gestalt ist freilich sterblich, nicht
aber in feinen Bestandtheilen. Nicht bloß im Tode, fondern
bereits im Leben verwandelt er fich, wie wir gefehen haben,
ohne Aufhören; aber in einem höheren Sinne ist er un-

sterblich, da nicht das kleinste Theilchen von ihm vernichtet werden kann. Dagegen sehen wir das, was wir Geist, Seele, Bewußtsein nennen, mit dem Aufhören der stofflichen individuellen Zusammensetzung schwinden; und es muß einem vorurtheilsfreien Verstande scheinen, als habe dieses eigenthümliche und durch sehr complicirte Verbindungen bedingte Zusammenwirken vieler kraftbegabter oder in innerer Bewegung befindlicher Stofftheilchen eine Wirkung hervorgerufen, welche mit ihrer Ursache oder mit dem Aufhören jener eigenthümlichen Zusammensetzung ein Ende nehmen muß.

Heute ist die Unsterblichkeit oder Erhaltung des Stoffs eine wissenschaftlich festgestellte und nicht mehr zu leugnende Thatsache. Es ist interessant, zu erfahren, daß auch frühere Denker und Philosophen eine Kenntniß dieser wichtigen Wahrheit besaßen, wenn auch mehr in unfertiger oder ahnender, als wissenschaftlich sicher erkannter und begründeter Weise. Den thatsächlichen Beweis für dieselbe konnten uns erst unsere Wagen und chemischen Gläser liefern.

Sebastian Frank, ein Deutscher, welcher im Jahre 1528 lebte, sagt: „Die Materie war von Anfang an in Gott und ist deswegen ewig und unendlich. Die Erde, der Staub, jedes erschaffene Ding vergeht wohl; man kann aber nicht sagen, daß Dasjenige vergehe, woraus es erschaffen ist. Die Substanz bleibt ewig. Ein Ding zerfällt in Staub, aber aus dem Staube entwickelt sich wieder ein neues. Die Erde ist, wie Plinius sagt, ein Phönix und bleibt für und für. Wenn er alt wird, verbrennt er sich zu Asche, daraus ein junger Phönix wird, aber der vorige, doch verjüngte."

Noch unumwundener drücken die italienischen Philosophen des Mittelalters diese Idee aus. Bernhard Telesius (1509—1588) sagt:

„Der körperliche Stoff ist in allen Dingen gleich und bleibt ewig derselbe; die finstere, träge Materie kann weder vermehrt noch vermindert werden."

Und endlich Giordano Bruno (der im Jahre 1600 in Rom verbrannt wurde):

„Was erst Samen war, wird Gras, hierauf Aehre, alsdann Brod, Nahrungssaft, Blut, tierischer Same, Embryo, ein Mensch, ein Leichnam, dann wieder Erde, Stein oder andere Masse und so fort. Hier erkennen wir also etwas, was sich in alle diese Dinge verwandelt und an sich immer ein und dasselbe bleibt. So scheint wirklich nichts beständig, ewig und des Namens Princip würdig zu sein, denn allein die Materie. Die Materie als absolut begreift alle Formen und Dimensionen in sich. Aber die Unendlichkeit der Formen, in denen die Materie erscheint, nimmt sie nicht von einem Anderen und gleichsam nur äußerlich an, sondern sie bringt sie aus sich selbst hervor und gebiert sie aus ihrem Schooß. Wo wir sagen, daß etwas stürbe, da ist dies nur ein Hervorgang zu einem neuen Dasein, eine Auflösung dieser Verbindung, die zugleich ein Eingehen in eine neue ist."

Aber selbst eine noch viel ältere Zeit war nicht unbekannt mit den Grundzügen einer Wahrheit, welche heutzutage als ein Grundpfeiler jeder exacten oder auf Thatsächlichkeit begründeten Philosophie angesehen werden muß. Empedokles, ein griechischer Philosoph, welcher 450 v. Chr. lebte, sagt: „Diejenigen sind Kinder oder Leute mit engem Gesichtskreis, welche sich einbilden, daß irgend etwas entstände, was nicht vorher dagewesen war, oder daß irgend etwas gänzlich sterben oder untergehen könne. Aus Nicht-Seiendem ist durchaus das Entstehen unmöglich, und ganz unmöglich, daß Seiendes völlig vergehe." Und schon vor ihm hatte der griechische Philosoph Anaxagoras (500 bis 428 v. Chr.) gelehrt: „Das Seiende im Raum mehrt sich nicht und vermindert sich nicht", während sein Zeitgenosse Demokrit, der berühmte Vater der materialistischen Philosophie des Alterthums und der Atomistik, den Satz von der Unzerstörbarkeit der Materie ebenfalls sehr richtig

formulirt und die Sätze aufgestellt hatte: „Aus Nichts wird
Nichts; Nichts, was ist, kann vernichtet werden. Alle Ver=
änderung ist nur Verbindung und Trennung von Theilen.
Die Verschiedenheit aller Dinge rührt her von der Ver=
schiedenheit der Atome nach Zahl, Größe, Gestalt und Ord=
nung" u. s. w. Gleiche Aussprüche that sein großer Schüler
Epikur und dessen geistvoller Nachfolger, der Römer
Lukretius Carus, welcher in seinem berühmten Lehr=
gedicht über die Natur der Dinge sagt:

„Nichts wird gänzlich zerstört, was wir heute lebendig
um uns sehn;
„Denn es bestehen ja Himmel und Meer und das Land
und die Ströme,
„Same und Pflanzen und Alles, was lebt, aus dem
nämlichen Urstoff,
„Welcher sich niemals vermehrt; noch vermindert er sich
durch Zerstörung."

---

*) Weiteres über die geschichtliche Entwicklung des in seiner all=
gemeinsten Bedeutung uralten Begriffs der Constanz oder Unveränder=
lichkeit der Materie sehe man in des Verfassers Schrift: „Die Dar=
win'sche Theorie in sechs Vorlesungen" (Leipzig 1890, V. Auflage),
fünfte und sechste Vorlesung.

Unsterblichkeit der Kraft.

In der Natur geht nichts verloren, weder an Stoff noch an Kraft, noch an mechanischer Arbeit.

P. A. Secchi.

Kein Lüftchen weht, keine Welle plätschert an das Ufer, ohne daß die Bewegung durch den Weltraum zuckt.

H. Tuttle.

Aus Nichts kann keine Kraft entstehen.

Liebig.

Ebenso unerzeugbar, ebenso unvernichtbar, ebenso unvergänglich, ebenso unsterblich, wie der S t o f f, ist auch die mit demselben verbundene K r a f t. In unendlicher Menge an die unendliche Menge des Stoffs gebunden, durchläuft sie im innigsten Verein mit diesem und wie dieser einen rastlosen und nie endenden Kreislauf und tritt aus irgend einer Form oder Verbindung in derselben Menge wieder aus, in der sie eingetreten ist. Wie es eine unzweifelhafte Thatsache ist, daß Stoff nicht neu erzeugt oder vernichtet, sondern nur umgestaltet werden kann, so muß es als eine absolut feststehende Erfahrung angesehen werden, daß es keinen einzigen Fall gibt, in welchem eine Kraft aus Nichts erzeugt oder in Nichts übergeführt, mit anderen Worten: g e b o r e n oder v e r n i c h t e t wird. In allen Fällen, wo Kräfte in die Erscheinung treten, kann man dieselben auf ihre Q u e l l e n zurückführen, d. h. man kann nachweisen, aus welchen andern Kräften oder Kraft=Wirkungen eine

gegebene Menge Kraft direkt oder durch Umſetzung abgeleitet
worden iſt. Dieſe Umſetzung geſchieht nicht willkürlich,
ſondern derart nach beſtimmten Aequivalenten oder Gleichgewichtszahlen, daß dabei ebenſowenig die geringſte Menge
Kraft verloren gehen kann, wie bei der Umſetzung der Stoffe
die geringſte Menge Stoff.

Iſt die Unſterblichkeit oder Erhaltung des Stoffs eine
ſeit ungefähr einem Jahrhundert wiſſenſchaftlich ausgemachte
und bekannte Sache, ſo verhält es ſich nicht ebenſo mit der
Unſterblichkeit oder Erhaltung der Kraft, auf welche trotz
ihrer großen Einfachheit, ja Selbſtverſtändlichkeit die Gelehrten doch erſt vor vierzig oder fünfzig Jahren aufmerk-
ſam geworden ſind, — nicht ohne daß die neue Wahrheit
Anfangs mit faſt unüberwindlichen Hinderniſſen ihrer allgemeineren Anerkennung zu ringen gehabt hätte. Einfach
und ſelbſtverſtändlich nannten wir dieſelbe, weil ſie zum
Erſten und ohne Weiteres ſchon aus einer einfachen Ueberlegung über das Verhältniß von Urſache und Wirkung folgt,
und weil ein einziger Fall, in welchem das Prinzip von
der Erhaltung der Kraft verletzt würde, den ſchließlichen
Untergang aller Bewegung in der Welt herbeiführen müßte;
zum Zweiten, weil das Geſetz von der Unzerſtörbarkeit der
Materie dasjenige von der Unzerſtörbarkeit der Kraft in ſich
ſchließt. Als Lavoiſier im Jahre 1774 das Weſen der
Verbrennung enthüllte und an die Stelle des Phlogiſton
oder Feuerſtoffs den Sauerſtoff ſetzte, da ergab ſich der Satz
von der Unſterblichkeit des Stoffs und von der Ewigkeit
oder Unvernichtbarkeit der Atome einfach aus den Reſultaten
der Wage. Hätte man damals ſchon dieſelben Vorſtellungen, wie heute, über das Verhältniß von Kraft und Stoff
gehabt, ſo hätte ſich der Satz von der Unſterblichkeit der
Kraft als nothwendige Conſequenz ſofort daraus entwickeln
müſſen. Denn da die Kräfte im allgemeinſten Sinne die
Eigenſchaften der Stoffe darſtellen, vermöge welcher Bewegung und Veränderung in das Leben tritt, ſo leuchtet

von ſelbſt ein, daß auch die geſammte in der Natur vor=
handene Kräftemenge, ſei dieſelbe ruhend oder lebendig, ſich
gleich bleiben muß, d. h. weder vermehrt noch vermindert
werden kann. Aber da die Naturforſcher ein mißtrauiſches
Volk ſind und nur das als wahr annehmen, was ſich durch
Experiment oder Berechnung nachweiſen läßt, und da es
weit ſchwerer iſt, Kräfte zu meſſen und zu berechnen, als
Stoffe zu wägen, ſo blieb der dem Kreislauf der Stoffe
analoge oder entſprechende Kreislauf der Kräfte noch länger
als ein halbes Jahrhundert verborgen, bis ihn im Jahre
1837 zuerſt F. Mohr in ſeinem Aufſatz „Ueber die Natur
der Wärme" deutlich kennzeichnete. Ihm folgte im Jahre
1842 R. Mayer, welcher zuerſt das mechaniſche Aequiva=
lent der Wärme berechnete, und dieſem wiederum der Eng=
länder Joule (1843—49), welcher, ohne von ſeinen Vor=
gängern zu wiſſen, jahrelange Verſuche über das Verhält=
niß von Wärme und Arbeit oder Wärme und Bewegung
anſtellte und durch dieſe Verſuche die Verwandlung der
Kräfte zu einem unanfechtbaren Lehrſatze erhob. Aber erſt
im Laufe der fünfziger bis ſechziger Jahre und lange, nach=
dem die erſte Auflage dieſer Schrift erſchienen war, wurde
der Lehrſatz auch für die übrigen Kräfte erkannt und nach=
gewieſen und erfreut ſich heute einer derart unbeſtrittenen
Anerkennung, daß derſelbe, wie F. Mohr ſagt, der Angel=
ſtern geworden iſt, nach welchem der Naturforſcher von heute
ſeinen Curs richtet.

Nach Maßgabe dieſes Lehrſatzes geht keine Bewegung
in der Natur aus Nichts hervor oder in Nichts über, und
wie in der ſtofflichen Welt jede Einzelgeſtalt nur dadurch
ihr Daſein zu verwirklichen vermag, daß ſie aus einem un=
endlichen, ewig ſich gleichbleibenden Stoff=Vorrath ſchöpft,
ſo ſchöpft jede Bewegung den Grund ihres Daſeins aus
einem unermeßlichen, ewig gleichen Kraft=Vorrath und gibt
die dieſem entliehene Kraftmenge früher oder ſpäter auf
irgend eine Weiſe an die Geſammtheit zurück. Eine Be=

wegungs-Erscheinung kann wohl l a t e n t werden, d. h. für
den Augenblick in s c h e i n b a r e Verborgenheit übergehen,
aber sie ist damit nicht verloren gegangen, sondern nur in
andere qualitativ verschiedene, aber doch äquivalente oder
gleichwerthige Kraft-Zustände übergegangen, aus benen sie
später wieder in irgend einer Weise hervorgeht. B e i
d i e s e m H e r v o r g a n g h a t s i e, wenn geändert,
w e i t e r n i c h t s g e t h a n, als ihre Form gewechselt.
Denn Kraft kann im Weltall sehr verschiedene Formen annehmen, bleibt aber besmegen im Grunde stets das nämliche.
Diese verschiedenen Formen können in einander übergehen,
jedoch, wie bereits angedeutet, ohne Verlust und nach dem
Grundsatz der Aequivalenz oder Gleichwerthigkeit, so daß
sich die Summe der vorhandenen Kraft weder vermehren
noch vermindern kann, und daß nur die Summen der einzelnen Formen wechselnd sind.

Die Wissenschaft der Physik oder die Lehre von der
Kraft, ihrer Verwandlung und Umsetzung macht uns mit
sieben oder acht verschiedenen Kräften bekannt, welche, an
den Stoffen haftend und unzertrennlich mit denselben verbunden, „bilden und bauen die Welt.“ Sie heißen Schwerkraft oder allgemeine Massen-Anziehung oder auch mechanische
Kraft, Wärme, Licht, Electricität, Magnetismus, Affinität
oder chemische Verwandtschaft, Cohäsion und Abhäsion oder
molekuläre Anziehung, Molekularkraft — von welchen Schwere,
Cohäsion und Affinität auch als sog. ruhende Kräfte oder
Spannkräfte, die übrigen als lebendige Kräfte oder als Atom-
und Molekular-Bewegung bezeichnet zu werden pflegen.
Fast ohne Ausnahme können diese Kräfte gegenseitig in
einander übergeführt werden, und zwar in der Weise, daß
bei dieser Ueberführung nichts verloren geht, sondern daß
die neuentstandene Kraft der übergeführten äquivalent oder
gleichwerthig ist und als selbstständige Kraft nun wieder
neue Wirkungen entfalten kann. Im Weltraum, aus dem
uns ein unerschöpflicher Kraft-Vorrath entgegenströmt, sind

die Kräfte an die Himmelskörper gebunden, größtentheils in Gestalt von Licht und Wärme in den Sonnen- oder Fixsternen, als mechanische Kraft in den um ihre Centralkörper rotirenden Planeten, als chemische Differenz, Cohäsion und Magnetismus in den wägbaren Stoffen der Weltkörper.

Von der Verwandlung oder sog. Umsetzung der Kräfte wollen wir einige Beispiele heranziehen:

Durch Verbrennung oder Ausgleichung chemischer Differenz wird Wärme und Licht erzeugt. Wärme wird weiter als Dampf in mechanische Kraft umgesetzt, die z. B. in der Dampfmaschine nutzbar wird; und die mechanische Kraft kann ihrerseits wieder durch Reibung in Wärme zurückverwandelt werden und in der magneto-elektrischen Maschine sogar rückwärts in Wärme, Elektricität, Magnetismus, Licht und chemische Differenz übergehen. Eine der häufigsten Kraftumsetzungen ist die von Wärme in mechanische Kraft und umgekehrt. Reibt man zwei Stücke Holz aneinander, so erzeugt man Wärme und Entzündung. Heizt man dagegen eine Dampfmaschine, so läßt man umgekehrt Wärme in Reibung und Bewegung übergehen. Die Verwandlung der Wärme in mechanische Bewegung und umgekehrt läßt sich an einem Eisenbahnzuge auf das Einleuchtendste erläutern. Die durch Verbrennung erzeugte Wärme in der Locomotive verwandelt sich in die Bewegung der Wagen, welche, wenn durch die Bremse plötzlich eingehalten, sich wieder rückwärts in durch Rauch und Funken sich verrathende Wärme verwandelt.

Während wir in der Dampfmaschine durch Verbrennung von Kohle chemische Differenz in Wärme umsetzen, welche sich ihrerseits wieder in mechanische Kraft verwandelt, so verwandeln wir umgekehrt mechanische Kraft in Wärme, wenn wir von einer solchen ein Rad treiben lassen, welches einen massiven hölzernen Kegel in einem enganschließenden hohlen Metallkegel dreht. Dieser erhitzt sich bis zu einem solchen Grade, daß wir auf diese Weise im Stande sind, vermittelst der Kraft eines Wasserfalles, eines Stromes, einer Windmühle oder dergl. ein Zimmer zu heizen.

Im Schießpulver liegen chemische Affinitäten unbefriedigt nebeneinander. Sobald der entzündende Funke hinzukommt, wird die chemische Differenz ausgeglichen, und Wärme, Licht und mechanische Kraft kommen dafür zum Vorschein.

In der Volta'schen Säule wird chemische Differenz zwischen Zink und Sauerstoff in einen elektrischen Strom umgesetzt, und dieser kann am Leitungsdraht als Wärme und Licht oder aber wieder als chemische Differenz (in der Zersetzungszelle) erscheinen.

In der Elektrisirmaschine wird die mechanische Kraft des die Scheibe drehenden Armes, die selbst ihrerseits wieder von einer Ausgleichung chemischer Differenz herrührt (Respiration), in elektrische Spannung und Strömung umgesetzt, und diese kann je nach Umständen wieder als Anziehung (mechanische Kraft) oder als Licht, Wärme und chemische Differenz erscheinen.

Der englische Physiker G r o v e hat einen Apparat construirt, in welchem er aus dem L i c h t e als anfänglicher Kraft zu gleicher Zeit f ü n f übrige Kraftarten (chemische Thätigkeit, Elektricität, Magnetismus, Wärme und Bewegung) entwickelte. Ja man kann als Regel annehmen, daß, wenn man in einem Körper eine gewisse Kraft erregt, sich dabei auch alle anderen Kräfte thätig zeigen. Elektrisirt man z. B. schwefelsaures Antimon, so wird dasselbe gleichzeitig m a g n e t i s c h, w a r m, l e u c h t e n d (wenn die Erregung über eine gewisse Grenze hinaus fortgesetzt wird), b e w e g t durch Ausdehnung und c h e m i s c h t h ä t i g durch Zersetzung, wobei also s e c h s verschiedene Kräfte in Thätigkeit treten. Dasselbe geschieht bei der Elektrisirung von M e t a l l e n; nur ist zweifelhaft, ob bei ihnen auch chemische Zersetzung stattfindet.

Bei allen diesen Verwandlungs-Processen entsprechen sich nach den darüber angestellten Berechnungen die beiderſeitig aufgewendeten Kraft-Quanta auf das Genaueſte. Mittelſt eines elektriſchen Stromes kann man z. B. Waſſer in ſeine Beſtandtheile Waſſerſtoff und Sauerſtoff zerlegen und ſoviel von dieſen beiden Gasarten erzeugen, daß deren Verbrennung genau ſo viel Wärme entwickelt, als dem elek-triſchen Strom, welcher aufgewendet wurde, äquivalent oder gleichwerthig iſt.

Beim Stoß der Körper wird die mechaniſche Kraft in der Regel in Wärme umgeſetzt, wie man dies an dem durch den Schmiedehammer erhitzten Eiſen oder an zwei unelaſti-ſchen, gegen einander laufenden Kugeln (z. B. von Blei) beobachten kann, welche ſich durch den Zuſammenſtoß e r - w ä r m e n , während dagegen elaſtiſche Körper, z. B. Bil-lardkugeln) ſich nicht erwärmen, weil ſie die ihnen ertheilte mechaniſche Kraft auf den Rückſtoß verwenden. Oder wenn eine Kanonenkugel die Seite eines Panzerſchiffes trifft, ſo bekunden ein aufleuchtender Blitz und ein ſichtbares Erglühen der getroffenen Stelle, daß der Zuſammenſtoß die Bewegung der Kugel in intenſive Wärme umgewandelt hat, oder daß die geſammte Bewegung zu Wärme geworden iſt. Würden zwei Himmelskörper gegen einander ſtürzen — ein Vorgang, der unzweifelhaft ſchon ebenſo oft ſtattgefunden hat, wie er noch ſtattfinden wird — ſo müßte ſich durch den Stoß eine Wärmemenge entwickeln, welche hinreichend wäre, um die geſammte Maſſe dieſer Weltkörper wieder in ihren urſprüng-lichen Zuſtand zurückzuführen, d. h. ſie in Dampf aufzulöſen.

Ebenſo wie der Stoß entwickelt die mechaniſche Kraft der Preſſung oder Verdichtung Wärme, wie man dieſes an dem pneumatiſchen Feuerzeug oder in Münzwerkſtätten leicht beobachten kann. Alle Körper-Moleküle laſſen, wenn ſie ſich einander nähern, die Wärme oder Kraft, die ſie vorher auseinander hielt, frei werden — wodurch Hitze entſteht. Nicht mit Unwahrſcheinlichkeit halten wir alles im Weltraum vorhandene Licht und alle Wärme als aus dieſer Quelle herſtammend, wie denn überhaupt die gewöhnlichſte Form,

in welcher Kraft auftritt, Licht und Wärme der Central=
Weltkörper ist. Alle auf der Erde vorkommenden Kräfte,
einerlei ob in der organischen oder unorganischen Welt,
können und müssen mittelbar oder unmittelbar von den
Strahlen der Sonne abgeleitet werden. Das fließende Wasser,
der strömende Wind, die ziehenden Wolken, der rollende
Donner und der zuckende Blitz, der fallende Regen, Schnee,
Thau, Reif oder Hagel, das Wachsthum der Pflanze, die
Wärme und Bewegung des tierischen und menschlichen
Körpers, die Verbrennbarkeit des Holzes, der Steinkohle
u. s. w., u. s. w. lassen sich ohne Weiteres auf die Sonne
beziehen. Durch Verbrennen des Holzes oder der Steinkohle
kann die ganze Menge der einst verschwundenen und in diesen
Stoffen niedergelegten Sonnen=Wärme wieder zum Vorschein
gebracht werden. Die Kraft, mit welcher die Locomotive
dahinbraust, ist ein Tropfen Sonnen=Wärme, durch eine
Maschine in Arbeit umgesetzt, ganz ebenso wie die Arbeit,
welche im Gehirn des Denkers Gedanken schafft oder in dem
Arme des Arbeiters Nägel schmiedet.*) Die ungeheure Kraft,

*) In der 1857 bei Murray in London erschienenen Lebens=
beschreibung des berühmten englischen Eisenbahn=Ingenieurs „George
Stephenson, geb. 1781, gest. 1848, findet sich folgende interessante
Erzählung: „Am Sonntag, als die Gesellschaft gerade aus der Kirche
zurückgekommen war, stand dieselbe auf der Terrasse in der Nähe des
Bahnhofs (Drayton) beisammen und beobachtete einen dahineilenden
Eisenbahnzug, welcher eine lange Linie weißen Dampfes hinter sich
ließ. „„Nun““, sagte Stephenson zu Buckland (dem bekannten theo=
logischen Geologen), „ich habe eine Frage für Euch. Könnt Ihr mir
sagen, welche Kraft diesen Zug bewegt?““ — „„Nun wohl““, sagte
der Andere, „„ich denke, es ist eine von Euren dicken Maschinen.““
— „„Aber wer treibt diese Maschine?““ — „„Oh! sehr wahrscheinlich
ein tüchtiger Locomotivführer aus Newcastle!““ — „„Was meint Ihr
zu dem Sonnenlicht?““ — „„Wie versteht Ihr das?““ fragte der
Doctor. — „„Nichts Anderes treibt die Maschine““, sagte der große
Ingenieur; „„es ist Licht, welches seit Zehntausenden von Jahren in
der Erde aufgehäuft ist — Licht, welches von den Pflanzen eingesaugt

mit welcher die Tunnel des Mont Cenis oder des St. Gott=
hard durch die höchsten Gebirge hindurchgetrieben worden
sind, ist nichts anderes, als verwandelte, in mechanische
Bewegung umgesetzte Sonnen=Wärme. „Die Wärme, womit
wir unsere Wohnräume erwärmen", sagt Liebig, „ist
Sonnen=Wärme, das Licht, womit wir die Nacht zum Tag
machen, ist von der Sonne geliehenes Licht." Das Licht,
welches die Sonnen den von ihnen beleuchteten, das Licht
nicht durchlassenden Weltkörpern zusenden, verschwindet nicht
auf diesen, sondern wandelt sich in Wärme um, während
umgekehrt gesteigerte Wärme als Licht an den erwärmten
Körpern erscheint, wie man dieses an jedem, über eine ge=
wisse Grenze hinaus erhitzten Eisenstab mit Leichtigkeit be=
obachten kann.

Magnetismus kann in der magneto=elektrischen Maschine
als elektrischer Strom, dieser wieder unter einer Menge
anderer Formen erscheinen.

Schwerkraft erscheint unmittelbar als mechanische Kraft
und kann sofort als solche in alle bereits erwähnten For=
men übergeführt werden. An jeder Pendeluhr kann man
beobachten, wie Schwere nicht blos in Bewegung, sondern
auch in Wärme umgesetzt wird, da sich die Uhr=Theile durch
die Reibung erwärmen.

Die Kraft eines Wasserfalls kann, wie dieses erst vor
Kurzem vor den Augen aller Welt demonstrirt wurde, in
Elektricität umgewandelt werden und durch elektrische Fort=
leitung an weit entfernten Orten durch Kraft=Verwandlung

---

wurde und nothwendig war, damit diese während der Zeit ihres Wachs=
thums den Kohlenstoff in festen Zustand überführen konnten, und
welches jetzt, nachdem es Jahrtausende lang im Innern der Erde in
Kohlenfeldern begraben war, wieder zu Tag gebracht und befreit wird,
um den großen Zwecken der Menschheit zu dienen, wie hier in dieser
Maschine!"" Gewiß ein für jene Zeit höchst bewunderungswürdiger
und ein ganzes und neues Feld der Wissenschaft mit einemmale be=
leuchtender Ausspruch!

wiederum die stärksten mechanischen Wirkungen ausüben. Auch die von Jahr zu Jahr zunehmende Verwendung der Elektricität zu Bewegungs- und Beleuchtungszwecken bildet eines der eklatantesten Beispiele künstlich hergestellter Kraft-Verwandlung.

Selten wird bei solchen Vorgängen eine gegebene Menge Kraft ganz und vollständig in eine andere verwandelt, sondern es geht ein Theil derselben entweder in anderweitige Kräfte über und wird dadurch nicht bemerkt, oder er wird gar nicht umgesetzt. Bei der Dampfmaschine z. B. geht ein großer, ja der weitaus größte Theil der erzeugten Wärme nicht in mechanische Kraft über, sondern entweicht als Wärme mit den ausströmenden Dünsten oder dem Condensationswasser oder durch die Abkühlung der Maschinen-Theile. Bei dem Feuergewehr scheint es, als ob ein Theil der mechanischen Kraft verloren ginge; aber er geht nur scheinbar und der Wirkung oder dem vorliegenden Zweck verloren, weil er einmal zur Erwärmung des Flintenlaufs und zum Zweiten zur Erzeugung des Schalles verwendet wurde. Ebenso geht in der Elektrisirmaschine ein Theil der Kraft als Wärme an die Scheibe, das Reibzeug u. s. w. verloren. Das Wort „verloren" ist jedoch ein falscher Ausdruck; denn in allen diesen und ähnlichen Fällen geht kein Minimum Kraft absolut oder für das Weltall, sondern nur für den vorliegenden Zweck verloren und scheint daher der oberflächlichen Beobachtung zu verschwinden. In Wirklichkeit aber hat die aufgebotene Kraft nur verschiedene Formen angenommen, deren Summe jener Kraft gleichwerthig sein muß. Allgemein können alle Formen von Kraft und Bewegung vollständig und ohne Rest in Wärme umgesetzt werden; dagegen kann Wärme jedesmal nur theilweise in jede der anderen Formen übergeführt werden. Der Beispiele, an denen sich diese Sätze im Einzelnen nachweisen ließen, sind unzählige in der Natur; sie begegnen sich alle in dem Satz: Kraft kann weder geschaffen noch zer-

ſtört werden — ein Satz, aus welchem die Unſterblichkeit
der Kraft und die Unmöglichkeit, daß ſie als ſolche einen
Anfang oder ein Ende habe, folgt. Die Conſequenz dieſer
neu entdeckten Natur-Wahrheit iſt die gleiche, wie die
aus der Unſterblichkeit des Stoffes gezogene; und beide zuſammen bilden von Ewigkeit her und bilden in Ewigkeit
hin diejenige Summe von Erſcheinungen, welche wir Welt
nennen. Dem „Kreislauf des Stoffes“ ſtellt ſich der „Kreislauf der Kraft“ als nothwendiges Correlat oder als nothwendige Ergänzung zur Seite und belehrt uns, daß nichts
entſteht und nichts verſchwindet, und daß das Geheimniß
der Natur in einem ewigen, in und durch ſich ſelbſt getra-
genen Kreiſe ruht, wobei Urſache und Wirkung end- und
anfangslos verknüpft ſind. Unſterblich kann nur ſein, was
ewig war; und geſchaffen oder geworden kann nicht
ſein, was unſterblich iſt!

„Ueberall iſt Verwandlung, nirgendwo Vernichtung.
In der organiſchen wie in der phyſikaliſchen Welt, in den
lebenden wie in den todten Körpern iſt ewige Bewegung.
Abſolute Ruhe giebt es nicht. Alles verwandelt ſich, und
aus dem Schooß des Staubes erhebt ſich ununterbrochen
ein neues Leben.“ (Tyndall.)

Es iſt für Beurtheilung dieſer neu entdeckten Natur-
wahrheit und ihrer Conſequenzen gewiß ſehr intereſſant zu
erfahren, daß einſt Voltaire, bekanntlich ein heftiger
Gegner der Lehren ſeiner materialiſtiſch geſinnten Landsleute
und Zeitgenoſſen, nichts Beſſeres von ihnen verlangte, als
gerade die ſen Nachweis der Conſtanz der Naturkräfte, um
ſich überzeugen zu laſſen. „Die Materialiſten“, ſagt er
wörtlich in ſeinem Traité de Metaphysique, ch. II,
„müſſen behaupten, daß die Bewegung von der Materie
unzertrennlich iſt. Sie ſind daher ferner genöthigt zu behaupten, daß die Bewegung niemals ſich vermehren oder
vermindern kann, ſie müſſen zugeſtehen, daß hunderttauſend
Menſchen, welche auf einmal ſich in Bewegung ſetzen, und

3*

hundert abgefeuerte Kanonenschüſſe keine neue Bewegung in der Natur hervorbringen." Dieſer Nachweis nun, den Voltaire für ſo unmöglich hielt, und an dem er daher die Abſurdität der materialiſtiſchen Anſchauung bloßlegen wollte, iſt heutzutage vollſtändig geführt! Wie vielen ähnlichen, an die ſog. Materialiſten geſtellten Anforderungen wird es in der Zukunft gerade ſo ergehen!*)

---

*) Ausführlicheres über das Geſetz von der Erhaltung der Kraft und den daraus folgenden „Kreislauf der Kräfte", ſowie über die Geſchichte ſeiner Entdeckung findet der geehrte Leſer in des Verfaſſers Schrift: „Licht und Leben" (Leipzig, zweite Aufl. 1897) im zweiten Aufſatz: „Der Kreislauf der Kräfte und der Weltuntergang". Ebenda im erſten Aufſatz über „die Sonne und ihre Beziehung zum Leben" findet ſich der mit vielen thatſächlichen Erörterungen geführte Nachweis, daß die von der Sonne ausgehenden Licht- und Wärmeſtrahlen die einzige und letzte Urſache aller auf der Erde vor ſich gehenden Bewegungen und aller irdiſchen Kraft-Wirkungen im Organiſchen wie im Unorganiſchen ſind.

Unendlichkeit des Stoffs.

Hieraus erkennen wir, daß es wohl niemals möglich sein wird, die Dimensionen der letzten Theilchen der Materie zu bestimmen; unsre Vorstellungen sind zwischen zwei Unendlichkeiten eingeschlossen, zwischen der unendlichen Größe des Planetenraums und der unendlichen Kleinheit der molekulären Struktur.

Secchi.

Die Raum-Anschauung ist nur eine unvermeidliche Illusion unseres Selbst oder unserer endlichen Natur und existirt nicht außer uns; die Welt ist unendlich klein und unendlich groß.

Rabenhausen.

Ist der Stoff unendlich in der Zeit oder unsterblich, so ist er nicht minder ohne Anfang und Ende im Raum; er entzieht sich in seiner Eigenschaft als das wirklich Seiende den Beschränkungen, welche unsrem endlichen Geiste durch die Begriffe von Zeit und Raum, von denen sich derselbe in seinem Vorstellen nicht zu befreien vermag, auferlegt sind. Einerlei, ob wir nach der Ausdehnung des Stoffes im Kleinsten oder im Größten fragen oder suchen — nirgends finden wir ein Ende oder eine letzte Form desselben, mögen wir nun die Erfahrung oder unser Nachdenken zu Hülfe rufen. Als die Erfindung des Mikroskops oder zusammengesetzten Vergrößerungsglases früher unbekannte Welten aufschloß und eine bis dahin nicht geahnte Feinheit und Kleinheit des organischen Lebens und der organischen Form-Elemente dem Auge des Forschers enthüllte, nährte man die kühne

Hoffnung, dem letzten organischen Element, vielleicht dem Grunde des Entstehens auf die Spur zu kommen. Diese Hoffnung schwand in dem Maße, in welchem sich unsre Instrumente verbesserten. In dem hundertsten Theile eines Wassertropfens zeigt sich eine Welt kleiner Tiere, oft von den zierlichsten und ausgeprägtesten Formen, welche sich bewegen, fressen, verdauen, leben, wie jedes andere Tier und durch die Art ihrer Bewegung keinen Zweifel darüber lassen, daß ihnen die beiden Hauptkennzeichen tierischen Lebens, Empfindung und Willen nicht abgehen.

Das merkwürdige, ehedem mit Unrecht zu den Infusorien gerechnete Rädertierchen, welches den zehnten oder zwanzigsten Theil einer Linie mißt, hat einen Schlund, gezahnte Kiefer, Magen, Darm, Drüsen, Eierstöcke, Augen, Blut, Gefäße und Nerven. Ein Tropfen Meerwasser enthält eine Fülle der mannichfaltigsten und merkwürdigsten Gestalten, wie Kugeln, Kreuze, Körbchen, Schrauben, Sterne, Schachfiguren, Hörner, Hauben, Helme u. s. w., und jede einzelne dieser Gestalten repräsentirt ein vollkommen entwickeltes, selbstständiges, mit Empfindung und Bewegung begabtes Lebewesen. Von den schalentragenden Wurzelfüßern (Foraminiferen), deren Schalenreste ganze Schichten unsrer Erdoberfläche zusammensetzen, sind die Reste von anderthalb Millionen Individuen nothwendig, um das Gewicht eines Gramms herzustellen, während die feinen Streifchen auf den Kieselschalen der sog. Diatomeen fünfhundertmal feiner sind, als das dünnste Menschenhaar. Von den Bakterien oder Spaltpilzen, sog. Protisten oder Urwesen, welche ihrer Natur nach zwischen Pflanzen- und Tierreich mitten inne stehen, oder stabförmigen Körperchen, die sich mittelst einer feinen, oft nicht einmal sichtbaren schwingenden Geißel lebhaft im Wasser bewegen und neuerdings als höchst gefährliche Krankheits-Erreger erkannt worden sind, gehen nach Prof. Cohn's Berechnung 633 Millionen auf einen Kubikmillimeter, und 636 Milliarden derselben würden

erſt im Stande ſein, das Gewicht eines franzöſiſchen
Gramms oder des fünfhundertſten Theils eines Pfundes
herzuſtellen. Nach Nägeli's Angaben ſind von den kleineren Spaltpilzen im lufttrocknen Zuſtande gar dreißig
Milliarden nothwendig, um das Gewicht des tau-
ſendſten Theils eines Gramms zu ergeben! Die
Samenkörner eines in Italien vorkommenden Trauben-
pilzes ſind ſo klein, daß ein menſchliches Blutkörperchen
unter dem Mikroſkop als ein Rieſe gegen dieſelben erſcheint; die Blutkörperchen ſelbſt aber ſind von ſolcher Kleinheit, daß das kleinſte Bluttröpfchen von einem Kubikmillimeter Inhalt mehr als fünf Millionen derſelben enthält.
Die Aſkaride (Spulwurm) legt etwa 64 Millionen Eier,
von denen jedes einen Durchmeſſer von fünf Hundertſtel eines
Millimeters hat, während ein Glied eines menſchlichen Band-
wurms fünfzigtauſend Eier enthält. Von einer einzigen
Orchidee werden beinahe ebenſoviele Samenkörner hervorgebracht, wie der Spulwurm Eier hat, u. ſ. w., u. ſ. w.
In allen dieſen Körperchen lebt die organiſche Kraft der
Fortpflanzung oder die Anlage zur Wiedererzeugung eines
dem elterlichen Körper in allen ſeinen feinſten Einzelheiten
gleichenden Weſens — eine beſonders complicirte Zuſammen-
ordnung der ſtofflichen Elemente, von der wir uns keine
Vorſtellung machen können, da unſere Sehkraft hier ein Ende
hat. Noch weniger iſt das Mikroſkop im Stande, uns einen
Aufſchluß über die wunderbare Zuſammenſetzung und molekulären Verhältniſſe des tieriſchen oder menſchlichen Samens
zu geben, wo eine einzige Zelle von mikroſkopiſcher Kleinheit im Stande iſt, die körperliche und geiſtige Natur
oder Eigenthümlichkeit des zukünftigen Weſens oft bis in
die feinſten Nüancirungen für die Dauer eines ganzen
Lebens zu beſtimmen.

Immerhin ſind alle dieſe Körper oder Objecte, ſo
überaus klein ſie auch ſein mögen, unſerem bewaffneten Auge
noch ſichtbar. Aber wenn die neu entdeckte Forſchungs-

Methode der Spektral-Analyse im Stande ist, mit Sicherheit das Vorhandensein des dritten Theils eines tausend
millionsten Theils eines Gramms (des fünfhundertsten
Theils eines Pfundes) eines schwerwiegenden Stoffs (z. B.
Kochsalz) in der Luft eines Zimmers nachzuweisen, oder
wenn sie im Stande ist, von Thallium schon $\frac{1}{50000000}$
oder von Strontium $\frac{1}{100000000}$ Milligramm (1000ster
Theil eines Gramms) zu erkennen, so liegt ein solches
Theilchen außerhalb aller Grenzen unsrer direkten Wahr-
nehmbarkeit, auch wenn unsere Mikroskope sich noch bedeutend verfeinern würden. Nichtsdestoweniger kann die
Anwesenheit des tausend millionsten Theils eines Kubikmillimeters mancher Farb- oder Riechstoffe (z. B. Anilin-
farben der dunkleren Art oder Moschus) noch durch Gesicht
oder Geruch wahrgenommen werden, und es muß angenommen
werden, daß solche Theilchen wiederum aus einer unbegrenz-
ten Anzahl von Atomen und Molekülen zusammengesetzt sind,
und daß die Zwischenräume, welche diese kleinsten Stofftheilchen von einander trennen, im Verhältniß zu deren
Größe ebenso ungeheuer weit oder groß sein müssen, wie
die Zwischenräume, welche die einzelnen Weltkörper von
einander trennen. „Die stärksten Mikroskope", sagt Prof.
Valentin, „werden uns nie die Form und die Lage der
Moleküle, ja nicht einmal die der kleineren Atomgruppen
zur Anschauung bringen. Ein Salzkorn, das wir kaum
schmecken würden, enthält Milliarden von Atomgruppen,
die kein sinnliches Auge je erreichen wird." Der englische
Physiker Thompson hat die Größe eines Zink-Moleküls
auf den dreißig millionsten Theil eines Millimeters zu bestimmen gesucht, wobei nicht zu vergessen ist, daß die Moleküle im Vergleich zu den Atomen immer noch sehr groß
sein können oder müssen — während der Durchmesser eines
Blutkörperchens nur auf den dreihundertsten Theil einer
Linie, derjenige der kleinsten Infusorien auf den fünfzehn-
hundertsten Theil eines Millimeters geschätzt wird. Auch

bezeichnet jene Zahl nur die unterste Grenze, bis zu welcher die Rechnung auf Grund gewisser Daten fortgesetzt werden konnte. Derselbe Gelehrte hat berechnet, daß, wenn man einen einzigen Wassertropfen bis zum Umfang unserer Erde, welche einen Durchmesser von 8000 englischen Meilen hat, ausgedehnt und jedes einzelne Wasser=Molekül in entsprechen= dem Maße vergrößert denkt, jedes dieser Moleküle oder ein= zelnen Wassertheilchen, welches seinerseits wieder aus Wasser= stoff= und Sauerstoff=Atomen zusammengesetzt ist, doch nur die ungefähre Größe einer Flintenkugel haben würde! Die Zahl der Moleküle selbst aber, welche ein Kubikmillimeter Wasser enthält, hat man zwischen 64 000 Billionen und 64 000 Trillionen berechnet, während ein Wassertröpfchen von der Schwere eines Milligramms eine Anzahl von Molekülen enthält, die in der Nähe von 16 Trillionen liegt, und wäh= rend der Durchmesser eines solchen Moleküls nicht viel größer oder kleiner sein kann, als vier zehnmilliontel Millimeter! Ein Theilchen Eiweiß, das noch deutlich von anderen Theilchen unterschieden werden kann, und das nach Helm= holtz gegen den achtzigtausendsten Theil eines Zolls im Durchmesser haben mag, enthält immer noch ca. 125 Mill. Moleküle! — Aber Alles dieses wird noch weit übertroffen durch die Berechnungen, welche neuerdings von englischen und deutschen Gelehrten über die molekuläre Constitution der leichtesten Körper, welche wir kennen, oder der Gase angestellt worden sind. Die von Clausius und Maxwell begründete sog. kinetische Theorie der Gase nimmt an, daß sich in einem Kubik=Centimeter Gas oder Luft nicht weniger als einundzwanzig Trillionen Molekeln (d. h. zusammen= gesetzte Atome, Atomgruppen, Atomsysteme) befinden, deren relative Entfernungen von einander den drei bis vier mil= lionsten Theil eines Millimeters betragen; ferner daß 140 Trillionen Moleküle des reinen Wasserstoffs ein Milli= gramm (tausendster Theil eines Gramms) wiegen, oder — mit anderen Worten — daß ein Milligramm Wasserstoff

140 Trillionen Moleküle enthält. Nach Carus Sterne rechnet! man auf einen Fingerhut voll Gas sechs Trillionen Molekeln — eine Zahl, deren Bedeutung nach ihm Prof. Kundt dadurch begreiflich zu machen sucht, daß er sagt: „Wenn eine Buchdruckerei im Stande wäre, alle Tage einen Lexikon-Band von drei Millionen Buchstaben zu drucken, so würde sie ihre Arbeit dennoch 64000 Jahre hindurch fortsetzen müssen, um so viel Buchstaben zu drucken, als Molekeln in einem Fingerhut voll Luft enthalten sind. Dabei ist nicht zu übersehen, daß die einzelnen Molekeln nicht dicht an einander liegen, sondern durch ihre sog. „Molekularsphären" so weit von einander getrennt sind, daß sie nach Clausius in Wirklichkeit nur den breitausendsten Theil des Gesammtraumes einnehmen. Die Geschwindigkeit, mit welcher diese Molekeln durch einander schwingen, hat man für das leichteste Gas oder den Wasserstoff auf 1698 Meter in der Sekunde berechnet, während die schwereren Gase sich mit einer ähnlichen relativen Geschwindigkeit, aber doch bedeutend langsamer bewegen. Bei einer mittleren Geschwindigkeit von 477 Meter nimmt man die Anzahl der Zusammenstöße zwischen den Molekeln auf 4700 Millionen in der Sekunde an. Nach dem englischen Physiker Tait wird die Anzahl der einzelnen Theilchen, welche in einem einzigen Kubik-Zoll Luft enthalten sind, durch eine 21stellige Zahl ausgedrückt; dabei fliegen diese Theilchen ununterbrochen in allen Richtungen hin und her, und jedes derselben stößt in der Sekunde 8000 millionenmal mit den benachbarten Theilchen zusammen: Der geniale englische Physiker Crookes hat bekanntlich eingeschlossene Gase durch mechanische und chemische Hülfsmittel bis zu einem solchen Grade der Verdünnung gebracht, daß dadurch die merkwürdigen Erscheinungen der sog. „strahlenden Materie" oder des sog. „vierten Aggregatszustandes der Materie", wobei sich die freier oder unbehinderter gewordenen Molekeln leichter und schneller durcheinander bewegen, hervorgebracht

werben. Diese Erscheinungen zeigen, daß es ein grober
Irrthum wäre, wenn man annehmen wollte, daß durch solche
Verdünnungen ein Vacuum oder luftleerer Raum oder auch
nur ein demselben nahekommender Zustand der Materie
erreicht werden könnte. Entleert man z. B. eine Kugel
oder einen Raum von 13 bis 14 Centimeter Durchmesser,
welcher nach Berechnung der besten Autoritäten die schwindelhafte Zahl von ungefähr einer Quadrillion Gas-Moleküle
enthalten mag, bis auf den millionsten Theil einer Atmosphäre, so bleiben nach Dr. K a l i s c h e r (Zeitschrift „Natur",
1880, Nr. 17 und 18) i m m e r n o c h e i n e T r i l l i o n
M o l e k ü l e darin! Um diese ungeheure Menge anschaulich zu machen, führt derselbe Schriftsteller nach dem englischen Physiker C r o o k e s folgende Rechnung aus: Könnte
man in eine solcherweise entleerte Kugel ein Loch von solcher Feinheit machen, daß in jeder Sekunde hundert Millionen
Gas-Moleküle durch dasselbe eintreten würden, so müßten
ungefähr 400 Millionen Jahre vergehen, bis die Kugel
wieder die ursprüngliche Beschaffenheit der Atmosphäre angenommen oder bis zu einer Quadrillion Gas-Moleküle
aufgenommen hätte!!

Nach W ü r t z (Die atomistische Theorie) sind zehn
Trillionen Moleküle atmosphärischer Luft und 144 Trillionen
Moleküle Wasserstoff erforderlich, um ein Milligramm dieser
Luftarten zu bilden; und die Anzahl der Moleküle beträgt
in einem Kubikcentimeter Luft 21 Trillionen. Die Größe
der von einem Luft-Molekül bei 0 Grad und normalem
Druck zwischen zwei Zusammenstößen durchlaufenen Strecke
beträgt im Mittel den fünfundneunzig millionsten Theil eines
Millimeters — eine Größe, die ungefähr 25 mal kleiner ist,
als die kleinste, durch das Mikroskop noch sichtbare Größe.
Die Länge der Lichtwellen berechnet W ü r t z auf den hundert
millionsten Theil eines Millimeters, die Dicke der Wand
einer Seifenblase hundert mal größer oder auf den millionsten Theil eines Millimeters. Der hochverdiente Phy-

fifer und Chemiker Loschmid in Wien hat durch eine höchst
geniale Rechnung nachgewiesen, daß ein Wassertropfen vom
Volumen eines Cubik-Millimeters in rund 1 Trillion Theile getheilt werden könne, von denen jedes einzelne wieder Wasser sei.

Welcher unglaublichen Verdünnung oder Ausdehnung
überhaupt die Materie in Folge ihrer molekulären oder
atomistischen Zusammensetzung fähig ist, lehrt ein Blick auf
die Berechnungen, welche über die unbegreifliche Feinheit
des alle Welträume, wie auch die feinsten Zwischenräume
aller Körper erfüllenden, für unsere mechanischen Hülfsmittel
unwägbaren Aethers, sowie auch über die Dichtigkeit einzelner Himmelskörper oder über den ursprünglichen, nebel-
artigen Zustand unseres Sonnensystems angestellt worden
sind. Denkt man sich die gesammte Masse oder wägbare
Materie unseres Planetensystems, mit Einschluß der Sonne,
auf eine Kugel von dem Halbmesser der Bahn des äußersten
uns bekannten Planeten Neptun vertheilt — und eine solche
und höchst wahrscheinlich noch viel größere Ausdehnung muß
ja der Nebelball, aus dem sich das System entwickelte, ursprünglich gehabt haben — so ergibt sich eine solche Stoff-
verdünnung, daß die Dichtigkeit dieses Urnebels nur den
553 millionsten Theil der Dichtigkeit unsrer atmosphärischen
Luft oder nach Rabenhausen den zehnmillionsten Theil
der Dichtigkeit des Wasserstoffs, des leichtesten aller Erden-
körper, ausmachen würde, oder daß nach Helmholtz ein
einziger Gramm fester irdischer Substanz viele Billionen
Kubikmeilen gleichmäßig erfüllen müßte. Nimmt man gar
mit einigen Astronomen an, daß der Urball unseres Sonnensystems in Wirklichkeit einen Radius oder Halbmesser von
zwei Billionen Meilen besessen haben dürfte, so könnte die
Dichtigkeit jenes Urstoffs nur den 600 000 billionsten Theil
der Dichtigkeit des Wasserstoffs betragen haben, während er
zur Zeit, als der Ring des Erdplaneten sich vom Sonnenball absonderte, bereits die Dichtigkeit des neunhundertsten
Theils des Wasserstoffgases erreicht hatte!!

Der Kometenstoff oder der Stoff, aus welchem diese merkwürdigen fahrenden Ritter des Weltraums bestehen, ist nach den Berechnungen der Astronomen so fein oder so dünn, daß eine Kubikmeile Kometenmasse kaum einige Gramm wiegen dürfte, oder daß sich nach des Astronomen W. Meyer's Ausdruck die Kometen bezüglich ihrer Masse zu den Planeten kaum verhalten mögen, wie ein Papierschnitzelchen zu einer Kanonenkugel. So leicht und flüchtig nun aber auch diese ganz mit Unrecht gefürchteten Himmelskörper sind, so leistet ihnen doch auf ihrer Laufbahn der Aether oder jener überaus feine, für unsere gewöhnlichen Hülfsmittel unwägbare Stoff, welcher nach den Meinungen der Physiker nicht bloß alle Himmelsräume, sondern auch die feinsten Zwischenräume aller und selbst der dichtesten Körper erfüllt, welcher durch Glaswände hindurchgeht und alle Atome und Moleküle unausgesetzt umfließt — einen verhältnißmäßig so geringen Widerstand, daß dessen Feinheit oder Dünnheit alles sonst Bekannte weit hinter sich läßt, und daß z. B. nach W. Woob's Berechnung (Philos. Magaz. 1885, S. 389) ein Volumen Aether, welches dem zwanzigfachen Volumen der Erde gleichkäme, ungefähr ein Pfund wiegen würde!!*).

---

*) Neuere Physiker leugnen die Existenz des Aethers und nehmen dafür nur ein überaus feines Gas oder eine Verdünnung der gewöhnlichen Materie an. Nach Secchi besteht derselbe vielleicht nur aus den primitiven oder „wahren" Atomen des unbekannten „Urstoffs", aus welchen die bis jetzt von uns fälschlicherweise sog. Grundstoffe oder Elemente in bestimmten Mengen oder Gruppirungen zusammengesetzt sind, so daß darnach alle Stoffe aus Aether zusammengesetzt wären. Nach Spiller (Die Urkraft des Weltalls, 1876 — eine im Uebrigen höchst lesenswerthe Schrift) bildet der Aether als kraftbegabter Weltstoff die eigentliche Urkraft des Weltalls oder die Seele der Welt, den Weltwillen oder den Kraftstoff, den unermüdlichen Baumeister, dem alle Atome willenlos folgen müssen, und „welcher ohne persönliches oder Selbstbewußtsein alle Weltvernunftgesetze von der Gravitation der größten und entferntesten Weltkörper bis zu den chemi-

Ein Atom (von dem griechischen α und τεμνω, also
ein Unzertheilbares) nennen wir den kleinsten Theil eines
chemischen Elementes oder Grundstoffes, den wir als nicht
mehr theilbar oder doch nicht mehr sich theilend uns vorstellen, und denken uns alle Materie oder alle Körper aus
solchen Atomen oder aus Gruppirungen zweier oder mehrerer
derselben zu einem gemeinschaftlichen Körper, den sog.
Molekeln oder Molekülen, zusammengesetzt und durch ein
wechselndes System gegenseitiger Anziehung und Abstoßung
existirend und ihre Eigenschaften erhaltend. Vielleicht irren
wir nicht, wenn wir ein Molekül als etwas im kleinsten
Maßstab den Weltkörpersystemen Aehnliches betrachten und
dann die verschiedenen Atome, aus denen jenes zusammengesetzt ist, mit den verschiedenen, bald zu zweien, bald zu
mehreren in ein System vereinigten Himmelskörpern vergleichen. Aber so einleuchtend eine solche Vorstellung auch
ist, und so sehr sie geeignet scheint, eine annehmbare Erklärung für eine große Menge chemischer und physikalischer
Räthsel oder Erscheinungen oder Eigenschaften und Kräfte-
wirkungen der Materie zu liefern, so müssen wir uns doch gestehen, daß das Wort „Atom“ nur ein Ausdruck für eine von
uns künstlich an den Stoff herangebrachte und den Bedürfnissen
unseres Geistes nach räumlicher Abgrenzung entsprechende Vorstellung ist, deren wir behufs wissenschaftlicher Zwecke bedürfen.
Namentlich scheint die Wissenschaft der Chemie ohne Atomistik unmöglich; und jede Theorie oder concrete Vorstellung
in ihr müßte ohne dieselbe aufhören. Aber dennoch ist und
bleibt die Atomistik nur eine wissenschaftliche Hypothese, und

---

schen Bewegungen der körperfähigen, uns nicht sichtbaren Stoff-Atome
diktirt.“ Er nennt seine Lehre den Aetherismus oder die Welt-
ätherlehre. — Ist jene Annahme, daß der die interplanetarischen
Räume erfüllende Stoff nur der Ueberrest des ehemaligen Urnebels
ist, richtig, so muß er noch viel, viel feiner sein, als dieser selbst,
da ihm die Stoffe zu jenen festen Gestalten, die sich aus ihm entwickelt haben, geraubt sind.

ein wirklicher Begriff von dem Dinge, das wir Atom nennen, geht uns vollkommen ab. Wir wissen nichts von seiner Größe, Schwere, Form, Lage, Farbe u. s. w., wir wissen nicht, ob es fest oder elastisch oder schmelzbar, ob es eckig oder eine Kugel u. s. w. ist — obgleich es an allerlei Spekulationen über die Form und Eigenschaften der Atome nicht gefehlt hat. Niemand hat das Atom gesehen und Niemand wird es jemals sehen; und die spekulativen Philosophen leugnen die Existenz der Atome, weil sie nicht zugeben, daß ein Ding existiren könne, das man sich als nicht weiter theilbar vorstellen könne, und erklären dieselben für logisch und empirisch unmöglich. In der That kann die unbegrenzte Theilbarkeit der Atome oder der aus ihnen zusammengesetzten Moleküle weder im theoretischen oder metaphysischen, noch im empirischen Sinne angezweifelt und nur behauptet werden, daß die uns bekannten chemischen und physikalischen Kräfte nicht im Stande sind, sie weiter zu zerlegen. Wenn z. B. die Chemie lehrt, daß ein Atom oder Molekül Quecksilber hundert oder zweihundert Mal so schwer ist, als ein Atom oder Molekül Wasserstoff, so muß das erstere im Vergleich zum letzteren eine verhältnißmäßig bedeutende Größe besitzen und daher auch theilbar sein. Auch ist es durch neuere Forschungen sehr wahrscheinlich geworden, daß die von uns als solche angesehenen chemischen Elemente oder Grundstoffe in Wirklichkeit keine solchen, sondern selbst zusammengesetzte Körper sind, und daß daher das sog. Atom ebenso aus Einheiten höheren Grades besteht, wie das Molekül aus Atomen. Daher wir das Atom, wenn wir diesen Begriff als solchen festhalten wollen, geradezu als das physikalisch unendlich Kleine auffassen müssen.*)

---

*) Die Atomistik oder die Erklärung des Ganzen aus den Theilen ist von dem griechischen Philosophen Leukipp (500 v. Ch.) begründet und von seinen Schülern Demokrit, Epikur und Lukrez weiter ausgeführt worden. Durch die Sokratische Philosophie aus der Wissenschaft und durch das Christenthum aus dem allgemeinen Volksbewußt-

Somit führen uns weder Beobachtung, noch Nachdenken
in der Betrachtung des Stoffes im Kleinsten an einen Punkt,
an dem angelangt wir Halt machen könnten, und es fehlt
alle Aussicht, daß dieses jemals geschehen werde.   Jenseits

---

sein verdrängt, wurde sie erst durch Gassendi, Hobbes, Dalton,
u. A.) (1592—1844) wieder hervorgeholt und neu belebt, während
Lavoisier am Ende des vorigen Jahrhunderts die Unzerstörbarkeit
des Atoms nachwies und die neuere Chemie darauf gründete. Eine
etwas phantastische Richtung spekulativer Naturphilosophie der Neuzeit
sucht die Existenz oder die materielle Beschaffenheit der Atome in Zweifel
zu ziehen und ausdehnungslose Kraftpunkte (sog. „Kraftmittelpunkte")
aus ihnen zu machen, wobei es freilich total unbegreiflich bleibt, wie
ausdehnungslose Dinge sich zu etwas Ausgedehntem aneinander sollten
legen können. Nach Nägeli (Mechanisch=physiologische Theorie der
Abstammungslehre, 1884) sind die Atome keine einfachen Körper, sondern aus noch viel kleineren Theilchen von der Größenordnung der
Aethertheilchen oder aus sog. Ameren (von α privativum und μέρος,
Theil) zusammensetzt. Der Größe nach verhalten sich die Atome
zu den Ameren wie eine endliche zu einer verschwindend kleinen Größe,
denn die Zahl der in einem Atom enthaltenen Ameren dürfte sich
in die Billionen belaufen. In ihnen liegt oder steckt nach Nägeli das
Kraftprinzip, und zwar so, daß die in der Welt vorhandene Menge
einer jeden Elementarkraft auf alle Amere vertheilt ist. — In der
organischen Welt sind die Moleküle der eiweißartigen Substanzen zu
krystallinischen Molekülgruppen oder sog. „Micellen" vereinigt, von
denen z. B. ein Kubikcentimeter trockenen Eiweißes die fabelhafte Zahl
von 400 Trillionen, einen Kubikmikromillimeter nahezu 400 Millionen
enthält!! Da sich aber noch leere Zwischenräume zwischen den Micellen befinden müssen, so berechnet sich das Volumen des einzelnen
Micells auf den 2,1 trillionsten Theil eines Kubikmillimeters. — Nach
Clark=Maxwell enthält das kleinste unter dem stärksten Mikroskop
überhaupt noch sichtbare lebende Wesen immer noch eine Million
(nach Taint zwei Millionen) organischer Moleküle oder Atomgruppen,
so daß wir uns gar keine Vorstellung darüber machen können, welche
unschätzbar große Masse feinster histologischer Eigenschaften der organischen Gewebe, für welche uns keine Untersuchungsmethode zu Gebote steht, existiren mag. — Näheres über die „Kraftmittelpunkte",
sowie über die Kritik der atomistischen Hypothese überhaupt findet sich
in der Verfassers Schrift „Natur und Geist", 3. Aufl. S. 79 u. flgb.

der gegenwärtigen Außenposten mikroskopischer Forschung, so setzte der berühmte englische Naturforscher Prof. Tyndall bei Gelegenheit eines Vortrages in der Philharmonischen Halle in London auseinander, liegt noch ein unermeßliches Feld der Einbildungskraft. Denn wir haben es hier mit so unendlich kleinen Größen zu thun, daß im Vergleich mit ihnen die Probungs-Objecte des Mikroskops buchstäblich unermeßlich sind. „Wie die Abstände des Sternenraums uns einfach ein verwirrendes Bild der Unermeßlichkeit geben, ohne einen bestimmten Eindruck im Gemüth zurückzulassen, so machen die Größen, mit denen wir es hier zu thun haben, den Eindruck eines verwirrenden Gefühls von Kleinheit auf uns.“

Daher können wir nicht anders, als sagen: Der Stoff und damit die Welt ist unendlich im Kleinsten; und es kommt nicht darauf an, ob unser Verstand, der überall ein Maß oder Ziel zu finden sich gewöhnt hat, in seiner endlichen Beschränkung einen Anstoß an solcher Idee nimmt. Unser Denken ist zwischen zwei an sich unbegreifliche Unendlichkeiten eingeschlossen, zwischen der Unendlichkeit des Sternenraumes und derjenigen der Atomistik oder molekulären Zusammensetzung. Denn wie das Mikroskop im kleinen, so führt uns das Fernrohr im großen Weltall. Auch hier dachten die Astronomen in kühnem Muthe an das Ende der Welt vorzudringen; aber je mehr sie sich ihre Instrumente vervollkommneten, um so unermeßlicher, unerreichbarer dehnten sich neue Welten vor ihrem erstaunten Blicke aus. Die leichten weißen Nebel, welche bei hellem Himmel dem bloßen Auge am Firmamente erscheinen, löste das Fernrohr in Myriaden von Sternen, von Welten, von Sonnen und Planeten-Systemen auf; und die Erde mit ihren Bewohnern, welche man sich so gern und selbstgefällig als Krone und Mittelpunkt des Daseins vorgestellt hatte, sank von ihrer eingebildeten Höhe zu einem im Weltraum schwimmenden Atom herab. „Alle unsre Erfahrungen geben uns von einer Grenze auch nicht die geringste Spur; jede Vermehrung der Kraft der Fernrohre eröffnet unserm Blicke neue Reiche von Sternen und Nebeln, die, wenn sie nicht aus Schwärmen von Sternen bestehen, jedenfalls selbstleuchtende Materie sind." (Grove.) „Mit jeder Verschärfung unserer Mittel, welche unsern Blick in die Lichtfluthen des fernsten Sternhimmels hinaustragen, tauchen neue Sonnenschwärme aus dem Weltmeer der Sterne auf." (W. Meyer.) „Selbst in den mächtigsten Teleskopen erblickt man so zahlreiche lichtschwache Sternchen, daß man nicht daran zweifeln kann, wie jenseits derselben noch andere vorhanden sein müssen, die noch in größeren Fernrohren sichtbar werden würden." (G. J. Klein.) „Aus allen diesen Erfahrungen ergibt sich, daß die Tiefe des Himmelraums wirklich unergründlich ist, und daß es uns niemals gelingen wird, seine Grenzen zu erfassen. Wir würden uns vergeblich bemühen, durch Steigerung von Vergleichen auch nur annähernd eine Anschauung von der Unermeßlichkeit der Sternenwelt zu geben." (Secchi.)

Die Entfernungen, welche die Astronomen im Weltall ausgerechnet haben, sind so maßlos, daß bei deren Betrachtung unser Verstand schwindelt und unsre Phantasie sich vergeblich bemüht, den dadurch erweckten Vorstellungen zu folgen. Wenn schon die Größen, die in unserm Sonnensystem vorkommen, unserm Geiste unfaßbar sind, wie viel mehr sind es die Fixstern-Weiten, welche man nur nach sog. „Sonnenweiten" (20 Millionen deutsche Meilen oder 148,6 Millionen Kilometer) oder nach sog. „Lichtzeiten" zu bestimmen pflegt. Um nämlich einen mathematischen Ausdruck für die ungeheuren Entfernungen des Weltraums zu gewinnen, haben die Astronomen die sog. Licht-Zeit angenommen — basirt auf die außerordentliche Schnelligkeit des Lichts, mit welcher dasselbe bekanntlich 40 160 deutsche Meilen oder 300 000 Kilometer in der Sekunde zurücklegt. Eine Sekunde Lichtzeit drückt darnach eine Entfernung von ca. 41 000 Meilen, ein Jahr Lichtzeit eine solche von 1 ¹/₃ Billionen (1 324 512 000 000) Meilen aus. Nun schätzt man die Entfernung des uns zunächst gelegenen Firsterns (α des Centauren) oder der außerhalb unsres Sonnensystems uns am nächsten gelegenen Sonne (eines der hellleuchtendsten Sterne) auf etwa 3 ³/₄ Jahre Lichtzeit oder 224 500 Sonnenweiten oder 4 bis 5 Billionen Meilen — die des Sterns 61 im Schwanen auf etwa 400 000 Sonnenweiten oder acht Billionen Meilen oder nahezu sechzig Billionen Kilometer. Die Entfernung des hellglänzenden Sirius oder des Hundssterns der Alten von der Erde beträgt 17 Lichtjahre oder mehr als das Millionfache der Entfernung der Erde von der Sonne. Wollten wir von der Erde aus den nächsten Firstern erreichen, so würden wir dazu dreißigtausend Jahre nöthig haben — vorausgesetzt, daß wir uns mit der Geschwindigkeit unsres Sonnensystems im Weltenraum (30 Kilometer in der Sekunde) in grader Richtung auf ihn zu bewegen würden, und daß er selbst seinen Ort nicht veränderte. Aber die genannten Sterne gehören alle zu den nahegelegenen, während die entfernteren Firsterne auf Hunderte und Tausende von Lichtjahren geschätzt werden. Die Zahl dieser außerhalb unsres Systems liegenden Sterne oder Sonnen haben die Riesen-Teleskope der Neuzeit auf ungefähr zwanzig Millionen gesteigert, während man mit bloßem Auge deren kaum 4—5000 bemerkt; und diese zahllosen Sonnen mit den sie wahrscheinlich begleitenden, noch zahlloseren Trabanten und Untertrabanten — Sonnen, welche unsre eigne Sonne an Größe und Leuchtkraft zum Theil um das mehr als Tausendfache übertreffen — sind durch Entfernungen getrennt, wie die oben geschilderten. Sie alle zusammengenommen bilden aber nicht das Weltall, sondern sie gehören vielmehr sammt und sonders zu einem bestimmten, relativ eng begrenzten Sternsystem, neben welchem es noch zahllose andere, zum Theil weitaus größere Systeme im Weltraum gibt. Dieses System oder diese Sternen-

Republik, von welcher unsre Sonne mit ihren Trabanten nur einen kleinen Theil ausmacht, oder diese Weltinsel er= streckt sich in Gestalt einer ziemlich stark abgeplatteten Linse durch den Weltraum und ist an ihrer Peripherie durch zwei nahezu parallele, ringförmige Anhäufungen von Sonnen begrenzt, welche uns in der Form der bekannten Milch= straße sichtbar sind. Die Entfernung dieser Milchstraße von der Erde schätzt man auf 4—5000 Lichtjahre, d. h. das Licht beburfte dieser Zeit, um von dort bis auf unsere Erde zu gelangen, während es nach Mädler's Berechnung über 9000 Jahre nöthig hat, um den ganzen Milchstraßenring von einem Ende bis zum anderen zu durchbringen. Unsre Sonne, welche nicht ganz im Mittelpunkt dieses Fizstern= systems, sondern mehr seitlich steht, ist 573 Lichtjahre vom Mittelpunkt des Ringes entfernt und liegt dem inneren Milchstraßenzuge auf der einen Seite um ungefähr tausend Lichtjahre näher, als auf der andern. Das ganze System aber bewegt sich höchst wahrscheinlich wieder um einen ge= meinschaftlichen, nicht näher ermittelten festen oder virtuellen Mittelpunkt und ist seinerseits mit allen seinen Fizstern= systemen und Sternennebeln wohl nur ein untergeordnetes Glied eines ungeheuren Riesenweltsystems höchster Ordnung und von solcher Größe, daß Welteninseln, wie die gesammte Milchstraße, nur verschwindend kleine Theilchen bilden — ein Bild erbrückender Unendlichkeit.

Aber nicht genug hiermit — das Teleskop zeigt uns, daß dieses System mit allen seinen zahllosen Gestirnen, mit seinen alle menschlichen Begriffe übersteigenden Entfernungen und Ausdehnungen doch nur ein endlich begrenzter Theil des unermeßlichen Weltalls ist, und daß in Fernen, im Vergleich mit welchen alle die sinnverwirrenden Raumver= hältnisse des Milchstraßenringes doch nur zwerghaft klein erscheinen, andere Weltkörpersysteme existiren, welche ein von dem Leben unsres Systems ganz unabhängiges Dasein führen. Es sind dies die sog. Nebelflecke oder jene

merkwürdigen Gebilde in den tiefsten Tiefen des Himmelsraums, deren Lage, Gestalt und Beschaffenheit alle nur erdenkliche Mannichfaltigkeit anzeigt, und deren man, nachdem
W. Herschel sich zuerst eingehender mit ihnen beschäftigt
hat, jetzt bereits weit über sechstausend kennt. Ihre Ausdehnung übertrifft, obgleich sie dem Auge oft nur als glänzende
Tüpfel erscheinen und mitunter nicht ohne äußerste Anstrengung gesehen werden können, zum Theil noch weit die
Ausdehnung unsrer Milchstraße, und sie müssen ebenso wie
die letztere entweder aus vielen Millionen oder Milliarden
von Himmelskörpern oder aus erst in der Entstehung begriffenen Weltkörpersystemen bestehen. Ihre Entfernungen
von uns sind so fabelhaft, daß man dieselben nur nach
Millionen Jahren Lichtzeit rechnet; ja man will welche
beobachtet haben, welche auf eine Entfernung von hundert
Millionen Jahren Lichtzeit schließen lassen. Es sind das
freilich nur Worte, mit denen wir keine Vorstellung verbinden können, da uns jeder irdische Maßstab dafür fehlt;
nur das Wort „unendlich" ist und bleibt hier anwendbar.

Will man aus diesen Thatsachen einen Rückschluß auf
das Alter der Welt machen, so kann nicht bezweifelt werden,
daß die gegenwärtige Ordnung der Himmelskörper oder
das, was wir im allgemeinsten Sinne die „Weltordnung"
nennen, bereits vor Millionen Jahren in gleicher oder ähnlicher Weise, wie heute, bestanden haben muß. In der That
lesen wir bei der Betrachtung des Himmelsgewölbes nur
die Vorgänge vergangener Minuten und Stunden oder längst
hinter uns liegender Zeiten von demselben ab; und Zustände,
welche vielleicht schon bestanden haben, ehe nur unsere Erde
sich als selbstständiger Körper von dem Sonnensystem los-
gelöst hatte, stellen sich uns in Folge jenes Verhältnisses als
gegenwärtige dar. Wenn wir eine Veränderung auf der
Sonne gewahren, so können wir nur sagen, daß dieselbe
vor acht und einer viertel Minute stattgefunden habe,
denn so lange braucht das Licht, um von ihr zur Erde

herabzusteigen. Würde Neptun, der äußerste der Wandel-
sterne unsres Systems, durch irgend eine Katastrophe zerstört werden, so würde er für unser Auge erst 4 bis 5 Stunden später verschwinden; denn dieses ist seine Entfernung
von uns, nach „Lichtzeit" berechnet. Würde der schöne
Stern „Wega" im Sternbilde der Leyer plötzlich aufhören
zu existiren, so würden wir ihn nichtsdestoweniger noch achtzehn Jahre hindurch am Himmel glänzen sehen; denn der
Lichtstrahl, der als Zeuge seines Daseins unser Auge trifft,
ist vor so langer Zeit von dort ausgegangen. Die Sterne
aber, deren Licht uns mit Hilfe unsrer besten Fernrohre
eben noch sichtbar wird, schätzt man auf 2—3000 Jahre
Lichtzeit; d. h. der hinsterbende Strahl, der uns heute von
ihrem Dasein Kunde gibt, hat seine Quelle ohngefähr zu
einer Zeit verlassen, als auf der Erde Homer dichtete, oder
als die großen Weisen Griechenlands lebten und lehrten.
Und als vor vielleicht hundert Millionen Jahren die ersten
oder frühesten Lebensformen auf der jugendlichen Erde zu
keimen begannen, da ging von jenen fernsten Lichtnebeln,
von denen bereits die Rede war, der Lichtstrahl aus, der
sich heute als Zeuge ihres Daseins in unser bewaffnetes
Auge senkt!

Daß aber auch diese Sterne oder Nebel nicht das
Ende des mit Weltkörpern erfüllten Raumes bezeichnen oder
bezeichnen können, kann sowohl aus den Gesetzen der
Gravitation, wie aus denen der Analogie gefolgert werden.
Es ist ein astronomischer, wie logischer Widersinn, leere,
unendliche Räume zu denken. —

Konnten wir also keine Grenze für den Stoff im Kleinen
finden, so sind wir noch weniger im Stande, an eine solche
im Großen zu gelangen; wir erklären ihn für unendlich
nach beiden Richtungen, im Größten wie im Kleinsten, und
unabhängig von der Beschränkung durch Raum und Zeit.
Wenn die Gesetze des Denkens eine Theilbarkeit der Materie
ins Unendliche statuiren, wenn es weiter nach ihnen unmög-

lichft ift, eine Enblichkeit des Raums unb bemnach ein Nichts
auch nur vorzustellen, so sehen wir hier eine merkwürdige
unb befriedigenbe Uebereinstimmung logischer Gesetze mit ben
Resultaten unserer naturwissenschaftlichen Forschungen. Wir
werben später Gelegenheit finden, die Ibentität der Denkgesetze mit ben mechanischen Gesetzen ber äußeren Natur
auch an anberen Punkten nachzuweisen unb barzuthun, wie
jene nur ein nothwenbiges Probukt aus biesen sinb.

„Außer bem menschlichen Verstanbe," sagt Rabenhausen in seiner „Ysis", Banb IV, S. 172, „gibt es
weber Raum noch Zeit; sie sinb willkürliche Annahmen bes
Menschen, zu benen er gelangte bei Vergleichung unb Orb-
nung ber verschiebenen Einbrücke, welche er aus ber Welt
empfing. Der Begriff Raum entstanb aus ber Aneinanberfügung ber verschiebenen Formen ber Raumerfüllung, in
benen bie Außenwelt bem einzelnen Menschen erscheint. Den
Begriff ber Zeit bilbet er burch Aneinanberfügung ber verschiebenen Formen ber Raumveränberung (Bewegung), in
benen bie Außenwelt auf ben einzelnen Menschen wirkt, u. s. w.
Außer uns ist aber bie Unterscheibung in Raumerfüllung
unb Raumveränberung nicht vorhanben, benn Jegliches ist
in beständiger Umgestaltung, jebes Seienbe ist erfüllenb unb
veränbernb zugleich, ist nirgenbs in Stillstanb u. s. w., u. s. w.

„Weber Anfang hat bie Welt, noch Enbe,
„Nicht im Raum, noch in ber Zeit.
„Ueberall ist Mittelpunkt unb Wenbe
„Unb im Nu bie Ewigkeit." *)

(Rückert.)

*) Weiteres über ben Raum= unb Zeitbegriff, sowie über bas
Vernunftgesetz als Naturgesetz finbet sich in bes Verfassers Schriften:
„Natur unb Geist", III. Aufl., S. 159 u. flg., unb „Die Macht ber
Vererbung" (Leipzig, 1882), S. 91—93.

Werth des Stoffs.

Die Zeiten sind vorbei, in welchen man den Geist unabhängig wähnte vom Stoff. Aber auch die Zeiten verlieren sich, in denen man das Geistige erniedrigt glaubte,
weil es nur am Stoffe sich äußert.

Moleschott.

Es gab eine Zeit, da die Menschen in einer allem Irdischen abholden Gemüthsstimmung und ergriffen von einer Art geistigen und moralischen Katzenjammers über die Verderbtheit der damaligen Welt das Ende und den Untergang nicht bloß der politischen, sondern auch der irdischen Dinge überhaupt herannahen zu sehen glaubten. In dieser Stimmung richteten sie sich auf in dem Gedanken an die Wonnen und Herrlichkeiten einer jenseitigen, nicht-irdischen Welt, welche sie für die unerträglichen Leiden des Diesseits entschädigen sollte. Damals kam jener unsinnige Begriff des Stoffs oder der Materie auf, welcher denselben als ein rohes, finsteres, träges, dem Geiste feindliches oder entgegengesetztes Etwas betrachtet, oder fand wenigstens weitere Verbreitung — bei gleichzeitiger Unterstützung durch die herrschende Philosophie des Aristoteles, welcher ebenfalls die Materie als unfähig der eignen Bewegung und daher abhängig von einem bewegenden Verstand (νοῦς) erklärt hatte. Es begann jenes bekannte Wüthen religiöser Fanatiker gegen das eigne Fleisch, welches letztere man als das Haupthinderniß jeder höheren geistigen oder moralischen Regung ansah. Die Erde wurde als ein Jammerthal, die Natur als ein mit dem

Fluch der Gottheit behafteter Gegenstand betrachtet; der
eigne Leib oder Körper aber erschien am verächtlichsten und
wurde auf jede Weise zu beleibigen oder zu quälen gesucht.
Hatte doch schon der Apostel Paulus, der eigentliche Be=
gründer der neuen Weltreligion, geäußert: „Diejenigen, die
Christus erworben hat, haben ihr Fleisch gekreuzigt, mit=
sammt ihren Leidenschaften und Begierden."

„Die ganze Insel (Kapraria)", sagt ein alter römi=
scher Schriftsteller zur Zeit der Einführung des Christen=
thums in ein dem Untergange geweihtes und seinem Ver=
fall entgegeneilendes Weltreich, „ist mit Menschen, welche
das Licht fliehen, besetzt oder vielmehr verunstaltet. Sie
nennen sich Mönche oder Einsiedler, weil sie allein leben
und keine Zeugen ihrer Handlungen zu haben wünschen.
Sie scheuen die Gaben des Glücks, aus Besorgniß sie zu
verlieren; und um nicht unglücklich zu werden, widmen sie
sich einem Zustande des freiwilligen Elends. Wie abge=
schmackt ist ihre Wahl! wie verkehrt ist ihr Verstand! Die
Uebel des menschlichen Zustandes zu fürchten, ohne im Stande
zu sein, die Glückseligkeit desselben zu ertragen! Dieser
melancholische Wahnsinn ist entweder die Folge einer Krank=
heit, oder das Bewußtsein von Schuld treibt diese unglück=
lichen Menschen an, gegen ihren Körper mit Qualen zu
wüthen, wie sie von der Hand der Gerechtigkeit gegen davon=
gelaufene Sclaven ausgeübt werden." *)

---

*) Man vergl. die berühmte „Geschichte des Verfalls und Unter=
gangs des römischen Reichs" von dem Engländer Gibbon, der selbst
in Bezug auf die Mönche und Klöster jener Zeit hinzufügt: „Die
Freiheit des Geistes, die Quelle jeder vernünftigen und edelmüthigen
Gesinnung, wurde durch Leichtgläubigkeit und Unterwerfung vernichtet;
und der Mönch, der die lasterhafte Denkungsart eines Sclaven an=
nahm, folgte blindlings dem Glauben und den Leidenschaften seiner
geistigen Tyrannen. Die Ruhe der morgenländischen Kirche wurde
durch einen Schwarm von Fanatikern, die ebensowenig Furcht, als
Vernunft oder Menschlichkeit besaßen, gestört; und die kaiserlichen

Im Mittelalter, dieser wüsten Zeit roher Adelswillkür und fanatischer Pfaffenherrschaft, hatten es angebliche Diener Gottes so weit gebracht, daß man dem Stoff eine consequente Verachtung bewies und den eigenen Leib, das edle Bildwerk der Natur, an den Schandpfahl nagelte. Einige kreuzigten, Andere marterten sich; Haufen von Flagellanten oder Geißlern durchzogen das Land, ihre freiwillig zerfleischten Leiber öffentlich zur Schau tragend; auf raffinirte Weise suchte man sich um Kraft und Gesundheit zu bringen, um dem Geiste, den man als etwas Uebernatürliches, als etwas vom Stoff Unabhängiges ansah, das Uebergewicht über seinen sündenhaften Träger zu geben. Die Vernachlässigung der Leibespflege, welcher man heutzutage so große Aufmerksamkeit zuwendet, wurde zum Verdienst, und Wühlen in Schmutz, Unrath und freiwilliger Erniedrigung wurde für Frömmigkeit angesehen. Rostan berichtet, wie in den damaligen Klöstern die Oberen ihren Mönchen jährlich mehrmals zur Ader zu lassen gewohnt waren, um die ausbrechenden Leidenschaften derselben, welche der geistige Dienst allein nicht zu unterdrücken im Stande war, niederzuhalten. Aber er berichtet auch weiter, wie die beleidigte Natur sich manchmal rächte, und wie Empörungen in diesen lebendigen Gräbern, Bedrohungen der Oberen mit Gift und Dolch nichts Seltenes waren.

Truppen schämten sich nicht, einzugestehen, daß sie es lieber mit den wildesten Barbaren, als mit ihnen aufnehmen wollten." Und an einer anderen Stelle: „Sie legten es darauf an, sich in jenen rohen und elenden Zustand zu versetzen, in welchem der Tier-Mensch sich nur wenig über seine vierfüßigen Mitbrüder erhebt; und es gab eine zahlreiche Secte von Anachoreten, die ihren Namen daher erhalten hatten, daß sie sich nicht schämten, mit der gemeinen Heerde in den Gefilden Mesopotamiens zu grasen." Auch führt er eine in Bezug auf den Reichthum der damaligen Klöster gemachte charakteristische Bemerkung des Zosimus an, daß die christlichen Mönche, zum Besten der Armen, einen großen Theil des menschlichen Geschlechts zu Bettlern gemacht hätten.

Solche Verkehrtheiten oder Verirrungen des richtigen
Gefühls sind glücklicherweise heutzutage nur noch als allgemein verdammte Ausnahmen oder als individuelle, aus
Fanatismus oder Begriffsverwirrung hervorgegangene Ver-
rücktheiten möglich. Eine bessere Einsicht hat uns gelehrt,
daß es, wie Schleicher sagt, weder Geist noch Materie
im gewöhnlichen Sinne gibt, sondern nur Eines, das Beides
zugleich ist, und daß wir daher in demselben Maße, in
welchem wir den Stoff erniedrigen, auch den Geist erniedrigen;
oder daß wir, indem wir die Natur schmähen, den allgemeinen
Mutterschooß beleidigen, der uns Alle getragen und hervorgebracht hat; oder daß wir, indem wir unsern Leib mißhandeln, auch unsern Geist mißhandeln, und daß Derjenige,
der dieses thut, sich selbst in demselben Maße einen Schaden
zufügt, in welchem er vielleicht in seiner thörichten Einbil-
bung einen Gewinn für seine Seele erlangt zu haben glaubt.
Bilden und pflegen wir unsern Körper oder den Stoff in
uns nicht minder, als unsern Geist, und vergessen wir nicht,
daß beide Eins und unzertrennlich sind, und daß, was wir
dem einen thun, unmittelbar auch dem andern zu Gute
kommt. Der alte Ciceronianische Spruch: In corpore sano
mens sana (Gesunde Seele in gesundem Körper) enthält
ebensoviel Wahrheit, als der entgegengesetzte: Die Seele
baut sich ihren Körper. Andrerseits sollen wir auch nicht
vergessen, daß wir als Individuen oder Einzelwesen nur ein
verschwindender Theil des Ganzen sind, der früher oder
später sich wieder in dieses Ganze auflösen muß. Die Natur
oder der Stoff in seiner Gesammtheit ist die Alles aus sich
gebärende und Alles wieder in sich zurücknehmende Mutter
alles Dessen, was ist.

Kein Volk wußte das Reinmenschliche in sich besser zu
ehren, als die Griechen, und keines das Lebendige besser
zu würdigen als Gegensatz des Todes. Lucian erzählt:
„Als man den griechischen Philosophen Dämonax, einen
hundertjährigen Greis, vor seinem Tode fragte, wie er

begraben sein wolle, antwortete er: „„Macht euch darum
keine Sorge, die Leiche wird schon der Geruch begraben.““
— Aber willst du denn, warfen ihm seine Freunde ein, Hun=
den und Vögeln zur Speise dienen? — „„Warum nicht?““
erwiderte er, „„ich habe, so lange ich lebte, den Menschen
nach allen Kräften zu nützen gesucht, warum sollte ich nach
meinem Tode nicht auch den Tieren etwas geben?““

Unsere moderne Menschheit freilich kann sich zu solcher
Anschauungsweise nicht erheben. Ihre elenden Leichname
auf Jahrhunderte hinaus mit Quadern zu verbarrikadiren
oder mit Ringen an den Fingern in Familiengrüfte einzu=
schließen oder in elenden Holzkästen in der Erde langsam
vermodern zu lassen, dünkt ihr würdiger, als das schöne
und erhabene Beispiel des Alterthums nachzuahmen und mit
Hülfe des reinigenden Feuers der Gesammtnatur unmittel=
bar das zurückzugeben, was sie von ihr empfangen hat und
was sie ihr doch auf die Dauer nicht vorenthalten kann.

Es gibt spiritualistisch gesinnte Gelehrte, welche be=
haupten, daß Diejenigen, welche bei wissenschaftlichen Unter=
suchungen statt von Gott, von der Materie ausgingen,
eigentlich auf alles wissenschaftliche Begreifen verzichten
müßten, weil sie, selbst nur ein winziges Stückchen Natur
und Theilchen Materie, unmöglich auch nur die Natur und
Materie überhaupt, geschweige denn zugleich auch innerlich
durchbringend, begreifen könnten. Ein Raisonnement, mehr
eines Theologen, als eines wirklich Gelehrten würdig! Haben
Diejenigen, welche von Gott und nicht von der Materie
ausgehen, uns jemals eine Auskunft über die Gesetze der
Natur oder über die Eigenschaften und Thätigkeiten des
von ihnen so verächtlich behandelten Stoffs geben können?
Konnten sie uns sagen, ob die Sonne gehe oder stehe? Ob
die Erde rund sei oder eine Ebene? Was Gottes Natur
oder Absicht sei? u. s. w. Konnten sie uns irgend eine
wissenschaftliche Auskunft geben über jene großen Fragen,
welche die Brust jedes denkenden Menschen bewegen, über

die Entstehung der Welt und des Menschen? oder über die
Gesetze, nach denen, wie sie sagen, die Welt regiert wird?
Nein! denn es wäre eine Unmöglichkeit. Ganz im Gegen=
theil werden wir Welt und Natur um so besser begreifen
und beherrschen lernen, je mehr wir uns bemühen, die
Materie in ihrer endlosen Feinheit und unglaublichen Kraft
oder Fähigkeit auf dem Wege der Beobachtung, der Unter=
suchung und des Experimentes kennen zu lernen. Auch hat
die Erfahrung hierin deutlich genug gesprochen. Die fälsch=
licherweise als sog. „Materialisten" verschrieenen Natur=
forscher haben es nicht nur unserem Geiste möglich gemacht,
mit seinem Gedanken das All zu durchdringen und wissen=
schaftliche Aufklärungen zu erlangen über Fragen und Dinge,
die demselben für immer verschlossen zu sein schienen; sondern
sie sind auch Schuld daran, daß das Menschengeschlecht mehr
und mehr von den gewaltigen Armen des in seinen Gesetzen
erkannten und bezwungenen Stoffs emporgetragen wird,
oder daß wir Arbeiten und Thaten von ihm verrichten
lassen, die ehemals nur den übernatürlichen Kräften der
Riesen und Zauberer möglich schienen. Solchen Erfolgen
gegenüber muß die Mißgunst schweigen; und die Zeiten
scheinen vorüber zu sein, in welchen eine von der Phantasie
trüglich vorgespiegelte Welt den Menschen mehr galt als
die wirkliche. Mag auch Mancher das Gesicht noch so schein=
heilig verziehen — es ist ihm nicht Ernst damit. In dem,
was er thut, zeigt sich das Gegentheil von dem, was er
redet. Niemand peinigt oder geißelt sich mehr oder sucht
zu entbehren statt zu genießen. Dagegen strebt ein Jeder
mit allen Kräften darnach, seinen ihm gebührenden Antheil
zu erhaschen an den Gütern und Genüssen, welche ihm das
tausendfach verschönte und verfeinerte Leben bietet. Auf
Diejenigen aber, welche trotzdem fortfahren, die Augen mehr
nach dem Himmel als nach der Erde zu drehen, paßt das
treffende Wort Ludwig Feuerbachs: „Die Heuchelei der
Selbstbethörung ist das Grundlaster der Gegenwart."

Es paßt auch mehr oder weniger auf Diejenigen, welche, wenn auch nicht im Leben, so doch in Lehre und Wissen= schaft fortfahren, an jenem unsinnigen, bereits gekennzeich= neten Begriff der Materie als eines todten, trägen, finsteren, bewegungslosen, rohen, dem Geiste entgegengesetzten, feind= lichen oder doch untergeordneten Etwas, welchen F. A. Lange in seiner „Geschichte des Materialismus" mit Recht als ein „Schauergemälde" bezeichnet, festzuhalten und daraus Folge= rungen zu ziehen, welche Einbildungen an die Stelle der Wirklichkeit, Selbstbetrug an die Stelle der Wahrheit setzen. Diese Thoren vergessen in ihrer spiritualistischen Verblen= dung vollständig, daß, wie die Urweltforschung außer Zweifel gestellt hat, die Materie (aus der sie selbst hervorgegangen sind) **lange, lange vor dem Geiste dagewesen ist,** und daß in jenem Urweltnebel, aus welchem sich unser Sonnensystem mit allen seinen Wundern und Bewohnern nach und nach verdichtet oder entwickelt hat, bereits alle künftigen Bildungen mit Einschluß vernünftiger Wesen **dem Vermögen oder der Fähigkeit nach** enthalten gewesen sein müssen. Sie vergessen ferner, daß Geist nur auf Grund organisirter Materie existiren kann, und daß nicht der Schatten eines Beweises dafür beigebracht werden kann, daß dem Geist eine selbstständige Existenz außerhalb der Materie zukommen könne. Sie scheinen auch nicht zu wissen, daß alle auf der Erde wirksamen Kräfte ohne Ausnahme (und somit auch die auf Grund bestimmter organischer Zu= sammensetzung entstehenden geistigen) **in letzter Linie** aus den von der Sonne angeregten, in Form von Licht und Wärme zu uns kommenden Schwingungen der Atome des Weltäthers stammen. Sie übersehen endlich, daß, wenn Geist und Materie Gegensätze wären, dieselben gar nicht auf einander wirken oder in jene innige Beziehung zu ein= ander treten könnten, welche in der That überall vorhanden ist. Die einfache Lösung des Räthsels besteht darin, daß dem Stoff oder der Materie nicht bloß **physikalische,** sondern auch geistige Kräfte innewohnen, und daß die letzteren überall dort in die Erscheinung treten, wo sich die dazu nothwendigen Bedingungen zusammenfinden, oder wo die im Gehirn oder Nervensystem in bestimmter Weise bewegte Materie in gleicher Weise die Erscheinungen von Empfinden und Denken hervorbringt, wie unter andern Umständen diejenigen der Anziehung und Abstoßung. „Kann die Materie zur Erde fallen, so kann sie auch denken." (Schopenhauer.) In der Form eines Steins fällt sie zur Erde; in der Form eines Muskels zieht sie sich zusammen; in der Form lebendiger Nervensubstanz erlangt sie die Fähigkeit zu empfinden und zu denken oder das Bewußtsein über sich selbst zu gewinnen. Freilich ist die Entwicklung des Geistes aus der Materie einer der schwierigsten, complicirtesten und spätesten Triumphe der Naturkräfte und das Erzeugniß langwieriger, von Stufe zu Stufe bis zur Höhe der Menschheit sich erhebender Arbeit zahlloser Jahrhunderte oder Jahrtausende. Wir können auch nicht sagen, was kommende Jahrhunderte in dieser Richtung vielleicht noch leisten oder hervorbringen werden, und müssen uns eingestehen, daß wir vielleicht bis jetzt nur sehr Unvollkommenes oder Unvollendetes sehen, oder daß wir vielleicht keine Ahnung davon besitzen, was die Materie durch weitere Complikation und noch höher gesteigerte Bewegungszustände in ihrer Weiterentwicklung zu geistigen Erscheinungen oder Fähigkeiten noch zu leisten im Stande sein wird.

„Die Ansicht, daß der Geist die Materie erschaffen habe," sagt der ungenannte Verfasser der „Grundzüge der Gesellschaftswissenschaft" (Berlin 1881), „ist eine völlig grundlose Hypothese, die auf keinen Schatten von Beweis begründet ist. Es gibt nicht die geringste Analogie zu ihren Gunsten, und sie wurde aufgestellt, als die menschliche Vernunft noch in ihrer Kindheit war. — Inwiefern ist es im Allermindesten mehr begreiflich, daß der Geist unendlich ist, als daß die Materie es ist? Ja, es ist vielmehr unendlich

viel weniger begreiflich, und während wir keinen möglichen
Grund anführen können, weßhalb die Materie nicht unendlich
sein sollte, sondern zu diesem Schlusse durch das Studium
der Natur gezwungen werden, können wir auf der andern
Seite keinen möglichen Grund in der Natur finden, weßhalb
der Geist unendlich sein sollte, sondern werden vielmehr zu
dem Schlusse gezwungen, daß er n i ch t unendlich ist. Der
Geist ist eine Erscheinung des Lebens, und alles Leben ist,
nach dem Grundgesetz seines Daseins, der Veränderung und
daher dem Tode unterworfen. Der Geist ist vergänglich,
denn er ist absolut unzertrennlich von vergänglichen Formen
der Materie und keine der übrigen Natur fremde, sondern
eine völlig natürliche Kraft, die in gegenseitiger Abhängigkeit unzertrennlich mit allen andern verbunden ist. — —
Der Geist, welcher im Menschen Pläne entwirft, ist unauflöslich mit einem lebendig organisirten Gehirn verbunden.
Zu schließen, daß der Erfinder des Weltplans ein reiner
Geist ist, heißt daher gegen alle Analogie schließen. Unsrer
Erfahrung gemäß wird der Geist ohne Ausnahme in Verbindung mit einem Gehirn gefunden und bringt nie Materie
hervor. — — Materie von Geist, Körper und Seele
trennen — heißt daher die Wahrheit der Natur zerstören;
eines über das andere stellen ist eine ungeheuerliche An-
maßung, welche die Harmonie der Welt zerstört."

„Wo findet sich denn je," sagt Tyndall, „Leben getrennt von der Materie? Was auch unser Glauben sagen
mag, unser Wissen zeigt, daß sie unauflöslich verbunden
sind. Jedes Mahl, welches wir einnehmen, jeder Becher,
den wir trinken, ist ein Beleg für die geheimnißvolle Herrschaft der Materie über den Geist."

Welche Veranlassung könnte überhaupt der nach der Meinung der Spiritualisten selbstständige, für sich bestehende Geist
gehabt haben, sich mit der „dummen, trägen" Materie zu be-
hängen, um die Erscheinungen dieser Welt hervorzubringen?
Würde er nicht weit besser gethan haben, für sich zu bleiben?

Es gibt Philosophen, welche, um den Consequenzen dieser oder ähnlicher Betrachtungen zu entrinnen, in ihrer spiritualistischen Ueberhebung so weit gehen, die Existenz der Materie als solcher überhaupt zu leugnen oder in Zweifel zu ziehen. Der logische Fehler, der dabei begangen wird, ist von Stanki (Sur la spontanéité de la Matière, Paris, 1873) vortrefflich aufgedeckt worden. Er beruht darin, daß man das allerdings unbekannte Wesen der Materie für die Materie selbst nimmt. Wir wissen allerdings nicht (worauf bereits am Schluß des ersten Kapitels aufmerksam gemacht wurde), was die Materie an sich ist, sowenig wie wir wissen, was Kraft an sich ist. Wir wissen nicht einmal, ob die Materie eine einzige oder einheitliche, oder ob sie aus den bekannten 60 bis 70 chemischen Elementen zusammengesetzt ist. Aber das wissen wir mit aller Bestimmtheit, daß Etwas da ist, was anzieht, abstößt, widersteht, sich bewegt, die Erscheinungen des Lichtes oder der Wärme hervorbringt u. s. w., und daß, wenn dieses Etwas entfernt wird, auch die durch dasselbe hervorgebrachten Erscheinungen oder Wirkungen ein Ende nehmen. Dieses Etwas ist also das, was wir Materie nennen; die genannten Erscheinungen sind ihre Wirkungen; und die Ursache der Wirkungen ist die in dem Stoff enthaltene Kraft. Es ist geradezu komisch, wenn diese Herrn Philosophen, nachdem sie die Nicht-Existenz der Materie bewiesen und dieselbe als ein bloßes Gedankending erwiesen zu haben glauben, doch fortfahren, in ihren Schriften und Auseinandersetzungen den ausgiebigsten Gebrauch von dem Wort und Begriff der Materie und ihrer Wirkungen zu machen. Wollten sie consequent sein, so müßten sie damit beginnen, ihre eigne Existenz zu leugnen, da sie ja selbst ganz und gar aus Materie bestehen, und sich als wesenlose Erscheinungen oder Erscheinungsweisen eines unbekannten Etwas oder gar als Produkt ihrer eignen Einbildungskraft zu betrachten! Mit solchen gespensterhaften Gegnern verzichtet man gern

auf eine weitere Polemik, selbst wenn man zugibt, daß es
— was ja auch niemals ernstlich geleugnet worden ist —
eine Anzahl von Eigenschaften der Körper gibt, welche nicht
diesen selbst als solche anhaften, sondern ihren Grund in
der Beschaffenheit unsrer Sinnesorgane finden.*)

Es bedarf nach allem Vorhergesagten wohl kaum noch
eines kurzen Hinweises darauf, daß die Materie in der
That nicht jenes mit einer ganzen Reihe negativer Attribute
ausgerüstete Ding ist, als welches man sich dasselbe so oft
fälschlicherweise vorzustellen pflegt, sondern daß sie in Wirklichkeit von Allem das Gegentheil ist. Die Materie ist nicht
todt, unbelebt oder leblos, sondern, wie in einem nachfolgenden Kapitel des Näheren gezeigt werden wird, überall
bewegt und voll des regsten Lebens. Sie ist auch nicht
formlos; sondern es ist, wie ebenfalls ein folgendes Kapitel
ausführen wird, die Form ebenso wie die Bewegung ihr
nothwendiges und unentbehrliches Attribut. Sie ist auch
nicht roh, wie dieselbe so oft mit einem übel angewendeten
Ausdruck von schlecht unterrichteten Leuten bezeichnet wird,
sondern so unendlich fein, daß uns jede Vorstellung davon
abgeht. Sie ist nicht werthlos, sondern als die allgemeine
Mutter und Erzeugerin alles Entstehenden oder Werdenden
von der allerhöchsten Bedeutung. Sie ist nicht gefühl-, geist-
oder gedankenlos, sondern voll der feinsten Empfindung und
der höchsten Gedankenentwicklung fähig in den stufenweise
aus ihr hervorgegangenen lebenden Geschöpfen. Sie ist
auch nicht bewußtlos, sondern sie entwickelt in ihrem allmäligen
irdischen Ausbildungs- und Entwicklungs-Proceß alle denk-

---

*) Man vergl. über diesen Punkt und über die Berechtigung des
jetzt wieder Mode gewordenen erkenntnißtheoretischen Scepticismus der
Gegenwart die Anm. 82 auf Seite LXXXIV der Schrift des Verfassers: „Der Mensch und seine Stellung in der Natur", II. Aufl.
1872, sowie den Aufsatz über „Sinneswahrnehmung und sinnliche
Erkenntniß" in des Verfassers Schrift „Thatsachen und Theorien aus
dem naturwissenschaftlichen Leben der Gegenwart." (Berlin, 1887.)

baren Stufen des Bewußtseins von den niedersten bis zu
den höchsten. Sie ist enblich und zuletzt nicht ohne Fort=
schritt und in Ewigkeit dieselbe und unveränderliche, wie
die spiritualistischen Gegner behaupten, sondern sie bringt
durch immer höhere und gesteigerte Complikation ihrer
organischen Verbindungen immerfort sich steigernde Lebens=
und Geisteskräfte hervor. Es sind, wie es scheint, nur die
falschen Eindrücke unsrer immer noch im Gegensatz zu den
Fortschritten der Wissenschaft in spiritualistischem Sinn und
Geist geleiteten Erziehung, welche es der Mehrzahl der
Menschen so schwer macht, die einfache Wahrheit zu sehen
und an die Stelle phantastischer Grübeleien oder Einbil=
bungen die frische, fröhliche Wirklichkeit treten zu lassen.
Vielleicht ist es auch nur der falsche Sprachgebrauch, welcher
diese Verkehrtheit verschulbet. Ist es doch eine unbestreit=
bare Thatsache, daß oft ein tiefer Abgrund liegt zwischen
dem Wort, womit wir einen gewissen Begriff bezeichnen,
und zwischen dem Begriff selbst! Denn das Wort entstand,
wie sich an vielen treffenden Beispielen würde nachweisen
lassen, ursprünglich aus einem vielleicht an sich sehr wenig
bedeutsamen Anzeichen, durch welches sich der bezeichnete
Gegenstand unseren Sinnen oder unserer Auffassung zuerst
zufällig verrieth, während eine im Laufe der Zeit gewonnene
genauere Kenntniß desselben eine ganze Reihe weiterer, mit
dem Gegenstand nunmehr verbundener Vorstellungen weckt,
welche der ursprünglichen Auffassung fremd sind. Welchen
eng umschriebenen Sinn haben z. B. die Worte „Stein"
oder „Stern" oder „Welt" für den ungebildeten Verstand,
während diese Worte in dem Geiste des Gebildeten oder
Gelehrten eine Reihe der weitreichendsten oder umfassendsten
Vorstellungen wecken! Ebenso ist es mit dem Begriff
„Materie", welcher ursprünglich ein äußerst bürftiger, aus
zufälligen äußeren Merkmalen hergenommener war und sein
mußte, welcher sich aber im Laufe der Zeit durch die Fort=
schritte der Wissenschaft in einer Weise erweitert und ver=

5*

vollkommnet hat, daß dabei der anfängliche Sinn mehr
oder weniger verloren gehen mußte. Ist doch die Zeit gar
nicht sehr fern, wo man es für unmöglich hielt, daß Materie in einem gasartigen und unsichtbaren Zustand vorhanden sein könne! Ja es fällt in eine noch weit jüngere
Zeit, daß man den alle Welträume erfüllenden Lichtäther
von dem Begriff der Materie als dem eines nothwendig
fühlbaren oder sichtbaren Dinges ganz ausschloß. Dieselbe
wissenschaftliche Untersuchung, welche uns die unendliche
Ausdehnung der Materie kennen lehrte, hat uns auch ganz
andre und tiefer eindringende Begriffe von ihren Eigenschaften eingebracht. Wir wissen jetzt, daß dieselbe physikalische, chemische und elektromagnetische Eigenschaften besitzt,
von denen man vor wenigen Jahren noch kaum eine
Ahnung hatte. Wir wissen auch, daß sie jene complicirten
Erscheinungen hervorzubringen vermag, welche wir als
„Leben" bezeichnen, während man dieselben früher nur durch
die Zuhilfenahme der jetzt ganz obsolet gewordenen „Lebenskraft" erklären zu können glaubte. Wir wissen jetzt, daß,
so complicirt die Charaktere des Lebens auch sein mögen,
sie doch nichts mehr und nichts weniger sind, als Bewegungen der unter eigenthümliche und hochspezialisirte
Bedingungen gebrachten gewöhnlichen Materie. Dieses gilt
auch, wie noch weiter im Laufe dieser Schrift nachgewiesen
wird, für die höchsten Erscheinungen des Lebens oder für
Geist und Bewußtsein, obgleich man sich in Folge eines
falsch und zu eng gefaßten Begriffs von Materie gegen
diese Deutung gesträubt hat und fortwährend sträubt.

Dieser falsche und zu enge Begriff ist es denn auch,
welcher die zahllosen Mißverständnisse und Widersprüche
auf diesem Gebiete verschuldet. Wer von der Meinung
ausgeht, daß Materie nur hart, träg und ohne Form oder
Bewegung sein könne, und wer in seinem eignen Bewußtsein von dem Begriff „Materie" längst Alles abgezogen
hat, was er mit andern Namen zu belegen sich gewöhnt

hat, bei dem wird jeder Versuch, ihn eines Besseren zu belehren, fehlschlagen. Aber wer die Materie so betrachtet,
betrachtet sie nicht als etwas von seiner besonderen Vorstellung Unabhängiges, sondern geleitet von einer ihm eigenthümlichen Auffassung, welche einem weniger entwickelten
Zustand seines Geistes und seiner wissenschaftlichen Erkenntnisse entspricht. Wollten wir der Materie die Fähigkeit
abstreiten, geistige Erscheinungen hervorzubringen, so könnten
wir ihr ebensowohl jene verschiedenen physikalischen, chemischen, elektrischen und Lebens-Erscheinungen abstreiten, welche
die moderne Wissenschaft an und in ihr nachgewiesen hat.
Es ist um nichts begreiflicher, als die Entstehung von Empfindung, Bewußtsein und Gedanke aus den Bewegungen
der Materie, wie aus diesen Bewegungen ihrer kleinsten
Theilchen in dem millionsten Theil einer Sekunde ein Blitz-
strahl oder eine Lichterscheinung mit ihren Billionen von
Aetherschwingungen in der Sekunde oder eine sechzigtausend
Meilen in der Sekunde zurücklegende Electricitätswirkung
oder magnetische Fernwirkung u. s. w. hervorgehen kann.
Wer will 'an der Hand des alten Begriffs von Materie
verstehen, wie man mittelst des telephonischen Drahts die
menschliche Stimme auf meilenweite Entfernungen hörbar
machen kann! Muß nicht eine solche Leistung dem ungebildeten Verstand eines Wilden als vollständig unbegreiflich
aus materiellen Bedingungen oder als ein übernatürliches
Wunder erscheinen? Ja, das einfachste physikalische oder chemische
Experiment kann einem solchen Verstande nur als die
Wirkung einer nichtmateriellen Kraft oder eines geheimnißvollen Geistereinflusses verständlich sein.

Freilich sind diese Wirkungen nicht selbst Materie, sondern nur besondere Formen oder Erscheinungsweisen ihrer
Thätigkeit. Mit andern Worten — die an der Materie
wahrzunehmenden Eigenschaften oder Erscheinungen beziehen
sich nicht auf das, was Materie ist, sondern auf das, was
Materie thut, und zwar mit Hülfe einer zusammenwirken-

ben Thätigkeit zahlloſer Millionen und Billionen von Atomen und Molekülen. Je höher dieſe Complexität in den organiſchen Körpern an der Hand eines langen, Millionen Jahre dauernden Entwicklungsproceſſes ſteigt, um ſo höher und ſtaunenswerther werden auch ihre Leiſtungen. Niemand erwartet in einer einfachen Staubflocke die Zuſammenſetzung und bildende Kraft eines Häufchens von Protoplasma zu finden. Und ebenſowenig wird man von einer nicht in beſtimmte Zuſtände gebrachten Materie geiſtige Leiſtungen erwarten dürfen. Sind ja doch die großartigen Verſchieben= heiten in den Leiſtungen der Materie je nach Zuſammen= ſetzung und Umſtänden eine Sache der gewöhnlichſten und täglichen Erfahrung im Leben, wie in der Wiſſenſchaft! Schon eine bloße Veränderung in der gegenſeitigen Lagerung der Atome bei gleicher ſtofflicher Zuſammenſetzung bei den ſog. iſomeren und allotropen Körpern oder eine leiſe Ver= ſchiebung in den atomiſtiſchen Gleichgewichtszahlen hat die weitgehendſten Verſchiedenheiten in den Eigenſchaften der betreffenden Körper zur Folge.

Man unterlaſſe es daher in Zukunft, an der Hand einer veralteten und dem heutigen Standpunkte der Wiſſen= ſchaft nicht mehr entſprechenden Anſchauungsweiſe der Dinge die Materie als jene Bettlerin in Lumpen zu betrachten, als welche ſie bisher dem ungebildeten Verſtande erſchienen iſt; man erblicke ſie vielmehr in ihrer wahren Geſtalt oder angethan mit jenem reichen Prachtgewand, mit welchem die moderne Wiſſenſchaft ſie bekleidet hat. Man wird ſich dann leicht überzeugen, daß die auf einem ſolchen geläuterten Be= griff aufgebaute Welt reicher und ſchöner ſein muß, als irgend eine der jemals von Theologen und Philoſophen er= träumten oder künſtlich aufgebauten, und wird ſich geneigt fühlen, Bolliger beizuſtimmen, wenn er in ſeinem „Anti= Kant" (1882) ſagt:

„Wie ich mich freue, daß aus dem ſog. Staube des Todes Lebeweſen auftauchen, um ſich eine Weile im Sonnen=

lichte zu freuen, so freue ich mich dreifach, wenn ich aus
einer solchen Staubmasse das Licht des Gedankens hervor-
blitzen sehe, und zehnfach, wenn die Natur es so weit
bringt, Wesen hervorzubringen, welche die Tiefen der Natur
ergründen. — — Die ganze moderne Polemik gegen den
Materialismus ist der lächerlichste Krieg von der Welt."

Die Materialisten — obgleich diese seit dem ersten
Erscheinen dieser Schrift gewissermaßen „landläufig" gewor-
bene und bei jeder passenden oder unpassenden Gelegenheit
an den Haaren herbeigezogene Bezeichnung gar nicht oder
sehr schlecht auf die Verfechter einer Lehre paßt, welche
Stoff, Kraft und Geist nicht als etwas Getrenntes,
sondern nur als verschiedene Seiten oder verschiedene Aus-
drucks- oder Erscheinungsweisen desselben Ur- oder Grund-
princips betrachtet — werden von ihren zahllosen Gegnern
mit einer großen Menge von Beschuldigungen oder Anschul-
bigungen überhäuft, unter welchen der Vorwurf der (geistigen
oder moralischen „Rohheit" eine Hauptrolle spielt. Sie
können sich darüber mit dem Beispiel des großen griechischen
Philosophen Anaxagoras trösten, welcher mit einer für
seine Zeit wunderbaren Naturkenntniß oder Voraussicht die
Sonne nicht für einen Gott, sondern für einen feurigen
Klumpen, für eine glühende Steinmasse erklärt hatte und
Athen deshalb verlassen mußte. Sein großer Zeitgenosse,
der spiritualistische Philosoph Sokrates, nannte ihn dieser
Theorie halber einen „rohen Menschen" — eine Bezeichnung,
welche, wenn begründet, heutzutage auf die ganze gebildete
Menschheit angewendet werden müßte. Dieses, sowie Tausende
von ähnlichen Beispielen, zeigt, wie treffend F. Mohr
urtheilt, wenn er sagt, daß mehr Muth dazu gehöre, consequent zu denken oder neue Wahrheiten auszusprechen, als
gegen feindliche Kanonen anzustürmen.

Uebrigens muß der ganze, immer noch fortgeführte
Streit zwischen Materialismus und Spiritualismus, noch
mehr aber derjenige zwischen Materialismus und Idealismus

Demjenigen als sinn= und grundlos erscheinen, der einmal
zu der Erkenntniß der Unhaltbarkeit der dabei immer zu
Grunde liegenden dualistischen Vorstellungen durchgedrungen
ist.   Alle bisherigen philosophischen Systeme sind fast ohne
Ausnahme mehr oder weniger dualistisch gewesen, d. h. sie
haben eine bestimmte Trennung gemacht zwischen Stoff
und Kraft, Materie und Form, Sein und Werden, Bewegung
und Beweger, Natur und Geist, Welt und Gott, Leib und
Seele, Erde und Himmel, Tod und Leben, Zeit und Ewig=
keit, Endlichem und Unendlichem und haben alle diese Dinge
oder Begriffe mehr oder weniger einander gegenübergestellt
oder als Gegensätze behandelt — während die Wissenschaft
der Neuzeit gezeigt hat, daß jene Gegensätzlichkeit in der
That nicht besteht, und daß die Trennung nur in Gedanken
vorgenommen werden kann.   Es gibt keinen Stoff ohne
Kraft, aber auch keine Kraft ohne Stoff; keinen Geist ohne
Materie, aber auch keine Materie ohne Geist; keine Natur
ohne Ordnung, aber auch keine Ordnung ohne Natur; keine
Erde ohne Himmel, aber auch keinen Himmel ohne Erde.
Es gibt keine Zeit ohne Ewigkeit, aber auch keine Ewigkeit
ohne Zeit.   Es gibt kein Endliches ohne Unendliches, aber
auch kein Unendliches ohne Endliches.

> „Natur ist weder Kern noch Schale,
> „Alles ist sie mit einemmale.“

(Goethe.)

Die Wissenschaft aber ist weder idealistisch oder spiri=
tualistisch, noch materialistisch, sondern einfach natürlich; sie
sucht überall Thatsachen und deren vernünftigen Zusammen=
hang zu erkennen, ohne dabei von vornherein einem be=
stimmten System in dieser oder jener Richtung zu huldigen.
Systeme können überhaupt nie die ganze, sondern immer
nur die halbe Wahrheit enthalten und stecken der Forschung
gewisse feststehende Ziele, welche diese in ihrem unaufhalt=
samen Voranschreiten jeden Augenblick zu überschreiten ge=
nöthigt ist oder genöthigt sein kann.   „Die Wissenschaft,“

fagt Grove, „follte weder Neigungen, noch Abneigungen
befitzen, Wahrheit fei ihr einziges Ziel."*)

---

*) Weiteres über das hier nur in Kürze berührte Verhältniß
zwischen Materialismus, Idealismus und Spiritualismus findet sich
in des Verfassers schon citirter Schrift über die Darwin'sche Theorie,
in den beiden letzten Vorlesungen; ferner in der Schrift über den
Menschen, III. Aufl., Seite 273—276 und Anm. 84 und 144; endlich
in der Schrift „Aus Natur und Wissenschaft", in den Aufsätzen
Nr. 9, 12, 13, 22 und 21 des ersten und in den Aufsätzen Nr. 23
24, 32, 38, 41 des zweiten Bandes.

Die Bewegung.

Πάντα ῥεῖ (Alles fließt.)

Heraklit von Ephesos.

Wo unser Auge das Weltgebäude trifft, wohin uns auch der Gedankenflug führt, überall erkennen wir Bewegung.

L. Bittel.

„Bewegung ist das Alpha und Omega alles Geschehens; sie tritt uns entgegen als Schwerkraft, als Wärme, als Licht, als Leben der Pflanzen und Tiere. — In absoluter Ruhe befindliche Massen kennen wir nicht.“

J. Reiske.

Eine der stärksten Stützen natürlicher Weltordnung und einheitlicher Weltanschauung ist die Erkenntniß, daß die Bewegung ein nothwendiges und unentbehrliches Attribut der Materie und des gesammten organischen wie anorganischen Daseins bildet. Die physikalische Astronomie lehrt uns mit aller Bestimmtheit, daß die Riesengebilde des Himmels ebensowohl in einem steten Wechsel ihrer Formen und Zustände oder ihrer Beschaffenheit begriffen sind, wie die Gebilde des organischen Lebens auf unsrer Erde; und wahrscheinlich sind die ununterbrochenen Bewegungen, welche sie, geleitet von dem Gesetz der Gravitation oder Anziehungskraft, untereinander und gegeneinander ausführen, ganz ähnlich denjenigen, welche die Atome und Moleküle oder die feinsten Bestandtheile jedes Körpers oder materiellen Gebildes

gegen einander gravitiren läßt. Denn wenn auch, wie
Secchi sagt, das unendlich Große die Domäne des Astronomen, dagegen das, was wir das unendlich Kleine nennen
möchten, das Gebiet des Physikers und Chemikers ist, so
besteht doch zwischen den Grundgesetzen der Mechanik, die
an diesen beiden Endpunkten herrschen, kein Unterschied.
Nach demselben Gelehrten halten die Physiker heutzutage
die Bewegung für ebenso unzerstörbar, wie die Materie;
und wenn man nach und nach immer mehr zu der Ueberzeugung gekommen ist, daß niemals irgend welcher Stoff
verloren geht, so wird man nach ihrer Meinung immer
mehr dahin kommen, die Unzerstörbarkeit der Bewegung
als Grundsatz aufzustellen. In der That weist der englische
Physiker Grove a. a. O. überzeugend nach, daß Bewegung
der augenscheinlichste Kraft- oder Thätigkeits-Zustand der
Materie ist, und daß uns die Natur „von absoluter Ruhe
nirgendwo einen Beweis gibt.“ „Alle Materie ist in steter
Bewegung, nicht allein in Massen, sondern auch molekular
oder in ihrer tiefinnersten Struktur. So ruft jeder Tem-
peraturwechsel eine molekulare Aenderung durch die ganze
erwärmte oder abgekühlte Substanz hervor; geringe chemische
oder elektrische Wirkungen, Lichtwirkungen oder unsichtbar
strahlende Wirkungen sind fortwährend im Spiel, so daß
wir in der That von keinem Theil der Materie behaupten
können, sie sei in absoluter Ruhe.“ Absolute Ruhe existirt
nicht; sie ist, wie der Astronom W. Meyer bemerkt, ein
schöner Traum, ein Phantom der Hoffnung, welches die
Welt nicht kennt, oder ohne Beispiel in der Natur. Das
Schlußresultat seiner Untersuchungen aber faßt der oben
genannte Gelehrte dahin zusammen, daß alle von ihm geschilderten Zustände der Materie selbst Arten der
Bewegung sind; oder daß alle diese Zustände „lediglich
in bewegter oder nach gewissen bestimmten Richtungen molekular erschütterter Materie bestehen.“

Daher Bewegung als eine ewige, untrennbare Eigen-

schaft oder als ein nothwendiger Zustand der Materie an=
gesehen werden muß.   Materie ohne Bewegung existirt
ebensowenig wie ein Stoff ohne Kraft, Bewegung ohne
Materie ebensowenig wie eine Kraft ohne Stoff.   Die
Bewegung kann auch aus keiner Kraft abgeleitet werden,
da sie das Wesen der Kraft selbst ist und daher keine Ent=
stehung haben kann, sondern ewig und allerorten sein muß.
Bewegung ist überall im Weltraum, im Kleinen, wie im
Großen.   Der Begriff einer todten oder bewegungslosen
Materie ist ganz unhaltbar; er existirt ebenso nur im Ge=
danken oder in der Abstraktion und nicht in der Wirklich=
keit, wie derjenige eines kraftlosen Stoffs.   F. Engels
(Streitschrift gegen Dühring, S. 40) nennt einen be=
wegungslosen Zustand der Materie „eine der hohlsten und
abgeschmacktesten Vorstellungen, eine reine Fieberphantasie.“
Nach ihm ist die Bewegung die Daseinsweise der
Materie.   Nie und nirgends hat es Materie ohne Be=
wegung gegeben, oder kann es eine solche geben.   Bewegung
im Weltraum, mechanische Bewegung kleinerer Massen auf
den einzelnen Weltkörpern, Molekularschwingung als Wärme
oder als elektrische oder magnetische Strömung, chemische
Zersetzung und Verbindung, organisches Leben — in einer
oder der anderen dieser Bewegungsformen oder in mehreren
zugleich befindet sich jedes einzelne Stoff=Atom der Welt in
jedem gegebnen Augenblick.   Alle Ruhe, alles Gleichgewicht
ist nur relativ, hat nur Sinn in Beziehung auf diese oder
jene bestimmte Bewegungsform.   Ein Körper kann z. B.
auf der Erde im mechanischen Gleichgewicht, mechanisch in
Ruhe sich befinden; dies hindert durchaus nicht, daß er
an der Bewegung der Erde, wie an der des ganzen Sonnen=
systems theilnimmt, ebensowenig wie es seine kleinsten
physikalischen Theilchen verhindert, die durch seine Tem=
peratur bedingten Schwingungen zu vollziehen, oder seine
Stoffatome, einen chemischen Proceß durchzumachen.   Materie
ohne Bewegung ist ebenso undenkbar, wie Bewegung ohne

Materie; und die Bewegung ist daher ebenso unerschaffbar und unzerstörbar, wie die Materie selbst.

In der That sind wir in keiner Weise, weder logisch noch empirisch, im Stande, uns die Vorstellung einer bewegungslosen Materie oder eines bewegungslosen Körpers zu machen. Wenn z. B. ein fester oder schwerer Körper, welcher durch eine Unterlage gestützt ist, in scheinbarer Ruhe verharrt, so ist diese Ruhe in der That nur eine scheinbare, da sie in Wirklichkeit nur eine gehemmte oder aufgehaltene Bewegung ist, wobei zwei gleich starke, aber entgegengesetzte Bewegungen einander entgegenstreben. Durch Hinwegnahme der Hemmung kann die ruhende Kraft jeden Augenblick wieder in lebendige Kraft oder Arbeit zurückverwandelt werden. Dasselbe gilt von einer gespannten Feder oder von zusammengepreßter Luft 2c. Ruhe kann daher nicht als Bewegungslosigkeit, sondern nur als Widerstand zwischen zwei einander entgegenstrebenden Bewegungen aufgefaßt werden. Dabei ist der anscheinend ruhende Körper nicht überhaupt ruhend, sondern er scheint nur so im Verhältniß zu seiner nächsten Umgebung. Denn er dreht sich nicht nur mit der Erde um deren Mittelpunkt, sondern er schwingt auch mit derselben um die Sonne und wiederum mit dieser um die große Centralsonne oder um den großen Mittelpunkt der Milchstraße. „Alles," sagt W. Meyer (Kosmographisches Skizzenbuch, S. 217), „ist in Bewegung zu seiner Umgebung begriffen. Alles bewegt sich mit der Oberfläche um den Mittelpunkt des Erdkörpers, mit ihm um die Sonne, die unaufhörlich im Raume mit uns fortstrebt, und es schwindelt dem Geiste, der diesen Knäuel von durcheinanderwirbelnden Bewegungen zu überschauen versucht."

Bestände aber auch diese Bewegung unserer Erde durch den Weltraum nicht, so müßte der anscheinend ruhende Körper schon um deßwillen als bewegt erscheinen, weil er Antheil nimmt an den nie ruhenden Oscillationen oder

Bewegungen des Erdinnern und der Erdoberfläche, welche sich nur bisweilen in stärkerer oder auffälligerer Weise als Erdbeben, Vulkanausbrüche, Bergstürze, Verschiebungen von Erdschichten, Aufsteigen von Inseln u. s. w. unsern Sinnen bemerkbar machen. Die anscheinend auf unerschütterlichen Grundlagen ruhende Erdveste ist nichts weniger als fest oder unverrückbar; und es liegt nur an der Unvollkommenheit unserer Beobachtungs- oder Wahrnehmungsmittel, wenn wir diese nie ruhenden Bewegungen nicht fortwährend empfinden oder zu controliren im Stande sind. Dagegen haben die Forschungen und Beobachtungen der Erdkundigen außer Zweifel gestellt, daß ein fortwährendes langsames Aufsteigen dieser und ein ebensolches Niedersinken anderer Länderstrecken stattfindet, und daß es keinen Punkt der Erdoberfläche oder des Erdinnern, soweit es uns bekannt ist, gibt, der als absolut ruhend angesehen werden könnte. Was heute Gebirge ist, war einst Meeresboden und wird auch im Laufe der Zeit wieder zu Meeresboden werden. Denn jeder dem Meere zueilende Wassertropfen arbeitet an der großen Aufgabe, das Land zu ebnen, während die im Innern wirkenden Kräfte dasselbe wieder emporzuheben trachten. Auch meteorologische Einflüsse lassen dem Erdkörper keine Ruhe. Schon der leiseste Pulsschlag des Meeres oder der leiseste Windhauch genügt, um die Erdoberfläche und die Gegenstände auf derselben in Schwingungen zu versetzen. „Als wir,“ so erzählt W. Meyer (a. a. O.) „im Herbst 1877 auf der Genfer Sternwarte Herrn Prof. Plantamour behülflich waren, gewisse jüngst entdeckte Bewegungen zu beobachten, welche der Stützpunkt eines Pendels mit diesem macht und dadurch die Zeit seiner Schwingungsdauer beeinflußt, bemerkten wir bei 3000facher linearer Vergrößerung ganz deutlich den leisesten Wind, welcher, gegen die starke Sandsteinmauer des niedrigen Gebäudes von außen drückend, dieselbe in Bewegung setzte.“

Wären aber auch diese kosmischen und tellurischen Einflüsse, welche den anscheinend ruhenden Körper an den von ihnen veranlaßten Bewegungen Theil nehmen lassen, nicht, so würde er darum doch noch lange nicht als bewegungslos angesehen werden können, da sein eignes Innere fortwährend von einer Anzahl der intensivsten Bewegungen durchtobt wird. Denn auch der festeste Körper erhält seinen Bestand nur durch die gegenseitige Anziehungskraft seiner kleinsten Theilchen, welche fortwährend um ihre s. g. Gleichgewichtslage osciliren oder schwingen, und ohne welche er sofort auseinanderfallen müßte. Daß aber diese Theilchen niemals einen Zustand relativer Ruhe zu erreichen im Stande sind, wird bewirkt durch die allverbreitete Kraft der Wärme, welche bekanntlich nichts weiter, als eine Art der Bewegung ist und welche, da alle Körper ohne Ausnahme Wärme enthalten, deren Moleküle oder kleinste Theilchen in einem Zustand unaufhörlicher Bewegung erhält. Mit jeder, wenn auch dem Grade nach noch so geringen Veränderung der Temperatur ist eine innere Bewegung verbunden; und dieser Einfluß reicht hin, um die ganze Natur und alle ihre Stoffe und Kräfte in einer ununterbrochenen Bewegung und Verwandlung zu erhalten. Ja, die Wärme muß als das eigentlich bewegende Princip im ewigen Kreislauf der Kräfte angesehen werden, ohne dessen Vorhandensein längst ein Gleichgewichtszustand der Kräfte und damit eine allgemeine Erstarrung eingetreten sein müßte. „Alle Körper der Natur,“ sagt Clausius in einer vortrefflichen Abhandlung über das Wesen der Wärme, „auch wenn sie vollkommen in Ruhe zu sein scheinen, befinden sich doch in der lebhaftesten inneren Bewegung, und diese Bewegungen der Körper theilen sich auch dem umgebenden Aether mit, so daß der ganze Weltraum fortwährend in den verschiedensten Richtungen von wellenförmigen Schwingungen durchzogen wird, und den Inbegriff dieser Bewegungen nennen wir Wärme.“ — Der-

selbe Gelehrte hat bekanntlich gezeigt, daß die Moleküle
aller Gase oder Luftarten fortwährend nach allen Rich=
tungen durcheinanderfliegen, und daß jedes einzelne Molekül
so lange seine gradlinige Bahn verfolgt, bis es an ein
andres Gasmolekül oder an einen festen Körper anstößt
und vermöge seiner Elasticität abgelenkt oder zurückgeworfen
wird. Außerdem drehen sich die Moleküle um ihre Are,
und die sie zusammensetzenden Atome schwingen hin und
her, drehen sich auch wohl unter Umständen. (Sog. intra=
molekulare Bewegungen.)]

Aber dieselben intramolekulären Bewegungen durch=
toben ja auch die festen Körper. Wäre unser Sehvermögen
um das Millionenfache verstärkt, so könnten wir wahr=
nehmen, daß z. B. die Atome des Diamanten, dieses festesten
aller Körper, hin und her schwingen, mit der größten
Heftigkeit gegen die benachbarten Atome, resp. Moleküle,
anschlagen und von den zurückerhaltenen Stößen andrer
Moleküle, die sich auf Millionen per Sekunde belaufen, er=
zittern. Die Härte und Undurchdringlichkeit des Diamanten
scheint im ersten Augenblick diese Annahme von Schwing=
ungen zu widerlegen, aber diese Eigenschaften haben ihren
Grund in der Thatsache, daß, wenn eine Anstrengung ge=
macht wird, eine Stahlspitze gegen den Diamanten zu
drücken, die schnellschwingenden Moleküle gegen die Spitze
mit solcher Gewalt andrücken, daß die letztere nicht einzu=
bringen vermag, ja nicht einmal eine Spur auf der Ober=
fläche zurückläßt. Wenn Glas mit Hülfe eines Diamanten
geschnitten wird, so überwältigen die raschen Stöße der
Moleküle des Diamanten den Widerstand der Stöße der
Glasmoleküle; denn auch das Glas ist nichts anderes als
ein Aggregat schnellschwingender Moleküle.

Aber auch abgesehen von diesen intramolekulären und
von den Wärme=Bewegungen befindet sich jeder noch so feste
Körper in einer fortwährenden, wenn auch häufig noch so
langsamen oder unmerkbaren Veränderung oder Umsetzung

feiner Beſtandtheile und feiner Form. Selbſt das härteſte
und feſteſte Geſtein, welches uns als ein Sinnbild des
Starren und Unwandelbaren gilt, macht von dieſer Regel
keine Ausnahme und iſt, wie die Forſchungen der chemiſchen
Geologie gezeigt haben, in einer ſteten inneren Wandlung
und Umwandlung begriffen — bald nach der chemiſchen,
bald nach der phyſikaliſchen Seite hin. Wie in der orga=
niſchen, ſo findet auch in der unorganiſchen Natur ein un=
ausgeſetzter Stoffwechſel ſtatt, welcher in der Nähe der ſog.
Mineralquellen am deutlichſten zu beobachten iſt. Denn
das Waſſer — namentlich wenn es ſich in einem erhitzten
und mit Kohlenſäure beladenen Zuſtande befindet — iſt es
zumeiſt, welches jene Umwandlungen anregt und vermittelt,
und zwar in einer unaufhörlichen, nie unterbrochenen Wirk=
ſamkeit. Nächſt dem Waſſer ſind es die Wärme des Erd=
innern und der mechaniſche Druck und an der Oberfläche
der Einfluß der atmoſphäriſchen Luft, welche auf eine ſtete
chemiſche und phyſikaliſche Umänderung und Umwandlung
der Beſtandtheile unſres alten Erdkörpers hinarbeiten.

Am lebhafteſten oder energiſchſten geht dieſer Stoff=
wechſel ſelbſtverſtändlich in der organiſchen Welt vor ſich,
deren eigentliches Weſen ja auf denſelben gegründet iſt.
Selbſt das Gebiet des ſ. g. latenten oder verborgenen
Lebens macht davon keine Ausnahme, und wären nur unſre
Sinne oder Beobachtungsmittel ſcharf genug, ſo würden
wir auch dort eine ſtete Veränderung der Miſchung und
Form zu beobachten im Stande ſein, wo der äußere Augen=
ſchein uns den Zuſtand einer abſoluten Ruhe vortäuſcht.
„Nichts,“ ſo folgert Hanſtein aus ſeinen Forſchungen
über das ſog. Protoplasma oder die Urform des organiſchen
Lebens (Heidelberg 1880), „erſcheint nach Form und Maſſe
beſtändig. Selbſt der Umriß und das innere Gefüge des
Kernes, der vergleichsweiſe vielleicht in der Zelle das Be=
ſtändigſte iſt, bleibt ſich nicht gleich. Jeden Augenblick
können die Glieder an Zahl und Form wechſeln, der Rumpf

sich ändern und anders legen, jede Molekelgruppe selbst bald
fest zusammenhalten, bald frei auseinander laufen. Den=
noch wird die Gestalt und Individualität des Ganzen sicher
gewahrt. Alles entweicht, und Nichts besteht." „Leben",
sagt Verworn (Die Bewegung der lebendigen Substanz,
Jena 1892), „ist Bewegung, und nur die Art des Stoff=
wechsels bildet den einzigen Unterschied zwischen lebendiger
und (anscheinend) lebloser Substanz."

Uebrigens ist schon das in einem früheren Kapitel be=
sprochene Gesetz der Erhaltung oder Unsterblichkeit der Kraft
hinreichend, um zu zeigen, daß keine Art von Bewegung
neu entstehen oder verschwinden kann, und daß daher Be=
wegung als der ursprüngliche Zustand oder gewissermaßen
als die Seele der Materie angesehen werden muß. Ehe
man dieses Gesetz kannte, konnte es wohl dem Laien in
vielen Fällen so scheinen, als ob eine Bewegung, ohne daß
sie etwas zurückließe, verschwinden oder zerstört werden,
d. h. in den Zustand der Ruhe übergehen könne. Jetzt ist
dieses nicht mehr möglich, und es ist dieser auf den bloßen
äußeren Schein begründete Glaube als einer der radikalsten
Irrthümer, welche jemals in der Wissenschaft herrschend
waren, aufgedeckt worden. Bewegung ist ebenso unzerstör=
bar, ebenso unvernichtbar, wie Kraft oder Stoff; sie nimmt
nur andre Formen oder Erscheinungsweisen an, wobei die
neue Form derjenigen, aus welcher sie hervorgegangen,
gleichwerthig ist. Daraus folgt mit absoluter Gewißheit,
daß die Bewegung auch ebenso ewig und unerschaffbar oder
ebenso anfang=, end= und ursachlos ist, wie Kraft oder Stoff.
Erhaltung der Kraft, Erhaltung des Stoffs, unaufhörliche
Veränderung der Bewegung, Arbeit und Geschwindigkeit —
dies ist das allgemeine Resultat der heutigen physikalischen
Wissenschaft. Schon der alte Naturphilosoph Oken hatte,
obgleich ihm die positiven Kenntnisse der Gegenwart ab=
gingen, dieses so gut eingesehen, daß er den Satz aufstellte:
„Die Bewegung ist von Ewigkeit her;" und der Philosoph

Descartes ließ sich von demselben Grundgedanken leiten, als er den berühmten Ausspruch that: „Gebt mir Material und Bewegung, und ich werde Euch das Universum daraus zimmern." Das bekannte physikalische Gesetz der „Trägheit der Materie" will nicht besagen, daß die Materie an sich träge ist, sondern nur, daß eine einmal angenommene Ruhe oder Bewegung nicht von selbst sich in ihr Gegentheil verwandeln kann, ohne daß ihr durch eine andere Kraft oder Bewegung entgegengewirkt wird. Ruhe ist daher nicht Bewegungslosigkeit, sondern nur Widerstand zwischen zwei Bewegungen.

Die Ewigkeit der Bewegung und die Nothwendigkeit ihrer Existenz wurde schon von den ältesten griechischen Philosophen aus der vor-Sokratischen Zeit als Axiom aufgestellt. Namentlich betrachteten es die sog. Atomisten, Leukipp und Demokrit, und ihre berühmten Nachfolger Epikur und Lukrezius als selbstverständlich, daß die Atome, aus denen sie alles Sein ableiteten, als von Ewigkeit her in Bewegung befindlich anzusehen seien. Dagegen suchte der griechische Philosoph Anaxagoras (500 v. Chr.) als der Erste, der den Geist von der Materie trennte, die Bewegung aus der Thätigkeit eines vernünftigen, ordnenden Geistes (νοῦς) abzuleiten. Ihm schloß sich Plato's Schüler Aristoteles an, welcher ebenfalls die Materie für eigner Bewegung unfähig hielt und die Nothwendigkeit der Existenz eines weltbewegenden Geistes oder Verstandes oder eines ersten Bewegers, der von nichts Anderem bewegt wird, behauptete. Diese Anschauung, welche dem christlichen Gottesbegriff wesentlich in die Hände arbeitete, erhielt sich durch den mächtigen Einfluß der Aristotelischen Philosophie bis auf die Zeiten von Descartes und Spinoza herab. Sogar der große Mathematiker Newton, der Entdecker des Gravitations-Gesetzes, läßt die Materie durch den Willen Gottes entstehen und in Bewegung gesetzt werden. Erst Leibniz (1646—1716), einer der umfassendsten Geister, die je gelebt

haben, wagte es wieder, die Bewegung aus ihr selbst zu
erklären. „Ueberall", sagt er, „ist Thätigkeit, und ich be-
gründe sie fester als die herrschende Philosophie, weil ich
der Ansicht bin, daß es keine Körper ohne Bewegung, keine
Substanz ohne kräftiges Streben gibt." Uebrigens hatte
schon vor Leibniz der große materialistische Philosoph des
17. Jahrhunderts Thomas Hobbes die Bewegung für
ewig, anfangslos und für die Ursache aller und jeder Veränderung erklärt; sie bildet nach ihm das einzig Wirkliche
in der Welt. Die Materie ist nach dieser Anschauung
nicht tob oder träg und wird auch nicht von Außen durch
einen ihr fremden deus ex machina gewissermaßen ge-
stoßen oder getrieben, sondern ist selbst Kraft und Widerstand. Der Begriff eines todten Stoffs ist eine bloße Abstraktion, der nichts Wirkliches entspricht, da der Stoff, den
wir erfahrungsmäßig kennen, überall voll Leben und Bewegung ist und seine Gestaltungskraft in sich selbst trägt.
Ganz gleiche Ansichten verfocht des Leibniz großer Zeitgenosse,
der englische Philosoph Toland, der Verfasser der berühmten
Briefe an Serena oder die philosophische Königin von Preußen,
welcher eine besondere Abhandlung über „Die Bewegung
als eine wesentliche Eigenschaft der Materie" schrieb. Eine
Materie ohne Bewegung ist nach ihm ein ganz unbegreifliches Ding; nur der große ungebildete Haufe glaubt an
ihre Trägheit und an eine Entstehung der Bewegung, welche
in Wirklichkeit ewig und endlos ist. „Ich halte dafür,"
sagt Toland wörtlich, „daß Bewegung eine wesentliche Eigenschaft der Materie ist, d. h. ebenso untrennbar von ihrer
Natur, wie die Undurchdringlichkeit oder die Ausdehnung,
und daß sie einen Theil ihrer Definition bilden muß. Ich
leugne, daß die Materie jemals ist oder war eine unthätige,
todte Masse in absoluter Ruhe, ein träges und schwerfälliges
Ding." Denselben Standpunkt bezüglich der Bewegung ver-
fochten die materialistischen Philosophen des achtzehnten
Jahrhunderts. Die Welt ist nach Holbach (Système de

la Nature) nichts weiter als Materie und Bewegung und eine unendliche Verkettung von Ursache und Wirkung. Alles im Universum ist in beständigem Fluß und Wechsel, und jede Ruhe ist nur scheinbar. Materie und Bewegung sind ewig. Gleiche Ansichten bekannten Diderot und seine Nachfolger.

Zu allem diesem kann die moderne Naturwissenschaft nur Ja! sagen. Die Ergründung der Bewegung ist ihre eigentliche Aufgabe, und ihr Gegenstand ist Alles, was sich auf Bewegung zurückführen läßt. Bewegte oder in Bewegung befindliche Materie ist ihr erstes und letztes Wort oder muß es sein! Es gibt kein Sein, sondern nur ein Werden, und nichts in der Welt ist beständig, außer der Wechsel. „Eine ewige Bewegung in einer unendlichen Mannichfaltigkeit der Form", sagt L. K. Popow, „sich zusammensetzend und vereinfachend, doch nie spurlos verschwindend — das ist die Natur des Kosmos im Ganzen."*)

Man höre schließlich, was schon vor siebzehn Jahrhunderten der philosophische römische Kaiser Marc-Aurel in dieser Beziehung geäußert hat. „Denke recht oft daran, wie Alles, was ist und was geschieht, so schnell wieder hinweggeführt wird und entschlüpft. Die ganze Materie ist ein ewig bewegter Strom, alles Gewirkte und alles Wirkende ein tausendfacher Wechsel, eine Kette ewiger Verwandlungen. Nichts steht fest. Vorwärts und rückwärts eine Unendlichkeit, in der Alles verschwindet. Wie thöricht also Jeder, der mit irgend Etwas groß thut oder von irgend einer Sache sich hin- und herreißen läßt oder darüber jammert, als ob der Kummer nicht nur kurze Zeit währte."

---

*) Weiteres über „Bewegung" in des Verfassers Schrift „Natur und Geist", S. 109—138.

Die Form.

Die Menge des Lebendigen stellt sich nicht uns als die Ausführung eines vernünftig entworfenen und befolgten Planes dar, sondern als ein historisches Resultat, d. h. als das fortwährend modificirte Ergebniß einer Menge von Ursachen, welche nacheinander gewirkt haben, und bei dem jeder Zufall, jede Unregelmäßigkeit die Wirkung einer Ursache darstellt — der Plan existirt nicht, er ist nur scheinbar da. Die Kräfte wirken nothwendig blind, und aus ihrem Zusammenwirken entstehen die Wesen. Wenn man glaubt, daß die Natur nach einem seriellen Plane wirkt, so befindet man sich im Irrthum. Die Serie ist ein Resultat und nicht ein Gedanke, nicht eine Absicht der Natur; sie ist die Natur selber. — Indessen begreift man mit der größten Augenscheinlichkeit, daß, wenn die Kräfte des ganzen Weltalls fortwährend auf den Erdball gleichmäßig wirken, ihr Werk dann eine vollständige und vollkommen abgestufte Serie bilden müsse.

Jouvencel.

Die einzige Ueberlegung, ob denn unter irgend welchen Bedingungen das Form- und Ordnungslose Zugang zum Dasein haben könne, hätte die Philosophie vieler unfruchtbaren Arbeit enthoben. Eine von dem Wesen abgelöste Form ist ebenso undenkbar, wie eine Vorstellung ohne das Vorstellende. Formen ohne das Geformte, Vorstellungen ohne das Vorstellende sind Unbegriffe.

Solger.

Ebenso wenig wie die Begriffe von Kraft oder Bewegung von dem Begriff der Materie getrennt werden können, ebenso wenig kann dieses mit dem Begriff der Form

geschehen. Eine formlose Materie ist ein eben solches Un-
bing, wie eine Form ohne Geformtes, weder logisch denkbar,
noch empirisch oder in der Natur vorhanden. Mag man
sich die Materie vorstellen, wie man wolle, immer kann sie
nur unter einer, wenn auch noch so embryonalen oder un-
vollendeten Form gedacht werden; und die Erfahrung zeigt,
daß selbst jene chaotischen Stoffmassen oder Urweltnebel,
welche als die Embryonen künftiger Welten und Sonnen-
systeme angesehen werden müssen, dem Auge des Beobachters
unter den verschiedensten Formen erscheinen. Allerdings
entsprang die Form nicht aus der Materie, wie Minerva
aus dem Haupte Jupiters, sondern sie ist in der Vollendung,
in der wir sie jetzt vor uns sehen, erst das Resultat langer
und mühsamer Entwicklung, welche Millionen und aber
Millionen Jahre für sich in Anspruch nahm. Und zwar
ging diese Entwicklung in einer Weise vor sich, welche keinen
Zweifel darüber läßt, daß von irgend einem vorausgebildeten
Gedanken-Schema oder einer vorherbestimmten formalen
Ordnung auch nicht im entferntesten die Rede sein kann,
sondern daß alles auf das Deutlichste für die eigne und
planlose Thätigkeit der Natur in der Erzeugung ihrer Formen spricht. Aber da diese Thätigkeit Anlaß und Gelegenheit hatte, sich unter stets langsam und nach und nach sich
ändernden, äußeren wie inneren Umständen nach allen Richtungen gleichmäßig und ohne Unterbrechung auszubreiten,
so konnte es gar nicht anders sein, als daß eine scheinbare
Ordnung oder ein scheinbarer Plan entstehen, oder daß
sich vollkommen abgestufte Reihen von mehr und mehr sich
vervollkommnenden Formen bilden mußten. Wären diese
Formen der Natur von außen oder oben herab gewissermaßen aufgenöthigt worden, oder wären sie — zum mindesten gesagt — Ausflüsse vorausgebildeter Ideen oder feststehender Principien, so würden die Vorgänge, wodurch sich
die Formen des Weltalls oder der verschiedenen Sonnen-
oder Planetensysteme oder unsrer Erde und der auf ihr

lebenden organischen oder unorganischen Bildungen in der
allmäligsten Weise gestaltet haben, als gänzlich unbegreifliche
erscheinen.   Bei allen diesen Bildungen ist soviel Zufälligkeit, Regellosigkeit, Unvollkommenheit und Abhängigkeit
von wechselnden Umständen oder Bedingungen im Spiel,
daß die Annahme einer vorherbestimmten formalen Ordnung auf unüberwindliche Schwierigkeiten stößt.   Dagegen
liefert der fortwährende planlose Wechsel der Form, wobei
niemals eine absolute Wiederholung stattfindet, den besten
Beweis für die Entstehung der endlosen Mannichfaltigkeit
der Naturgebilde aus stets wechselnden materiellen Wirkungen und Gegenwirkungen.   Man fasse beispielsweise
die wunderbaren und zierlichen Formen der an einem kalten
Wintertage zur Erde fallenden Schneeflocken oder Schnee-
sterne in das Auge und überzeuge sich, daß diese Formen
heute ganz andere sind, als die an einem vorhergehenden
oder folgenden Tage gebildeten, obgleich die Verschiedenheit
der Umstände an diesen Tagen nur eine äußerst gering-
fügige sein mochte.   Nichtsdestoweniger hat diese Verschiedenheit hingereicht, um so verschiedene Formen hervorzubringen;
sie zeigt, daß, wie Carus Sterne (Sein und Werden)
sagt, „jede dieser vergänglichen Gestalten der genaue Abdruck eines besonderen Mischungsverhältnisses von Feuchtig-
keit, Bewegung, Druck, Temperatur, Belichtung, elektrischer
Spannung und chemischer Zusammensetzung der Luft sein
mag, wie es bei ihrer Bildung vorwaltete.   Mit einer
Vielseitigkeit der Ideen, um die sie ein Musterzeichner be-
neiden könnte, tritt so bereits das innere Vermögen der
einfachsten und indifferentesten Verbindung, die wir kennen,
den gestaltenden Einflüssen der Außenwelt entgegen."
     Noch mehr liefert die allmälige Entwicklung der or-
ganischen Welt, in welcher das Formenstreben der Natur
zu seiner höchsten Ausbildung gelangt ist, den deutlichsten
Beweis dafür, daß die Form nichts weiter ist, als das
nothwendige Resultat materieller Wirkungen und Gegen-

wirkungen. Langsam und nur mit Hülfe einer fast un=
endlichen Reihe von Jahren konnten diese organischen
Formen zu ihrer heutigen Vollkommenheit und Mannich=
faltigkeit gelangen und lassen uns auf diesem Wege alle
nur denkbaren Verschiedenheiten, Uebergänge und einen un=
aufhörlichen Wechsel der Gestaltung und Lebensweise, je
nach der Verschiedenheit der äußeren oder inneren Ein=
flüsse, unter denen sie lebten oder zu leben gezwungen
waren, erkennen. Nur durch zahllose Uebergänge und
Formverwandlungen konnte sich die pflanzliche oder tierische
Welt aus den dürftigsten und unvollkommensten Anfängen
heraus bis zu ihrem heutigen Formen=Reichthum ent=
wickeln — wie in einem späteren Kapitel eingehender und
an einzelnen Beispielen nachgewiesen werden wird. Dabei
zeigen aber alle diese Formen, einerlei ob sie der Jetztwelt
oder der Vorwelt angehören, nirgendwo einen derart fest=
stehenden Charakter, daß sich derselbe unter verschiedenen
oder geänderten äußeren Zuständen unveränderlich als ein
fester Typus zu erhalten und fortzusetzen im Stande wäre.
Im Gegentheil verändert sich dieser Typus überall mit
Leichtigkeit, und es gibt keinen Charakter irgend welcher
organischen Gruppe, von dem nicht die bedeutendsten Aus=
nahmen oder Abweichungen vorkommen könnten. Ja —
es kann jetzt nach den von der Entwicklungstheorie ge=
gebenen Nachweisen keinem Zweifel mehr unterliegen, daß
die an ihren Endpunkten anscheinend durch ihre Form=
Verschiedenheit noch so sehr getrennten oder von einander
entferntesten Typen oder organischen Entwicklungs=Reihen,
wie z. B. Vögel und Reptilien oder Fische und höhere
Wirbeltiere, an ihren Ursprungs=Punkten ganz nahe zu=
sammenhängen, und daß überall ein höherer Typus aus
einem niederen, dieser aus einem noch niedriger stehenden
u. s. w. abgeleitet werden kann. Alles dieses beweist, daß
die Form nichts Feststehendes, vorher Bestimmtes, sondern
etwas mehr oder weniger Zufälliges, nichts Ursprüngliches,

sondern aus allmäliger Umänderung Hervorgegangenes,
nichts Wesentliches, sondern etwas Aeußerliches, durch die
Umstände Herbeigeführtes ist, ohne welche ein materielles
Dasein überhaupt nicht gedacht werden kann.

Eine fast noch stärkere Unterstützung findet diese Anschauung oder Meinung in dem einfachen Umstand, daß,
wie die biologische Wissenschaft der Neuzeit außer Zweifel
gesetzt hat, die ganze Fülle der organischen Welt von den
niedrigsten bis zu den höchsten, von den einfachsten bis zu
den complicirtesten Bildungen sich aus einem einzigen höchst
einfachen Form=Element und dessen Abkömmlingen oder
Umbildungen, der sog. Zelle, zusammensetzt, und daß
dieses einfache, aus Hülle, Inhalt und Kern bestehende
Gebilde selbst wieder von einem noch weit einfacheren und
ursprünglicheren Stoff=Complex, dem sog. Protoplasma
(Bildungsstoff), abstammt. Dieses Protoplasma oder dieser
„Lebensstoff", dessen merkwürdige Lebens=Eigenschaften durch
die eigenthümlichen chemischen und physikalischen Eigenschaften
des in ihm enthaltenen Kohlenstoffs und seiner Verbindungen bewirkt werden, stellt sich lediglich unter der
Form halb geronnener, in sich gleichartiger, der Ernährung
und Fortpflanzung fähiger Eiweiß=Klumpen oder Eiweiß=
Klümpchen dar, bei denen alle organischen Funktionen oder
Verrichtungen nicht, wie bei den höheren Tieren, Verrichtungen besonderer Organe, sondern unmittelbare Ausflüsse
der ungeformten organischen Materie selbst sind. Sie stehen
also vollständig auf der Grenze zwischen organischen und
unorganischen Naturkörpern und lassen deutlich erkennen,
wie sich die organische Form durch Einflüsse und Umstände,
deren genauere Erörterung späteren Kapiteln vorbehalten
bleibt, aus mehr oder weniger formlosen Stoffverbindungen
nach und nach hervorentwickelt.

Was die Zelle in der organischen, das ist der Krystall
in der unorganischen Welt, obgleich man sich dadurch nicht
zu der falschen Vorstellung verleiten lassen darf, als sei

durch diese Form-Verschiedenheit eine strenge Trennung beider Naturreiche und ein gesonderter Aufbau derselben auf durchaus verschiedenen Grundlagen gegeben. Denn auch der Krystall bildet sich, ähnlich wie die Zelle aus dem Protoplasma, aus der formlosen Mutterlauge oder aus vorher amorphen (gestaltlosen) Körpern durch bloße Umlagerung der Atome und entwickelt dabei höchst auffallende Erscheinungen eines inneren Lebens, welche durchaus nicht erlauben, denselben als eine bloße, todte Stoff-Anhäufung zu betrachten, sondern mannichfache Vergleichungen mit den inneren Vorgängen des pflanzlichen und tierischen Lebens zulassen. Auch hat die 1849 von Reichert gemachte und inzwischen bedeutend erweiterte Entdeckung der sog. Proteïn- oder Eiweiß-Krystalle oder der von Nägeli sog. „Krystalloïde", welche sich ganz ähnlich wie organische Körper verhalten und alle wesentlichen Eigenschaften des Protoplasma's wahrnehmen lassen, die anscheinende Kluft zwischen Krystall und Zelle oder zwischen der unorganischen Welt und den organisirten Zellbildungen der Tier- und Pflanzenwelt so gut wie ausgefüllt. In der That kann ein solches Krystalloid nicht anders betrachtet werden, denn als eine krystallisirte Zelle oder ein zellenähnlicher Krystall; und man sieht sich genöthigt, Nägeli zuzustimmen, wenn er, auf solche Erfahrungen gestützt, den Unterschied zwischen Unorganischem und Organischem nur als einen solchen zwischen Einfachem und Zusammengesetztem bezeichnet.

Unter solchen Umständen kann es uns auch nicht befremden, wenn wir sehen, daß jene niedersten Lebewesen, welche auf der untersten Stufenleiter des organischen Daseins und in der Mitte zwischen Pflanze und Tier stehen, die sog. Protisten oder Urwesen, in ihrer mannichfaltigen Gestaltung eine auffallende Annäherung an die nicht organische Welt und im Gegensatz zu den höher entwickelten Tieren und Pflanzen mathematische, den Krystallen und

kryſtalliniſchen Bildungen im höchſten Grade ähnliche For=
men erkennen laſſen. „Wenn ſchon", ſagt Häckel (Das
Protiſtenreich, S. 38 und 40), „bei den merkwürdigen Poly=
thalamien die formbildende Kunſt des formloſen Protoplasma
unſere höchſte Bewunderung erregt, ſo wird dieſelbe noch
geſteigert, wenn wir die nahe verwandten Radiolarien,
die „Gittertiere" oder Strahlinge betrachten. Bei dieſen
höchſt intereſſanten Wurzelfüßern treffen wir die größte
Mannichfaltigkeit von zierlichen und ſonderbaren Formen
an, die überhaupt in der organiſchen Welt zu finden iſt.
Ja, alle möglichen Grundformen, welche man nur in einem
promorphologiſchen Syſteme aufſtellen kann, finden ſich hier
wirklich verkörprrt vor. — Welche Bedeutung dieſe höchſt
mannichfaltigen, zierlichen und ſeltſamen Formen beſitzen,
wie das formloſe Protoplasma der Radiolarien dazu kommt,
ſie zu bilden — davon haben wir bis heute noch keine
Ahnung."

Aus dieſer gemeinſamen, Pflanzen=, Tier und Mineral=
Reich umfaſſenden Wurzel hat ſich nun nach und nach durch
fortwährende Differenzirung (Sonderung) und Vervollkomm=
nung jene ganze, reiche Formenwelt der Natur entwickelt,
von der wir uns heute umgeben finden. „Wie bei den
Kryſtallen", ſagt Jouvencel (Geſchichte der Schöpfung,
II, S. 308), „durch aufeinander folgende Modifikationen
jeder Tetraëder= und Prisma=Typus im Stande iſt, in
immer zuſammengeſetztere Formen überzugehen, ebenſo waren
die erſten Urweſen im Stande. durch aufeinanderfolgende
Modifikationen immer complicirtere Formen anzunehmen.
Wie aber bei den Kryſtallen der an ſich ſehr einfache Modi=
fikations=Vorgang, Hervorbringung neuer Flächen durch ein
ſerielles Hinzufügen neuer Moleküle allmälig alle, auch die
complicirteſten Formen eines gegebenen Typus erzeugt, ſo
bringt auch bei den lebendigen Weſen der an ſich ſehr ein=
fache, in Hervorbringung neuer Theile durch eine ſerielle
Hinzufügung neuer Zellen beſtehende Modifikationsvorgang

alle Formen eines gegebenen Typus bis zu den complicirtesten hervor."

Wir bedürfen daher keiner mysteriösen „typischen Kraft",
keines besonderen Form-Gesetzes, keines vorausgebildeten
Gedanken-Schemas, keiner Appellation an außernatürliche
Einwirkung, um das Dasein der Form davon abzuleiten,
sondern nur einer einfachen Betrachtung der Natur, wie
sie ist. Die Form ist nicht ein Princip, sondern ein
Resultat, nicht die Ausführung eines vorher entworfenen
Planes, sondern das nothwendige Ergebniß des Gegen- und
Aufeinanderwirkens einer großen Menge von Ursachen, Zufälligkeiten oder Kräften, welche, an sich blind und bewußtlos,
doch, da sie überall und zu allen Zeiten ohne Unterbrechung fortwirken, gar nicht anders können, als eine anscheinend vollkommne und abgestufte Ordnung und Reihenfolge zu erzeugen. Wenn die alten Philosophen der Inder
und Griechen über den Gegensatz zwischen Stoff und Form
nicht hinauskommen konnten und sich bald mit der Annahme
ewiger Form-Anlagen der Materie zu helfen suchten, bald
die Form als das höhere und beherrschende Princip dem
Stoff gegenüberstellten, bald auch beide, aber als Gegensätze, einander gleichstellten, so war dieses zu einer Zeit,
da man von den Grundsätzen der Entwicklungstheorie entweder keine oder nur ahnende Vorstellungen hatte, kaum
anders möglich. Heutzutage, wo man die Geschichte endloser, hinter uns liegender Vergangenheiten bis zu den
Welt-Embryonen der Urweltnebel mehr oder weniger zu
übersehen im Stande ist, sollte man einsehen, daß eine
einseitige Betonung der Form, wie sie noch von so vielen
Gelehrten geübt wird, ebenso vom Uebel ist, wie eine einseitige Betonung des Stoffs. Erstere führt zum Idealismus, letztere zum Materialismus; die Einsicht aber, daß
Stoff und Form ebenso untrennbar verbunden sind, wie
Stoff und Kraft oder Stoff und Bewegung, kann nur zu
jener einheitlichen, auf die Anerkennung einer natürlichen und

durch sich selbst existirenden Ordnung der Dinge gebauten monistischen Weltanschauung führen, welche in Anlehnung an die Fortschritte der Wissenschaft bestimmt sein dürfte, mehr und mehr zu einem Gemeingut der Gebildeten zu werden.*)

---

*) Ausführlicheres über die in diesem Kapitel besprochenen oder berührten Gegenstände findet sich in des Verfassers Schriften: „Natur und Geist", Seite 141—156; „Physiologische Bilder" I, S. 321—414 der 3. Aufl. „Die Darwin'sche Theorie", Ende der ersten Vorlesung.

Die Naturgesetze und ihre Unabänder-
lichkeit.

Die Weltregierung ist nicht als die Bestimmung des
Weltlaufs durch einen außerweltlichen Verstand, sondern
als die den kosmischen Kräften und deren Verhältnissen
selbst immanente Vernunft zu betrachten.

Strauß.

Die in dem Stoffe wirkenden Kräfte wirken, soweit
heute unsre Einsicht reicht, nach unabänderlichen, nie und
nirgend eine Ausnahme gestattenden, ewig gültig gewesenen
und ewig gültig bleibenden Gesetzen.

Th. Moldenhauer.

Wenn die moderne Wissenschaft das Wunder leugnet,
so thut sie es nur, um uns eine Welt zu zeigen, welche
selbst ein ewiges Wunder ist.

A. Laugel.

Die Gesetze, nach denen die Natur in ihrem ewigen
Bewegen, in ihrem unaufhörlichen Werden und Vergehen,
Aufbauen und Zerstören verfährt oder thätig ist, sind nicht,
wie sich dieses die kindliche Phantasie der Völker in früherer
Zeit auszumalen pflegte, und wie dieses auch heutzutage
noch schwache oder ungebildete Geister annehmen, durch einen
außer oder über der Natur stehenden Gesetzgeber oder mehrere
solcher Gesetzgeber veranlaßt oder derselben gewissermaßen
vorgeschrieben, sondern sie sind der natürliche und nothwendige Ausdruck des Zusammenwirkens der Naturdinge selbst
— wofür man nach Analogie menschlicher Thätigkeit oder
Verhältnisse den unrichtigen und falsche Vorstellungen er-
weckenden Namen des „Gesetzes" in Anwendung gebracht hat.

Aber diese Analogie ist unanwendbar, weil die mit absoluter Nothwendigkeit unter einander verketteten Thatsachen oder Zustände der Natur nichts mit den willkürlichen Bestimmungen menschlicher Gesetzgeber gemein haben. Das Naturgesetz besteht nicht neben oder außer der Materie oder der Natur, sondern es ist, wie gesagt, nur ein Ausdruck für die mit ihr selbst untrennbar verknüpften Eigenschaften oder Bewegungen oder für die Regel des Geschehens, wie sie im Körperreich faktisch vorliegt, und wie sie von der Abstraktion als „Gesetz" bezeichnet worden ist. Die Körper gehorchen nur ihrer eignen Natur, und es entsteht dadurch nothwendig ein gewisser Verlauf des Geschehens, welchen unser Intellekt als Gesetz auffaßt. Wenn menschliche Gesetze nothwendig einen Gesetzgeber oder einen herrschenden Willen voraussetzen, sei es nun der eines Einzelnen oder derjenige der Gesammtheit, so verhält es sich nicht gleicherweise mit den Naturgesetzen, welche der Materie oder der Natur nicht auferlegt, sondern eins und dasselbe mit ihr oder ihrem Wesen sind.

Daraus folgt, daß — wie dieses ja auch die Erfahrung außer Zweifel stellt — die Naturgesetze unabänderliche, d. h. jeder Willkür oder äußeren Einwirkung unzugänglich sind, und daß sie weiter als ebenso ewig betrachtet werden müssen, wie Materie und Natur selbst. Nichts in der Welt kann geschehen, mag es das Größte oder das Unbedeutendste sein, außer durch den Einfluß und als Folge natürlicher Gesetze. Eine starre, unerbittliche Nothwendigkeit beherrscht die Masse und den Lauf der Natur. „Das Naturgesetz", sagt Moleschott, „ist der strengste Ausdruck der Nothwendigkeit." Hier gibt es weder eine Ausnahme, noch Beschränkung, und keine denkbare Macht ist im Stande, sich über diese Nothwendigkeit hinwegzusetzen. Immer und in alle Ewigkeit fällt ein Stein, der nicht durch eine Unterlage gestützt ist, gegen den Mittelpunkt der Erde; und niemals hat es ein Gebot gegeben, noch wird es je ein solches geben, das

der Sonne befehlen könnte, am Himmel stille zu stehen.
Eine mehr als tausendjährige Erfahrung hat dem Natur-
forscher die Ueberzeugung von der Unabänderlichkeit der
Naturgesetze mit immer steigender und zuletzt so unumstöß-
licher Gewißheit aufgedrängt, daß ihm auch nicht der leiseste
Zweifel über diese große Wahrheit bleiben kann. Stück für
Stück hat die Aufklärung suchende Wissenschaft dem uralten
Kinderglauben der Völker seine Positionen abgewonnen, hat
den Donner und Blitz und die Verfinsterung der Gestirne
den Händen der Götter entwunden und die gewaltigen
Kräfte ehemaliger Titanen unter den befehlenden Finger
des Menschen geschmiedet. Was unerklärlich, was wunderbar, was durch eine übernatürliche Macht bedingt schien,
wie bald und leicht stellte es die Leuchte der Forschung als
die Wirkung bisher unbekannter oder unvollkommen gewür-
digter Naturkräfte dar, wie schnell zerrann unter den Händen der Wissenschaft die Macht der Geister und Götter!
Der Aberglaube mußte unter den Cultur-Nationen fallen
und das Wissen an seine Stelle treten. Mit dem vollkommensten Rechte und der größten wissenschaftlichen Bestimmtheit können wir heute sagen: Es gibt nichts Wunderbares;
Alles, was geschieht, was geschehen ist und was geschehen
wird, geschieht, geschah und wird geschehen auf eine natürliche Weise, d. h. auf eine Weise, die nur bedingt ist durch
das gesetzmäßige Zusammenwirken oder Begegnen der von
Ewigkeit her vorhandenen Stoffe und der mit ihnen verbundenen Naturkräfte oder Bewegungen. Keine Revolution
der Erde oder des Himmels, mochte sie noch so gewaltig
sein, konnte auf eine andere Weise zu Stande kommen;
keine gewaltige, aus dem Aether herabgreifende Hand hob
die Berge und versetzte die Meere oder wies den Sonnen
und Planeten ihre Bahnen oder schuf Tiere und Menschen
nach persönlichem Einfall oder Behagen, sondern es geschah
durch dieselben Kräfte, die noch heute Berge und Meere
versetzen oder den Lauf der Weltkörper regeln und Leben-

biges hervorbringen; und alles dieses geschah als
der Ausdruck strengster Nothwendigkeit. Wo
Feuer und Waſſer zuſammenkommen, da müſſen Dämpfe
entſtehen und ihre unwiderſtehliche Kraft auf ihre Umgebung
ausüben. Wo ein Samenkorn in die Erde fällt, da muß
es wachſen; wo der Blitz angezogen wird, da muß er ein=
ſchlagen. Wo zwei chemiſche verwandte Körper unter be=
ſtimmten Bedingungen zuſammentreffen, da müſſen ſie ſich
verbinden oder unter andern Umſtänden trennen. Wo ein
Organismus eine unheilbare Störung erleidet, da muß er
zu Grunde gehen, u. ſ. w. — Könnte über dieſe und ähnliche
Wahrheiten irgend ein Zweifel ſein?? Niemand, der die
Natur und das, was ihn umgibt, auch nur auf das Ober=
flächlichſte beobachtet hat, der die Erwerbungen der Natur=
wiſſenſchaften auch nur in ihren allgemeinſten Umriſſen kennt,
kann in der Ueberzeugung von der Nothwendigkeit und Un=
abänderlichkeit der Naturgeſetze ſchwankend ſein.

. „Ueberall,“ ſagt G. H. S ch n e i d e r (Der tieriſche
Wille, S. 137 u. flgb.), „beobachten wir nur unabänder=
liche Naturgeſetze und blind wirkende Urſachen. Aus der
Aſtronomie, Phyſik und Chemie iſt beßhalb das Geſpenſt
eines in die Naturvorgänge eingreifenden perſönlichen Welt=
geiſtes längſt verbannt; kein Chemiker denkt heute daran,
die Verbindung zweier Elemente auf den Willen eines Gottes
zurückzuführen, und kein Phyſiker ſieht jetzt in irgend einer
Erſcheinung der Attraction oder der Reibung die Aeußerung
des göttlichen Willens. — Der unwiſſende Laie mag an
den perſönlichen Gott glauben; der Gelehrte oder gebil=
detere Laie aber, welcher die Zweckmäßigkeit zu erfaſſen
vermag, ohne den Willen eines perſönlichen Gottes voraus=
zuſetzen, würde ſeine Vernunft, wenn er einen ſolchen den=
noch ohne allen Grund annehmen wollte, unter die des ein=
fachſten Bauern ſtellen. — — Der Gottesglaube iſt beßhalb
heute faſt nur noch bei ſolchen ſogenannten Gelehrten zu
finden, welche von den Naturvorgängen ſo viel wie nichts

wissen, und die deßhalb genöthigt sind, auch die einfachsten
physikalischen Vorgänge auf den Willen eines persönlichen
Gottes zurückzuführen u. s. w."

Wie mit den Geschicken der Natur, so verhält es sich
auch mit den Geschicken der Menschen, welche, aus natürlichen Ursachen und Beziehungen hervorgegangen, gleicherweise jener ausnahmslosen und unerbittlichen Gesetzmäßigkeit gehorchen, welche alles Dasein beherrscht. Es liegt in
der Natur jedes Einzelwesens, daß es entstehe, werde und
vergehe, und noch kein Lebendiges hat jemals eine Ausnahme von dieser Regel gemacht. Der Tod ist die sicherste
Rechnung, welche gemacht werden kann, und das unvermeidliche Schicksal oder Ende jedes individuellen Daseins. Seine
Hand hält kein Flehen der Mutter, keine Thräne der Gattin, kein Toben des Mannes zurück; er reißt das blühende
Kind aus den Armen der verzweifelnden Mutter oder die
sorgenden Eltern von der Seite des unmündigen Kindes;
er hält grausige Ernten und häuft ununterbrochen Heka-
tomben von vernichteten Leben auf, deren Tod Schmerz
und Kummer, Sorge und Elend über die Zurückgelassenen
bringt. Keine Millionen und aber Millionen von Gebeten
aus gläubigen Herzen sind im Stande, in einem bestimmten
Falle auch nur die leiseste Andeutung göttlicher Ein-
mischung hervorzurufen. Auch glauben diejenigen, welche
sie trotzdem anordnen oder ausführen, selbst nicht an
deren Wirksamkeit. Keine Macht der Welt stillt die
Wuth der sich selbst und den Menschen mit vernichten-
der Gewalt bekämpfenden Elemente, kein Gebot von oben
hindert die zerstörende Wirkung von Sturm, Wasser,
Feuer oder Sonnenbrand, kein Ruf weckt den Schlaf des
Todten, kein Engel befreit den Gefangenen aus seinem
Kerker, keine Hand aus den Wolken reicht dem Hungernden
ein Brot oder dem Verdurstenden einen Trunk, kein Zeichen
am Himmel gewährt außernatürliche Kenntniß, keine Er-
leuchtung von oben gibt verzweifelnden Seelen Trost oder

7*

Beruhigung. „Die Natur," sagt L. Feuerbach, „ant=
wortet nicht auf die Klagen und Fragen des Menschen; sie
schleudert unerbittlich ihn auf sich selbst zurück." Und selbst
Luther sieht sich gezwungen, in seiner naiven Weise zu
sagen: „Denn das sehen wir in der Erfahrung, daß Gott
dieses zeitlichen Lebens sich fürnehmlich nicht annimmt."
Denselben Gedanken drückt der Romanschriftsteller Bulwer
mit den Worten aus: „Im Busen der Natur schlägt kein
Herz für den Menschen."

Einen „Geist, der in seinen Aeußerungen von der Natur=
gewalt unabhängig" wäre, wie dieses Liebig bezeichnet,
kennen wir nicht; denn niemals hat ein vorurtheilsfreier
und durch wissenschaftliche Bildung aufgeklärter Beobachter
dergleichen Aeußerungen wahrgenommen. Und wie könnte
es auch anders sein? Wie wäre es möglich, daß die unab=
änderliche Ordnung oder Gesetzmäßigkeit, in der die Dinge
sich bewegen, jemals gestört würde, ohne einen unheilbaren
Riß durch die Welt zu machen, ohne uns und das All einer
unberechenbaren und trostlosen Willkür zu überliefern, ohne
jede menschliche Wissenschaft als kindischen Quark, jedes irdische
Bemühen als vergebliche Arbeit oder als Streben nach einem
Etwas, das in einer höheren Ordnung der Dinge längst
erreicht oder errungen wäre, erscheinen zu lassen? Welchen
Zweck oder welche Bedeutung könnte überhaupt diese ganze,
gesetzmäßig eingerichtete oder entwickelte Welt haben, wenn
sie unter der willkürlichen Einwirkung höherer Mächte stünde,
welche deren Gesetze oder Einrichtungen jeden Augenblick
nach Belieben durchbrechen oder aufheben könnten?

Solche Ausnahmen von der Regel, solche Ueberheb=
ungen über die natürliche Ordnung der Dinge hat man
bekanntlich Wunder genannt, und es hat deren angeblich
zu allen Zeiten in Menge gegeben. Ihre Entstehung ver=
danken sie theils absichtlichem Betrug, theils abergläubischer
Unwissenheit und jener eigenthümlichen Sucht nach dem
Wunderbaren und Uebernatürlichen, welche der menschlichen

Natur unauslöschlich eingeprägt scheint. Es fällt dem Men=
schen schwer, so offen es auch die Thatsachen darthun, sich
von der ihn aller Orten und in allen Beziehungen umgeben=
den unverbrüchlichen Gesetzmäßigkeit, welche ihm ein drücken=
des Gefühl verursacht, zu überzeugen, und die Sucht ver=
läßt ihn nicht, etwas zu entdecken, das dieser Gesetzmäßigkeit
eine Nase dreht. Je jünger und unerzogener oder unwissen=
der das Menschengeschlecht war, um so freieres Spiel
mußte diese Sucht haben, und um so häufiger geschahen
Wunder. Auch heutzutage fehlt es unter wilden oder un=
wissenden Völkern, sowie bei den Ungebildeten nicht an
Wundern oder an dem Glauben an Geisterspuk und an
höhere, den Naturgesetzen Hohn sprechende Einflüsse; ja
sogar der entsetzliche Hexen= und Teufelsglaube, unter dessen
giftigem Athem die arme, verblendete Menschheit so lange
die herzzerreißendsten Qualen zu erdulden hatte, spukt noch
fortwährend unter den niederen Klassen unsrer, wie wir
glauben, so hochgebildeten Gesellschaft — gar nicht zu ge=
denken der fortdauernd von kirchlicher Seite bald da, bald
dort mit großem Erfolg in Scene gesetzten Kirchenwunder,
wunderbaren Heilungen, himmlischen Erscheinungen u. s. w.
Es wäre Beleidigung gegen den Verstand unsrer Leser,
wollten wir uns bemühen, die natürliche Unmöglichkeit des
Wunders darzuthun. Kein Gebildeter, der sich auch nur
die oberflächlichste Naturkenntniß angeeignet hat, geschweige
denn ein Naturkundiger selbst kann heutzutage noch an ein
Wunder oder an ein im Widerspruch mit anerkannten
Naturgesetzen mögliches Geschehen glauben. Wunderbar
finden wir es nur, daß ein so klarer und scharfsinniger
Kopf, wie Ludwig Feuerbach, so viele Dialetik aufzu=
wenden für nöthig hielt, um die christlichen Wunder zu
widerlegen, welche um keines Haares Breite besser oder
schlechter bezeugt sind, als die Wunder, welche Geburt, Leben
und Tod des großen indischen Religionsstifters Buddha be=
gleiteten, und welche jeder indische oder ägyptische Zauber=

künstler zehnmal besser hätte machen können. Welcher Religionsstifter hätte es nicht für nöthig gehalten, sich mit einer Zugabe von Wundern gleichsam wie mit einer Visitenkarte in die Welt einzuführen? Und hat nicht der Erfolg bewiesen, daß er Recht hatte? Welcher Prophet, welcher Heilige hat keine Wunder gethan? Welcher Wundersüchtige sieht nicht heute noch täglich und stündlich Wunder in Menge? Gehören jene redenden und tanzenden Tische, jene trommelnden Geister, jene spiritistischen Mediums und jene vierdimensionalen Wesen, welche sich einer so zahlreichen Anhängerschaft erfreuen und sogar ernste Geister und Gelehrte in den Bann ihrer Lächerlichkeit gezogen haben, nicht auch unter die Rubrik des Wunders? Vor dem Auge der Wissenschaft sind alle Wunder gleich, d. h. Resultate einer irregeleiteten Phantasie in Verbindung mit tiefer Unkenntniß der Naturgesetze. *)

Sollte man es für möglich halten, daß die Geistlichkeit eines geistig so hochstehenden Volkes, wie das englische, im Angesichte der Welt ein Zeugniß so krassen Aberglaubens ablegen konnte, wie sie dieses seinerzeit in ihrem bekannten Streite mit Lord Palmerston gethan hat? Als dieselbe bei der Regierung einen Antrag auf Abhaltung eines allge-

---

*) Ein viel größerer Wunderthäter als Christus, dem seine Wunder übrigens höchst wahrscheinlich erst von den Evangelisten fälschlicherweise und nachträglich angedichtet wurden, war der gleichzeitig mit ihm lebende Apollonius von Thana, welcher durch die Luft flog, Wasser in Wein verwandelte, Gastmäler durch unsichtbare Hände anrichten ließ, die Zukunft vorhersagte und in die Ferne sah, Todte erweckte, aus Gefängnissen verschwand u. s. w. und noch lange nach seinem Tode als Gott verehrt wurde. Aehnliches oder Gleiches wird berichtet von Simon Magus, welcher sich für den Sohn Gottes ausgab, oder von Abnotikus, welcher Orakel sprach und die wunderbarsten Heilungen verrichtete u. s. w. Dergleichen Wunderthäter waren namentlich in Persien als sog. „Magier des Ostens" stark verbreitet.

meinen Buß- und Bettages zur Abwehr der Cholera gestellt
hatte, antwortete ihr der edle Lord, die Verbreitung dieser
Krankheit beruhe auf natürlichen, zum Theil bekannten Ursachen und könne besser durch sanitäts-polizeiliche Maßregeln,
als durch Gebete behindert werden. Diese vernünftige Antwort zog dem Lord den .in England mehr als irgendwo
gefürchteten Vorwurf des Atheismus zu, und die Geistlichkeit erklärte es für die größte Sünde, nicht daran glauben
zu wollen, daß sich die höchste Allmacht jederzeit über die
Regeln der Natur nach Belieben hinwegsetzen könne!! Jeder
Commentar hierzu ist überflüssig.

Dogmatische Werke nennen es eine Gottes unwürdige
Ansicht, daß die Welt gleich einem einmal aufgezogenen
Uhrwerk gewissermaßen von selbst gehe; vielmehr müsse
Gott als der stete Regulator und Neuschöpfer oder Nach-
helfer angesehen werden. Daher hat man es auch unserm
großen Naturforscher A. von Humboldt von gewisser
Seite übel genommen, daß er den Kosmos als einen Complex von Naturgesetzen und nicht als Produkt eines schaffenden Willens dargestellt hat. Ebensowohl könnte man es den
Naturwissenschaften übel nehmen, daß sie existiren; denn
nicht ein einzelner Autor, sondern die Wissenschaft selbst hat
uns den Kosmos als einen Complex von unabänderlichen
Naturgesetzen kennen gelehrt. Alles, was theologisches Interesse oder gelehrte Bornirtheit dagegen vorbringen mag,
scheitert an der Macht der Thatsachen, die einen ernstlichen
Zweifel hierüber nicht zulassen. Freilich fehlt es auch den
Gegnern angeblich nicht an Thatsachen. Freilich schuf Elohim
(Gott) die Welt, wenn wir den Erzählungen der Bibel
Glauben beimessen wollen, in sechs Tagen und hat seitdem
nach der Behauptung theologischer Geologen nicht aufgehört,
von Zeit zu Zeit neue Schöpfungen in das Leben zu rufen.
Freilich trocknete er einst das rothe Meer aus, damit die
Juden hindurchziehen konnten, oder erschreckte zu allen Zeiten
die Menschen mit Kometen und Sonnenfinsternissen. Frei-

lich kleidet er, wie das Neue Testament erzählt, die Lilien auf dem Felde und nährt die Vögel unter dem Himmel. Aber welcher Verständige wird in jenen Vorgängen heutzu= tage etwas Anderes erblicken wollen, als Folgen natürlicher Ursachen oder Verhältnisse? und wer wüßte nicht, daß auch die Lilien auf dem Felde und die Vögel unter dem Himmel dem Mangel ihrer natürlichen Lebensbedingungen nicht zu widerstehen im Stande sind? — Und kann es schließlich als eine Gottes würdigere Ansicht betrachtet werden, wenn man sich, wie dieses sogar der große Newton annehmen zu müssen glaubte, unter demselben eine außerweltliche Macht oder Kraft vorstellt, welche hier und da der Welt in ihrem Gange einen Stoß versetzt, eine Schraube zurechtrückt oder dergl. — ähnlich einem Uhren=Reparateur? Die Welt soll nach theologischer Ansicht — wie auch nach dieser Ansicht nicht anders möglich — von Gott tadellos oder vollkommen erschaffen worden sein. Wie könnte sie also einer Repara= tur bedürfen?

Die Ueberzeugung von der Unabänderlichkeit der Natur= gesetze ist demnach auch unter allen vorurtheilslosen Natur= forschern in der Regel dieselbe und nur die Art verschieden, in welcher sie diese Ueberzeugung in Einklang mit dem her= gebrachten Glauben an die Existenz einer persönlichen All= macht oder Vernunft oder Schöpferkraft oder einer sog. absoluten Potenz zu bringen suchen. Sowohl Naturforscher wie Philosophen haben sich in dieser Richtung von jeher in sehr mannichfaltiger Weise, wenn auch, wie es scheint, mit gleich unglücklichem Erfolge versucht. Diese Versuche können auf wissenschaftlichem Wege kaum gelingen. Entweder stehen sie mit den Thatsachen in Widerspruch', oder sie streifen in das Gebiet des religiöses Glaubens, oder sie verwickeln sich in Widersprüche, oder sie schützen sich hinter einer nicht zu enträthselnden Unklarheit. Dagegen wird, wie Dersted, der berühmte Entdecker des Elektromagnetismus, sagt, die Seele durch die Erkenntniß von dem Wirken unabänderlicher

Naturgesetze in eine innere Ruhe und in Einklang mit der ganzen Natur versetzt und wird dadurch von jeder abergläubischen Furcht gereinigt, deren Grund immer in der Einbildung liegt, daß Kräfte außerhalb der Ordnung in den ewigen Gang der Natur sollten eingreifen können." Denselben Gedanken drückt W. R. Grove mit den Worten aus: „Dem Gebildeten gewährt das Gefühl gewonnener Einsicht eine größere Genugthuung, als die Liebe zum Wunderbaren," oder Rabenhausen durch den Ausspruch: „Das Selbstvertrauen muß wachsen durch die Erkenntniß, daß nicht launenhafte, unbekannte Geister, sondern bekannte, unverbrüchliche Gesetze die Weltvorgänge beherrschen." *)

---

*) Seitdem die Resultate der modernen Naturwissenschaft durch populäre Schriften auch in weitere, nicht streng wissenschaftliche Kreise eingedrungen sind, hat sich von zahllosen Enden und Ecken her ein Wehklagen und Jammern über die sog. Trostlosigkeit jener Resultate erhoben, und dieses „Greinen" ist seit dem Erscheinen der ersten Auflage dieser Schrift womöglich noch ärger geworden. Einem solchen Jammern kann sich im Allgemeinen nur der Unverstand anschließen. Die ausnahmslose Gesetzmäßigkeit, welche Natur und Welt beherrscht, und deren Schranken kein Einzelner jemals zu überspringen vermag, das Bewußtsein, daß nichts an und außer ihm Willkür, sondern Alles Nothwendigkeit ist, ist im Gegentheil geeignet, in dem Gemüth eines verständigen Mannes neben einem Gefühl der Bescheidenheit zugleich ein solches der Ruhe, Selbstzufriedenheit und Selbst-Achtung zu erzeugen und ihm einen solchen inneren Halt zu verleihen, der nicht auf zweifelhaften Einbildungen, sondern auf einer sichern Erkenntniß der Wahrheit beruht. „Wohl dem," sagt bereits der römische Dichter Virgil in seiner Georgica, „der die Gesetze der Natur erkannt und auf das unerbittliche Verhängniß seinen Fuß gestellt hat; ihm flößt der Acheron (Aufenthalt der Abgeschiedenen) nur Mitleid ein." — Jede andere Anschauungsweise, welche die Bestimmung des Menschen aus seinem Verhältniß zu einem unbekannten, willkürlich zeugenden und herrschenden Etwas herzuleiten sucht, würdigt denselben zu einem Spielzeug in den Händen unbekannter Gewalten, zu einem kraftlosen, unwissenden Sklaven eines unsichtbaren Herrn herab. „Sind wir wie

Am wenigsten gut sind wohl Diejenigen gefahren, welche
annahmen, die höchste oder absolute Potenz sei dergestalt
mit den natürlichen Dingen verflochten, daß Alles, was da
geschieht, durch ihren unmittelbaren Einfluß, wenn auch nach
fest bestimmten Regeln, geschähe, oder mit anderen Worten,
daß die Welt eine nach Gesetzen regierte Monarchie, gewisser=
maßen ein constitutioneller Staat sei.   Die Unabänderlich=
keit der Naturgesetze ist eine solche, daß sie nie und nirgends
eine Ausnahme gestattet, daß sie unter keinen Umständen
das Wirken einer ausgleichenden Hand wahrnehmen läßt,
und daß ihr Zusammenwirken häufig ganz unabhängig von
Regeln einer höheren Vernunft, bald aufbauend, bald zer=
störend, bald anscheinend zweckmäßig, dann aber wieder
gänzlich blind und im Widerspruch mit allen Gesetzen der
Moral oder Vernunft erfolgt.   Daß bei den organischen
oder unorganischen Bildungen, welche sich auf der Erde fort=
während erneuern, kein unmittelbar leitender Verstand im
Spiele sein kann, wird durch die augenfälligsten Thatsachen
bewiesen.   Der ihr einmal durch einen bestimmten Forma=
lismus vorgeschriebene Bildungs=Trieb der Natur ist ein so
blinder und von zufälligen äußeren Umständen abhängiger,
daß sie oft die unsinnigsten und zwecklosesten Geburten zu
Tage bringt, daß sie oft nicht versteht, das kleinste sich ihr
entgegenstellende Hinderniß zu umgehen oder zu überwinden,
und daß sie häufig das Gegentheil von dem erreicht, was
sie nach Gesetzen der Vernunft oder des Verstandes erreichen
sollte.   Hinreichende Beispiele hierfür werden wir in einem
späteren Kapitel (Teleologie) vorzubringen Gelegenheit finden.
Daher konnte auch diese Vorstellungsweise gerade unter den
Naturforschern, welche täglich und stündlich Gelegenheit
haben, sich von dem rein mechanischen Wirken der Natur=

Ferkel, die man für fürstliche Tafeln mit Ruthen todt peitscht, damit
ihr Fleisch schmackhafter werde?" (Hérault in Georg Büchners: Dan-
tons Tod).

kräfte zu überzeugen, die wenigsten Anhänger finden. — Zahlreichere Anhänger fand diejenige Ansicht, welche eine Vermittlung in der Weise sucht, daß sie zwar der Macht der Thatsachen gegenüber zugibt, daß das gegenwärtige Spiel der Naturkräfte ein vollkommen mechanisches, von jedem außer ihnen selbst gelegenen Anstoß gänzlich unabhängiges und in keiner Weise willkürliches sei, daß man aber annehmen müsse, daß dieses nicht von Ewigkeit her so gewesen sein könne, sondern daß eine mit der höchsten Vernunft begabte Schöpferkraft sowohl die Materie geschaffen, als auch derselben die Kräfte und Gesetze ertheilt und untrennbar mit ihr verbunden habe, nach denen sie wirken und leben solle; und daß diese Schöpferkraft alsdann der Welt den ersten Anstoß der Bewegung ertheilt, sich selbst aber von da an zur Ruhe begeben habe. „Es gibt viele Naturforscher," sagt Rudolf Wagner (Ueber Wissen und Glauben, 1854), „welche zwar eine erste Schöpfung annehmen, aber dann behaupten, nach der Schöpfung sei die Welt sich selbst überlassen worden und werde durch die Güte ihres inneren Mechanismus erhalten."*) Gegen das

---

*) Mehr im Einzelnen präcisirt diesen Standpunkt der berühmte Gelehrte G. A. Hirn in seinem interessanten Schriftchen: „La vie future et la science moderne" (1882) mit den Worten: „Für den Gelehrten ist der einzig nothwendige Akt der schöpferischen Allmacht die Schöpfung der die Wesen bildenden Elemente mit ihren Eigenschaften und eine erste Verbindung derselben, welche bezüglich der Formen keine Aehnlichkeit mit dem hat, was wir jetzt unter den Augen haben. Es ist das fiat lux für alles den Raum Erfüllende: Stoff, Kraft, Leben ... Für den Gelehrten ist das Weltall, wie es sich uns jetzo darstellt, das Resultat einer allmäligen Entwicklung. Die ursprünglich im Raum zerstreuten Elemente haben sich nach und nach derart einander genähert, um bestimmte Formen zu bilden; aber das ganze Weltall befand sich dem Vermögen nach (en virtualité) in dem Zustand einer uranfänglichen Nebelmasse und hat sich daraus nach bestimmten, den Elementen auferlegten Gesetzen hervorgebildet. Anzunehmen, daß Erde, Mond, Sonne, Sterne als fertige Körper ge-

Wesentliche einer solchen Ansicht glauben wir uns schon in
einem früheren Kapitel hinlänglich ausgesprochen zu haben
und werden an späteren Stellen, wo es sich um die Schöpfung
im Einzelnen handeln wird, noch einigemale darauf zurück=
zukommen haben. Daraus wird hervorgehen, daß sich die
Spuren einer unmittelbaren Schöpfung aus den Thatsachen,
die uns zu Gebote stehen, nie und nirgends nachweisen lassen,
daß uns vielmehr Alles darauf hindrängt, die Idee einer
solchen abzuweisen und allein das ewige, wechselvolle Spiel
der Naturkräfte als den Urgrund alles Entstehens und Ver=
gehens zu betrachten.

„Ich bin der Ueberzeugung,“ sagte bereits der große
Kepler, „man müsse erst jeden andern Erklärungsversuch
anwenden, bevor man zur Annahme des Erschaffens
(d. h. zum Wunder) seine Zuflucht nimmt, denn mit ihr
hört jede wissenschaftliche Erörterung auf.“ —

Es liegt dem Zwecke dieser Schrift fern, sich des Nähe=
ren mit Denjenigen zu beschäftigen, welche eine Erklärung
des Daseins und eine Befriedigung ihrer moralischen oder
intellektuellen Bedürfnisse auf dem Gebiet des religiösen
Glaubens suchen und finden. Wir beschäftigen uns mit der
unsern Erkenntnißmitteln zugänglichen Welt und können
keine wissenschaftlichen Gründe finden, welche uns nöthigen
würden, anzunehmen, daß hinter dieser Welt eine andre,
höhere, von dem Einfluß der Naturgesetze unabhängige und
vielleicht ganz anders geordnete Welt vorhanden sei. Aber
wir sind deßhalb weit entfernt, Denjenigen, welche in einer
solchen Annahme einen Trost für ihre Seele zu finden

---

schaffen worden seien, würde in den Augen eines Gelehrten ebenso
lächerlich erscheinen, als wenn man z. B. zu einem Laien sagen wollte:
„Ihrem Kinde ist ein Zahn geschaffen worden.“ Mit einem Wort —
die Schöpfung reducirt sich für den Gelehrten auf einen einzigen Akt
der schöpferischen Allmacht, während sie dem Laien als eine Reihen=
folge verschiedener Akte erscheint. Zwischen diesen beiden Anschauungen
liegt ein Abgrund.“

glauben, dieses Recht bestreiten zu wollen. Möge Jeder glauben, was und soviel ihm gut dünkt, oder seiner Phantasie dort, wo ihn die Wissenschaft verläßt, freien Spielraum lassen! Glauben und Wissen gehören getrennten Gebieten an, welche in einer fortdauernden Grenz=Verrückung zu Gunsten des letzteren begriffen sind. Denn Gebiete, welche vor hundert oder mehr Jahren noch ganz im Bereich des religiösen Glaubens lagen, sind heutzutage von der Wissenschaft occupirt, und dieses wird mit der Zeit in immer steigendem Maße der Fall sein. Theologie und Natur=forschung können nicht unbehelligt neben einander wandeln, und eine theologische oder kirchliche Naturwissenschaft gibt es nicht und wird es so lange nicht geben, als fertige Menschen nicht vom Himmel herunterfallen, und als das Fernrohr nicht in die Versammlungen der Engel blickt. Wer sich dabei und bei der nackten Wahrheit nicht beruhigen kann, mag sich an den Glauben halten; für wissenschaftliche Unter=suchungen aber ist die Wahrheit die einzig gültige Richt=schnur. Auch ist die Wahrheit nicht öde oder trostlos; denn in der Natur des wahren Wissens liegt es, daß es das, was es auf der einen Seite zu zerstören oder zu rauben scheint, auf der andern mehr als ersetzt. Daher man auch von Seiten Solcher, welche die Wahrheit mehr lieben, als Plato und Sokrates, nicht nöthig hat, dem bekannten Rathe eines angesehenen Naturforschers zu folgen, welcher vorschlug, man möge sich zwei verschiedene Gewissen anschaffen, ein naturwissenschaftliches und ein religiöses, welche man zur Ruhe der eignen Seele streng getrennt halten solle, da sich beide nicht mit einander vereinigen lassen — eine Denkweise, welche seitdem unter dem Kunstausdruck der doppelten Buchführung bekannt geworden ist. Weit besser, als unsere deutschen Gelehrten, haben sich in dieser Beziehung unsere englischen Nachbarn zu helfen gesucht oder gewußt, indem sie die bekannte (übrigens dem französischen Philo=sophen Gassendi nachgeahmte) Unterscheidung zwischen

Primär- und Sekundär-Ursachen aufstellten. Hier fällt jene unnatürliche Zerreißung in zwei ganz von einander getrennte Denkweisen oder jenes Durcheinandermischen natür- licher und religiöser Weltanschauung gänzlich weg. Alles geht auf natürliche, gesetzmäßige Weise zu; eine Unterbrechung des kausalen Zusammenhangs ist nicht möglich, indem sich eine sekundäre Ursache an die andere mit Nothwendigkeit anreiht; und wenn auch dieser Zusammenhang noch nicht überall aufgefunden oder aufgedeckt ist, so besteht er doch, und seine Aufsuchung ist das Ziel der Wissenschaft. Aber über diese Aufsuchung sekundärer Ursachen kommt die mensch- liche Wissenschaft nicht hinaus und kann nicht darüber hinauskommen, da das ganze Dasein und die dasselbe be- herrschende Ordnung in letzter Linie abhängt von einer obersten oder Primär-Ursache, welche sich zwar nicht in den gewöhnlichen Lauf der Dinge einmischt, aber nichts- destoweniger Alles beherrscht, lenkt und leitet — und welche uns nicht durch Wissen, sondern nur durch den Glauben erkennbar ist. Diese Primär-Ursache ist gleichbedeutend mit Gott, und damit beginnt das Reich der Religion, der Kirche, der göttlichen Verehrung, welches mit der Wissenschaft als solcher nichts zu thun hat, und welches der Forscher bei seiner Aufsuchung sekundärer Ursachen gänzlich unberück- sichtigt lassen kann. Gott spielt also bei dieser Theorie nicht, wie in der deutschen Anschauung, gewissermaßen die Rolle eines Lückenbüßers, sondern eines über der Welt thronenden Alleinherrschers, welcher sich in den natürlichen Gang der Dinge nicht einmischt, sondern sich damit begnügt, die von ihm gegebenen Gesetze regieren oder die sekundären Ursachen wirksam sein zu lassen. Diese Lehre hat den Vor- zug, daß sie den Gottesbegriff, ohne ihn anzutasten oder ganz zu verbannen, doch für die Wissenschaft vollkommen entbehrlich macht und es der Menschheit überläßt, die Naturgesetze ohne jede Nebenrücksicht zu erforschen. Sie macht es daher wissenschaftlichen Männern möglich, ihren

Christenglauben festzuhalten und doch innerhalb der Wissen=
schaft sich die vollkommenste Freiheit der Forschung zu be=
wahren. Eine gesunde Logik freilich wird nie zu begreifen
im Stande sein, wie aus der Existenz sog. sekundärer Ur=
sachen auf die Existenz einer übernatürlichen, von den Natur=
kräften verschiedenen Macht oder Kraft, welche niemals auch
nur das leiseste Zeichen ihres Daseins von sich gibt und
mit der Wissenschaft nichts zu thun hat, geschlossen werden
könne. Uebrigens bleibt es selbstverständlich jedem Einzelnen
überlassen, darin so zu denken, wie es seinem speziellen
Geistes= oder Gefühlszustand am meisten entspricht. Gläubige
Geister oder Gemüter, welche einen geistigen Herrscherdienst
nicht entbehren zu können glauben, mögen sich an der Vor=
stellung laben, daß hinter dem undurchsichtigen Vorhang
der Erscheinungswelt ein Mann mit aufgehobener Ruthe
stehe, der eines schönen Tages alle Diejenigen zusammen=
fuchteln werde, welche ihm während ihres Lebens nicht ge=
nug Diener gemacht haben. Denkende und freiheitsliebende
Geister aber werden sich eher in dem Gedanken gefallen,
daß die Welt als solche nicht eine Monarchie, sondern
eine Republik ist, und daß sie sich selbst regiert nach
ewigen und unabänderlichen Gesetzen.*)

---

*) Weiteres über Naturgesetze findet sich in des Verfassers Schrift
„Natur und Geist", S. 181—208. Ueber den Begriff des Wunders
vergl. man den Aufsatz über „Wahre und falsche Wunder" in des
Verfassers Schrift: „Fremdes und Eigenes aus dem geistigen Leben
der Gegenwart." (Leipzig, 1890.)

Die Allgemeinheit der Naturgesetze.

> Die alten Mythen schwinden, und die Vereinzelung in den Natur-Erscheinungen geht auch hier wieder in der Einsicht unter, daß einige wenige große Naturgesetze die ganze Mannichfaltigkeit des Weltalls binden und regieren.
>
> **Girard.**

> Das Spektroskop lehrt uns, daß überall die gleiche Materie in gleicher Weise wirkt, so daß wir Stoff und Kraft, falls dieselben nicht identisch sind, als die Grundsteine des Weltalls bezeichnen können.
>
> **N. Lockyer.**

> Die Universalität der irdischen Gesetze ist für die Wissenschaft über jeden Zweifel erhaben.
>
> **Du Prel.**

Als man in Folge der Fortschritte der astronomischen Wissenschaft erkannt hatte, daß Sonne, Mond und Sterne keine an das Himmelsgewölbe angeheftete Lichter sind, dazu bestimmt, die Wohnsitze des menschlichen Geschlechts bei Tag und Nacht zu erhellen, sondern für sich existirende Weltkörper — als man weiter eingesehen hatte, daß die Erde nicht der Schemel der Füße Gottes ist, sondern ein Punkt oder ein Stäubchen im Weltall, ein Stern unter Billionen andrer Sterne, welche sie selbst an Größe und Wichtigkeit zum größten Theile weit hinter sich lassen,*) da

---

*) Unter den Billionen von Sternen, welche den weiten Himmelsraum erfüllen, sind es nur fünf, im besten Falle sieben (Merkur, Venus, Mond, Mars, Jupiter, Saturn, Uranus), für deren Be-

zauberte der menschliche Geist nicht, die Abenteuerlichkeit der Vorstellung, welche ihm für die Nähe geraubt war, in der Ferne in um so lebhafterer Weise sich ergehen zu lassen. Da mußten ferne Weltregionen im Glanze der Wunder und des Paradieses schimmern; auf entlegenen Planeten oder Fixsternen ließ man Geschlechter mit ätherischen Leibern, befreit von dem Druck der Materie und der bei uns geltenden Naturgesetze, entstehen; und Diejenigen, welche gelehrt hatten, daß das Leben auf der Erde eine Vorschule zu einem besseren Jenseits sei (ohne erklären zu können, warum eine solche Vorschule überhaupt nöthig sei), beeilten sich, ihren frommen Schafen eine herrliche Aussicht ohne Grenzen auf eine immer steigende Schul- und Klassen-Laufbahn von Planet zu Planet, von Sonne zu Sonne zu eröffnen, wobei die Fleißigen und Frommen stets vorn, die Faulen und Gottlosen aber, wie immer, stets hinten sein werden. Sogar ernsthafte Gelehrte nahmen keinen Anstand, die von ihnen angeblich entdeckte „Seelensubstanz" der Abgeschiedenen lichtschnelle Wanderungen von Stern zu Stern antreten zu lassen, wobei sie allerdings nicht bedacht haben mochten, daß solche Wanderungen trotz der fabelhaften Geschwindigkeit des Lichtes in Anbetracht der ungeheuren Entfernungen und der hochgradigen Kälte des Himmelsraums immerhin enorm lange Zeiträume bei wenig behaglicher Reise in Anspruch zu nehmen hätten.*) So reizend nun auch ein solcher Turnus von Quarta nach Tertia, von Tertia nach Sekunda, von Sekunda nach Prima u. s. w. manchen an die Schuldressur gewöhnten Gemüthern erscheinen mag, so wenig kann doch eine kühle und auf Erfahrung oder Beobachtung ge-

---

wohner, wenn solche vorhanden, die Existenz unsrer Erde entweder mit bloßem Auge oder mit Hilfe enormer Teleskope erkennbar sein würde. Für die außerhalb unsres Planetensystems gelegene Fixstern-Welt ist sie selbstverständlich absolut unerkennbar.

*) Man vergl. das Kapitel über „Angeborene Ideen".

grünbete Naturbetrachtung sich mit so ausschweifenden Phan=
tasien einverstanden erklären. Nach dem heutigen Stande
unserer Kenntnisse von der unsre Erde umgebenden Welt
müssen wir uns mit aller nur möglichen Bestimmtheit dahin
erklären, daß dieselben Stoffe, dieselben Kräfte und dieselben
Naturgesetze, von denen wir uns hier auf der Erde gebildet
und umgeben finden, auch das ganze uns sichtbare All
zusammensetzen, und daß dieselben allerorten in derselben
Weise und mit derselben Naturnothwendigkeit thätig sind,
wie in unserer unmittelbaren Nähe. Vollgültige Beweise
hierfür haben uns Physik und Astronomie in hinlänglicher
Anzahl geliefert; ja die astronomische Wissenschaft könnte
als solche gar nicht existiren, wenn die Universalität oder
Allgemeinheit irdischer Naturgesetze nicht bestünde oder an=
erkannt wäre.

Fassen wir zuerst die Gravitation oder jene allge=
meine Ur= und Grundkraft der Natur in das Auge, nach
der sich die Bewegungen und das allgemeine gegenseitige
Verhalten der Weltkörper richten. Die Gesetze, nach denen
dieses geschieht, oder die Gesetze der Bewegung und An=
ziehung sind nun in allen Welträumen, soweit das Fernrohr
bringt und die Berechnung reicht, dieselben unveränderlichen.
Die Bewegungen aller, auch der entferntesten Weltkörper,
geschehen nach denselben Gesetzen, nach welchen geworfene
Körper hier auf unserer Erde bewegt werden, nach welchen
ein Stein fällt, eine Kugel fliegt, ein Pendel schwingt u. s. w.
Wenn wir beim Einfallen eines Sonnenstrahls in unser
Zimmer die zahllosen Staub=Atome durcheinander wirbeln
sehen, so wird deren Bewegung durch dasselbe Gesetz ge=
regelt, welches die Bewegung der Gestirne in den entfern=
testen Räumen des Weltalls, die unser Auge mittelst der
geschärftesten Instrumente zu erreichen vermag, leitet —
durch das Gesetz der Schwere nämlich. Alle astronomischen
Rechnungen, welche auf ·diese uns bekannten Gesetze für ent=
fernte Weltkörper und deren Bewegungen basirt worden sind,

haben sich als richtig erwiesen. Die Astronomen sagen uns bekanntlich mit Hilfe dieser Rechnung Sonnen- und Mond-finsternisse, sog. Planeten-Durchgänge u. s. w. mit nie fehlen-der Sicherheit auf Tag, Stunde und Minute voraus und berechnen das Erscheinen und Wiedererscheinen der Kometen oder jener bekannten fahrenden Ritter des Weltraums mit ihren bald in Ellipsen, bald in Parabeln oder Hyperbeln sich bewegenden Bahnen, trotz der vielen Störungen und Unregelmäßigkeiten, denen ihre Bewegung unterworfen ist, auf Hunderte von Jahren hinaus. Ja — die Astronomen sind sogar im Stande gewesen, durch bloß auf die Gesetze der Gravitation oder Umdrehung gestützte Berechnungen Sterne als vorhanden anzugeben, deren Entdeckung dem Fernrohr erst gelang, als man wußte, an welcher Stelle man sie aufzusuchen hatte. So konnte der französische Astronom Leverrier im Jahre 1846 dem noch durch kein Fernrohr erschauten Planeten Neptun dadurch auf die Spur kommen, daß er seine Aufmerksamkeit auf die Stö-rungen im Laufe des Nachbar-Planeten Uranus richtete. Als dann Galle in Berlin sein Fernrohr nach der bezeich-neten Stelle richtete, fand er in der That den nach Ort und Masse bereits bestimmten Himmelskörper. Ganz Gleiches ereignete sich in den letzten Jahren mit dem allerdings noch nicht mit voller Sicherheit gesehenen, aber als wissenschaft-lich erwiesen geltenden intramerkuriellen Planeten Vulkan. — Was aber mehr als alles Andere beweist, daß die Ge-setze der Gravitation oder Anziehungskraft selbst in den entferntesten und durch einen Raum von vielen Billionen Meilen von uns getrennten Fixstern-Räumen grade so be-stehen, wie in unserm Sonnensystem oder auf unsrer Erde, das ist das Studium der merkwürdigen, erst in den letzten Jahrzehnten genauer erkannten und jetzt bereits zu vielen Tausenden bekannten sog. Doppelsterne oder jener Sterne, welche so nahe bei einander stehen, daß sie nur vermittelst scharfer Instrumente unterschieden werden können, und

8*

welche sich gegenseitig umkreisen. Sie gehorchen in ihren merkwürdigen Bewegungen ebenso dem Gesetz der Schwere oder der Schwerewirkung, wie die Planeten unsres Sonnensystems. So hatte man das Vorhandensein eines Begleiters des nunmehr als Doppelstern erkannten prachtvollen Firsterns Sirius (des Hundssterns der Alten) aus dessen eigenthümlichen Bewegungen unter Zugrundelegung der Gravitationsgesetze bereits zwanzig Jahre früher erschlossen, ehe Clark in Boston am 31. Januar 1862 den Stern selbst entdeckte. Er hatte sich kraft unsrer Ueberzeugung von der allwaltenden Macht der Gravitation bereits verrathen, ehe ihn je ein menschliches Auge wahrnahm. „Wenn irgendwo,“ sagt der Astronom M. W. Meyer, „so haben wir in dieser Entdeckung das schwerstwiegende Argument für die Allgemeinheit der Massenanziehung im Weltall.“ Allerdings zeigt das Vorhandensein der merkwürdigen Doppelstern=Systeme, daß in den unergründlichen Tiefen der Welträume die Schöpfungskraft der Natur sich wahrscheinlich in ebensolcher Mannichfaltigkeit zu offenbaren liebt, wie hier auf unsrer Erde, aber doch, ohne irgendwie oder irgendwo anderen, uns bekannten Gesetzen zu folgen, denen sie den Bau der Welt und ihre Verwaltung anvertraut hätte. Alle diese staunenswerthen Weltbauten sind vielmehr hervorgewachsen aus denselben einfachen Gesetzen, welche unsre kleine Erde aufbauten und beherrschen.

Auch nehmen die Astronomen, gestützt auf die Gesetze der Gravitation, keinen Anstand, aus den eigenthümlichen Bewegungen einzelner Firsterne, z. B. des Procyon, mit voller Sicherheit auf das Vorhandensein dunkler oder für unser Auge nicht wahrnehmbarer Begleiter derselben zu schließen.

Noch mag bemerkt werden, daß alle Weltkörper, deren Nähe uns eine genauere Bestimmung ihrer Oberkörper erlaubt, sich ganz in den gleichen oder ähnlichen physikalischen Verhältnissen befinden, wie unsre Erde. Venus hat hohe

Berge; Mars hat Festländer und Meere, dabei Sommer und Winter. Der Mond hat Berge, Ebenen, Thäler, Vulkane, wie die Erde. Alle Planeten unsres Systems haben Jahreszeiten, Tage und Nächte, wie wir, wenn auch nach andern Zeitlängen. Dabei haben sie alle eine sphärische Form, wie die Erde, d. h. sie sind am Aequator emporgetrieben, an den Polen abgeplattet; sie sind, wie diese, mehr oder weniger zu ihrer Are geneigt und von der doppelten Bewegung der Rotation und Translation belebt — lauter Zeichen eines gleichen Ursprungs. Daher die Entstehungsgeschichte unsrer Erde uns ein sichres Analogon für die Entstehungs- und Entwicklungsgeschichte der übrigen Planeten liefert.

Nicht minder, wie die Gesetze der Gravitation, sind diejenigen des Lichtes durch den ganzen Weltraum die nämlichen, und zwar dieselben, wie auf unsrer Erde. Ueberall hat das Licht, einerlei ob Sonnen- oder künstliches Licht, gleiche Zusammensetzung, gleiche Geschwindigkeit, und seine Brechung erfolgt überall auf die nämliche Weise. Das Licht, welches die entferntesten Firsterne oder Nebelflecke durch einen Raum von vielen Billionen Meilen zu uns senden, unterscheidet sich in Nichts von dem Lichte unsrer Sonne; es macht dieselben Schwingungen und ist auf dieselbe Weise zusammengesetzt. Es besteht darüber so wenig Zweifel unter den Gelehrten, daß man mit vollem Rechte aus der verschiedenen Färbung des Lichtes der Firsterne einerseits auf deren Temperatur, Beschaffenheit und Entwicklungsstadium, andrerseits auf deren eigne oder relative Bewegung im Weltraum schließt. In gleicher Weise sind wir im Stande, die Flächen der bei Sonnen- und Mondfinsternissen entstehenden Schatten und Halbschatten ganz nach Maßgabe irdischer Vorgänge zu bestimmen. Selbst der Ring des Planeten Saturn wirft auf diesen einen Schatten und wird umgekehrt von ihm beschattet. Endlich zeigen die photographischen Bilder, welche man von einzelnen Firsternen erhalten hat,

daß das von ihnen ausgehende Licht ebenso, wie das
Sonnenlicht, nicht bloß leuchtende, sondern auch chemisch
wirkende Strahlen enthält. Dasselbe ist, wie Versuche
mit sehr empfindlichen Instrumenten gelehrt haben, mit den
wärmenden Strahlen der Fall.

Wie die Gesetze des Lichtes, so sind auch die Gesetze
der Wärme oder der allgemeinsten und verbreitetsten Form
von Kraft, welche wir kennen und welche jetzt allgemein nur
als eine andere Form des Lichtes angesehen wird, überall
im Weltraum dieselben. Die von der Sonne oder von
andern Fixsternen uns zukommende Wärme wirkt ganz nach
den nämlichen Principien, wie die Wärmestrahlen, welche
durch unsre Erde oder durch die auf derselben befindlichen
Wärmequellen ausgesendet werden. Auf Wärme=Verhält=
nissen aber beruhen die Festigkeit, die Tropfbarkeit, der
Luftzustand der Körper; also müssen auch diese Zustände
überall unter denselben Bedingungen stattfinden. Mit Wärme=
Verhältnissen stehen aber auch, wie bereits in einem früheren
Kapitel gezeigt wurde, die übrigen Naturkräfte, Elektricität,
Magnetismus, mechanische Kraft, Affinität u. s. w. in einem
so innigen Zusammenhang und gegenseitigem Austausch=
oder Verwandtschafts=Verhältniß, daß sie nicht von einander
getrennt werden können; also müssen auch diese Kräfte vor=
handen sein, wo Wärme vorhanden ist, d. h. überall.
Insbesondere gilt dieses von dem Verhältniß der Wärme
zu der Art und Weise der chemischen Verbindungen oder
Zersetzungen, von denen um so weniger bezweifelt werden
kann, daß sie überall im Weltraum auf die nämliche Art
und Weise vor sich gehen müssen, als die mit Hilfe der
sog. Spektral=Analyse angestellten Untersuchungen die
allgemeine Verbreitung oder Gleichheit der auf unsrer Erde
vorhandenen chemischen Grundstoffe im Weltall zur Evidenz
bewiesen haben. Aber bereits lange vor dem Bekannt=
werden dieser neuesten und interessantesten Methode der
Naturforschung hatte die Untersuchung jener sicht= und greif=

baren Boten aus einer andern, nicht-irdischen Welt, welche
wir mit dem Namen der Meteore, Meteoriten oder
Meteorsteine bezeichnen, zu derselben Schlußfolgerung geführt. In diesen merkwürdigen Körpern, deren kosmischen
Ursprung man lange Jahrhunderte hindurch für eine unsinnige Fabel hielt, während man andrerseits die unmög-
lichsten Dinge oder Begebenheiten steif und fest glaubte,
und welche von andern Weltkörpern oder aus dem Ur-
Aether, wahrscheinlich aus den Tiefen der Firstern-Räume
zu uns geschleudert werden, vielleicht als Stücke oder Ueberreste zertrümmerter Weltkörper oder aufgelöster Kometen —
hat die Chemie nicht einen einzigen Grundstoff aufzufinden
vermocht, der nicht auf der Erde bereits vorhanden wäre.
Unter den zweiundzwanzig Elementen oder chemischen Verbindungen, welche man bis jetzt in ihnen aufgefunden hat,
befindet sich keines, das unserem Erdkreis fremd wäre; und
die Stoffe, welche in jenen Verbindungen vorherrschen, wie
Eisen, Silicium, Sauerstoff, sind bekanntlich auch die vor-
herrschenden auf der Erdoberfläche. Zugleich hat Daubrée
gefunden, daß die Aehnlichkeit der irdischen Gesteine mit
den Meteoriten in dem Maße wächst, in welchem wir tiefer
in die Erdrinde eindringen, und daß einige der in großen
Tiefen vorgefundenen Mineralien (wie Olivin, Herzolit,
Serpentin) eine mit den Meteoriten fast übereinstimmende
Zusammensetzung und Beschaffenheit haben; daß wir endlich
näher der Oberfläche Gesteine finden, welche zwar ähnliche
Bestandtheile wie die Meteoriten haben, aber sich in einem
oxydirten (mit Sauerstoff vereinigten) und daher in ihrem
Mineralcharakter veränderten Zustande befinden. Auch ist
es Daubrée gelungen, auf künstlichem Wege aus irdischen
Gesteinen Substanzen zu bilden, die den Meteoriten sehr
nahe kommen. Weiter hat die Untersuchung der Meteorsteine gezeigt, daß die in ihrem Innern eingestreuten Krystalle ganz nach denselben Krystallisationsgesetzen gebildet
sind, wie wir sie bei den Krystallen auf der Erde erkennen,

und daß sich deren Formen in Nichts von den uns bekannten
unterscheiden. Selbst das Mikroskop hat, wie Molden=
hauer (Das Weltall und seine Entwicklung, I. S. 7) be=
merkt, nicht auf eine Mitwirkung in dieser Angelegenheit
verzichten wollen. „Es konstatirt in der Struktur der Me=
teorite, dieser zu uns aus unbekannten fernen Regionen
niedersteigenden kleinen Körper, daß der innere Bau fremder
anorganischer Massen in allem Wesentlichen identisch ist mit
dem der unsrigen."

Diese Thatsachen würden allein schon hinreichen, um
zu beweisen, daß — um mit Prof. Spiller zu reden —
„die Einheit der Kräfte in der Natur sich selbst bis auf
die Stoff=Atome erstreckt," oder daß „die Gestaltungskraft
für bestimmte Stoffe und Stoff=Atome im ganzen Welten=
raum dieselbe ist." Aber was die Untersuchung der Meteor=
steine nur zu einem hohen Grad von Wahrscheinlichkeit zu
bringen im Stande war, das hat die Spektral=Analyse oder
die „Sprache des Lichtes", wie man sie mit Recht genannt
hat, mit ihrem die chemische Constitution der fernsten Welt=
körper durchschauenden Blick fast zur Gewißheit erhoben.
Vor allen Dingen hat sie gelehrt, daß der Sonnenkörper
— wie allerdings bei dem gemeinschaftlichen Ursprung aller
Glieder des Sonnensystems aus demselben Urnebel nicht
anders erwartet werden konnte — in seiner brennenden
oder glühenden Umhüllung keine andern chemischen Grund=
stoffe aufzuweisen vermag, als unsre Erde. Es sind be=
kanntlich Natrium, Eisen, Calcium, Magnesium, Chrom,
Nickel, Barium, Zink, Kobalt, Mangan, Titanium, Alu=
minium, Strontium, Blei, Kupfer, Cadmium, Cerium,
Uranium, Kalium, Vanobium, Palladium, Molybdän,
Wasserstoff, Sauerstoff, Stickstoff. Die Anwesenheit einer
Anzahl andrer bekannter Grundstoffe, wie Indium, Lithium,
Rubidium, Cäsium, Wismuth, Zinn, Silber, Beryllium,
Lanthanium, Yttrium, Iridium, Silicium, Schwefel, Kohlen=
stoff u. s. w. ist noch zweifelhaft. Wahrscheinlich sind alle

übrigen Metalloïde vorhanden; auch mögen andre schwere
Metalle, wie Gold, Silber, Quecksilber in den tieferen, der
Spektral-Analyse nicht zugänglichen Schichten der Sonne
oder ihrer Umhüllung enthalten sein. Im allgemeinen bietet
die chemische Zusammensetzung der Sonnenhülle große Aehn=
lichkeit oder Analogie mit der chemischen Constitution der
Meteorsteine.*)

Natürlich hat man sich nicht begnügt, mittelst des
Spektroskops, welches so positive Aufschlüsse über die chemische
Zusammensetzung der entferntesten Weltkörper zu liefern im
Stande ist, bloß die Sonne zu untersuchen, sondern man
hat die Untersuchung trotz der großen, damit verbundenen
Schwierigkeiten auch auf die Planeten, Kometen, Firsterne,
Nebelflecken, Sternschnuppen u. s. w. ausgedehnt und dabei
im Wesentlichen überall das Nämliche gefunden. Nament=

---

*) Es darf hier nicht unerwähnt bleiben, daß ein Stoff oder
eine Substanz im Sonnenspektrum entdeckt wurde, welche mit
keiner irdischen correspondirt, und welcher man deshalb den Namen
Helium gegeben hat. Aber nach des ausgezeichneten Spektroskopen
Lockher Untersuchungen ist das Helium wahrscheinlich nichts Anderes,
als eine veränderte Form des Wasserstoffs; und überdem will Prof.
Palmieri in Neapel neuerdings auch im Spektrum der Lava des
Vesuvs die Helium-Linie entdeckt haben. Uebrigens ist es sehr wohl
möglich, daß ein Grundstoff, dessen Vorhandensein auf der Erde noch
gar nicht erkannt wurde, anderswo eine hervorragende Rolle spielt,
oder umgekehrt, daß ein bei uns vorherrschender Grundstoff bei der
Zusammensetzung andrer Weltkörper nur eine geringere Verwendung
fand, oder endlich, daß eine Substanz, die wir mit unseren Hilfs=
mitteln nicht zerlegen können, durch die hohe Temperatur der Himmels=
körper in Bestandtheile zerlegt wird, die uns im isolirten Zustande
unbekannt sind. Die allgemeine Identität oder Einerleiheit der
Materie steht deshalb doch außer Zweifel. — Neuerdings hat Prof.
Ramsay das Helium in den meisten Mineralien der von ihm unter=
suchten seltnen Erden gefunden, während Prof. H. Kayser in Bonn
im Stande war, dasselbe auch in den Gasblasen der Wildbadquellen
im Schwarzwald, sowie in allerdings sehr geringer Menge in der
Bonner Luft nachzuweisen.

lich hat sich dabei gezeigt, daß die sog. Firsterne, wie dieses auch die frühere Astronomie annahm, nichts anderes, als wirkliche Sonnen sind, in deren Atmosphäre oder Lichthülle abermals die bekannten und zum Theil schon genannten Stoffe, wie Eisen, Calcium, Natrium, Magnesium, Tellur, Antimon, Wismuth, Quecksilber, Wasserstoff, Stickstoff u. s. w. in glühendem Zustande vorhanden sind. Namentlich scheint der Wasserstoff auf der Mehrzahl der Firsterne die Hauptrolle zu spielen und dort dieselben gewaltigen Eruptionen und Wirbelstürme zu veranlassen, wie auf der Sonne. Wenn noch nicht a l l e in der Sonne gefundenen Stoffe in den Firsternen nachgewiesen werden konnten, so liegt dieses wohl nur an der durch ihre ungeheuren Entfernungen veranlaßten Schwäche des spektroskopischen Bildes. Dasselbe gilt von den noch weiter entfernten Nebelflecken oder jenen glühenden Glasmassen, von denen die Astronomen annehmen, daß sie in der Entwicklung begriffene Weltkörpersysteme seien, und deren Spektrum hauptsächlich Wasserstoff und Stickstoff erkennen läßt. Auch die Kometen hat man trotz ihres schwachen Lichtes, welches genaue Beobachtungen sehr schwierig macht, spektralanalytisch untersucht und Kohlenstoff und Wasserstoff in ihnen nachzuweisen vermocht. Sogar die Sternschnuppen hat man spektroskopisch untersucht, und will man die Anwesenheit von Kohlenstoff, sowie von glühenden Natrium- und Magnesiumdämpfen constatirt haben. Daß das Licht der Planeten als von der Sonne geborgtes Licht dieselbe Beschaffenheit zeigen muß, wie das Sonnenlicht, bedarf keiner besonderen Erwähnung.

Jedenfalls wird durch diese epochemachenden Entdeckungen, welche den größten aller Zeiten an die Seite gesetzt zu werden verdienen, bewiesen, daß die Materie nicht bloß innerhalb unsres Sonnensystems, sondern im ganzen Weltraum, bis zu den Regionen der Firsterne und Nebelflecke, im Wesentlichen die nämliche ist. Da nun aber Gleichheit der Stoffe nothwendig Gleichheit der Kräfte bedingt, oder

da von der chemischen Beschaffenheit einer Materie nothwendig die Art ihrer gesetzmäßigen Wirksamkeit abhängt,
so kann kein Zweifel bleiben über die Gleichartigkeit der
Stoffe und damit der Kräfte durch das ganze Universum
und über die Gleichheit der Entwicklung in unserm Sonnensystem, wie im fernen Fixsternhimmel — eine Behauptung,
welche gegenwärtig von allen Gelehrten, die sich mit diesen
Dingen eingehender beschäftigt haben, unumwunden anerkannt wird. Prof. Kirchhoff selbst, der berühmte Entdecker der Spektral-Analyse, hat seine Ueberzeugung dahin
ausgesprochen, „daß die Stoffe und Kräfte im ganzen Weltall
im Wesentlichen die gleichen sind.“

Alle diese Thatsachen und Beobachtungen beweisen —
auch abgesehen von den bereits im Eingang des Kapitels
gelieferten Nachweisen — zur Evidenz die Allgemeinheit der
Naturgesetze, welche ja nur ein andrer Ausdruck für das
gesetzmäßige, aus ihrer chemischen und physikalischen Natur
entspringende Wirken der Materie und ihrer Kräfte sind,
und welche demnach nicht auf unsre Erde beschränkt sein
können, sondern in gleicher Weise durch den ganzen, uns
bekannten Weltraum ihre Geltung behaupten. Nirgendwo
in diesem Raum, so endlos er auch sein mag, gibt es einen
Schlupfwinkel für die Phantasie, in welchem sie tolle Aus-
geburten zur Welt bringen und eine von den gewohnten
Schranken emancipirte, fabelhafte Existenz träumen könnte.
Die uns sichtbar umgebende Welt ist ein unendliches Ganze,
zusammengesetzt aus denselben Stoffen, getragen von den
nämlichen Kräften, beherrscht von denselben unwandelbaren
Naturgesetzen.*)

*) Sollte sich die so oft geäußerte und mehr und mehr Wahr-
scheinlichkeit gewinnende Vermuthung der Physiker und Chemiker be-
stätigen, daß es in Wirklichkeit nur einen einzigen Stoff und auch
nur eine einzige Kraft gibt, und daß das, was wir als Stoffe oder
Kräfte bezeichnen, vielleicht nur verschiedene Modifikationen oder

„Allüberall," sagt der Astronom M. W. Meyer, „sehen wir die Natur gleichmäßig an dem Aufbau und der Vollendung von Millionen Welten arbeiten, mit denselben Hilfsmitteln, nach denselben allgemeinen Principien, aus demselben Urstoff, nach einer gleichen leitenden Idee, überall Ordnung schaffend und streng erhaltend. Ein und derselbe Stoff, von derselben Kraft durchdrungen und in lebendige Thätigkeit versetzt, erfüllt alle Himmelsräume, und derselbe Gedanke führt überall die Welten einem unzweifelhaft ähnlichen Endzweck entgegen."

Mit Recht behauptet Der st e d, indem er die Identität der Natur- und Vernunftgesetze voraussetzt, daß diese Allgemeingültigkeit der von der Vernunft begriffenen Naturgesetze auch eine Grundgleichheit des Erkenntniß-Vermögens im ganzen Weltall voraussetze. Sollte es denkende Wesen außerhalb unsres Planeten geben — und es ist dieses wahrscheinlich, da nicht einzusehen ist, warum nicht gleiche oder ähnliche Ursachen unter gleichen oder ähnlichen Bedingungen auch überall gleiche oder ähnliche Wirkungen hervorbringen sollen — so muß ihr Denkvermögen gleich oder ähnlich dem

---

Erscheinungsweisen oder Zustände jenes Urstoffs und jener Urkraft sind, so würde sich der oben im Text ausgesprochene Satz noch bedeutend vereinfachen. Vielleicht ist der Wasserstoff oder ein demselben nahestehender, aber noch Millionen- oder Billionenfach weniger dichter Körper als der Grundstoff zu betrachten, aus welchem alle übrigen, die Welt bildenden Stoffe hervorgegangen sind; er ist ohnedies der dünnste und leichteste aller bekannten Stoffe und bildet den Hauptbestandtheil der Nebelflecke und der weißen, also heißesten Gestirne. Je heißer oder glänzender ein Stern ist, um so mehr zeigt er im Spektroskop nur sehr dicke Wasserstofflinien und nur sehr wenige dünne metallische Linien, während diese in demselben Maße zunehmen, wie die Sterne kälter werden. Diese Thatsachen scheinen zu beweisen, daß die zusammengesetzten Stoffe sich mit der Zunahme der Temperatur in stets einfachere auflösen. Genaueres hierüber findet sich in des Verfassers Schrift „Licht und Leben", 2. Aufl., Seite 69, 70, 190.

unsrigen sein, wenn auch vielleicht der Abstufung oder er-
reichten Ausbildung nach sehr verschieden. Auch die Principien körperlicher Bildung dürften im Wesentlichen überall
dieselben sein. Allerdings ist die Verschiedenheit der einzelnen Weltkörper nach Masse, Temperatur, Dichtigkeit, Beson-
nung, physikalischer Beschaffenheit der Oberfläche u. s. w.
eine so außerordentlich große, und sind überdem die Entwicklungsphasen, in denen sich jedes einzelne Gestirn befindet,
so weit auseinanderliegende, daß damit auch die Möglichkeit
unendlicher Verschiedenheiten in den jeweiligen Organisations-
verhältnissen der Bewohner jener Weltkörper gegeben ist.
Wissen wir doch, daß die Anpassung an die äußeren Lebensbedingungen eine der wichtigsten Ursachen in der Bildung
und fortschreitenden Entwicklung der organischen Wesen bildet,
und zeigt doch auch die Geschichte unsrer Erde selbst, daß
die relativ geringen Unterschiede in der physikalischen Beschaffenheit der Erdoberfläche, welche im Laufe geologischer
Zeiträume oder Epochen Platz gegriffen haben, von den
durchgreifendsten Veränderungen der irdischen Flora und
Fauna begleitet gewesen sind — woraus sich also auf eine
unerschöpfliche biologische Mannichfaltigkeit im Kosmos würde
schließen lassen. Indessen fehlt uns hier jeder positive oder
wissenschaftliche Anhaltspunkt so sehr, daß weitere Spekulationen über diesen Gegenstand als unnütz oder erfolglos
zu verlassen sind. Nur das kann, wie gesagt, mit einiger
Bestimmtheit angenommen werden, daß bei der Gleichheit
der kosmischen Stoffe und Gesetze die Grundprincipien körperlicher und geistiger Bildung, organischen oder unorganischen Lebens überall dieselben sein müssen, und daß überall
dort im Kosmos, wo die materiellen Vorbedingungen für
Entstehung oder Fortbildung lebender oder organischer Wesen
sich zusammenfinden, diese Entstehung oder Fortbildung mit
derselben Kraft und Üppigkeit sich verwirklichen wird, wie
hier auf unserer Erde. Namentlich muß sich auf den Planeten oder Wandelsternen, welche die Fixsterne oder übrigen

Sonnen nach den Principien der Mechanik ebenso begleiten
müssen, wie unsre Planeten unsre Sonne begleiten, die
Möglichkeit des Lebens zu gewissen Zeiten und unter gewissen Umständen, wenn auch vielleicht nur auf einzelnen
derselben, ebenso einstellen oder eingestellt haben, wie sie
sich auf unsrer Erde eingestellt hat. Was dabei unser eignes
Planetensystem anlangt, so müssen wir allerdings zugeben,
daß die Verhältnisse für Entstehung lebender und denkender
Wesen, ähnlich denjenigen der Erde, ziemlich eingeschränkt
sind, indem die sog. großen oder äußeren Planeten die innere
Möglichkeit einer solchen Entwicklung wohl erst zu einer
Zeit erreichen werden, da die Sonne bereits so weit erkaltet
sein wird, um sie nicht mehr hinlänglich erwärmen und be-
leuchten zu können, und indem vielleicht nur die sog. inneren
Planeten die nothwendigen Bedingungen für das Zustande-
kommen eines energischen Lebensprocesses erkennen lassen.
Die meisten Planeten kreisen als todte Weltkörper um einen
Sonnenball, der nur auf einigen derselben für eine ver-
hältnißmäßig kurze Zeit das Leben zu erhalten vermag.
Für Kometen und Meteoriten ist selbstverständlich kein Leben
denkbar. Man hat die Frage aufgeworfen, ob nicht andre
Planetenbewohner vielleicht mit einer höheren oder reicheren
Organisation ihrer Sinne begabt und dadurch im Stande
sein möchten, Eindrücke wahrzunehmen, für die uns die
Empfindung abgeht. Man kann diese Möglichkeit, für welche
der Umstand spricht, daß ja auch die Sinnes-Energieen des
Menschen nur als allmälig entstandenes Resultat des der
Umgebung angepaßten Lebensprocesses anzusehen sind, zu-
gestehen, ohne daß das allgemeine, oben ausgesprochene
Resultat dadurch eine Aenderung erleidet.

„Und wenn es,“ sagt Z e i s e (Das Endlose der großen
und der kleinen materiellen Welt, Altona 1855), „was wohl
nicht im entferntesten zu bezweifeln ist, auch auf den fernen
Weltkörpern höhere, organisch belebte Wesen gibt, so werden
dieselben in ihrer höheren Entwicklung als denkende Wesen

dem Erben-Menschen ganz unstreitig in intellectueller Beziehung ähnlich sein, weil in dem ganzen Universum doch wohl nur eine Vernunft, die überall dieselbe, sich denken läßt, eine Vernunft, nach der alle Naturgesetze als Vernunftgesetze erscheinen."

„Das Seelenleben," sagt Ph. Spiller (Die Urkraft des Weltalls, 1876), „muß ungeachtet der Verschiedenheit der Organisation seiner Natur nach einheitliche Gesichtspunkte darbieten. Die Gesetze des Denkens werden durch das Weltall dieselben sein."

Daß Geist und Natur in letzter Linie dasselbe, daß Vernunft- und Naturgesetze identisch sein müssen, dürfte im Wesentlichen schon aus dem hervorgegangen sein, was über das Verhältniß von Stoff, Kraft und Bewegung in den vorhergehenden Kapiteln vorgebracht wurde. Sind es doch die Naturgesetze selbst, welche den Geist erschaffen haben, und wirken in ihm doch dieselben Kräfte, welche Welt und Natur beherrschen! Daher die Denkgesetze unsres Geistes im Einklang stehen müssen mit den verborgensten Grundzügen der in der Natur herrschenden Gesetze, und daher die Gesetze des Denkens auch die Gesetze der Welt sind! Logik und Mechanismus sind dasselbe, und die Vernunft in der Natur ist auch die Vernunft des Denkens. Das Denkgesetz muß daher selbst als ein echtes Naturgesetz und als Folge naturgesetzlicher oder naturgeschichtlicher Entwicklung angesehen werden. Die menschliche Vernunft oder Geistesthätigkeit ist gewissermaßen nur der Spiegel, welcher das All zurückwirft, und allmälig hervorgegangen aus jener ununterbrochenen Wechselwirkung, welche der Organismus während kosmischer und geologischer Zeiträume mit seiner Umgebung unterhalten hat. Von der untersten Stufe der Empfindung oder Empfindungsfähigkeit anfangend hat sich der menschliche (und tierische) Geist durch Wirkung und Gegenwirkung nach und nach und unter Vermittlung zahlloser Zwischenstufen bis zu seiner jetzigen Höhe erhoben und dabei jene bekannten Denk-

formen angenommen, welche Denjenigen, die das Princip
der Entwicklung nicht in seiner vollen Kraft zu verstehen im
Stande sind, den Schein einer aller und jeder Erfahrung
vorhergehenden Angeborenheit vortäuschen.

„Die nothwendigen Gesetze des Denkens und der
Materie", sagt Paul von Lilienfeld, „sind dieselben.
Das Denken ist eine verdichtete Bewegung, und da der
menschliche Organismus überhaupt nur eine Potenzirung
von Naturkräften darstellt, so ist das Denken auch überhaupt nur als ein verdichtetes Wirken von Naturkräften
zu erklären."

Es stimmt diese Erkenntniß auf das Vollkommenste
und Nothwendigste überein mit denjenigen Resultaten em-
pirisch-philosophischer Naturbetrachtung, welche wir in einem
späteren, von den angeborenen Ideen handelnden Kapitel
über die allmälige Entstehungsweise der menschlichen (und
tierischen) Seele gewinnen werden. Indem dieselbe von
sog. absoluten, übersinnlichen, durch eine höhere Macht ihr
eingepflanzten Ideen oder Vorstellungen nichts weiß, sondern
all ihr Wissen, Denken, Empfinden und Wollen aus den
millionenhaft wiederholten Eindrücken der sie umgebenden
Welt gewinnt, kann es nicht anders sein, als daß sich die
in letzterer herrschenden Gesetze in jener gewissermaßen ab-
spiegeln oder wiederholen — oder daß, wie sich Carus
Sterne ausdrückt, der menschliche Geist nichts ist als ein
mehr oder weniger getreuer Verkleinerungsspiegel, der die
Strahlen der Natur, in welcher alles Wissen liegt, in sich
sammelt. Mag es auch schwer oder oft unmöglich sein,. in
jedem einzelnen Falle die vielfach verzweigten Fäden dieses
Verhältnisses zu entwirren oder bloßzulegen, so scheint uns
doch über die Sache selbst kein Zweifel möglich.*)

---

*) Weiteres über die in diesem Kapitel berührten Fragen und
Gegenstände enthalten des Verfassers Schriften: „Licht und Leben"
in den beiden ersten Aufsätzen, weiter „Natur und Geist" in dem

„Dieselbe Ordnung waltet überall:
„Im wechselvollen Reigen der Gestirne
„Gebietet das Gesetz nach Maß und Zahl,
„Wie in des Menschen denkendem Gehirne."

(F. Krasser.)

Abschnitt über die Naturgesetze, endlich „Die Macht der Vererbung" am Schlusse.

Der Himmel.

Der Begriff „Himmel" als einer bestimmten Oertlich-
keit im Weltenraum kann von der Wissenschaft nur noch als
ein Hirngespinnst gedankenloser Köpfe angesehen werden.

Ph. Spiller.

Eine substanzlose Kraft als bildenden Genius über dem
Chaos der Elemente schwebend zu denken, gehört zu den
Träumen der Geisterseher.

C. Harleß.

Jeder Schulknabe weiß heute, daß der Himmel keine
über die Erde hergestülpte blaue Glocke ist, durch deren
Oeffnungen die feurige Sphäre des Weltalls als Sonne
und Sterne hindurch schimmert, sondern daß wir bei seiner
Betrachtung in einen unermeßlichen, fast leeren Raum ohne
Anfang und Ende hineinblicken, in welchem nur an einzelnen, zerstreuten und fast unendlich weit von einander entfernten, beschränkten Orten einzelne Weltkörper oder Gruppen
von solchen die ungeheure Oede unterbrechen, und in welchem
z. B. unser eignes Sonnensystem trotz seiner riesigen Ausdehnung doch nur als ein unscheinbarer Punkt in der End-
losigkeit des Raumes erscheint. Wenn daher die religiöse
Weltanschauung lehrt, daß wir nach Vollendung unsrer
irdischen Laufbahn bestimmt sind, „in den Himmel zu kommen", so lehrt die astronomische Forschung im Gegentheil,
daß wir in diesem geträumten Himmel bereits mitten darin

find, umgeben in weiter Ferne von zahllosen, unsrer Erde oder unserm Sonnensystem ähnlichen Weltkörpern und Weltkörpersystemen. Aus mehr oder weniger formlosen Dunst- oder Nebelmassen, deren ursprüngliche Ausbreitung sich über viele Billionen von Meilen erstreckte, und deren Bildungs-Material einer unsrer Vorstellung unzugänglichen Stoff-Verdünnung unterliegen mußte, müssen sich durch Entstehung einzelner rotirender Punkte, an denen sich die Atome einander mehr genähert hatten, diese Weltkörper und Weltkörpersysteme durch einen von Stufe zu Stufe sich steigernden Verdichtungsproceß gebildet und allmälig zu compakten Massen oder geordneten Systemen von solchen zusammengeballt haben. Diese Massen befinden sich in einer steten, sowohl eignen wie gegenseitigen Bewegung im Weltraum — einer Bewegung, welche sich begreiflicherweise auf das Mannichfachste combinirt und complicirt, aber doch in allen ihren Aeußerungen und Modifilationen nur durch ein einziges, bereits geschildertes und überall geltendes Naturgesetz beherrscht wird, durch das Gesetz der Gravitation oder Anziehung nämlich. Diesem vielleicht wichtigsten und am allgemeinsten verbreiteten aller Naturgesetze, welchem jeder Stoff unterworfen ist, und welches an jedem Körper oder Körpertheilchen unmittelbar beobachtet werden kann, folgen alle jene noch so großen oder noch so kleinen Weltkörper ohne Widerstreben oder ohne eine noch so geringe Abweichung, welche einen Widerspruch gegen die einfachen mechanischen Principien ihrer Bewegung begründen würde. Ein solcher Widerspruch oder eine solche Ausnahme muß als eine absolute Unmöglichkeit angesehen werden, und ein jener Regel entgegenstehendes Faktum würde ein ebenso großes Wunder bedeuten, wie jedes andre Naturwunder. In der That konnte auch eine solche Ausnahme oder eine solche Abweichung von der Regel, welche auf die Einwirkung einer außerweltlichen Macht, einer willkürlich regelnden oder ordnenden Hand hätte schließen lassen, niemals wissen-

9*

schaftlich conſtatirt werden. Im Gegentheil hat es ſich
gezeigt, daß alle jene Bewegungen, ſoweit ſie nicht unberechenbaren Störungen unterliegen, mit mathematiſcher
Schärfe und Sicherheit erkannt, beſtimmt und vorhergeſagt
werden können. Soweit das Fernrohr reicht und man im
Stande war, die Geſetze des Himmels zu erkennen — und
man hat dieſes bekanntlich auf Billionen und Trillionen
Meilen weit vermocht — begegnete man ſtets nur demſelben Geſetz, denſelben einfachen, mechaniſchen Principien,
derſelben mathematiſchen Formel, den nämlichen, der Berechnung unterliegenden Vorgängen. Niemals aber zeigte
ſich die leiſeſte Spur eines nach Willkür thätigen Fingers,
welcher die Sphären des Himmels geordnet und den Erben,
Sonnen oder Kometen ihre Bahnen angewieſen hätte. „Ich
habe den Himmel überall durchſucht,“ ſagte der große
Aſtronom Lalande, „und nirgends die Spur Gottes gefunden.“ Und als Kaiſer Napoleon den berühmten Aſtro-
nomen Laplace fragte, warum in ſeinem Syſtem der
himmliſchen Mechanik nirgends von Gott die Rede ſei, antwortete derſelbe: „Sire, je n'avais pas besoin de cette
hypothèse!“ — Je weiter die Aſtronomie in ihrer Kenntniß von den Geſetzen und Vorgängen des Himmels voran-
ſchritt, um ſo weiter drängte ſie die Idee oder die Annahme
einer übernatürlichen Einwirkung zurück, und um ſo leichter
wurde es ihr, die Entſtehung, Gruppirung und Bewegung
der Weltkörper auf die einfachſten, durch den Stoff und
die Geſetze ſeiner Bewegung möglich gemachten Vorgänge
zurückzuführen. Die Anziehung der kleinſten Theilchen ballte
die Weltkörper zuſammen, und die Geſetze der Anziehung
in Verbindung mit ihrer erſten Bewegung bewirkten die
Art ihrer gegenſeitigen Umdrehung, welche wir heute an
ihnen wahrnehmen. Freilich wollen Viele, an dieſem Punkte
angelangt, wiederum den erſten Bewegungs-Anſtoß nicht in
der Materie ſelbſt ſuchen, ſondern ihn von einem über-
irdiſchen Finger herleiten, welcher gewiſſermaßen in dem

allgemeinen Weltbrei gerührt und der Materie ihre Bewegung verliehen habe. So wollte noch der große Newton
in der sog. Tangential- oder Seitenbewegung der Gestirne
geradezu den Finger Gottes erkennen; und selbst Laplace
konnte sich nicht enthalten, zu sagen: „O Philosoph, zeige
mir die Hand, welche die Planeten auf die Tangente
ihrer Bahn geworfen hat!" Aber auch in dieser so weit
entfernten Position vermag sich die persönliche Schöpferkraft nicht zu halten. Schon der in einem früheren Kapitel
bewiesene Grundsatz, daß es keine Materie ohne Bewegung
gibt, und daß die ewige Materie auch einer ewigen Bewegung theilhaftig sein muß, würde genügen, dieser
Schwierigkeit ein Ende zu machen. Es kann kein Zweifel
darüber bestehen, daß im ganzen Weltenraum Bewegung
von Ewigkeit her vorhanden war und auch in Ewigkeit
vorhanden sein wird, und daß alle Weltkörper ohne Ausnahme einem regelmäßigen Wechsel von Entstehen und
Vergehen unterworfen sind, oder daß jeder einzelne derselben
einen, ungeheure Zeiträume in Anspruch nehmenden Lebens-
cyclus von Entstehung, Bestand und Absterben durchmacht,
welcher schließlich durch abermalige Auflösung in sog. kosmische Nebelmasse das uralte Spiel in gleicher oder ähnlicher Weise fortsetzt. Durch den ganzen Weltraum hindurch
findet daher eine ewige und von Ewigkeit her bestehende
Umwandlung statt.

„Das Erscheinen dieses Kreislaufs, der niemals endigen
kann, ist mit einer spiraligen Stahlfederschlange zu vergleichen, die stets wieder emporschnellt, so oft sie auch nieder-
gedrückt werden mag." (Sonnenschmidt.)

Aber auch abgesehen von diesem allgemeinen Grundsatz
ist es in keiner Weise schwer oder unmöglich, sich die Art
vorzustellen, wie jene besondere Art der Bewegung, welche
den ersten Anstoß zur Entstehung des Ballungs-Processes
gab oder geben mußte, auf natürlichem Weg zu Stande
kam. Schon die geringste Ungleichheit in der Größe und

Anziehungskraft oder in dem gegenseitigen Abstand der
Atome des Urzustandes mußte genügen, um Anlaß zur Entstehung der ersten Verdichtungs-Centren zu geben. Auch
die nothwendige Zusammenziehung des anfänglichen Nebelballs durch Abkühlung oder unregelmäßige Ausstrahlung in
den kalten Weltraum mußte hinreichen, um die Atome einander in verschiedener Weise zu nähern und dadurch an
einzelnen Stellen den Verdichtungs- und Bewegungs-Proceß,
der schließlich zur Bildung einzelner Weltkörper führen
sollte, einzuleiten. Vielleicht war dabei auch eine seitliche
Anziehung von Seiten benachbarter Himmelskörper thätig
welche einzelne Theile des Nebelballs nöthigte, sich nach
dieser Seite hin zu verdichten und stärker anzuhäufen und
schließlich um die eigene Achse zu rotiren. Vielleicht wirkten
auch chemische Verwandtschaften mit, welche einzelne Atome,
nachdem die Ursache der ursprünglichen Zerstreuung zu
wirken aufgehört hatte, veranlaßten, sich einander zu nähern
und neue Körper zu bilden, unter denen die größeren ein
Uebergewicht über die umgebenden kleineren erhielten, diese
anzogen und so Anlaß zur Entstehung weiterer chemischer
Processe gaben, begünstigt durch die in Folge steigender
Verdichtung zunehmende Wärme. Durch ungleichmäßiges
Anhäufen größerer oder kleinerer Massen von verschiedenen
Seiten mußte nothwendig eine Verrückung des Schwer-
punktes und damit eine Strömung der einzelnen Theile
des Gasballes eintreten, welche schließlich in einer rotirenden
und durch Rotation zur Bildung einzelner, in regelmäßigen
Bahnen sich bewegender Bälle führenden Bewegung endete.
In der That ist das Vorhandensein solcher rotirender Nebel
oder Nebelbälle von ringförmiger spiraliger Gestalt am
Himmel durch das Fernrohr nachgewiesen worden. Der
ganze Bau der sog. Spiral-Nebel z. B. deutet darauf hin,
daß jene merkwürdigen Weltkörper sich in einem Zustande
großartiger Revolutionen befinden, wobei ungeheure Ströme
glühender Materie sich in spiralförmigen Windungen auf

die Centralmassen herabsenken und Wirbel- und Umdrehungs-
Bewegungen erzeugen, welche schließlich zur Entstehung
kugelförmiger Weltkörper zu führen bestimmt sind. Uebrigens
ist die rotatorische oder Drehungsbewegung eine so allgemein durch den Weltraum verbreitete und bei allen geballten
kosmischen Massen ohne Ausnahme wahrnehmbare, daß
dieses nothwendig auf das Vorhandensein einer für dieselbe
allgemein gegebenen Ursache oder physikalischen Nothwendigkeit hinweist. Nach Spiller gibt es überhaupt im Weltraum keine gradlinige, sondern nur krummlinige Bewegung.
Ihre Geschwindigkeit muß sich selbstverständlich in dem
Maße beschleunigen, in welchem der Verdichtungsproceß
der kosmischen Masse zunimmt.

Auch die weitere Entwicklung der sich drehenden kosmischen Masse zu gegliederten Sonnen- und Planeten-Systemen geschieht auf ganz mechanische Weise und nach Maßgabe bekannter physikalischer Gesetze. Eine durch stete
Verkürzung und Zusammenziehung zunehmende Geschwindigkeit der eingeleiteten Bewegung — linsenförmige Abplattung
der gesammten Nebelmasse mit stärkerer Verdichtung im
Mittelpunkt — durch die Schwung- oder Fliehkraft veranlaßte Abtrennung äquatorialer Nebelringe in ähnlicher
Weise wie sie der Planet Saturn heute noch besitzt, —
schließliche Zerreißung und Zusammenballung dieser Ringe
zu Kugeln (Planeten, Monde u. s. w.) — allmäliger Eintritt der verschiedenen Abkühlungsstadien dieser abgetrennten
Körper — Alles nach Maßgabe der berühmten, jetzt allgemein angenommenen Kant-Laplace'schen Nebularhypothese
— dieses sind die einfachen Mittel, mit deren Hülfe die
Natur ihre großen, auf die Dauer von Myriaden von
Jahren berechneten Zwecke der Weltenbildung erreicht hat
und fortwährend zu erreichen fortfährt. Denn selbst heute
noch erblicken die Astronomen, auf die triftigsten Gründe
gestützt, in vielen der sog. schon öfter erwähnten Nebelflecke am Himmel verschiedene Stufen des Entwicklungs-

ganges unsres eignen Sonnensystems oder kreisende, aus
weit ausgedehnten Nebelmassen bestehende Welten, welche
nach und nach durch fortschreitende Verdichtung und Drehung
sich zu gegliederten Weltkörper= oder Sonnensystemen ent=
wickeln werden. „Wer könnte," sagt Prof. Forster (Der
Welt Anfang und Ende, S. 18), „die sog. Spiral= oder
Wirbel=Nebel sehen, ohne daß sich ihm sofort die Ueberzeugung
innerer Bewegung derselben aufdrängte?"

Es gibt allerdings viele Nebelflecke am Himmel,
welche nichts weiter als Sternhaufen sind und durch gute
Instrumente für den Beobachter in solche aufgelöst werden
können. Dagegen gibt es wieder eine Anzahl anderer,
welche sich von jenen wesentlich unterscheiden, nicht in
einzelne Sterne auflösbar sind und offenbar aus sog. kos=
mischer oder Urwelt=Masse in verschiedenen Stadien ihrer
Entwicklung bestehen. Einige davon haben Kerne, welche
sich bereits aus der Gesammtmasse als festere Mittelpunkte
abgeschieden haben, andere haben Ringgestalten u. s. w.; ja
man hat sogar durch Vergleichung früherer oder späterer
Beobachtungen derselben Flecke die in ihnen vorgehenden
Veränderungen festgestellt. Eine große Zahl derselben
scheint in einer doppelten Bewegung begriffen, ähnlich der
unserer Sonne und ihrer Planeten, und wird sich auch
wohl schließlich in gleicher Weise, wie diese, entwickeln.
Ja, verschiedene Erscheinungen weisen sogar darauf hin,
daß sich selbst noch inmitten unseres eigenen Planeten=
Systems Reste jener Nebelmasse befinden, aus der sich das=
selbe einst hervorgebildet haben muß. Auch die neueren
Forschungen in der Analyse des Lichts haben die Theorie
der Urweltnebel, welche schon von Herschel und Laplace
aufgestellt wurde, vollkommen bestätigt und erwiesen, daß
es in der That echte, selbstleuchtende Nebel im Weltraum
gibt, welche nichts Anderes, als glühende Gasmassen sind.
Die einzige Kraft aber, welche allen diesen Bildungen und
Bewegungen zu Grunde liegt, ist nur die Anziehung —

die Anziehung, welche die Nebel verdichtet, Sonnen und
Planeten aus ihnen bildet, ihre Bewegungen regelt und
schließlich durch die eingetretene Verdichtung Wärme und
Licht, die einzige und letzte Quelle aller Lebens-Erscheinungen,
hervorbringt.*)

Alle diese Beobachtungen und Thatsachen geben uns
wohl das Recht an die Hand, nach Analogie des bis jetzt
Erforschten zu schließen, daß auch solche Vorgänge am
Himmel, welche der Erklärung noch mehr oder weniger be-
dürftig sind, keine Ausnahme von den allgemeinen Gesetzen
der Natur gemacht haben können, und daß in ihnen selbst
oder in den allgemeinen Gesetzen der Materie die Ursache
für die besondere Art ihrer Bewegung gelegen haben muß.
Wir haben umsomehr dazu das Recht, als die Erinnerung
an so manches Unregelmäßige, mehr oder weniger Zufällige
und, wenn wir uns auf den Standpunkt der Zweckbetrachtung
stellen, Zwecklose oder Zweckwidrige in der Anordnung des
Weltganzen und seiner einzelnen Glieder auch ganz direkt
den Gedanken an die Thätigkeit oder das Eingreifen einer
höheren und den Gesetzen des menschlichen Geistes analogen

---

*) Unter den oben erwähnten Nebeln, von denen die Spektral-
Analyse bewiesen hat, daß sie aus kosmischer, noch ungeformter Materie bestehen, und daß ihr Licht von glühenden Gasmassen ausgeströmt
wird, ist der bekannte große Nebel in der Andromeda einer der
wenigen, welche mit bloßem Auge als solche zu erkennen sind. Von
diesem Nebel hat der englische Astronom J. Roberts im Dezember
1888 mittelst eines zwanzigzölligen Spiegelteleskops ein photographi-
sches Bild erhalten, welches als ein Triumph für die Kant-Laplace'sche
Weltbildungstheorie angesehen werden muß. Das Bild zeigt eine
weit ausgedehnte, um einen centralen Kern angesammelte Nebelmaterie,
die sich in mehrere Ringe mit einzelnen deutlichen Verdichtungen aufgelöst hat, während einzelne isolirt erscheinende Nebelkörper oder
dichtere Lichtknoten im Begriff stehen, sich von dem Hauptnebel
loszulösen. Einer davon ist nur noch durch eine schwache Lichtbrücke
mit dem letzteren verbunden. Also Alles genau so, wie es nach der
oben genannten Theorie sein müßte!

Intelligenz oder Schöpferkraft bei jener Anordnung ausschließt. Wenn, wie nach der teleologischen Weltanschauung
angenommen werden muß, es einer persönlichen, von bestimmten Absichten geleiteten Schöpferkraft darauf ankam,
Welten als Wohnplätze für empfindende, benkende und beren
Allmacht anbetende Wesen zu schaffen, wozu alsdann jener
ungeheure, leere, nutzlose Weltraum, in welchem nur hier
und da einzelne Sonnen und Erden als fast verschwindende
Pünktchen schwimmen — ähnlich einer Handvoll kleiner
Kügelchen, welche man in das Weltmeer geworfen hat?*)
Warum sind alsdann die andern Planeten unsres Sonnensystems (vielleicht mit einziger Ausnahme des Planeten
Mars) nicht so eingerichtet, daß sie ebenfalls von Menschen
oder Menschen-ähnlichen Wesen bewohnt werden können?
Würde nicht durch Bildung vieler kleiner Planeten für Erreichung der Zwecke des Lebens viel besser gesorgt sein, da
die sog. äußeren oder großen Planeten, wie schon erwähnt,
keine Aussicht haben, jemals Leben zu entwickeln? Warum
ist der Mond, unser ewiger Begleiter, mit seinen Kratern
und ausgebrannten Vulkanen ohne Wasser und Atmosphäre
und darum jeder organischen Entwicklung feindlich?**)

---

*) Der berühmte Astronom Tycho de Brahe († 1608) „wies
den Fixsternen ihren Ort nicht weit jenseits der Bahn des Saturn an,
des nach damaliger Kenntniß äußersten Planeten; denn weite, stern-
leere Aether-Räume vermochte er mit seiner Idee eines allerfüllenden
Schöpfers nicht wohl zu reimen.“ (F. Robbe.)

**) Nach neueren Ansichten soll der Mond allerdings eine Atmo-
sphäre besitzen, aber von so dünner Beschaffenheit, daß ihre Dichte
nur den 200sten bis 400sten Theil der Erdatmosphäre beträgt, also
für die Existenz von Thieren, Pflanzen oder menschenähnlichen Wesen
ganz unbrauchbar sein muß. Auch die sonstigen physikalischen Zustände
der Mond-Oberfläche machen eine solche Bewohnbarkeit zur absoluten
Unmöglichkeit. Nach Nasmyth bietet die uns jetzt genau bekannte
Oberfläche des Mondes nichts dar, als eine furchtbare Wüste, eine
grauenhafte, jeder menschlichen Vorstellung spottende Einöde, in welcher ein unsrer irdischen Heimath ähnliches Leben, vielleicht winzige

Warum ist die Sonne, deren Oberfläche diejenige der Erde um das 12,500fache übertrifft, nicht, wie man ehedem glaubte, bewohnbar? und warum sind es die Fixsterne, welche in ungezählten Millionen den Weltraum erfüllen, gleicherweise nicht? Wenn man auf den Nutzen dieser Sonnen für die Beleuchtung und Erwärmung ihrer bewohnten Planeten hinweist, so darf man nicht vergessen, daß hier Mittel und Zweck im schreiendsten Mißverhältniß stehen, und daß z. B. unsre eigne Sonne, der Mittelpunkt unseres Planetensystems, ungeheure Mengen von Licht und Wärme fortwährend nutzlos in den kalten Weltraum verschwendet, während unsre kleine Erde, der geträumte Mittelpunkt des Weltalls, von dieser ganzen Menge nur den 2300 millionsten Theil oder noch weniger erhält, und während alle Planeten zusammen von weniger als dem 230 millionsten Theil dieser enormen Kraftverschwendung Nutzen ziehen. Welche Bedeutung kann überhaupt dem durch das Verhältniß der Sonne zur Erde bedingten Wechsel von Tag und Nacht im teleologischen Sinne zugeschrieben werden? Wenn ein solcher Wechsel für das Leben der erdbewohnenden Geschöpfe nöthig war, warum hat alsdann die Polarzone ein halbes Jahr Tag und ein halbes Jahr Nacht? und warum wird das notwendige Dunkel der Nacht durch den Einfluß des Mondlichtes unterbrochen?

Formen ausgenommen, ganz unmöglich oder undenkbar ist. Während des 336 Stunden dauernden Tages herrscht dicht am Boden eine furchtbare Hitze, während darüber hinaus und in der gleichlangen Nacht eine entsetzliche Kälte herrscht. Nichts als schroffe Formen, todte Stoffe und ein lautloses Spiel gewaltiger Kräfte! Wozu nun diese gewaltige Kraft-Entwicklung ohne irgend einen sichtbaren Lebenszweck? Denn als bloßer Erleuchter oder Erheller unsrer Nächte erfüllt der Mond bekanntlich seine Pflicht in höchst mangelhafter Weise, da er wechselt und obendrein vielleicht Ursache der häßlichen Erdbeben ist (?). Auch die Frage, warum der Mond immer nur dieselbe Seite der Erde zukehrt, dürfte vom teleologischen Standpunkte aus unbeantwortbar sein.

In der bekannten Neigung der Erdachse zur Ebene
der Erdbahn oder der sog. Schiefe der Ekliptik, welche die
Ursache des Wechsels der Jahreszeiten bildet, wollen Viele
die zweckmäßige Fürsorge des Himmels für unser Befinden
erblicken. Aber sie bedenken nicht, daß sie Folge und Ursache
verwechseln, und daß höchst wahrscheinlich auch unsre
Organisation eine andere sein würde, wenn die Schiefe
der Ekliptik anders oder nicht vorhanden wäre. Ueberdem
scheint diese mit Unrecht so viel gerühmte Schiefe nicht
einmal etwas für uns Vortheilhaftes zu sein; und wenn
es in unsrer Macht stünde, die Neigung der Erdachse zur
Ebene der Erdbahn abzuändern, so würden wir dieses
sicher in einer den Verlauf der Jahreszeiten mehr ausgleichenden Weise thun. Denn wenn die Erdachse senk-
recht zu ihrer Bahn stünde, so würden wir z. B. in
unsern Breitengraden einen ewigen Frühling haben, womit
sich wohl auch ohne Zweifel die Lebensdauer verlängern
würde.

Warum — so muß man weiter fragen — zeigte die
Sonne der Welt ihre Schönheit Tag für Tag, warum
streute der Mond sein Silberlicht auf die Erde, oder strahl-
ten die hehren Sterne und Sternenbilder ihren Glanz auf
dieselbe während jener endlosen, hinter uns liegenden Zeiten,
da kein Geschöpf auf der Erde existirte, welches diese herr-
lichen Einrichtungen benutzen, bewundern und über ihre
Bedeutung nachsinnen konnte? Was bedeuten die Unregelmäßigkeiten und auffallenden Verschiedenheiten in der Größe
und Entfernung der einzelnen Glieder unsres Sonnensystems,
und warum fehlt hier jede Ordnung, jede Symmetrie oder
Harmonie, jede Schönheit, jede Regelmäßigkeit oder Gesetzmäßigkeit in Bezug auf Größe, Dichtigkeit, Stellung,
Bewohnbarkeit u. s. w.? Warum haben sich alle Vergleichungen, Analogieen, Spekulationen, welche man auf
die Zahl und Bildung der Planeten baute, und mit denen
sich selbst der große Kepler angelegentlich beschäftigte, als

leere Phantaſien erwieſen? Welche Bedeutung haben die
ſog. Aſteroiden oder Zwerg-Planeten mit ihren ſich kreu-
zenden Bahnen, deren man jetzt weit über dreihundert kennt,
während es noch nicht ſehr lange her iſt, daß phantaſirende
Philoſophen aus ſpekulativen Gründen glaubten beweiſen
zu können, daß in der bekannten aſtronomiſchen Lücke
zwiſchen Mars und Jupiter weitere Planeten nicht exiſtiren
könnten? Welche Aufgabe erfüllen die ungezählten Meteore
oder Meteoriten, welche die Erdbahn kreuzen und im
Niederſtürzen ſo mancherlei Schaden anrichten? oder die
zahlloſen Kometen mit ihren ſtets ſich ändernden Bahnen,
welche nur dazu da zu ſein ſcheinen, um dem kraſſeſten
Aberglauben Vorſchub zu leiſten, und von denen nach
Kepler's Ausdruck der Himmel ſo voll iſt, wie das Meer
von Fiſchen? oder jene Tauſende von Sonnen ohne Planeten, welche als ſog. Doppelſterne ſich ewig entweder um
einander oder um einen gemeinſamen Schwerpunkt bewegen?
Warum iſt endlich unſer Planetenſyſtem ſo eingerichtet,
daß es nothwendig, ſo wie es in der Zeit entſtanden iſt,
auch wieder zu Grunde gehen, und daß damit alles Große,
was die Menſchen auf der Erde jemals geleiſtet oder voll-
bracht haben, wieder in den Schooß ewiger Vergeſſenheit
verſinken muß? *)

Wenn — wie die Gottgläubigen behaupten — die

---

*) Nach den neueſten, durch die mit Hilfe der Spektral-
Analyſe gemachten Entdeckungen außerordentlich geförderten Anſchauungen der Aſtronomie machen alle Sonnen- und Weltkörperſyſteme
einen Milliarden von Jahren in Anſpruch nehmenden Lebens-Cyklus
von Entſtehung, Beſtand und Abſterben durch, welcher ſchließlich durch
abermalige Auflöſung in ſog. kosmiſche Nebelmaſſe (Urweltnebel)
das uralte Spiel in gleicher oder ähnlicher Weiſe fortſetzt. Durch
den ganzen Welt-Raum hindurch findet daher eine ewige und von
Ewigkeit her beſtehende Umwandlung ſtatt. Man vergl. darüber des
Verfaſſers Schrift „Licht und Leben“, Seite 210—227 und LIX der
zweiten Aufl.

Welt ober der Kosmos durch eine ewige Vernunft geschaffen
ober geleitet ober, wie sie zu sagen pflegen, auf Vernunft
angelegt wäre, wie erklären sich alsdann alle diese wider=
sprechenden Thatsachen? und warum gab die ewige Ver=
nunft nicht den Weltkörper=Systemen eine Anordnung, aus
welcher ihre Absicht und Ansicht unzweifelhaft hätte erkannt
werden müssen? Warum schrieb die ewige Schöpferkraft
ihren Namen nicht mit Zügen von Sternen an den Himmel
und machte damit allen quälenden und beängstigenden
Zweifeln der Menschenbrust, allen jenen endlosen Streitig=
keiten über ihr eignes Wesen, welche der armen, ewig im
Finstern tappenden Menschheit so viel Leid und Jammer
bereitet haben, ein Ende? Warum versteckt sie sich vor
uns und legt unsrer Vernunft Fallstricke, die uns in end=
lose Zweifel und Ungemach aller Art stürzen? Wie könnte
Gott, wenn er existirte, alle die traurigen Folgen dieser
Unwissenheit über seine eigne Existenz und über sein eignes
Wesen ruhig mit ansehen, wenn er ihnen doch so leicht ein
Ende machen könnte?

Diese Bedenken, Fragen und Ausstellungen ließen sich
beliebig vermehren; aber ihre Vermehrung würde Nichts
an dem Resultate ändern, daß eine vorurtheilsfreie Natur=
forschung, wo sie auch suchen mögen, nirgends die Spur
übernatürlicher Einwirkung in Raum ober Zeit zu finden
vermag. Was man die vielberufene „Harmonie des Welt=
alls" nennt, beruht, wie bereits gezeigt wurde, theils auf
Einbildung ober Unkenntniß, theils auf denselben Ursachen,
durch welche, wie in späteren Kapiteln ausführlicher erörtert
werden wird, auch die scheinbare Zweckmäßigkeit der übrigen
Naturerscheinungen, namentlich der auf der Erde lebenden
organischen Bildungen, zu Stande kömmt; und wenn unbe=
schadet der oben erhobenen Ausstellungen dennoch eine bis
zu einem gewissen Grade reichende Ordnung und Regel=
mäßigkeit in den Vorgängen des Himmels angenommen
werden muß, so ist diese Ordnung nur die nothwendige

und unvermeidliche Folge der Entwicklungs-Vorgänge des Himmels selbst, welcher ohne diese Ordnung als solcher niemals zur Existenz gekommen sein würde. Denn ein Chaos, das sich im Laufe der Zeiten nicht entwickelt oder gliedert, muß ewig Chaos bleiben, während eine einmal begonnene Bewegung nothwendig durch allmälige Aus=scheidung des nicht Lebensfähigen oder Unzweckmäßigen, sowie durch gegenseitige Abgrenzung der Einzelwesen im Laufe ungeheurer Zeiträume zum Entstehen oder Ueberleben solcher Bildungen Anlaß geben muß, welche an ihre Um=gebung angepaßt und darum lebensfähig oder zweckmäßig sind. Wenn das Unzweckmäßige längst vergangen ist, erhält sich noch das Zweckmäßige. Die zweckmäßige Bewegung oder Stellung eines einzelnen Himmelskörpers ist daher nur ein einzelner Fall der Bewegung überhaupt, und alle un=zweckmäßigen oder mit den Bewegungen oder Stellungen anderer Himmelskörper in Conflikt gerathenden Bewegungen eines solchen müssen nach und nach so lange eliminirt oder ausgeschieden werden, bis nur solche übrig bleiben, welche nicht durch Unregelmäßigkeit oder Unverträglichkeit mit einer gewissen Ordnung ihren eignen Untergang herbeiführen — so daß sich schließlich die ganze, viel bewunderte Schönheit und Harmonie des Weltalls in eine an sich sehr einfache Mechanik der Naturkräfte auflöst.

Immerhin ist diese Harmonie trotz der hohen Regel=mäßigkeit der Bewegungen in unserm Sonnensystem nichts weniger als eine vollendete. Unaufhörlich zerrt ein Planet an dem andern und sucht mit mehr oder weniger Erfolg dessen Bahn zu beeinflussen. Der Mond zerrt an seinem Mutterplaneten und läßt dessen Wassermassen oft zu ver=heerenden Fluthen anschwellen oder regt, wenn eine darüber neuerdings aufgestellte Theorie richtig ist, sein Inneres zu zerstörenden Bewegungen auf. Die Kometen und Meteo=riten nehmen ihren Lauf quer durch das System und bringen demselben keinen Nutzen, sondern nur Schaden.

Nur der überwältigende Einfluß der Sonne hält das Ganze in einer leiblichen Ordnung.

Nach allem diesem wird man dem 72 jährigen amerikanischen Astronomen Prof. J. H. Cook Recht geben müssen, wenn er sagt: „Wie ein Astronom und gebildeter Kosmologe an die unmenschlichen, einfältigen, kindischen Sagen und Glaubenssätze des göttlichen Schöpfungs-Humbugs glauben kann, ist mir unbegreiflich. Die meisten unsrer Freidenker würden sich weit sicherer fühlen, wenn sie mehr von Astronomie verstünden." (Truth Seeker, 7. März 1891.)

––––––

Die Schöpfung der Erde.

Die neuere Geologie hat bewiesen, daß es gar keine sog. geologischen Formationen mehr gibt, die sich über die ganze Erde verbreitet hätten, sondern daß alle Bildungen zu jeder Zeit gleichzeitig stattgefunden haben, sowie daß sie sämmtlich auch heute noch auf der Erde vor sich gehen und immer vor sich gehen werden.

F. Mohr.

Die heute geschehenden Dinge sind nur das Abbild der ehemals geschehenen.

Isnard.

Die jetzt auf und in der Erde wirkenden Kräfte sind nach Art und Maß dieselben, welche in den entlegensten Zeiten geologische Veränderungen herbeigeführt haben.

Lyell.

Nachdem sich die Erde als ein besonderer, für sich bestehender Körper von dem rotirenden Urweltnebel abgelöst und ihren Kreislauf um den zurückbleibenden Centralkörper begonnen hatte, nahmen in ihrem Innern eine Reihe von Processen ihren Anfang, welche auf eine stete Verdichtung ihrer Masse nach dem Mittelpunkt zu bei gleichzeitiger Abkühlung nach außen hin arbeiteten. Das Feuer, von dem noch die Alten an der Hand ihrer unvollständigen Kosmogenie (Weltentstehungslehre) und da sie die Erde für den Mittelpunkt des Weltalls hielten, angenommen hatten, daß

es bei der angenommenen Scheidung des Festen von dem
Flüssigen in die Höhe gestiegen sei, um den Glanz und die
Gluth des Firmamentes zu bilden, zog sich langsam tiefer
und tiefer in den Busen der Erde zurück und gibt sein
unterirdisches Dasein noch heute durch die zunehmende
Wärme des Erdinnern, durch heiße Quellen, Vulkane
u. s. w. zu erkennen. Die Erdrinde selbst aber nahm
durch Erstarrung und Krustenbildung mehr und mehr den
Charakter des anscheinend Festen und Unbeweglichen an,
den sie heute noch darbietet. Es entstanden heftige Kämpfe
zwischen Feuer und Wasser, nachdem sich das letztere aus
der die Erdkugel umgebenden Wasserdunstmasse in Gestalt
eines heißen Urmeers auf die Erdoberfläche niedergeschlagen
und dieselbe Anfangs gleichmäßig bedeckt hatte. Aus diesen
Kämpfen und aus den einerseits zerstörenden, andrerseits
wieder aufbauenden Einflüssen, welche theils physikalische,
theils chemische Kräfte, theils die Thätigkeit niederer Or=
ganismen ausübten, ging nun im Laufe ungeheurer Zeit=
räume eine Reihe von Erdschichten und Erdbildungen her=
vor, welche unsrer Untersuchung zugänglich sind, und aus
welchen die Geologen oder Erdkundigen, wie aus einer
alten Geschichtschronik, die Geschichte der Erde gelesen
oder aufgebaut haben. Freilich ist das Tagebuch der Natur
kein derart vollständiges oder einheitliches, daß man das=
selbe nur abzulesen nöthig hätte; vielmehr ist dasselbe im
höchsten Grade unvollständig, lückenhaft, vielfach unter=
brochen, an verschiedenen Stellen der Erdoberfläche ge=
schrieben; seine Blätter sind durch spätere Ereignisse viel=
fach beschädigt oder durcheinandergeworfen; einzelne Buch=
staben sind vernichtet oder undeutlich geworden, so daß
es keiner geringen Mühe und keines geringen Scharfsinnes
bedarf, um die vorhandenen Lücken auch nur einiger=
maßen auszufüllen und die einzelnen überlieferten Züge
richtig zu deuten oder in den richtigen Zusammenhang zu
bringen. Ja, es würde eine solche Deutung wahrscheinlich

überhaupt nicht möglich gewesen sein, wenn nicht die festen
und der Zerstörung einen gewissen Widerstand entgegen=
setzenden Theile oder Ueberreste der früher gelebthabenden
Organismenwelt, wie Muscheln, Zähne, Schuppen, Federn,
Knochen, Kalkschalen, Pflanzenreste u. s. w. oder die sog.
Fossilien dadurch, daß sie jeder einzelnen Erdbildung ein
bestimmtes, leicht erkennbares Gepräge aufdrückten, ge=
wissermaßen als Führer oder Leitfaden durch das Laby=
rinth jener geologischen Chronik gedient hätten. Freilich
hatte dieser Umstand, im Verein mit falsch gedeuteten
geologischen Thatsachen, andrerseits die nachtheilige Folge,
daß jene berühmte Theorie der geologischen Katastrophen
und Revolutionen entstand, welche so lange in der Wissen=
schaft herrschend war. Man stellte sich zufolge dieser
Theorie vor, daß von Zeit zu Zeit eine vollständige Um=
wandlung der Erdoberfläche durch großartige Revolutionen
oder Umwälzungen mit Austilgung und nachheriger Neu=
schaffung aller lebenden Wesen auf derselben stattgefunden,
und daß sich dieser Vorgang etwa dreißig= bis fünfzigmal
in der Geschichte der Erde wiederholt habe. Feuer und
Wasser sollten, ein jedes in seiner Art, dazu beigetragen
haben, die Lebewelt mit einem Male auszutilgen und
dem Schöpfer, nachdem die Elemente sich wieder beruhigt
hatten, Gelegenheit zur Bethätigung seiner schöpferischen
Allmacht in einer neuen Ordnung der Dinge zu geben.
Die Namen der berühmten französischen Gelehrten Büffon
(1707—1788) und Cüvier (1769—1832) sind am meisten
mit dieser Kataclysmen=Theorie verflochten, welcher selbst
noch der erst vor wenigen Jahren gestorbene berühmte
Naturforscher Agassiz anhing, und welche bis auf den
heutigen Tag zahlreiche Anhänger — allerdings mehr
in theologischen, als in eigentlich wissenschaftlichen Kreisen
— zählt. Auch die Mehrzahl der alten Philosophen
(Heraklit, Plato u. s. w.) stellte sich den Verlauf der Erd=
geschichte in ähnlicher Weise vor und dachte an periodische

10*

Umwälzungen und Welt-Erneuerungen in Zwischenräumen
von mehr oder weniger Jahrtausenden, während allerdings andre, mehr der materialistischen Richtung zuneigende
Denker (Anaxagoras, Okellus, Demokrit und seine Nachfolger Epikur und Lukrez) schon damals die Ansicht aus-
sprachen, daß der Weltprozeß immer seinem regelmäßigen
Gange gefolgt sei, und daß sich die gewaltsamen Veränderungen nur auf einzelne oder kleinere Theile beschränkt hätten.

Diese Katastrophen-Theorie gab, wie leicht begreiflich,
der theologischen Richtung in der Naturforschung willkom-
menen Vorwand, an die Einwirkung einer übernatürlichen
Macht zu apelliren, durch deren Anstoß oder Veranlassung jene Revolutionen hervorgebracht sein sollten, um
die Erde gewissermaßen durch einzelne Stadien allmäliger
Vervollkommnung hindurch und einer Gestaltug für gewisse Zwecke oder Absichten entgegenzuführen. Es sollte
ein öfteres, unmittelbares Eingreifen jener Macht oder
eine fortgesetzte, periodenweise Neuschöpfung mit jedesmaliger neuer und verbesserter Erschaffung organischer
Wesen und Geschlechter nach vorheriger Zerstörung der
alten stattgefunden haben: es sollte die Bibel recht haben,
welche bekanntlich erzählt, daß Gott eine allgemeine Sintfluth (vulgo Sündfluth) über die Erde gestürzt habe, um
das ungehorsame und in Sünden versunkene menschliche
Geschlecht zu verderben und ein neues an seine Stelle
treten zu lassen. Es sollte Gott mit eigner Hand bald
Gebirge aufgerichtet, bald Meere geebnet, bald Organismen
geschaffen haben u. s. w.

Alle diese Vorstellungen nun von dem Eingreifen unmittelbarer, übernatürlicher oder auch nur unerklärlicher
Kräfte in den Gang der Erdgeschichte haben sich im Angesicht einer kühlen wissenschaftlichen Betrachtung als Il-
lusionen oder Einbilbungen herausgestellt. Mit demselben
Scharfblick, mit welchem die astronomische Wissenschaft die

Zustände der entferntesten Himmelsräume erkannt oder durchschaut hat, drang das Auge der geologischen Wissenschaft rückwärts durch eine Vergangenheit von Millionen und aber Millionen Jahren, deren ungelüfteter Schleier die Geschichte unseres Planeten so lange für die Menschen in ein mysteriöses und abergläubischer Träumerei Vorschub leistendes Dunkel gehüllt hatte, und entdeckte den sicheren Nachweis, daß diese Geschichte überall nur den einfachsten, natürlichsten und oft mit größter wissenschaftlicher Bestimmtheit erkennbaren Vorgängen ihre Entstehung verdankt. Man erkannte, daß von jenen sog. „Schöpfungsperioden" der Erde, von denen man früher so gerne und häufig sprach, und welche noch heutzutage eine auf kindischen Irrwegen sich bewegende Natur-Auffassung mit aller Gewalt mit den sog. „Schöpfungstagen" der Bibel identificiren möchte, nirgends die Rede sein kann, und daß die ganze Vergangenheit der Erde nichts weiter ist, als ihre auseinandergerollte Gegenwart. Es ist namentlich das Verdienst des großen, erst vor wenigen Jahren verstorbenen Geologen Sir Charles Lyell, zuerst überzeugend nachgewiesen zu haben, daß jene Katastrophen oder Revolutionen, auf welche man die Lehre der Schöpfungsperioden stützte, niemals allgemeiner, sondern stets nur örtlicher Natur gewesen sind; daß überhaupt niemals geologische Umwälzungen über die ganze Erdoberfläche auf einmal stattgefunden haben, sondern daß die vergangene Geschichte der Erde nur ein stetiger, allmäliger Entwicklungs-Prozeß ist, bedingt durch dieselben Kräfte, Vorgänge oder kleinen Veränderungen, welche auch noch in der Gegenwart an der Gestaltung der Erdoberfläche arbeiten und wirksam sind und welche sich tagtäglich unter unsern Augen vollziehen. Allerdings geschieht dieser Proceß zumeist in einer so langsamen, allmäligen und unmerklichen Weise, daß wir während unsrer kurzen Erfahrung und Beobachtung die großen Resultate

jener Wirkungen nicht hinreichend wahrzunehmen im Stande
sind. So sehr es auch auf den ersten Anblick den Anschein
haben mag, als müßten die Veränderungen, deren gewal=
tige Spuren wir an der Erdoberfläche wahrnehmen, auch
gewaltigen oder gewaltsamen Erd=Revolutionen ihren Ur=
sprung verdanken, so sehr lehrte doch eine reifere Ueber=
legung und Beobachtung das Gegentheil. „Denn die Erde",
sagt Burmeister in seiner vortrefflichen Geschichte der
Schöpfung, „ist lediglich durch Kräfte erzeugt, welche wir
noch heute selbst in entsprechenden Stärke an ihr thätig
finden; sie ist nie wesentlich gewaltsameren oder überhaupt
anderen Entwicklungs=Katastrophen unterworfen gewesen;
dagegen ist der Zeitraum, in welchem die Umänderung er=
folgte, ein ganz unmeßbarer. — — Das Ungeheure und
Ueberraschende des irdischen Ausbildungs=Prozesses liegt
nur in der immensen Zeitdauer, innerhalb welcher er er=
folgte" — u. s. w.

In der That liegt in den enorm großen Zeiträumen,
über welche die Geschichte der Erde verfügt, die hauptsäch=
lichste Lösung des scheinbaren Räthsels. Wie ein Tropfen
Wasser, der immer auf dieselbe Stelle fällt, mit der Zeit
einen Stein aushöhlt, so können anscheinend sehr schwache
und im Kleinen kaum bemerkliche Kräfte durch die Länge
der Zeit unglaubliche und anscheinend wunderbare Wir=
kungen erzeugen. Fortwährend verwandelt sich die Erde
unter unsern Augen, wie ehedem; fortwährend entstehen
und vergehen Erdschichten, brennen Vulkane, zerreißen Erd=
beben den Boden, steigen Gebirge auf oder sinken nieder,
erheben sich ganze Länderstrecken oder treten langsam in
den Schooß der Erde zurück, entstehen und versinken Inseln,
tritt das Meer vom festen Boden zurück oder überschwemmt
andre Strecken, verändern Flüsse ihren Lauf und reißen
einzelne Bodenstrecken hinweg, während sie andere wieder
an andern Stellen ablagern. Auch heute noch ist eine
zahllose Tier= und Pflanzenwelt an dem allmäligen Aufbau

der Erdrinde thätig, während Wasser, Luft, Ströme u. s. w.
das Aufgebaute wieder zu zerstören trachten.*) Wir nun
sehen heute alle diese langsamen und natürlichen Wirkungen
natürlicher Ursachen aus verschiedenen Zeiten und an verschiedenen Orten, welche so viele Millionen Jahre zu ihrem
Zustandekommen bedurft haben, zu einem an sich großartigen Gesammtbilde vereinigt und können uns dem mächtigen Eindrucke dieses Bildes gegenüber nicht des Gedankens
oder Glaubens an unmittelbare schöpferische Eingriffe er-
wehren, während in Wirklichkeit Alles auf die natürlichste
Weise und in nothwendiger Folge des Einen aus dem
Andern verlaufen ist. Allerdings ist die Verschiedenheit
der einzelnen geologischen Formationen unter einander so
groß, daß dieselben nicht unmittelbar zusammenhängen
können, sondern durch lange geologische Zeiträume von
einander getrennt gewesen sein müssen. Wenn man eine
schematische Darstellung der Schichten der festen Erdkruste
in die Hand nimmt, so sieht man auf den ersten Blick,
daß Gesteine von so verschiedenartiger Textur und minera-
logischer Beschaffenheit nicht das Resultat einer zusammen-
hängenden Bildung sein können, sondern daß hier lange
Pausen dazwischen gelegen haben müssen, innerhalb deren
erhebliche geographische Aenderungen, Hebungen und Sen-
kungen, Aenderungen der Meeresströmungen, Verschiebungen
der Sedimente u. s. w. vor sich gegangen sein müssen.
Während der Hebungen begannen auch die Meereswellen
alsbald ihren Zerstörungsproceß, so daß ganze Ablagerungen

---

*) Wer die genaueren faktischen Nachweise für diese Behauptungen
kennen zu lernen wünscht, findet dieselben in folgenden Schriften:
Burmeister: Geschichte der Schöpfung; Roßmäßler: Geschichte der
Erde; O. Volger: Erde und Ewigkeit; J. Mohr: Geschichte der
Erde; Lyell: Grundzüge der Geologie, und Alter des Menschen-
geschlechtes (letztere Schrift deutsch vom Verfasser; 2. Aufl. 1874);
endlich in des Verfassers Schriften „Natur und Geist", 3. Aufl.,
S. 223 u. flg. und „Die Darwin'sche Theorie", zweite Vorlesung.

mit den in sie eingebetteten Organismen wieder hinwegge=
waschen wurden und der ganze geologische wie paläontolo=
gische Schöpfungsbericht an dieser Stelle nothwendig eine
Unterbrechung erleiden mußte. Demjenigen, der diese Er=
scheinung oberflächlich und ohne Erfassung des tieferen Zu=
sammenhangs der Dinge betrachtet, mag diese Unterbrechung
als eine wirkliche und als Beweis einer vorhandenen Neu=
schöpfung erscheinen. Anders aber urtheilt der durch wis=
senschaftliche Bildung aufgeklärte und geschulte Verstand des
Unterrichteten. Er weiß, daß die Forschung in der Ge=
schichte und den Entwicklungs=Verhältnissen der Erde eben=
sowenig, wie die Forschung in den Gesetzen des Himmels,
im Stande war, irgendwo die Spuren oder Einwirkungen
einer außer dem natürlichen Zusammenhang der Dinge
stehenden überirdischen Macht nachzuweisen; daß sie viel=
mehr gezeigt hat, wie überall und zu jeder Zeit in dieser
Geschichte nur diejenigen Stoffe, Kräfte und Naturgesetze
thätig waren, von denen wir heute noch umgeben sind.
Für ihn bedarf es daher auch nicht mehr jener gewaltigen
Hand, welche, wie man früher annehmen zu müssen glaubte,
von außen hereingreifend die glühenden Geister des Erd=
innern zu einem plötzlichen Tumult aufrührt, welche die
Gewässer als Sintfluth über die Erde stürzt und von Zeit
zu Zeit den ganzen Bau, wie weichen Thon, zu ihren
Zwecken zurechtknetet. Wenn diese Zwecke, wie nach theisti=
schen Begriffen nicht anders anzunehmen, in der allmäligen
Vorbereitung der Erdoberfläche für die auf ihr existirende
Lebewelt, insbesondere für den Menschen, bestanden haben
sollen, so ist man gänzlich außer Stande, zu begreifen, aus
welchem Grunde die göttliche Allmacht, welche als die Ur=
sache aller dieser Veränderungen angesehen wird, solcher
Umwege und Anstrengungen bedurfte, um ihre Absicht zu
erreichen, und warum dieselbe nicht sofort und ohne Zögern
dasjenige that oder thun konnte, was ihr zur Verwirk=
lichung dieser Absichten gut oder nützlich schien. Nur eine

ganz abenteuerliche Vorstellungsweise kann es für möglich
halten, daß jene göttliche Allmacht oder höchste Intelligenz
es für nöthig gefunden haben sollte, sich jener Katastrophen
mit jedesmaliger Austilgung der gesammten Lebewelt und
ungeheurer Zeiträume zu bedienen, um die Erde und ihre
Bewohner durch eine Reihe von Uebergängen und Verbes=
serungen ihrem letzten und höchsten Ziele oder der Schaffung
eines passenden Wohnorts für das höchst organisirte der
Tiere, für den Menschen, entgegenzuführen. Kann eine
als unbeschränkt und vollkommen vorgestellte, Alles wissende
und Alles voraussehende Macht solchen kleinlichen Beschrän=
kungen unterliegen und gewissermaßen langdauernder Ueb=
ungen oder Vorstudien bedürfen, um endlich ihren Zweck
zu erreichen oder ihren Willen durchzusetzen? Und aus welchen
Gründen könnte eine solche Macht die öfter wiederholte Zer=
störung einer ganzen Schöpfung und Lebewelt verantworten,
wenn nicht aus solcher allmäliger Selbstverbesserung, welche
doch direkt gegen ihre Allmacht, Vollkommenheit und All=
wissenheit streitet? Dieses ist so klar und selbst dem kindlich=
sten Verstande einleuchtend, daß ein wilder Bursche aus dem
im Innern Süd=Afrikas wohnenden Bechuana=Stamme,
als ihm der Missionar Moffat die christliche Schöpfungs=
Idee begreiflich zu machen suchte, spottend antwortete: Wenn
Ihr wirklich glaubt, daß nur ein Wesen alle Menschen
geschaffen habe, so müßt Ihr folgerichtig zugeben, daß dieses
Wesen sich bei der Schöpfung allmälig verbessert hat. Zu=
erst versuchte es sich an den Buschmännern, dann an den
Hottentotten, dann an den Bechuanas, zuletzt aber gelangen
ihm die weißen Menschen u. s. w.*)

---

*) In der That hat die christliche Wissenschaft, ohne die darin
liegende Blasphemie zu fühlen, diese Uebungs= oder Verbesserungs=
theorie der schöpferischen Allmacht allen Ernstes bei Gelegenheit der
in der Erde vorgefundenen „Versteinerungen" gelehrt. Diese Ueber=
reste vormals gelebt habender Organismen wurden als „Versuchs=
modelle des Schöpfers", an denen sich Gott vor der eigentlichen

Somit gibt es keine andre Erklärung für die Ereig=
nisse der irdischen Schöpfungsgeschichte, als diejenige, welche
in den natürlichen Verhältnissen selbst liegt. Nur die un=
vermeidlichen und endlosen Schwierigkeiten, welche die Natur
bei der allmäligen Gestaltung der Erdrinde und ihrer
organischen Bevölkerung zu überwinden hatte, und deren sie
nur mit Hülfe ungeheurer Zeiträume Herr werden konnte,
können uns eine genügende Lösung der Räthsel bieten, welche
die Entstehungs=Geschichte der organisirten, wie der unor=
ganisirten Welt unserm Scharfsinn aufgibt. —

Von der wirklichen Größe der Zeiträume, welche die
Erde beburfte, um zu ihrer heutigen Ausbildung zu gelangen,
kann man sich einen ungefähren Begriff machen, wenn man
sich die Berechnungen vor Augen hält, welche die Geologen
oder Erdkundigen für einzelne Phasen derselben oder über
die Dauer der Bildung der einzelnen Erdschichten angestellt
haben. So erforderte das Zustandekommen der sog. Stein=
kohlen=Bildung nach Prof. Bischoffs Berechnung
einen Zeitraum von mehr als einer Million Jahre, nach
Huxley's Angabe einen solchen von sechs Millionen
Jahren, nach Chevandier's Berechnung einen solchen von
6—700 000 Jahren. Letztere Berechnung bezieht sich in=
dessen nur auf die Bildung der Steinkohle selbst, so daß
derselben noch die Zeit für Bildung des nahezu 10 000 Fuß
dicken Zwischengesteins hinzuzufügen wäre. Prof. Philipp's
(Life on the earth, 1860) berechnet für die Entstehung
der Kohlenflöze in Südwales in England mit Einschluß
ihres Zwischengesteins ungefähr eine halbe Million Jahre.

Schöpfung „geübt" habe, gedeutet. Man glaubte sogar, auf den
Petrefakten Bilder von Heiligen, Madonnen u. s. w. zu erkennen,
und der seiner Zeit hochangesehene Jesuitenpater Ath. Kircher
(1664) stellte die Behauptung auf, daß die Engel auf Befehl Gottes
der Natur bei Anfertigung dieser Bilder Beistand geleistet hätten —
zu größerer Befestigung des Glaubens!! Zu solchem Wahnsinn und
solcher Verketzerung der Vernunft kann nur theologische Weisheit führen.

Die Zeit, welche die etwa 3—5000 Fuß dicken Schichten
der sog. Tertiär-Zeit zu ihrer Entwicklung bedurften,
muß auf mindestens 350 000 Jahre berechnet werden, während nach einer Schätzung von A. von Humboldt die
Bildung der aus den Excrementen von Seevögeln entstehenden und mitunter bis zu einer Dicke von dreißig Metern
ansteigenden sog. Guano-Lager die beinahe dreifache Zeit
in Anspruch genommen haben würde. Die Schätzungen
des englischen Gelehrten Croll machen es nach Grove
(a. a. O., S. 233) gewiß, daß seit der letzten (in den
Ausgang der Tertiär- oder den Anfang der Quartärzeit
fallenden) Eis-Periode nicht weniger als 100 000 Jahre
verflossen sind — „eine Zeitdauer, die nicht sehr lang ist,
wenn man nach geologischer Zeitrechnung mißt, die aber
wahrscheinlich noch weit größer ist." Derselbe Autor glaubt
die Zeitdauer der sog. Eocäne oder Miocäne, der beiden
ersten Abtheilungen der großen Tertiär-Epoche, auf ein bis
einige Millionen Jahre vor dem Jahre unsrer Zeitrechnung
1800 angeben zu dürfen, während dagegen nach Dr. Karl
Mayer, dem besten Kenner der Tertiärzeit, von der Miocäne
bis zur Gegenwart mindestens 250 000 Jahre zu rechnen
sind. Weit größere Zahlen kommen selbstverständlich zum Vorschein, wenn man die Zeitdauer in das Auge faßt, welche
das gesammte, uns bekannte Schichtengebäude der Erde zu
seiner Ablagerung bedurft haben muß; hier können nur viele
Millionen Jahre genügen. So hat Lyell eine Zahl von
560 Millionen Jahren annehmen zu müssen geglaubt. Sehr
wahrscheinlich ist dieses übertrieben, und dürfte es genügen,
wenn man seit der Zeit, da die ersten Lebensformen auf
der Erde erschienen und die ältesten geschichteten Gesteine
anfingen sich abzusetzen, bis heute einen Zwischenraum von
hundert Millionen Jahren annimmt. Nach Helmholtz
soll diese Zahl oder eine noch etwas geringere für das
gesammte Alter der Erde als selbstständiger Himmelskörper
genügen, während dagegen andere Gelehrte (z. B. Falb,

Klein) diese Zahl bis auf 2000 Millionen Jahre erhöhen
zu müssen glauben. Auch physikalisch-astronomische Untersuchungen über das mögliche Alter der Sonnenwärme sollen
einerseits ergeben haben, daß unsre Erde als selbstständiger
Planet nicht älter als hundert Millionen Jahre sein könne,
während andrerseits Prof. Bischoff aus Versuchen mit
einem geschmolzenen und langsam abkühlenden Basaltwürfel
geschlossen hat, daß die ursprünglich glühende Erdmasse, um
sich von einem Temperaturgrad von 2000 Grad auf einen
solchen von 200 Graden abzukühlen, mindestens 350 Millionen Jahre nöthig gehabt haben müsse! Zu noch weit
höheren Zahlen sind zwei französische Gelehrte, Blandet
und Vinot, gelangt, und zwar auf Grund von Berechnungen, die sich auf die physikalische Lehre vom Licht stützen.
Sie schätzen das Alter der Erde auf die ungeheure Zahl
von ungefähr 6000 Millionen Jahren. Dieselbe Zahl hat
auch der amerikanische Geologe W. J. Macgee aus der
Berechnung bloß geologischer Anhaltspunkte erhalten. Legt
man diese Zahl zu Grunde, so erhält man für das Alter des
ältesten Planeten unsres Sonnensystems, des Neptun, eine
Zahl von 42 000 Millionen Jahren!! Welche endlosen Zeiträume müssen aber vergangen sein, bis nur der ehemalige
Urnebel unsres Sonnensystems sich so weit verdichtet hatte,
daß der Neptun sich in Gestalt eines Nebelringes von seinem
Aequator loslösen konnte!

Mag nun die eine oder die andere dieser Berechnungen mehr oder weniger richtig oder unrichtig sein —
sie zeigen unter allen Umständen, welche endlosen Zeiträume unser Wohnplatz, die Erde, bedurfte, um nach und
nach und mit Hülfe zahloser, kaum merkbarer Uebergänge
zu dem zu werden, was sie gegenwärtig ist — ein Verhältniß, welches nur an der Hand allmäliger, höchst langsamer Selbst-Entwicklung, nicht aber durch persönliches
Eingreifen einer höchsten Allmacht erklärbar ist. Die angeführten Zahlen sind übrigens im Stande, uns noch

einen anderweiten Fingerzeig zu geben. Im Verein mit den maßlosen Entfernungen, welche die Astronomen im Weltall ausgerechnet haben, und welche unserm Vorstellungs= vermögen nicht zu bewältigende Aufgaben stellen, deuten jene Zeiträume auf die Nothwendigkeit, die Unbeschränktheit von Zeit und Raum anzuerkennen, oder auf Ewigkeit und Unendlichkeit.

Sollten die Begriffe der Religion, welche jederzeit Gott als ewig und unendlich bezeichneten, in ihrer Consequenz etwas voraus haben vor den Anschauungen der Wissenschaft? Sollte jene finstere Pfaffenwuth, welche die Ewigkeit der Höllenstrafen erfand, an Kühnheit des Ge= dankens die Naturforschung übertreffen?

> „Aeonen kommen und Aeonen gehn,
> Doch unbeachtet rollen sie vorüber;
> Denn was sind selbst Aeonen, wenn gesehn,
> Der unbegriffnen Ewigkeit genüber?"
>
> (Helionde.)

Was uns demnach die heutige, mit den großartigsten Hülfsmitteln ausgerüstete Wissenschaft als eine beinahe un= umstößliche Thatsache kennen lehrt, das lehrte die Menschen schon vor einigen tausend Jahren ein logisches und durch die religiösen und philosophischen Vorurtheile unserer auf= geklärten Zeit unbeirrtes Denken, und es erscheint nur unbegreiflich, wie eine so einfache und nothwendige Er= kenntniß, wie diejenige von der Ewigkeit der Welt, jemals dem menschlichen Geiste verloren gehen konnte. „Fast alle alten Philosophen stimmen darin überein, die Welt als ewig zu betrachten. Ocellus Lukanus sagt ausdrücklich, indem er von dem Universum spricht, daß dasselbe immer gewesen ist und immer sein wird. Alle Vorurtheilsfreien werden die Kraft des Grund= satzes empfinden, daß aus Nichts Nichts wird. Die Schöpfung in dem Sinne, welchen die Neueren ihr beilegen, ist eine theologische Spitzfindigkeit." (Système de la nature, première partie Note 7.) „Keiner der Götter hat die Welt gebildet, keiner der Menschen; immer war sie." Empedokles (450 v. Chr.)*)

---

*) Ausführliches über die in diesem Kapitel vorgetragenen Gegenstände enthält des Verfassers Schrift „Natur und Geist" in dem „die Schöpfung" betitelten Abschnitt; desgleichen die erste der „Vorlesungen über die Darwin'sche Theorie." Die Unvereinbarkeit des Biblischen oder Mosaischen Schöpfungsberichts mit seinen sechs Schöpfungstagen — welcher übrigens an Tiefe und Großartigkeit der Conception weit hinter demjenigen des weit älteren indischen Gesetzgebers Manu zurückbleibt und diesem wahrscheinlich theilweise entlehnt ist — mit den Anschauungen oder Resultaten der Wissenschaft ist im Einzelnen nachgewiesen in des Verfassers Schriften „Licht und Leben", Anm. 82 der II. Aufl., und „Der Gottesbegriff", S. 38 u. 39 der III. Aufl. unter d. Titel: „Gott und die Wissenschaft."

Urzeugung.

Das Eine darf die heutige Naturforschung wohl ohne Bedenken aussprechen, daß die organischen Wesen so wenig Separatschöpfungen, wie die sog. unorganischen sind, sondern nichts weiter als besondere Erscheinungsformen der allgemeinen Materie darstellen, aus der sie sich, gleich den übrigen individualisirten Massen, nach und nach gebildet haben.

V. Graber.

Daß in einer früheren Periode der Geschichte unsrer Erde Organismen durch Urzeugung sich gebildet haben, ist unzweifelhaft; bei dem ersten Entstehen lebender Wesen müssen diese unfehlbar aus unorganischen Stoffen hervorgegangen sein.

W. Wundt.

Es gab eine Zeit, da die Erde als ein glühender Feuerball nicht allein unfähig war, lebende Wesen hervorzubringen, sondern auch jeder Existenz pflanzlicher oder tierischer Organismen in der nächsten Umgebung ihrer Oberfläche geradezu feindlich sein mußte. Erst in Folge ihrer allmäligen Abkühlung und Erstarrung und des Niederschlags der sie umgebenden Wasserdunstmasse auf ihre Oberfläche nahm die Erdrinde eine Gestaltung oder Beschaffenheit an, welche in ihrer weiteren Entwicklung die Möglichkeit für die Entstehung oder Existenz mannichfaltiger organischer Formen vorbereiten mußte. Mit dem Auftreten des Wassers, und sobald es die Temperatur nur irgend erlaubt, entwickelte sich auch organisches Leben. Anfangs nur in den niedersten und unvollkommensten Formen auftretend, entfaltete sich

dieses Leben im Laufe sehr langsamer Zeiträume und
Schritt haltend mit den Entwicklungsstufen der Erde nach
und nach zu dem ganzen Reichthum von Formen, Gestalten
und Einzelwesen, welche die Erdoberfläche in der Gegenwart
ebenso bevölkern, wie sie dieselbe während der fast endlosen
Dauer vorweltlicher Zeiträume bevölkert haben. Wir schließen
dieses mit vollkommner Sicherheit daraus, daß, wie dieses
schon im vorhergehenden Kapitel theilweise Erwähnung fand,
jede einzelne, unsrer Forschung zugängliche Erdschichte die
deutlichen und zum Theil wohlerhaltenen Ueberreste, Spuren
oder Relikten der während der Zeit ihrer Ablagerung gelebt
habenden Organismen, sowohl pflanzlichen wie tierischen
Ursprungs, in sich trägt. Denn jene Zeiten tiefster natur=
wissenschaftlicher Unwissenheit, da man diese Reste für bloße
Naturspiele, mit denen sich die Natur gewissermaßen belustigt
habe, um die Gestalten und Formen lebender Wesen im
starren Gestein nachzubilden, oder aber für Trümmer der
Mosaischen Sündfluth ansah, sind längst vorüber und wer=
den nicht wiederkehren. Auch die Zeiten sind vorüber, in
denen man es ziemlich allgemein für möglich hielt, daß alle
möglichen Arten von niederen Tieren (oder Pflanzen),
sogar bis zu den Wirbeltieren herauf, ohne Eltern aus
dem bloßen Zusammenwirken der Elemente oder durch sog.
Urzeugung entstehen könnten.*) Je mehr die Wissenschaft

---

*) Aristoteles glaubte, daß die Aale aus dem Schooße der
Sümpfe entstünden; Ovid schrieb den Fröschen denselben Ursprung
zu, und Plinius läßt in seiner Naturgeschichte alle Insekten aus
dem Staube der Höhlen entstehen. Sogar noch im Mittelalter glaubte
man Schlangen und Mäuse in Laboratorien erzeugen zu können, ließ
Fische, Frösche, Schlangen, Ratten freiwillig entstehen und stritt sich
ernstlich darüber, ob die sog. schwarze oder Trauer=Ente aus dem
faulen Holz alter Schiffe oder aus dem Schooß einer Meermuschel
(Lepas anatifera) entstünde. Selbst heutzutage noch hält der Volks=
glaube an der freiwilligen Entstehung von allerlei Ungeziefer (Flöhe,
Wanzen u. s. w.) fest.

mit Hülfe des zusammengesetzten Vergrößerungsglases voran=
schritt, um so mehr drängte sie den früher so allgemein
verbreiteten Glauben an die freiwillige oder Urzeugung in
immer engere Grenzen zurück, bis man zuletzt bei dem ein=
fachsten organischen Form=Element, aus welchem sich alle
zusammengesetzten organischen Wesen ohne Ausnahme ent=
wickeln, oder bei der sog. Zelle, stehen blieb. Schon der
englische Arzt Harvey, der berühmte Entdecker des Blut=
kreislaufes (1619), hatte den folgewichtigen Satz aufgestellt:
Omne vivum ex ovo (Alles Lebendige stammt von einem
Ei), welcher Satz später zu dem umfassenderen Omne vivum
ex vivo (Alles Lebendige stammt von Lebendigem) erweitert
wurde, da nicht bloß eine Fortpflanzung durch einen von
gleichartigen Eltern vorher erzeugten Keim, sondern auch
eine solche mehr unmittelbare aus einem vorher dagewesenen
elterlichen Körper heraus durch die Vorgänge der sog.
Theilung, Knospung, Sproßung, Keimzellenbildung u. s. w.
stattfindet. Dieser Satz will also besagen, daß Leben oder
Lebendiges niemals aus sich selbst oder durch das bloße
Zusammentreten der Elemente, sondern immer nur unter
der Voraussetzung eines vorher dagewesenen gleichen oder
ähnlichen Lebens entstehen kann. In der Neuzeit, und als
man die Zelle als letztes organisches Form=Element oder ge=
wissermaßen als die organische Einheit kennen gelernt hatte,
wurde jener Satz von Virchow noch genauer so formulirt:
Omnis cellula ab cellula, d. h. es gibt keine organische
Zelle, die nicht von einer vorher dagewesenen Zelle gleicher
oder ähnlicher Art abstammte. Als man indessen im wei=
teren Verlaufe dieser Untersuchungen die Zelle als ein com=
plicirtes, bereits hoch organisirtes, dabei ziemlich veränder=
liches Gebilde kennen lernte, das sich durchaus nicht immer
in gleicher Weise darstellte, sondern bald diesen, bald jenen
Bestandtheil vermissen ließ, unterschied man noch genauer,
indem man seine Aufmerksamkeit auf denjenigen Theil der
Zelle, welcher der beständigste schien, oder den sog. Kern

richtete und den Satz aufstellte: Omnis nucleus e nucleo,
d. h. jeder Zellkern stammt von einem andern Zellkern.
Einerlei aber, wie der Satz formulirt wird oder in Zukunft
noch formulirt werden sollte — immer liegt der Gedanke
oder die Annahme zu Grunde, daß organische Bildungen
nicht von selbst entstehen können, und daß immer ein oder
mehrere organische Individuen oder Einheiten vorher dagewesen sein müssen, um ähnliche weitere entstehen zu lassen.
Die Erzählungen des Alten Testamentes drücken diese im
allgemeinsten Sinne schon frühe erkannte Wahrheit allego-
risch dahin aus, daß sie vor der großen Sint- oder Sündfluth ein Paar von jedem lebenden Thiergeschlecht in die
rettende Arche aufnehmen lassen.

Für Diejenigen nun, welche sich mit biblischen Erzählungen nicht genügen lassen, drängt sich im Angesicht eines
solchen Verhältnisses mit Nothwendigkeit die Frage nach dem
Woher? oder Wie? der Entstehung oder nach dem ersten
Ursprung der organischen Wesen auf. Wenn alles Organische von vorher dagewesener Organisation oder von Eltern
erzeugt wird, wie sind alsdann die ersten Eltern entstanden?
Konnten dieselben von selbst, bloß durch das zufällige oder
nothwendige Zusammentreffen der Elemente unter bestimmten Bedingungen entstehen, oder mußten sie durch das Zuthun einer außer der Natur stehenden Gewalt, eines übernatürlichen Schöpfungs-Aktes in das Leben gerufen werden?
Und wenn das Erste, warum geschieht es heute nicht mehr?

Diese wichtige Frage hat von jeher Philosophen und
Naturforscher beschäftigt und zu den mannichfaltigsten und
weitläufigsten Streitigkeiten und Experimenten Anlaß gegeben. Ehe wir uns in die nähere Betrachtung dieser Frage
einlassen, haben wir den oben ausgesprochenen Satz Omne
vivum ex vivo (Alles Lebendige kommt von Lebendigem)
näher dahin zu bestimmen, daß derselbe, wenn auch für die
unendliche Mehrzahl aller Organismen gültig, doch selbst
unter den gegenwärtigen Verhältnissen nicht als ein ganz

und vollkommen durchgreifender betrachtet werden kann.
Wenigstens ist die wissenschaftliche Streitfrage der sog.
Generatio aequivoca oder Urzeugung (auch Generatio
spontanea oder primaria oder heterogenea oder inaequalis
oder Archebiosis, Autogonie, Abiogenesis genannt) oder der
freiwilligen oder ungleichartigen Zeugung oder der Heterogenie, wie sie in Frankreich bezeichnet zu werden pflegt,
trotz zahlloser und höchst subtiler darüber angestellter Versuche, trotz der angestrengtesten Bemühungen und Auseinandersetzungen der Gelehrten immer noch nicht in ein
solches Stadium eingetreten, daß sie als eine definitiv
erledigte angesehen werden könnte. Die Generatio aequivoca bedeutet eine Erzeugung organischer Wesen ohne vorher dagewesene gleichartige Eltern oder elterliche Keime,
bloß durch das nothwendige oder zufällige Zusammentreffen
unorganischer Elemente und Naturkräfte oder auch aus einer
organischen, aber nicht von gleichartigen Eltern gelieferten,
in Zersetzung begriffenen Materie. Diese beiden Arten der
Urzeugung unterscheidet man neuerdings nach dem Vorgang
von Prof. Häckel in Jena auch als sog. Autogonie
und sog. Plasmogonie, indem man unter Autogonie
die Entstehung eines einfachsten, organischen Individuums
in einer nicht organischen, Kohlensäure, Ammoniak u. s. w.
enthaltenden Bildungsflüssigkeit versteht, während man Plasmogonie die Entstehung eines solchen in einer organischen,
jene Grundstoffe in Form von verwickelten und lockeren
Kohlenstoff-Verbindungen enthaltenden Bildungsflüssigkeit
nennt. Die bisher gemachten, so vielfachen Experimente
über Urzeugung beziehen sich fast sämmtlich nur auf die
letztere Art der Urzeugung oder die Plasmogonie.

Haben nun auch, wie gesagt, die neueren und neuesten
Forschungen dieser Art von Zeugung, welchen man in früheren Zeiten einen so ausgedehnten Wirkungskreis zuschrieb,
immer mehr wissenschaftlichen Boden entzogen, so ist oder
scheint es dennoch nicht ganz unmöglich, daß dieselbe für

die kleinsten und unvollkommensten Organismen oder für die sog. Mikrophyten und Mikrozoën auch heute noch zulässig oder gültig ist. Anerkannte Forscher, wie Pouchet, Pennetier, Joly, Musset, Onimus in Frankreich, Child und Bastian in England, Mantegazza in Italien, Wymann in Amerika, Schaaffhausen in Deutschland u. s. w., sprechen sich f ü r dieselbe aus und erklären die der Heterogenie entgegenstehende, hauptsächlich von dem französischen Gelehrten P a s t e u r vertheidigte Lehre der sog. P a n s p e r m i e oder der Allgegenwart organischer Keime in der atmosphärischen Luft in der Ausdehnung, wie sie von Pasteur angenommen wird, für unrichtig. Sie erklären die Bildung geformter organischer Körper aus einer ungeformten organischen Substanz für nicht wunderbarer oder auffallender, als die Bildung der Krystalle aus der sog. Mutterlauge oder aus einer Flüssigkeit, welche deren Elemente enthält. Freilich kann es sich hierbei stets nur um die allerniedersten und einfachsten Anfänge des Lebens in der Form der sog. Urthiere oder Urwesen handeln, während alle etwas höher organisirten Formen sich stufenweise aus jenen entwickeln — ebenso wie sich ja auch die Tier- und Pflanzenwelt überhaupt im Laufe der geologischen Zeiträume stufenweise entwickelt oder emporgebildet hat. „Es ist," sagt P e n n e t i e r , „ein größerer Abstand zwischen einer sog. Colpode oder einem gewimperten Aufgußtierchen höherer Art und einer Bakterie, als zwischen einem Elefanten und dem niedersten Säugetier." Auch lassen sich in den Aufgüssen beliebige Formen durch Wechsel der Stoffe und der äußeren Bedingungen herstellen, und man kann mit derselben Luft in verschiedenen Aufgüssen die verschiedensten Faunen und Floren entwickeln.

Freilich ist hiermit — auch wenn alles von den Vertheidigern der Urzeugung in der Form der Plasmogonie Vorgebrachte richtig sein sollte — immer noch nicht das Vorhandensein jener organischen Materie gewonnen, welche die Mutter oder nothwendige Voraussetzung der aus ihr

hervorgegangenen organischen Formen bildet. Dieses, sowie
der Umstand, daß die Mehrzahl der Naturforscher der An=
nahme einer Urzeugung in der beschriebenen Form und ohne
Gegenwart vorher dagewesener Keime negierend und ableh=
nend gegenüber steht, hat der theologisirenden Richtung in
der Naturforschung willkommnen Vorwand geboten, um an
die Thätigkeit oder Intervention einer höheren oder außer=
halb der Natur stehenden Allmacht zu appelliren, welche,
wie man behauptet, jene ersten oder frühesten Anfänge or=
ganischer Wesen in einer bestimmten Periode der Erdbildung
aus eignem Willen oder eigner Machtvollkommenheit ge=
schaffen und die Fähigkeit oder Anlage zu ihrer späteren,
so großartigen Weiterentwicklung in sie hinein gelegt habe.
Lieben es doch die Anhänger der Schöpfungshypothese, wie
F. A. Lange in seiner „Geschichte des Materialismus"
vortrefflich bemerkt, in jeden dunklen Winkel zu flüchten,
den die Wissenschaft mit ihrer Leuchte noch nicht erhellt hat,
und dort ihre Gespinnste für Einfangung der gesunden Ver=
nunft aufzuhängen! Und haben doch selbst die ausgezeichnet=
sten Gelehrten oder Denker, wie z. B. ein Cotta oder
Secchi, sich dem Einfluß dieser Betrachtungen so wenig
zu entziehen oder dem verwirrenden Eindruck dieses Räth=
sels gegenüber ihr Denken so wenig frei zu erhalten ver=
mocht, daß sie bezüglich der ersten Entstehung organischer
Wesen bald, wie der erstere, an die „unerforschliche Macht
eines Schöpfers", bald, wie der letztere, an die „bewußte
Thätigkeit eines ewigen Baumeisters" appelliren zu müssen
glauben!

Man könnte nun diesen Gläubigen, ohne sich allzuviel
mit einer natürlichen Erklärung des organischen Entstehens
und Wachsthums zu bemühen, antworten, es seien die Keime
oder ersten Anfänge alles Lebendigen von Ewigkeit her und
der Begünstigung durch gewisse äußere Umstände harrend
entweder in jener formlosen Dunstmasse, aus welcher heraus
sich die Erde nach und nach verdichtet hat, oder aber im

Weltraum vorhanden gewesen und seien, indem sie sich nach
Bildung und Abkühlung der Erdrinde auf dieselbe nieder=
ließen, nur da und dann zufällig zur Ausbrütung oder
weiteren Entwicklung gekommen, wo sich gerade die dafür
nöthigen Lebens=Bedingungen zusammenfanden. So aben=
teuerlich eine solche Theorie auf den ersten Anblick erscheinen
mag, so muß ihr doch unter allen Umständen mehr innere
Wahrscheinlichkeit zugestanden werden, als der jedes wissen=
schaftlichen Anhaltspunktes entbehrenden Schöpfungs=Hypo=
these. Auch hat diese kühne Theorie, seitdem sie durch den
Verfasser dieser Schrift im Jahre 1855 zum ersten Mal
deutlich ausgesprochen wurde (man vergl. die erste Auflage
dieser Schrift, S. 74 und 75)*), eine Reihe so gewichtiger
Unterstützungen erhalten, daß die Annahme der kosmischen
Natur und des kosmischen Ursprungs des Lebens und der
organischen Materie seitdem eine von vielen und geachteten
Forschern und Gelehrten vertheidigte Stellung unter den
über die Entstehung des Lebens cursirenden wissenschaftlichen
Hypothesen gewonnen hat. Jedenfalls ist kein Grund vor=
handen, der das Vorhandensein organischer Materie oder
selbst fertiger Organismen in den höheren Regionen der
irdischen Atmosphäre der frühesten Urzeit unmöglich machen
würde, da man ja auch heute noch in den fein vertheilten

---

*) Nach Herrn Prof. Preyer in Jena (Zeitschrift „Kosmos"
I. Jahrgang, S. 384) soll der eigentliche Vater der sog. „kosmozoi=
schen" Hypothese der in Dresden verstorbene Prof. H. E. Richter sein,
der sie im Jahre 1855 in den von ihm redigirten Schmidt'schen Jahr=
büchern der Medicin zuerst ausgesprochen haben soll. Hätte Herr
Preyer einen Blick in die erste, im Jahre 1855 erschienene Aufl. von
„Kraft und Stoff" geworfen, so hätte er sich mit Leichtigkeit über=
zeugen können, daß die Hypothese schon zehn Jahre früher von dem
Verfasser dieser Schrift mit deutlichen Worten ausgesprochen worden
ist. Richter war ein eifriger Leser der Schriften des Verfassers, denen
er einige sehr wohlwollende Besprechungen in den „Jahrbüchern" ge=
widmet hat, und ist vielleicht durch die Lektüre jener Stelle zu seinen
Aeußerungen angeregt worden.

Wasserbläschen der höchsten erreichbaren Dunstwolken eine
große Menge mikroskopischer Organismen angetroffen hat,
und da Angus Smith mit Hülfe des übermangansauren
Kali bewiesen hat, daß die atmosphärische Luft, so rein sie
auch sein möge, doch immer eine sehr geringe Menge organischer Materie enthält. In der That kommt es ja häufig
genug vor, daß die Erde durch sog. Meteorwolken, Kometen-
schweife u. dergl. hindurchgeht, wobei sie organische Wesen
oder die Keime derselben zu Millionen auflesen kann. Nach
Quinet (Die Schöpfung, Leipzig 1871, S. 276, 277) ist
das Leben kosmischer Natur und kosmischen Ursprungs
und ebenso alt und verbreitet, wie die Materie selbst. Die
Erde nahm und nimmt nach ihm die Keime aller künftigen
Wesen aus der kosmischen Masse an sich. Meibauer (in
der zweiten Auflage seines „Sonnen-Systems", Berlin 1872)
hat die Thatsachen gesammelt, welche dafür sprechen, „daß
organische Keime (kosmischen Ursprungs) durch die im
Sonnen-System verbreitete Luft zu uns auf die Erde getragen werden." Da nach dieser Theorie jeder Himmelskörper sog. „kosmischen Staub" nicht nur abgibt, sondern
auch aufnimmt, so ist es klar, daß auch die Keime der
niedrigsten Organismen, dieser echten Staubbewohner, fortwährend von einem Himmelskörper auf den andern durch
den Weltraum hindurch übertragen werden müssen. Auch
der berühmte Reisende und Naturforscher Moritz Wagner
schließt sich in mehreren vortrefflichen Artikeln der Allgem.
Zeitung dieser Theorie an und glaubt, daß das Leben auf
der Erde entweder so alt, wie die Materie selbst, oder aus
dem Weltraum auf dieselbe importirt sei. „Die Atmosphären
der Weltkörper," sagt wörtlich Wagner, „wie der rotirenden kosmischen Nebelmassen würden demnach als die dauernden Bewahrungskammern der belebten Form, als die ewigen
Pflanzstätten organischer Keime zu betrachten sein." Auch
der englische Physiker Sir W. Thompson und unser be-
rühmter Physiologe Helmholtz sprechen sich für diese

Hypotheſe aus, welcher freilich der außerordentlich hohe
Kältegrad des kosmiſchen Weltraums (100—160° C.) und
die im luftleeren Raume unvermeidliche Austrocknung ſol=
cher organiſcher Weſen oder Keime ſehr im Wege ſteht —
obgleich andrerſeits bekannt iſt, daß niedere Organismen in
Form ſog. „ruhender Sporen“ die ſtärkſten Temperatur=
Wechſel (von + 100 bis — 100° C. und mehr) ertragen
können, ohne ihre Keimkraft zu verlieren, und daß gewiſſe
Inſuſorien ſelbſt nach jahrelanger Austrocknung durch An=
feuchtung wieder aufleben können. Selbſt zu ſteinharten
Eisklumpen gefrorene Fröſche oder Fiſche können nach
Preyer (Ueber die Erforſchung des Lebens), ſowie nach
den Verſuchen von Müller=Erzbach und K. Knauthe
wieder aufthauen und weiterleben.

Uebrigens würde dieſe ganze Schwierigkeit in Wegfall
kommen, wenn man mit einigen Gelehrten annimmt, daß
die auf unſre Erde niederfallenden Meteorſteine oder Mete=
oriten die eigentlichen Träger jenes von außen eingeführten
kosmiſchen Lebens ſeien. In der That ſind die Chemiker
ſo glücklich geweſen, in einer ganzen Anzahl von Meteor=
ſteinen das Vorhandenſein organiſcher Subſtanz, meiſt in
verkohltem Zuſtande, nachzuweiſen;[*] wobei nicht zu ver=
geſſen iſt, daß die Meteorſteine, auch wenn ſie an ihrer
Oberfläche durch Reibung glühend werden, doch in ihrem
Innern organiſche Subſtanz in unverſehrtem Zuſtande zu
beherbergen im Stande ſein mögen. Dieſes dürfte alſo das
Vorhandenſein organiſcher Subſtanz in dem von den Me=
teoriten durchfurchten Weltraum beweiſen; und da ſogar
die Vermuthung ausgeſprochen worden iſt, daß vielleicht
unſre ganze Erde nach und nach aus dem Zuſammenſtürzen

---

[*] Näheres bei J. Mohr: „Geſchichte der Erde“, 2. Aufl. 1875,
und „Ueber Natur und Entſtehungs=Art der Meteoriten“ in Liebig's
Annalen der Chemie, 179. Band; ferner bei Klein: „Kosmologiſche
Briefe“ (1877), Seite 143—145.

von Meteoriten oder aus angezogenen Bestandtheilen des
Weltraums entstanden sei, so würde in diesem Sinne auch
die Anwesenheit organischer Substanz auf derselben von
Anfang an nichts Befremdendes haben. Sind gar die
Meteoriten, deren jedes Jahr ungezählte Mengen auf unsre
Erde niederfallen, wie viele Gelehrte annehmen, Bruchstücke
fremder Weltkörper, so kann es kaum anders sein, als daß
organische Keime oder Substanzen mit ihnen auf die Erde
herabgeführt werden. — Neuerdings will man sogar wirkliche Tier- und Pflanzenreste in Meteorsteinen entdeckt und
Gründe gefunden haben, welche es wahrscheinlich machen,
daß Meteorsteine und Meteoreisen durchaus n u r organischen
Ursprungs seien, ja daß der erste Anfang aller Planeten
(somit auch der Erde) eine organische Bildung war!?

In gleichem Sinne gehen neuerdings einige Gelehrte
so weit, das bisher für richtig gehaltene Verhältniß geradezu
umzukehren und die gesammte anorganische Natur für ein
Produkt der Lebensthätigkeit zu erklären, während andere
wieder annehmen, daß das organische sowohl wie anorganische Reich als Differenzirungs- oder Entwicklungsprodukte
aus einem ursprünglich indifferenten Zustande der Materie
hervorgegangen seien. Leben würde darnach nur eine eigenthümliche Bewegungsart der Moleküle des sich condensiren-
den Urstoffes darstellen, und würde diese Theorie eine Erklärung seiner ersten Entstehung unnöthig machen.

Freilich ist Alles dieses bis jetzt nur Hypothese oder
Vermuthung und löst die Frage im empirischen oder wissenschaftlichen Sinne ebensowenig, wie die Hypothese von dem
kosmischen Ursprung der organischen Keime oder Materie.
Denn, wenn auch diese Hypothese im Stande sein sollte, die
Anwesenheit des Lebens auf der Erdoberfläche zu erklären,
so antwortet sie doch nicht auf die Frage nach der ersten
Entstehung der organischen Materie als solcher oder des
ersten Lebenskeimes überhaupt — wenn man nicht in Uebereinstimmung mit der eben aufgeführten Anschauungsweise

die lebendige Materie als ewig existirend oder wenigstens
als in dem Urzustand der Materie überhaupt vorbereitet
ansehen will. Aber da der Gedanke der Ewigkeit eines
Einzelnen unlogisch und alles Einzelne vergänglich ist, oder
da wohl die Bewegung als solche ewig oder ohne Anfang
ist, aber das Leben als eine einzelne oder bestimmte Art
der Bewegung einen Anfang gehabt haben muß, so rettet
uns auch dieser Ausweg nicht, und müssen wir annehmen
oder zugeben, daß die organische Zusammensetzung in der
Form des sog. Protoplasma oder des Urbildungs= oder
Lebensstoffes irgendwo und irgendwie einmal entstanden sein
muß. Dieses hat denn auch in der That nicht die mindeste
logische oder empirische Schwierigkeit. Im Gegentheil muß
die Urzeugung in diesem restringirten oder eingeschränkten
Sinne als ein sog. logisches Postulat oder als eine noth=
wendige Forderung menschlicher Vernunft und Wissenschaft
betrachtet werden. Sie ist eine logische Consequenz des
Erscheinens und allmäligen Anwachsens der organischen
Wesen auf der Oberfläche unsres oder auf derjenigen andrer
Planeten und eine unabweisbare Voraussetzung gegenüber
den fundamentalen Thatsachen der Astronomie wie der
Geologie. Es würde eine vollkommen unzulässige Durch=
brechung oder Unterbrechung des allgemeinen, den Natur=
zusammenhang beherrschenden Causalitäts=Verhältnisses be=
deuten, wollte man in der Geschichte der Bildung der Erde
oder der Himmelskörper überhaupt einen einzelnen Moment
annehmen, in welchem jener Zusammenhang durch einen
übernatürlichen Eingriff oder Schöpfungsakt gestört oder
zerstört worden wäre. Sehr wahrscheinlich haben lebende
und lebensfähige Combinationen von materiellen Theilen
zu jeder Zeit irgendwo im Weltall existirt und überall dort
sich weiter entwickelt, wo bestimmte äußere Umstände oder
Bedingungen realisirt waren. Lange vor dem Beginn
tierischen oder pflanzlichen Lebens auf der Erde mag es
daher lebende oder lebensfähige Gemenge gegeben haben,

welche sich auf der letzteren weiter entwickelten, nachdem
dieselben in einen dieser Entwicklung günstigen Zustand gekommen waren.

Aber auch diejenigen, welche die Hypothese von dem
kosmischen Ursprung oder der kosmischen Verbreitung der
organischen Materie nicht anerkennen oder es vorziehen, von
derselben abzusehen, werden nicht umhin können, zuzugeben,
daß in der Geschichte der Erdbildung irgendwo und irgendwie einmal ein Zeitpunkt eingetreten sein muß, in welchem
die Entstehung organischer Materie aus der unorganischen
unter bis jetzt noch unbekannten Bedingungen stattfand.
Daß eine solche Entstehung heutzutage vielleicht nicht mehr
stattfindet oder — besser gesagt — bis jetzt noch nicht beobachtet werden konnte, beweist auch nicht das Mindeste
gegen die Existenz der Urzeugung in früherer Zeit und unter
von den heutigen wesentlich verschiedenen Umständen. Insbesondere müssen die allgemeinen Lebensbedingungen der
sog. Primordial- oder frühesten Ur-Zeit unsres Planeten
von denen der Gegenwart sehr verschieden und dem Zustandekommen der Urzeugung günstige gewesen sein. Man denke
nur an den damaligen enormen Reichthum der Atmosphäre
an dem wichtigsten organischen Element oder dem Kohlenstoff, welcher sich später in dem Steinkohlengebirge nieder-
schlug, an die Verschiedenheit in der Dichtigkeit und den
elektrischen Verhältnissen der Atmosphäre, an die eigenthümliche chemische und physikalische Beschaffenheit des Urmeeres
und so manches dem Aehnliche. „Als unser Planet,“ sagt
Prof. O. Schmidt in seinem vortrefflichen Schriftchen:
„Darwinismus und Descendenzlehre“ (Leipzig 1873), „bei
jener Stufe der Entwicklung angelangt war, wo der Wärme-
Grad der Oberfläche die Bildung von Wasser und das Bestehen eiweißartiger Substanzen zuließ, waren die Mengen
und Mischungs-Verhältnisse der Bestandtheile der Atmosphäre andere als jetzt. Tausend Umstände, die wir heute
nicht in unsrer Gewalt haben, konnten die Bildung des

Protoplasma oder des Urorganismus aus seinen Bestand=
theilen herbeiführen." Somit hat es auch nicht die geringste
wissenschaftliche Schwierigkeit, sich vorzustellen, daß das
Naturgesetz, nach welchem die Urzeugung erfolgt oder er=
folgen muß, in der Gegenwart aus Mangel der dazu noth=
wendigen Umstände oder Bedingungen in dem Zustande der
sog. Latenz oder Verborgenheit verharrt, während es in
der Vorzeit unter wesentlich geänderten Verhältnissen zu
ausgedehnterer Wirksamkeit kam. Bilden sich doch auch
heutzutage, wie es scheint, eine ganze Anzahl anorganischer
Körper von weitester Verbreitung, wie Edelsteine, Stein=
kohle, Granit, Quarz u. s. w. nicht mehr, während Nie=
mand bezweifelt, daß sie einmal in der Vorzeit auf natür=
lichem Wege und als Produkte chemisch=physikalischer Kräfte
entstanden sind.

„Die höheren Molekular = Verbindungen im Proto=
plasma," sagt J. Fiske (Excursions of an Evolutionist,
Boston 1884), „wurden ganz in derselben Weise gebildet,
wie jene niedrigeren, welche ein einfaches oder Doppelsalz
bilden. Der einzige fundamentale Unterschied zwischen
kohlensaurem Ammoniak und Protoplasma ist die compli=
cirtere molekuläre Zusammensetzung und Unbeständigkeit des
letzteren. Wir müssen annehmen, daß zu der Zeit, als sich
bei herabgeminderter Temperatur Kohlensäure und Ammo=
niak vereinigten, ebenso Kohlenstoff, Sauerstoff, Wasser=
stoff und Stickstoff in Folge ihrer mit ihnen verbundenen
Eigenschaften sich zu immer höheren Verbindungen so lange
zusammenfanden, bis lebendes Protoplasma daraus entstand.
Die Entwicklung lebender Wesen ist die nothwendige Folge
der allmäligen Abkühlung jedes planetarischen Körpers,
welcher auf seiner Oberfläche die chemischen Bestandtheile
lebender Substanz enthält." —

Uebrigens ist, seitdem obiges geschrieben wurde, die
ganze Frage von der Urzeugung durch den Einfluß der be=
rühmten Darwin'schen Theorie und durch die bahnbrechen=

ben Untersuchungen von Prof. Häckel in Jena über die
sog. Moneren oder einfachsten Urwesen, aus denen sich die
ersten zelligen Organismen entwickeln mußten, in ein ganz
neues und der Annahme eines Bestehens der Urzeugung
auch in jetziger Zeit oder in der Gegenwart günstigeres
Stadium getreten. Darnach erscheint die Zelle oder orga=
nische Einheit, von welcher man früher die Urzeugung ihren
Ausgangspunkt nehmen ließ und welche selbst noch ein
Virchow als solche ansah, in ihrer fertigen Ausbildung
mit Hülle, Inhalt und Kern bereits als ein viel zu com=
plicirtes und hoch organisirtes Gebilde, als daß man an
eine Autogonie oder an ein unmittelbares Entstehen derselben
aus nicht=organischer Materie denken dürfte. Eine derartige
Entstehung würde im naturwissenschaftlichen Sinne ein ebenso
großes Wunder oder eine ebensolche Unmöglichkeit sein, wie
jene spontane Entstehung höher organisirter Wesen aus
todten Stoffen, an welche man früher in so ausgedehnter
Weise glaubte. Im Gegentheil ist die Zelle selbst erst ein
Produkt aus einer ganzen Reihe ihr vorangegangener Ent=
wicklungsprocesse, und es ist daher der erste Anfang des
Lebens nicht bei ihr, sondern noch viel weiter rückwärts und
bei jenen noch niedrigeren, neuerdings entdeckten Lebens=
formen zu suchen, welche nicht einmal aus Zellen oder zel=
ligen Gebilden, sondern nur aus Klümpchen belebten und
fast noch gänzlich ungeformten Schleimes oder aus einer
Ansammlung eiweißartiger, mit feinen Körnchen untermisch=
ter Gallerte bestehen. Diese einfachsten Urwesen, welche
nichts weiter sind, als einfache, lebende Protoplasmastückchen
ohne jede Organbildung oder „Organismen ohne Organe",
und welche vollständig auf der Grenze zwischen organischen
und anorganischen Naturkörpern stehen, hat Häckel Mo=
neren (von μονήρης, einfach) genannt; und einfachere oder
unvollkommnere Organismen, als sie, können nach ihm nicht
gedacht werden. Sie allein sind es, welche auf dem Wege
der spontanen oder freiwilligen Zeugung durch Autogonie

ober Selbstbildung aus organischen Stoffverbindungen ent=
standen sind oder noch entstehen; und aus ihnen erst können
sich Zellen oder zellige Bildungen entwickeln. „Sie beweisen
unwiderleglich, daß das Leben nicht an eine bestimmte ana=
·tomische Zusammensetzung des lebendigen Körpers, nicht an
ein Zusammenwirken verschiedener Organe, sondern an eine
gewisse chemisch=physikalische Beschaffenheit der formlosen
Materie gebunden ist, an die eiweißartige Substanz, welche
wir Sarkode oder Protoplasma nennen, eine stickstoffhaltige
Kohlenstoffverbindung in festflüssigem Aggregatzustande. Das
Leben ist also nicht Folge der Organisation, sondern um=
gekehrt. Das formlose Protoplasma bildet die organisirten
Formen. — — **Die ältesten Organismen, welche
durch Urzeugung aus anorganischer Materie ent=
standen, konnten nur Moneren sein.**" (Häckel, Das
Protistenreich, 1878, S. 84.)

Die Annahme einer Generatio aequivoca oder Ur=
zeugung bot nach Häckel nur so lange Schwierigkeit, als
man jene einfachsten Wesen oder Moneren noch nicht kannte,
während jetzt kein Zweifel darüber sein kann, daß sie es
sind, welche die erste Stufe des Lebens bilden, und aus
welchen sich erst später Zellen oder zellige Organismen ent=
wickeln — auf eine Weise, deren nähere Beschreibung nicht
hierher gehört. Die echten oder wirklichen Zellen entstehen
durch innere, die unechten Zellen oder die zellenähnlichen
kernlosen Bläschen durch äußere Weiterbildung der Mo=
neren. Die erste Stufe dieser Weiterbildung wird dargestellt
durch jene indifferenteste Zellenform, welche als sog. Amöbe
oder Wechseltierchen auch heutzutage noch ihr selbstständiges
Einzelleben führt. Eine solche indifferente Zelle von ein=
fachster amöboider Gestalt bildet auch die ursprüngliche Ei=
form, wie sie sich zuerst im Eierstock der verschiedensten
Tiere in fast überall gleicher Weise zeigt. Die ältesten
Amöben lebten als Einsiedler; aus ihnen bildeten sich kleine
Amöben=Gemeinden, wie man sie auch heutzutage noch als

haufenweise beisammen lebende, einfache, gleichartige oder
nackte Zellen-Gemeinden oder Urtier-Gattungen kennt. Hier
kündet sich auch der früheste Unterschied zwischen Tier- und
Pflanzenreich an, indem die nackte oder hüllenlose, aber
einen Kern enthaltende amöbenartige, zum Umherkriechen
befähigte Zelle mehr dem ersteren, die mit einer Membran
oder umschließenden Haut versehene dagegen, welche flüssige
Nahrung durch die feinen Poren dieser Haut an sich zieht,
mehr dem letzteren entspricht.

Was die erste oder früheste Entstehung der Moneren
angeht, so geschah dieselbe nach Häckel wohl auf dem Boden
des ehemaligen Urmeeres, das die Erde nach ihrer ersten
Abkühlung umgab. „Viele Generationen von Moneren
mögen Jahrtausende lang das Urmeer, welches unsern
abgekühlten Erdball umschloß, bevölkert haben, ehe die
Differenzirung der äußeren Lebensbedingungen, denen sich
diese homogenen Urwesen anpaßten, auch eine Differenzirung
ihres eignen, gleichartigen Eiweißleibes herbeiführte.“ Die
meisten dieser so entstandenen Moneren-Arten oder Moneren-
Formen mögen in dem Kampfe um das Dasein wieder zu
Grunde gegangen sein, während eine Anzahl derselben sich
erhielt, um zu Stammvätern der gesammten organischen
Welt zu werden.*)

---

*) Wenn, wie oben bemerkt, Häckel seine Moneren als die ein-
fachsten organischen Wesen betrachtet, so ist Nägeli (Mechanisch-
physiologische Theologie der Abstammungslehre) vielmehr der Meinung,
daß der Abstand zwischen Moner und der primordialen Plasmamasse
größer sein muß, als der zwischen Moner und Säugetier! Selbst
bei den allerkleinsten Moneren beläuft sich die Zahl der ein solches
Individuum, welches bereits eine lange Ahnenreihe hinter sich haben
muß, zusammensetzenden Eiweiß-Molekü le in die Billionen; und die
Bildung dieses Eiweißes geht auf ganz natürliche Weise vor sich. Die
Urzeugung oder die Entstehung des Organischen aus dem Unorganischen ist nach Nägeli eine aus dem Gesetz der Ursächlichkeit und der
Erhaltung von Kraft und Stoff folgende Thatsache; und selbst jetzt
noch muß Urzeugung überall da stattfinden, wo die Verhältnisse die

Die Frage, ob dieser Proceß der Autogonie oder Selbst=
zeugung eiweißartiger und lebender Materie aus leblosem
Stoff, der in der Vorwelt sicher einmal stattfand, auch heute
noch fortdauert, läßt Häckel unentschieden. Doch ist die
Frage höchst wahrscheinlich mit Ja zu beantworten, wenn
auch diese Selbstzeugung unter Umständen oder Bedingungen
stattfindet, die wir vorerst nicht näher kennen, und die wir,
auch wenn wir sie kennten, vielleicht nicht im Stande sein
würden, künstlich nachzuahmen. Nichtsdestoweniger kann
Niemand behaupten, daß dieses immer und für alle Zeiten
so sein würde. Wenn wir an die großartigen Resultate
der sog. synthetischen oder aufbauenden Chemie denken,
welcher es gelungen ist, auf chemischem Wege und bloß unter
Mithülfe anorganischer oder unbelebter Stoffe eine Reihe
von Stoffen oder Körpern herzustellen, deren Entstehung
man ehedem nur auf dem Wege des Lebens der Pflanzen=
oder Tierwelt für möglich hielt, wie Harnstoff, Alkohol,
Aether, Traubenzucker, Traubensäure, Oxalsäure, Ameisen=
säure, Buttersäure, Essigsäure, Milchsäure, Fett, stärkemehl=
artige Stoffe, Alkoloide u. s. w., so wird man auch nicht
daran verzweifeln dürfen, daß es dermaleinst gelingen werde,
lebendes Protoplasma auf künstlichem Wege herzustellen;
und man wird W. Wundt gern beistimmen, wenn er
(Lehrbuch der Physiologie, S. 169) die jetzige chemische
Synthese „vielleicht nur als den ersten Schritt hierzu" be=
zeichnet. „Wer", sagt der berühmte Entdecker der tierischen
Elektricität Dubois=Reymond, in seiner am 28. Juni

---

nämlichen sind wie in der Urzeit. Uebrigens befinden sich die Anfangs=
formen oder die durch Urzeugung entstehenden Plasmatröpfchen ohne
jede Formbildung oder innere Gliederung unter der mikroskopisch
erkennbaren Größe; und für solche Wesen haben selbstverständlich
alle noch so fein ausgetüftelten Versuche über Urzeugung keine Beweis=
kraft. Näheres über die Nägelische Theorie findet sich in des Ver=
fassers Schrift: „Thatsachen und Theorien aus dem naturwissenschaft=
lichen Leben der Gegenwart" (Berlin, 1887), S. 257 u. flgb.

1894 in der Berliner Akademie der Wissenschaften gehaltenen Rede, „kann behaupten, daß die vielumstrittene Urzeugung, welche von den Gegnern immer als letzter Trumpf ausgespielt zu werden pflegt, nicht in unseren Laboratorien zu Stande käme, wenn wir über Atmosphäre, Gewässer, Sonnenstrahlung von der urweltlichen Beschaffenheit verfügen würden.??"

Wenn wir aber einmal im Stande sein werden, lebendes Protoplasma zu erzeugen, dann werden wir wohl auch in den Stand gesetzt werden, künstlich oder willkürlich jene niedersten Urformen des Lebens entstehen zu lassen, um welche sich gegenwärtig noch der mit soviel Erbitterung geführte, aber, wie es uns scheint, wissenschaftlich ganz unfruchtbare Streit zwischen den Anhängern und Gegnern der Heterogenie oder Urzeugung dreht. Die Natur stellt nur eine einzige, nirgendwo durch unausfüllbare Lücken unterbrochene Kette verwandter Erscheinungen dar. Aus eigner Kraft brachte sie — einerlei ob es auf diesem oder jenem Wege geschah — die ersten Lebensstoffe und Lebensformen hervor; aus eigner Kraft ließ sie dieselben sich weiter und weiter entwickeln; aus eigner Kraft wird sie das Geschaffne auch wieder zerstören, um es an andern Orten in neuen Formen und Gestalten wieder aufleben zu lassen! *)

---

*) Man vergl. bezüglich der Urzeugung die Ausführungen des Verfassers in: „Die Darwin'sche Theorie", S. 88—109 der 5. Aufl.; in: „Aus Natur und Wissenschaft", I. Bd., S. 430 u. flgd. der 3. Aufl.; in „Natur und Geist" S. 230 u. flgd. der 3. Aufl.; und in: „Physiologische Bilder", I. Band, Aufsatz über die Zelle.

Nachzeugung.

Auf die Urzeugung folgte die Nachzeugung oder jene lange Aufeinanderfolge organischer Formen oder Geschlechter, welche, nachdem der erste Anfang des Lebens gegeben war, die Oberfläche der Erde im Laufe der nun folgenden Jahr=Millionen in stufenweiser Entwicklung bevölkern sollte. Dieses geschah in strengster Uebereinstimmung mit den geänderten und von Stufe zu Stufe sich günstiger gestaltenden äußeren Lebensbedingungen oder Zuständen der Erdoberfläche selbst; und je entfernter oder abweichender diese Bedingungen von den heute bestehenden sind, um so fremdartiger und abweichender erscheinen auch jene Formen oder

Wesen im Vergleich mit denjenigen, welche uns heute umgeben, und welche als die letzten und höchsten Ausläufer
eines andauernden Entwicklungs- und Vervollkommnungs-
Processes angesehen werden müssen. Denn je älter die in
den einzelnen Erdschichten oder Abtheilungen der Erdgeschichte
angetroffenen Reste, Spuren oder Abbilder der ehemaligen
Organismen-Welt sind, um so niederer und unvollkommner
sind im Allgemeinen die denselben entsprechenden Formen
oder Bildungen, und umgekehrt. Dabei begegnen wir der
höchst bemerkenswerthen Thatsache, daß die irdischen Zeiträume für die Entwicklung der niedrigsten Organismen auch
die verhältnißmäßig weitaus längsten gewesen sind, und daß
diese Zeiträume in demselben Maße abnehmen, in welchem
die neu entstehenden Lebewesen auf der Stufenleiter der
Organisation emporsteigen. So umfaßt das sog. archo-
lithische Zeitalter oder die sog. Primordial-Zeit,
während welcher nur die niedrigsten Wasserpflanzen und
Wassertiere auf dem Boden des ehemaligen heißen oder
lauen Urmeeres, das die ganze Erde bedeckte, ihre Existenz
fristen konnten, höchst wahrscheinlich einen Zeitraum, der
länger ist, als die Dauer der darauf folgenden vier geologischen Zeitalter zusammengenommen. Viele Millionen von
Jahren mußten vergehen, bis es zur Entwicklung der
Pflanzentiere, Weichtiere, Würmer, einiger Krustentiere und
der niedrigsten unter den verborgen blühenden Pflanzen, den
Tangen oder Algen, kommen konnte; und abermals Millionen Jahre vergingen, bis die Erdgeschichte von da in
das große Zeitalter der Fische und der Farnwälder übertrat.
Wahrscheinlich haben während des ungeheuren Zeitraums
der Primordial-Zeit nur Wasserpflanzen und Wassertiere
gelebt; wenigstens hat man unter allen diesem Zeitraum
entstammenden Versteinerungen keine einzige gefunden, welche
sich mit Sicherheit auf einen landbewohnenden Organismus
beziehen ließe. Erst ganz gegen das Ende dieser langen
Periode, in der sog. obersilurischen Formation, sieht

12*

man die ersten ausgebildeten Repräsentanten des Wirbeltier=
Typus oder die niedrigst organisirten Arten der Fische
auftreten, nachdem ihnen die von Häckel sog. „schädellosen"
oder niedersten Wirbeltiere vorangegangen waren. Außer=
dem wimmelte das Meer in der Silur=Zeit, welches einen
Schichtenbau von nicht weniger als 6000 Meter Mächtigkeit
abgesetzt hat, von wirbellosen Tieren aller Art, wie
Wurzelfüßer, Armfüßer, Kopffüßer, Strahltiere, Polypen,
Gliederwürmer, Seefedern, Korallen, Weichtiere, Krusten=
tiere u. s. w., unter welchen letzteren die merkwürdigen
Trilobiten oder dreigetheilten Krebstiere eine Hauptrolle
spielten. Sie lebten in der ganzen Uebergangsepoche in
großer Zahl und Massenhaftigkeit der Formen und in
tausenden verschiedener Arten, starben aber schon während
der späteren Steinkohlen=Zeit vollständig aus. Dabei war
der Gesammthabitus der silurischen Tierwelt auf der ganzen
Erdoberfläche derselbe.

Auch das nun folgende Zeitalter der Fische und
Farnwälder, welches in chronologischer Beziehung paläo=
lithisches Zeitalter oder Primär=Zeit genannt wird und
seinerseits wieder in drei große Unterabtheilungen zerfällt,
hat Schichten von 42 000 Fuß Dicke abgesetzt und einen
Zeitraum in Anspruch genommen, welcher auf den dritten
Theil der gesammten Schichtenbildungs=Zeit geschätzt wird.
Die zwei höchsten Tierklassen, Vögel und Säugetiere, fehlen
in dieser Periode noch vollständig; dagegen erscheinen, nach=
dem der später immer stärker hervortretende Gegensatz von
Wasser und Land zu entwickeln sich angefangen hat, die
ersten Landpflanzen und Landtiere, welche übrigens erst
nach einem hartnäckigen und langwierigen Kampfe mit den
wechselnden Zuständen der Natur zu dauerndem Bestande
gelangen konnten. Aber noch war während dieser ganzen
langen Zeit das Leben im Wasser dergestalt vorherrschend,
daß man, wie gesagt, das ganze Zeitalter als dasjenige der
Fische bezeichnet hat, welche in einer großen Menge von

Arten und Formen, wenn auch noch nicht in der Gestalt ihres höchst entwickelten Typus oder der sog. Knochen= fische, vorhanden waren. Neben ihnen gelangte während der mittleren Abtheilung der Primär=Zeit oder der Periode der sog. Steinkohlenbildung die Pflanzenwelt zu jener großartigen Entwicklung, von deren wohlthätigen Folgen oder Erzeugnissen wir heute in so reichem Maße Nutzen ziehen. Selbstverständlich haben wir es bei dieser Ur= Vegetation, namentlich in ihren Anfängen, mit Gewächsen primitiven oder ursprünglichsten Charakters zu thun. Sie sind blüthenlos und keimlos, die Ahnen unserer heutigen Schachtelhalme und Farne. Aber während diese letzteren als gewissermaßen verkümmerte oder durch besser entwickelte Nebenbuhler verdrängte Reste ihrer großen Vorfahren zu= meist nicht mehr zu einer beachtenswerthen Größe oder Aus= bildung zu gelangen im Stande sind, entwickelten sich jene Vorfahren, indem sie mächtige, unbdurchbringliche tropische Sumpfwaldungen bildeten, zum Theil zu wahren Baum= riesen, deren abgestorbene Leiber sich im Laufe der langen Steinkohlen=Zeit zu massenhaften, heute von uns ausge= beuteten Kohlenschichten aufeinander häuften. Traurige Monotonie war der Charakter jener Urwälder der Vorzeit, denen die Mannichfaltigkeit und der Blüthenschmuck der heutigen Pflanzenwelt fast vollständig fehlte, und in denen kein Schmetterling von Blüthe zu Blüthe gaukelte, keine summende Biene Honig suchend umherflog, kein Vogel singend von Zweig zu Zweig hüpfte. Schwach beblätterte Calamiten oder Schafthalme oder säulenförmige, fast zweiglose Schäfte von Sigillarien oder Siegelbäumen oder sog. Schuppenbäume (Lepidobenbren) mit ihrer vergabelten, von borstigen Blättern besetzten Krone behaupteten die Herrschaft — während mattgrüne Farne oder krautartige Schafthalme die Stelle des Unterholzes, des Grases und der Blumen vertraten. Laubbäume fehlten um diese Zeit noch vollständig. In diesen, durch Ausdehnung und Ueppig=

keit vor den Anfängen der vorausgegangenen Perioden
ausgezeichneten, heißfeuchten Urwäldern treten auch neue
Erscheinungen der der alleinigen Herrschaft des Wassers
entwachsenen Tierwelt auf, nämlich luftathmende Glieder-
und Wirbeltiere, die letzteren in der Form schleichender, an
den Boden gefesselter Amphibien oder Lurche, welche sowohl
im Wasser, wie auf dem Lande zu leben im Stande waren.
Die Mannichfaltigkeit ihrer Formen nimmt in der darauf
folgenden Dyas=Formation oder Permischen Zeit sehr zu,
während die Pflanzen der Steinkohlen=Zeit mehr und mehr
von den höher entwickelten Nadelhölzern abgelöst werden.
Gegen das Ende dieser Zeit zeigen sich auch bereits die
ersten eidechsenartigen Tiere oder die frühesten Vertreter
der sog. Reptilien oder Kriechtiere, welche die unterste
Ordnung der höheren Wirbeltiere darstellen und bestimmt
sind, die folgende dritte oder — wenn man die Primordial-
Zeit außer Acht läßt, — zweite große Abtheilung der Erdgeschichte, die Sekundär-Zeit oder das mesolithische Zeitalter,
zu beherrschen. Immer aber traten während jener Zeit die
amphibienartigen Tiere an Zahl und Mannichfaltigkeit
noch sehr zurück gegenüber dem kolossalen Reichthum an
Fischen, welche namentlich in Gestalt der sog. Ganoiden
oder Schmelzschupper einige Schichten der Zechstein=
Formation, z. B. den Kupferschiefer, charakterisiren. Zahlreiche sog. Embryonal= oder Sammel=Typen, welche durch
Theilung und Ausbreitung später neue Gestalten hervorzubringen bestimmt sind, drücken der paläolitischen Welt
das Gepräge der Unfertigkeit in hohem Grade auf. Immer
erscheint dabei innerhalb der verschiedenen Typen, Klassen,
Ordnungen und Familien der unvollkommnere Bauplan
zuerst, um sich bisweilen rasch zur höchstmöglichen Ausbildung zu vervollkommnen, dann aber zu erlöschen und
anderen Formen aus einer höher angelegten Familie
das Feld zu räumen. Sind dabei auch mitunter die
Zeichen einer scheinbar regellosen Zu= oder Abnahme der

einzelnen Formen nicht zu übersehen, so ist doch der Fortschritt vom Einfacheren zum Zusammengesetzteren, vom
Niederen zum Höheren im großen Ganzen ein unverkenn-
barer.

Das Nämliche gilt von der nun folgenden Sekundär-
Zeit oder dem mesolithischen Zeitalter, welches wegen
des Vorherrschens der sog. Schleicher oder Kriechtiere und
der höher entwickelten Vegetation das Zeitalter der
Reptilien und der Nabelholzwälder genannt wird.
Es zerfällt in die drei großen Unterabtheilungen der Trias-,
Jura- und Kreide-Formation und umfaßt ungefähr
den zehnten oder elften Theil der organischen Erdgeschichte.
Die großartige Entwicklung des Pflanzenwachsthums während
der abgelaufenen Periode hatte die irdische Atmosphäre von
dem ehemaligen und dem Leben höherer luftathmender Tiere
feindlichen Ueberschuß an Kohlensäure gereinigt und den
Hauptbestandtheil dieses Gases in Form von Kohle dem
Boden einverleibt. Damit wurde denn auch höheres tierisches Leben auf der Erde möglich, welches sich von Stufe
zu Stufe steigerte, während die älteren Formen des Lebens
mehr und mehr in den Hintergrund traten oder ganz verschwanden. Verschwunden sind mit dem Anfang dieser
Periode namentlich die merkwürdigen Trilobiten oder
dreilappigen Krustentiere der Primordial-Meere, sowie die
abenteuerlichen, mit einem glänzenden Schuppenpanzer bedeckten Fische der Silur-Zeit; und die mächtige Entfaltung
der Reptilien- oder Kriechtier-Welt gibt, wie bereits bemerkt,
dieser mittleren Hauptperiode ihr eigentliches Gepräge.
Während dieses Zeitalters fand innerhalb aller Abtheilungen
des Tier-Reichs eine sehr reiche und mannigfaltige Entwicklung statt, welche im Zusammenhang stand mit der
zunehmenden Erhebung und Ausdehnung des Festlandes und
der größeren Mannichfaltigkeit der Lebensbedingungen, insbesondere mit dem nunmehr eingetretenen belebenden Wechsel
der Wolken und Winde, des Lichtes und der Wärme. Neben

ben paläolithischen Kryptogamen oder verborgenblüthigen
Pflanzen entfaltet sich nun ein reicher Flor von Nadelhölzern, Cycadeen, Palmen und zuletzt auch Laubhölzern. Die
Gewässer wimmeln von mannichfaltigen Formen der einfachsten Lebewesen sowohl, als auch von zierlichen Strahl-
tieren, Korallen und See-Igeln. Die sog. Kopffüßer
(Cephalopoden) jene gefräßigen Räuber der Weichtierwelt,
welche schon in der Silur-Zeit in Tausenden von Arten
lebten, erreichen ihre höchste Blüthezeit. Muscheln und
Schnecken lassen eine namhafte Vermehrung erkennen; und
die im vorhergehenden Zeitalter fast allein durch die Trilobiten repräsentirten Kerb- oder Kerftiere treten jetzt
schon in ganzen Klassen oder Reihen vor unsere Augen.
„Es erscheinen die Schmetterlinge und Libellen, um wie
Traumgestalten auf eine blüthenreiche nahe Zukunft hinzu-
deuten." (Dobel.) Aber die meisten neuen und interessanten Formen entwickeln sich im Wirbeltierstamm. Unter
den Fischen treten hier zum ersten Male die sog. Teleostier oder Knochenfische auf, welche dazu bestimmt sind,
ihre unvollkommneren Vorgänger mit knorpligem Skelett
fast vollständig zu verdrängen. In ganz überwiegender
Mannichfaltigkeit und Arten-Menge erscheinen die Amphibien
und Reptilien und imponiren durch ganz abenteuerliche,
zum Theil auch kolossale Formen, denen sich vereinzelte
Vögel- und Säugetier-Gestalten in ihren frühesten Anfangs-
formen gleichsam wie Herolde der herannahenden Zukunft
beigesellen.

„Es übertrifft das Bild der mesolithischen Schöpfung"
sagt Zittel (Aus der Urzeit, 1872), „jenes des vorher-
gegangenen Zeitalters nicht allein durch Mannichfaltigkeit,
sondern auch durch einen höheren Grad der Vervollkommnung im Ganzen, wie in den einzelnen Theilen. Schon
der Umstand, daß im Pflanzenreich zuerst Cycadeen und
Palmen und dann der höchst entwickelte Typus der dikoty-
ledonischen Laubhölzer, im Tier-Reich die drei obersten

Klassen der Wirbeltiere, Reptilien, Vögel und Säugetiere, als gänzlich oder doch nahezu gänzlich neue Elemente den früher vorhandenen beitreten, verleiht der ganzen Gesellschaft einen vornehmeren Charakter. Aber auch innerhalb der einzelnen Classen und Ordnungen haben beinahe überall Formen von vollkommnerer Organisation die früheren unentwickelteren verdrängt."

„Schließlich mag noch das allmälige Aufblühen der Ceratiten und Ammoniten als Beleg für die Thatsache hervorgehoben werden, wie in der ganzen Natur das Bestreben obwaltet, alle Stellen in ihrem Haushalt nach und nach mit immer vollkommnerem Personal zu besetzen. — Nicht minder charakteristisch ist aber auch das Vorwiegen der sog. Collectiv- oder Sammel-Typen" u. s. w., u. s. w.

Mit einem abermaligen Schritte nach vorwärts erreichen wir die Tertiär-Zeit oder das sog. känolithische Zeitalter (von καινός, neu), welche zwar kaum den dritthundertsten Theil der organischen Erdgeschichte umfaßt, aber in ihrer Dauer immer noch nach mehreren Hunderttausenden von Jahren gerechnet werden muß. In ihr beginnt sich mehr und mehr die gegenwärtige Gestalt der Dinge vorzubereiten, und zwar in einer so regelmäßig voranschreitenden Progression, daß sich Lyell veranlaßt gesehen hat, je nach der größeren oder geringeren Verwandtschaft, welche ihre fossilen Schaltiere mit der heute lebenden Schaltierwelt besitzen, dieselbe in die drei Unterabtheilungen der sog. Eocäne oder Dämmerungsschicht (mit 3½ Procent noch lebender Muscheln), der Miocäne oder weniger neuen Schicht (mit ungefähr 17 Procent desgleichen) und der Pliocäne oder mehr neuen Schicht (mit 35—50 Procent desgleichen) zu bringen — eine Eintheilung, welche sich seitdem allgemeines Bürgerrecht in der Wissenschaft erworben hat. Was die Vegetation dieses Zeitalters betrifft, so wird es durch Palmen und Laubhölzer charakterisirt, während in der Tier-Welt die höchste Tierklasse, diejenige

der Säugetiere, das Uebergewicht gewinnt, so daß man
dieses Zeitalter als dasjenige der Säugetiere und der
Laubwälder bezeichnet hat. Diese Veränderung geschieht
jedoch nicht ohne entsprechende Aenderungen der Erdoberfläche selbst, welche ihren universalen Charakter von ehedem
mehr und mehr verliert und der Individualisirung zustrebt.
Die ungeheuren Meere von ehedem zersplittern sich in kleinere,
zusammenhanglose Becken; jedes größere Stück Erde erhält
seinen besonderen landschaftlichen, klimatischen, geographischen
und biologischen Charakter. Tier- und Pflanzenwelt nähern
sich immer mehr der jetzt lebenden organischen Schöpfung
und deren endloser Mannichfaltigkeit. „Es entfaltet sich
zum ersten Male der Schönheitsglanz einer bunten Welt
voll Blumen, und die bescheidenen, verborgen blühenden
Gewächse der früheren Zeit treten ihre Herrschaft an die
durch Duft und Farbenpracht kokettirenden bedecktsamigen
Pflanzen ab." (Dodel.) Unter den Tieren besaßen die
niedersten bis zu den Fischen im wesentlichen bereits ihr
heutiges Gepräge. Aber während die ungeheuerlichen
Sammel-Typen der Amphibien- und Kriechtier-Welt, welche
das vorige Zeitalter charakterisiren, verschwinden, erscheinen
ähnliche Sammel-Typen der Säugetier-Welt in großer
Menge — unter ihnen der interessante Phenacodus
primaevus als Typus für die Vorfahren jener Tiere,
welche eine ungerade Anzahl von Zehen und gespaltene
Hufe haben, der grimmen Fleischfresser, der Lemuren, Affen
und nicht minder des Menschen; es erscheinen die ältesten
Vorläufer unsrer heutigen Huftiere, Wiederkäuer und Dickhäuter — zum Theil an einzelnen Plätzen in so unerhörter
Anzahl, wie sie heutzutage die ganze Erde nicht mehr aufzuweisen vermag, indem das warme üppige Klima der
älteren Tertiär-Zeit ihnen einen genügenden Pflanzen-
Wuchs zur Verfügung stellte. In der jüngeren Tertiär-
Zeit, welche sich durch das allmälige Austrocknen und
Aussüßen des großen Molasse-Meeres und die bleibende

Emporhebung des Alpen-Gebirges mit allen Folgen dieser
großen Ereignisse für die geographische und klimatische
Gliederung der Festländer charakterisirt, und welche bei einer
um neun Grade höheren Mittel-Temperatur eine Verthei-
lung und Regelung der Wärme-Zonen der Erde in heutiger
Weise erkennen läßt, standen die wirbellosen Tiere, sowie
Fische und Vögel, schon im Wesentlichen auf ihrer heutigen
Höhe, während die Mannichfaltigkeit der höheren Wirbel-
tier-Fauna Alles überbietet, was heutzutage die üppigsten
Schauplätze der Tropenländer dem Auge zu bieten vermögen.
Es erscheinen auch jene kolossalen Rüsseltiere (Mastodonten,
Dinotherien u. s. w.), deren Nachkommen unsre heutigen
Elefanten und Walrosse darstellen; es erscheinen Hyänen
und Viverren und die furchtbare Katzen-Gattung Machai-
robus mit ihren dolchartigen, fünf Zoll langen Eckzähnen
als erste Vertreter jener fleischfressenden Raubtiere, deren
Blüthezeit erst in die darauf folgende Diluvial-Periode fällt.
Auch an zahlreichen Vertretern des merkwürdigen Geschlechts
der Affen, der eigentlichen Vorläufer des Menschen, fehlt
es nun nicht mehr.

In der nun folgenden und letzten großen Haupt-Ab-
theilung der Erd-Geschichte, der sog. Quartär- oder
Cultur-Zeit, welche in die zwei Abtheilungen des Dilu-
viums oder Schwemmlandes und des Alluviums oder
der Neubildung zerfällt, stehen wir bereits halb oder ganz
auf dem Boden der Gegenwart. Auch sie umfaßt, obgleich
sie im Vergleich mit den voraufgegangenen Perioden als
sehr klein erscheint und nach Häckel nur ein halbes Procent
der organischen Erdgeschichte beträgt, mit ihren zwei großen,
die Uebergänge zwischen Tertiär und Quartär vermittelnden
Eis-Zeiten zum mindesten einen Zeitraum von hunderttausend Jahren, wahrscheinlich aber weit mehr. Alle Veränderungen der Lebewelt während dieses Zeitraums erstrecken
sich nur noch auf die hochstehenden Tier-Formen; und die
heutigen Tier-geographischen Provinzen, welche der weiteren

Verbreitung einzelner Tiere von nun an eine bestimmte Grenze setzten, waren bereits vorgezeichnet. Die Quartär-Zeit als letzte und höchste Stufe des irdischen Bildungs-ganges ist es denn auch, welche das höchste Gebilde der Schöpfung, unser eignes Geschlecht oder den Menschen, gewissermaßen als Gipfel- und Glanzpunkt jener stufen-weisen Entwicklung, auf der Bühne des Daseins erscheinen sieht, nachdem ihm seine halbtierischen Vorläufer oder vor-bereitenden Formen wohl schon im Laufe der Tertiär-Zeit in längerer oder kürzerer Reihenfolge vorangegangen waren. Wegen der außerordentlichen Wichtigkeit dieses Ereignisses, welches von jetzt an auf die ganze Zukunft der Erde und ihrer pflanzlichen und tierischen Bewohner den tiefgreifend-sten Einfluß übt, hat man der Quartär-Zeit auch den Namen des anthropolithischen oder besser anthro-pozoischen Zeitalters beigelegt. Jedenfalls kann und muß nach den Ergebnissen der heutigen Forschung das Alter des Menschengeschlechts auf der Erde, welches man früher für ein sehr kurzes und die Zeiten menschlicher Geschichte kaum übersteigendes gehalten hatte, nur nach einer langen Reihe von Jahrtausenden, vielleicht sogar nach Hunderttausenden von Jahren gerechnet werden. Auch lassen es neuere Funde und Forschungen sowohl wie allgemeine Betrachtungen als im höchsten Grade wahr-scheinlich erscheinen, daß die so viel bestrittene Existenz des sog. Tertiär-Menschen keine Mythe oder Fabel ist — d. h. daß das früheste Dasein des Menschen auf der Erde noch tief bis in die letzte oder vielleicht mittelste Abtheilung der der Quartär-Zeit vorausgegangenen großen Tertiär-Epoche hinaufreicht. Nach dem berühmten amerikanischen Paläontologen Prof. O. C. Marsh (Vortrag vor der Amerkan. wissensch. Gesellschaft am 28. August 1879) ist die Schätzung des Alters des Menschengeschlechts bis zur letztvergangenen Eis-Zeit Europas auf 250000 Jahre nicht zu hoch!? Aber auch die diese Zeitbestimmung noch wesentlich

erhöhende Existenz des Tertiär=Menschen scheint demselben
Autor zufolge durch die berühmten Funde Prof. Whit=
neys von unzweifelhaften menschlichen Resten und Werken
der Menschenhand in der amerikanischen Pliocäne nach=
gewiesen!

Mag dieses indessen sein wie es wolle, im Hinblick auf
die ungeheuren, nach vielen Millionen von Jahren zählenden
Zeit=Räume der irdischen Vergangenheit muß der Mensch
doch immer nur als eines der letzten und jüngsten Erzeug=
nisse des großen organischen oder irdischen Ausbildungs= und
Entwicklungsprocesses, welcher in ihm gewissermaßen seinen
höchsten und bis jetzt letzten Abschluß findet, angesehen
werden.*)

Dieser hier nur in seinen allgemeinsten Umrissen ge=
schilderte Verlauf der organischen Erb=Geschichte zeigt unsres
Erachtens deutlich und unzweifelhaft, daß in derselben ein
allgemeines, theils durch innere, theils durch äußere Natur=
Umstände veranlaßtes Vervollkommnungs= und Entwicklungs=
Princip thätig ist, welches die einzelnen Formen durch un=
zählige Zwischenstufen und mit Hülfe sehr langer Zeiträume
zu immer weiterer Entfaltung treibt oder zu steten Ver=
änderungen veranlaßt. Wenn man freilich diese Zwischen=
stufen oder die zahllosen Uebergänge, welche alle Einzel=
formen unter einander verbinden, außer Acht läßt und die

---

*) Die wichtige Frage von dem Alter des Menschen auf der
Erde findet sich eingehend behandelt in dem ausgezeichneten Werk des
berühmten englischen Geologen Lyell: „Ueber das Alter des Menschen=
geschlechts“ u. s. w., deutsch vom Verfasser (2. Aufl., Leipzig 1874).
Eine gedrängtere Darlegung derselben findet sich in des Verfassers
Schrift: „Der Mensch und seine Stellung in der Natur.“ (3. Aufl.,
Leipzig, Thomas, 1889), erste Abtheilung; sowie in der Anmerkung
auf S. 160 u. flg. seiner Schrift: „Aus Natur und Wissenschaft“
I. Bd. (3. Aufl., Leipzig, Thomas, 1874). Ueber den Tertiärmenschen
handelt eingehend ein diesbezüglicher Aufsatz in des Verfassers Schrift:
„Thatsachen und Theorien“ ꝛc. (Berlin, 1887.)

Monere oder den Urschleim auf die eine, eine höchst entwickelte Form, z. B. den Menschen, dagegen auf die andere
Seite stellt, so wird man nie begreifen können, wie das
Eine aus dem Andern entstehen kann, ohne daß man die
Millionen und aber Millionen Verbindungsglieder gleichzeitig in das Auge faßt. Selbst innerhalb ganz begrenzter
Formenkreise ist dieses oft nicht möglich, geschweige denn
im großen Ganzen. So ist Sao hirsuta, ein Trilobit aus
den böhmischen Schiefern, den man bereits unter zwölf verschiedene Sippen und siebenundzwanzig verschiedene Arten
gebracht hat, so unähnlich den späteren, aus ihm hervorgegangenen Entwicklungszuständen, daß man dieselben nicht
für das nämliche Tier halten würde, wenn nicht seine einzelnen Uebergangsstufen mit Bestimmtheit nachgewiesen wären.
Aehnliche Beispiele paläontologischer Entwicklungs-Reihen
könnten in Menge namhaft gemacht werden.*)

Freilich darf man sich nicht, wie dieses noch die alte
naturphilosophische Schule that, die organische Entwicklungs-
reihe oder Stufenleiter als eine derart einfache oder einheitliche vorstellen, daß jedesmal das zunächst Niedere aus dem
zunächst Höheren folgt, oder daß man, mit andern Worten,
nur nöthig habe, mit der Monade oder dem Seeschwamm
anzufangen und von da an durch alle geologischen Zeiträume hindurch und folgend einem strengen zeitlichen Nacheinander bis zu den höchsten organischen Bildungen empor-
zusteigen, um schließlich mit dem Menschen zu enden. Diese
Vorstellung oder Idee steht so sehr mit den Thatsachen in
Widerspruch, daß sie, nachdem die letzteren einmal besser
bekannt geworden waren, nothwendig verlassen werden mußte,
und daß damit für längere Zeit die ganze Entwicklungstheorie
in eine Art von Verruf gebracht wurde. Die organische
Stufenleiter ist keine einfache, sondern vielmehr eine vielfach

---

*) Man vergl. des Verfassers Schrift über „Die Darwin'sche
Theorie" S. 116 und flg. und S. 232 und flg. der 5. Aufl.

verzweigte, zusammengesetzte, oft schwer zu enträthselnde. Auch bestehen die großen organischen Reiche aus einer Anzahl für sich bestehender Abtheilungen oder Kreise (z. B. Räder oder Strahltiere, Weichtiere, Glieder- oder Kerftiere, Wirbeltiere), von denen man durchaus nicht sagen kann, daß sie stufenweise über oder unter einander gereiht seien. Vielmehr hat sich jede dieser Abtheilungen, nachdem sie sich einmal von dem großen Grundstock oder gemeinsamen Stamm abgezweigt hatte, für sich und ohne inneren Zusammenhang mit den Nebenkreisen bis zu derjenigen Höhe weiter entwickelt, die sie ihrer Natur oder Anlage nach zu erreichen im Stande war — ähnlich den Aesten oder Zweigen eines Baumes, welche sich, ebenfalls jeder für sich und unabhängig von den Nachbaräften, bis zu einer bestimmten Höhe oder Größe entwickeln, um dann entweder abzusterben oder stehen zu bleiben oder von andern, inzwischen emporgewachsenen Abzweigungen überholt zu werden. So kann ein einzelner Kreis, obgleich er seinen Ausgangspunkt von dem gemeinschaftlichen Stamm von einer viel tiefer gelegenen Stelle desselben nimmt, als ein andrer, doch in seinen höchsten Ausläufern diesen weit überholen oder hinter sich lassen, ohne daß dadurch das allgemeine Emporstreben und die Entwicklung des Baum-Individuums als solche im mindesten gehindert oder das Gesetz des Fortschritts im Ganzen erschüttert würde. So ist auch nicht die Entwicklung der Pflanzenwelt als des Unvollkommneren der Entwicklung der Tierwelt als des Vollkommneren voraufgegangen, wie man früher annehmen zu müssen glaubte; sondern beide Reiche haben sich gleichzeitig und nebeneinander aus dem Urstamm jener niedersten Urwesen oder Protisten, welche in der Mitte zwischen beiden Reichen stehen, hervorentwickelt. Immer aber sind in den untersten Erdschichten die Hauptvertreter der großen, zu späterer Entwicklung bestimmten Stamm- oder Nebenzweige nur durch Vorbilder ihrer niedersten Formen vertreten, was einerseits

deutlich für die Stufenfolge beweist, andrerseits aber die
Theorie von einer Aufsteigungslinie und der Umwandlung
einer Hauptklasse in die andre ganz haltlos erscheinen läßt.
Jedes einzelne Vorbild hat, wie gesagt, das Bestreben, sich
nicht in ein nächst höheres umzuwandeln, sondern sich nach
seiner eignen Anlage weiterzubilden und zu vervollkommnen.
So sind die sog. Kopffüßer, eine Unterabtheilung der
Weichtiere, in ihrer Art vollkommne Tiere und stehen als
solche weit über vielen Gruppen von Fischen, obgleich diese
als Klasse in der allgemeinsten Stufenreihe der Tiere viel
höher stehen. Aehnliches gilt von den Gliedertieren, welche,
obgleich als Klasse tief unter den Wirbeltieren stehend, sich
doch in ihren höchsten Ausläufern, den Bienen und Ameisen,
auf eine Stufe erheben, welche sie in mehrfachen Beziehungen
selbst dem Menschen sehr nahe bringt.*) Der Wirbeltier-
Typus selbst, obgleich er die höchste Organisationsanlage
in sich trägt und daher in seiner weiteren Entwicklung alle
andern Klassen weit hinter sich läßt, fängt doch mit Formen
an, welche als solche tief unter den Repräsentanten andrer
Klassen stehen. Wenn Prof. Häckel Recht hat, so beginnt
dieser Typus mit einigen so ganz und gar niedrig organisirten Wesen, daß diese von den ersten Entdeckern gar nicht
als Fische betrachtet, sondern für Würmer oder Schnecken
gehalten wurden. Auch ist bewiesen, daß diese merkwürdigen
Tierchen die große Abtheilung der Wirbeltiere ganz nahe
mit den Wirbellosen oder Weichtieren verbinden. Trotz
dieses niedrigen Anfangs oder Ursprungs hat der Wirbeltierstamm in seiner weiteren Entwicklung so sehr den Sieg
über alle andern Stämme davon getragen, daß eine direkte
Vergleichung zwischen deren höheren Repräsentanten kaum
mehr möglich ist. Um so mehr läßt sich das große Fort-
schritts- und Entwicklungsgesetz der organischen Natur innerhalb dieses zu so hoher Entfaltung bestimmten Kreises selbst

---

*) Man vergl. des Verfassers Schrift: „Aus dem Geistesleben
der Tiere", III. Aufl., Leipzig 1880.

nachweisen. In einer großen Menge von Fällen sind wir
im Stande, ohne große Schwierigkeit den Ursprung jüngerer
Formen auf ältere zurückzuführen oder nachzuweisen, wie
die fossilen Repräsentanten späterer Geschlechter die Anlage
zu sämmtlichen, später auftretenden und zum Theil heute
noch lebenden Formen in sich vereinigen oder gewissermaßen
als Stammväter der nachfolgenden Generationen erscheinen.
Auch wächst die Möglichkeit dieser Nachweise von Jahr zu
Jahr in demselben Maße, in welchem die rüstig voran-
schreitende paläontologische Forschung ihre interessanten Entdeckungen vermehrt. So haben sich die Teleostier oder
Knochenfische der Sekundärzeit und der Gegenwart aus dem
embryonalen und die niedrigste Stufe des Fischtypus reprä-
sentirenden Geschlecht der den vorangegangenen Perioden
entstammenden Knorpel- und Schmelzfische (Placoiden und
Ganoiden) entwickelt. Den Uebergang von ihnen zu der
höheren Reihe der Lurche oder Amphibien hilft der zwischen
Fischen und Amphibien mitten inne stehende Archegosaurus (von ἀρχηγός, Stammvater, und σαῦρος, Eidechse)
aus der paläolitischen Zeit bilden. Er vereinigt in seiner
Körperbildung Eigenschaften, welche wir heute getrennt bei
Fischen, Fröschen, Salamandern, Eidechsen und Krokodilen
suchen müssen, und welche ihn zu dem aus dem Typus der
Fische entwickelten Stammvater der Saurier oder jener
gefräßigen Ungeheuer, die die Erde in der Sekundärzeit
beherrschten, stempeln. Die vorweltlichen Labyrinthodonten oder Froschsaurier, zu denen der Archegosaurus
als einer ihrer frühesten Repräsentanten zählt, sind nach
Burmeister's Ausspruch die wahren und schönsten Prototypen des Amphibienbegriffs in seiner Totalität, welcher sich
in einer Entwicklung von Millionen Jahren in vielerlei
verschiedene Gestalten aufgelöst hat. Sie liefern eine
Mischung von Eigenschaften der heterogensten, später aus
ihnen hervorgegangenen Gruppen, und es sind Charaktere
von Sauriern, Schildkröten, Fröschen und Fischen in ihnen

gemengt. Der Plesiosaurus oder Schlangendrache ist gewissermaßen der erste Versuch der Natur, aus der Fisch- und Reptil-Periode herauszukommen; den Rumpf hat er vom Walfisch, den Hals vom Vogel, den Kopf vom Alligator, weshalb man auch das mitunter bis zu elf Fuß Länge anwachsende Tier recht bezeichnend mit einer durch eine Schildkröte gezogenen Schlange verglichen hat. Er hat sich von da an in unzähligen Species wiederholt und modificirt. „Es ist seltsam", sagt Zittel (a. a. O.), „wie auf den Plesiosaurus die Merkmale der verschiedensten Wasserbe- wohner zusammengetragen erscheinen, gleichsam als ob die Natur in ihm den Prototypen (Vorbild) eines schwimmen- den Wirbeltieres von höherer Organisation hätte erzeugen wollen. Seine Schädelmerkmale müssen wir heute in zwei scharf getrennten Ordnungen suchen; seinen langen Hals haben die Wasservögel geerbt, seine Flossen die Meer-Säuge- tiere angenommen und seinen Brustkorb die Schildkröten in eigenthümlicher Weise weiter entwickelt." Sein Zeit- genosse, der mächtige, 20—25 Fuß lange Ichthyosaurus oder Fischeidechse (Fischdrache) ist, wie schon sein Name besagt, ein Zwischending von Fisch und Eidechse und eben- falls ein wahres Muster eines vorweltlichen Sammel-Typus oder ein Reptil in Fischgestalt. Sein Körper gleicht dem des Delphins, sein Kopf dem des Krokodils, sein Schwanz dem des Fisches. Der Proterosaurus, ein echtes Reptil aus dem Kupferschiefer, ist nach K. Vogt das erste fünfzehige Tier mit dem Typus der höheren Wirbeltiere. Der Mosasaurus (Maassaurier) mit seinem 3—4 Fuß langen Schädel, seinem 50—70 Fuß langen schlangenartigen, mehr als 100 Wirbel enthaltenden Körper und seinen kurzen, mit Schwimmhäuten versehenen Vorderfüßen aus der jüngeren Kreide-Zeit ist am leichtesten in Verbindung mit den noch heute herrschenden Vorstellungen von der fabelhaften Seeschlange zu bringen. Der Megalosaurus, ein Ungeheuer von kolossalen Verhältnissen, vereinigt die

Anatomie der Reptilien und Säugetiere in sich, wie denn überhaupt die Ordnung der sog. Dinosaurier, zu denen er gehört, eine Verbindung von Merkmalen der Eidechsen, Krokodile, Säugetiere und selbst Vögel darstellt. Eine Stufe höher zum Säugetiere repräsentirt er sich als Iguanodon, eine 30 Fuß lange und 12—15 Fuß hohe Rieseneidechse mit massigem Körper, „mit der die Schöpfer=kraft der Natur gleichsam die gigantischen Geschlechter der Amphibien vollenden zu wollen schien." (Buch der Geologie.) Die Pterosaurier oder Flug=Eidechsen sind eine Ab=zweigung der Eidechsen, welche sich dem Vogel=Typus annähert, während in den Ornithoskeliden, d. h. Reptilien mit Vogelbeinen, die eigentlichen Vorfahren der Vögel zu suchen sind. Ein solcher Ornithoskelide ist der ganz neuerdings von Prof. O. Fraas beschriebene Aëto=saurus aus dem Stuttgarter Keuper oder die gepanzerte Vogel=Eidechse von Stuttgart, welche ein so vollkommnes Mittelding zwischen Kriechtier und Vogel darstellt, daß das Tier seinen Namen (Adler=Eidechse) davon erhielt. Durch diese und weitere Funde sowohl von Reptilien mit Vogel=merkmalen, wie von Vögeln mit Reptilienmerkmalen hat sich die anscheinend so weite Kluft zwischen zwei in der Jetzt=welt so vollständig gegen einander abgeschlossenen und be=stimmt abgegrenzten Typen, wie Vögel und Kriechtiere, derart verengt, daß man jetzt keinen Anstand mehr nimmt, beide aus demselben Ursprung abzuleiten und den Vogel als ein dem Luftleben angepaßtes Reptil zu betrachten. Der Umwandlungsproceß selbst datirt wohl aus der Zeit der Jurabildung. Aus derselben Zeit stammt der ebenfalls zum Fliegen eingerichtete Pterodaktylus oder Armgreif, ein räthselhaftes, sonderbar gebildetes Geschöpf, halb Fleder=maus und Reptil, halb Amphibium und Vogel, das man bereits zu allen Tierklassen gezählt hat, sowie das merk=würdige gefederte Fossil aus dem Solenhofner Schiefer (einem Glied des sog. Oolith aus der Sekundär=Zeit),

welches unter dem Namen Archäopterix macrura oder
Urvogel die Charaktere des Vogels mit solchen des
Kriechtiers vereinigt. Im Cetiosaurus vereinigen sich
die Charaktere des Walfisches, der Phoka und des Kroko-
bils. — In der Tertiär=Zeit, in welcher bereits die
gegenwärtige Gestaltung der Dinge mehr und mehr hervorzubrechen beginnt, nehmen die Wirbeltiere schon die
gegliederte Form der Säugetiere an, erinnern aber sonst
noch an die Reptilien. Als der erste Repräsentant der
höheren Klasse der Säugetiere erscheint das Paläotherium
(von παλαιός, alt, und θηρίον, Tier), ein interressantes,
in sehr zahlreichen Exemplaren vorhandenes Tier mit
Eigenschaften vom Pferde, Tapir, Schwein und Rhinoceros,
welches man von der Größe eines Hasen bis zu der eines
Pferdes findet, als verschiedene Spielarten desselben Genus,
und welches im Beginne der Tertiär=Zeit im südwestlichen
Deutschland, namentlich auf der schwäbischen Alp, stellenweise
in außerordentlicher Menge gelebt haben muß. Es kann
gewissermaßen als ein Prototyp der Säugetierklasse angesehen werden, denn es schlummern in ihm die Ideen oder
Anlagen zu den verschiedensten Säugetiergestalten. Aus
ihm hat sich durch eine ganze Reihe verschiedener Zwischenstufen (Orohippus der Eocäne, Mesohippus der unteren
und Miohippus oder Anchitherium der oberen Miocäne,
Hipparion oder Protohippus der unteren und Pliohippus
der oberen Pliocäne) unser heutiges Pferd entwickelt. Nicht
minder interessant für den Paläontologen oder Kenner der
Vorwelt sind die den Paläotherien nahe verwandten, ebenfalls aus der frühesten Tertiär=Zeit stammenden Anoplotherien mit Charakteren von Dickhäuter, Wiederkäuer und
Schwein, welche als Stammväter unsrer heutigen Schweine,
Flußpferde und Wiederkäuer angesehen werden müssen. Das
von Prof. Marsh ganz neuerdings in den Gebirgen des
fernen Westens von Nordamerika aufgefundene Tillotherium war ein Wesen, welches in einer höchst überraschenden

Weise die widersprechendsten Charaktere der verschiedenartig=
sten Säugetier=Ordnungen (Raubtiere, Nagetiere, Huftiere
u. f. w.) in sich vereinigte. Auch der wahrscheinliche
Stammvater der Tapir=Gattung ist von dem amerikanischen
Paläontologen Leidy im Bassin des Grünflusses entdeckt
und mit dem Namen Hyrachus belegt worden. Ueberhaupt
haben die Untersuchungen amerikanischer Paläontologen
(Marsh, Leidy, Cope u. f. w.) in den weiten Mississippi=
Ebenen zahllose Ueberreste fossiler Säugetiere von bis jetzt
meist unbekannten Arten entdeckt, welche ebenso viele Beweis=
mittel für die Entwicklungstheorie liefern. — In der
späteren Tertiär=Zeit, wie in der darauf folgenden Dilu=
vial=Zeit finden wir die gewaltigen Mastodonten und
Dinotherien als Vorläufer unsres heutigen Elefanten, den
furchtbaren Machairodus als Vorläufer unserer heutigen
großen Katzenarten, den Höhlenbär als Stammvater unsres
heutigen braunen Bären, den Ur (Bos primigenius) als
Ur=Ahnen unsres Rindes u. f. w., u. f. w.*)

Diese Beispiele könnten wir beliebig vermehren; doch
die gesammte paläontologische Wissenschaft ist, so zu sagen,
ein einziges Beispiel. Die niedersten Formen jedes einzelnen
Kreises traten immer zuerst auf, und von ihnen aus begann
die aufsteigende Stufenfolge weiterer Entwicklung sowohl
bezüglich der Arten als der Individuen. — „Mein Glauben
an das Gesetz des Fortschritts," sagt der berühmte englische

---

*) Selbst bis in die Gegenwart herab haben sich solche ehemalige
Uebergangs= oder Zwischenformen in einzelnen Exemplaren gewisser=
massen als „lebende Fossilien" erhalten. Das merkwürdige, in Austra=
lien gefundene, Eier legende und seine Jungen mit Milch säugende
Schnabeltier oder Ornithorhynchus ist ein Mittelding von
Vierfüßer, Vogel und Amphibium. Als es zuerst nach Europa ge=
bracht wurde, hielt man es für betrügerisch zusammengesetzt; eine alte
Maulwurfshaut, sagte man, sei an die Kinnbacken einer Ente befestigt
worden. Der Lepidosiren oder Schuppenmolch in Süd=Amerika
und Afrika athmet als eine Verbindung von Amphibium und Fisch

Gelehrte Prof. R. Owen am Schlusse einer vortrefflichen Beschreibung der vorweltlichen Säugetiere aus der mesolithischen Zeit, „vom Allgemeinen zum Besonderen, vom Niedrigen zum Höheren hat sich befestigt. Dasselbe wird durch die Aufeinanderfolge der Säugetiere von der Trias an aufwärts ebenso beleuchtet, wie durch die der übrigen Klassen von der ersten Dämmerung des Lebens bis zur gegenwärtigen Periode."

Dieses Gesetz allmäliger, aufwärts steigender Entwicklung hat sich auch auf die jetzt lebende organische Welt aus der Vorwelt fortgepflanzt und ihr sein unverkennbares Siegel aufgedrückt. Die ganze, in der neueren Zeit mit so besonderer Vorliebe gepflegte Wissenschaft der vergleichenden Anatomie oder die „Philosophie der organischen Formen", wie sie Häckel nennt, beruht auf dem Streben, die Uebereinstimmung der anatomischen Formen durch die ganze Tierreihe nachzuweisen, und auf der wissenschaftlichen Erkenntniß, daß ein gemeinsamer Grundzug für alle tierischen Formen existirt. Eine ununterbrochene Reihe der vielfachsten und mannichfaltigsten Aehnlichkeiten verbindet die ganze Tierwelt untereinander vom Niedrigsten bis zum Höchsten. Auch unser eignes Geschlecht oder der Mensch, der sich bisher in seinem geistigen Hochmuth so hoch erhaben über die ganze Tierwelt dünkte und als ein Geschöpf ganz anderer und besserer Art betrachtete, ist weit entfernt, von dieser

---

halb durch Kiemen, halb durch Lungen. Dasselbe that der in älteren Erdperioden auf der ganzen Erde verbreitete Ceratodus Forsteri, ein Mittelding zwischen Landtieren, Amphibien und Fischen. Der kiementragende Axolott oder Fischmolch (Siredon mexicanus) wirft, wenn man ihn auf dem Lande erzieht, die Kiemen ab und wird aus einem Wassertier zu einem lungenathmenden Lufttier, welches sich zu seiner früheren Form wie ein entwickeltes Tier zu seiner Larvenform verhält. — Weitere Beispiele von paläontologischen oder vorweltlichen Uebergangs-Formen sehe man in des Verfassers schon citirter Schrift über die Darwin'sche Theorie, in der zweiten Vorlesung.

allgemeinen Regel eine Ausnahme zu machen. Seine ganze
körperliche Bildung verbindet ihn auf eine so nahe und
enge Weise mit der ihm zunächst stehenden Tierwelt oder
mit den höchst stehenden Repräsentanten des Wirbeltier-
Typus, daß heutzutage kein wirklich Gelehrter mehr daran
denkt, aus ihm (wie man dieses ehedem versuchte) ein besonderes „Menschen-Reich" zu machen oder ihn selbst nur
als eine besondere „Ordnung" der Säugetiere von der
Ordnung der sog. „Vierhänder" abzutrennen, sondern daß
man ihn allgemein als eine besondere „Familie" der
obersten Ordnung der Säugetiere oder der sog. Primaten
(d. h. Gipfelformen oder Oberherrn) ansieht. „So zeigt
der Mensch," sagt Häckel (Anthropogenie, 3. Aufl., S. 87),
„in allen wesentlichen Beziehungen seiner inneren Organisation solche Uebereinstimmung mit den übrigen Säugetieren,
daß niemals ein vergleichender Anatom über seine Zuge-
hörigkeit zu dieser Klasse im Zweifel gewesen ist. Der
ganze innere Aufbau des menschlichen Körpers stimmt mit
demjenigen aller übrigen Säugetiere so sehr überein, daß
dagegen die Unähnlichkeit der äußeren Gestalt gar nicht in
das Gewicht fällt." Auch sein Gehirn oder das Organ
seines Geistes und Denkens ist weit entfernt, von dieser
Regel eine Ausnahme zu machen; es ist ein durch Größe,
Form, innere Bildung und Zusammensetzung modificirtes
oder zu einer höheren Stufe der Entwicklung gebrachtes
Säugetier-Gehirn, wie die eingehenden Forschungen vieler
Gehirn-Anatomen zur Evidenz gezeigt haben, und entwickelt
nach Maßgabe dieses Verhältnisses die in der Tierwelt
vorbereiteten geistigen Fähigkeiten zu steigender Vervollkommnung.*)

---

*) Die hierher gehörigen Einzelheiten und der über die ver-
gleichende Anatomie des Gehirns geführte gelehrte Streit sind näher
beschrieben in des Verfassers Schrift über den Menschen und seine
Stellung in Natur und Gesellschaft, zweite Hauptabtheilung.

Zum dritten Mal offenbart sich uns das Gesetz des allmäligen Ueberganges in der sog. Entwicklungsge= schichte der einzelnen tierischen Individuen. Noch heute sind alle tierischen Formen in der ersten Zeit ihrer indivi= duellen Entstehung einander so gleich oder ähnlich, daß man, um ihre sog. Grund=Typen wieder zu erkennen, nur auf diese ihre Entstehungsgeschichte zurückzugehen braucht. Es ist eine höchst interessante und bezeichnende Thatsache, daß alle Embryonen oder Keimlinge einander gleichen, und daß es geradezu unmöglich ist, ein entstehendes Schaf von einem entstehenden Menschen, dessen künftiges Genie viel= leicht die Welt in Bewegung setzen wird, zu unterscheiden. Ja, es geht dieses Verhältniß so weit, daß man nicht ohne Glück versucht hat, in der Entwicklungsgeschichte eines jeden Tieres oder des Menschen selbst nachzuweisen, wie der Embryo oder Keimling auf den verschiedenen Stufen seiner körperlichen Entwicklung die Haupt=Typen der ganzen unter ihm stehenden Tierreihe jedesmal repräsentire und wieder= hole, also gewissermaßen ein in engen Rahmen gefaßtes Miniaturbild einer oder der ganzen Schöpfungsreihe darstelle.

„Die Gegner der Abstammungslehre," sagt Häckel, „welche die stufenweise Entwicklung der Menschenform aus niederen Tierformen und ihre ursprüngliche Abstammung von einem einzelligen Urtiere für ein unglaubliches Wunder erklären, denken nicht daran, daß sich ganz dasselbe Wunder bei der embryonalen Entwicklung jedes menschlichen Indi= viduums thatsächlich in der kurzen Zeitspanne von neun Monaten vor unseren Augen vollzieht. Dieselbe Reihen= folge von mannichfach verschiedenen Gestalten, welche unsere tierischen Vorfahren im Laufe vieler Jahrmillionen durch= laufen haben, dieselbe Gestaltenfolge hat Jeder von uns in den ersten vierzig Wochen seiner individuellen Existenz im Mutterleibe durchlaufen." *) Ein Wunder, welches, wissen=

*) Siehe das Nähere in der vortrefflichen Schrift von T. H.

schaftlich betrachtet, als solches weit größer ist, als das
Wunder des biblischen Schöpfungsmythus!

Wer diese drei so scharf charakterisirten und unter
einander übereinstimmenden Entwicklungsreihen der paläo=
ontologischen, vergleichend=anatomischen und
embryologischen Stufenfolge mit vorurtheilsfreiem und
das große Ganze überschauendem Blick in das Auge faßt,
dem kann es — auch ganz abgesehen von allen darüber
aufgestellten Theorien oder Erklärungsversuchen — nicht
zweifelhaft erscheinen, daß die gesammte organische Welt in
einem nothwendigen inneren Zusammenhang steht, und daß
eines aus dem andern folgen mußte und muß. Hätten wir
auch nicht die während der letzten Jahrzehnte durch den
sog. „Darwinismus" veranlaßte großartige Umwandlung
der organischen Naturwissenschaften erlebt, so hätte nichts=
destoweniger jenes allgemeine Resultat für jeden philosophisch
denkenden Kopf feststehen müssen — wie es ja auch in der
That schon vor vielen Jahrzehnten für einzelne weiter, als
ihre Collegen, blickende Naturforscher, z. B. einen Lamarck
oder Geoffroy St. Hilaire oder für die meisten An=
hänger der sog. naturphilosophischen Schule, festgestanden
hat. Auch Verfasser hat in der fünf Jahre vor Darwin
(1855) erschienenen ersten Auflage dieser Schrift jenes all=
gemeine Resultat mit aller für jene Zeit nur möglichen Be=
stimmtheit ausgesprochen und die Entstehung neuer Arten
als einen natürlichen, durch Abstammung, Umwandlung

Huxley: „Zeugnisse für die Stellung des Menschen in der Natur",
deutsch von Carus (Vieweg, 1863), zweite Abhandlung über die
Beziehung des Menschen zu den nächstniederen Tieren, auf S. 64
u. ff., sowie in des Verfassers „Der Mensch und seine Stellung in
Natur und Gesellschaft", S. 109 u. ff. der 3. Aufl.; sowie auch end=
lich in Prof. Häckels verschiedenen Schriften, in welchen der geniale
Verfasser den unwidersprechlichsten Nachweis führt, daß die Keimes=
geschichte nichts anderes ist, als ein Auszug oder eine gedrängte und
abgekürzte Wiederholung der Stammes=Geschichte.

und Entwicklung vermittelten Proceß hingestellt, indem er sich
dabei stützte auf die allgemeinen, aus der paläontologischen,
vergleichend-anatomischen und embryologischen Forschung
resultirenden Gesichtspunkte. Auch versäumte er nicht, diese
Gesichtspunkte auf die „Frage der Fragen" anzuwenden und
mit einem Muth, der ihm damals die heftigsten Angriffe
von allen Seiten einbrachte, die (jetzt von wissenschaftlicher
Seite kaum mehr bezweifelte) „tierische Abstammung des
Menschen" zu behaupten. Bezüglich der genaueren Ursachen
dieser Umwandlungs-Vorgänge mußte er sich allerdings bei
dem damaligen Stande der Forschung damit begnügen, eines-
theils auf den Einfluß der äußeren Umstände oder auf die
wechselnden Zustände der Erdoberfläche, anderntheils auf die
Möglichkeit embryonaler Umwandlungen hinzuweisen und die
Hoffnung auszusprechen, daß spätere Forschungen hierüber
ein genaueres Licht verbreiten würden. Schneller, als es
irgend erwartet werden konnte, ist diese Hoffnung in Erfüllung gegangen, und zwar durch die in kurzer Zeit so berühmt gewordene Theorie des genialen Engländers Charles
Darwin, welcher mit durchbringendem Scharfblick und auf
eine Fülle von Thatsachen gestützt, als die natürlichen
Ursachen jener Umwandlung hinstellte: 1) den Kampf um
das Dasein; 2) die Abänderung oder Spielartenbildung
und die Veränderlichkeit der Art; 3) die Vererbung und
Erblichkeit; 4) die natürliche Auswahl oder Auslese während
sehr langer geologischer Zeiträume. — In verhältnißmäßig
kürzester Zeit hat diese geniale Theorie die Herrschaft in
den organischen Naturwissenschaften gewonnen; namentlich
hat sich die Mehrzahl der jüngeren, von der Tyrannei des
ehemaligen „Artbegriffs" nicht mehr beherrschten Gelehrten
ihr zugewendet. In der That kann kaum Jemand, der die
Darwin'schen Ausführungen oder Gesichtspunkte vorurtheils-
frei prüft, im Ernste leugnen, daß sich Arten oder neue
organische Wesen auf dem von ihm angegebenen Wege gebildet haben können und müssen. — Etwas Anderes ist

es, wenn man sich die Frage vorlegt, ob dieser Weg und die von Darwin angegebene Weise der Umänderung auch hinreichen, um daraus den gesammten Anwuchs und die reiche Mannichfaltigkeit der organischen Welt zu begreifen? Höchst wahrscheinlich ist dieses nicht der Fall, und müssen zu diesem Zwecke noch eine Reihe anderer, bedeutungsvoller Momente hinzugezogen werden, denen Darwin selbst entweder keine oder nur eine sekundäre Aufmerksamkeit geschenkt hat. Wir nennen unter diesen Momenten in erster Reihe den höchst wichtigen Einfluß äußerer und wechselnder Lebensumstände (wie Klima, Boden, Nahrung, Luft, Licht, Wärme, Vertheilung von Wasser und Land u. s. w., u. s. w.) — ein Einfluß, der dem berühmten französischen Gelehrten Geoffroy St. Hilaire so bedeutend erschien, daß er ihn allein für hinreichend erachtete, um die Veränderlichkeit der Art daraus zu erklären. Wir nennen ferner die Einflüsse von Uebung, Gewohnheit, Bedürfniß, Anpassung an veränderte Lebensweise, Gebrauch oder Nichtgebrauch der Organe oder einzelner Körpertheile, Kreuzung u. s. w. neben der Vererbung von während des individuellen Lebens erworbenen Eigenschaften — Einflüsse, welche Darwin's großer Vorgänger und eigentlicher Vater der Abstammungslehre, der so lange Zeit als „Phantast" verschrieene und im Elend gestorbene Franzose Lamarck, als die eigentlichen Ursachen der Umwandlung der Arten hingestellt hatte. Wir nennen ferner den wichtigen Einfluß des Wanderns der organischen Wesen, auf welches zuerst ein deutscher, noch lebender Gelehrter, Prof. Moritz Wagner in München, im Anschluß an die Darwin'sche Theorie und zur Ergänzung derselben aufmerksam gemacht hat.*) Wir erinnern ˙endlich und zuletzt an ein schon in den ersten Auflagen dieser Schrift im Anschluß an die merkwürdigen Erscheinungen des sog. Generationswechsels,

---

*) Man vergl. M. Wagner: „Die Darwin'sche Theorie und das Migrationsgesetz der Organismen", Leipzig 1878.

der Parthenogenesis, der Metamorphose u. s. w. hervor-
gehobenes Moment oder an durch den Einfluß äußerer oder
innerer Umstände veranlaßte Umwandlungen der Keime oder
Eier nämlich, durch welche weniger eine allmälige, sondern
mehr eine sprungweise Veränderung und Entwicklung der
fossilen Pflanzen= und Tierwelt in einzelnen Fällen erzielt
worden sein mag. Diesen Gedanken hat einer unserer
ausgezeichnetsten deutschen Gelehrten, Prof. Kölliker
in Würzburg, des Genaueren ausgeführt und daraus
seine sog. „Theorie der heterogenen Zeugung", welcher er
später den Namen der „Evolutionslehre" gegeben hat,
gebildet.*).

Mit dieser Anerkennung oder Aufstellung eines all=
gemeinen Gesetzes der Verwandlung, Umbildung oder Ent=
wicklung — einerlei durch welche Ursachen diese Umbildung
in jedem einzelnen Falle bewirkt worden sein mag — ist
ein fester Anhaltspunkt für die Beurtheilung der ganzen
anscheinend so schwer lösbaren Frage nach dem Woher? der
organischen Welt und nach den natürlichen Ursachen des=
jenigen Vorgangs gewonnen, den wir in der Ueberschrift
dieses Kapitels im Anschluß an die Urzeugung als „Nach=
zeugung" bezeichnet haben. Aus dem unscheinbarsten Anfang,
dem einfachsten organischen Formelement, welches eine Ver=
einigung unorganischer Stoffe auf dem Wege der freiwil=
ligen Zeugung zu Stande brachte, aus der dürftigsten
Pflanzen= oder Tierzelle oder auch aus einem noch nied=
rigeren oder ursprünglicheren organischen Gebilde oder
Anfang konnte sich fortschreitend mit Hülfe natürlicher
Vorgänge und endloser Zeiträume jene ganze reiche und

---

*) Man vergl. Kölliker's Vortrag über die Darwin'sche
Schöpfungstheorie (Leipzig 1864); ferner Zittel: Aus der Urzeit,
S. 594; ferner A. Wigand: Genealogie der Urzellen (Braunschweig
1872); ferner Dr. G. Jäger: „In Sachen Darwin's", S. 176; end=
lich des Verfassers Schrift über die Darwin'sche Theorie, S. 147 u.
flgd. der 5. Aufl.

unendlich mannichfach gegliederte organische Welt entwickeln, von der wir uns heute umgeben finden. —

Mag sich indessen die Sache im Einzelnen verhalten haben, wie sie wolle, und mag uns noch so Vieles und Manches über die genauere Art der organischen Schöpfung unklar oder zweifelhaft sein — soviel können wir doch bei dem heutigen Stande der Wissenschaft mit Bestimmtheit sagen, daß dieselbe nur natürlichen, in ihr selbst gelegenen Ursachen ihr Dasein verdankt und verdanken kann. Wenn diese Schöpfung in ihrer heutigen Vollendung und Mannichfaltigkeit nicht verfehlen kann, einen verblüffenden Eindruck auf den Geist des Beschauers zu machen und den Gedanken an eine unmittelbare schaffende Ursache wachzurufen, so liegt der Grund für dieses Erstaunen darin, daß wir die endlichen Wirkungen einer während vieler Millionen von Jahren thätigen Arbeit natürlicher Kräfte in ein Gesammtbild vereinigt vor uns sehen, und, indem wir nur an das Gegenwärtige, nicht an das Vergangene denken, uns auf den ersten Anblick nicht wohl vorstellen mögen, daß die Natur dieses Alles aus sich selbst hervorgebracht habe. Aber ein wissenschaftlicher Blick in die Vergangenheit unsres Erdballs und seiner Bewohner muß uns darüber belehren, daß die Geschichte dieser Vergangenheit unvereinbar ist mit dem Gedanken an eine persönliche und mit Machtvollkommenheit ausgerüstete Schöpferkraft, welche sich unmöglich zu einer derartigen langsamen, allmäligen und mühsamen Schöpfungsarbeit bequemen und sich in dieser Arbeit abhängig von den natürlichen Entwicklungsphasen der Erde machen konnte. .

Im Gegensatze hierzu mußte die Arbeit der Natur bei ihren halb zufälligen, halb nothwendigen Erzeugnissen eine unendlich langsame, allmälige, stufenweise, nicht vorherbedachte sein. So erblicken wir denn in dieser Arbeit nirgends einen ganz unvermittelten, auf persönliche Willkür beutenden Sprung; Form reiht sich an Form, Uebergang an Uebergang. „Die Natur," sagte einst Linné, „macht keinen Sprung;" und in der That ist jede neue Entdeckung oder Thatsache in der Naturforschung ein weiterer Beweis für diese Behauptung. Unvermerkt geht die Pflanze in das Tier, das Tier in den Menschen über. Trotz aller Bemühungen ist man doch bis auf den heutigen Tag nicht im Stande gewesen, eine feste Grenze zwischen Tier- und Pflanzenreich, zwei anscheinend so streng getrennten Abtheilungen organischer Wesen aufzufinden, und es ist keine Aussicht vorhanden, daß man es jemals im Stande sein werde. Im Gegentheil haben die neueren Forschungen über die sog. Protisten oder Urwesen, welche den Uebergang zwischen den beiden Reichen darstellen, und aus denen sich die letzteren in zwei verschiedenen Richtungen entwickelt haben, gezeigt, daß dieselben abwechselnd bald Tier, bald Pflanze sind, und daß erst auf den höheren Stufen der Entwicklung die unterscheidenden Merkmale deutlicher hervortreten. Ebenso wie die Körperlichkeit, erhebt sich auch die Seelenthätigkeit, von den unscheinbarsten und niedrigsten Anfängen ausgehend, stufenweise und allmälig zu immer höheren und vollkommneren Leistungen, bis sie im Empfinden und Wollen, Vorstellen und Denken des Menschen ihre bis jetzt höchste Vollendung erreicht. Jene unübersteigliche Grenze zwischen dem Menschen und der unter ihm stehenden Tierwelt, von welcher man trotz aller Fortschritte der Wissenschaft immer noch so viel reden hören muß, existirt ebensowenig, wie irgend eine andre strenge Naturtrennung, einerlei ob man den Menschen von seiner körperlichen oder seiner geistigen Seite betrachtet; und wenn derselbe allerdings im Verlaufe seiner culturellen Entwicklung eine Höhe erreicht hat, auf welcher er seinen tierischen Verwandten in ähnlicher Weise gegenübersteht, wie ehedem der Gott dem Menschen, so verdankt er dieses nur demselben stufenweisen und langsamen Entwicklungsgang, durch

welchen die gesammte Organismenwelt erzeugt wurde.
Die Geologen berechnen — wie dieses bereits im Laufe
dieses Kapitels Erwähnung fand — das Alter des Menschen=
geschlechts auf mindestens hunderttausend Jahre, fügen aber
hinzu, daß diese Schätzung möglicherweise sehr hinter der
Wirklichkeit zurückbleiben könne. Dagegen existirt die Ge=
schichte des menschlichen Daseins, also sein culturfähiger
Zustand, erst seit wenigen tausend Jahren. Welche enormen
Zeitlängen mußten demnach vergehen, bis sich der Mensch
auf einen solchen Punkt geistiger Erhebung emporschwang,
auf welchem er das Bedürfniß fühlte und die Mittel ge=
wann, seine Erlebnisse seinen Nachkommen durch Wort und
Schrift zum ewigen Gedächtniß zu überliefern! Und wer
gibt uns das Recht, die Fähigkeiten und Leistungen des
heutigen Culturmenschen, welcher auf der obersten Sprosse
einer hunderttausendjährigen Leiter steht und die ganze
Arbeit zahlloser Generationen hinter und unter sich hat,
auf übernatürliche Ursachen oder Schöpfungs=Willkür zurück=
zuführen? Wenn wir an seinen niedrigen und in der tiefsten
Nacht der Vorzeit sich verlierenden Ursprung zurückdenken,
werden wir anders urtheilen und einsehen, daß die Er=
reichung eines solchen Resultates nur auf dem Wege langer
und langsamer Entwicklung und Weiterbildung möglich war.
Ohne Zweifel stand das höchste der organischen Wesen in
jenen frühesten Zeiten in seinem ganzen körperlichen und
geistigen Wesen dem Tiere näher, als dem Bilde seines
heutigen Zustandes; und die ältesten, aus den Tiefen der
Erde hervorgeholten Menschenknochen und Menschenschädel
zeigen zum Theil rohe und unentwickelte Formen, welche
an allgemeiner Tierähnlichkeit die tierähnlichsten, heute
lebenden Menschenrassen noch übertreffen — obgleich (wie
wohl zu bemerken ist) diese Reste aus Zeiten stammen,
welche von der wirklichen Entstehungszeit der menschlichen
Form viel, viel weiter entfernt sein mögen, als die Zeit
ihrer Ablagerung oder ihres Begrabenwerdens von der

Gegenwart! In welcher Weise sich der Schädelbau der
europäischen Menschheit im Laufe selbst der historischen Zeit
vervollkommnet hat, wird in einem späteren Kapitel genauere Erwähnung finden.

Wollte man dennoch, entgegen allem naturphilosophischen Verstand, annehmen, es habe die unmittelbare Hand
des Schöpfers selbst diese Vorgänge überall und allerorten,
zerstreut durch Raum und Zeit, geleitet, so würde
man sich damit allgemeinen pantheistischen Vorstellungen
nähern und könnte nicht umhin, zuzugeben, daß dieses Verhältniß noch fortbauere, da die Entwickelung der Erde
und der auf ihr lebenden Pflanzen= und Tiergeschlechter
nicht aufgehört hat, sondern in gleicher oder ähnlicher
Weise fortbauert, wie früher. Da müßte man denn auch
annehmen, daß kein Schäflein ohne Zuthun jener schaffenden
Allgewalt erzeugt und geboren werden könne, oder daß kein
Kind ein Zähnchen bekommen könnte ohne göttliche Mitwirkung, oder daß jede Mücke, welche ihre Eier legt, auf
die Sorge jener Gewalt für Ausbrütung ihrer Nachkommenschaft Anspruch zu machen habe. Aber die Wissenschaft hat
längst das Natürliche, Mechanische und Zufällige in diesen
Vorgängen zur Evidenz nachgewiesen und jeden Gedanken
an übernatürliche Dazwischenkunft verbannt. So kann uns
auch dieses Verhältniß zum Beweis unserer ausgesprochenen
Ansichten werden, da ein Rückschluß von der Natürlichkeit
der heutigen Vorgänge der organischen Welt auf einen ebenso
natürlichen Anfang gerechtfertigt ist, und umgekehrt. Wer
A sagt, muß auch B sagen. „Ein supranaturalistischer
Anfang erfordert nothwendig eine supranaturalistische Fortsetzung.“ — „Wer ein Gesetz der Natur aufhebt, hebt alle
auf.“ (L. Feuerbach.)

„Als Individuum abgeschlossen,“ sagt Burmeister,
blieb die Erde in gewissen unabänderlichen Beziehungen zu
ihrer Umgebung, und was auf ihr, unabhängig von diesen
Bedingungen, vorging, das vollbrachte sie selbst aus eigener

Kraft; denn es gab und gibt noch heute keine Gewalt auf
der Erde, als diejenige ist, welche sie nun einmal besitzt.
Mit dieser Kraft hat sie sich entwickelt; wie weit deren
Wirkungen sich erstreckten, reichten auch ihre Erfolge; wo
die irdischen Kräfte schwinden, schwindet auch alle und jede
Wirkung auf Erden, und was sie nicht hervorbringen
konnte, das ist nie dagewesen, das wird nie hervorgebracht
werden."

Niemals hat die Wissenschaft einen glänzenderen Sieg
über Diejenigen davongetragen, welche ein außerweltliches
oder übernatürliches Princip zur Erklärung des Daseins
herbeiziehen, als in der Geologie und Vorweltkunde; niemals hat der menschliche Geist der Natur entschiedener ihr
Recht gerettet — allerdings unter Schwierigkeiten, welche
nur Diejenigen, die mit der Geschichte der Wissenschaft
vertraut sind, zu begreifen vermögen. Weder kennt die
Natur einen übernatürlichen Anfang, noch eine übernatürliche Fortsetzung; sie, die Alles gebärende und Alles ver-
schlingende, ist sich selbst Anfang und Ende, Zeugung und
Tod. Aus eigner Kraft brachte sie die sog. Schöpfung
und den Menschen als Krone derselben hervor; aus eigner
Kraft wird sie ihn auch wieder zu sich nehmen, nachdem
sein Wohnsitz, die Erde, ihren natürlichen Lebensproceß im
ewigen Kreislauf der Welten vollendet haben wird. Kann
nicht auch diese Menschenart sich ausleben und zu Grunde
gehen, wie so viele andere Stämme der organischen Weltgeschichte nach Erreichung eines gewissen Zieles sich aus-
gelebt haben? Und kann nicht eine andre, vielleicht voll-
kommnere an ihre Stelle treten? Niemand weiß es,
Niemand hat es gewußt, Niemand wird es wissen, als die
Ueberlebenden!*)

---

*) Ueber die mögliche Zukunft und Weiterentwicklung des Men-
schengeschlechts in körperlicher und geistiger Hinsicht im Sinn der Ab-
stammungs- und Entwicklungstheorie hat sich der Verfasser in dem

dritten Theil seiner Schrift über den Menschen und dessen Stellung
in Natur und Gesellschaft eingehend ausgesprochen. Ebendaselbst,
sowie in der öfter citirten Schrift des Verfassers über die Darwin'sche
Theorie finden sich ausführlichere Darlegungen der in diesem Kapitel
behandelten Gegenstände. Man vergl. auch den Aufsatz über die
organische Stufenleiter in des Verfassers Schrift: „Aus Natur und
Wissenschaft" (I. Bd.) und das Kapitel über die Schöpfung in „Natur
und Geist"; endlich das Kapitel „Die Wissenschaft" in des Verfassers
neuester Schrift: „Am Sterbelager des Jahrhunderts" (Gießen, 1898)

Die Zweckmäßigkeit in der Natur.
(Teleologie.)

Der Streit ist der Vater der Dinge.

Heraklit von Ephesos.

Die Zweckmäßigkeit ist erst vom reflektirenden Verstand in die Welt gebracht, der demnach ein Wunder anstaunt, das er selbst erst geschaffen hat.

Kant.

Es ist nun aber gar nicht mehr zu bezweifeln, daß die Natur in einer Weise fortschreitet, welche mit menschlicher Zweckmäßigkeit keine Aehnlichkeit hat; ja, daß ihr wesentlichstes Mittel ein solches ist, welches, mit dem Maßstab menschlichen Verstandes gemessen, nur dem blindesten Zufall gleichgestellt werden kann. — — Die „naturgemäße" Entwicklung ist ein Spezialfall unter tausenden. Es ist die Ausnahme, und die Ausnahme schafft jene Natur, deren zweckmäßige Selbsterhaltung der Teleologe kurzsichtig bewundert.

F. A. Lange.

Einer der wichtigsten Haltpunkte für die Ansicht Derjenigen, welche die Entstehung und Erhaltung der Welt einer Alles beherrschenden und Alles organisirenden Schöpferkraft zuschreiben, ist von jeher die sog. Zweckmäßigkeit in der Natur gewesen und ist es noch. Jede Blume, die ihre schillernde Blüthe entfaltet, jeder Windstoß, der einen Nebel verjagt, jeder Stern, der die Nacht erhellt, jeder Laut, der die Luft erschüttert, jede Wunde, die heilt, jede Einrichtung oder jedes Geschehniß der Natur gibt den gläu-

14*

bigen Teleologen oder Zweckmäßigkeitsmännern Gelegenheit,
entweder, wie es die Theologen thun, die unergründliche
Weisheit des angeblichen Schöpfers und Erhalters aller
Dinge zu bewundern und zu preisen, oder, wie es die Philo=
sophen thun, daraus auf die Existenz eines metaphysischen,
d. h. übernatürlichen, mit verschiedenen Namen bezeichneten
Urgrundes aller Dinge zu schließen.

Die heutige Naturforschung und Naturphilosophie hat
sich von diesen leeren und nur die Oberfläche der Dinge
beschauenden Zweckmäßigkeits=Begriffen ziemlich allgemein
emancipirt und überläßt dergleichen kindliche Betrachtungen
Denjenigen, welche nicht im Stande sind, ihr Denken von
jenen anthropomorphistischen Vorstellungen frei zu machen,
die leider Schule und Kirche zum Nachtheil von Wahrheit
und Wissenschaft immer noch beherrschen.

Kann der Stoff, wie in früheren Kapiteln nachge=
wiesen wurde, nicht sein oder gedacht werden ohne Kraft,
ohne Bewegung, ohne Form, so ist das Entstehen und Ver=
gehen einzelner Formen oder Bildungen oder Natureinrich=
tungen ein nothwendiges und selbstverständliches Resultat
oder Ergebniß natürlichen Daseins oder des Zusammen=
wirkens der Naturdinge. Nicht minder selbstverständlich und
zweifellos muß es erscheinen, daß diese Naturdinge sich bei
ihrer gegenseitigen millionen= und abermillionenfachen Be=
gegnung in einer solchen Weise gegenseitig bestimmen und
gegeneinander abgrenzen mußten, daß schließlich eine schein=
bare Ordnung oder Zweckmäßigkeit entstand, welche uns,
wenn wir sie mit menschlichen Augen betrachten oder mit
dem Maßstab menschlicher Einrichtungen bemessen, ohne an
die Ursachen ihrer Entstehung zu denken, nothwendig von
einem bewußten und mit Bewußtsein ordnenden Verstand
auf äußerliche Weise veranlaßt scheinen muß. Wir bedenken
dabei nicht, daß ein anderes Resultat schon von vornherein
durch die Natur der Umstände ausgeschlossen war, und daß
unzweckmäßige oder unpassende Dinge oder Einrichtungen

ober auch nur Versuche hierzu im Laufe der Zeit an ihren eignen Mängeln zu Grunde gehen mußten; ober baß — mit anbern Worten — die zweckmäßige Einrichtung nur ein einzelner Fall unter tausenden von nicht ober weniger zweckmäßigen ist, welche beßhalb unfähig waren, sich zu erhalten. Unser reflektirender Verstand, der sich nur an das Gegebene, nicht an das Vergangene hält und nach Maßgabe seiner kurzen, aus menschlicher Thätigkeit gewonnenen Erfahrung urtheilt, ist bemnach, wie bereits Kant eingesehen hat, die einzige Ursache dieser scheinbaren Zweckmäßigkeit, welche weiter nichts ist, als die nothwendige Folge des Begegnens natürlicher Stoffe und Kräfte und ihrer Fortbildung im Laufe der Alles zu einem gewissen Ausgleich bringenben, b. h. Lebensfähiges erhaltenden und Lebensunfähiges ausscheibenden Zeit. Die Natur ist gewissermaßen ihr eigner Arzt, und gerade in ihrem gesetzmäßigen Wirken liegt das natürliche Heilverfahren, woburch Unzweckmäßiges beseitigt wirb und Zweckmäßiges übrig bleibt. Insbesondere sind die Organismen oder lebenden Wesen in Folge ihrer leicht veränderlichen Natur der mannichfachsten Modifikationen und Anpassungen fähig und geben nun die auf solche Weise erlangten Eigenthümlichkeiten in den nachfolgenden Generationen in immer steigenbem Maß wieder, während von biesen immer wieber neue Eigenschaften bazu erworben werben. Auf biese Weise muß benn nothwenbig eine steigenbe Entwicklung zu immer mehr lebensfähigen, b. h. mehr zweckmäßigen Formen oder Bildungen erfolgen.

Diese Betrachtung ist so einfach und klar, baß sie sich nüchternen und vorurtheilsfreien Geistern auch ohne weiteres Eingehen in wissenschaftliche Erörterungen mit Nothwendigkeit aufbrängen muß. In ber That ist bieselbe schon im ersten Jahrhunbert nach Christus von bem Verfasser des berühmten römischen Lehrgebichts „Ueber die Natur der Dinge", von Lukretius Carus, mit klaren Worten ausgesprochen worben:

„Denn nicht haben fürwahr die Uranfänge der Dinge
„Sich mit weisem Bedacht gefügt zur jetzigen Ordnung
„Oder, durch Satzung gezwungen, geregelt ihre Bewegung;
„Sondern da sie, unendlich an Zahl und sich stetig ver=
wandelnd,
„Wurden getrieben durch's All, von zahllosen Stößen er=
schüttert,
„Kamen sie, jede Art der Bewegung und Bindung ver=
suchend,
„Endlich dahin, sich zu einen zur jetzigen Ordnung des
Weltalls."

Aber auch ganz abgesehen von dieser durchschlagenden
Betrachtung sind wir schon um deßwillen nicht berechtigt,
von Zweckmäßigkeit zu reden, weil wir ja die Dinge nur
in dieser einen, uns vorliegenden Gestalt und Verfassung
kennen und keine Ahnung davon besitzen, wie sie uns in
einem davon ganz verschiedenen Zustand erscheinen würden.
Um darüber ein berechtigtes Urtheil haben zu können,
müßten wir im Stande sein, eine Vergleichung zwischen
dieser und irgend einer andern, ganz anders eingerichteten
Welt oder Ordnung der Dinge anzustellen — was eine
Unmöglichkeit ist. Aber möchte auch die Welt eingerichtet
sein, wie sie wolle, immer würden wir sie — vorausgesetzt
daß wir darin existiren könnten — in einer gewissen Weise
zweckmäßig eingerichtet finden. In der That ist dieses
auch so sehr der Fall, daß die verschiedensten Zustände unter
verschiedenen Umständen uns als zweckmäßig erscheinen, je
nachdem unsre Persönlichkeit sich ihnen angepaßt hat. Dem
Nordländer erscheint die Kälte, dem Südländer die Hitze
angenehm oder nützlich; der Araber liebt die Wüste, der
Schiffer das Meer, der Jäger Wald und Berge, der Acker=
bauer das Feld, der Städter Häuser und Menschen. Also
erscheint jedem Einzelnen nur das zweckmäßig, was ihm in
Bezug auf seine individuellen oder persönlichen Anschauungen

oder Bedürfnisse angenehm oder von Nutzen ist oder was zu seinem Wesen paßt. Zudem hat unser Verstand nicht einmal nöthig, sich an der ihm vorliegenden Wirklichkeit genügen zu lassen. Denn welche natürliche Einrichtung, welches Naturding gäbe es, das er sich nicht in einer oder der andern Weise besser oder zweckentsprechender eingerichtet denken könnte? Ja, es gibt Natureinrichtungen höchst complicirter und hoch entwickelter Art, von denen sich gradezu wissenschaftlich nachweisen läßt, daß sie auf dem Wege allmäliger Entwicklung und Anpassung noch lange nicht zu jenem Grade der Vollkommenheit gelangt sind, den sie haben müßten, wenn sie nach Zweckmäßigkeits-Rücksichten erschaffen worden wären. So erscheint das anscheinend höchst künstlich eingerichtete Organ des Sehens oder unser Auge dem Laien als ein Wunder von Zweckmäßigkeit oder als eine Veranstaltung höchster und überlegtester Weisheit zum Zweck des Sehens, während die Prüfung des Forschers darin eine ganze Reihe von Fehlern und Unvollkommenheiten entdeckt hat, wie die Farbenzerstreuung und die sog. sphärische Abweichung durch den unvollkommnen Bau der Linse, den sog. Astigmatismus oder die unvollkommne Anbequemung an gleichzeitiges vertikales und horizontales Sehen durch unvollkommne Krümmung der Hornhaut; ferner die Lücken, die Gefäßschatten, die unvollständige Durchsichtigkeit der Medien, die schwimmenden Flocken in den Augenflüssigkeiten u. s. w. Schon der Umstand, daß so viele Menschen Brillen oder Fernglaser brauchen, beweist die Unvollkommenheit des Auges. Würde ein menschlicher Optiker ein in ähnlicher Weise gefertigtes Instrument liefern, so würde man es ihm, wie Helmholtz bemerkt, als schlechte Arbeit zurückgeben. Die Ursache dieses Verhältnisses liegt darin, daß das Auge (wie alle Organe oder Einrichtungen des Tier- oder Pflanzenkörpers überhaupt) durch zahllose Abstufungen von Unvollkommenheit hindurch aus einem einfachen, empfindenden, unter der Haut gelegenen Nerven durch langsame Anhäu-

fung und Befestigung kleiner Vortheile allmälig bis zu
seiner letzten hohen Ausbildung gelangt ist — eine Ausbildung, welche aber, wie gezeigt, selbst in dem vollkommensten
Auge noch nicht vollständig ist. Die vergleichende Anatomie
gibt hierüber überall die unzweideutigsten Nachweise und
zeigt, daß die allerersten Anfänge des Sehorgans bei den
niedersten Tieren nicht einmal durch Nerven, sondern durch
kleine Anhäufungen rother oder violetter Pigment-Zellen
der Haut am Vorderende des Körpers dargestellt werden.
Ganz Gleiches oder Aehnliches gilt von allen übrigen Sinnes-
organen, welche ursprünglich nichts weiter sind oder waren,
als Theile der äußeren Hautdecke, in welchen sich Empfin-
bungsnerven ausbreiteten, und welche sich nach und nach im
Laufe vieler Millionen von Jahren durch Uebung, Arbeitstheilung, Anpassung und Vererbung bis zu dem jetzigen
Grade ihrer Ausbildung entwickelt haben. Dieser Proceß
der allmäligen Entwicklung der Sinnesorgane läßt sich selbst
heute noch in allen seinen Stadien am bebrüteten Hühnerei
nachweisen, und zwar aus Theilen der äußeren Körper-
bedeckung oder der Oberhaut oder aus einfachen Hautzellen,
welche sich nach und nach in die eigenthümlichen Sinnes-
zellen umwandeln. Auf der untersten Stufe des Lebens,
z. B. bei Protisten oder Infusorien, ist Sinnesthätigkeit
sogar ohne besondere Sinneswerkzeuge und ohne Nerven
möglich.*) „Diese Thatsachen beweisen," wie Häckel sagt,
„auf das Klarste, daß auch die vollkommensten Sinnesorgane nicht das künstliche Produkt eines vorbedachten
Schöpfungsplanes, sondern daß sie gleich allen andern Organen des Tierkörpers das unbewußte Erzeugniß der natürlichen Züchtung im Kampfe um das Dasein sind."

    Welchen mächtigen Einfluß bei der Entwicklung des
Sehorgans ein äußerer Natureinfluß oder das Licht gehabt

---

    *) Näheres bei Häckel: „Ueber Ursprung und Entwicklung der
Sinneswerkzeuge", Ztschr. Kosmos, IV. Band, S. 20 u. flgde.

hat, wird durch die bekannte Thatsache der blinden Höhlen=
tiere bewiesen, welche, nachdem sie durch einen Zufall in
die absolute Finsterniß dieser Höhlen gerathen sind und ge=
zwungen waren, darin fortzuleben, ihre Augen bis auf
karge Rudimente oder Stummel nach und nach verloren
oder eingebüßt haben. Umgekehrt haben Fische und an=
dere Seetiere um so größere Augen, je mehr sie gewöhnt
sind, in dämmernder Tiefe zu leben, weil die Züchtung im
Kampfe um das Dasein nothwendig diejenigen Individuen
begünstigen mußte, welche die spärlichen Lichtstrahlen durch
ein größeres Sehorgan besser sammeln konnten.

Aus allem diesem geht weiter hervor, daß die Augen
uns nicht deßhalb geschenkt worden sind, damit wir mit
denselben sollen sehen können, ebensowenig wie wir die
Füße erhalten haben, um damit gehen zu können. Wir
sehen und gehen vielmehr, weil wir Augen und Füße
haben. Der Gebrauch ist nicht der Ursprung, sondern das
Resultat der Dinge. Das Sehen existirte nicht vor dem
Auge oder die Sprache vor der Zunge, sondern das Gegen=
theil fand statt. Aus demselben Grunde können wir nicht
sagen, daß der Hirsch oder das Reh ihre langen Beine er=
halten hätten, um schnell laufen zu können; sondern sie
laufen schnell, weil sie lange Beine haben. Die Dinge sind,
wie sie sind, weil sie sich unter millionenfachen gegenseitigen
Reibungen oder Begegnungen so entwickelt haben; hätten
sie sich anders entwickelt oder entwickeln können, wir würden
sie nicht minder zweckmäßig oder zweckentsprechend gefunden
haben. Die Tiere im Norden haben einen dichteren Pelz,
als diejenigen im Süden, und ebenso bekleiden sich die Tiere
im Winter mit dichteren Haaren und Federn als im
Sommer. Ist es nicht natürlicher, ein solches Verhältniß
als die nothwendige Folge äußerer Lebenseinflüsse, in diesem
Fall der Temperaturverhältnisse, anzusehen, als, wie es der
Teleologe thut, an einen himmlischen Zuschneider zu denken,
welcher jedem Tiere für Sommer= und für Wintergarderobe

sorgt? Auch ist es in der That eine allbekannte Erfahrung,
daß die Haut bei andauernder niederer Temperatur einen
stärkeren Haarwuchs producirt, wodurch es z. B. kommt,
daß die jetzt nur noch den wärmeren Klimaten angehörigen
Elefanten und Rhinoceros=Arten fast nackthäutig sind, wäh=
rend ihre vorweltlichen Verwandten im kalten Norden, das
Mammuth und wollhaarige Rhinoceros, mit dichtem und
langem Haar bedeckt waren. Dazu kommt der bekannte
Einfluß des von Darwin aufgedeckten Kampfes um das
Dasein, d. h. jener ununterbrochenen gegenseitigen Con=
currenz, welche alle organischen Wesen sowohl unter einander,
als den Lebensbedingungen gegenüber unterhalten, und
welche es bewirkt, daß nur solche Formen Aussicht auf
dauernde Erhaltung haben oder hatten, welche in irgend
einer Weise durch einen, wenn auch Anfangs noch so ge=
ringen Vortheil vor ihren Mitwesen sich auszeichneten und
diesen Vortheil auf ihre Nachkommen zur allmäligen Weiter=
bildung vererbten. So sind z. B. die vortheilhaften Farben
mancher Tiere, wie der grünen Insekten, der weißen Schnee=
hühner, der braunen, auf Baumrinden lebenden Tiere, der
grauen, die Farbe des Sandes nachahmenden Wüstentiere
u. s. w. Folge der natürlichen Züchtung im Kampfe um
das Dasein, indem anders gefärbte Tiere bald ihren Feinden
unterlagen, jene dagegen ihre vortheilhafte Eigenheit ihren
Nachkommen hinterließen. So haben auch Tiere mit
dichtem Pelz in kalten Klimaten mehr Aussicht, sich zu
erhalten, als solche mit dünnem, und hinterlassen ihrer
Nachkommenschaft diese vortheilhafte, von Generation zu
Generation sich steigernde Eigenheit, welche ihnen zum
größten Vortheile gereicht und dem oberflächlichen Betrachter
den Eindruck einer göttlichen oder absichtlichen Einrichtung
macht, während der tiefer Blickende nur natürliche Wir=
kungen natürlicher Ursachen sieht. Was jetzt in der Welt
vorhanden ist, ist demnach nur der Ueberrest unendlich vieler
Anfänge und zahlloser Entwicklungsprocesse. — Uebrigens

mag an dieser Stelle nicht vergessen werden zu bemerken, daß diese von Darwin so vortrefflich begründeten Gesichtspunkte in ihren allgemeinsten Umrissen schon den ältesten griechischen Philosophen bekannt waren, und daß bereits der griechische Philosoph Empedokles (450 vor Chr.), welcher deshalb jetzt vielfach als der Urvater der Darwin'schen Theorie bezeichnet wird, mit bewunderungswürdigem Scharfblick lehrte, daß bei der Gestaltung der Materie zur Form früher viele unregelmäßige oder regellose Formen existirt haben möchten, welche sich zum Theil nicht erhalten konnten und erst nach und nach dadurch, daß sie die am vortheilhaftesten gearteten und darum lebensfähigsten waren, zweckmäßige Beschaffenheit erlangten.

Mit dieser Auseinandersetzung wird wohl auch jenem bekannten Einwand begegnet, daß die nicht-teleologische Weltanschauung Alles aus dem bloßen Zufall ableite, während doch dieser niemals im Stande sei, zweckmäßige Bildungen hervorzubringen. Man werfe, so wendete bereits Cicero den pantheistischen Philosophen seiner Zeit ein, einen Haufen Buchstaben oder Lettern noch so oft oder vielfach durcheinander, so wird doch daraus niemals ein Gedicht, wie z. B. die Ilias oder die Odyssee, entstehen. Gewiß nicht! denn dieses wäre ein ganz undenkbarer Zufall oder ein großes Loos unter unzähligen Nieten. Aber ein solcher Zufall, wie er hier vorgestellt wird, existirt in der Natur nicht, welche in letzter Linie Alles auf natürliche und gesetzmäßige Weise geschehen läßt. Was wir jetzt noch Zufall nennen, beruht lediglich auf einer Verkettung von Umständen, deren innere Zusammenhänge und letzte Ursachen wir bis jetzt nicht zu enträthseln vermögen. „Wir schreiben dem Zufall," sagt bereits das berühmte „Système de la nature", „die Wirkungen zu, deren Verknüpfungen mit den Ursachen wir nicht sehen — Ordnung und Unordnung sind nicht in der Natur." Die Alternative „Gott oder Zufall", welche uns von den Teleologen immer entgegengehalten wird, existirt

daher gar nicht. Es gibt noch ein Drittes oder die allmälige Entstehung des Zweckmäßigen im natürlichen Verlauf
der Dinge durch die beschriebenen Vorgänge der Auslese,
Anpassung u. s. w. Bei den gegebenen Naturverhältnissen
ist eine ganz unberechenbare Anzahl zweckmäßiger Mecha-
nismen oder Formen oder Veranstaltungen möglich oder
denkbar, von welchen einige wirklich werden, wenn auch
damit noch lange nicht gesagt ist, daß sie die denkbar zweck-
mäßigsten sein müssen. Es genügt, wenn sie nur soweit
zweckmäßig sind, um unter bestimmten Verhältnissen existiren
zu können. In der That stimmt dieses auch vollkommen
mit der Wirklichkeit und mit den stets wechselnden Erzeugnissen und Zuständen der natürlichen Erd- und Weltgeschichte.
Man höre also endlich einmal auf, mit dem seichten und
abgedroschenen Gemeinplatz des Zufalls oder blinden Lettern-
Wurfs den Vertheidigern der Existenz einer natürlichen Weltordnung entgegenzutreten; es beweist ein solcher Einwurf
nur Mangel an Wissen und Mangel an Ueberlegung.

Wenn nun nach allem diesem nicht wohl bezweifelt
werden kann, daß die Natur nicht nach selbstbewußten
Zwecken oder Absichten handelt, sondern einer blinden Nothwendigkeit gehorcht, so liegt es in der Natur der Sache,
daß sie bei einer solchen Thätigkeit auch eine Menge von
Dingen oder Einrichtungen in das Leben rufen oder ihr
Dasein gestatten muß, welche, wenn wir den Zweckbegriff
zum Maßstab ihrer Beurtheilung nehmen, als im höchsten
Grade verkehrt, nutzlos, ungereimt oder unvollkommen erscheinen müssen. In der That sind wir denn auch, sobald
wir die Natur einmal unter dem Gesichtspunkt der Zweckmäßigkeit zu betrachten anfangen, mit Leichtigkeit im Stande,
solche Zweck- und Nutzlosigkeiten, solche Ungereimtheiten oder
Unvollkommenheiten nicht nur überall in Menge aufzudecken,
sondern auch nachzuweisen, wie die Natur, wenn sie durch
äußere oder innere Schwierigkeiten in ihrem blinden Wirken
gestört wird, sich die auffallendsten Fehler und Verkehrt-

heiten zu Schulden kommen läßt. Sie weiß oft nicht das
kleinste, sich ihr entgegenstellende Hinderniß zu überwinden
oder in zweckmäßiger Weise zu beseitigen und verwickelt sich
eben in Folge ihrer gänzlichen unfreien Thätigkeit jeden
Augenblick in ganz unnöthige oder unlösbare Schwierigkeiten
oder Verlegenheiten, denen ein bewußter Verstand oder auch
eine unbewußte, aber von Zweckmäßigkeitsrücksichten bestimmte oder geleitete Thätigkeit unfehlbar entgangen sein
würde.

Vor allem wird Niemand zu leugnen im Stande sein,
daß die Natur in ihrem blinden Schöpfungsdrang eine
Menge von Naturwesen oder Naturdingen erzeugt hat, von
denen ein anderer, als Selbst-Zweck, durchaus nicht eingesehen
werden kann, und welche die natürliche Ordnung der Dinge
oder das Wohl der Gesammtheit mehr zu stören als zu
fördern geeignet sind. Daher ist denn auch die Existenz
der sog. schädlichen Tiere und Pflanzen den Teleologen
und der religiösen Weltanschauung von jeher ein Dorn im
Auge gewesen, und man hat sich auf die verschiedenste und
wunderlichste Weise bemüht, die Berechtigung dieser stören-
den Existenzen nachzuweisen. Wie wenig dieses möglich ist,
beweisen die Erfolge derjenigen religiösen Systeme, welche
den Sündenfall oder die Sünde überhaupt als Ursache jener
Abnormität darstellen. Nach den Theologen Meyer und
Stilling (Blätter für höhere Wahrheit) sind das schädliche
Gewürm und die feindseligen Insekten Folge des Fluchs,
der die Erde und ihre Bewohner traf, und ihre oft ungeheuerliche Zeichnung oder Form soll gewissermaßen das Bild
der Sünde und des Verderbens darstellen! Uebereinstimmend
hiermit nimmt man an, daß ihre Erzeugung erst späteren,
also nicht urschöpferischen Ursprungs sei, weil ihre Existenz
an die Verzehrung von vegetabilischen und animalischen
Stoffen gebunden sei! Im altdeutschen Heidenthum werden
diese Tiere als böse Elben geschildert, von denen alle Krankheiten herstammen, und welche ihre Entstehung dem teuf-

lischen Cultus in der ersten Mainacht verdanken. Diese
sonderbaren Deutungsversuche zeigen deutlich, wie wenig man
im Stande war und ist, die Existenz dieser schädlichen,
lästigen und widrigen Naturwesen [aus Nützlichkeitsgründen
zu erklären oder in Einklang mit dem Walten einer gütigen,
den Menschen wohlwollenden Vorsehung zu bringen. Auf
der andern Seite weiß man, daß sehr unschädliche oder sehr
nützliche Tiere ausgestorben oder im Aussterben begriffen
sind, ohne daß die Natur Mittel gefunden hätte, ihre Existenz zu erhalten. Dagegen sind sehr schädliche Tiere, z. B.
die Feldmäuse, mit einer solchen Fruchtbarkeit begabt, daß
an ihr Aussterben nicht zu denken ist. Auch die Vermehrungsfähigkeit jener mikroskopischen Organismen, welche als
die Ursache so vieler gefährlichen Krankheiten erkannt worden
sind und den Menschen bald direkt, bald durch Vernichtung
wichtiger Nutzpflanzen unberechenbaren Schaden zufügen, ist
eine fast unbegrenzte. Die sog. Spaltpilze oder Fäulniß-
hefezellen, welche die verheerendsten und quälendsten An-
steckungen oder Krankheiten hervorzurufen im Stande sind
und die Gesundheit von Mensch, Tier und Pflanze unter-
graben oder zerstören, vermehren sich binnen zwanzig Minuten um das Doppelte, so daß die Nachkommenschaft eines
einzigen Pilzchens am Ende der zwanzigsten Stunde eine
Zahl ausmacht, welche mit neunzehn Ziffern geschrieben
werden müßte. Dabei ist ihre elende Schmarotzer-Existenz
das Ueberflüssigste, was es geben kann, und nur möglich
durch das massenhafte Elend andrer, viel höher stehender
und werthvollerer Geschöpfe. Die Heuschrecke, die Wander-
taube bilden Schwärme, welche die Sonne verfinstern und
Verderben, Tod und Hungersnoth über die unglücklichen
Landstriche bringen, welche ihr Zug berührt. Hunderte von
fleischfressenden Tieren, sagt Garrison in einem vortrefflichen, vor der philosophischen Gesellschaft von Chicago gehaltenen Vortrag, machen unsere Wälder und Ströme un-
sicher, während über breitausend Schlangenarten Mensch und

Tier mit Gift und Tod bedrohen. Welcher vernünftige Grund könnte wohl mit Erschaffung einer Klapperschlange verbunden sein? Um aus unserer Erde ein Elysium zu machen, hat die göttliche Allmacht die Luft mit Horniffen, Wespen, Mücken und Muskitos erfüllt!

Aber auch unter den nicht direct schädlichen Pflanzen oder Tieren gibt es kaum ein oder ein halbes oder ein Drittel Procent, von dem der Mensch, zu dessen Nutzen doch alles erschaffen sein soll, einen wirklichen Vortheil zieht. Alle übrigen sind indirect schädlich, indem sie Erde und Luft .der Nahrung berauben, welche nützlicheren Wesen hätte zu- kommen dürfen.

„Wer nur Weisheit, Ziel und Zweckmäßigkeit in der Natur sucht," sagt Prof. Siebel, „der mag sich an die Naturgeschichte der Bandwürmer wenden und dort seinen Scharffinn versuchen. Ihre Lebensaufgabe besteht in der Produktion entwicklungsfähiger Eier und ist lediglich nur durch die Qual anderer Geschöpfe möglich; Millionen von Eiern gehen zwecklos zu Grunde, einzelne entwickeln den Keim, der Embryo puppt sich ein und verwandelt sich in einen saugenden und zeugenden Skolex, dessen Kinder Eier produciren und in fremdem Koth verfaulen. Nichts von Schönheit, Zweckmäßigkeit und Weisheit nach gemeiner menschlicher Auffassung."

Wozu — so kann man den Teleologen mit Recht ent- gegenhalten — das Heer der Krankheiten oder der physischen Uebel überhaupt? Warum jene Masse von Grausamkeiten und Entsetzlichkeiten, wie sie die Natur mit Hülfe von Ueber- schwemmungen, Erdbeben, Blitz, Feuer, Hagel, Vulkanen, Stürmen u. f. w. täglich und stündlich an ihren eignen Kindern oder Geschöpfen ausübt, und welche, wenn ein Mensch auch nur den hundertsten Theil derselben gegen seine Mitmenschen ausüben wollte, die Anklage schwersten Ver- brecherthums begründen würde? Warum ist die Existenz von Millionen von Wesen nur dadurch möglich, daß sie

anbre Millionen ihrer Mitgeschöpfe in der grausamsten Weise
umbringen oder quälen? Warum ist die Natur ein allge=
meines, von Blut und Greueln jeder Art erfülltes Schlacht=
feld, und warum besteht mehr als die Hälfte aller tierischen
Wesen aus sog. Parasiten oder Schmarotzern, welche nur
auf Kosten ihrer Mitgeschöpfe zu leben im Stande sind?
Kann es göttliche Güte oder Barmherzigkeit gewesen sein,
welche der Katze oder der Spinne ihre Grausamkeit verlieh
und den Menschen selbst, die sog. Krone der Schöpfung,
mit einer Natur begabte, welche ihn fähig macht, jede Art
der unglaublichsten Greuel gegen sein eignes Geschlecht zu
üben? Kann es göttliche Güte oder göttliches Wohlwollen
gewesen sein, welche das Heer der Krankheiten schuf und
durch dieselben eine solche Masse von Schmerz, Elend und
Verzweiflung, daß selbst Alles, was Menschen an Menschen
Böses gethan haben, dagegen in nichts zusammenschrumpft?
Wenn es der Mensch im Laufe der Zeit dahin gebracht hat,
sich und sein Geschlecht allen diesen Unbilden der Natur
gegenüber zu behaupten, so hat er dieses keiner höheren All=
macht, sondern ganz allein sich selbst und den unerhörtesten,
mit den schwersten Opfern verbundenen Anstrengungen seines
eignen Körpers und Geistes zu verdanken.

Zu welchem Zweck, fragt Garrison, wurde der Tiger
in einer Weise mit Klauen, Zähnen, Sinnen und großer
Körperkraft ausgerüstet, daß er andere Tiere und selbst
Menschen töbten und verschlingen kann? Und warum hat
die Antilope die Fähigkeit erhalten, durch die Schnelligkeit
ihrer Füße dem Tiger zu entgehen? Weniger Sorge für
den Tiger würde weniger Sorge für die Antilope nöthig
gemacht haben. Warum sollte überhaupt ein Tier bestimmt
sein, andere Tiere zu fressen oder gefressen zu werden?

Welchen denkbaren Vortheil oder welches Vergnügen
könnte die Gottheit aus diesem durch die Welt verbreiteten
unaufhörlichen Gemetzel gewinnen? Man sagt uns, daß
Gott die Tiere und jedes Ding „zur Erhöhung seines eignen

Ruhmes" geschaffen habe, was beweisen würde, daß derselbe in hohem Grade ein Freund von Blutvergießen wäre, und daß er weiter, ehe er die Schöpfung vornahm, nicht so ruhmvoll war, wie er zu sein wünschte.

Allerdings behaupten die Theologen, daß alles dieses nur Folge des Sündenfalls und durch die moralische Ver= derbniß der Menschheit auf künstliche Weise in die ursprüng= lich reine und unschuldige Natur hineingebracht worden sei. Sie wissen freilich nicht oder wollen nicht wissen, daß die Naturgesetze zu allen Zeiten dieselben gewesen sind, und daß die Paläontologie oder Vorwesenkunde zahlreiche und un= widerlegliche Beispiele krankhaft veränderter Tier= und Menschenknochen aus sog. vorsündfluthlicher Zeit aufzu= weisen hat. Die Krankeit ist, wie dieses auch aus sonstigen inneren Gründen nichts anders sein kann, so alt wie das organische Leben überhaupt, und das von Krankheit und Uebeln nicht erreichte Paradies ist für das klare Auge der Naturforschung nichts weiter, als eine von der kindlichen Phantasie der Völker ausgedachte Mythe, welche aus der unbefriedigten Sehnsucht des menschlichen Gemüthes nach einem besseren Zustand der Dinge hervorging.

Die Farben der Blumen, pflegt der Teleologe zu sagen, seien da, um das menschliche Auge zu ergötzen. Wie lange aber blühten Blumen, die nie ein menschliches Auge sah, und wieviele blühen noch heute an unzugänglichen Orten oder auf dem Grunde des Meeres, wo sie kein andres Auge, als dasjenige des Tauchers erblickt! Ueberdem ist es eine Thatsache, daß wenigstens die Hälfte aller Pflanzen der Erde keine schönen oder buntgefärbten Blumen besitzt; und Dar= win ist durch seine Untersuchungen zu dem merkwürdigen Schluß gekommen, daß Blumen in der Regel nur deßhalb buntgefärbt sind, weil sie die Insekten anziehen, welche ihnen zur Befruchtung verhelfen, während eine Blume, welche durch den Wind zur Befruchtung gebracht wird, nie eine hellgefärbte Blumenkrone hat. Schöne Färbung ist also bei der Blume nicht vorhanden, wenn sie von keinem Nutzen für dieselbe und durch Bevorzugung im Kampfe um das Dasein nicht bei ihr hervorgelockt worden ist. Dieses er=innert daran, daß sehr viele Pflanzen höchst unzweckmäßiger Weise so eingerichtet sind, daß die nothwendige Voraus=setzung ihrer Fruchtbarkeit oder das Zusammenkommen von Blüthenstaub und Narbe auf jede Weise erschwert oder ver=hindert ist, und daß nur besondere zufällige Umstände (Regen, Wind, Insekten u. s. w.) ihre Fortpflanzung er=möglichen. Warum dieses? Auch an zwecklosen oder un=nützen Theilen und Organen fehlt es in der Pflanzenwelt so wenig, daß der berühmte Botaniker S ch l e i b e n sagen darf: „Die kühnste Einbildungskraft erlahmt daran, für die mannichfaltigen Formen und Gestalten der Pflanze be=stimmte Begriffe der Zweckmäßigkeit aufzusuchen und fest=zuhalten."

Ganz ebenso verhält es sich bei den Tieren und bei dem Menschen, in deren körperlichem Bau oder Leben sich zwecklose Einrichtungen oder Bildungen ständig oder vorüber=gehend in Menge nachweisen lassen. Niemand weiß zu sagen, wozu der Schwanz des menschlichen Embryo oder die sog. fötalen Durchgangsbildungen oder die Ueberreste des ent=gegengesetzten Geschlechtscharakters bei männlichen und weib=lichen Säugern (z. B. die männlichen Milchdrüsen) oder der sog. Wurmfortsatz oder die Muskeln des Ohres oder inneren Fußes oder die sog. Mandeln oder die Schilddrüse oder die Nickhaut des Auges bei dem Menschen oder das Schlüsselbein der Katze oder die zum Fliegen untauglichen Flügel mancher Vögel oder die Zähne des Walfisches u. s. w. u. s. w. da sind. Diese Dinge gehören größtentheils in das große Gebiet der sog. rudimentären oder verkümmerten Organe, welche nur durch die Descendenz= oder Abstammungs=Theorie erklärbar sind und der teleologischen Weltanschauung und der Schöpfungs=Theorie ein nicht zu lösendes Räthsel aufgeben, da sie nicht bloß unnütz oder zwecklos, sondern zum Theil sogar recht schädlich sind. „Wäre alles Zweckmäßige von einem denkenden Weltgeiste geschaffen worden, dann wäre das lange Bestehenbleiben der rudimentären Organe unbegreiflich; denn der Gott, der die ganze Welt in sechs Tagen zu schaffen vermochte, würde doch wohl auch ein unnütz gewordenes Organ in derselben Zeit beseitigen können." (G. H. Schneider.) K. Vogt erzählt, daß es Tiere gibt, die vollkommne Hermaphroditen sind, d. h. die ausgebildeten Organe beider Geschlechter besitzen und sich bennoch nicht selbst begatten können; vielmehr sind zwei Individuen zur Begattung nothwendig, wie in der Regel, während die Selbstbefruchtung Ausnahme ist. Wozu, fragt er mit Recht, eine solche Einrichtung? Oder warum müssen sich ausgezeichnete Wasservögel oft mit schmalen Säumen an den Zehen begnügen, während Tiere, welche nie schwimmen, Häute zwischen den Zehen haben? Oder wozu die Existenz von Tausenden von sog. Drohnen im Bienenstaat, welche nur dazu da zu sein scheinen, um von ihren arbeitenden Schwestern umgebracht zu werden, während für die ihnen zufallende Aufgabe eine einzige genügen würde? Der Stachel der Biene oder Wespe, welcher diesen Tieren nach teleologischer Ansicht zu ihrer Vertheidigung gegeben sein soll, dient, wenn gebraucht, in der Regel nur dazu, den Tod des Besitzers herbeizuführen!! Ueberhaupt gibt die Naturgeschichte der Kerfe oder Insekten so zahlreiche Beweise gegen die Zweckmäßigkeits-Theorie, daß Prof. Graber (Die Insekten, München 1879, II. Th., S. 569) sich veranlaßt sieht, zu sagen: „Die gesammte Kerf-Morphologie ist ein eingehender und detaillirter Beweis gegen eine prädestinirte oder vorausgewollte und vorausgemachte Zweckmäßigkeit der Organe."

Die Fruchtbarkeit oder Vermehrungsfähigkeit mancher Tiere ist so groß, daß sie, sich selbst überlassen, in wenigen Jahren alle Meere ausfüllen und die Erde haushoch bedecken würden.*) Wozu eine solche Einrichtung, da es doch an Raum und Stoff für solche Tiermengen gebricht? Oder ist es mit der Idee eines schaffenden Weltgeistes vereinbar, daß so zahllose Keime oder auch fertige Wesen bloß deshalb geschaffen werden, um im unerbittlichen Kampfe um das Dasein alsbald wieder zu Grunde zu gehen? Selbst die Zahl des Menschengeschlechts müßte sich troß dessen lang= samer Vermehrungsfähigkeit, wenn nicht zahllose Leben vor der Zeit zu Grunde gingen, in einem Vierteljahrhundert verdoppeln, während doch die Erde weder Raum noch Er= nährungsmaterial genug für solche Menschenmengen hat.

Wie will es der Theologe erklären, daß die Frommen und Gläubigen nicht mehr gegen Unglücksfälle, Krankheit und Tod geschüßt sind, als die Ketzer und Ungläubigen? Oder daß der Bliß zehnmal so viele Kirchen mit ihren hohen Spißen trifft, als Wirthshäuser oder schlechte Häuser? Oder daß er den Priester am Altar niederschmettert und die gläubigen Kirchenbesucher durch Brand und Schrecken

------

*) Die sog. Bakterien, mikroskopische Organismen kleinster Art und Unterabtheilungen der oben genannten Spaltpilze, ver= mehren sich nur durch einfache Zweitheilung ihres Körpers, und zwar so, daß aus einer Bakterie nach einer Stunde zwei, nach zwei Stunden vier, nach drei Stunden acht, nach vier Stunden sechzehn neue Wesen entstehen, und so fort. Denkt man sich diesen Vorgang einfach fortgesetzt, so müßten nach Prof. F. Cohn's Berechnung schon nach drei Tagen 47 Trillionen Bakterien vorhanden sein; und innerhalb fünf Tagen würden die aus einem einzigen Keim ent= wickelten Wesen hinreichen, um das gesammte, 928 Kubikmeilen große Weltmeer vollständig auszufüllen!! Dabei sind, wie schon in einem früheren Kapitel erwähnt wurde, diese Wesen so klein, daß 633 Milli= onen derselben auf einen Kubik=Millimeter gehen, und 636 Milliarden nur ein Gramm wiegen. — Die Bienenkönigin kann jährlich gegen 100 000, das Termitenweib 12 Millionen Nachkommen erzeugen; und selbst bei weniger fruchtbaren Kerfen würde bei in geometrischer Pro= gression fortschreitender Vermehrung die Nachkommenschaft eines ein= zigen Individuums bald die Welt erfüllen.

töbtet? Freilich haben bie Theologen eine Erklärung bei der Hand, welche durch das bekannte Wort ausgebrückt unb verzuckert wird: „Wen Gott liebt, den züchtigt er", so baß bas Uebel nur eine verkleidete Wohlthat wäre unb bemnach alles, Gutes unb Schlechtes, nur zum Besten bes Menschen biente. Aber Gott züchtigt nicht bloß biejenigen, welche er liebt, sonbern auch biejenigen, welche er nicht liebt. Also Züchtigung auf alle Fälle für Gerechte unb Ungerechte, wie es einem liebevollen Vater zukommt! Warum hat Gott überhaupt bie Menschen erschaffen, welche ihm boch, wie bie Theologen behaupten, fortwährend nur Kummer unb Verbruß bereiten? Ober warum hat er sie, wenn er sie benn boch erschaffen wollte ober mußte, nicht gleich so erschaffen, baß sie ihm unb sich selbst zum Vergnügen unb Glück ba sinb?

Einer ber stärksten Beweise gegen bas angeblich zweck= mäßige Hanbeln ber Natur wirb burch bie **Mißbil=** **bungen unb Mißgeburten** geliefert. Zu welchem Zweck läßt bie Natur (wie bieses Dr. Klob in Wien beschrieben hat) auf ber Schulter eines 34 jährigen Mannes eine weib= liche Brustbrüse wachsen? Ober gibt erwachsenen Männern v i e r Brustwarzen statt ber normalen zwei — ein Fall, ben Verfasser bereits zweimal in seiner eignen Praxis be= obachtet, unb von bem Prof. Leichtenstern in Tübingen nicht weniger als 105 Beispiele, barunter 13 aus eigner Beobachtung, gesammelt hat? (Virchow's Archiv für pathol. Anatomie unb Physiologie, Banb 73, Heft 2). Auch bei Frauen sinb bie Fälle sog. Polymastie ober überzähliger Brustwarzen (mitunter bis zu zehn), welche sich nur aus sog. Atavismus ober tierischer Vererbung erklären lassen, so häufig, baß sie in ber Litteratur nach Hunberten gezählt werben können. (Lima, l'homme selon le transformisme, Paris, 1888, S. 74 u. 75.)

Was bie Mißgeburten betrifft, welche mitunter bie benkbar unsinnigsten unb zwecklosesten Bilbungen zu Tage

bringen, so konnte der einfache Menschenverstand dieselben
so wenig mit dem Glauben an eine wohlthätige Schöpferkraft vereinigen, daß man dieselben früher als ein Zeichen
des Zornes der Götter ansah, und daß selbst heute noch
ungebildete Leute in ihnen nicht selten eine Strafe des
Himmels erblicken. Ein nicht weniger gewichtiges Zeugniß
legen die bereits erwähnten rudimentären oder verkümmerten Organe ab, welche der Lehre von der Zweckmäßigkeit
und der Schöpfungstheorie ein nicht zu lösendes Räthsel aufgeben, da sie nicht bloß unnütz oder zwecklos, sondern zum
Theil recht schädlich und nur durch die Descendenz- oder Ab-
stammungstheorie erklärbar sind. Wenn die Gegner dieser
Theorie, sagt Häckel, das Gewicht dieser Thatsachen begreifen könnten, so müßten sie dadurch zur Verzweiflung
gebracht werden.

Es gibt auch keine Naturheilkraft in dem Sinne,
welchen man gewöhnlich mit diesem Worte verbindet, so
wenig wie es eine Lebenskraft gibt. Indem der Organismus in seiner ihm einmal durch bestimmten Natur-Forma-
lismus vorgeschriebenen Richtung sich weiter entwickelt,
gleicht er krankhafte Störungen oft aus. Andere Male
aber thut er gerade das Gegentheil und verwickelt sich eben
in Folge seiner nothwendigen und gänzlich unfreien Thätigkeit in eine Menge unlösbarer und an sich ganz unnöthiger
Verlegenheiten. Täglich und stündlich hat der Arzt Gelegenheit, sich bei Krankheiten, Verletzungen, Fehlgeburten u. s. w.
von der Hilfslosigkeit der Natur, von der so oft unzweckmäßigen, verkehrten oder erfolglosen Richtung ihrer Heil-
Bestrebungen zu überzeugen; ja, es könnte keine Aerzte
geben, handelte die Natur nicht unzweckmäßig. Entzündung,
Brand, Zerreißung, Verschwärung und ähnliche Ausgänge
wählt die Natur da und wird tödtlich, wo sie auf ein-
facherem Wege zum Ziele und zur Genesung hätte kommen
können. Ist es zweckmäßig, daß ein Fötus sich außerhalb
der Gebärmutter, seinem ihm naturgemäß zukommenden

Wohnorte, festsetze und entwickle — ein Fall, welcher häufig
genug als sog. Extrauterinalschwangerschaft vorkommt und
den Untergang der Mutter auf eine elende Weise herbei=
führt? Oder gar, daß bei einer solchen Extrauterinal=
schwangerschaft sich nach Ablauf der normalen Schwanger=
schaftsdauer Wehen, d. h. Bestrebungen zur Ausstoßung des
Kindes in der Gebärmutter einstellen, während doch gar
kein Auszustoßendes in derselben vorhanden ist? Oder
warum die höchst unzweckmäßige, eine stete Erstickungsgefahr
bedingende Vermischung der Speise= und Luftröhre? Oder
der einseitige,. aus tierischer Erbschaft herrührende Stand
unsrer Wirbelsäule, welcher Anlaß zur Entstehung der ab=
scheulichen Rückgratsverkrümmungen gibt? Oder die ekel=
hafte, ebenfalls zu mancherlei Krankheitszuständen dispo=
nirende Vermischung ganz verschiedener physiologischer Ver=
richtungen in gewissen Organen der Generation und
Exkretion? — Oder warum muß sich das Weib noch immer
mit den Unterleibsmuskeln begnügen, die unsern tierischen
Vorfahren angehörten, als sie noch auf allen Vieren gingen,
und muß daher während der Schwangerschaft schrecklich
leiden aus Mangel von Muskeln, die einem Zweifüßler
angemessen wären!

Die Existenz gewisser Heilmittel gegen gewisse Krank=
heiten hört man oft im Sinne teleologischer Welt=Anschauung
als ein schlagendes Beispiel nennen. Heilmittel in d e m
Sinne aber, daß sie bestimmte Krankheiten mit Sicherheit
und unter allen Umständen vertreiben und so als für diese
Krankheiten zum voraus bestimmt angesehen werden könnten,
gibt es gar nicht. Alle verständigen Aerzte leugnen heute
die Existenz sog. specifischer Mittel in dem angeführten
Sinne und bekennen sich zu der Ansicht, daß die Wirkung
der Arzneien nicht auf einer specifischen Neutralisation der
Krankheiten beruhe, sondern in ganz anderen, meist zufälligen
oder durch einen weitläufigen Causalnexus verbundenen Um=
ständen ihre Erklärung finde. Daher muß auch die Ansicht

verlaſſen werden, als habe die Natur gegen gewiſſe Krank=
heiten gewiſſe Kräuter wachſen laſſen — eine Anſicht, welche
dem Schöpfer eine baare Lächerlichkeit imputirt, indem ſie
es für möglich hält, daß derſelbe ein Uebel zugleich mit
ſeinem Gegenübel geſchaffen habe, anſtatt die Erſchaffung
beider zu unterlaſſen. Auch beſteht gar kein vernünftiges
Verhältniß zwiſchen den wirklichen Heilpflanzen und deren
Erzeugungsorten. So fehlt der Chinabaum, welcher das
beſte Fiebermittel liefert, grade in jenen Sumpfgegenden,
wo man ſeiner am meiſten benöthigt wäre, während er in
beinahe unzugänglichen Gebirgsgegenden und noch beſſer dort
gedeiht, wohin ihn der Menſch ſeitdem verpflanzt hat. Aber
noch beſſer wäre es geweſen, wenn die Erſchaffung der
Fieberalge, ohne welche auch der Chinabaum weniger noth=
wendig geweſen ſein würde, unterblieben wäre. —

Der Menſch iſt gewohnt, in ſich ſelbſt den Gipfelpunkt
der Schöpfung zu erblicken und die Erde und Alles, was
auf ihr webt und lebt, ſo zu betrachten, als ſei es von einem
gütigen Schöpfer zu ſeinem Nutzen und Wohnſitz erſchaffen
worden. Ein Blick auf die Geſchichte der Erde und auf die
geographiſche Verbreitung des Menſchengeſchlechts kann ihn
in dieſer Hinſicht Beſcheidenheit lehren. Wie lange beſtand
die Erde ohne ihn! und wie lange glänzten alle Schönheiten
des Himmels und der Erde, ohne daß ein mit Vernunft be=
gabtes Geſchöpf dieſelben ſehen und bewundern konnte!
Warum mußten jene endloſen vormenſchlichen Zeiträume
vergehen, wenn der Menſch wirklich das letzte Ziel der
Schöpfung war? „Die Menſchen,“ ſagt Helmholtz, „pflegen
die Größe und Weisheit des Weltalls darnach abzumeſſen,
wie viel Dauer und Vortheil es ihrem eignen Geſchlechte
verſpricht; aber ſchon die vergangene Geſchichte des Erdballs
zeigt, einen wie winzigen Augenblick in ſeiner Dauer die
Exiſtenz des Menſchengeſchlechts ausgemacht hat.“ Aber
nicht bloß ſeine zeitliche Exiſtenz auf der Erde iſt winzig,
ſondern auch ſeine räumliche Ausbreitung über dieſelbe im

Verhältniß zur Größe der Erdoberfläche, welche nur an
einzelnen verhältnißmäßig kleinen Stellen im Stande ist, ihm
eine einigermaßen passende Wohnstätte zu bereiten. Der
weitaus größte Theil der Erdoberfläche ist Wasser=, Sand=
oder Eiswüste. Zwei Drittel sind mit Wasser bedeckt, das
übrige Drittel ist nur an einzelnen Stellen von Menschen
bewohnbar. Aber auch dieses in der Regel nicht ohne an=
gestrengte Culturarbeit und ohne fortwährenden aufreibenden
Kampf gegen die Ungunst der Naturverhältnisse, gegen
Hunger, Krankheit, Klima, wilde Tiere u. s. w. Warum
brüten tagtäglich Alles verfengende Sonnenstrahlen über den
ungeheuren Sandwüsten Afrikas, während der arme Polar=
mensch in ewiger Kälte und halber Dunkelheit erstarrt?
Warum herrscht hier Dürre, dort Ueberschwemmung? warum
hier Noth, dort Ueberfluß? warum hier Fruchtbarkeit, dort
Unfruchtbarkeit u. s. w., u. s. w. Warum verderben Fröste,
Regen, Ungeziefer, Sonnenbrand u. s. w. so häufig Alles,
was der um seine Existenz ringende Mensch mit der größten
Anstrengung und Aufbietung aller Kräfte den Elementen
abgerungen zu haben glaubt? Wahrlich — unsinnig müßte
Derjenige sein, der im Ernste behaupten wollte, die Erde
sei von einer allweisen und allgütigen Vorsehung als pas=
sender Wohnplatz für den Menschen eingerichtet worden!
Nur die äußerste Anstrengung seiner Körper= und Geistes=
kräfte macht es dem Menschen überhaupt möglich, unter
fortwährender Bedrohung durch tausend Gefahren auf der=
selben zu existiren. Und diese Kräfte hat ihm nicht ein
gütiger Schöpfer verliehen, sondern sie sind das letzte Resul=
tat jener langsamen und mühsamen Entwicklung durch natür=
liche Ursachen, die in einem früheren Kapitel geschildert wurde.

Hören wir, wie der von theologischer Sophistik nicht
vergiftete Verstand eines Anhängers des freidenkerischsten
und verbreitetsten Religionssystems der Erde, des Buddhis=
mus, diese Dinge beurtheilt. Als die christlichen Missionäre
dem verstorbenen König von Siam, Maha Moughut,

der selbst über theologische Dinge schrieb, sagten, daß das höchste Wesen den Regen fallen lasse, damit die Menschen ihr Feld bebauen könnten, antwortete er: „Aber der Regen fällt unregelmäßig, an einigen Stellen zu viel, an andern zu wenig. Ein großer Theil fällt in das Meer oder auf Gebirge. Manchmal reißt das Wasser Städte fort, während andremal zu wenig da ist, um nur den Reis wachsen zu lassen. Viele Gegenden der Erde sind ganz unfruchtbar und unfähig, das Leben zu unterhalten." Als man ihm bemerkte, daß Gott die Erde für den Menschen und dessen Wohl geschaffen habe, wies er darauf hin, daß es verborgene Riffe gäbe, auf denen Schiffe strandeten, und feurige Berge, welche den Menschen nur Schaden brächten. Er erinnerte ferner an Krankheiten und Epidemien, und als man ihm bemerkte, daß Gott die Menschen damit für ihre Sünden strafe, entgegnete er, daß Epidemien durch schlechte oder giftige Luft erzeugt würden, und daß die reichen Leute durch Verlassen der kranken Gegend der Strafe entgehen könnten. Der Schüler des Buddhismus konnte nicht begreifen, wie ein höchstes Wesen menschliche Eigenschaften und Leidenschaften haben könnte, und warum es sich nur Wenigen offenbare? warum Irrthum und falsche Religionen existiren? wie sich jeder menschliche Keim in ein unsterbliches Wesen verwandeln könne? u. s. w. Als man ihm sagte, daß die Frau Gottes zweite Schöpfung und Meisterstück wäre, antwortete er: „Dann haltet sie in Ehren und nicht in Unterwürfigkeit!" Buddha, sagte er, lehre ganz andere Dinge und suche die Menschen auf Erden glücklich und weise zu machen, statt sie auf ein phantastisches Jenseits zu verweisen u. s. w.

Endlich betrachte der Mensch doch auch einmal sich selbst und lege sich die Frage vor, ob er denn nicht, wenn durch Gott zu Glück, Wohlsein und Erkenntniß geschaffen, in einer weit vollkommneren oder zweckmäßigeren Weise hätte gebildet werden können? Warum hat der Mensch nicht vier Augen,

eines auf jeder der vier Seiten des Körpers, statt der
unzureichenden zwei? Warum kann er nicht fliegen, wie der
Vogel? Warum hat er nicht die schnellen Beine des Hirsches
oder die Muskelkraft des Löwen? Warum kann er nicht von
der Luft leben und muß den größten Theil seines Lebens
an die Scholle gefesselt arbeiten, um nur den Bedürfnissen
seines ewig hungernden Magens genügen zu können? Warum
hat er nicht mehr als fünf Sinne? und warum kann er
nicht die Aeußerungen der Elektricität oder des Magnetis=
mus ebenso durch einen besonderen Sinn wahrnehmen, wie
diejenigen des Lichtes oder der Wärme? Warum ist er so
überaus unwissend? und warum ist sein Leben so kurz, sein
Erkenntnißvermögen so eingeschränkt? Warum hindern ihn
tausend und abertausend natürliche Hindernisse an der freien
Entfaltung seiner Kräfte? Warum ist er der Gewalt, Bos=
heit und jeder Art von Ungerechtigkeit preisgegeben und
dazu verdammt, eine Summe von Welt=Elend fortwährend
auf seinen Schultern zu tragen, welche die Summe des
Weltglücks kaum oder gar nicht aufzuwiegen im Stande
ist? Niemand wird im Stande sein, auf diese Fragen vom
teleologischen oder theologischen Standpunkte aus eine ge=
nügende Antwort zu geben, während dieselben von dem
Standpunkte der natürlichen und aus allmäliger Selbst=
entwicklung hervorgegangenen Weltordnung die unge=
zwungenste Erklärung finden.

Die moderne Physik (siehe Helmholtz: Ueber die
Wechselwirkung der Naturkräfte, 1854, sowie die Schriften
von Clausius, Thompson, Tait, Stewart u. A.)
hat berechnet oder glaubt berechnet zu haben, daß, so wie
einst eine Zeit bestand, in welcher die Erde ohne organisches
Leben war, so auch in einer allerdings für menschliche
Begriffe unendlich und unmeßbar weit vor uns liegenden
Zukunft eine Zeit eintreten muß und wird, in welcher die
vorhandenen Kraft=Vorräthe der Natur durch steten Wärme=
verlust nach außen und allmälige Temperatur=Ausgleichung

sich erschöpfen oder zur zeitweisen Unthätigkeit verdammt sein werden, und daß damit selbstverständlich alles Lebende auf Erden in Tod, Nacht und Vergessenheit zurückkehren wird. Auch astronomische Gründe lassen wohl keinen Zweifel darüber, daß unser gesammtes Planetensystem, sowie es zeitlich entstanden ist, auch innerhalb einer bestimmten, wenn auch noch so entfernten Zeit wieder zu Grunde gehen muß und wird, indem die Sonne, die Quelle aller irdischen Kraft, aufhören wird zu leuchten, und indem die Planeten in Folge allmäliger Abkürzung ihrer Umlaufszeiten sich wieder mit der Sonne — ihrer Wiege und ihrem Grab — im Chaos der Ur-Elemente vereinigen werden.*) Alles Große, was die Menschen je auf Erden geleistet haben, muß damit nothwendig wieder in den Schooß ewiger Vergessenheit versinken. In welchem Lichte erscheinen nun einer solchen Thatsache gegenüber alle jene hochtrabenden philosophischen Redensarten von allgemeinen Weltzwecken, welche sich in der Schöpfung des Menschen verwirklichen sollen, von der Menschwerdung Gottes in der Geschichte, von der Geschichte der Erde und der Menschheit als Selbstenthüllung des Absoluten, von der Ewigkeit des Bewußtseins, der Freiheit des Willens u. s. w., u. s. w.! Was ist das ganze Leben und Streben des Menschen gegenüber diesem ewigen, widerstandslosen, nur von eiserner Nothwendigkeit oder unerbittlicher Gesetzmäßigkeit geleiteten Gange der Natur? Das kurze Spiel einer Eintagsfliege, schwebend über dem Meere der Ewigkeit und Unendlichkeit!

Allerdings ist nicht zu vergessen, daß mit dem Untergange unsrer kleinen Erde und ihrer Bewohner nicht das Schicksal der unermeßlichen und ewigen Welt selbst besiegelt ist, und daß zu derselben Zeit, in welcher unser eignes

---

*) Näheres hierüber in des Verfassers Schrift: „Licht und Leben" in dem Aufsatz: „Der Kreislauf der Kräfte und der Weltuntergang."

Geschlecht in Kälte und Oede dahinstirbt, an tausend und
abertausend andern Punkten des Weltalls, wie wir mit
Recht annehmen dürfen, der Zustand der Dinge bis zu einem
Punkte herangereift sein wird, wo ein neues Geschlecht
lebender, in den Grundprinzipien körperlicher und geistiger
Bildung uns gleicher oder ähnlicher und, gleich uns, dem
schließlichen individuellen wie allgemeinen Untergange ge-
weihter Wesen oder Gebilde seinen Anfang oder Fortgang
nimmt. Der Untergang unsrer Erde mit Allem, was darauf
ist, erscheint daher dem großen Ganzen gegenüber von nicht
größerer Bedeutung, als der Tod eines einzelnen Individuums auf der Erde selbst; und die Woge des Lebens,
welche jetzt über unsre Erde dahinzieht, ist, wie Proktor
ebenso schön als wahr sagt, „nur eine sanfte Kräuselung im
Meere des Lebens innerhalb des Sonnensystems, und dieses
Meer des Lebens selbst ist wieder nichts mehr, als eine
unbedeutende Welle im Oceane des ewigen Lebens im ganzen
Weltall." Gleich der Gattin des Odysseus, welche bei Nacht
wieder auftrennte, was ihre fleißigen Hände bei Tage ge-
sponnen hatten, gefällt sich die Natur in einem ewigen
Aufbauen und Zerstören, dessen Anfang gleich seinem Ende,
und dessen Ende gleich seinem Anfang ist. Der Mensch
aber, welcher diesem Naturzwang ohnmächtig gegenüber steht
und mit jedem Schritt, den er in der Erkenntniß der Naturgesetze vorwärts thut, gewissermaßen an seiner moralischen
Selbstvernichtung oder an seinem Nirwana arbeitet, kann
sich nur damit trösten, daß sein Geschlecht in dem kleinen
Stückchen des Weltkreislaufs, welchen dasselbe zu übersehen
im Stande ist, innerhalb gewisser Grenzen der Vervollkommnung entgegenstrebt, und daß jeder Einzelne durch
sein bloßes Dasein seinen schuldigen Beitrag dazu liefert.
Es kann keinen andern Zweck des Daseins im Einzelnen,
wie im Ganzen geben, als das Dasein selbst; und jedes
vorhandene Ding oder Leben erfüllt voll und ganz seine
Aufgabe, indem es innerhalb seiner individuellen Sphäre

Theil nimmt an dem ewigen Leben des in ununterbrochenem Kreislauf sich bewegenden Ganzen oder des Weltalls.

„In der Natur," sagt W. Strecker (Welt und Menschheit, Leipzig 1892), „gibt es keinen Zweck, so wenig wie Ordnung oder Unordnung, Wesentliches oder Unwesentliches, Schönes oder Häßliches, Nützliches oder Schädliches; so wenig wie auch Zufall, Möglichkeit oder Wahrscheinlichkeit — es gibt nur einfach ein Sein und Geschehen, und zwar als nothwendiges Ergebniß natür= licher Ursachen."*)

---

*) Man vergleiche über den Inhalt dieses Kapitels das Gespräch über den Zweck in des Verfassers Schrift „Natur und Geist" und den Aufsatz „Zweckmäßigkeit und Entwicklung" in dem zweiten Band von „Aus Natur und Wissenschaft" (Leipzig, 1884); über die rudimen= tären Organe dessen Schriften über Darwin und über den Menschen.

Der Menſch.

Viele giebt's der Wunder — kein größeres
Wunder, als den Menſchen.

Sophokles.

Die Menſchen ſtammen von Tieren ab und
müſſen zu Göttern werden.

L. Jakoby.

Gott war mein erſter, die Vernunft mein
zweiter, der Menſch mein dritter und letzter
Gedanke. Der Menſch allein iſt und ſei unſer
Gott. Kein Heil außer dem Menſchen.

L. Feuerbach.

Dieſelben Geſetze, welche, wie in den vorhergehenden
Kapiteln gezeigt wurde, in der makrokosmiſchen oder
großen Welt walten, walten auch in der kleinen oder
mikrokosmiſchen Welt des Menſchen, in deſſen Weſen,
Sein und Denken ſich jene gewiſſermaßen widerſpiegelt oder
ſelbſt beſchaut. Daß der Menſch mit allen ſeinen hohen
Vorzügen und Fähigkeiten nicht ein Werk der Gottheit,
ſondern ein Naturprodukt iſt, wie alle ſeine Nebengeſchöpfe,
und aus allmäliger, natürlicher Entwicklung und Selbſt-
erziehung hervorgegangen — dieſe große und offenkundige
Wahrheit kann heutzutage wohl nur noch von der Unwiſſen-
heit oder von abſichtlicher Verſtocktheit in Zweifel gezogen
werden. Die in dem kurzen Zeitraum von kaum mehr als
vierzig Jahren bereits zu einer umfangreichen Wiſſenſchaft

herangewachsenen Forschungen über die Urgeschichte des
menschlichen Geschlechts auf Erden haben gezeigt, daß das
letztere eine zeitliche Vergangenheit hinter sich hat, im Ver=
gleich mit welcher die Zeiten überlieferter Geschichte oder
historischer Erinnerung sehr kurz erscheinen. Was die bib=
lischen Mythen oder Märchen von der Erschaffung der Welt
und des Menschen vor 5—6000 Jahren durch ein schöpfe=
risches „Werde" betrifft, so sind dieselben zu kindisch und
stehen in einem zu grellen Widerspruch mit den offenkun=
digsten Thatsachen oder mit den Resultaten der gesammten
geologischen, archäologischen und archäogeologischen Wissen=
schaft, als daß sie einer eingehenden Widerlegung bedürften.
Nicht nur haben die auf zahlreiche Ausgrabungen und Funde,
sowie auf die wieder entzifferte Hieroglyphen=Schrift gestütz=
ten Forschungen der Aegyptologen gezeigt, daß in dem ehr=
würdigen Nillande eine bewunderungswürdig hoch gesteigerte
Cultur und Civilisation bereits zu einer Zeit bestand, da
nach den Angaben der Bibel der erste Mensch geschaffen
wurde; sondern es haben auch die Forschungen der sog.
Archäogeologie (einer Verbindung von Erdkunde und Alter=
thumswissenschaft) zweifellos bewiesen, daß der Mensch ein
Zeitgenosse der großen, theils ausgestorbenen, theils aus
Europa eingewanderten Säugetiere der sog. Diluvial=Zeit
gewesen ist; daß er also bereits in einer der unsrigen voran=
gegangenen Erdbildungsperiode gelebt hat, in welcher die
Erdoberfläche theilweise eine ganz andere geographische Ge=
staltung und wohl auch andre klimatische Verhältnisse hatte,
als heutzutage. Ja, eine Anzahl theoretischer Gründe,
deren genauere Erörterung uns hier zu weit führen würde,
machen es in Verbindung mit einer Reihe archäogeologischer
Funde, über deren Beweiskraft allerdings noch gestritten
wird, im höchsten Grade wahrscheinlich, daß das Dasein des
Menschen oder vielmehr seiner frühesten Anfänge auf der
Erde in Zeiten zurückreicht, welche nicht mehr mit histori=
schem oder vorhistorischem, sondern nur mit geologischem

Maßſtabe gemeſſen werden können. Allem Anſcheine nach
wird es nicht mehr lange dauern, bis das Daſein des ſog.
Tertiär=Menſchen, d. h. eines menſchlichen oder men=
ſchenähnlichen Weſens, das bereits in einer ſpäteren oder
früheren Abtheilung der großen und letzten Erbbildungs=
Epoche oder der ſog. Tertiär=Zeit gelebt hat, ebenſo un=
zweifelhaft feſtgeſtellt werden wird, wie die ſo lange ange=
zweifelte Exiſtenz des vorweltlichen oder Diluvial=Menſchen
feſtgeſtellt worden iſt.*) Immerhin iſt damit nicht der alte
Glaube an das Vollkommenheits=Prinzip oder daran erſchüt=
tert, daß der Menſch als letztes und bis jetzt höchſtes Er=
zeugniß des organiſchen Ausbildungs=Prozeſſes oder Stufen=
ganges auf der Bühne des Daſeins erſchienen iſt. Denn
mag auch, wie die Gelehrten jetzt annehmen zu müſſen
glauben, das Alter des Menſchengeſchlechts auf der Erbe
nach Hunderttauſenden von Jahren bemeſſen werden, ſo iſt
doch dieſe Zeitlänge nur eine ſehr kurze im Vergleich mit
den vielen Millionen von Jahren, welche die Erde mit Ein=
ſchluß ihrer organiſchen Bewohner in ihrem allmäligen
Entwicklungsgang bereits hinter ſich hat, und muß daher
das Daſein des Menſchen auf der Erde unter allen Um=
ſtänden als ein verhältnißmäßig ſehr junges betrachtet wer=
den. Auch iſt ja nach heutiger wiſſenſchaftlicher Anſchau=
ung, wie bereits erwähnt, die alte, durch religiöſe Mythen
geſtützte Meinung, als ſei der Menſch als fertiges Produkt
und mit allen Vorzügen ſeiner Gattung aus der Hand des
Schöpfers hervorgegangen, gänzlich in das Bereich längſt
überwundener Märchen zu verweiſen. Vielmehr zeigt ſich
das unerſchütterliche Princip natürlicher und durch mechaniſche
Cauſalität geſtützter Weltordnung in der allmäligen Ent=

*) Man vergleiche über den Tertiärmenſchen und die frühesten
Zuſtände des Menſchengeſchlechts auf der Erde die beiden Aufſätze:
„Anfänge der Menſchheit" und „Der Tertiärmenſch" in des Verfaſſers
Schrift: „Thatſachen und Theorien aus dem naturwiſſenſchaftlichen
Leben der Gegenwart." (Berlin, 1887.)

stehung und Bildung des höchsten aller organischen Wesen
ganz in derselben Weise thätig oder wirksam, wie in der
Bildung des niedersten und geringsten. So unerklärlich und
unbegreiflich in früherer Zeit das Auftreten des Menschen
auf der Erdoberfläche erschien, und so sehr man dieses
„Geheimniß aller Geheimnisse", wie es ein englischer Gelehrter nennt, nur mit Hülfe eines großen Wunders oder
eines übernatürlichen Schöpfungs-Aktes erklären oder begreifen zu können glaubte, so vollständig klar ist man jetzt
wissenschaftlicher Seits barüber, daß die erhabene Gestalt
des Menschen nur einem allmäligen, langsamen Hervorgang
aus der ihm zunächst stehenden Tierwelt ihre Entstehung
verdanken könne, und daß die Anfänge und Anlagen zu
allen seinen hohen körperlichen, wie geistigen Vorzügen und
Fähigkeiten in der unter ihm stehenden Lebewelt deutlich
vorhanden und nachweisbar sind. Jene bekannten Unterschei-
bungszeichen zwischen Mensch und Tier, auf welche die idea-
listische Philosophie der Vergangenheit einen so großen Werth
legen zu müssen glaubte, und welche nach der Meinung so
vieler Gelehrten das Vorhandensein einer ewig unüberbrückbaren Kluft zwischen Mensch und Tier beweisen sollen, haben
sich bei genauerer Prüfung ohne Ausnahme als relative,
nicht als absolute herausgestellt und lassen sich alle aus allmäliger Entwicklung, Vervollkommnung und Selbsterziehung
begreifen. Daher der Mensch nicht außer oder über der
Natur, sondern ganz und durchaus inmitten derselben steht,
und daher der große und folgenschwere Irrthum, als sei die
gesammte Natur um seinetwillen und zu seinem Nutzen und
Frommen geschaffen worden, ein für allemal als beseitigt
angesehen werden muß — in gleicher Weise wie der ehemalige
Irrthum von der Bedeutung unsrer kleinen Erde als Mittelpunkt des Weltalls von der Wissenschaft für immer beseitigt
worden ist. Freilich fällt es den meisten Menschen immer
noch gar schwer, sich von den Eindrücken ihrer im spiritualistischen Sinne geleiteten Erziehung frei zu machen und

die große Wahrheit von der wirklichen Stellung des Menschen in der Natur zu begreifen; aber dieses kann den schließlichen Sieg richtiger Erkenntniß nicht hindern. „Fassen wir alle diese Erscheinungen zusammen", sagt Carus Sterne (Werden und Vergehen, S. 340), „so ist ihre überzeugende Kraft eine so große, daß Derjenige, welcher trotzdem die tierische Abstammung des Menschen bestreitet, sich dem Verdacht aussetzt, daß er überhaupt nicht im Stande sei, eine Schlußfolgerung der einfachsten Art zu machen." Einwände dagegen, wie z. B. die der fehlenden Zwischenformen, können, wie Prof. O. Schmidt (Descendenzlehre und Darwinismus, S. 275) bemerkt, „nur von solchen Dilettanten erhoben werden, denen das Reich des Lebendigen in seiner Ganzheit ein verschlossenes Buch geblieben."

Diejenigen, welche die Entstehung des Menschen aus einer andern, als natürlichen Ursache herleiten zu müssen glauben, werden es ganz unmöglich finden zu erklären, warum der ursprüngliche Menschenstamm sich in so viele und verschiedene Rassen und Arten spalten mußte, und warum die zahllosen Völkersprachen eine so hochgradige oder tiefgreifende Verschiedenheit zeigen, daß an einen gemeinschaftlichen Ursprung derselben aus einer gemeinsamen Wurzel oder Ursprache gar nicht gedacht werden kann, und daß die biblische Mythe dieses Räthsels nur durch das bekannte Märchen von der Babylonischen Sprachverwirrung zu lösen wußte. Alle Forscher über diesen Gegenstand stimmen jetzt in der Meinung überein, daß die sog. Rassenbildung der Sprachbildung vorangegangen sein muß, oder daß sich der Anfangs wohl nur in einer einzigen Form, aber in mehreren Paaren vorhandene Menschenstamm lange Zeit vor Entstehung der Sprachen in verschiedene Rassen gespalten hat; ja es muß sogar als möglich oder wahrscheinlich angenommen werden, daß dieselbe Rasse noch nach ihrer Abzweigung von dem gemeinschaftlichen Grundstock verschiedene Sprachen bei sich entwickelte. Daraus folgt

16*

mit Sicherheit, daß die artikulirte Wort-Sprache, dieses
auszeichnendste Merkmal der Menschlichkeit, welches nach
dem Urtheil ausgezeichneter Gelehrten der Entwicklung
höherer menschlicher Geistesthätigkeit und menschlicher Ge-
sittung nicht folgte, sondern nothwendig in der Zeit voran-
gehen mußte, nicht im Besitz des ersten Menschen
war, und daß der biblische Adam, wenn er existirt hätte,
ein sog. Alalus oder ein sprachloser, dem Tiere näher als
dem Bilde des heutigen Menschen stehender Wilder gewesen
sein müßte. Auch heutzutage gibt es noch wilde Völker
genug, deren Sprachfähigkeit sich nicht sehr weit über diejenige des Tieres erhebt, und es fehlt uns sogar in unsrer
eignen Mitte nicht an sog. Alalen oder sprachlosen Men-
schentieren; es sind unsre menschlichen Säuglinge, sowie
jene in der Wildniß oder Vereinsamung aufgewachsenen
Kinder, welche, wie die Tiere, nur Laute hervorbringen,
aber keine Sprache besitzen. Daß aber der Besitz der Sprache,
wenn er dem ursprünglich erschaffenen Menschen durch höhere
Weisheit geschenkt oder überliefert worden wäre, jemals
wieder hätte verloren gehen können — obendrein innerhalb
des kurzen, von der Schöpfungs-Tradition angenommenen
Zeitraums von 5 bis 6000 Jahren — ist eine ganz undenkbare Möglichkeit. Wenn es nun aber ohne Sprache
keine Vernunft geben kann, so konnte auch der erste oder
Urmensch kein vernunftbegabtes Geschöpf oder kein Mensch
im heutigen Sinne des Wortes sein; er war vielmehr ein
Mittelding zwischen Mensch und Tier, welches sich durch
die bekannten Natur-Einflüsse im steten Kampfe um das
Dasein und im Laufe sehr langer Zeiträume nach und nach
aus einem wilden, menschenfressenden Kannibalen bis zu
seinem heutigen Bildungs-Zustand emporarbeitete. Dem
civilisirten oder gebildeten Menschen, der immer nur sein
eignes Bild vor Augen sieht, mag es freilich mitunter schwer
werden, mit seinen Gedanken in jene rohen Tiefen seines
ersten und natürlichen Ursprungs oder Urzustandes hinab-

zusteigen; aber ein Blick auf so viele seiner menschlichen
Brüder, welche auf dem Wege zu höherer Menschenbildung
zurück oder stehen geblieben sind, und ein Blitz der Erin=
nerung an die großen Resultate der vorhistorischen Wissen=
schaft können oder müssen genügen, um ihn das kindische
Märchen von der Schöpfung des fertigen Menschen vergessen
zu machen. Auch das Gefühl seiner Würde als Mensch
wird nicht Noth leiden, wenn er sich an das treffende Wort
eines französischen Schriftstellers erinnert: „Besser ein ver=
edeltes Tier, als ein entarteter Adam!", und wenn er sich
vor Augen hält, daß er selbst unter allen Bildungen, welche
das Wirken der Naturkräfte an der Hand langwieriger und
schwieriger Entwicklungs=Vorgänge auf der Erde zu Stande
gebracht hat, die oberste und verhältnißmäßig vollkommenste
ist. Nicht als demüthiger und verworfener Sclave eines
übernatürlichen Herrn oder als willenloses Werkzeug in den
Händen himmlischer Gewalten, sondern als stolzer und freier
Sohn der Natur, welcher ihre Gesetze zu erkennen und daher
ihre gewaltigen Kräfte zu zügeln oder zu seinen Gunsten
anzuwenden vermag, erscheint der moderne Culturmensch
und Freidenker nicht mehr als jenes „unselige Mittelding
zwischen Engel und Vieh", wie ihn Brookes nennt, son=
dern als die Verkörperung des höchsten Naturstrebens —
allerdings auf der einen Seite behaftet mit allen Schwächen
und Unvollkommenheiten seiner tierischen Natur und Ab=
stammung, aber gleichzeitig auf der andern Seite empor=
gehoben über diese seine Natur und zum Herrscher der Erde
bestimmt durch die gesteigerten Kräfte seines hoch entwickelten
Nervensystems.

In der That haben denn auch weder die entnervenden
Einwirkungen künstlich genährter Gottesfurcht, noch die
Geist=verwirrenden Phrasen scholastischer Philosophie das
Menschengeschlecht als solches verhindern können, die ihm
gebührende Stellung an der Spitze der natürlichen Welt=
ordnung einzunehmen und über die Masse seiner Mitgeschöpfe

sowohl, wie über die Natur selbst, soweit es sie zu erkennen und zu zügeln vermag, seine nur durch die eigne Ohnmacht beschränkte Herrschaft auszuüben. Dieselben Naturkräfte, welche den Menschen hervorgebracht haben, hat er durch die Kraft seines Verstandes zu seinen willigen und gewaltigen Dienern gemacht und wird dieses in Zukunft in immer noch steigendem Maße thun.

Freilich war dieses nicht immer so, und nur eine lange und langwierige Erziehung durch Lehre und Leben konnte den Menschen nach Ueberwindung zahlloser Stufen des Irrthums bis zu jener reinen Klarheit freien und vorurtheilslosen Denkens führen, in welcher sich jetzt alle wissenschaftlichen Geister bewegen oder bewegen sollten. Tiefe Unwissenheit über die Gesetze der ihn umgebenden Natur, und eine sehr begreifliche Furcht vor den ihn bedrohenden und erdrückenden Naturmächten mußten im Verein mit dem Glauben an die Fortexistenz des ihm unbegreiflichen Lebens-Princips nach dem Tode den Anfangs- oder Urmenschen bei einigem Nachdenken mit Nothwendigkeit zu jenen, den menschlichen Einrichtungen nachgebildeten Ideen oder Vorstellungen einer göttlichen oder übernatürlichen Weltregierung führen, welche, von herrschsüchtigen Priestern unterstützt und ausgebeutet, so vielen Jammer und so großes Elend über die arme, unglückliche Menschheit gebracht haben. „O unseliges Geschlecht der Sterblichen," so ruft schon der Römer **Lukretius Carus** in seinem berühmten Lehrgedicht aus, „das solche Dinge den Göttern zuschrieb und ihnen den erbitterten Zorn andichtete! Welchen Jammer haben sie da über sich selbst, welche Wunden über uns, welche Thränen über unsre Nachkommen gebracht!"

Am weitesten gedieh diese unnatürliche Abgötterei in den trüben Zeiten mittelalterlicher Religionsschwärmerei, in welchen man die ganze Natur mit einander bekämpfenden Engeln und Teufeln angefüllt glaubte und in den Wonnen

eines eingebildeten Himmels Entschädigung für das Elend
des irdischen Daseins suchte. „Ich wollte nicht einen Augenblick im Himmel für aller Welt Gut und Freude geben,
ob es gleich tausend und abertausend Jahre währte!" sagt
der große Reformator Luther, der trotz seiner großen
Verdienste um die Befreiung von dem römischen Geistes-
und Gewissensjoch im Grunde seines Herzens doch ein Erz-
Pfaffe war, und drückt damit recht deutlich den Standpunkt
derjenigen aus, welche sich auf der Erde nur um deßwillen
wohl verhalten, damit es ihnen im Himmel tausendfältig
vergolten werde, oder welche handeln wie Einer, der auf
Zinsen wuchert. „Die Frommen," sagt Börne, „sehen
den Himmel für einen Hof an und blicken mit Verachtung
auf alle diejenigen herab, welche nicht hoffähig sind, wie sie."

Könnten solche, nur nach dem Himmel schielende Gesichtspunkte oder Anschauungen jemals derart allgemein und
praktisch werden, daß Leben und Denken ganz von ihnen
beherrscht würden, so müßte jedes menschliche Streben nach
irdischer Verbesserung oder Vervollkommnung ein Ende nehmen und sich in einen unthätigen, augenverdrehenden Glauben
auflösen. „Denn," wie Ludwig Feuerbach ebenso kurz
als treffend sagt, „sind wir für den Himmel geboren, so
sind wir für die Erde verloren." Wo sich der Mensch gewöhnt hat, sich als elenden, verdammten Sünder anzusehen,
welcher nur durch unablässiges Kniebeugen oder würdelose
Selbsterniedrigung der ewigen Verdammniß entgehen kann,
da müssen nicht bloß menschliche Würde und menschlicher Stolz,
sondern auch menschliche Energie und Thatkraft verloren
gehen. Wo wir überirdische Weisheit und Macht über uns
befehlen und für uns sorgen lassen, da ist ein der wahren
Aufgabe der Menschheit würdiges Dasein eine Unmöglichkeit.
„Der leidige Teufel," sagt Luther, „der Gott und Christo
feind ist, der will uns auf uns selbst und auf unsre Sorgen
reißen, daß wir uns selber Gottes Amt (welches ist für uns
sorgen und unser Gott sein) unterwinden."

Glücklicherweise haben sich derartige Anschauungen von
jeher mehr in der Lehre als im Leben geltend gemacht;
und der natürliche, durch kein Dogma ganz zu erstickende
gesunde Sinn der menschlichen Natur, sowie der unwider=
stehliche Zwang und Drang des Lebens selbst haben die
Menschheit im Großen und Ganzen vor den verderblichen
Einflüssen einer von dem Irdischen abgewendeten Welt=
anschauung bewahrt, welche in ihrer spiritualistischen Ver=
zückung als der bitterste Feind jeder geistigen und materiellen
Cultur und Erhebung angesehen werden muß, und welche
der Menschheit dennoch unendlichen Schaden zugefügt hat
und immer noch zuzufügen fortfährt. Doch wird das letz=
tere in um so geringerem Maße möglich sein, je mehr die
Menschen an Kenntniß und Einsicht voranschreiten, und je
mehr sie begreifen, daß nicht Verachtung, sondern Kenntniß,
Beherrschung und Ausnutzung der Natur das Ziel mensch=
lichen Strebens sein muß. Darauf ist denn auch in der
That heutzutage das ganze Dichten und Trachten der civili=
sirten Menschheit gerichtet; sie widerlegt durch die That
ihren aus orientalischer Resignation und Verzweiflung am
Leben hervorgegangenen Glauben, dessen greller und un=
versöhnlicher Gegensatz zu dem ganzen, auf geistigen und
materiellen Fortschritt, auf Lebensglück und Lebensgenuß
gerichteten Streben unsrer thatkräftigen Zeit keinem Ein=
sichtigen verborgen bleiben kann. „In der Praxis," sagt
L. Feuerbach sehr richtig, „sind alle Menschen Atheisten;
sie widerlegen durch die That ihren Glauben." Nur die
ungeheure Macht der Gewohnheit und der in religiösem
Geiste geleiteten Erziehung läßt es begreiflich erscheinen oder
kann eine Erklärung dafür liefern, daß dieser Gegensatz im
Allgemeinen so wenig empfunden wird, und daß die große
Masse der Gebildeten wie Ungebildeten, wie in einem ver=
zauberten Schlafe befangen, fortfährt, ihren Geist mit längst
begrabenen Märchen und Einbildungen zu füttern, während
rings umher die Sonne der Wahrheit und Erkenntniß

gewissermaßen aus jedem Winkel der Zeitlitteratur ihnen
entgegenstrahlt. *)

Unsrer Zeit war es vorbehalten, den praktisch oder
im wirklichen Leben längst entschiedenen Sieg des mensch=
lichen Princips über das göttliche auch theoretisch und
wissenschaftlich zu erringen. Als ein Name erster Größe
leuchtet hierbei derjenige Ludwig Feuerbach's, des eigent=
lichen Philosophen des befreiten und auf sich selbst gestellten
Menschheitsthumes, hervor. Das menschliche Wesen ist
diesem tiefsinnigen Philosophen, der alle Vorstellungen von
Gott auf menschliche Erfindung und Selbst=Idealisirung
zurückführt, zugleich das höchste Wesen. „Die Gottheit
des Individuums,“ so ruft er aus, „ist das aufgelöste Ge=
heimniß der Religion, die Negation Gottes die Position
des Individuums.“ Wo aber die Völker so weit gekommen
sind, um ihren Gott nicht mehr aus sinnlichen, sondern
aus gedachten Eigenschaften zu construiren, da ist es nicht
mehr wie früher eine Idealisirung des ganzen Menschen
selbst, eine Vergötterung menschlichen Wesens, sondern nur
eine Zusammenfassung und Potenzirung der höchsten geistigen
Eigenschaften der menschlichen Natur oder das idealisirte
Wesen der menschlichen Vernunft, welches durch das Wort
„Gott“ ausgedrückt wird. „Der vom eigentlichen mensch=
lichen Wesen unterschiedene, anthropomorphismenlose Gott
ist nichts Anderes als das Wesen der Vernunft.“

Es kann das Verdienst Feuerbach's nicht schmälern,
sondern nur das Gewicht seines Gedankens erhöhen, wenn
man in früheren oder älteren Gedankenkreisen nach Mei=
nungsäußerungen sucht, welche der seinigen analog oder
verwandt sind. So wird von dem chinesischen Religions=
stifter Lao=tse (zu deutsch: „Das alte Kind“), einem Zeit=
genossen des großen Confucius, welcher 565, nach Andern

*) Man vergleiche des Verfassers Broschüre: „Ueber religiöse
und wissenschaftliche Weltanschauung.“ Leipzig, Th. Thomas, 1887.

604 Jahre vor Chr. geboren ward und das berühmte Buch
Tao-te-king (der Weg zur Tugend oder das Buch von
der Kraft und Wirkung) verfaßte, mitgetheilt, daß er das
höchste Wesen Tao nannte, welches Wort nach der Meinung der Sprachkundigen „Vernunft“ oder „Weltvernunft“
bedeutet, und daß er also das Vernünftige im Menschen
mit der Vernunft des Alls und dem höchsten Wesen selbst
identificirte — während in seinem System keine Spur einer
Aeußerung über die Existenz eines persönlichen Gottes zu
finden ist. Gott und Natur sind dasselbe für ihn. Das
Tao liebt alle Wesen und sorgt für Alle, aber es will
nicht ihr Herr und Gebieter sein. Es ist ewig und
unsichtbar und hat kein irdisches Verlangen. Wer auf dem
Weg des Guten und Rechten bleibt, identificirt sich gewissermaßen mit dem Tao; er erkennt dasselbe und vereinigt sich
mit ihm im Tode. Dabei hat man Lao-tse wegen der Reinheit und Erhabenheit seiner sonstigen Lehren mit Recht den
Christus der Chinesen genannt; und diese Lehren gleichen
so sehr den christlichen, daß die Jesuiten-Missionäre des 17.
und 18. Jahrhunderts ganz folgerichtig meinten, das Geheimniß des Christenthums müsse den Chinesen schon fünfhundert Jahre früher, als den Juden, geoffenbart worden sein.
Aber als ob ein Fluch auf allen Religionen laste, so brach-
ten Lao-tse's Schüler und Nachfolger sich und die Tao-
Lehre durch verächtlichen Schamanisten-Betrug ebenso in
Mißachtung und Verruf, wie die Nachfolger Christi dieses
mit seiner Lehre gethan haben.

Auch Lao-tse's jüngerer Zeitgenosse, der große und
mehr verständige Sittenlehrer Konfutsee oder Confucius,
strebte mit Verbannung alles Uebernatürlichen aus seinem
System dahin, das Sinnen und Handeln des Menschen
lediglich auf das Irdische zu richten und stellte bereits die
berühmte, alle übrigen Moralvorschriften entbehrlich machende
Lehre auf: „Thue Andern, was du willst, daß man dir
selbst thue.“ Dagegen spricht er nie von einem Schöpfer

ober von einer höheren Weltordnung; und Pietät gegen
die Vorfahren ist die einzige, über das eigne Leben hinaus=
gehende Vorschrift seiner Religion.

Auch die berühmte freibenkerische Natur = Religion des
Buddha, des großen indischen Religionsstifters, von der
in einem späteren Kapitel des Genaueren die Rede sein wird,
ist im Grunde nichts Anderes, als eine Vergöttlichung der
Menschen=Natur; und hieran ließen sich eine ganze Anzahl
ähnlicher oder verwandter Ideen oder Aussprüche aus der
Geschichte des menschlichen Denkerthums anreihen. Der=
selbe Gedanke leitete auch den unglücklichen Bauern=Führer
Thomas Münzer, als er seinen Bauern sagte: „Der
heilige Geist ist unsre Vernunft und unser Verstand."

Und diese beiden sind es denn auch einzig und allein,
welche der Mensch zu Rathe ziehen und auf welche er ver=
trauen darf, indem er seinen Blick auf die eigne, vor ihm
liegende Zukunft richtet — eine Zukunft, welche mit höchster
Wahrscheinlichkeit weit Größeres in ihrem Schooße birgt,
als die Vergangenheit geleistet hat. Wenn wir bedenken,
welchen verhältnißmäßig kurzen Zeitraum die culturelle Ent=
wicklung des Menschengeschlechts im Vergleich mit den vor=
historischen Zeiträumen umfaßt, und ein wie kleiner Theil
der Erdoberfläche in diese Entwicklung hineingezogen ist;
wenn wir weiter bedenken, welche großartigen Aussichten
die steigende Entwicklung der Wissenschaften, Künste und
Gewerbe nach allen Seiten hin eröffnet, und wie die ver=
hältnißmäßige Raschheit des Fortschritts progressiv mit dem
Fortschritt selbst zunimmt; wenn wir endlich nicht ver=
gessen, wieviel wir noch inmitten unsres verfeinerten Lebens
von den rohen Trieben und Instinkten unsrer barbarischen
Vergangenheit zurückbehalten haben, und wie der wilde,
aus dem tierischen Leben uns überkommene „Kampf um
das Dasein" immer noch in schlimmster Weise, wenn auch
in andrer Gestalt, als früher wüthet — so werden wir
uns, selbst bei kühlster Ueberlegung, gestehen müssen, daß

wir wohl noch in den Kinderschuhen der Civilisation stehen,
und daß wir erst einen kleinen Theil des vor uns liegenden
Weges zurückgelegt haben. Steigende Besiegung der materiellen Schwierigkeiten, welche uns die Natur und das
Leben entgegenstellen — zunehmende Bildung und Kenntniß
und erfolgreichere Bekämpfung der Unwissenheit und des
Aberglaubens — verminderte Krankheiten — Abschaffung
der Kriege, der Armuth, der gegenseitigen Ausbeutung und
Ersetzung des verderblichen Kampfes um das Dasein durch
einen gemeinschaftlichen Kampf für das Dasein, Mensch-
heitsdienst statt Gottesdienst oder Anthropolatrie statt Theo-
latrie, Arbeit für das Wohl der Menschheit statt nutzloser
Anbetung einer leeren Begriffsdichtung, Religion der Menschenliebe statt Religion der Gottesliebe — dieses und so
vieles Andre, das sich hieran anreiht, sind die Ziele, denen
der Mensch der Zukunft nachzustreben hat, und deren Erreichung ihn hundertmal glücklicher und weiser machen wird,
als der Glaube an die lächerlichen und abgeschmackten Lehrsätze der Kirche und die Unterwerfung unter die angeblichen
Gebote eines außer und über der Natur stehenden und dieselbe, wie auch uns selbst, in der Weise menschlicher Herrscher beherrschenden Wesens. „Wir stehen," sagt Lubbock
(Die vorgeschichtliche Zeit, II, S. 297), „in Wirklichkeit erst
auf der Schwelle der Civilisation. Weit entfernt, irgend
welche Anzeichen eines gekommenen Endes anzudeuten, scheint
der Trieb nach Erweiterung des Wissens (und Könnens
— der Verf.) neuerdings mit Windeseile gewachsen zu
sein — — Es gibt noch gar viele Dinge, von denen sich
unsre Schulweisheit nichts träumen läßt, und viele Entdeckungen, welche ihren Enthüllern die Unsterblichkeit verleihen und der Menschheit Vortheile bringen werden, von
denen wir jetzt vielleicht nicht einmal eine Ahnung haben.
Noch sagen wir mit dem großen Isaak Newton, daß wir
Kindern gleich am Meeresstrande spielen und hier und da
einen außergewöhnlich glatten Kieselstein oder eine hübsche

Muschel auflesen, während das große Meer der Wahrheit noch ganz unerforscht vor uns liegt. So berechtigt uns der Blick auf die Vergangenheit zu den kühnsten Hoffnungen für die Zukunft u. s. w." *)

---

*) Weit genauer und ausführlicher, als es in diesem eng zusammengedrängten Kapitel geschehen konnte, hat der Verfasser die darin besprochenen Gegenstände — namentlich das Alter des Menschengeschlechts, die tierische Abstammung des Menschen und seine wahrscheinliche Weiter-Entwicklung in der Zukunft — behandelt in seiner Schrift: „Der Mensch und seine Stellung in der Natur oder: Woher kommen wir? Wer sind wir? Wohin gehen wir?" 3. Aufl. 1889. (Leipzig, Th. Thomas), sowie in seiner Schrift: „Das goldne Zeitalter oder das Leben vor der Geschichte" (Berlin 1891).

Gehirn und Seele.

Seele und Totalsumme der lebendigen, wirksamen
Nervenkugeln eines tierischen Geschöpfs, also auch des
Menschen, sind für den unbefangenen Naturforscher sich
vollkommen deckende Begriffe. Außerhalb der Nervenkugeln gibt es keine Seele. Im Nervenzellen-Eiweiß
liegt das Seelen-Geheimniß begraben.

Prof. C. B. Brühl.

Die Seele ist das in Thätigkeit begriffene Gehirn
und weiter nichts.

Broussais.

Von der Materie erheben wir uns zum Geist durch
das Gehirn.

H. Taille.

Daß das Gehirn oder jenes weiche, das Schädelinnere
erfüllende Organ, welches nächst der Leber das massenhafteste
und dabei das verhältnißmäßig blutreichste aller Organe
des menschlichen Körpers bildet, das Organ des Denkens,
Wollens und Empfindens ist, und daß letzteres nicht ohne
ersteres gedacht werden kann — dieses ist eine Wahrheit,
welche kaum einem Arzte oder Physiologen zweifelhaft sein
kann. Wissenschaft, tägliche Erfahrung und eine Menge
der sprechendsten Thatsachen drängen ihm diese Ueberzeugung
mit Nothwendigkeit auf. Weniger im Hinblick auf ihn,
als mehr auf das große Publikum, welchem oft die einfachsten und klarsten Wahrheiten der Naturforschung noch
vollkommne Räthsel sind, entwerfen wir die folgende thatsächliche Darstellung. Es ist eigenthümlich, daß man grade

in diesem Punkte von je mit großer Hartnäckigkeit sich gesträubt hat, die unwiderstehliche Macht der Thatsachen anzuerkennen; die Gründe dafür sind leicht zu durchschauen
und zumeist egoistischer Natur.

Das Gehirn ist Sitz und Organ des Denkens; seine
Größe, seine Form, seine Entwicklung, die Art oder der
Grad seiner Zusammensetzung und Bildung oder der Bildung seiner einzelnen Theile stehen in einem bestimmten
Verhältniß zu Größe und Kraft der von ihm ausgehenden
psychischen oder seelischen Leistungen. Die wichtige Wissenschaft der vergleichenden Anatomie gibt hierüber die deutlichsten Nachweise und zeigt, wie ein bestimmtes, stufenweise
aufsteigendes Verhältniß der materiellen und Größen-Be-
schaffenheit des Gehirns durch die ganze Tierreihe hindurch
bis hinauf zu dem höchststehenden Tier oder dem Menschen
besteht. Daher der letztere, der sich bekanntlich durch seine
geistigen oder seelischen Eigenschaften weit über die gesammte
Tierwelt erhebt, auch — abgesehen von einigen sogleich
näher zu untersuchenden Ausnahmen — absolut wie relativ das größte Gehirn unter allen lebenden Geschöpfen
besitzt. Wenn die Gesammthirnmasse bei einigen wenigen
Tieren, welche als die größten der gegenwärtigen Schöpfung
bekannt sind, wie Walfisch, Elefant, große Delfinarten, diejenige des Menschengehirns übertrifft, so beruht diese scheinbare Regelwidrigkeit wohl nur auf einem Ueberwiegen derjenigen Gehirntheile, welche nicht der Intelligenz oder
dem Denkvermögen dienen, sondern dem Körper-Nervensystem
als Central-Organe der Bewegung und Empfindung, sowie
den unbewußten Nerven-Aktionen vorstehen und daher wegen
der größeren Menge und Dicke der in ihnen zusammen-
laufenden Nervenfasern oder Nervenstränge nothwendig eine
größere Massenentwicklung darbieten müssen — wogegen die
der Denkfunktion vorstehenden Theile des Gehirns bei keinem
Tiere die menschlichen Größen-, Form- und Zusammen-
setzungs-Verhältnisse erreichen. Daher auch sofort ein ganz

anderes Resultat herauskommt, sobald man das sog. rela=
tive Hirngewicht, d. h. das Gewicht des Gehirns im Ver=
hältniß zur jeweiligen Körpergröße, in das Auge faßt. Auch
hierin übertrifft der Mensch (mit ganz wenigen bedeutungs=
losen Ausnahmen) die gesammte Tierwelt, und zwar so
sehr, daß, während das Hirngewicht des Menschen den
fünfzigsten bis fünfunddreißigsten Theil seines Körperge=
wichts ausmacht, dieses Gewicht bei dem Delfin nur den
hundertsten, bei dem Elefanten nur den fünfhundertsten,
bei dem Walfisch gar nur den breitausendsten Theil des
Körpergewichts dieser Tiere beträgt. Rechnet man dieses
Verhältniß auf die Körpersubstanz überhaupt aus, so be=
trägt (nach Leuret) das durchschnittliche Gewicht des Gehirns
auf zehntausend Theile Körpersubstanz bei den Fischen
1,8, bei den Kriechtieren 7,6, bei den Vögeln 42,2, bei
den Säugetieren 53,8, bei dem Menschen 277,8
Theile! Dieses mag genügen, um das allmälige, enorme
Anschwellen der Gehirnmasse in der Wirbeltierreihe, ent=
sprechend der sich erhebenden geistigen Stufenleiter, darzu=
thun. Auch unter den Gliedertieren, deren höchste Abthei=
lungen sich durch Vollkommenheit der Organisation und
geistige Begabung zum Theil weit über die niedrigsten Ab=
theilungen der als Klasse weit über ihnen stehenden Wirbel=
tiere erheben, zeichnen sich die Bienen und Ameisen,
deren außerordentliche, fast wunderbare geistige Begabung
beinahe sprüchwörtlich geworden ist, mit Einschluß ihrer
nächsten Verwandten durch ein im Verhältniß zu ihrer
Körpergröße sehr großes und in seiner Form und Zusammen=
setzung hoch entwickeltes Gehirn aus.*)

Uebrigens kommt es bei der geistigen Werthbestimmung
eines Gehirns bei Mensch und Tier nicht bloß auf dessen
Größe, namentlich auf dessen Gesammtgröße an, welche

---

*) Näheres hierüber in des Verfassers Schrift: „Aus dem Geistes=
leben der Tiere." VI. Aufl. 1897. (Leipzig, Th. Thomas.)

nur als ein sehr unvollkommener Maßstab für dessen Kraftwirkung angesehen werden kann, sondern ebenso und noch
weit mehr auf dessen sonstige Form- und Zusammensetzungs-
Verhältnisse.

Auch in dieser Beziehung hat die vergleichende Anatomie und Physiologie gelehrt, daß der Mensch überall an
der Spitze steht, und daß z. B. die sog. Halbkugeln des
großen Gehirns, deren oberste Schicht, die sog. graue oder
Rindenschicht, als der eigentliche Sitz geistiger Thätigkeit anzusehen ist, bei dem Menschen im Verhältniß zu den
übrigen Theilen des Gehirns, namentlich zu dem sog. kleinen
Gehirn, weit stärker entwickelt sind, als bei irgend einem
Tiere. Namentlich bedecken sie, wenn man das Gehirn
von oben betrachtet, das kleine Gehirn vollständig, während
dieses bei keinem Tiergehirn der Fall ist. Mit dieser Entwicklung der großen Halbkugeln steht in innigem Zusammenhang die stärkere Entwicklung der berühmten Windungen
oder Faltungen des Gehirns, welche als ein förmliches System
von vielfach verschlungenen, neben und durcheinander ge-
lagerten Wülsten die Oberfläche desselben überkleiden und
keinen andern Zweck haben, als eine möglichste Ausbreitung
und anatomische Vervielfältigung der erwähnten grauen oder
Rindensubstanz des Gehirns herbeizuführen, welche Substanz
bekanntlich in der Dicke mehrerer Linien das ganze Gehirn
überzieht, und in welcher sich die beiden Grundelemente des
Nervensystems, die Fasern und die Zellen (Ganglien-
oder Nervenkugeln) derart begegnen, daß eine möglichst
große Menge materieller Berührungspunkte zwischen beiden
hergestellt wird. Dieses erscheint um so nöthiger, als die
Fasern die Aufgabe haben, die Eindrücke der Außenwelt und
des eignen Körpers dem Gehirn zuzuführen, während die
Ganglienkugeln oder Nervenzellen diese Eindrücke in sich
aufnehmen, verarbeiten und mit Hilfe der von ihnen ausgehenden oder sie unter einander verbindenden Fasern in
Denk- oder Willensakte umsetzen. Die Ansammlung bloßer

Fasern im Gehirn erscheint von mattweißer Farbe, während
überall da, wo zugleich Nervenzellen oder Ganglienkugeln
mit ihnen verbunden sind, die Gehirnsubstanz theils deß=
wegen, theils ihres größeren Blutreichthums halber eine
grauröthliche Färbung zeigt; daher die Unterscheidung von
grauer und weißer Gehirnsubstanz! Man hat die graue
oder Rindensubstanz auch mit dem bezeichnenden Namen des
Hirn=Mantels belegt, theils weil dieselbe in der Art eines
Mantels das Gehirn einhüllt, theils wegen ihrer eigenthüm=
lichen faltenartigen Anordnung. Es vergrößert diese Anord=
nung die Masse oder Ausdehnung der grauen Substanz,
welche sich in die zwischen den Windungen gelegenen Ver=
tiefungen hinein gleichmäßig fortsetzt, um mehr als das
Zwölffache, ohne daß der Kopf oder das Schädelgewölbe
nöthig hätte, wegen dieser Ausdehnung zu einer unnatür=
lichen oder übermäßigen Größe anzuschwellen.

Dieser Hirnmantel nun ist, wie bereits erwähnt, un=
zweifelhaft derjenige Theil des Gehirns, welcher mit den
höheren Seelen= oder Geistesthätigkeiten, wie Denken, Vor=
stellen, Bewußtsein, bewußtes Fühlen und Wollen, allein zu
thun hat, während die darunter gelegene weiße oder Faser=
substanz nur als Leitungsorgan dient, und während die im
Innern der Mittelgebilde des Gehirns gelegenen grauen
Substanz=Inseln nur als Mittelpunkte für nervöse Aktionen
des Gehirns in seiner Eigenschaft als Vorstand des gesammten
Nervensystems bestimmt sind.

Uebertrifft nun, wie bereits gesagt, das menschliche Ge=
hirn durch absolute oder relative Massenentwicklung weit=
aus alle Tiergehirne (abgesehen von den wenigen besproche=
nen Ausnahmen), so thut es dieses noch weit mehr durch
die innere Anordnung seiner einzelnen Theile, insbesondere
durch die Entwicklung und Ausbildung der grauen Substanz
und ihrer Windungen, welchen an Ausdehnung, Tiefe, Zahl,
Mannichfaltigkeit und Asymmetrie oder Unregelmäßigkeit

der Anordnung kein Tiergehirn (vielleicht mit einziger Ausnahme des Gehirns der großen oder menschenähnlichen Affenarten, welches aber dafür andere, schwerwiegende Mängel zeigt) auch nur entfernt nahe kommt. Je weiter man in der tierischen Stufenleiter abwärts steigt, um so mehr zeigt der Windungsreichthum eine rasche Abnahme. So ist die Gehirnoberfläche bei Fischen und Amphibien ganz, bei den Vögeln fast ganz glatt und ohne Windungen. Auch die untersten Abtheilungen der Säugetiere haben noch glatte Gehirne oder zeigen nur Spuren von Windungen, welche eine stärkere Entwicklung erst an dem Gehirne des Affen, des Elefanten, des Delfin, des Hundes, der Fleischfresser und der Wiederkäuer erlangen. Hinwiederum ist das Gehirn der Bienen und Ameisen sehr windungsreich.

Ganz dasselbe Verhältniß, wie zwischen Menschen- und Tiergehirn, zeigt sich auch bezüglich der Windungen und der dadurch hervorgebrachten Oberflächenvermehrung bei einer Vergleichung der einzelnen Menschengehirne unter einander, bei denen durch zahllose Thatsachen leicht nachzuweisen ist, daß die Größe der geistigen Begabung oder Leistungsfähigkeit fast parallel mit der Entwicklung der Windungen und der grauen Rindensubstanz geht. Dieses gilt nicht bloß für die einzelnen Menschenrassen oder Völker, sondern gleicherweise für die einzelnen Menschen oder Individuen. Wir besitzen in dieser Richtung eine sehr fleißige Arbeit von Dr. Herrmann Wagner,[*] aus welcher unzweifelhaft hervorgeht, daß die Ausdehnung der Gehirnoberfläche mit der Intelligenz zunimmt. Dagegen berechnete sich die Gesammtoberfläche eines von Wagner gleichzeitig gemessenen Gehirns eines Orang-Utang auf nur den vierten Theil der Durchschnitts-

---

[*] „Maßbestimmungen der Oberfläche des großen Gehirns", 1864.

Oberfläche der menschlichen Gehirne, während das Gehirn
eines Handarbeiters hinter demjenigen zweier Gelehrten um
ungefähr fünfzig Quadratzoll zurückblieb! An dem Gehirn
Beethovens, des genialen Musikers und Menschen, erschienen
nach dem Sektionsbericht des Dr. J. Wagner die Windungen „nochmals so tief und zahlreich als gewöhnlich.“
Umgekehrt hat Longet constatirt, daß bei den Gehirnen
der Idioten (Menschen mit angebornem Blödsinn) jedesmal
die Gehirnwindungen weniger tief sind und die graue oder
Rindensubstanz weniger dick ist, als bei gewöhnlichen
Menschen. Auch das menschliche Kind zeigt trotz seines
im Verhältniß zu seiner Körpergröße sehr stark entwickelten Gehirns nur unvollkommene Windungen und erlangt dieselben erst nach Erreichung eines bestimmten
Lebensalters. Vor den letzten Schwangerschafts-Monaten
sind dieselben überhaupt nicht sichtbar. Der menschliche
Keimling hat vorher ein glattes Gehirn wie die niederen
Wirbeltiere.

Uebrigens würde man sehr fehlgehen, wenn man die
geistige Werthschätzung eines Gehirns nur nach den bisher
besprochenen Verhältnissen oder nach dessen Größe und
Windungsreichthum beurtheilen wollte; es kommen vielmehr
auch noch die Verhältnisse der inneren Struktur oder Bildung und der chemischen Zusammensetzung in Betracht —
so daß ein Mangel eines einzelnen Gehirns in einer Richtung sehr wohl durch Vorzüge in andrer Richtung ausgeglichen werden kann. Insbesondere scheint es nach den übereinstimmenden Angaben der Gehirn-Anatomen außer Zweifel,
daß die physikalische Dichtheit oder Festigkeit der Gehirnmasse von einem sehr bedeutenden Einflusse ist, so daß das
Gehirn gescheibter oder intelligenter Leute dichter und fester
zu sein pflegt, als dasjenige von dummen oder geistesarmen
Personen. Ebenso ist das Gehirn höherer und in der Cultur
vorgeschrittener Menschenrassen im aufsteigenden Verhältniß
dichter, fester und derber, als dasjenige niederer oder wilder

Rassen. Daß das Gehirn des Kindes im Vergleich zu
dem des Erwachsenen durch seine mit großem Wassergehalt
zusammenhängende Weichheit und Undichtheit auffällt, ist
bekannt. Auch bilden sich die mikroskopischen Eigenthümlichkeiten des Gehirns, die anfangs sehr undeutliche Faserung,
der Unterschied zwischen grauer und weißer Substanz, der
große Blutgehalt, die Furchung u. s. w. erst mit der Zeit
und mit zunehmender Geisteskraft erkennbar heraus. In
gleicher Weise wird bei abnehmender Geisteskraft im Alter
das Gehirn, namentlich dessen graue Substanz, wieder
wasserreicher und nähert sich so dem Zustande der Kindheit.
Dabei geräth das Gehirn alter Leute in der Regel in einen
Zustand der Atrophie oder Schrumpfung; es entstehen zwischen den einzelnen Gehirnwindungen, welche vorher fest aneinander lagen, Hohlräume, die sich mit Wasser füllen; die
Substanz des Gehirns selbst wird zäher, die Farbe wird
graulicher, der Blutgehalt geringer, die Windungen werden
schmäler. Das Gewicht des Gehirns nimmt ab, nachdem
es bis zum 25. Lebensjahre rasch gestiegen und zwischen dem
40. und 50. Lebensjahr das Maximum seines Volumens
erreicht hat. Daß dem allem genau entsprechend der Verstand erst mit den Jahren kommt, aber mit den Jahren
auch wieder abnimmt, ist bekannt. „Der größte Denker
seines Zeitalters," sagt Tuttle, „mag, wenn er erkrankt,
binnen einer Stunde seine ganze Geisteskraft einbüßen, oder
wenn ihn die Schwächen des Alters beschleichen, wird er
zum zweiten Male Kind, so unbeholfen und albern,
wie das erste Mal. Mit dem Verfall des Körpers ver-
siegt auch die Vernunft, und mit dem letzten Athemzuge
scheint auch sie, noch ein paar Mal, einer Lampe ohne
Oel gleich, schwach aufflackernd, zu verlöschen." Ganz im
Gegentheile müßten, wenn, wie so viele meinen, der Geist
etwas vom Körper Unabhängiges wäre, die Geisteskräfte
sich um so mehr steigern, je näher der Körper seiner Auflösung rückt.

„Dieſes bezeugt, daß die Seele wie Rauch in den Lüften
zerflattert.

„Denn wir gewahren, wie Schritt für Schritt ſie entſteht,
und wir ſeh'n ſie

„Wachſen und endlich, ſo wie ich gezeigt, hinſiechen im
Alter."

(Lukretius Carus.)

Von großer Bedeutung für die geiſtige Leiſtungsfähigkeit eines Gehirns iſt, wie ſich nach dem Geſagten leicht
begreifen läßt, die verhältnißmäßige Dicke der grauen oder
Rindenſubſtanz, welche bei Menſchen und Tieren oft große
Verſchiedenheiten zeigt. So fand Dr. J. Jeſſen*) an
dem Gehirn einer 23jährigen Jdiotin, Namens Nasmer,
zu ſeinem nicht geringen Erſtaunen einen gut entwickelten
Windungs-Reichthum der Oberfläche, gelangte aber ſehr
ſchnell zur Löſung des Rätſels, als ſich bei der innern
Unterſuchung des Gehirns zeigte, daß durch einen wahrſcheinlich in früheſter Kindheit eingetretenen Krankheitsproceß
die graue Rindenſchicht atrophirt und dadurch ſehr dünn
und ſchmal geworden war. Auch zeigte ſich durch Jeſſen's
Unterſuchungen, daß ein durch Enge des Schädelraums her-
vorgerufener Mangel der Oberflächen-Entwicklung der Hirnrinde durch deſto größere Entwicklung derſelben in der Dicke
wieder ausgeglichen werden kann. Dieſes allein ſchon —
abgeſehen von ſo vielen andern möglicherweiſe vorhandenen
compenſatoriſchen oder ausgleichenden Momenten — würde
hinreichen, um zu erklären, warum ein verhältnißmäßig
kleineres Gehirn ein verhältnißmäßig größeres an geiſtiger
oder Denkkraft ebenſo zu übertreffen im Stande iſt, wie
eine kleinere Naſe eine größere an Riechkraft übertreffen
kann. Wahrſcheinlich erklärt ſich auch hieraus — wenigſtens
theilweiſe — die Leiſtungsfähigkeit einiger verhältnißmäßig

---

*) „Unterſuchungen über die Beziehung zwiſchen Großhirn und
Geiſtesſtörung", Archiv für Pſychiatrie, 1875. V. Band, 3. Heft.

kleinen oder sonst weniger vollkommen gebildeter Tiergehirne, z. B. des Gehirns des Hundes.

Ganz Gleiches läßt sich erwarten oder voraussetzen von Verschiedenheiten in der chemischen Zusammensetzung des Gehirns, über welche allerdings bis jetzt noch wenig Sicheres bekannt geworden ist. Doch weiß man soviel, daß das Gehirn der Kinder, Greise und Tiere im Verhältniß zu dem des erwachsenen Menschen sehr arm an jenen eigenthümlichen, phosphorhaltigen Fettstoffen oder fettähnlichen Stoffen ist, welche in der chemischen Zusammensetzung der Centraltheile des Nervensystens eine so große Rolle spielen und durchschnittlich in um so reicherer Menge angetroffen werden, je höher ein Tier oder Mensch in der geistigen Rangordnung steht. Aus neueren Untersuchungen von Borsarelli ergibt sich insbesondere, daß der mittlere Phosphorgehalt des Gehirns bedeutend größer ist, als man bisher glaubte, und daß unter allen Organen des Körpers das Gehirn die weitaus größte Phosphormenge enthält, z. B. doppelt so viel als die Muskelsubstanz. Daher der enorme Reichthum der Gehirn-Asche an freier Phosphorsäure und phosphorsauren Alkalien. Dieses findet eine Bestätigung oder Ergänzung in den Untersuchungen des Dr. H. Byasson, welche gezeigt haben, daß angestrengte geistige Arbeit das Erscheinen beträchtlicher Quantitäten von phosphorsauren und schwefelsauren Alkalien im Harn veranlaßt, sowie in denen des Dr. L'Heritier, welcher constatirte, daß der Phosphorgehalt des Gehirns im Greisenalter oder bei Blödsinn fast bis zur Hälfte abnimmt und wieder auf die Stufe der Kindheit zurücksinkt. Auch starke Gemüthsbewegungen oder geistige Erregungen überhaupt lassen Vermehrung der aus Gehirn und Nerven stammenden Alkali-Phosphate im Urin erkennen, während umgekehrt bei funktionellen Störungen der Hirnthätigkeit Abnahme jener Stoffe beobachtet wird. Diese Thatsachen lassen keinen Zweifel darüber, daß dem Phosphorgehalt des Gehirns eine besondere Bedeutung

zukommt, und legen die Vermuthung nahe, daß eine ganz
bestimmte Beziehung zwischen ihm und geistiger Arbeit be=
steht. Sie zeigen ferner, daß das literarische Geschrei, wel=
ches seinerzeit über Moleschott's bekannten Ausspruch:
„Ohne Phosphor kein Gedanke!" erhoben wurde, nur für
die wissenschaftliche Unbildung und Kenntnißlosigkeit der
Schreier beweist. Sie lassen uns auch die wichtige That=
sache erkennen, daß alle Nahrungsmittel, welche Phosphor
in Form von sog. Lecithin (einem Bestandtheil der Hirn=
substanz) enthalten, zum Ersatz der durch geistige Arbeit
veranlaßten Substanzverluste besonders geeignet sind, und
daß die nervenstärkende Kraft eines Nahrungsmittels mit
dem Gehalt seiner stickstoffhaltigen Bestandtheile an Phos=
phor zunimmt. *)

Wenn man nun Alles dieses in Berücksichtigung zieht,
so dürfte es klar sein, daß es bei der geistigen Werthbestim=
mung eines Gehirns nicht bloß auf dessen absolute oder
relative Größe, Masse oder Gewicht ankommt, sondern auf
eine ganze Anzahl weiterer morphologischer, histologischer,
chemischer und physikalischer Verhältnisse, deren richtige
Würdigung in jedem einzelnen Falle großen Schwierigkeiten
unterliegt. Aber es ist noch ein andres Moment von höchster

---

*) Das Lecithin oder Dotterfett, ein phosphorhaltiges Fett mit
der chemischen Formel $C 44\ H 90\ NPO 9$ kommt nach Prof.
M. Foster überall im Körper vor, in Blut, Galle, serösen Flüssig=
keiten u. s. w., am meisten aber im Gehirn und Nervensystem. Es
besitzt nach Prof. Maudsley eine große Oxydationsfähigkeit und
repräsentirt dadurch einen hohen Grad potentieller Energie, welcher
sich in der Thätigkeit des Gehirns und der Nerven offenbart. Nach
Liebreich zerfällt das Lecithin der Hirnsubstanz bei starker geistiger
Arbeit oder heftigen Gemüthsbewegungen in Neurin, Fettsäuren und
Glycerin=Phosphorsäure, wobei zugleich mehr Harnstoff entleert wird.
Für alle Krankheiten mit Erschöpfung des Nervensystems ist daher
die Darreichung von Phosphor indicirt, nach Colomer (Gaz. des
hop. 1875, Nr. 39) am besten in der Form des glycerinphosphor=
sauren Kalks. Man vergl. die Anm. S. 301.

Wichtigkeit in Betracht zu ziehen, welches in der Regel bei
Beurtheilung dieser wichtigen Frage mehr oder weniger
übersehen zu werden pflegt — es ist der große Einfluß,
welchen Erziehung, Uebung und Ausbildung auf
die Leistungsfähigkeit des Seelen-Organs ausüben. Dieser
Einfluß ist so groß, daß ein Mensch mit verhältnißmäßig
kleinem oder schlechtgebildetem Gehirn und geringen Anlagen,
welcher aber die sorgfältige Ausbildung dieser Anlagen
nicht versäumt hat, den Eindruck einer größeren Intelligenz machen kann, als: ein Mensch mit trefflichem Gehirn
und vielen Anlagen, deren Benutzung und Ausbildung er
vernachlässigt hat. Dieses erscheint um so weniger auffällig,
als wir ganz dasselbe auch an andern Organen unsres
Körpers wahrzunehmen Gelegenheit finden, welche oft sehr
verschiedene Leistungen hervorbringen, ohne daß dem entsprechende anatomische Unterschiede damit Hand in Hand
gingen, z. B. die Muskeln, der Kehlkopf, die Hand. So
wenig mit einer ungeübten Hand feine oder eine gewisse
Kunstfertigkeit verlangende Arbeit gemacht werden kann, so
wenig kann ein ungeübtes oder ungeschultes, wenn auch
an sich großes oder gutgebildetes Gehirn hervorragende
geistige Arbeit verrichten. Man kann ein großes Gehirn
sehr passend einem großen Hause mit vielen Zimmern vergleichen, in welchem viele Menschen wohnen können.
Aber es wohnen nicht immer viele darin, während ein kleines
Haus mit Bewohnern ganz angefüllt sein kann.

Andrerseits kann es keinem Zweifel unterliegen, daß
das Gehirn, grade so wie die Hand oder der Kehlkopf des
Virtuosen, durch Gebrauch und Uebung sich verbessert und
an Leistungsfähigkeit zunimmt. Alle Anatomen, welche
häufig Gelegenheit hatten, menschliche Gehirne zu untersuchen, versichern übereinstimmend, daß sie die Gehirne von
Gelehrten, Denkern, Dichtern oder überhaupt Personen,
welche geistig viel gearbeitet hatten, dichter, fester, windungs-
reicher, überhaupt in allen Theilen ausgebildeter angetroffen

hätten, als diejenigen von gewöhnlichen Menschen. Ja —
wir müssen sogar nach den hochwichtigen Beobachtungen und
Messungen des berühmten Arztes und Anthropologen Prof.
Broka in Paris an den Schädeln der Pariser Kirchhöfe
annehmen, daß allein schon der Einfluß der Civilisation
und fortschreitenden Cultur hinreichend ist, um eine ziemlich
ansehnliche Vermehrung des Schädelumfangs oder — was
dasselbe ist — ein Wachsthum des Gehirns im Laufe
einiger Jahrhunderte hervorzubringen; sowie daß die Angehörigen höherer, mehr mit geistiger Arbeit beschäftigter
Stände im Allgemeinen ein umfangreicheres Gehirn besitzen,
als die Angehörigen niederer, mehr körperliche Arbeit ver-
richtender Stände. Dieses Gesetz des Gehirnwachsthums in
Uebereinstimmung mit gesteigertem Geistes= oder Seelenleben
läßt sich sogar in der Thierwelt nachweisen. Nach den
Angaben des berühmten amerikanischen Paläontologen Prof.
O. C. Marsh hatten alle Säugetiere der Tertiärzeit ver=
hältnißmäßig sehr kleine Gehirne; und es läßt sich von da
an eine schrittweise Zunahme in der Größe, wie in der
Bildung der höheren Theile des Gehirns erkennen. Dasselbe Gesetz gilt wahrscheinlich auch für Vögel und Reptilien,
von der mesozoischen Zeit bis heute. So hatten die Vögel
der Kreidezeit Gehirne, die im Verhältniß ihrer Körpergröße
nur ein Drittel so groß waren, als die ihrer heute lebenden
Verwandten, während die Dinosaurier aus der Jurazeit
Gehirnhöhlen hatten, die im Verhältniß bei weitem kleiner
waren, als diejenigen irgend welcher heute lebenden Reptilien. Auch die heutigen Nashörner besitzen nach Carus
Sterne (die Krone der Schöpfung, S. 202) ein acht-
mal größeres Gehirn, als ihre vorweltlichen Vorläufer
oder Stammväter, die Elefanten=ähnlichen sog. Dinoceraten
aus den Eocänschichten des westlichen Amerika, obgleich sie
den letzteren an Körpergröße nachstehen.

Die Broka'schen Beobachtungen stimmen auch voll=
ständig mit der schon seit lange bekannten Thatsache über=

ein, daß Schädel und Hirn die einzigen Körpertheile sind,
welche auch n a ch Vollendung des übrigen Körper-Wachs=
thums bei geistig thätigen Leuten noch bis zum vierzigsten
Lebensjahre und selbst darüber hinaus zu wachsen oder sich
mäßig auszudehnen fortfahren.

Wenn B r o k a ferner beobachtet hat, daß die Zunahme
der Pariser Schädel weniger dem Gesammthirn, sondern
vielmehr beinahe ausschließlich dem sog. Stirnhirn oder dem
Vorderhaupte zu Gute gekommen ist, so stimmt auch dieses
mit älteren Beobachtungen und Messungen überein, welche
zu beweisen scheinen, daß eine Vergrößerung des Vorder=
hauptes bei gleichzeitiger Abflachung des Hinterhauptes oder
eine Aufrichtung des ganzen Schädels (vulgo Gehirns) nach
vorn bei gleichzeitiger Verbreiterung in der Mitte, nament=
lich an der Grundfläche des Schädels, das Hauptresultat
der civilisatorischen Entwicklung des Gehirns im Laufe der
Zeit gewesen ist.

Weiter stimmt die Broka'sche Beobachtung vollständig
überein mit der bekannten Erfahrung, daß man die Stirne
und ihre seitlichen Theile im Allgemeinen bei den unteren
Klassen der Bevölkerung weniger entwickelt sieht, als bei den
höheren, und daß auch ein sehr merkbarer Unterschied des
Schädel-Umfanges überhaupt besteht. Den besten Beweis
hierfür liefert die bekannte Erfahrung der Hutmacher oder
Mützenfabrikanten, daß die gebildeten Klassen durchschnittlich
ungleich größerer Hüte oder Mützen bedürfen, als die unge=
bildeten, oder die von Prof. R a n k e nachgewiesene That=
sache, daß ein beträchtlicher Unterschied der durchschnittlichen
Gehirngröße zwischen Stadt und Land zu Gunsten der
Stadtbewohner besteht.

Die größten bekannten Gehirne (mit Ausnahme der
durch Krankheit vergrößerten) haben solchen Männern an=
gehört, welche sich im Leben durch hervorragende Geistes=
kraft ausgezeichnet haben. Während das ungefähre Normal=
gewicht des menschlichen Gehirns drei Pfund oder etwas

darunter beträgt, wog das Gehirn des berühmten und geist=
vollen Naturforschers Cuvier nahe an vier Pfund.
Eines der größten bekannten Gehirne scheint nach den An=
gaben Prof. Brola's in Paris, welcher genaue Messungen
des Schiller'schen Schädels angestellt hat, unser großer
Dichter Schiller gehabt zu haben. Ihm am nächsten
kommen, wenn die darüber bekannt gewordenen Angaben
richtig sind, die Schädel oder Gehirne von Byron,
Cromwell, Napoleon I., Turgenjeff u. s. w.
Allerdings fehlt es auch nicht an Angaben über Gelehrten=
Gehirne, welche sich wenig oder gar nicht über das Mittel=
maß erhoben haben sollen, und welche diesen relativen
Mangel durch anderweite Vorzüge oder durch den Fleiß
und die Anstrengung ihrer Besitzer ausgeglichen haben
mögen. *)

Andrerseits sinkt das Gehirngewicht bei Idioten (an=
geborner Blödsinn) oder stumpfsinnigen Menschen in der
Regel weit unter das Mittelmaß. Tiedemann wog
die Gehirne von drei erwachsenen Idioten und fand bei
allen dreien das Gewicht zwischen nur ein bis zwei Pfund
schwankend. Dr. Wilder fand sogar bei einer idiotischen
Frau von 42 Jahren ein Gehirngewicht von nur 330 und
bei einem zwölfjährigen idiotischen Knaben ein solches von
nur 260 Gramm. Menschen, deren Kopf nicht sechzehn
Zoll im Umfang hat, sind unter allen Umständen imbecill
oder schwachsinnig. „Eine regelwidrige Kleinheit des Gehirns

---

*) Nach Dr. Beck wog das Gehirn Cromwell's 2000—2100,
dasjenige Turgenjeff's 2012, dasjenige Cuviers 1861, dasjenige
Byron's 1807 Gramm. Im Allgemeinen kann man als Resultat
aus vielen dergleichen Wägungen feststellen, daß man aus einem
hohen Hirngewicht — krankhafte Verhältnisse, hohes Alter, kleine
Statur, Wägungsfehler u. s. w. ausgeschlossen — auf eine mehr
als gewöhnliche geistige Begabung seines ehemaligen Trägers
schließen darf.

ist immer mit Blödsinn verbunden." (Valentin.) Der
berühmte Dichter Lenau ward wahnsinnig und starb im
Blödsinn; sein durch Krankheit atrophisch gewordenes oder
verkümmertes Gehirn wog nur zwei Pfund und acht Unzen.
Nach Parchappe (Comptes rendus du 31. Juillet 1848)
steht die allmälige Abnahme des Verstandes beim Wahn=
sinn im Zusammenhang mit einer allmäligen Abnahme des
Gehirns. Er zog das Mittel aus 782 Fällen und beweist
durch Zahlen die verhältnißmäßige Gewichtsverringerung des
Gehirns je nach der Tiefe der geistigen Störung.

Beinahe alle größeren Gebirgszüge beherbergen in
tiefen und feuchten Thälern eine unglückliche Gattung von
Menschen oder besser gesagt Halbmenschen, deren ganze
Existenz mehr an das Tierische als an das Menschliche
streift. Es sind widrige, schmutzige, verkrüppelte Wesen mit
kleinem oder übermäßig großem Kopf, sehr entwickelten Eß=
werkzeugen, schlechter, eckiger, affenähnlicher Schädelbildung,
niederer, schmaler Stirn, dickem Bauch, schmächtigen Beinen,
zur Erde gebeugter Haltung, sehr geringer Sensibilität,
selten im Stande, articulirte Laute hervorzubringen oder
zu sprechen. Nur Eß= und Geschlechtslust, Verdauungs=
und Fortpflanzungsthätigkeit sind bei ihnen entwickelt. Wer
hätte noch nicht auf einer Gebirgsreise die Cretinen ge=
sehen, wie sie stumpf und theilnahmslos mit stierem Blick
am Wege oder vor den Thüren der Hütten kauern? Das
Wesen dieser scheußlichen Abnormität des Menschengeschlechts
besteht in einer (meist angeborenen) Verkümmerung des
Gehirns. Eine von der sardinischen Regierung zu diesem
Zwecke ernannte Commission stattete einen sehr genauen
und ausführlichen Bericht über die Cretinen ab, welcher
ergab, daß bei allen Cretinen eine fehlerhafte
Bildung der Hirnschale und mangel= oder fehler=
hafte Entwickelung des Gehirns vorhanden ist.
Ganz dasselbe erhellt aus den klassischen Untersuchungen
von Prof. Virchow, welche gezeigt haben, daß das Wesen

des Cretinismus in fehlerhafter Bildung der Hirnschale
und mangel» oder fehlerhafter Entwicklung des Gehirns
beruht, hervorgerufen durch eine frühzeitige Verknöcherung
der sog. Schädelnähte (namentlich an der Basis oder Grund=
fläche des Schädels) und dadurch gehinderter Entwicklung
des Gehirns im Ganzen oder nach einzelnen Richtungen.
Dem entsprechend beobachtete Dr. Knolz, daß die Cretinen
bis in ihr höchstes Alter Kinder bleiben und Alles thun,
was Kinder zu thun pflegen. „Indem ich die hervorstechend=
sten Züge der Entwicklung der Cretinen im Einzelnen stu=
dirte", sagt Baillarger, „fand ich u. s. w., daß die
allgemeinen Formen des Körpers und der Glieder fortfuhren,
diejenigen von sehr jungen Kindern zu sein, daß es sich
ebenso verhielt bezüglich der Gelüste und Neigungen, welche
diejenigen der Kindheit sind und bleiben." Vrolik in
Amsterbam theilt das Resultat der Section eines neunjährigen
cretinischen Knaben mit, der auf dem Abendberge starb.
(Verhandl. der kgl. Akademie der Wetenschapen, 1854.)
Bei diesem Knaben war die geistige Entwicklung so gering,
daß er nur ein paar Worte zu sprechen gelernt hatte.
Man fand den Schädel klein, schief, die Stirn schmal,
das Hinterhaupt abgeplattet; ferner geringe Anzahl und
Unvollkommenheit der Hirn=Windungen, geringe Tiefe der
Gehirnsuchen, Asymmetrie des Gehirns, gekreuzte unvoll=
kommene Entwickelung des großen und kleinen Hirns, Er=
weiterung der Seitenhirnhöhlen durch Wasser. In ähn=
licher Weise ergab die Section der Leiche eines von erster
Kindheit an blödsinnigen Mädchens von 29 Jahren, das
weder lesen noch schreiben konnte und an Lungenentzündung
gestorben war, eine symmetrische Atrophie (Verkleinerung)
beider hinterer Großhirnlappen, welche beide um zwei
Zoll zu kurz waren, so daß das sog. Kleinhirn um andert=
halb Zoll unter ihnen hervorragte.

Die körperlichen und dem entsprechenden geistigen Unter=
schiede zwischen den einzelnen Menschenrassen oder Menschen=

arten find ihrer Natur nach zu allgemein bekannt, als daß
es mehr als eines kurzen Hinweises auf dieselben bedürfte.
Wer hätte nicht in Natur oder Abbildung den schmalen,
zurückfliegenden, an den Affen-Typus erinnernden Schädel
des afrikanischen Negers gesehen und ihn in Gedanken mit
der edeln und ausgedehnten Schädelbildung des Kaukasiers
verglichen! Und wer wüßte nicht, welche angeborne geistige
Inferiorität der schwarzen Rasse eigen ist, und wie sie den
Weißen gegenüber als Kind dasteht und immer dastehen
wird! Das Gehirn des Negers ist kleiner, tierähnlicher,
windungsärmer, als das des Europäers, obgleich es durchaus nicht, wie Manche glauben, das kleinste überhaupt
existirende ist, da Australier, Caraiben, Buschmänner,
Hindus, alte Peruaner u. s. w. noch bedeutend geringere
Schädelräume aufzuweisen haben. Denn während der
durchschnittliche Schädelraum der weißen Rassen 90 Rubik-
zoll beträgt, hat man einzelne Hottentotten- und Alfuren-
Schädel von 65 und 63 Kubikzoll Inhalt angetroffen;
und einzelne Hindu-Schädel sollen sogar bis zu 46 Rubik-
zoll herabsteigen, wobei allerdings die schmächtige Körper-
gestalt der Hindus in Rechnung zu ziehen ist. Dieses
kommt bereits dem höchsten Schädelraum des Gorilla,
des größten menschenähnlichen Affen, mit 34 Kubikzoll sehr
nahe. Bei den Caraiben und Hindus sinkt das durchschnittliche Hirngewicht bis nahe an zwei Pfund herab. Auch
die alten Aegypter sollen trotz ihrer hoch gesteigerten
Cultur im Allgemeinen verhältnißmäßig kleine Köpfe gehabt
haben, während die Eskimo's mit einem Durchschnitts-
raum von 86 Kubikzoll sich dem Normalmaß der europäischen
Cultur-Völker nähern, und während nach Wallace einzelne
Eskimoschädel gefunden werden, welche kaum hinter den größten europäischen zurückstehen. Auch die frühesten, in der
Cultur weit vorgeschrittenen civilisirten Nationen Amerikas,
die Peruaner und Mexikaner, hatten kleinere Schädel,
als die roh gebliebenen, barbarischen und theilweise von

ihnen unterworfenen amerikanischen Indianer. Diese That=
sachen, sowie der Umstand, daß man in einigen französischen
Höhlen der vorhistorischen Steinzeit (z. B. in der Höhle
von Cro=Magnon oder in der Todtermannshöhle) uralte
Schädelreste von kaukasischem Typus angetroffen hat, welche
zum Theil selbst die heutigen Franzosenschädel an Um=
fang oder Capacität übertreffen, zeigen abermals, wie wenig
die bloße Gehirngröße an und für sich und ohne Berück=
sichtigung der übrigen Verhältnisse im Stande ist, einen
sicheren Maßstab für die geistige Werthbestimmung oder
Leistungsfähigkeit eines Gehirns abzugeben. Kann sie aber
keinen Maßstab für die Leistungsfähigkeit abgeben, so
kann sie es noch viel weniger für die Leistung selbst, welche
letztere nicht bloß von Erziehung und Ausbildung, sondern
auch von dem wichtigen Einfluß der äußeren Lebens=Um=
stände abhängt. Was kann z. B. dem Eskimo sein ver=
hältnißmäßig großes Gehirn helfen — vorausgesetzt, daß
auch die übrigen Form=, Struktur= und Zusammensetzungs=
Verhältnisse dem entsprechen — wenn ihm in seiner ewig
in Eis und Schnee starrenden Heimath die Möglichkeit zur
Entfaltung seiner Anlagen benommen ist? Oder was
könnte eine ähnliche Gunst dem nackten, vom Klima be=
günstigten und erschlafften Tropenbewohner helfen? Oder
wozu könnte ein Handarbeiter oder Taglöhner oder Bauer
mit großem und gut angelegtem Gehirn dasselbe gebrauchen,
wenn er gezwungen ist, sein Leben unter dem Zwang me=
chanischer Arbeit und entfernt von den geistigen Anregungen
der Civilisation hinzubringen? Oder welchen Vortheil
konnten jene vorgeschichtlichen Höhlenbewohner aus ihren
vielleicht guten geistigen Anlagen ziehen unter Verhältnissen,
welche deren Entfaltung unmöglich machte? Oder was
können, um auch auf die Tierwelt zurückzugreifen, dem Delfin
sein großes Gehirn und seine wahrscheinlich dem ent=
sprechende, in seinem großen klugen Auge sich verrathende
Intelligenz nützen, wenn das Element, in dem zu leben er

gezwungen ist, und die plumpe Gestaltung seines Körpers
jede weitere Entfaltung seiner Anlagen verhindern? oder
was dem Elefanten sein noch größeres Gehirn, wenn ihm
jene Differenzirung der Gliedmaßen und des Kehlkopfs
fehlt, welche dem Menschen ein so großes Uebergewicht über
die Tierwelt durch Annahme des aufrechten Ganges und
Entstehung der gegliederten Wortsprache verleihen? —
Ueberdem zählen alle die vorgeführten Fälle nur zu den
Ausnahmen, welche die durch zahllose Thatsachen gestützte
Regel nicht umstürzen und ihre Erklärung in vielleicht bis
jetzt noch unbekannten Nebenumständen finden.

Endlich wäre noch zur Erhärtung unserer Behauptung
von dem nothwendigen Zusammenhang von Gehirn und
Seele anatomischerseits auf die bekannten Versuche und Vi=
visektionen der Physiologen an den Gehirnen lebender Tiere
hinzuweisen — Versuche, welchen jeden Widerspruch nieder=
zuschlagen geeignet sind. Am berühmtesten unter diesen
Versuchen sind diejenigen des französischen Physiologen
Flourens geworden.*) Flourens experimentirte an solchen
Tieren, deren körperliche Verhältnisse sie zum Ertragen
bedeutender Verletzungen des Schädels und Gehirns ge=
schickt machen. Schichtweise trug er die oberen Theile des
Gehirnes nacheinander ab, und man sagt nicht zu viel,
wenn man erzählt, daß damit zugleich schichtweise und nach=
einander die geistigen Fähigkeiten der Tiere abnahmen und
verschwanden. Flourens war im Stande, Hühner durch
diese Art der Behandlung in einen Zustand zu versetzen,
in welchem jede seelische Funktion, jede Fähigkeit, Sinnes=
Eindrücke zu empfinden oder bewußte Handlungen auszu=
führen, vollkommen erloschen war und das Leben nichts=
destoweniger dabei fortbestand. Die Tiere blieben wie in

---

*) Flourens: Recherches experimentales sur les propriétés
et les fonctions du Système nerveux dans les animaux vertebrès
1824 u. 1842.

tiefem Schlaf unbeweglich auf jeder Stelle sitzen, auf die
man sie hinsetzte, reagirten auf keinen äußeren Reiz und
wurden durch künstliche Fütterung erhalten; sie führten
gewissermaßen das Leben einer Pflanze. Dabei blieben sie
Monate und Jahre lang am Leben und nahmen an Ge=
wicht und körperlicher Fülle zu. Aber auch bei höheren
Säugetieren hat man dieselben Experimente gelingen
sehen. „Trägt man die beiden Hemisphären eines Säuge=
tiers schichtweise ab," sagt Valentin a. a. O., „so
sinkt die Geistesthätigkeit um so tiefer, je mehr der
Massenverlust durchgegriffen hat. Ist man zu den Hirn=
höhlen vorgedrungen, so pflegt sich vollkommene Bewußt=
losigkeit einzufinden." Welchen stärkeren Beweis für den
nothwendigen Zusammenhang von Seele und Gehirn will
man verlangen, als denjenigen, den das Messer des Ana=
tomen liefert, indem es stückweise die Seele herunter
schneidet?

Nicht weniger als durch anatomische Thatsachen wird
dieser Zusammenhang durch physiologische oder der
Lehre vom Leben entnommene Beispiele dargethan. Durch
das Nervensystem, welches vom Gehirne ausstrahlt und ge=
wissermaßen als der Vorsteher aller organischen Funktionen
angesehen werden kann, beherrscht das Gehirn die ganze
Masse des Organismus und läßt die Eindrücke, die es von
Außen empfängt, seien sie materieller oder geistiger Natur,
wiederum nach den verschiedensten Punkten desselben zurück=
strahlen. So ist dies namentlich als Wirkung der Gemüths=
Bewegungen jeder Art bekannt genug. Wir erblassen vor
Schreck, wir erglühen vor Zorn oder Scham. In der
Freude erglänzt das Auge, der Puls wird schneller durch
eine freudige Erregung, Schrecken verursacht plötzliche Ohn=
machten, Aerger reichliche Gallenergüsse. Der bloße Gedanke
an einen ekelerregenden Gegenstand kann augenblickliches
Erbrechen erregen; der Anblick einer den Appetit reizenden
Speise läßt die Absonderung des Speichels mit großer Schnel=

ligkeit und in Menge vor sich gehen. Durch Gemüthsaffekte,
z. B. in Folge eines heftigen Schrecks, verändert sich die
Milch der Mutter in kurzer Zeit dergestalt, daß sie dem
Kinde vom größten Schaden sein kann. Todesangst färbt
das Haar weiß durch dieselben Ursachen, welche unter andern
Umständen und weit langsamer in Folge zunehmenden
Alters diese Wirkung hervorbringen. Es ist eine interessante
Erfahrung, daß geistige Arbeit nicht nur die Eßlust vermehrt, sondern auch die tierische Wärme und die Menge der
vom Körper als Produkt des tierischen Stoffwechsels ausge-
schiedenen Kohlensäure erhöht. Ebenso zeigen sich, wie
schon erwähnt, die als Produkte der Nervenabnutzung in den
Urin übergehenden Phosphor-Verbindungen nach starken
geistigen Erregungen, Gemüthsbewegungen u. s. w. bedeutend vermehrt, bei Störungen der Hirnthätigkeit dagegen
vermindert. Menschen von sanguinischem Temperament
leben kürzer und schneller als andere, weil die stärkere geistige
Erregung des Nervensystems den Stoffwechsel beschleunigt
und das Leben schneller verzehrt. Umgekehrt verhalten sich
die Phlegmatiker. Kurzhalsige Menschen sind lebendig,
leidenschaftlich, langhalsige gelassen, ruhig, weil bei den
letzteren die Blutwelle, welche zum Gehirn bringt, weiter
vom Herzen, als dem Herde und der Ursache ihrer Bewegung,
entfernt ist, als bei den ersteren. Parry vermochte die
Anfälle der Tobsucht durch Compression der Halsschlag-
ader zu unterdrücken, und nach Fleming's Versuchen
(Brit. Rev. April 1855) erzeugt dieselbe Manipulation
alsbald Schlaf und jagende Träume bei gesunden Menschen.
Mehr noch als bei dem Menschen schätzt man den Charakter
der Tiere, so der Pferde und Hunde, nach der Länge ihres
Halses. Großes geistiges Wissen und geistige Kraft üben
ihrerseits wieder durch Vermittlung des Nervensystems einen
kräftigenden und erhaltenden Einfluß auf den Körper aus,
und Alibert führt es als eine constante Beobachtung der
Aerzte an, daß man unverhältnißmäßig viele Greise unter

ben Gelehrten antrifft. Umgekehrt reflektiren sich nicht min=
der die verschiedensten körperlichen Zustände unmittelbar in
der Psyche. Welchen mächtigen Einfluß hat bekanntlich die
Absonderung der Galle auf Seelenstimmungen! Entartungen
der Eierstöcke verursachten Satyriasis und Nymphomanie,
Leiden der Sexualorgane oft einen unbezähmbaren Trieb
zum Morden oder zu sonstigen Verbrechen. Wie oft hängt
Frömmelei mit Ausschweifungen in sinnlicher Liebe zu=
sammen u. s. w., u. s. w.

Endlich überhäuft uns die Pathologie oder Krankheits=
lehre mit einer Unmasse der eclatantesten Thatsachen und
lehrt uns, daß kein bedeutendes materielles oder funktionelles
Leiden der der Denkfunktion vorstehenden Theile des Ge=
hirns ohne die entsprechenden Störungen der Psyche be=
stehen kann. Kommt ein solcher Fall mitunter dennoch vor,
so ist die Sachlage so, daß die Entartung auf e i n e Gehirn=
Halbkugel ausschließlich beschränkt war, und die andere
Halbkugel für diese ersetzend funktionirte.*) Solche Er=
zählungen dagegen, wo Menschen mit b e i d e r s e i t i g z e r =
s t ö r t e m oder krankem G e h i r n nichts an ihrem Verstande
eingebüßt haben sollten, sind Märchen. Eine Gehirnent=

---

*) Dieses Vicariiren einer Hirnhälfte für die andere ist eine den
Aerzten längst bekannte Sache, indem beide Hirnhälften mehr oder
weniger gleichwerthige Funktion haben. Denn in Wirklichkeit besitzen
wir nicht ein, sondern zwei Gehirne, von denen jedes eine gewisse
Selbstständigkeit besitzt und unter Umständen selbstständig für sich
funktioniren kann. Im normalen oder gesunden Zustand arbeiten die
beiden Gehirnhälften zusammen, während in abnormen Zuständen eine
Störung eintritt, welche sich bis zu der merkwürdigen Erscheinung
des doppelten Bewußtseins steigern kann. Daher kann bei Zerstörung
oder Krankheit einer Gehirnhälfte die Intelligenz ungestört bleiben,
namentlich wenn sich jener Defekt langsam entwickelt und die gesund
gebliebene Hälfte Zeit hat, sich für ihre verdoppelte Aufgabe vorzu=
bereiten. Weiteres hierüber in des Verfassers Schrift „Thatsachen
und Theorien aus dem naturwissenschaftlichen Leben der Gegenwart"
(Berlin, 1887), S. 241.

zündung bringt Irrwahn und Tobsucht, ein Blutaustritt
in das Gehirn Betäubung und vollkommene Bewußtlosig-
keit, ein andauernder Druck auf das Gehirn Verstandes-
schwäche, Blödsinn u. s. w. hervor. Wer hätte noch nicht
das traurige Bild eines an Gehirnwassersucht leidenden Kindes oder Menschen gesehen!*) Wahnsinnige oder Geistes-
kranke sind immer gehirnleidend, bald in selbstständiger Erkrankung des Gehirns, bald in Folge eines sog. Reflexes
von andern erkrankten Körper-Organen her, und es bekennt
sich jetzt die weitaus größte Mehrzahl aller Aerzte und medicinischen Psychologen zu der Ansicht, daß allen psychischen
oder Geistes-Krankheiten eine körperliche Störung, namentlich des Gehirns, zu Grunde liegen oder doch mit ihnen
vergesellschaftet sein müsse — wenn auch die letztere bis
jetzt unserer sinnlichen Wahrnehmung wegen der Unvollkommenheit unserer diagnostischen Hülfsmittel n i c h t i n
a l l e n F ä l l e n erkennbar ist. Und selbst Diejenigen,
welche sich dieser Ansicht nicht vollkommen anschließen, können
doch nicht umhin, zuzugeben, daß wenigstens keine geistige
Erkrankung ohne eine tiefgreifende F u n k t i o n s störung
des Gehirns denkbar sei. Solche Funktionsstörungen können
aber wieder ihrerseits ohne materielle Veränderungen,
mögen diese nun bleibend, vorübergehend oder nicht bemerkbar sein, nicht gedacht werden und führen, wenn sie längere
Zeit bestehen bleiben, selbst zu anatomischen Veränderungen
der Gehirnsubstanz. So theilt Gayet (Arch. de physiol.

---

*) Dr. Meißner (Wagner's Archiv der Heilkunde, 1861, I. Heft)
beschreibt einen Fall von einseitiger Gehirnwassersucht, der im sechsten
Lebensmonat entstanden war. Der Kranke wurde nichtsdestoweniger
71½ Jahr alt, sein Körper entwickelte sich kräftig, sein Geist blieb
aber derart zurück, daß förmlicher Blödsinn entstand und der Mann
zu nichts als zum Holzspalten verwendet werden konnte. Alle vier
Wochen erfolgten Anfälle von Fallsucht. Das Gehirngewicht betrug
nur 54 Loth. Auch die Hirnhöhle der gesunden Seite zeigte sich ein
wenig erweitert.

1875, S. 341—351) einen Fall mit, wo ein 28 jähriger
Mann bloß in Folge eines heftigen Schreckens in eine Ge-
hirnkrankheit verfiel, welche nach mehrmonatlicher Dauer
zum Tode führte. Die Untersuchung der Leiche zeigt enorme
Röthung und Erweichung verschiedener wichtiger Hirntheile.
Auch haben Versuche an Tieren (z. B. Kaninchen), denen
man die Schädeldecke geöffnet hatte, gezeigt, daß ein plötzliches Erschrecken der Tiere sofort eine Verengerung und
ein Erblassen der Blutgefäße der weichen Hirnhaut und
ein momentanes Zusammensinken des ganzen Gehirns zur
Folge hat. (Man vergl. deutsches Archiv für klin. Medicin,
14. Bd., 5. u. 6. Heft.) Nach dem Irren-Arzt Dr. Wille
(Versuch über Seelenstörungen, 1863) kann Seelenstörung
immer nur in einer Gehirn-Nervenkrankheit bestehen, und
es ist feststehendes Gesetz, „daß krankhafte Veränderungen
in der sog. grauen oder Rindensubstanz des Gehirns immer
mit krankhaften Erscheinungen im psychischen Leben verbunden sind, d. h. krankhafte Seelen-Zustände nach sich
ziehen." Uebrigens können auch bloße Funktions- (d. h.
Thätigkeits-) oder Ernährungsstörungen der Nerven-Elemente
durch Blutmangel oder Blutfülle, durch Blutentmischung,
durch Rausch, durch Narkose, durch Delirien, durch schlechte
Nahrung oder schlechte Luft u. s. w., u. s. w. geistige Krankheit oder Verwirrung zur Folge haben, ohne daß sofort
eine erhebliche anatomische Veränderung im Gehirn zu entdecken ist. Diese anatomischen Veränderungen sind indessen,
wie schon bemerkt, oft so fein, daß sie nur die genaueste
mikroskopische Untersuchung zu constatiren im Stande ist.
So fand Prof. Heschl (Desterr. Zeitschr. f. prakt. Heilkunde,
1862) verknöcherte Nerven-Zellen der grauen
Hirnrinde bei einem Melancholiker, und Dr. Leibes-
dorf (Allgem. Wiener Medicin. Zeitung, 1864) beobachtete
zwei Fälle von schnell verlaufendem Irrsinn mit Tobsucht,
welche rasch nach vorheriger Gesundheit zum Tode führten.
In beiden Fällen zeigte die mikroskopische Untersuchung eine

sehr vermehrte Kern-Wucherung an und um
die Ganglien-Zellen der grauen Hirnrinde,
während sonst an den Gehirnen außer einer serösen Durch-
feuchtung derselben und ihrer Häute nichts wesentlich Krank-
haftes zu entdecken war.

Eine fettig pigmentirte Entartung und Erweichung derselben Elemente bringt die sog. Dementia paralytica oder
den mit allgemeinen Lähmungs-Erscheinungen verbundenen
Blödsinn hervor, welcher eine tiefere Geisteszerrüttung als
alle anderen Gehirnkrankheiten zur Folge hat. Aber auch
ohne anatomisch nachweisbare Veränderungen der Ganglien-
Zellen der grauen Hirnrinden genügt schon eine bloße Be-
einträchtigung ihrer Ernährung durch Störungen des Blut-
laufs oder durch Verhärtung des sie umgebenden Zellgewebes,
um die stärksten geistigen Störungen und selbst unheilbaren
Blödsinn hervorzubringen.

Niemand, der wissenschaftlich denkt und Werth auf
Thatsachen legt, wird daher dem bekannten Psychiater
Griesinger Unrecht geben können, wenn er in seinem
Vortrag zur Eröffnung der psychiatrischen Klinik in Zürich
(1863) sagt, daß Geisteskrankheiten nichts anderes sind, als
„Symptome von Hirn- und Nervenstörungen".

Man denke auch an die bekannte, leider so häufige
Erblichkeit der Geisteskrankheiten, welche doch offenbar
nur Folge veränderter Materialität der Keimstoffe und
einer Uebertragung dieser materiellen Keimeszustände auf
das Gehirn- und Nervensystem des entstehenden Wesens
sein kann.

Körperliche Angriffe oder Verletzungen des Gehirns
bringen oft wunderbare psychische Wirkungen hervor. So
wird glaubhaft mitgetheilt, daß ein schwer am Kopf ver-
letzter Mann im Thomas-Hospital in London eine fremde
Sprache redete. Es war seine Walliser Muttersprache,
welche er früher in seiner Heimath gesprochen, aber in
London seit dreißig Jahren verlernt hatte. Sein Englisch

dagegen hatte er vergessen. Aehnlich erging es einem
Deutsch-Amerikaner, dem als Schatzamts-Sekretär der Union
gestorbenen Dr. Solger, welcher sich durch einen Sturz
vom Pferde eine Schädel- und Hirnverletzung zugezogen hatte.
Von dem Augenblick an hatte er sein Englisch und Französisch (er war an eine Französin verheirathet) total vergessen und sprach bis zu seinem Tode, der bald nach dem
Sturz erfolgte, nur noch Deutsch. — Ein Pariser Maler,
Viktor X., stürzte vom Balkon eines Hauses herab und
erlitt eine Gehirnerschütterung. Von dem Moment an hatte
er die Namen seiner Freunde und der Angehörigen seiner
Familie vergessen und wußte nur noch einzelne Buchstaben
aus diesen Namen. — Am 13. September 1848 fuhr einem
Sprengarbeiter, Namens Phineas Gage in Cavendish
in Amerika, durch zu frühzeitige Entzündung einer Mine
ein eiserner Stab durch den Kopf und zerstörte dabei einen
großen Theil der linken Hirnhälfte. Der Verletzte, bisher
einer der besten Arbeiter, wurde nach langer Krankheit geheilt, hatte aber dabei Geist und Charakter derart geändert,
daß seine Freunde von ihm sagten, er sei Gage nicht mehr.
Namentlich war das Gleichgewicht zwischen seinen geistigen
Fähigkeiten und seinen mehr tierischen Neigungen verloren
gegangen. Er war nervös, reizbar, respektlos, widerspenstig
und eigensinnig geworden, konnte keinen Widerspruch vertragen und hörte nicht mehr auf Ermahnungen Andrer.
Sein Verstand wie seine Leidenschaften hatten sich dem Zustand der Kindheit genähert. Er verließ seinen Dienst, trieb
sich unstät umher und starb 12½ Jahr nach seiner Verletzung. Sein Schädel mit dem Eisen befindet sich in dem
anatomischen Museum der Harvard-Universität. (Man vergl.
die Veröff. der Massachuss. Medic. Gesellschaft vom Jahre
1863, 2. Bd. Nr. III, S. 330.)

Auch Gehirn-operirte Tiere verändern in Folge der
Operation vollständig ihren Charakter. Die vorher besten,
friedfertigsten Hunde werden bösartig, bissig und stürzen

sich wüthend auf ihresgleichen. Umgekehrt werden vorher
bösartige Hunde durch Entfernung andrer Gehirntheile
zahm und bulbsam und lassen sich alles gefallen. Auch
bellen sie nicht mehr und drücken ihre Gefühle nur durch
leises Winseln aus.

Die bekannte Erfahrung, daß bisweilen Irre oder
Wahnsinnige kurze Zeit vor ihrem Tode wieder zum Bewußtsein ihrer selbst und zu einem theilweisen Gebrauche
ihres Verstandes kommen, findet man nicht selten im Interesse einer spiritualistischen Auffassung des Verhältnisses von
Gehirn und Seele angeführt oder verwerthet. Im Gegentheil muß man gerade in solchen Fällen annehmen, daß die
durch langes Kranksein und allgemeine Erschöpfung im Angesicht des Todes herbeigeführte Entlastung des Gehirns
von den lästigen, krankmachenden Einflüssen des Körpers
die Ursache jenes merkwürdigen Verhältnisses ist, und es
wird diese Thatsache, so angesehen, im Gegentheil zu einer
recht schlagenden Vertheidigung unserer Ansicht. Physio-
logischerseits hat man übrigens diese eigenthümliche Erscheinung auch so zu erklären versucht, daß man annimmt,
es sei in solchen Fällen nur eine Hälfte des Gehirns erkrankt, während die andere gesunde erst nach und nach
sympathisch mit ergriffen werde, in ähnlicher Weise wie z. B.
bei einem sog. Umlauf eines Fingers auch der entsprechende
Finger der andern Hand bisweilen zu schmerzen anfängt.
Erfolgt nun der Tod in Folge des Hirnleidens, so stirbt
natürlich die zuerst und am meisten erkrankte Hirn-Hälfte
zunächst, während die sympathisch ergriffene Hälfte von dem
auf ihr lastenden Drucke frei wird und der Kranke in Folge
dessen für so lange zum Bewußtsein gelangt, bis auch diese
Hälfte gestorben ist.

Uebrigens sind die Thatsachen der Pathologie oder
Krankheitslehre, welche den Satz von der Identität oder
von dem nothwendigen Zusammenhang von Gehirn und
Seele beweisen, so zahllos, daß man ganze Bücher oder

Bibliotheken mit ihnen anfüllen könnte und zu einem großen Theile selbst der täglichen Erfahrung oder einfachsten Beobachtung zugänglich. Auch ist das Gewicht derselben von denkenden Männern nie verkannt worden. „Wenn das Blut", sagt Friedrich der Große in einem Briefe an Voltaire vom Jahre 1775, „mit zu großer Heftigkeit im Gehirn kreist, wie bei Betrunkenen oder in hitzigen Fiebern, verwirrt es, verkehrt es die Ideen; wenn sich eine leichte Verstopfung in den Nerven des Gehirns bildet, veranlaßt sie den Wahnsinn; wenn ein Wassertropfen sich in der Hirnschale ausbreitet, folgt der Verlust des Gedächtnisses; wenn ein Tropfen aus den Gefäßen getretenen Blutes das Gehirn und die Verstandesnerven drückt, so haben wir die Ursache der Apoplexie u. s. w."

Wenn die Seele, wie die Spiritualisten behaupten, etwas Selbstständiges oder für sich Bestehendes ist, welches die Materie beherrscht oder benutzt, warum weiß sie sich diesen materiellen Angriffen gegenüber so wenig zu helfen oder zu behaupten? Warum dankt sie ab oder zieht sich zurück vor einem Schlag auf den Kopf, vor einigen Tropfen Blut, welche in die Gehirnsubstanz austreten, vor einem Sonnenstich, vor einem Chloroform-Rausch, vor einigen Gläsern Wein, vor einigen Tropfen Opium, Blausäure oder anderer Gifte?

„Wenn die gewaltigen Geister des Weins sich des Menschen
> bemeistern,
„Werden die Glieder wie Blei; es wankt der Verstand,
> und die Augen
„Werden verschwommen; Geschrei und Geschluchz und
> Gezänke wird lautbar — —
„Könnte das sein, wenn dem Wein nicht die Kraft in-
> wohnte, die Seele
„Dann selbst, wenn sie im Körper noch weilt, in Ver-
> wirrung zu bringen?

> (Lukretius Carus.)

Genug indeſſen der Thatſachen! Die ganze Anthropologie, die ganze Wiſſenſchaft vom Menſchen iſt ein fortlaufender Beweis für die Unzertrennlichkeit der Begriffe von
Gehirn und Seele; und alles Gefaſel, welches die philo-
ſophiſchen Pſychologen von der Selbſtſtändigkeit des menſchlichen Geiſtes und von ſeiner Unabhängigkeit von ſeinem
materiellen Subſtrat bisher vorgebracht haben, erſcheint der
Macht der Thatſachen gegenüber als völlig werthlos. „Ich
thue den Spiritualiſten,“ ſagt J. C. Fiſcher (Die Freiheit des menſchlichen Willens, Leipzig 1871) „nicht Unrecht,
wenn ich ſage, daß ihre Deduktionen ſammt und ſonders
klägliche Hirngeſpinſte ſind; daß ſie bloß ſprechen, um zu
behaupten, daß ſie jedoch zu impotent ſind, um einen einzigen
poſitiven Beweis zu zeugen. Sie werden impotent bleiben,
ſo lange ſie ihre ſpekulative Siſyphusarbeit fortſetzen, anſtatt zu der poſitiven, experimentellen Methode der Natur-
wiſſenſchaft zu greifen,“ u. ſ. w.

Man hat ein gewichtiges Bedenken gegen die materia-
liſtiſche oder moniſtiſche Auffaſſung des Verhältniſſes von
Gehirn und Seele geltend zu machen geglaubt, indem man
auf die materielle Einfachheit des Denkorgans hinwies.
Das Gehirn, ſagte man, bildet ſeinem größten Theile nach
eine gleichmäßige weiche Maſſe, welche ſich weder durch beſonders complicirte Struktur oder feine Formen, noch durch
beſondere chemiſche Zuſammenſetzung auszeichnet. Wie wäre
es darnach möglich, daß dieſe gleichmäßige, einfache Materie
Grund und Urſache einer ſo unendlich feinen und complicirten Maſchinerie ſein ſollte, wie ſie uns die menſchliche
oder tieriſche Seele darſtellt? Complicirte Kräfte oder
Wirkungen ſetzen auch complicirte Stoffe oder Stoffverbindungen voraus. Offenbar iſt daher der Zuſammenhang
mehr ein loſer oder zufälliger, als nothwendiger; die Seele
exiſtirt für ſich, unabhängig von irbiſchen Stoffen, und
iſt nur zufällig oder für eine kurze Zeit mit dem ſtofflichen
Complex verbunden, welchen wir Gehirn nennen.

Dieser ganze, in den Augen des Laien oder Ununter=
richteten scheinbar sehr gewichtige Einwand beruht vor allem
auf unrichtigen Prämissen oder Voraussetzungen. Das
Gehirn ist kein einfaches, sondern ein im höchsten Grade
zusammengesetztes, formenreiches und feingebildetes Organ,
und zwar so sehr, daß wir in der ganzen organischen Welt
kein Gebilde kennen, welches sich in dieser Beziehung auch
nur entfernt mit ihm vergleichen ließe.

Was zunächst diese Struktur in makroskopischer Be=
ziehung anbelangt, so zeigt uns die gröbere Anatomie des
Gehirns in seinem Innern eine große Menge wunderbar
gebildeter und verschlungener Formen, deren Deutung mehr
oder weniger räthselhaft ist, und auf seiner Oberfläche eine
Reihe unregelmäßiger, tief einschneidender und bereits ge=
schilderter Windungen, in welchen sich die beiden Haupt=
substanzen des Gehirns, die graue und die weiße, mit
einer möglichst großen Menge von Berührungspunkten ein=
ander begegnen. Daß deren genauere Beschaffenheit, Bildung
und Anzahl in einer sehr bestimmten Beziehung zu den
geistigen und seelischen Thätigkeiten steht, wurde bereits er=
wähnt. Schon die vielen und sonderbaren Namen, welche
man den einzelnen Theilen des Gehirns beigelegt hat, zeigen,
mit welchen mannichfaltigen und eigenthümlichen Formen
man hier zu thun hat. „Wir finden,“ sagt Prof. Huschke
in seinem berühmten Werk: „Schädel, Hirn und Seele des
Menschen“, „im Gehirn Berge und Thäler, Brücken und
Wasserleitungen, Balken und Gewölbe, Zwingen und Haken,
Klauen und Ammonshörner, Bäume und Garben, Harfen
und Klangstäbe u. s. w. Niemand hat die Bedeutung dieser
sonderbaren Gestalten erkannt!“ Wenn wir in dieser Be=
ziehung eine Vergleichung des Gehirns mit den übrigen
Organen unsres Körpers anstellen, so fällt derselbe so sehr
zu Ungunsten der letzteren aus, daß eigentlich von einem
Vergleich gar nicht mehr die Rede sein kann. Ein ähnliches
Resultat ergibt sich bei einer Vergleichung des relativen

Blutreichthums. Erfahrungsgemäß ist das Gehirn, wie dies schon früher Erwähnung fand, unter allen Organen unsres Körpers dasjenige, welchem das weitaus meiste Blut vom Herzen aus zugeführt wird, und in welchem daher auch der Stoffwechsel am schnellsten und regsten vor sich gehen muß. In der That ist durch Experimente bewiesen, daß unter allen Organen des Körpers das Gehirn die höchste Temperatur besitzt, und daß vielleicht ein Drittheil des gesammten Oxydations-Processes des Körpers gebraucht wird, um das im wachenden Zustande unaufhörlich lodernde Feuer des Gehirns zu unterhalten. Dem entsprechend ist denn auch die anatomische Beschaffenheit und Anordnung der Blutgefäße und der großen Blutleiter innerhalb des Schädels eine solche, wie sie an keiner andern Stelle des Körpers mehr angetroffen wird, und ist die Blutcirculation im Gehirn so bedeutend, daß ein Querschnitt sämmtlicher Blutgefäße des Halses an räumlicher Ausdehnung einen Querschnitt der großen Blutgefäße unsres Schenkels um das Dreifache übertrifft, obgleich dieser viel massiger ist und auch noch die gesammten Blutgefäße des Unterschenkels mit einschließt. Am besten ist unter den einzelnen Theilen des Gehirns bezüglich des Blutreichthums bedacht die graue Substanz oder der eigentliche Sitz der seelischen Vorgänge, für deren Zustandekommen der rascheste Stoffwechsel und der höchst gesteigerte Oxydations-Proceß nothwendig erscheint. Daher auch jede Störung dieser nothwendigen Wechselwirkung zwischen Blut und Gehirnsubstanz sofort von einer Störung des Bewußtseins oder der sonstigen geistigen Thätigkeiten begleitet ist.

Noch weit größere und schwieriger zu enträthselnde Geheimnisse, als die gröbere Anatomie des Gehirns, bietet uns dessen feinere oder mikroskopische Untersuchung. Doch wissen wir wenigstens soviel, daß das Gehirn keine einfache, gleichmäßige Masse bildet, wie von schlecht unterrichteter Seite behauptet wird, sondern daß es, wie das Nervensystem überhaupt, zum Theil aus einer fast unzählbaren Menge höchst feiner sog. Nerven= oder Primitiv=Fasern, zum Theil aus einer ebenso großen Menge sog. Nerven= zellen oder Ganglienkugeln besteht. Die ersteren, deren man nicht weniger als sechzehnhundert in einem noch keine halbe Linie dicken Nerven zählt, und deren Gesammt= zahl im Körper auf 600 bis 1000 Millionen geschätzt wird, sind höchst feine und höchst zarte, glashelle Röhrchen mit einem öligen und der Gerinnung fähigen Inhalt, dem sog. Nervenmark, welches seinerseits wieder aus zwei concen= trisch einander umgebenden und chemisch verschiedenen Lagen besteht, dem in der Mitte gelegenen sog. Axen=Cylinder und einem diesen umgebenden Nervenmark=Mantel, der Markröhre. Die Nervenzellen, Nerven= oder Ganglienkugeln, das zweite histologische oder Gewebs= Element der Nervenmasse, welche sich namentlich in der grauen Substanz des Gehirns und Rückenmarks in zahlloser Menge vorfinden und welche die von den Fasern zugeführ= ten Eindrücke der Außenwelt aufnehmen, verarbeiten und in Denk= oder Willensakte umsetzen, zeigen gleichfalls viele Eigenthümlichkeiten und Verschiedenheiten des Baues und sind in der grauen Hirnrindensubstanz, deren Hauptbestand= theil sie bilden, in nicht weniger als fünf bis sieben ver= schiedenen Schichten oder Lagen angeordnet, wobei jede Lage wieder ihre besonders gestalteten Zellen von verschiedener Größe erkennen läßt. Besonders veränderlich ist nach den Untersuchungen von Prof. W. Betz in Kiew (Centr.=Blatt b. medic. Wissensch., 1881, Nr. 11—13) die Gruppirung der dritten oder Pyramiden=Zellen=Schicht. Derselbe Ge= lehrte will gefunden haben, daß fast jeder kleine Theil der Hirnoberfläche des Menschen, ob formell abgegrenzt oder nicht, sich durch einen eigenthümlichen Bau auszeichnet, was mit den bekannten Untersuchungen neuerer Gelehrten (Ferrier, Hitzig, Frisch, Nobnagel u. s. w.) über die sog. „Bewegungs= Centren" der Hirnoberfläche sehr gut zusammenstimmen würde.

Was nun das Verhältniß der Ganglienkugeln zu den Nerven- oder Primitiv-Fasern betrifft, so sind die ersteren mit den letzteren derart verbunden, daß jeder Nerv in einer Zelle endigt, und daß von jeder Zelle mehrere, mindestens aber zwei Fasern ausgehen, welche entweder in das Körper-Nervensystem übergehen oder die einzelnen Zellen unter-einander verbinden. Die Nerven oder Nervenröhren können sehr passend mit den Drähten eines elektrischen Telegraphen verglichen werden, welche bald Nachrichten überbringen, bald solche weiter befördern, während man die Ganglienkugeln ebenso passend mit dem elektrischen Apparat selbst vergleichen kann, welcher die von außen zugeführten Eindrücke empfängt und zurückgibt oder seine eignen Depeschen nach außen sendet.

In diesen Zellen oder Ganglienkugeln ist nun der eigentliche Sitz oder das anatomische Element unsrer geistigen und seelischen Prozesse zu suchen, und es kann wohl kaum einem Zweifel unterliegen, daß die Mannichfaltigkeit in deren innerer und äußerer Bildung und Anordnung in einem be-stimmten Verhältniß zu der Mannichfaltigkeit jener Processe steht. Wahrscheinlich gibt es nicht bloß besondere Zellen oder Nervenkugeln für die verschiedenen Verrichtungen von Empfindung, Bewegung, Ernährung, Reflex, in derselben Weise, wie wir dieses bereits von den Nerven wissen, sondern selbst für die verschiedenen Arten höherer psychischer Thätigkeit, wie Vernunft, Phantasie, Gedächtniß, Zahlen-sinn, Raumsinn, Musiksinn, Schönheitssinn u. s. w. u. s. w. — wenn auch die Anatomie bis jetzt noch nicht im Stande war, mittelst ihrer groben und unvollkommnen Hülfsmittel dieselben zu entdecken. Bedenkt man die ungeheure Anzahl der in der menschlichen Hirnrinde vorhandenen Nervenzellen (500 bis 1000 Millionen), so wird man zugeben müssen, daß diese Zahlen eine mehr als genügende Perspektive für die kühnste Phantasie zur anatomischen Unterlage aller nur denkbaren psychischen Processe oder nervösen Vorkommnisse darbieten! Wollte man selbst die Zahl der in unserm Gehirn enthaltenen oder möglichen Vorstellungen auf 200000 berechnen — was aber gewiß sehr übertrieben ist, da unsre gebildetste Sprache höchstens 15000 gebräuchliche Wörter besitzt, da es ferner sehr wenig wortlose Vorstellungen gibt, und da, wenn wir jeder Vorstellung vier bis fünf verschiedene Formen zugestehen, erst eine Zahl von höchstens Einmalhunderttausend herauskommt — so würde doch jeder einzelnen Vorstellung immer noch eine Zahl von 2500 bis 5000 Zellen und 10000 bis 50000 Fasern oder Nervenbahnen zur Verfügung stehen, vorausgesetzt, daß jene Vorstellungen gleichmäßig über die gesammte Hirnrinde der großen Gehirnhalbkugeln verbreitet wären. Da dieses gewiß nicht der Fall ist, so kann nicht bezweifelt werden, daß, wenn auch unser Vorstellungsleben noch so reich gedacht wird, doch die Zahl der dafür vorhandenen Nerven-Elemente das Bedürfniß weit übersteigt, und daß das Gehirn einen ungeheuren Reichthum an unbesetzten oder unbenutzten Stellen besitzt, für deren Benutzung vorerst noch gar keine Aussicht besteht. Jedenfalls ermöglicht die anatomische Beschaffenheit oder Einrichtung des Gehirns ein noch weit reicheres Vorstellungsleben, als es der menschliche Geist zur Zeit besitzt, und eröffnet dadurch dem begeisterten Anhänger des Fortschritts oder der Entwicklungstheorie die Aussicht auf Erfüllung seiner kühnsten Hoffnungen für die Leistungen seines Geschlechts in der Zukunft.

Rechnet man zu allem diesem hinzu, daß auch die chemische Zusammensetzung des Gehirns keine so einfache ist, wie man früher glaubte, sondern daß in demselben höchst eigenthümlich constituirte Körper vorkommen, wie das Cerebrin und das bereits erwähnte Lecithin,*) sowie daß zwischen verschiedenen Theilen der Gehirnmasse merkbare chemische Verschiedenheiten bestehen — so wird man zu-

---

*) Nach neueren Untersuchungen sind vielleicht Cerebrin und Lecithin nur Bestandtheile des von Liebreich entdeckten Protagons, eines phosphorhaltigen Körpers, welcher in größerer Menge als jede

geben müssen, daß die Materialität des Gehirns, ob wir sie nun unter morphologischen, histologischen oder chemischen Gesichtspunkten betrachten, doch in keiner Weise geeignet ist, einen wesentlichen Einwand gegen die materialistische oder monistische Ansicht über das Verhältniß von Gehirn und Seele zu begründen. Wäre das Gehirn aber auch nicht jenes wunderbar organisirte Gebilde, als welches wir es kennen gelernt haben, und schiene die Einfachheit der Gehirn= Materialität im Widerspruch mit seinen Leistungen zu stehen, so könnte uns ein andrer Gedanke beruhigen. Zahllose Beispiele belehren uns darüber, daß die Natur es versteht, mit den einfachsten und unscheinbarsten Mitteln die größten und wunderbarsten Wirkungen hervorzubringen, je nachdem sie die innersten Zustände und Bewegungen des unendlich kleinen und feinen Stoffes so oder so einrichtet. Ist doch schon der Mensch im Stande, mit Hülfe der gröbsten Mittel, mit grobem Metall oder Holzstückchen Spielbosen zu erbauen, die viele Melodien spielen, oder Uhren, welche die Zeit angeben, oder Maschinen, welche weben, stricken, nähen, schreiben, laufen und die Schnelligkeit der schnellsten Tiere übertragen. Wir selbst finden dabei nichts Auffallendes. Aber man setze einen Wilden oder einen Menschen, der nie etwas von Mechanik gehört hat, an unsre Stelle. Wird er nicht jene Maschinen für lebende Wesen halten, welche sich aus eignem, innerem Antrieb bewegen? Und würde nicht ein blödsinniger Autochthone Neuhollands (wie Virchow sagt) mit demselben Rechte, mit welchem die Spiritualisten be= haupten, daß die Seele nicht aus materiellen Bewegungen erklärbar sei, behaupten, jene Maschinen seien nicht auf mechanische Verhältnisse zurückzuführen? Der Vergleich mag

---

andre Substanz im Gehirn zu finden ist, und neben welchem sich zunächst noch das sog. Nuclein in unvergleichlich geringerem Maße an dem Phosphorgehalt des Gehirns betheiligt. (Nach Meynert: Die Ernährung des Gehirns.)

in vieler Beziehung hinken und soll auch nichts beweisen; er mag uns vielleicht nur den Weg zu der Erkenntniß der Möglichkeit zeigen, daß die Seele Produkt materieller Combination sein könne. „Die Natur", sagt Prof. Pflüger, „arbeitet mit (unendlich kleinen) Atomen und kann deshalb auf sehr kleinem Raume eine Mechanik erzeugen, die Millionen der verschiedensten Melodien spielt, welche auf Millionen möglicherweise im Laufe des Lebens eintretender Bedürfnisse genau berechnet und eingestellt sind."

Man denke bei dieser Frage auch an die wunderbaren und jede Vorstellung übersteigenden Kräfte des tierischen oder menschlichen Samens, deren bereits in einem früheren Kapitel Erwähnung gethan wurde, und wobei eine einzige organische Zelle von solcher Kleinheit, daß sie nur durch das Mikroskop wahrgenommen werden kann, durch die von ihrem Erzeuger ihr mitgetheilten Kräfte oder Bewegungsrichtungen im Stande ist, das körperliche und geistige Wesen des Erzeugten für dessen ganze Lebensdauer bis zu einem gewissen Grade im voraus zu bestimmen! Und was diese einzige Zelle vermag, sollten — wenn auch in anderer Weise — Milliarden ähnlicher oder verwandter Gebilde in wunderbarster Verbindung und Zusammensetzung nicht vermögen? „Diese Thatsache," sagt sehr treffend Prof. Häckel in seiner generellen Morphologie der Organismen (1866), „gibt uns einen Begriff von der unendlichen Feinheit der organischen Materie und der unbegreiflichen Complication der in derselben stattfindenden Molecular-Bewegungen, zu deren richtiger Würdigung gegenwärtig weder das Beobachtungsvermögen unserer Sinne, noch das Denkvermögen unseres Verstandes ausreicht." *)

Uebrigens kann es für den Zweck dieser Untersuchung ziemlich gleichgültig erscheinen, ob und auf welche Weise

---

*) Näheres hierüber in des Verfassers Aufsatz: „Zur Philosophie der Zeugung" in „Licht und Leben", 2. Aufl. 1897.

eine Vorstellung darüber möglich ist, wie die seelischen Erscheinungen aus materiellen Combinationen oder Thätigkeiten der Gehirnsubstanz hervorgehen, oder wie stoffliche Bewegung in geistige umschlägt. Es genügt zu wissen, daß
materielle Bewegungen durch Vermittlung der Sinnesorgane
auf den Geist wirken und Bewegungen in demselben veranlassen, und daß diese letzteren hinwieder materielle Bewegungen in Nerven und Muskeln erzeugen — ein Verhältniß, welches nur möglich ist, wenn ein untrennbarer
Zusammenhang zwischen Geist und Materie oder Gehirn
und Seele besteht. Der Einwurf, daß dieses nicht so sein
könne, weil man es sich nicht zu erklären vermöge, hat gar
keine Bedeutung, da wir ja in den meisten Fällen das Vorhandensein einer Erscheinung constatiren, ehe wir uns eine
Vorstellung über die Ursachen ihres Geschehens zu machen
im Stande sind. „Es ist", sagt Prof. Maudsley, „Hochmuth menschlicher Unwissenheit, zu glauben, daß etwas
unmöglich sei, weil es uns unbegreiflich zu sein scheint."
Wir wissen auch nicht, wie es der telephonische oder tele-
graphische Draht macht, um die menschliche Stimme auf
meilenweite Entfernungen hörbar zu machen oder eine ge-
schriebene Nachricht innerhalb weniger Secunden oder
Minuten von Europa nach Amerika zu überbringen, oder
wie es der Weltäther macht, um 700 Billionen Schwingungen
in der Secunde hervorzubringen, oder wie es der Blitz
macht, um innerhalb des millionsten Theils einer Secunde
die zerstörendsten Wirkungen hervorzubringen oder sein
deutliches Bild auf einer photographischen Platte niederzu-
legen, oder wie eine Geschmacks- oder Geruchsempfindung
oder die einfachste chemische Verbindung zu Stande kommt,
und hunderte oder tausende von ähnlichen Beispielen.

Ueber dieses thatsächliche Verhältniß haben die spiritualistischen Philosophen und Psychologen, welche die Seele
als ein selbstständiges, für sich bestehendes und nur zeitweise
mit dem Körper verbundenes Wesen betrachtet wissen wollen,

auf verschiedene Weise hinauszukommen gesucht, aber, wie
es uns scheint, jedesmal mit unglücklichem Erfolg. Entweder
gerathen sie mit den Thatsachen oder mit sich selbst in
Widerspruch, oder sie suchen die Klarheit der Frage in einem
halben Nebel zu begraben, oder sie erfinden Theorien und
Hirngespinste, welche mehr das Mitleid mit ihren Erfindern,
als den Widerspruch herausforbern. Auch sind sie ganz
außer Stande, nachzuweisen, wie es denkbar oder möglich
sei, daß ein rein geistiges oder immaterielles Wesen, als
welches sie die Seele als solche sich vorstellen, mit der
Materie überhaupt nur in Verbindung treten, auf sie wirken
oder Rückwirkung von ihr empfangen könne. Absolute
Gegensätze sind nie zu vereinigen, während sich uns dagegen
Gehirn und Seele oder Körper und Geist stets in abso=
luter und thatsächlicher Vereinigung zeigen. „Wie von einem
ausgedehnten, nichtdenkenden Ding, dergleichen der mensch=
liche Leib ist,“ sagt David Strauß (Alter und Neuer
Glaube), „auf ein nicht ausgedehntes, benkendes Ding, der=
gleichen die Seele eines sein soll, Eindrücke übergehen, wie
von dem letzteren auf das erstere Ding Antriebe zurückgehen,
wie überhaupt zwischen beiden irgend eine Gemeinschaft
möglich sein solle, das hat noch keine Philosophie erklärt
und wird nie eine erklären.“

„Denn daß sich Sterbliches je mit Unsterblichem sollte
verbinden
„Und sich zu einem Gefühl und vereinigter Wirkung
gesellen,
„Unsinn ist es zu glauben!“ — —

(Lukretius Carus.)

Daher auch der letzte Ausweg der Spiritualisten oder
die sog. Clavier=Theorie, nach welcher die Seele sich
dem Gehirn gegenüber verhalten soll, wie ein Clavierspieler
gegenüber seinem Instrument, keine Hülfe gewähren kann.
Ein Clavier, das gleichzeitig mit seinem Clavierspieler wächst,

lebt, schläft, abnimmt und erkrankt oder durch Verstimmung
denselben unfähig zum Nachdenken macht oder fortfährt,
verwirrte Melodien zu spielen, nachdem der Clavierspieler
sich zurückgezogen hat, oder nur durch regsten Stoffwechsel
und regelmäßigen Wechsel von Thätigkeit und Ruhe seine
Kraft erhalten kann, ist doch ein gar sonderbares Ding —
abgesehen von so vielen andern, der Theorie entgegenstehen=
den Schwierigkeiten, welche der Verfasser in dem vierten
seiner Briefe über das künftige Leben und die moderne
Wissenschaft des Näheren dargelegt hat. In consequenter
Verfolgung dieses monströsen Vergleichs oder Gedankens
müßte man jedem andern Organe unsres Körpers ein
gleiches oder ähnliches Recht zugestehen und für die Nerven
eine Nervenseele, für die Muskeln eine Muskelseele, für
die Leber eine Leberseele u. s. w. gelten lassen — lauter
Absurditäten, auf die näher einzugehen nicht der Mühe
lohnt. Das Wort „Seele" ist nichts anderes, als ein sog.
Collektivbegriff oder ein allgemein zusammenfassender
Ausdruck für die gesammten Thätigkeiten des Gehirns mit
Einschluß des Nervensystems, grade so wie das Wort Re=
spiration oder Athmung ein Collektivbegriff für die Thätig=
keit der Athmungsorgane oder das Wort Verdauung ein
solcher für die Thätigkeit der Verdauungsorgane ist.

Freilich handelt es sich bei dem Gehirn oder dieser
höchsten und feinsten Blüthe aller irdischen Organisation
um mehr als Athmung oder Verdauung; es handelt sich
um die höchste Leistung materieller Combinationen, gewisser=
maßen um die Vergeistigung des Stoffs und um Leben und
Schicksal alles dessen, was der Mensch Großes und Herr=
liches auf der Erde hervorgebracht hat. Alles kommt von
ihm, Alles kommt aus ihm. Alles nimmt es auf, Alles
gibt es wieder zurück. Wer, der nur einen einzigen Blick
in die Kräfte und Triebfedern dieses wunderbarsten aller
Organe, von dem leider so wenige Menschen einen richtigen
Gebrauch zu machen verstehen, geworfen hat, könnte Huschke

seinen Beifall versagen, wenn er sagt: „Es liegt also im
Hirn der Tempel des Höchsten, was uns interessirt. Ja,
das Schicksal des ganzen Menschengeschlechts ist an die
65 bis 70 Kubikzoll Hirnmasse eng geknüpft, und die Geschichte der Menschheit ist darin wie in ein großes Buch
voll hieroglyphischer Zeichen eingetragen." *)

---

*) Eine weit ausführlichere Darstellung der anatomisch-physio-
logischen Verhältnisse des Gehirns und seiner seelisch-geistigen Beziehungen im gesunden wie kranken Zustande, als sie an dieser Stelle
gegeben werden konnte, sowie eine eingehende Kritik der „Claviertheorie" und eine Unterscheidung der Begriffe von „Seele" und
„Geist" auf anatomischer Basis findet sich in des Verfassers Schriften
„Physiologische Bilder", 2. Band, S. 3 u. flgb. und „Das künftige
Leben und die moderne Wissenschaft". (Leipzig 1889.)

Der Gedanke.

Anlaß zu dieſem Kapitel gibt uns die bekannte und viel geſchmähte Aeußerung Karl Vogt's „Die Gedanken ſtehen in demſelben Verhältniß zu dem Gehirn, wie die Galle zur Leber oder der Urin zu den Nieren" — eine Aeußerung, welche übrigens ſchon lange vor Vogt von dem franzöſiſchen Arzt und Philoſophen Cabanis (1757 bis 1808) in ganz ähnlicher Weiſe gethan wurde. „Das Gehirn," ſagt derſelbe, „iſt zum Denken beſtimmt, wie der Magen zur Verdauung oder die Leber zur Abſcheidung der Galle aus dem Blute" u. ſ. w.

Ohne uns dem allgemeinen Verdammungsgeſchrei, welches dieſe Aeußerung gegen ihren Urheber (der ſie übrigens mit den Worten einleitet „um mich einigermaßen grob hier auszubrücken") zu Wege gebracht hat, auch nur entfernt

anschließen zu wollen, können wir doch nicht umhin, diesen
Vergleich unpassend oder schlecht gewählt zu finden. Selbst
bei vorurtheilslosester Betrachtung sind wir nicht im Stande,
eine Analogie oder wirkliche Aehnlichkeit zwischen der Gallen-
oder Urin-Sekretion und dem Vorgang, durch welchen der
Gedanke im Gehirn erzeugt wird, aufzufinden. Urin und
Galle sind greif-, wäg- und sichtbare Stoffe, obendrein
Auswurf- oder Abfallstoffe, welche der Körper aus sich aus-
scheidet — der Gedanke oder das Denken hingegen ist keine
Absonderung, kein Abfallstoff, sondern eine Thätigkeit oder
Verrichtung der im Gehirn in bestimmter Weise zusammen-
geordneten Stoffe und Stoff-Verbindungen. Das Geheimniß
des Denkens liegt auch nicht in den Gehirnstoffen als
solchen, sondern in der besonderen Art ihrer Vereinigung
und ihres Zusammenwirkens nach einem Ziele unter jenen
ganz bestimmten anatomisch-physiologischen Vorbedingungen,
welche im vorigen Kapitel geschildert wurden. Denken
kann und muß daher als eine besondere Form der allgemeinen Naturbewegung angesehen werden, welche der Substanz der centralen Nerven-Elemente ebenso charakteristisch
ist, wie die Bewegung der Zusammenziehung der Muskelsubstanz oder wie die Bewegung des Lichtes dem Weltäther
oder wie die Erscheinung des Magnetismus dem Magneten.
Deswegen ist aber Verstand oder Gedanke nicht selbst Materie,
sondern nur materiell in dem Sinne, daß er die Manifestation
eines materiellen Substrats ist, von welchem er ebenso unzertrennlich ist, wie die Kraft vom Stoff, oder — mit
andern Worten — eine eigenartige Kundgebung eines eigen-
artigen materiellen Substrats, gradeso wie Wärme, Licht,
Elektricität unzertrennlich von ihren Substraten sind.
Denken und Ausdehnung können daher nur als zwei
Seiten oder Erscheinungsweisen eines und desselben einheitlichen Wesens betrachtet werden.

    Daß das Denken eine Natur-Bewegung ist und sein
muß, ist nicht bloß eine Forderung der Logik, sondern es

ist neuerdings auch experimentell bewiesen worden.
Genaue Beobachtungen über die Schnelligkeit der Nerven=
leitung haben dargethan, daß diese Schnelligkeit im Ver=
gleich mit andern Naturbewegungen, z. B. derjenigen des
Lichts oder der Elektricität, eine sehr geringe ist, und daß
dieses ebenso gilt für die im Gehirn vor sich gehenden
psychischen Processe oder Denkbewegungen, welche nur mit
Hilfe der die Ganglienkugeln der Hirnrinde unter einander
verbindenden sog. intermediären Nervenfasern möglich sind.
Höchst sinnreiche Versuche haben gezeigt, daß der schnellste
Gedanke, den wir zu denken vermögen, mindestens
den achten bis zehnten Theil einer Sekunde
in Anspruch nimmt, und daß dieser Zeitraum in dem=
selben Maße wächst, in welchem besondere Umstände, wie
Zerstreuung, Unaufmerksamkeit, Ermüdung, träge oder ge=
störte Geistesthätigkeit u. s. w., die Schnelligkeit der Auf=
fassung oder die Reaktion beeinträchtigen. Daraus folgt
der nothwendige Schluß, daß, wie Prof. A. Herzen in
einem vortrefflichen Artikel (Kosmos 1879—80, S. 207
u. flgb.) auseinandersetzt, der psychische oder Denkakt in
einem ausgedehnten, Widerstand leistenden und zusammen=
gesetzten Substrat stattfindet, und daß daher ein solcher Akt
nichts anderes ist, als eine Form der Bewegung, welche
ihrerseits wieder, wie jeder Stoffwechsel=Vorgang im Körper,
mit Erzeugung einer gewissen Quantität von Wärme ver=
knüpft sein muß. In der That hat das physiologische Ex=
periment bewiesen, daß sich der Nerv in demselben Augen=
blick, in welchem er in Thätigkeit tritt, erwärmt. Des=
gleichen hat Prof. Schiff durch sehr sinnreiche Experimente
an Tieren gezeigt, daß die Ankunft eines sensitiven oder
Empfindungs=Eindrucks im Gehirn daselbst eine sofortige
Wärmesteigerung hervorruft, und zwar augenblicklich!! Er
hat weiter gezeigt, daß auch eine rein psychische Thätigkeit,
unabhängig von sensitiven Eindrücken, eine Wärmesteigerung
des Gehirns hervorruft, welche die durch einfache Sinnes=

einbrücke erzeugte quantitativ noch übertrifft. Von dieser
vermehrten Wärme wird nach den daran anschließenden
Versuchen des Italieners Tangi bei jeder geistigen Thätig=
keit ein Theil verbraucht, so daß also diese Wärme als das
mechanische Aequivalent geistiger Thätigkeit angesehen wer=
den muß. Man kann dieses fortwährende Schwanken der
Temperatur im Gehirn auch an der äußeren Kopfhaut
nachweisen. Dieses stimmt zusammen mit der täglichen Er=
fahrung, daß uns bei starkem Nachdenken der Kopf derart
warm zu werden pflegt, daß daraus die bekannte Rede=
wendung entstanden ist: „Der Kopf raucht oder der Kopf
brennt mir." Damit ist also bewiesen, daß psychische
Thätigkeit nichts anderes ist oder sein kann, als die zwischen
den Zellen der grauen Hirnrinde geschehende Ausstrahlung
einer von äußeren Eindrücken eingeleiteten Bewegung. Denn
ein Denken ohne sinnlichen Inhalt gibt es nicht. Alle
geistige Thätigkeit ruht zuletzt in Empfindung und in Re=
aktion oder Gegenwirkung des Empfindenden gegen außen.
Vorstellungen, die nicht an Eindrücke gebunden wären,
welche unsere Sinne empfangen oder empfangen haben,
gibt es nicht; und in der Verknüpfung dieser Vorstellungen
untereinander mit Hilfe der intermediären Nervenfasern
beruht das Wesen geistiger Thätigkeit. Die Worte Seele,
Geist, Gedanke, Empfindung, Wille, Leben be=
zeichnen keine Wesenheiten, keine wirklichen Dinge, sondern
nur Eigenschaften, Fähigkeiten, Verrichtungen der lebenden
Substanz oder Resultate von Wesenheiten, welche in den
materiellen Daseinsformen begründet sind. Der große
Fehler der philosophischen Schulen besteht darin, daß sie
Worte oder Bezeichnungen, welche eigentlich nur eine con=
ventionelle Bedeutung haben, für wirkliche Dinge oder Wesen=
heiten nehmen und dadurch eine unheilbare Verwirrung der
an sich so einfachen Sachlage herbeiführen. Diese Ver=
wirrung wird unterhalten und gesteigert durch den ganz
falschen und schon in einem früheren Kapitel geschilderten

Begriff, den sie sich von der Materie machen und der sie verhindert, derselben ihr Recht angedeihen zu lassen. Welcher ersichtliche Grund kann dafür geltend gemacht werden, daß, wie die Spiritualisten behaupten, die Materie nicht denken könne? Keiner — außer jenem falschen, durch die Eindrücke unsrer spiritualistischen Erziehung uns gewissermaßen zur zweiten Natur gewordenen Begriff. Vielmehr ist es eine offenkundige und klar vor Augen liegende Thatsache, daß die Materie denkt. Schon de la Mettrie machte sich über diese Beschränktheit der Spiritualisten lustig, indem er sagt: „Wenn man fragt, ob die Materie denken könne, so ist das so, als ob man fragt, ob die Materie die Stunden schlagen könne?" Freilich denkt die Materie als solche so wenig, wie sie als solche die Stunden schlägt; aber sie thut beides, sobald sie in solche Verbindungen oder Zustände gebracht oder getreten ist, aus denen Denken oder Stundenschlagen als Verrichtung oder Thätigkeit resultirt. War sich doch hierüber schon Friedrich der Große klar, denn er sagt: „Ich weiß, daß ich ein materielles, belebtes Geschöpf bin, das Organe hat und denkt, woraus ich schließe, daß die belebte Materie denken kann, so wie sie die Eigenschaft hat, elektrisch zu sein."

Voltaire vergleicht bekanntlich die Seele mit dem Gesang der Nachtigall, welcher ertönt, so lange die kleine organische Maschine, welche ihn hervorbringt, lebt und in Thätigkeit ist, und mit dem Erlöschen dieser Thätigkeit aufhört. Derselbe Vergleich läßt sich auf jede von Menschenhand gefertigte Maschine anwenden. Wenn eine Dampfmaschine Arbeit verrichtet, oder wenn eine Uhr die Stunden zeigt, so sind das ebenso Resultate ihrer Thätigkeit, wie der Gedanke Resultat der verwickelten Maschinerie jenes materiellen Stoff-Complexes ist, den wir Gehirn nennen. Aber so wenig wie das Wesen der Dampfmaschine darin besteht, daß sie Dampf producirt, oder der Uhr, daß sie durch ihre Bewegung Wärme entwickelt, so wenig besteht

das Wesen des Gehirn=Mechanismus darin, daß er Wärme
bildet oder jene äußerst geringe Menge flüssiger Substanz
erzeugt, welche sich auf der Wandung der inneren Gehirn=
höhlen vorfindet. Er producirt keine Stoffe, wie Leber
oder Nieren, sondern eine Thätigkeit, welche als die höchste
Frucht und Blüthe aller irdischen Organisation erscheint.
Uebrigens genügt, nachdem einmal bewiesen ist, daß
der Gedanke mit bestimmten materiellen Bewegungen un=
löslich verknüpft ist, schon ein bloßer Hinweis auf das
große und ausnahmslose Gesetz von der Erhaltung oder
Unsterblichkeit der Kraft, um jeden Zweifel darüber zu be=
nehmen, daß der Gedanke oder psychische Thätigkeit über=
haupt nur eine Form oder eine einzelne Erscheinungsweise
jener großen, allgemeinen und einheitlichen Naturbewegung
sein kann, welche den ewigen Kreislauf der Kräfte unterhält
und welche sich uns bald als mechanische, bald als elektrische,
bald als geistige Kraft u. s. w. kundgibt. Ob der in
unserm Körper unaufhörlich vor sich gehende und durch die
von uns genossenen Nahrungsmittel unterhaltene Stoff=
wechsel dem Holzspalter oder Spaziergänger die Kraft zu=
führt, welche er mittelst seiner Muskeln ausübt, oder dem
Gelehrten, dem Denker, dem Dichter die Kraft, welche in
seinem Gehirne Gedanken schafft, bleibt sich in der Sache
vollkommen gleich; nur die Form oder die Wirkung ist ver=
schieden je nach der Verschiedenheit der in Anspruch ge=
nommenen Organe.
Neuere Untersuchungen haben gezeigt, daß eine Kraft,
deren Aeußerungen man bisher nur in der unorganischen
Natur deutlich wahrzunehmen gewohnt war, auch bei den
physiologischen Vorgängen des Nervensystems eine so wesent=
liche Rolle spielt, daß Nervenstrom und Elektricität gradezu
als das Nämliche angesehen werden können. Jeder Nerv
muß als eine Quelle von unaufhörlich in ihm selbst erzeug=
ten und aus der Bewegung zahlloser, den Nerven zusammen=
setzender elektromotorischer Moleküle hervorgehenden elektri=

schen Strömen angesehen werden. Die Nerven sind daher
nicht bloß, wie man früher annahm, Leiter, sondern wirkliche Selbsterzeuger der Elektricität, und zwar mit Hilfe
der in ihrem Innern, d. h. in ihrem Nervenmark und
Axen-Cylinder stattfindenden Vorgänge des Stoffwechsels.
Sehr subtile Versuche haben nun gezeigt, daß die im Nerven
erzeugte Elektricität abnimmt oder ganz verschwindet, sobald
der Nerv in Erregung gebracht wird, oder — was dasselbe
ist — sobald er eine physiologische Funktion ausübt, während umgekehrt seine Ruhe oder Unthätigkeit gleichbedeutend
ist mit einer vermehrten Anhäufung jener Kraft oder mit
einer Verstärkung seiner elektromotorischen Kräfte. Dieses
beweist unwiderleglich, daß Nervenkraft, Nerventhätigkeit,
Nervenwirkung gleichbedeutend ist mit umgewandelter Elektricität, und daß der Nerv nur einer jener zahllosen, in der
Natur vorhandenen Apparate ist, welche dazu bestimmt sind,
sog. Spann- oder ruhende Kräfte in lebendige Kräfte oder
in Bewegung umzusetzen. Er thut dieses, indem er zunächst
in Folge der in seinem Innern stattfindenden chemischen
Processe Elektricität frei werden läßt und dann diese frei-
gewordene Elektricität in Nerventhätigkeit umwandelt. Da
nun aber diese Thätigkeit hauptsächlich in der Vermittlung
von Empfinden und Wollen besteht, und da, wie wohl kein
unterrichteter Psychologe mehr ernstlich bezweifelt, alle
psychische Thätigkeit sich nach und nach aus oft wiederholten
und von Stufe zu Stufe gesteigerten Empfindungen oder
durch die Nerven vermittelten Eindrücken der Außenwelt
entwickelt oder aufbaut, so stehen wir hier ganz nahe an
der Schwelle einer Erkenntniß, welche die Ableitung alles
psychischen Geschehens aus den allgemeinen Kraftquellen der
Natur und die Unterordnung desselben unter das große
Gesetz von der Erhaltung der Kraft kaum mehr als zweifelhaft erscheinen lassen kann. Ebensowenig kann bezweifelt
werden, daß dieses nur möglich oder denkbar ist unter Vermittlung der hierfür bestimmten materiellen Substrate oder

Organe, speciell des Gehirns für das Denken oder für die Verknüpfung der durch die äußeren Eindrücke erweckten Vorstellungen unter einander mit Hülfe der die Zellen der Hirnrinde unter einander verbindenden Fasern oder Leitungsorgane.*).

Damit ist zugleich der an sich vollkommen richtige Grundgedanke ausgesprochen, der dem, wenn auch schlecht gewählten Vogt'schen Vergleich zu Grunde liegt. Wie es keine Galle ohne Leber, keinen Urin ohne Nieren gibt, so gibt es keinen Gedanken ohne Gehirn; die Seelenthätigkeit ist eine Funktion oder Verrichtung der Gehirnsubstanz. Diese Wahrheit ist einfach, klar und mit zahllosen Thatsachen zu belegen. Die sog. Acephalen oder Kopflosen sind Kinder, welche mit einer rudimentären (nur theilweisen) Gehirnbildung zur Welt kommen. Diese armseligen Geschöpfe, welche für das angeblich zweckmäßige Handeln der Natur das denkbar ungünstigste Zeugniß ablegen, sind jeder menschlichen Entwicklung unfähig und sterben bald; denn es fehlt ihnen das wesentlichste Organ menschlichen Seins und Denkens. Die ihnen verwandten Mikrocephalen oder kleinköpfigen Kinder mit mangelhaft entwickeltem Gehirn können zwar leben und wachsen, sind aber in ihrem ganzen Wesen den Tieren ähnlicher als dem Menschen, und stehen in geistiger Beziehung noch tief u n t e r der Stufe eines intelligenten Tieres. „Gewisser ist daher nichts," sagt selbst der spiritualistisch gesinnte L o t z e , „als daß die physischen Zustände körperlicher Elemente ein Reich von Bedingungen darstellen können, an welchem Dasein und Form unserer geistigen Zustände mit N o t h w e n d i g k e i t hängt."

---

*) Obige kurze Andeutungen über das Leben der Nerven und namentlich über die so höchst interessante Frage der Nerven-Elektricität sind im Einzelnen in allgemein verständlicher Weise weiter ausgeführt und besprochen in des Verfassers „Physiologische Bilder", 2. Band (Leipzig 1875), S. 229 ff.

Mit dem Stoff schwindet der Gedanke.

„Warum," ruft Hamlet in der berühmten Kirchhofs-Scene aus, „könnte das nicht der Schädel eines Rechts-gelehrten sein? Wo sind nun seine Klauseln, seine Prak-tiken, seine Fälle, seine Kniffe? Warum leidet er nun, daß dieser grobe Flegel ihn mit einer schmutzigen Schaufel um den Hirnkasten schlägt, und droht nicht, ihn wegen Thätlich-keiten zu belangen?" — „Wo sind nun deine Schwänke, armer Yorik? deine Sprünge, deine Lieder, deine Blitze von Lustigkeit, wobei die ganze Tafel in Lachen ausbrach? Alles weggeschrumpft?"

Das Bewußtsein.

Bewußtseinsfähigkeit muß im Wesen des Atoms schlummern; sonst könnte ein Complex von Atomen, unser Gehirn, nicht Bewußtsein haben.

Meynert.

Der Versuch, aus den Erscheinungen des Bewußtseins und Selbstbewußtseins ein immaterielles Wesen, ein unveräußerliches Ich u. s. w. abzuleiten, ist ebenso als gescheitert zu betrachten, wie jeder andere derartige Versuch. Das Bewußtsein ist Verrichtung oder Leistung gewisser Gebilde des Gehirns.

A. Mayer.

Empfindung und Bewußtsein sind nur quantitativ, nicht qualitativ von einander verschieden.

H. Kühne.

Wenn, wie im vorhergehenden Kapitel gezeigt wurde, unser ganzes Seelenleben sich nach und nach aus oft wiederholten, durch die Eindrücke der Außenwelt hervorgerufenen Empfindungen aufbaut, so gilt dieses in gleicher Weise für das Bewußtsein oder „Bewissen des Seins" und speziell für das Selbstbewußtsein, welches im Grunde nichts anderes ist, als die Gesammtsumme unserer Empfindungen oder eine Aufeinanderhäufung, eine Aneinanderreihung von im Gedächtniß festgelegten Erinnerungsbildern. Mit der ersten

Empfindung ist zugleich das Bewußtsein davon gegeben, wenn auch anfangs in noch dumpfer oder unklarer Weise, während sich seine Deutlichkeit in demselben Maße steigert, in welchem man dasselbe von der einfachen Sinnes-Empfindung zur abstrakten Erkenntniß aufwärts verfolgt. Je tiefer wir daher in der Stufenleiter der Organismen hinabsteigen, um so unbeutlicher und verworrener wird auch das Bewußtsein, bis wir schließlich bei den einfachsten Protoplasmageschöpfen alle Reaktion auf äußere Reize sich in kaum wahrnehmbare Bewegungen verlieren sehen und diese durch Lust- oder Unlustgefühle angeregte Bewegungen nicht mehr von den Elementar-Eigenschaften der organisirten Materie zu trennen im Stande sind. Erst bei den höheren Tieren und bei dem Menschen erhebt sich das Bewußtsein bis zu einer Bedeutung, welche eine gesonderte Betrachtung desselben als eines besonderen seelischen Vermögens möglich macht. Aber dieses geschieht nicht auf einmal, sondern sehr langsam und allmälig auf Grund verbesserter Organisation und Differenzirung des Gehirns und Nervensystems und zunehmenden Reichthums der Eindrücke und der dadurch erweckten Vorstellungen. „Das Bewußtsein," sagt Soury (Les fonctions du cerveau, Paris 1886), „ist gradeso wie das Gedächtniß eine allgemeine Eigenschaft der organisirten Materie. Es wechselt nach Stärke und Ausdehnung mit der Art und Zahl der zelligen Elemente einer jeden organischen Gruppe, einerlei ob diese nur aus zwei Elementen oder vielleicht nur aus einem einzigen solchen, noch nicht differenzirten, wie bei den Muskel-Nervenzellen des Süßwasser-Polypen, besteht, oder aus Milliarden von höchst differenzirten Nervenzellen, wie in den Windungen des menschlichen Gehirns." Der neugeborne Mensch ist in dieser Beziehung kaum besser daran, als die niedersten Tiere. Er bedarf einer langen Uebung und Erfahrung, um seine einzelnen Empfindungen lokalisiren und von einander unterscheiden zu lernen. Erst wenn ihm dieses ge-

lungen ist, kommt er nach und nach dazu, ein Selbstbewußtsein bei sich zu entwickeln oder sein eignes Ich als
gesondert andern Ichs oder dem Nicht-Ich gegenüberzustellen. Doch kann auch dieses in vollem Maße erst
dann geschehen, wenn das Gedächtniß einen gewissen Grad
der Entwicklung erreicht hat, und wenn demselben in Folge
einer langen Erfahrung hinreichendes Material zur Verfügung steht. Da sich nun aber dieses Material fortwährend ändert, so muß sich auch das Bewußtsein ändern;
es kann niemals in zwei verschiedenen Momenten dasselbe
sein, oder mit — andern Worten — es kann niemals ein
fertiges Ganze von stets gleichem Inhalt oder Umfang
darstellen. In der That ist dieses auch so; nur geht die
Veränderung im gesunden Zustande in so allmäliger und
unmerklicher Weise vor sich, daß wir sie erst gewahr werden, wenn wir größere Abschnitte unsres Lebens auf einmal überblicken, während die Veränderung bei Gehirn-
und Nervenkrankheiten allerdings sehr rasch eintreten kann.
Es verhält sich mit der moralischen Persönlichkeit gerade
so wie mit der körperlichen. Beide wechseln unaufhörlich;
aber erst längere Zeiträume lassen uns den Wechsel deutlich erkennen. Sind wir doch oft in späteren Jahren
gänzlich unvermögend, uns in die Stimmungen, Anschauungen, Denkrichtungen früherer Jahre zurückzuversetzen
oder es für möglich zu halten, daß wir einmal ein so oder
so gearteter Mensch waren. Wir haben Mühe, uns in
einer unsrer vergangenen Phasen wiederzuerkennen, so daß,
wie J. Foster humoristisch sagt, die verschiedenen Per-
sönlichkeiten eines und desselben Lebens, wenn man im
Stande wäre, sie zusammenzubringen, sich nicht nur nicht
wiedererkennen, sondern untereinander in einen solchen Streit
gerathen würden, daß sie wünschen müßten, sich niemals
wiederzusehen. Von unsrer frühesten Kindheit gar wissen
wir in der Regel entweder gar nichts oder dasjenige,
was wir davon wissen, nur durch Hörensagen. Streng-

genommen kann man daher gar nicht von einem Be=
wußtsein, sondern nur von einem ununterbrochen sich
ändernden, bald steigenden, bald abnehmenden Bewußt=
werden reden.

Uebrigens kann — was allen theistischen wie pan=
theistischen Vorstellungen gegenüber nicht genug betont wer=
den kann — ein Bewußtsein immer nur in Einzel=
wesen entstehen, da sie nur ein Gegenüber oder ein
Nicht=Ich haben, von dem sie sich durch das Bewußtsein
unterscheiden, während Bewußtsein dem Grenzenlosen, Un=
endlichen, Unbedingten, welches kein Gegenüber hat und
keine Eindrücke von Dingen außer ihm empfängt, nun und
nimmer zukommen kann.

Die spiritualistischen Psychologen oder Seelenkundigen,
welche überall Gespenster sehen, wo keine sind, und die ein=
fachsten Dinge durch einen Schwall von Redensarten unklar
zu machen suchen, haben mit dem Bewußtsein denselben
oder einen noch größeren Mißbrauch getrieben, als mit dem
Wort „Seele", indem sie dasselbe als ein metaphysisches,
immaterielles, einfaches und einheitliches, unräumliches und
untheilbares, unveränderliches und immer sich gleichbleiben=
des Wesen hinzustellen versuchten, welches den letzten und
obersten Grund aller Seelenthätigkeiten darstelle und ge=
wissermaßen, wie der Direktor eines Schauspiels, hinter
den Coulissen ˙der Erscheinungswelt oder der durch Ein=
drücke veranlaßten Empfindungen das Ganze lenke und
leite. Aber ebenso wenig wie die Seele jenes einfache,
einheitliche, unräumliche und untheilbare Wesen ist, als
welches die Herrn Philosophen sich dieselbe vorzustellen
pflegen, sondern im Gegentheil ein sehr complicirtes oder
zusammengesetztes, an eine ganze Reihe verschiedener und
räumlich getrennter Gehirn= und Nervensystems=Partieen
gebundenes Etwas˙darstellt, ebenso wenig gelten jene Be=
zeichnungen für das Bewußtsein. Weit entfernt, einfach
oder einheitlich, unräumlich oder untheilbar zu sein, ist

das Bewußtsein vielmehr zusammengesetzt, ausgedehnt, theil=
bar und wechselnd, wofür zahllose Erfahrungen der prak=
tischen Seelenkunde geltend gemacht werden können. Es ist,
wie Bastian bemerkt, einer der gröbsten Irrthümer, daß
das Bewußtsein das ganze geistige Wesen umfasse, da ja
erfahrungsgemäß so viele seelische Processe ohne Bewußt=
sein vor sich gehen können. In der That zeigen ja so
viele Vorkommnisse, daß das Bewußtsein für längere oder
kürzere Zeit verschwinden oder beeinträchtigt sein kann,
ohne daß damit auch das Seelenleben erlischt, wie im
Schlaf oder bei jeder Art von Betäubung oder Ohnmacht.
Andrerseits kann das Bewußtsein in vielen Fällen des
täglichen Lebens vollkommen erhalten und ungestört und
dennoch bei einer großen Menge von Empfindungen oder
zweckmäßigen Bewegungen mehr oder weniger unbetheiligt
bleiben. Wenn wir z. B. laut vorlesen, so gehen dabei,
wie Huxley (Grundzüge der Physiologie, 11. Vorl.) aus=
einandersetzt, eine Menge feiner Muskelbewegungen vor sich,
deren sich der Leser nicht im geringsten bewußt ist, so die
Bewegungen der Hand, der Augen, der Lippen, der Zunge,
der Kehlkopf= und Athemmuskeln u. s. w., während die
ganze Aufmerksamkeit lediglich auf den Inhalt des Buches
gerichtet ist. Oder wenn wir bei lebhaftem Sprechen unsre
Worte mit den entsprechenden Geberden begleiten, so ge=
schieht auch dieses in der Regel ganz instinktiv, und ohne
daß das bewußte Wollen dabei eine Rolle spielt. Ebenso
führt ein im Schlafe marschirender Soldat oder ein des
Großhirns beraubtes Thier eine ganze Reihe zweckmäßiger
Bewegungen aus, ohne daß das Bewußtsein dabei betheiligt
erscheint. Wie in der Empfindungssphäre bei starker Ab=
lenkung des Bewußtseins oder Aufmerksamkeit eine Menge
von Reizen nicht empfunden werden, die unter andern
Umständen empfunden werden müßten, ist bekannt. Um=
gekehrt lassen eine Reihe physiologischer und pathologischer
Erfahrungen keinem Zweifel darüber Raum, daß es auch

eine Empfindung ohne Bewußtwerden der Empfindung gibt;
und endlich wiſſen wir ſeit der Entdeckung des Hypnotis=
mus, daß im hypnotiſchen Schlaf ſehr intenſive geiſtige
Proceſſe ohne oder mit ſehr gemindeter Theilnahme des
Bewußtſeins vor ſich gehen oder künſtlich hervorgerufen
werden können. Daſſelbe gilt von dem damit ganz nahe
verwandten Nachtwandeln, in welchem Zuſtand bekannter=
maßen Handlungen oder Arbeiten im Schlafe verrichtet
werden, welche dem wachenden Subjekt mehr oder weniger
unmöglich geweſen ſein würden. *)

Daß das Bewußtſein theilbar iſt, wird durch die
Thatſache bewieſen, daß man niedere Tiere (Würmer oder
Polypen) in beliebig viele Stücke zerſchneiden kann, und
daß darnach jedes Stück als Einzelweſen mit einem geſon=
derten Bewußtſein weiterlebt. Lyonnet zerſchnitt eine
Naïs (ein Süßwaſſerwurm) in nahezu vierzig Stücke und
ſah, wie ſich jedes dieſer Stücke zu einem vollkommnen
Tiere entwickelte. (Bei Darwin: Das Variiren u. ſ. w.
II. S. 471.) Daſſelbe gilt für eine große Anzahl von
niederen Tieren, welche ſich durch einfache Theilung ihrer
Körperſubſtanz fortpflanzen und ſo aus ihrem vorher ein=
fachen Bewußtſein durch mechaniſche Trennung plötzlich ein
doppeltes oder zweifaches hervorgehen laſſen. Uebrigens
erſtreckt ſich dieſes Theilungsprincip im Grunde bis in die
höchſten Tierklaſſen und ſelbſt bis zu dem Menſchen hinauf,
da ja bei jedesmaliger Erzeugung eines neuen Weſens ein
Stück oder Theil des elterlichen Körpers hergegeben wird,
welcher Theil bekanntlich nicht bloß die körperlichen, ſondern
auch die ſeeliſchen Eigenſchaften der Erzeuger auf das Er=
zeugte überträgt.

---

*) Man vergleiche über die hypnotiſchen Erſcheinungen des Ver=
faſſers Aufſatz über Magnetismus und Hypnotismus in deſſen „That=
ſachen und Theorien aus dem naturwiſſenſchaftlichen Leben der Gegen=
wart.“ (Berlin 1887.)

Daß aber auch das fertige, vollständig ausgebildete
Bewußtsein des Menschen nicht einfach oder unveränderlich
und untheilbar ist, wie die Spiritualisten behaupten, wird
zur Evidenz durch die neuerdings so häufig beobachteten
Fälle von sog. doppeltem oder alternirendem oder
abwechselndem Bewußtsein oder von Verdoppelung des Ich
bewiesen, wobei derselbe Mensch an verschiedenen Tagen
oder zu verschiedenen Zeiten ein verschiedenes Bewußtsein
hat und an dem einen Tage nichts von dem weiß, was an
dem andern Tage mit ihm vorgegangen war. Er hat
gewissermaßen zwei Existenzen oder zwei Leben, welche
von einander unabhängig sind, und wobei die eine nichts
von der andern weiß.

Derartige, höchst instruktive Fälle sind von Schröder
van der Kolk, Jaffé, Krishaber, Azam, Gali-
zier, Caro, Laveran, Camüset, Dr. J. Theys-
sens u. A. beobachtet und beschrieben worden. Man kann
nach Dr. Krishaber den merkwürdigen Zustand der von
dieser Affektion Ergriffenen nicht besser als mit dem Zustand
einer Raupe vergleichen, welche, indem sie ihre Raupen-
Erinnerungen beibehält, plötzlich zu einem Schmetterling
mit allen Sinnen und Empfindungen desselben geworden ist.
Zwischen dem alten und neuen Zustand oder zwischen dem
Raupen- und Schmetterlingszustand gähnt ein tiefer Abgrund; die neuen Empfindungen können nicht an die alten
anknüpfen, und der Ergriffene kann sich selbst in denselben
nicht wiederfinden, so daß er einmal zu dem Schlusse kommt:
„Ich bin nicht Ich"; zum zweiten zu dem Schlusse: „Ich
bin ein Anderer", oder daß er sich selbst vorkommt wie ein
neugebornes Kind. Andere haben die Empfindung, als
ob sie überhaupt nicht mehr existirten, und betasten ihren
Körper, ohne sich von dessen Wirklichkeit überzeugen zu
können; noch Andere sehen sich in zwei Personen verwandelt.
Bisweilen fehlt jeder Erinnerungszusammenhang zwischen
den beiden Zuständen so vollständig, daß die ergriffene

Person nicht bloß glaubt, eine andere zu sein, sondern
es in der That auch ist. Geht der zweite Zustand in den
normalen oder bleibenden über, wie man dieses bei der
Feliba X. (1859—75) beobachtet hat, so ist ein Theil
des früheren Lebens für die betreffende Person vollständig
verloren. In dem von Dr. Camüset beschriebenen Falle
(Annales medico-psych., Janvier 1882) war ein Jahr
aus dem Gedächtniß eines 17jährigen Menschen vollständig
verschwunden.*)

Diese merkwürdigen Erscheinungen, deren Studium
mehr Aufklärung bietet, als ganze Bände metaphysischer
Untersuchungen über das Wesen des Ich oder des Bewußtseins, verdanken ihre Entstehung nach Einigen einem zeitweisen Krampf der einen bestimmten Theil des Mittelhirns
ernährenden Blutgefäße, nach Andern einer Ungleichmäßig-
keit in der Funktion der beiden Gehirnhälften. Sie zeigen,
daß das Ich-Bewußtsein nur eine wechselnde Form der
Gesammtsumme unsrer Empfindungen ist und nur so lange
das nämliche bleibt, so lange jene einen gewöhnlichen und
gleichbleibenden Verlauf nehmen. Sobald aber hierin eine
Störung eintritt, wechselt oder ändert sich auch das Ich-
Bewußtsein. Die heftigsten Aenderungen stellen jene Fälle
von doppeltem Bewußtsein dar; die mäßigsten und allmäligsten werden durch die bereits beschriebenen Wechsel
oder Uebergänge des gewöhnlichen Lebens bewirkt. Das
Bewußtsein des Greises ist ein andres als dasjenige des
Mannes, das des Mannes ein andres als dasjenige des

---

*) Man vergleiche über den höchst interessanten und psychologisch
wichtigen Zustand des doppelten Bewußtseins des Verfassers „Physiologische Bilder“, 2. Band, S. 186, und den Aufsatz über doppeltes
Bewußtsein in seinen gesammelten Aufsätzen „Aus Natur und Wissenschaft“, 2. Band. Näheres über den interessanten Fall der von Dr.
Azam beobachteten Feliba X. bei A. Herzen: Grundlinien einer allgemeinen. Psychophysiologie (Leipzig 1889), S. 141 u. 142.

Jünglings, das des Jünglings ein andres als dasjenige des
Kindes. Das Bewußtsein des reich gewordenen Mannes ist
ein andres als dasjenige des armen, des Gelehrten ein
andres als dasjenige des Lernenden, des Kranken ein andres
als dasjenige des Gesunden, u. s. w. u. s. w. Jene Fälle
von doppeltem Bewußtsein können daher nur als die höchste
Steigerung eines an sich natürlichen physiologischen Ver=
hältnisses oder Vorgangs angesehen werden, so daß sie in
dieser Hinsicht kaum den Namen „Krankheit" verdienen.
Auch sind ja die Kranken mit doppeltem Bewußtsein an
sich vollkommen vernünftig und keineswegs geisteskrank. Das
Ich erscheint nur darum oder so lange als dasselbe, weil
oder so lange die Empfindungen dieselben sind; es ändert
sich mit deren Aenderung und erscheint wieder, sobald die=
selben zur Norm zurückkehren.

Nicht minder beruht die von den Spiritualisten be=
hauptete Einheit und Immaterialität des Bewußtseins auf
Selbsttäuschung und Unkenntniß der Thatsachen. Schon
der Umstand, daß das Bewußtsein an die Thätigkeit der
über einen so großen Flächenraum ausgedehnten grauen
Rinde des Großhirns und der in ihr enthaltenen Ganglien=
kugeln oder Nervenzellen geknüpft oder vielmehr als Aus=
druck dieser Thätigkeit selbst anzusehen ist, verbietet jeden
Gedanken an eine solche spiritualistische Einheit; noch mehr
thut dieses die bekannte Erfahrung, daß mit dem Verlust
einzelner Hirntheile bei Verwundeten ganze Perioden aus
dem Gedächtniß ihres Lebens verschwinden können. Ein=
heitlich kann das Bewußtsein nur insofern genannt werden,
als es einem einzelnen Individuum angehört und einen
organischen Mittelpunkt in dem Zusammenhang des ge=
sammten Nervensystems findet, grade so wie auch der
Körper selbst aus vielen einzelnen Theilen zusammengesetzt
ist und doch eine Einheit darstellt. Aber es ist darum
nicht einfach oder untheilbar. Noch niemals ist es der
Physiologie gelungen, und es wird ihr niemals gelingen,

einen einheitlichen Punkt im Innern des Gehirns für das
Bewußtsein aufzufinden; und das bekannte Sensorium
commune oder jener gemeinschaftliche Mittelpunkt des Ge=
hirns, in welchem nach älterer Ansicht alle Empfindungen
zusammentreffen sollten, um von da auf das Motorium
commune oder den gemeinschaftlichen Mittelpunkt aller
Bewegungen zu wirken, ist längst in das Gebiet der phy=
siologischen Märchen verwiesen. Vielmehr besitzt das Gehirn
in seinen zahllosen Ganglienkugeln oder Nervenzellen tausende
und abertausende solcher Mittelpunkte für Empfinden,
Denken und Wollen, welche allerdings durch ihre Zusammen=
fügung in einem einzigen Organ wohl ein einheitliches
Ganze darstellen, aber auch jedes für sich ein besonderes
Leben führen — grade so, wie ein menschliches Gemein=
wesen, ein Staat, ein Heerkörper, ein Verein, eine Gesell=
schaft eine aus vielen kleineren Einheiten zusammengesetzte
größere Einheit darstellt.

Uebrigens würde selbst die Auffindung eines solchen
gemeinschaftlichen Mittelpunktes nicht einmal den spiritua=
listischen Anforderungen genügen, da ja das Bewußtsein
als etwas Immaterielles unmöglich an einen ausgedehnten,
sondern nur an einen ausdehnungslosen Punkt, also an
ein Unmögliches geknüpft sein könnte. Da nun aber ein
Schlag auf den Kopf oder einige Tropfen Opium oder einige
zuviel genossene Gläser Wein oder ein vorübergehender
Krampf der Hirngefäße oder ein geringer Blutverlust oder
die Einwirkung eines krankhaft veränderten Blutes auf die
Ganglienzellen u. s. w. u. s. w. genügen, um das Bewußt=
sein verschwinden zu machen oder in Verwirrung zu setzen,
so kann von dessen Immaterialität im Ernste wohl nicht
die Rede sein. Das Bewußtsein ist, gerade so wie das
Denken auch, eine Verrichtung oder Leistung oder Thätig=
keits=Aeußerung gewisser Theile oder Gebilde des Gehirns
und unterliegt als solche allen Veränderungen, welche mit
Bestand, Ernährung und Wachsthum des Gehirns ver=

bunden sind. Ob babei, wie **Meynert** meint, Bewußtseinsfähigkeit bereits im Wesen des Atoms schlummert
ober, ähnlich wie das Gedächtniß, als eine allgemeine
Eigenschaft ber organisirten Materie angesehen werden muß,
ober ob dieselbe nur als Folgezustand einer bestimmten Art
von Vereinigung ber Atome ober Moleküle unter gewissen
Zuständen ober Bebingungen anzusehen ist, möge hier un-
untersucht bleiben, ba bie Beantwortung ber Frage in bem
einen ober anbern Sinne für bie Sache selbst als unwesent-
lich erscheint — obgleich man Nägeli nicht Unrecht geben
kann, wenn er barauf aufmerksam macht, baß das Ganze
immer bie Eigenschaft bes Theils, ber Theil aber nie bie
Eigenschaft bes Ganzen haben müsse. Keinesfalls kann
man bem Atom als solchem Empfindung zuschreiben,
sonbern nur Complexen von Atomen unter bestimmten Zuständen ober Bebingungen. Wie unb auf welche Weise biese
Complexe, bie Nervenzellen ober (um es ganz allgemein
auszubrücken) bie Materie es anfangen, um Empfinbung
ober Bewußtsein zu erzeugen ober hervorzubringen, kann
uns für ben Zweck unsrer Untersuchung vollkommen gleichgültig erscheinen; es genügt vollstänbig, zu wissen,
baß es so ist.

Die Anstrengungen, welche ein angesehener Physiologe
unter bem Beifalljauchzen ber spiritualistischen Faselhänse
gemacht hat, um zu beweisen, baß bas Bewußtsein aus
materiellen Bebingungen nicht erklärbar sei unb niemals
erklärbar sein werbe,[*] scheinen uns baher ganz unnütze
ober vergebliche unb aus einer falschen Fragestellung hervorgegangen. Wie kann man baran benken, bas Bewußtsein aus materiellen Bebingungen erklären zu wollen ober
zu können, so lange man bas Wesen ber Materie selbst
nicht kennt, unb so lange man sich von keiner einzigen

---

[*] E. **Dubois-Reymond.** Ueber bie Grenzen bes Natur-
Erkennens. Vortrag. Leipzig 1873.

Naturerscheinung oder von dem Wesen keiner einzigen
Naturkraft eine genügende und in das Innerste der Natur
einbringende Rechenschaft abzulegen im Stande ist? Wollte
man den Fortschritt unsres Wissens und unsrer Ueberzeugungen von der Beantwortung derartiger Fragen abhängig machen, so würde man wahrscheinlich immer stille
stehen müssen. Dagegen wissen wir mit aller nur möglichen
Bestimmtheit, daß das gesammte Dasein mit Einschluß von
Empfindung und Bewußtsein nur ein einheitliches, in sich
selbst zusammenhängendes und ohne Ausnahme durch das
Gesetz von Ursache und Wirkung beherrschtes ist oder sein
kann, und daß eine Durchbrechung dieser naturnothwendigen
Schranke auf keinem Punkte und zu keiner Zeit als möglich
erscheint. Herr Dübois-Reymond wird dieses um so weniger
zu bestreiten im Stande sein, als er ja selbst das „Gesetz
der mechanischen Causalität" an andrer Stelle so sehr hervorzuheben bestrebt ist. Dieses erscheint aber vollkommen
hinreichend, um den monistischen Standpunkt ebenso wie in
der Gehirn- und Seelen-Frage auch in der Bewußtseins-
Frage als den allein berechtigten erscheinen zu lassen, nachdem er sich in den makrokosmischen Dingen längst als der
einzig haltbare herausgestellt hat. Freilich verschwinden
damit auch alle jene unwissenschaftlichen und chimärischen
Hoffnungen, mit benen der philosophische und religiöse Spiritualismus den Geist der Menschen so lange gehöhnneckt
hat, und von benen in einem späteren Kapitel des Genaueren die Rede sein wird. Wohl kann ober soll bamit
nicht geleugnet werden, baß das Bewußtsein, welches bie
Materie im Gehirn des Menschen nach und nach über sich
selbst erlangt hat, mit seiner Vergänglichkeit in einem das
moralische Gefühl des Einzelnen wenig befriedigenden Gegensatze steht, und baß bieser Gegensatz mit vollem Rechte zahllose und ergreifende Klagen der Dichter und Denker zu
allen Zeiten hervorgerufen hat. Wer aber jenes Gefühl,
wie es leider so Viele thun, zum Ausgangspunkt seiner

philosophischen Ueberzeugungen machen wollte, der würde, wie Wießner mit Recht bemerkt, mit Wünschen philo= sophiren, statt mit Einsichten.*)

*) Man vergleiche über die Bewußtseinsfrage und die Dübois= Reymond'schen Auseinandersetzungen des Verfassers ausführliche Er= örterungen in „Physiologische Bilder", I. Band, S. 430 u. flg. der 3. Aufl. und II. Band, S. 179 u. flg., sowie A. Wießner „Der wiedererstandene Wunderglaube" (Leipzig 1875).

Sitz der Seele.

Die Physiologie lehrt uns mit aller Bestimmtheit, daß das Gehirn der Sitz und das Werkzeug unserer Ueberlegungen und Sinnes-Empfindungen ist.
Brucke.

Wem sollte daher dieser Sitz der Seele nicht tief ergreifen? Staunend stehen wir vor dem Heiligthume, worin die geistigen Kräfte wirken und weben, vor den räthselhaften Gestalten, die bei allem Leben und Weben, bei allem Thun und Treiben des Menschengeschlechts von Anbeginn bis auf unsre Zeit ihr geheimnißvolles Spiel getrieben haben.
Huschke.

Eng ist die Welt, und das Gehirn ist weit.
Schiller.

Das Gehirn ist nicht bloß Organ des Denkens und aller höheren Geistesthätigkeiten, welche ausschließlich in der grauen Hirnrinde ihren Sitz haben, sondern auch alleiniger Sitz der Seele, welches Wort die Thätigkeit des ganzen Gehirns in allen seinen Theilen mit Einschluß der durch das Centralorgan vermittelten sensoriellen und motorischen Funktionen oder Empfindungs= und Willensakte, sowie als Vorstand des gesammten Nervensystems bezeichnet. Daher das Wort „Seele" den umfassenderen, allgemeineren, das Wort „Geist" den engeren, spezielleren Begriff darstellt; und daher wir den Tieren „Seele" oder anima in einem ganz unbeschränkten, „Geist" oder animus dagegen nur in einem sehr beschränkten Maße zugestehen. Daher man auch

das seelische Princip durch die ganze organische Welt hindurch bis zu den nieberen und niedersten Tieren, wo es
nur noch an einzelne Nerven-Abschnitte oder an die nerven-
lose Körpersubstanz selbst geknüpft ist, und selbst bis hinab
zu den Pflanzen verfolgen kann, bei welchen es sich auf
seiner niebersten Stufe als empfindungs- und bewußtlose
Reizbarkeit darstellt — während der animus immer nur
Probukt der Thätigkeit einzelner, central gelegener Nerven-
gebilde sein kann und in demselben Maße an Stärke wächst,
in welchem das Princip der Arbeitstheilung und der Differenzirung der einzelnen Theile oder Abtheilungen des
Nervensystems grabweise zunimmt.

So lange man die Seele als eine für sich bestehende,
immaterielle Wesenheit oder Einheit ansah, welche nur zeitweise oder vorübergehend mit dem Körper verbunden sei,
gab man sich begreiflicher Weise alle erdenkliche Mühe, derselben einen besonderen „Sitz“ oder Aufenthaltsort innerhalb
des letzteren anzuweisen oder einen solchen aufzusuchen.

Zwar erklärten schon Hippokrates, der Nestor der
Aerzte (500 vor Chr.), der Philosoph Plato und der
griechische Arzt Galenus (geb. 131 nach Chr.), bessen
System der Mebicin sich beinahe vierzehn Jahrhunderte hindurch herrschend erhielt, das Gehirn für den Sitz der Seele,
wenigstens der von ihnen unterschiedenen rationalen oder
vernünftigen Seele. Aber schon Plato's Schüler Aristoteles fiel von dieser richtigeren Ansicht wieder ab und suchte
den Sitz der Seele im Herzen, welches Organ bekanntlich
auch im Alten Testament als Sitz aller geistigen Thätigkeiten bezeichnet und von den Chinesen heute noch dafür
gehalten wird. Auch die Philosophen Diogenes und
Chrysippos theilten diese Meinung, während andere
griechische Philosophen bald das Blut, bald die Brust für
den eigentlichen Sitz der Seele erklärten. Uebrigens herrsch-
ten bei den Alten viele willkürliche Vorstellungen über den
Gegenstand, da die meisten ihrer Philosophen mehrere ver-

schiebene Arten von Seelen unterschieden und denselben
daher verschiedene Sitze in verschiedenen Körpertheilen an-
weisen zu müssen glaubten.

Erst gegen das sechzehnte und siebzehnte Jahrhundert
machten sich durch die Fortschritte der Anatomie und Physiologie richtigere Ansichten geltend, namentlich durch Thomas Willis (1664), der bereits die Wichtigkeit der grauen
Substanz und der Gehirnwindungen erkannte und das ganze
Gehirn — allerdings mit Bevorzugung der sog. Streifen-
hügel — für das Organ des Intellekts erklärte. Aber die
vorgefaßte Meinung der Philosophen und Theologen von
dem Wesen der Seele ließ diese richtigere Ansicht nicht durchbringen, und so bemühte man sich vergeblich, den eigentlichen Sitz der Seele bald in diesem, bald in jenem einzelnen Theil des Gehirns zu entdecken, ohne einzusehen, daß
sie nur in der Thätigkeit des ganzen Organs begründet sein
könne. Am meisten Beifall fand die Ansicht des französischen
Philosophen Descartes oder Cartesius, welcher als
den eigentlichen Sitz der Seele die Zirbeldrüse bezeichnete, d. h. ein erbsengroßes, im Innern des Gehirns ge-
legenes und mit dem sog. Hirnsand angefülltes Organ.
Dasselbe schien für diesen Zweck oder als Träger eines einfachen, untheilbaren Seelenwesens besonders geeignet, theils
weil es das einzige unpaarige Organ des Gehirns ist, theils
wegen seiner Verbindung mit den sog. Hirnhöhlen oder
den angenommenen Sammelorten der Nervengeister. Selbst
noch bis auf die Zeiten des großen Philosophen Kant
(1724—1804) herab, der jetzt von der Philosophen-Zunft
als letzter Erretter aus der materialistischen oder monistischen
Bedrängniß auf den Schild gehoben wird, und von dem
man hofft, daß sein bloßer Anblick, ähnlich demjenigen eines
Medusenhauptes, alle Gegner in Stein verwandeln werde —
war man bezüglich unsres Gegenstandes so unklar oder unwissend, daß Kant, wohl in Anlehnung an den berühmten
Frankfurter Anatomen Sömmering, die äußerst geringe

Menge von Wasser oder wässerigem Dunst, welche sich im
Innern der oben erwähnten Hirnhöhlen vorfindet, für den
eigentlichen Sitz der Seele erklären durfte. Unter den neueren machte Ennemoser auf speku-
lativem Wege die scharfsinnige Entdeckung, daß die Seele
im ganzen Körper sitzt, während der Philosoph
Fischer in Basel keinen Zweifel darüber hegt, daß sie
dem ganzen Nervensystem immanirt.

. Die Herrn Philosophen sind bewunderungswürdige
Menschen. Sie machen über ein Ding um so mehr Worte,
je weniger sie davon verstehen. Sie suchen der Welt Geheimniß zu erklären, „als wären sie Spione Gottes" (König
Lear), und definiren das Absolute, als ob sie sich dessen ge-
nauester Bekanntschaft erfreuten. Sie haben ebenso viele verschiedene Meinungen als Köpfe und werden, wie Bacon
vortrefflich sagt, durch ihre Spekulationen „zu Nachteulen,
die nur im Dunkel ihrer Träumereien sehen, aber im Licht
der Erfahrung erblinden und gerade das am wenigsten
wahrnehmen können, was am hellsten ist." Sie besitzen,
wie Spiller bemerkt, das außerordentliche Talent, in die
einfachsten Sachen die grenzenloseste Verwirrung zu bringen,
und verwässern und verschmieren die einfachsten Begriffe
oder Meinungen mit einem solchem Wuste hochtrabender,
gelehrt klingender, aber nichtssagender oder unverständlicher
Worte und Redensarten, daß einem verständigen Manne
Hören und Sehen dabei vergeht. Geht man aber der
Sache auf den Grund, so überzeugt man sich in der Regel
sehr leicht, daß das ganze Gerede nichts weiter ist, als, wie
Helvetius sagt, „eine Sündfluth von Worten, ausge-
gossen über eine Wüste von Ideen", und daß das „wüste
Gemansche von Sein und Nichts" (Suhle) von der „Natur
des Seins" und von ähnlichen philosophischen Kunstaus-
drücken nur dazu dienen soll, die traurige Armuth an
wirklichen Ideen oder Gedanken dem Auge des unkritischen
Lesers oder Hörers zu verdecken. Vortrefflich paßt auf die

meisten Geistes-Produkte dieser Herrn das schöne, schon von
Schopenhauer auf sie angewendete arabische Sprichwort:
„Die Mühle höre ich wohl klappern, aber das Mehl sehe
ich nicht", oder dasjenige, was schon vor achtzehnhundert
Jahren Lukretius Carus von ihnen gesagt hat:

„Denn das lieben die Thoren zumeist, und sie preisen's
bewundernd,
„Was sich versteckt im tönenden Schwall von verschrobenen
Worten."

Neuerdings haben sie sich, wie bereits bemerkt, um
sich nothdürftig aus der durch die enormen Fortschritte der
realistischen Wissenschaften hervorgerufenen materialistischen
oder monistischen Bedrängniß zu retten, auf den alten Philosophen K a n t und dessen bekannte Erkenntnißtheorie zurückgezogen und damit Alles preisgegeben, was seit hundert
Jahren in philosophicis geleistet worden ist. Ob ihnen
dieser Rückzug auf einen Denker, dem das ganze großartige
Material heutiger Wissenschaft und Erkenntniß, namentlich
aber die Anwendung des fruchtbaren Gedankens der Entwicklungstheorie auf die Entstehung des menschlichen Geistes,
unbekannt war, etwas nützen kann, wird die Zukunft lehren.
Aber jedenfalls haben sich sich damit selbst ein testimonium
paupertatis oder Armuthszeugniß ausgestellt, wie es größer
nicht gedacht werden kann.*) Trotzdem nehmen sie keinen
Anstand, Diejenigen, welche sich durch ihr Kauderwälsch
nicht imponiren lassen und durch die fadenscheinige Umhüllung hindurch die ärmliche Blöße erblicken, zu beschuldigen,
daß sie „nicht philosophisch zu denken vermöchten" — eine

*) Man vergleiche über diesen Rückzug und den damit zusammen-
hängenden Erkenntniß-theoretischen Scepticismus der Gegenwart die
bereits auf S. 74 citirten Ausführungen in der Schrift des Verfassers
über den Menschen, sowie den Aufsatz „Über Sinneswahrnehmung und
sinnliche Erkenntniß" in seiner Schrift „Thatsachen und Theorien aus
dem naturwissenschaftlichen Leben der Gegenwart." (Berlin 1887.)

argumentatio ad hominem, die freilich von Seiten der
Empiriker mit weit größerem Rechte auf sie selbst ange=
wendet werden könnte. Denn unbekümmert um die Fort=
schritte der empirischen oder Natur=Wissenschaften fahren sie
fort, ihren alten philosophischen Kohl zu bauen und zu
thun, als ob die letzteren nicht vorhanden wären, sobald die=
selben in ihre metaphysischen Spekulationen oder Begriffs=
Gaukeleien zerstörend einzugreifen drohen.

Der Philosoph Fischer in Basel sagt: „Daß die Seele
dem ganzen Nerven=System immanirt, beweist, daß sie an
allen Orten desselben empfindet, wahrnimmt und wirkt.
Ich empfinde den Schmerz nicht in einem Centralpunkt des
Gehirns, sondern an Ort und Stelle.‟

Aber doch ist das, was Fischer bestreiten will, ganz
und unzweifelhaft so. Die Nerven empfinden nicht selbst,
wie es dem Laien, welcher einen Schmerz nicht im Gehirn,
sondern an der Stelle der Einwirkung zu empfinden glaubt,
scheinen mag, sondern sie rufen Empfindungen nur dadurch
hervor, daß sie die Eindrücke, welche auf sie geschehen, zum
Gehirne hinleiten. Wir empfinden den Schmerz nicht da,
wo wir geschlagen oder verletzt werden, sondern im Gehirn.
Durchschneidet man einen Empfindungs=Nerven irgendwo
im Verlaufe seiner Bahn zwischen Gehirn und Peripherie,
so hat in demselben Moment alle und jede Empfindungs=
Fähigkeit derjenigen Körpertheile, zu denen jener Nerv hin=
geht, aufgehört — aus keinem andern Grunde, als weil
die Leitung jener Eindrücke zum Gehirn durch Vermittelung
jenes Nerven nun nicht mehr möglich ist. Wir sehen nicht
mit dem Auge oder Augen=Nerven, sondern mit dem Ge=
hirn. Schneidet man den Augen=Nerven durch und zerstört
damit seine Leitungs=Fähigkeit, so hat alles Sehen ein Ende.
Dasselbe geschieht, sobald man die sog. Vierhügel, einen
Theil des Gehirns, bei einem lebenden Thiere ausschneidet
oder zerstört, obgleich seine Augen selbst dabei vollkommen
wohl erhalten sind.

Nur die Gewohnheit und der äußere Schein haben uns zu dem falschen Glauben verleitet, daß wir an derjenigen Körperstelle empfänden, welche von dem äußeren Reize getroffen wird. Die physiologische Wissenschaft bezeichnet dieses merkwürdige Verhältniß als das „Gesetz der excentrischen Erscheinung". Wir verlegen nach diesem Gesetze unsere im Gehirn zu Stande gebrachte Empfindung fälschlich nach dem Orte, wo wir den Reiz einwirken sahen. Deswegen ist es auch ziemlich einerlei, auf welcher Stelle seines Verlaufs ein Nerv von einem Reiz getroffen wird; wir empfinden den letzteren immer nur an der peripherischen Ausbreitung des Nerven. Stoßen wir uns an den Ellbogen-Nerven, so empfinden wir den Schmerz nicht im Ellbogen, sondern in den Fingern. Drückt ein Knochenauswuchs auf einen aus der Schädelhöhle austretenden Gesichts-Nerven, so hat der Kranke die unerträglichsten Gesichtsschmerzen, obgleich die peripherischen Nerven des Gesichts ganz gesund sind. Schneidet man einen Haut-Lappen aus der Stirn und transplantirt ihn auf die Nase, so empfindet der Operirte, wenn man seine neue Nase berührt, es so, als ob man seine Stirn berührt hätte. Reizt man bei einem ausgeschnittenen Auge den Seh-Nerven, so hat der Operirte die Empfindung von Licht und Feuer, obgleich sein Auge nichts mehr sehen kann. Amputirte haben ihr ganzes Leben hindurch bei Witterungswechsel Schmerzen in dem abgeschnittenen Arm oder Fuß, obgleich derselbe nicht mehr vorhanden ist; sie greifen oft, ohne daran zu denken, nach demselben, weil sie irgend eine Empfindung darin verspürt haben. Wollte man einem Menschen alle seine Glieder abschneiden, er würde sie nichtsbestoweniger alle zu empfinden glauben. Dagegen könnte und würde dieses bei einem verstümmelt Gebornen nicht der Fall sein, da er jene Erfahrung, welche die excentrische Verlegung der Empfindung in den fehlenden Gliedern nach außen veranlaßt, nicht zu machen im Stande war.

Nach diesen Erfahrungen kann es nicht zweifelhaft sein,

daß im Innern des Gehirns eine bestimmte Topographie
existiren muß, mit deren Hülfe die verschiedenen Empfin=
bungen der tausend verschiedenen Körperstellen in einer ge=
trennten Weise zu Stande kommen. Jede Körperstelle, welche
gesondert empfunden werden kann, muß auch im Gehirn
eine ihr genau entsprechende Stelle besitzen, welche sie ge=
wissermaßen vor dem Forum des Bewußtseins vertritt.
Leicht geschieht es, daß eine einem solchen Centralpunkt von
ihrem betreffenden Nerven zugeführte Erregung sich nicht
auf diesen Punkt beschränkt, sondern auch noch einigen zu=
nächst gelegenen Empfindungsmittelpunkten mittheilt. Auf
diese Weise entstehen die sog. Mitempfindungen. Leidet
Jemand an einem hohlen Zahn, so schmerzt ihn gewöhn=
lich nicht bloß der Zahn, sondern die ganze entsprechende
Wange.

Was von den Empfindungen gilt, gilt ganz in der=
selben Weise von den Anregungen des Willens.
Nicht in den Muskeln, sondern nur im Gehirn regt der Wille
irgend eine Bewegung an, nur in diesem können Willens=
Akte zu Stande kommen. Die Nerven sind die Leiter dieser
Erregung, gewissermaßen die Boten, welche die Befehle des
Gehirns den Muskeln überbringen. Zerstört man diese
Leitung, so hört jede Willensthätigkeit auf. Rückenmarks=
kranke werden lahm an den Füßen, weil diese Krankheit
die Nervenverbindungen zwischen den letzteren und dem
Gehirne unterbricht. Ein Schlagfluß ist ein Austritt
einer größeren Menge von Blut aus den Gefäßen des Ge=
hirns in das Innere desselben. In demselben Momente,
in welchem dieser Austritt in hinreichender Menge geschehen
ist, um die Gehirnfunktion an dieser Stelle aufzuheben, hört
auch in der ganzen entsprechenden Körperhälfte des Kranken
jede Art von Empfindung und Willen vollständig auf. Wer
hätte noch nicht den traurigen Zustand eines vom Gehirn=
schlag Betroffenen beobachtet? Ganz dieselben Zustände be=
wirkt eine künstliche Trennung des Rückenmarks bei lebenden

Tieren an allen unterhalb der Durchschnittsstelle gelegenen Körpertheilen.

Wie die empfindenden, so müssen auch die Anfänge der durch den Willen bewegten Nerven im Gehirn in einer gewissen Weise topographisch ausgebreitet liegen, um einzeln für sich durch den Willens-Impuls in Bewegung gesetzt werden zu können. Man hat dieses Verhältniß sehr passend mit den Tasten eines Claviers verglichen, auf denen der Wille gewissermaßen spielt. Wie der Clavierspieler, so bedarf auch der Wille einer langen Uebung und Gewohnheit, um dieses Spiel zu erlernen und jedesmal durch Anschlag gesonderter Tasten gesonderte Bewegungen zu erzeugen. Sehr häufig gelingt ihm dieses nicht, er schlägt mehrere Tasten gleichzeitig an und erzeugt auf diese Weise die sog. Mitbewegungen. Wir wollen z. B. einen Finger bewegen und bewegen statt dessen mehrere oder alle. Das Grimassenschneiden oder Gestikuliren beim Reden beruht auf dem Princip der Mitbewegung. Am häufigsten sind die Mitbewegungen an ganz jungen Kindern zu beobachten, welche noch nicht gelernt haben, ihre Willensthätigkeit zu isoliren. Will ein solches Wesen die einfachste Bewegung ausführen, so bewegt es den ganzen Körper.

Neuere Forschungen und Experimente von Broka, Ferrier, Munck, Hitzig, Fritzsch, Nodnagel u. A. über die sog. Gehirn-Lokalisation haben unzweifelhaft gezeigt, daß im Gehirn eine ebensolche Theilung der Arbeit existirt, wie im Körper überhaupt, und daß jedem Körpergebiet, ja jedem einzelnen Muskel eine bestimmte Stelle im Central-Organ entspricht. Bei complicirten oder zusammengesetzten Leistungen wirkt eine Anzahl centraler Elemente zusammen, wie z. B. bei der Sprachfähigkeit, für welche man ein ganz bestimmtes Centrum in dem vorderen Theil des Hirnmantels der linken Seite in der Rinde des sog. Insellappens und den sie umgebenden Urwindungsbogen entdeckt hat. Werden diese Theile durch Verletzung oder Krankheit funktionsunfähig, so

tritt fog. Aphafie oder Sprach=Unvermögen ein.*) Jeden=
falls ist durch diese Versuche und vieles weitere, dessen Er=
wähnung hier zu weit führen würde, die Unrichtigkeit der
alten, von dem Franzosen Flourens zuerst angebahnten
und selbst heute noch Anhänger zählenden Ansicht von der
Allgegenwart aller seelischen Funktionen in allen Theilen
der Großhirnrinde endgiltig dargethan. Die Seele ist nicht
eine Art von Gesammt=Funktion des Großhirns, sondern
jeder einzelne Theil des letzteren hat seine besondere Bestim=
mung. Wir dürfen annehmen, daß andre Theile dem Ge=
dächtniß dienen, andre dem Vorstellen oder dem Vergleichungs=
und Schluß=Vermögen, andre den Impulsen der willkürlichen
Bewegung, andre den Trieben, Gefühlen, Empfindungen
u. f. w. Auch scheint es außer Zweifel, daß unser höheres und
niederes Seelenleben innerhalb des Gehirnes selbst e i n e r
g a n z b e s t i m m t e n a n a t o m i s c h e n T r e n n u n g u n t e r =
l i e g t, und daß, während Vorstellen, Urtheilen, Schließen,
Denken, bewußtes Fühlen, Begehren und Wollen nur in der
grauen Substanz der Hirnrinde oder dem Hirnmantel vor sich
gehen, die niederen sensoriellen und motorischen Akte (mit
Einschluß der reflektirten oder unbewußten Nerven=Aktionen)
nur in dem sog. Centralgrau oder in den grauen Kernen
der Gebilde des Mittelhirns und Hirnstamms ihren Mittel=
punkt finden. So wie dieses Centralorgan nun aber einer=
seits durch das Nervensystem mit dem ganzen Körper in
Verbindung steht, so unterhält es andrerseits durch die sog.

---

*) Näheres hierüber, sowie über die Gehirn=Localisationsfrage
überhaupt in des Verfassers „Physiologische Bilder", II. Band, S. 140
und flgd. Das daselbst Gesagte ergänzt sich durch die ganz neuen
Untersuchungen von Prof. F l e c h f i g über die sog. Associations=Centren
im Gehirn und durch den von demselben erbrachten definitiven Nachweis,
daß a l l e s D e n k e n s i n n l i c h e n U r s p r u n g s ist, indem erst mit
der allmäligen Entwicklung jener Centren die Thätigkeit der verschie=
denen Sinnesorgane mit einander in Verbindung tritt und damit das
Denken und die Intelligenz möglich macht.

Stabkranz-Fasern die innigste und unmittelbarste Verbin=
dung mit dem Hirnmantel und reflektirt alle auf dasselbe
vom Körper her geschehenden Eindrücke nach dem eigentlichen
Sitz der Psyche und des Bewußtseins. Hier nun werden
diese Eindrücke oder von außen gekommenen Nachrichten
zunächst den Empfindungszellen überliefert und von diesen
auf die Vorstellungszellen übertragen, welche sie in Vor=
stellungen und Denk=Akte und durch Ueberstrahlung auf die
motorischen oder Bewegungszellen in Handlungen oder
Willens=Akte umsetzen.*)

Hören wir einen weiteren Philosophen mit seinen Ein=
wendungen.

Herr Professor Erdmann in Halle sagt in seinen
psychologischen Briefen:

„Die Ansicht, daß die Seele im Gehirn sitze, müßte,
consequent durchgeführt, zum Resultate haben, daß, wenn
der ganze übrige Leib dem Kopfe genommen wird, die
Seele in ihm fortexistiren kann!"

In der That würde dieses auch unzweifelhaft so sein,
wenn wir im Stande wären, auf künstliche Weise die dem
Gehirne zu seiner Ernährung und Erhaltung seines Stoff=
wechsels ganz unumgänglich nothwendige Wechselwirkung mit
dem dasselbe durchströmenden Blute in einem abgeschnittenen
Kopfe fortdauern zu lassen.**) Indem aber diese Tren=

---

*) Die nähere Begründung dieser Sätze findet sich auf Seite 166
und flgb. der in der vorhergehenden Anmerkung citirten Schrift des
Verfassers.

**) Obige Behauptung ist, seitdem und nachdem sie niedergeschrie=
ben wurde, durch die Versuche der Physiologen auf das Schlagendste
bewiesen worden. Enthauptet man ein Tier, z. B. einen Hund oder
ein Kaninchen, so verliert der abgetrennte Kopf nach und nach seine
Erregbarkeit; die Augenlider sind geschlossen, die Augen starr, die
Nasenlöcher unbeweglich. Wenn man nun in diesem Augenblicke
hellrothes und seines Faserstoffes beraubtes Blut in die Schlagadern
des Gehirns einspritzt, so sieht man den vorher todten Kopf sich all=

nung stattfindet, hört natürlich augenblicklich alle und jede
Blutzufuhr von Seiten des Herzens auf und damit jedes
Bewußtsein, jede Gehirn=Funktion, jede seelische Thätigkeit,
jedes Leben.

Man kennt einige wenige Beispiele von Menschen,
denen ein verrenkter Halswirbel das obere Rückenmark derart
zusammengedrückt hatte, daß alle durch dasselbe geschehende
Verbindung zwischen Körper und Gehirn aufgehoben war.
Athem und Herzschlag und damit die Ernährung des Ge=
hirns konnten dabei, wenn auch mangelhaft, fortbestehen.
Solche Unglückliche sind lebendig todt. Der ganze Körper
ist vollkommen empfindungs= und willenlos, eine Leiche;
nur der Kopf lebt mit seinen ihm zunächst gelegnen und
durch besondere Nerven von ihm versorgten Theilen. Das
geistige Sein aber bleibt bei derartig Verwunde=
ten, wenigstens für eine Zeitlang, vollkommen un=
gestört; sie sind gewissermaßen lebende Leich=
name.

---

mälig wieder beleben; die Augenlider öffnen sich, die Nasenlöcher
blasen sich auf, die Wärme und Empfindung kehren zurück, die Augen
beleben sich, blicken die umherstehenden Personen an und bewegen sich
in ihren Höhlen. Ruft man das Tier bei seinem Namen, so drehen
sich die Augen nach der Gegend, von wo man gerufen hat. Diese
Zeichen wiederkehrenden Lebens dauern so lange, als man mit der
Einspritzung fortfährt, und verschwinden oder kehren nochmals wieder,
so oft man mit der Operation nachläßt oder wieder beginnt. — An
den Köpfen enthaupteter Menschen ist dieser interessante Versuch noch
nicht unternommen worden; aber man kann sicher annehmen, daß er
auch hier ganz dasselbe Resultat liefern würde. Dagegen hat Brown=
Séquard, dem wir obige Erfahrung hauptsächlich verdanken, den=
selben Versuch an einem frisch abgeschnittenen, menschlichen Arm
unternommen, der schon kalt und fühllos geworden war. Nach
einigen Augenblicken kehrten die Wärme, die Erregbarkeit, die Zu=
sammenziehung der Muskeln, kurz alle normalen Thätigkeiten in dem
todten Glied wieder zurück, und Herr Brown=Séquard war im
Stande, denselben Versuch mit demselben Erfolge so lange fortzu=
setzen, bis die Ermüdung ihn aufzuhören zwang.

Die Lehre, daß das Gehirn Sitz der Seele ist, ist eine so feststehende, daß bereits seit langer Zeit die gesetzlichen Bestimmungen über die Mißgeburten darnach eingerichtet worden sind. Eine Mißgeburt mit einem Körper und zwei Köpfen zählt für zwei Personen, eine solche mit einem Kopf und zwei Körpern nur für eine Person. Mißgeburten ohne Gehirn, sog. Acephalen, haben gar keine Persönlichkeit. —

Herr Ennemoser endlich hat, wie schon erwähnt, gefunden, daß die Seele im ganzen Körper sitzt. Wäre Herr Ennemoser vielleicht einmal während seines Lebens in den Fall gekommen, sich ein Bein abschneiden lassen zu müssen, so würde er mit wohl nicht geringer Verwunderung die Erfahrung an sich gemacht haben, daß sein seelisches Leben oder sein geistiges Sein dadurch keine wesentliche Einbuße oder Veränderung erlitten hätte. —

Nach dem heutigen Stand unserer Kenntnisse kann von einem Sitz der Seele in einem besonderen Körpertheil oder einer einzelnen Stelle des Gehirns überhaupt nicht mehr die Rede sein, und es hat sich der ganze ehemalige Seelenbegriff einfach in die Lehre von den Verrichtungen der den seelischen Erscheinungen dienenden oder vorstehenden Organe aufgelöst. Denn das Wort ist, wie bereits gesagt, nur eine andere Bezeichnung für die gesammte Thätigkeit des Gehirns und — wenn man die niedere Tierwelt mit hereinzieht — des Nervensystems. Je höher man in der organischen Stufenleiter aufwärts steigt, um so mehr concentrirt sich das seelische Leben in dem Mittelpunkt und Vorstand des Nervensystems oder dem Gehirn. Zwar hat man neuerdings, auf Versuche an enthaupteten Tieren gestützt, auch dem Rückenmark Antheil an den Verrichtungen von Empfindung und willkürlicher Bewegung zuschreiben wollen und darauf die bekannte Theorie von der sog. Rückenmarks=Seele gegründet. Jene Versuche sind dafür nicht beweisend, wenigstens nicht für den Menschen und alle höheren Wirbeltiere, während

die gegentheiligen Gründe so stark und allgemein sind, daß
die Wissenschaft bis jetzt wenigstens in keiner Weise sich be=
wogen fühlen konnte, jene Einschränkung anzunehmen.*)

Endlich kann nicht übergangen werden, daß man häufig
von Seiten Derjenigen, welche die Seele nicht als Verrich=
tung der Gehirnsubstanz, sondern als ein ens per se oder
als ein besonderes, für sich bestehendes Wesen ansehen, be=
hauptet hat, dieselbe könne unter Umständen und für kurze
Zeit ihren Sitz im Gehirn verlassen und ihre Residenz in
einem andern Theile des Nervensystems aufschlagen. Als
einen solchen Theil hat man insbesondere das sog. Sonnen=
geflecht, eine im obersten Theil der Bauchhöhle gelegene
Verschlingung oder Ausbreitung des sog. sympathischen
oder vegetativen oder Eingeweide=Nervensystems
(auch Ganglien=Nervensystem genannt) angesehen. Dieses
Nervensystem, welches in zahlreichen Verschlingungen und
Ausläufern zu beiden Seiten der Wirbelsäule herabläuft und
die auf Ernährung, Fortpflanzung und Säftebewegung be=
züglichen Bewegungen der Eingeweide regulirt, ist zwar durch
zahlreiche Verbindungsfäden mit dem Gehirn und Rücken=
mark anatomisch=physiologisch auf das Engste verknüpft,
behält aber doch vermittelst der zahlreichen in dasselbe ein=
gestreuten Ganglien oder Nervenknoten mit grauer Substanz
eine gewisse, an die Verhältnisse der niederen Tierwelt
erinnernde Selbstständigkeit und stellt durch seine Absonde=
rung oder Trennung von dem sog. animalen oder Em=
pfindung und Bewegung vermittelnden Nervensystem einen
der wichtigsten Fortschritte der durch sog. Arbeitstheilung
hervorgebrachten Vervollkommnung des tierischen Haus=
halts dar. Bestände diese Arbeitstheilung nicht, so könnte
auch das animale oder das das Gebiet der höheren Nerven=

---

*) Man vergleiche über die Rückenmarksseele und die daran phi=
losophischerseits voreilig geknüpften Folgerungen Seite 407 und 408
der vorhin citirten physiolgischen Schrift des Verfassers.

thätigkeit umfassende pfychische Leben unmöglich zu jener
hohen Ausbildung und Arbeitsleistung gelangen, welche es
bei dem Menschen und den höheren Säugern wahrnehmen
läßt, während das Leben der niederen und niedersten Tiere
sich mehr oder weniger in jenen niederen Thätigkeiten des
fympathischen Systems erschöpft. So wichtig daher auch
die Rolle ist, welche der fympathische Nerv für diese niederen Thätigkeiten oder für die gesammten Ernährungs-
Vorgänge des Körpers spielt, so wenig hat er doch mit der
den Centralorganen des animalen Nervensystems zugewiesenen
Aufgabe oder mit eigentlich seelischen Aktionen etwas zu thun.

Nichtsdestoweniger hat man keinen Anstand genommen,
diesen unschuldigen Nerven zum Mitschuldigen der myfistischen
und spekulativen Sünden unsres Zeitalters zu machen und
demselben einen Theil derjenigen Erscheinungen aufzubürden,
welche der sog. tierische Magnetismus im Verein mit dem
aus uraltem Grabe wieder auferweckten Animismus und
Spiritismus (Seelen- und Geisterglaube) zu Tage gebracht
hat, und welche man als das sog. Nachtleben der Seele
zu bezeichnen pflegt. Er sollte es z. B. möglich machen,
daß Somnambüle oder tierisch Magnetifirte verschlossene
Briefe lesen oder die Uhr anzugeben wissen, welche man
ihnen bei geschlossenen Augen auf die Magengrube legt,
u. dgl. mehr.

Wir fühlen uns verpflichtet, auf die hauptsächlichsten
der hierher gehörigen Erscheinungen etwas näher einzugehen,
theils um unfern Satz von dem alleinigen Sitz der Seele
im Gehirn zu retten, theils und noch mehr aus einem
andern Grunde. Man hat einen Theil jener Erscheinungen,
namentlich das sog. Hellsehen, ferner das zweite Gesicht,
die Ahnungen, die Träume und neuerdings auch die groben
Betrügereien spiritistischer Gaukler zu benützen versucht, um
daran das Dasein übernatürlicher und übersinnlicher Kräfte
und Erscheinungsweisen zu erweisen. Man hat hier den
sichern, wenn auch dunklen Verknüpfungspunkt zwischen

Geister= und Menschenwelt finden wollen; ja man ist soweit gegangen, diese Erscheinungen gewissermaßen als die Durchgangspforte zu bezeichnen, durch welche man eines Tages dahin gelangen werde, sichere oder unmittelbare Aufschlüsse über das transcendente Dasein, über das Geister= und Gottes=Reich,. über das künftige Leben u. s. w. zu erhalten. Auch jenem unbekannten und geheimnißvollen „Ding an sich", welches nach den Behauptungen der Philosophen hinter der unsren Erkenntnißmitteln allein zugänglichen Erscheinungswelt verborgen sein soll, hoffte man auf diese Weise auf die Spur zu kommen, obgleich schon die einfachste Ueberlegung darüber hätte belehren müssen, daß dasselbe, wenn auch nur von ferne erkannt, kein „Ding an sich" mehr sein würde.

Alle diese Dinge nun sind, soweit sie Außer= oder Uebernatürliches anstreben, vor dem klarblickenden Auge der Wissenschaft und der thatsächlichen Forschung nichts weiter als leere Phantasiegebilde — Phantasiegebilde, deren die menschliche Natur zu bedürfen scheint, um ihren wahrscheinlich aus sog. Atavismus stammenden Hang zum Wunderbaren und Uebersinnlichen zu befriedigen. Dieser Hang kommt je nach den veränderten Zeitumständen bald in dieser, bald in jener Gestalt zum Vorschein. Was in früheren Jahrhunderten der Glaube an Hexen, Zauberer und böse Geister, was das damalige Teufelswesen und Besessensein, was der Vampyrismus und ähnliches war, das tritt uns heute in modernisirter Form als Tischrückungsmanie, als Geisterklopfen und Spiritismus, als Psychographie, als Somnambulismus, als Telepathie, als falschverstandener Hypnotismus u. s. w. entgegen. Die Gebildeten meinen wohl manchmal, der Glaube an wunderbare oder überfinnliche Dinge sei ein besonderes Vorrecht der ungebildeten Klassen. Aber die Fluidomanie und das Glück, welches fortwährend selbst in den besten Kreisen der Gesellschaft das schwindelhafte Treiben der Magne=

tiseure, Hellseher, Wunderdoktoren, Spiritisten, Hyp=
notisten u. s. w. macht, hat recht schlagend das Gegentheil
bewiesen.

Unter die das Nachtleben der Seele conslituiren=
den Erscheinungen pflegt man zu rechnen:

Das Versehen der Schwangeren, den tierischen Mag=
netismus mit der ihn begleitenden Erscheinung des Hell=
sehens oder der Clairvoyance, die Zustände des Schlafs,
des Schlafwandels und der Schlaftrunkenheit, die Ahnungen,
das zweite Gesicht, die Geistererscheinungen, endlich die sog.
sympathetischen oder Wunderkuren.

Das Versehen der Schwangeren hat keine wei=
tere Bedeutung für unsere Untersuchungen und wird heute
von den besten Autoritäten ohne Ausnahme in das Gebiet
der Märchen verwiesen.

Der magnetische Schlaf, welcher bald durch länger
fortgesetztes körperliches Bestreichen hervorgerufen wird, bald
auch ohne solches und ohne bestimmte äußere Veranlassung
als sog. Idiosomnambulismus auftreten soll, hat an=
geblich in seinem Gefolge Zustände unbewußter geistiger
Ekstase, welche sich bisweilen und bei einzelnen bevor=
zugten Personen, namentlich Frauen, bis zu einem wirklichen
sog. Hellsehen steigern kann. In dem Zustande der
Ekstase sollen die betreffenden Personen höhere, ihnen nicht
natürliche Geisteskräfte entfalten, in fremden Sprachen und
mit fließender Zunge, in anderen und gebildeteren Dialekten,
als ihnen sonst eigen, und über Dinge reden, die ihnen oft
im Wachen gänzlich unbekannt sind. Der Magnetische soll
etwas Aetherhaftes, Verklärtes in seinem ganzen Wesen haben
und dadurch an seine nunmehr eingetretenen unmittelbaren
Beziehungen zum Ueberirdischen erinnern, seine Stimme soll
wohlklingend und feierlich sein. Steigert sich dieser Zustand
bis zum eigentlichen Hellsehen, so werden angeblich rich=
tige Wahrnehmungen über Dinge gemacht, welche außer=
halb des natürlichen Bereichs der Sinne liegen, verschlossene

Briefe gelesen, die Stunde angegeben, welche eine auf die
Magengrube gelegte Uhr anzeigt, die Gedanken Anderer
errathen, in die Zukunft und in die Ferne gesehen u. f. w.
Endlich geben solche Personen bisweilen Auskunft über
himmlische und jenseitige Dinge, die Einrichtung von Hölle
und Himmel, die Zustände nach dem Tode, Berichte über
Geister oder über die Seelen Abgeschiedener u. f. w., wobei
man indessen die Bemerkung gemacht hat, daß diese Aus=
sagen jedesmal merkwürdig mit den Glaubens=Ansichten
derjenigen Seelsorger oder Kirchen übereinstimmten, unter
deren Einfluß sich der oder die Somnambule befand.

Das Hellsehen ist nun zwar seiner heutigen Form,
nicht aber seinem Wesen nach eine Empfindung der Neuzeit.
Die auf dem Dreifuß der Griechen weissagende Pythia
war eine Hellseherin in antiker Form, der ihre Antworten
in derselben Weise soufflirt wurden, wie sie unseren mo=
dernen Somnambulen soufflirt werden. Im Mittelalter
führten namentlich die verschiedenen Ausbrüche religiösen
Wahnsinns derartige Erscheinungen von Inspiration in
ihrem Gefolge. Ein interessantes Beispiel dieser Art liefert
die oft beschriebene Geschichte der sog. Exaltirten in
Langueboc. Ein fast noch interessanteres Beispiel moder=
ner Inspiration liefern die sog. „Mediums" oder Mittels=
personen in Amerika, welcher sich die dortselbst zwischen
Himmel und Erde schwebenden Geister angeblich bedienen,
um ihre oft sehr umfangreichen Schriftstellereien dem Publi=
kum bekannt zu machen. Die Mediums empfangen ihre
Eingebungen in einem halb bewußtlosen Zustande und
schreiben Dinge nieder, welche ihre Kenntnisse und Fassungs=
kraft weit übersteigen. Eines der hervorragendsten und
berühmtesten dieser Mediums, der in der Nähe von New=
York lebende und in theosophischem Sinn schreibende A. J.
Davis, hat auf diese Weise eine so genaue Bekanntschaft
mit den Geistern gemacht, daß er sogar deren Gewicht auf
drei bis vier Unzen anzugeben weiß!

Es kann nun gar keinem wissenschaftlichen Zweifel
unterliegen, daß alle Fälle und Vorgebungen von wirk-
lichem Hellsehen oder übernatürlicher Inspiration auf Betrug
oder Täuschung beruhen. Ein Hellsehen, d. h. ein Wahrnehmen außerhalb des natürlichen Bereiches der Sinne, ist
aus natürlichen Gründen eine Unmöglichkeit. Es ist ein
Natur-Gesetz, dem Niemand Hohn sprechen kann, daß man
zum Sehen der Augen, daß man zum Hören der Ohren
bedürfe, und daß den Sinnen eine gewisse räumliche Beschränkung auferlegt ist, welche sie nicht überschreiten können.
Niemand kann einen verschlossenen, undurchsichtigen Brief
lesen, oder von Europa nach Amerika sehen, oder in die Zukunft blicken, oder die Gedanken Anderer errathen, oder mit
geschlossenen Augen sehen, was um ihn vorgeht, oder geistige
Arbeiten verrichten, die seine Kenntnisse oder Fassungskraft
übersteigen. Diese Wahrheiten beruhen auf Natur-Gesetzen,
welche unumstößlich sind, und von denen man nach Analogie
natürlicher Gesetze überhaupt sagen kann, daß sie keine
Ausnahmen erleiden — obgleich es nicht an Philosophen
fehlt, welche der Meinung sind, daß in der somnambulen
Person eine Befreiung des Subjekts von den nicht realen,
sondern nur subjektiven Schranken von Zeit und Raum
und daher ein Sehen in Zukunft und Ferne denkbar und
möglich sei!

In Wirklichkeit aber konnte niemals ein solcher Verstoß
gegen die Gesetzmäßigkeit der Natur constatirt, d. h. von
verständigen und vorurtheilslosen Leuten mit Sicherheit beobachtet werden. Geister, Gespenster und Wunder sind bis
jetzt nur von Kindern oder von einfältigen und abergläubischen Menschen gesehen worden. Sobald man solchen angeblichen Uebersinnlichkeiten auf den Leib ging, zerrannen
sie in Nichts. Alles, was man von dem Hereintragen einer
höheren oder Geister-Welt in die unsrige oder von dem
Dasein abgeschiedener Geister gefabelt hat, ist ein vollkom-
mener Unsinn, und noch niemals ist ein todter Mensch

wiedergekommen. Es gibt weder Tischgeister, noch sonstige
Geister. „Die Wissenschaft," sagt F. A. Lange, „kennt
nur eine Art von Geist — den menschlichen." Für den
durch Beobachtung und Empirie gebildeten Naturforscher
existirt über diese Wahrheiten kein Zweifel; die stete Be-
schäftigung mit der Natur und ihren Gesetzen hat ihm
deren Ausnahmslosigkeit zur innigsten Ueberzeugung gemacht.
Anders freilich denkt die Mehrzahl der Menschen oder die
große Menge, welche immer geneigt ist, einem einzigen
Narren mehr Glauben zu schenken, als den Aussprüchen
von sieben Weisen. Ihr kann nur durch Belehrung ge-
holfen werden.

In Uebereinstimmung mit dieser allgemeinen wissenschaftlichen Unmöglichkeit des Hellsehens haben denn auch
in der That alle faktischen und durch nüchterne oder zuverlässige Beobachter angestellten Prüfungen und Untersuchungen angeblicher Hellsehereien dieselben als auf Betrug
oder Täuschung beruhend nachgewiesen. Schon im Jahre
1784 erstattete bei Gelegenheit der Anwesenheit des berühmten Magnetiseurs Anton Mesmer in Paris eine
wissenschaftliche, von der Regierung eingesetzte Commission
ein Muster-Gutachten, welches nach sorgfältiger Prüfung
die ganze Sache als auf Hallucinationen, Sinnestäuschungen,
aufgeregter Einbildungskraft und Nachahmungstrieb beruhenden Schwindel darstellte.*) Auch die Pariser medi-

---

*) Anton Mesmer (1733—1815) gilt als der eigentliche Vater
des tierischen Magnetismus, obgleich schon lange vor ihm eine ganze
Reihe ähnlicher Künstler aufgetreten waren, wie Agrippa von Nettes-
heim, Paracelsus, Maxwell, Santanelli u. A. Stets spielte dabei seine
Verwendung zu therapeutischen oder Heilzwecken die Hauptrolle. Die
Schicksale Mesmer's gleichen auf ein Haar denjenigen des tierischen
Magnetismus überhaupt. Nachdem er in Wien großes Aufsehen er-
regt hatte, mußte er in Folge eines sehr verständigen Gutachtens der
Wiener Aerzte die Stadt verlassen und kam 1778 nach Paris, wo bei
dem leicht erregten Pariser Publikum sein Waizen derart blühte, daß

cinische Akademie ist nach mehrfachen, eingehenden Prüfungen
zu demselben Resultate gekommen. Im Jahre 1837 setzte
diese Akademie einen während drei Jahren zu gewinnenden
Preis von dreitausend Franks für diejenige Person aus,
welche im Stande sein würde, durch ein Brett zu lesen.
Niemand gewann den Preis. Im Jahre 1853
stellte in Genf eine dazu ernannte wissenschaftliche Com=
mission Versuche mit Herrn Lassaigne und Frau Pru=
bence Bernard, einer sehr berühmten Pariser Hellseherin
an, welche nach allen Seiten ein negatives Resultat ergaben.
Ergriff man die nöthigen Vorsichtsmaßregeln, um Betrug
oder Täuschung unmöglich zu machen, so hatte das Hell=
sehen ein Ende. In demselben Jahre wurde Louise
Braun, das bekannte „Wundermädchen aus der Schiffer=
straße" in Berlin, welches vier Jahre vorher Tausende an=
gelockt hatte und sogar von höchster Stelle berufen wurde,
um einen blinden König wieder sehend zu machen, vom
Schwurgericht als gemeine Betrügerin verurtheilt. Im

ihm die französische Regierung 20 000 Livres Rente für den Verkauf
seines Geheimnisses bot. Meßmer lehnte ab, nahm aber eine von
seinem ergebensten Anhänger Bergasse in Privatkreisen gesammelte
Summe von 340 000 L. an, ohne indes das hierfür gegebene Ver=
sprechen einer Offenbarung seines Geheimnisses einzulösen — wahr=
scheinlich weil er nichts zu verrathen hatte. Nun ernannte die fran=
zösische Regierung wissenschaftliche Commissionen zur Prüfung der
ganzen Sache, deren Resultate so ungünstig für Meßmer ausfielen,
daß er Paris verlassen mußte. Er ging nach England, kehrte dann
nach Deutschland zurück und starb 1815 in Meersburg in Baden in
Vergessenheit. Aber trotz seines Mißerfolgs fand Meßmer eine große
Menge von Nachahmern, wie Geßner, Weißleder, Schröpfer, Cagliostro,
Lavater u. s. w. Die jüngste Phase dieser ganzen Geistes=Epidemie
ist der namentlich in Amerika in Blüthe stehende Spiritismus oder
Geister=Verkehr. — Uebrigens muß man Dühring Recht geben,
wenn er sagt, daß der Spiritualismus der Philosophie strenggenommen
nichts andres sei, als eine metaphysische Verblassung des eigentlichen
und volksmäßig abergläubischen Spiritismus, und daß letzterer die
praktische Parallele zu den Theorien der europäischen Metaphysik bilde.

Jahre 1857 setzte Prof. F e n t o n in Boston einen Preis von fünfhundert Dollars für Hellsehen oder für Ausübung einer übernatürlichen Fähigkeit, z. B. Clavierspiel oder Verrückung eines Stuhls ohne Berührung des Gegenstandes, aus. Es meldeten sich nicht weniger als vierzehn der berühmtesten amerikanischen Mediums, aber ohne Erfolg. Eine aus vier Professoren unter Vorsitz des berühmten A g a s s i z bestehende Commission erklärte am 29. Juni 1857 alles für Täuschung und Betrug und knüpfte daran eine Warnung vor derartigen Dingen. Nichtsdestoweniger steht der in dem nüchternen Amerika geschäftsmäßig betriebene sog. S p i r i t i s m u s dort in höchster Blüthe und liefert jährlich Hunderte von Menschen in die Irrenhäuser. Welche Ansteckungsfähigkeit dieser Art von geistiger Krankheit innewohnt, hat sich wieder ganz neuerdings (1878) in einem italienischen Dorfe in der Provinz Udine gezeigt, wo eine einzige, angeblich vom „bösen Geiste" besessene Person nach und nach eine ganze Anzahl von (meist weiblichen) Besessenen machte, von denen sich ein Theil rühmte, Prophetinnen und Hellseherinnen zu sein. Der Bezirk mußte schließlich militärisch besetzt, und siebzehn der „Besessenen" mußten nach dem Krankenhause zu Udine gebracht werden. (Man vergleiche den Bericht des Dr. C o l i n in den Annales d'hygiène.)

Verfasser selbst hatte Gelegenheit, die genaue Beobachtung einer Hellseherin vorzunehmen, von welcher merkwürdige Dinge erzählt wurden, und zwar unter Umständen, wo an einen Betrug oder an eine gewinnsüchtige Absicht von Seiten ihres Magnetiseurs nicht wohl zu denken war. Das Hellsehen mißglückte dieser Dame so sehr, daß alle Angaben, welche sie machte, entweder falsch oder so unbestimmt ausgedrückt waren, daß sich nichts daraus entnehmen ließ. Dabei brachte sie während des hellsehenden Zustandes fortwährend die lächerlichsten Entschuldigungsgründe für ihre Versehen vor. Als ihr das Hellsehen nicht glückte, zog sie

es vor, in einen Zustand himmlischer Ekstase zu gerathen,
in welchem sie mit ihrem „Ange" oder Schutzengel sprach
und religiöse Verse hersagte. Hierbei blieb sie einmal stecken
und fing, um ihrem Gedächtniß nachzuhelfen, die Strophe
wieder von vorne an. Dabei zeigte sie in der Ekstase nichts
weniger als höhere geistige Fähigkeiten, ihre Sprache war
gewöhnlich, ihre Ausdrucksweise unbeholfen und ungebildet.
Verfasser ging mit der Ueberzeugung weg, daß diese Person
eine Betrügerin war, welche ihren Schutzherrn hinter das
Licht führte. Dennoch waren mehrere Herren der Gesellschaft nicht von dem Betruge überzeugt!!

Nach allem diesem kann es nicht zweifelhaft sein, daß
solche übersinnliche und übernatürliche Geistesfähigkeiten nicht
bestehen können und niemals bestanden haben, und daß die
Behauptung, die Seele flüchte sich bei solchen Zuständen
aus dem Gehirn in den sympathischen Nerven und verrichte
dort unbewußt ihr nicht natürliche Dinge, nichts weiter
als eine Phrase ist.

Die sympathetischen oder Wunderkuren beruhen
alle auf Betrug oder Einbildung, soweit nicht die psychologische Wirkung des Glaubens oder der Einbildungskraft
zu Hülfe kommt. Ihr Reich ist so weit wie die Welt
und so alt wie die Geschichte. Schon der sagenhafte Held
Achilles besaß in seiner rechten Fußzehe wunderbare
Heilkräfte, und Plutarch erzählt, daß Kaiser Pyrrhus
durch Reiben mit der rechten Fußzehe die Krankheiten
der Milz geheilt habe. Auch Kaiser Vespasian verrichtete in Aegypten Wunderkuren vermittelst seines Fußes.
Etwas Eingehenderes über die natürliche Unmöglichkeit
solcher Kuren sagen zu wollen, wäre Beleidigung gegen den
Verstand unserer Leser.

Dasselbe gilt von den Geister-Erscheinungen,
einerlei in welcher Gestalt sie auftreten mögen, ob als wirkliche Gespenster, oder als Tisch- und Möbelgeister, oder als
Weinsberg'sche Dämonen, oder als Davenport'sche Schrank-

Schellen= und Trommelgeister. Solchen haarsträubenden
Verirrungen des gesunden Menschenverstandes gegenüber
muß man sich bei dem Wort Vitale's beruhigen, „daß
auch die lächerlichsten Dummheiten noch Köpfe finden, denen
sie angemessen sind."

Was die Ahnungen und das zweite Gesicht
anbetrifft, wobei Dinge oder Begebenheiten gesehen oder ge=
wußt werden, die an andern Orten oder zu andern Zeiten
stattgefunden haben, stattfinden oder noch stattfinden werden,
und wobei das Voraussehen von Todesfällen die Hauptrolle
spielt, so gilt von ihnen Alles, was bereits von dem ganz
nahe verwandten Hellsehen gesagt worden ist. Es ist ein
trauriges Zeichen der Zeit und philosophischer Verirrung,
wenn man sieht, wie selbst verdiente Schriftsteller und
Gelehrte unter dem Druck philosophischen Vorurtheils solchen
Dingen das Wort reden, und wie sich angesehene Zeit=
schriften dazu hergeben können, solchen Unsinn vor das
Publikum zu bringen.

Auch das weite Gebiet der Träume hat man neuer=
dings in dieser Richtung auszunutzen versucht. Ihre psycho=
logische Bedeutung oder vielmehr Nichtbedeutung hat längst
das allgemeine Volksbewußtsein erkannt und in dem be=
kannten Wort ausgedrückt: „Träume sind Schäume!"

Das Nachtwandeln (Schlafwandel, Mondsucht, eigent=
licher Somnambulismus) ist ein Zustand, welcher leider noch
sehr wenig ¡durch genaue und zuverlässige Beobachtungen
aufgeklärt ist, obgleich dieses wegen seines hohen wissen=
schaftlichen Interesses sehr zu wünschen wäre. Indessen
wird man auch ohne eine genauere Kenntniß desselben im
Stande sein, die märchenhaften und abenteuerlichen Dinge,
welche von den Nachtwandlern erzählt werden, als Fabeln
zurückzuweisen. Kein Nachtwandler kann an Wänden hinauf=
laufen oder ihm unbekannte Sprachen reden oder geistige
Arbeiten verrichten, welche seine Fassungskraft übersteigen
u. dgl. Wahrscheinlich ist es nichts anderes, als der bloße

Ausfall der Erinnerung, was die ganze Sache so geheimnißvoll erscheinen läßt.

Eine Art künstlich herbeigeführten Nacht- oder Schlafwandelns oder künstlicher Schlaftrunkenheit ist der schon seit lange bekannte, aber neuerdings durch die Schaustellungen des dänischen Magnetiseurs Hansen allgemeiner bekannt gewordene Hypnotismus (von dem griechischen Wort Hypnos oder Schlaf). Es ist ein künstlich oder durch äußere Einwirkungen auf Sinnes- und Haut-Nerven herbeigeführter, in der Regel mit Unempfindlichkeit, Muskelstarre und theilweiser Nerven- und Sinneslähmung verbundener Schlaf- oder Betäubungs-Zustand, dessen Wesen wahrscheinlich in einer Funktionsstörung oder Thätigkeitshemmung einzelner Theile der Rinde des Großhirns besteht. Am leichtesten ist dieser Zustand in Verbindung mit der sog. Suggestibilität oder der Zugänglichkeit für fremde Einflüsterungen jeder Art und Beherrschung des Willens der hypnotisirten Person durch einen fremden Willen herbeizuführen bei ungelehrten, an passiven Gehorsam gewöhnten Menschen, wie Landleute, Soldaten, Dienstboten, Handarbeiter usw. Auch ein besonderer Zustand des Nervensystems ist, namentlich beim weiblichen Geschlecht, disponirend oder für die hypnotische Einwirkung empfänglich machend; auch steigert sich die Empfänglichkeit in demselben Maaße, in welcher die Einwirkung öfter wiederholt wird. Es findet eine Art von Trainirung oder Abrichtung der betreffenden Person statt. Daß bei Versuchen dieser Art auch vielfach Täuschungen, sowohl Selbsttäuschungen, wie Täuschungen Anderer, absichtliche Betrügereien, Ausschreitungen der Phantasie und dgl. unvermeidlich sind, versteht sich von selbst; selbst der nüchternste Beobachter kann mitunter solchen Täuschungen nicht entgehen. Jedenfalls ist so viel gewiß, daß von einer besonderen oder specifischen Kraft des Magnetiseurs oder Hypnotiseurs — abgesehen von einer durch längere Uebung erworbenen größeren Geschicklichkeit —, von einem magnetischen Rapport und dgl. ebenso wenig die Rede sein kann, wie von Entwicklung übernatürlicher Fähigkeiten, da alle in dieser Richtung angestellten Versuche wissenschaftlicher Beobachter vollständig mißlangen. Alles geht auf durchaus natürliche Weise zu. Wahrscheinlich erklärt sich vieles bei den Schaustellungen des tierischen Magnetismus, was sich das Publikum nicht zu deuten wußte, z. B. die Unempfindlichkeit oder das so auffällige Magnetisiren aus der Ferne, einfach aus Hypnotismus und dessen Folgezuständen. Genauere Erforschungen des unter allen Umständen hochinteressanten Zustandes werden nicht auf sich warten lassen.

Die sog. Telepathie oder Gedankenübertragung aus der Ferne (Fernwirkung des Denkens) ist eine physikalische, physiologische und psychologische Unmöglichkeit und erklärt sich aus Täuschung oder Zufall oder aus Selbsthypnotisirung bei trainirten Personen.*)

Nach allem, was in diesem und in den vorhergehenden Kapiteln vorgebracht wurde, wird man wohl O. Ule Recht geben dürfen, wenn er sagt: „Nun leugne man noch, daß die Sinnes-Wahrnehmung die Quelle aller Wahrheit und alles Irrthums, daß der Menschengeist ein Produkt des Stoffwechsels sei!"

---

*) Eine ausführliche Darstellung und Beurtheilung des ganzen hier zur Sprache gekommenen Wissensgebietes mit besonderer Berücksichtigung der neueren, in Frankreich angestellten Forschungen über Hypnotismus und Suggestion findet sich in des Verfassers bereits mehrfach citirter Schrift: „Thatsachen und Theorien" rc. (Berlin 1887) in dem Aufsatz: „Magnetismus und Hypnotismus oder Dichtung und Wahrheit im tierischen Magnetismus", sowie in einem Aufsatz über Telepathie in seiner Schrift „Fremdes und Eignes aus dem geistigen Leben der Gegenwart". (Leipzig 1890); endlich in einem Aufsatz über Spiritismus in des Verfassers neuester Schrift: „Am Sterbelager des Jahrhunderts" (Gießen 1898.)

Angeborene Ideen.

Nihil est in intellectu, quod non prius
fuerit in sensu. — —

Es ist unserm Verstande nichts, was nicht ein=
gezogen wäre durch das Thor der Sinne.

Moleschott.

Das Geheimniß des unmittelbaren Wissens ist
die Sinnlichkeit.

L. Feuerbach.

Die Frage, ob es angeborene Anschauungen
oder Ideen, idées innées (Voltaire), innate
ideas (Locke) geben könne, ist eine alte und nach unserer
Ansicht eine der wichtigsten philosophischer Natur=Betrach=
tung. Sie entscheidet zum Theil darüber, ob der Mensch,
Produkt einer höheren Welt, Gestalt und Umfang dieses
Daseins nur als etwas seinem innersten Wesen Frembes
und Aeußerliches empfangen hat, mit der Tendenz, die
irdische Hülle abzuschütteln und zu seinem geistigen Ursprung
zurückzukehren, oder ob derselbe seinem geistigen sowohl wie
seinem körperlichen Wesen nach mit der Welt, die ihn er=
zeugt und empfangen hat, in einem nothwendigen, untrenn=
baren Zusammenhang steht, und ob er sein eigenstes Wesen
von dieser Welt selbst in einer Weise empfangen hat, daß

es nicht von ihr losgerissen werden kann, ohne damit zu=
gleich sich selbst aufzugeben — ähnlich der Pflanze, welche
ohne ihren mütterlichen Boden nicht sein oder leben kann.
Die Frage ist zugleich eine solche, welche nicht in allgemeinen
philosophischen, nicht zu zerstreuenden Nebeln verschwimmt,
sondern welche gewissermaßen Fleisch und Bein hat und
ohne jenes philosophische Wortgeklingel erörtert werden kann,
das leider immer noch von so Vielen für die echte Sprache
der Weisheit gehalten wird.

Der französische Philosoph Descartes oder Carte=
sius nahm an, die Seele komme mit allen möglichen Kennt=
nissen ausgerüstet in den Körper und vergesse sie nur wie=
der, indem sie aus dem mütterlichen Körper trete, um sich
später nach und nach an dieselben zurückzuerinnern. Der
englische Philosoph Locke, der Begründer des Sensualis=
mus (geb. 1632), erhob sich gegen diese Ansicht und be=
kämpfte mit siegreichen Waffen die Lehre von den ange=
borenen Ideen. Alle Begriffe stammen nach ihm einerseits
aus Erfahrung und Beobachtung, andrerseits aus innerer
Reflexion des Erfahrnen oder Beobachteten. Er folgte übri=
gens darin nur seinem berühmten Vorgänger Thomas
Hobbes (geb. 1588), welcher noch bestimmter gelehrt
hatte, daß alle Erkenntniß aus der äußeren Erfahrung
stamme, und daß Vernunft und Verstand nur ein Rechnen
mit den aus Sinnes=Empfindungen herstammenden, durch
die Nerven vermittelten Eindrücken seien. Nach Beiden ist
der Gang der Erkenntniß ein solcher, daß nicht das Allge=
meine dem Speziellen oder Einzelnen, sondern daß umge=
kehrt das Letztere dem Ersteren vorausgeht.*)

Hätte man an diesen Grundsätzen festgehalten, so wäre

---

*) Man vergleiche über beide Philosophen und deren Lehren des
Verfassers Schrift über die Darwin'sche Theorie, S. 329 u. flgd. der
5. Aufl.

viele philosophische Sisyphus= oder vergebliche Arbeit spä=
terer Zeiten erspart worden. Aber der Einfluß kirch=
licher Vorstellungen war einerseits ein zu mächtiger und der
Weg des Herausspinnens angeblicher philosophischer Wahr=
heiten aus dem reinen Gedanken andrerseits ein zu bequemer
und leicht zugänglicher, als daß bei dem damaligen unvoll=
kommenen Stand naturwissenschaftlicher Kenntnisse die nüch=
terne Wahrheit sofort hätte durchdringen können. Erst die
glänzenden Erfolge der empirischen oder Erfahrungswissen=
schaften in diesem und dem vorigen Jahrhundert in Ver=
bindung mit dem beinahe entschiedenen Sieg der Entwick=
lungstheorie werden es dahin bringen, der ehemaligen Schul=
und Wortphilosophie mit ihren angebornen oder von vorn=
herein in der Seele vorhandenen Begriffen und ihrer dunklen
oder gespreizten Sprache ein entschiedenes Ende zu bereiten
und an ihre Stelle ein auf Wissen und Erfahrung gegrün=
detes philosophisches Denken treten zu lassen.

Auf Grund deutlich redender Thatsachen nehmen wir
keinen Anstand, uns gegen die angebornen Ideen, Vor=
stellungen oder Wahrheiten im Sinne von Plato und Des=
cartes zu erklären. Es gibt keine vorgebildeten Begriffe in
unserm Denken, und ebensowenig gibt es angeborne Begriffe
oder moralische Wahrheiten, welche zu allen Zeiten, unter
allen Himmelsstrichen, bei allen Menschen und Völkern die=
selben wären. Im Gegentheil lehrt die alltäglichste Erfah=
rung, daß das direkte Gegentheil der Fall ist und daß hier
überall die weitgehendsten Verschiedenheiten beobachtet wer=
den. Sie lehrt weiter auf das Augenscheinlichste, daß sich
das Denken in dem Menschen, wie Virchow bemerkt, „erst
nach und nach entwickelt", und daß dasselbe gleichen Schritt
hält mit der Zahl und Bedeutung der empfangenen Ein=
drücke und deren Verarbeitung durch das Denk=Organ. Aus
einem unscheinbaren, kaum mit bewaffnetem Auge zu unter=
scheidenden Bläschen entwickelt sich der Mensch, ebenso wie
das Tier, im mütterlichen Körper nach und nach zu Gestalt

und Größe. *) In ein gewisses Stadium dieser Entwicklung gelangt, kann sich die Frucht im Mutterleibe bewegen,
aber diese Bewegungen sind keine willkürlichen, sondern
durch sogenannten Reflex veranlaßte. Die Frucht denkt
nicht, weiß nichts von sich selbst, und wenn sich dennoch,
wie Professor Kußmaul **) annimmt, die Intelligenz bei
ihr in der niedersten Weise zu entwickeln anfängt, so geschieht dieses nur mittelst jener dunklen Empfindungen,
welche die Berührung mit den Wänden der Gebärmutter
und das Verschlucken amniotischer Flüssigkeit hervorzurufen
im Stande sein mag. Auch begleitet keine Spur einer
Erinnerung dieses embryonalen Zustandes den Menschen
jemals in sein späteres Leben.

Es ist für diese Frage von Wichtigkeit, den fast komisch
zu nennenden wissenschaftlichen Streit in das Auge zu fassen,
welcher über den Zeitpunkt der sog. Beseelung der
menschlichen Frucht geführt worden ist — ein Streit,
welcher von dem Augenblick an praktische Wichtigkeit erlangte, da man die Tödtung einer ungebornen Frucht als
ein moralisches und juristisches Verbrechen anzusehen begann.
Da aber ein solches Verbrechen nur an einem beseelten
Wesen begangen werden konnte, so war es von äußerster
Wichtigkeit, zu wissen, zu welchem Zeitpunkt denn die persönliche Seele in der Frucht während der Dauer ihrer Entwicklung ihren Sitz oder Platz einnähme. Die wissenschaftliche und logische Unmöglichkeit, diesen Zeitpunkt zu bestimmen, beweist für die Verkehrtheit jener ganzen Anschauungsweise, nach welcher eine höhere Macht dem Fötus oder
ungebornen Wesen eine fertige, mit bestimmten Vorstellungen

---

*) Das Nähere über die Art dieser Entwicklung ist enthalten
in des Verfassers: „Der Mensch und seine Stellung in der Natur",
S. 110 ff. der 3. Aufl.

**) Ueber das Seelenleben des Neugebornen, 1859.

ausgerüstete Seele einbläst. Demgemäß gingen die römi=
schen Juristen von der Ansicht aus, daß die Frucht über=
haupt nicht als ein besonderes Wesen zu betrachten sei, son=
dern nur als ein Theil des mütterlichen Körpers, welcher
der Mutter und deren Belieben angehöre. Daher war das
Frucht=Tödten bei den römischen Frauen gesetzlich und sitt=
lich erlaubt, und schon die griechischen Philosophen Plato
und Aristoteles sprachen sich für diese Sitte aus. Die
Stoiker nahmen an, das Kind erhalte erst mit dem Be=
ginn des Athmens eine Seele. Erst zur Zeit des römischen
Rechtslehrers Ulpian (um 200 nach Chr.) erfolgte ein
Verbot der Frucht=Tödtung, und zwar durch den Einfluß
des Christenthums, welches den Fötus als ein unsterbliches
Wesen ansah, das der Sünde Adams theilhaftig ist und
daher, wenn ungetauft getödtet, der ewigen Verdammniß
anheimfällt. Das Justinianeische Gesetzbuch nimmt den
vierzigsten Tag nach der Empfängniß als den Zeitpunkt
der Beseelung der Frucht an! Die neueren Rechtslehrer
erachten Empfängniß, Beseelung und Belebung als gleich=
zeitig erfolgend — eine Ansicht, die sich mit naturwissen=
schaftlichen Erfahrungen nicht in Einklang bringen läßt.
Wer jemals ein menschliches oder tierisches Eichen mit den
in dasselbe eingedrungenen Samentierchen oder Samenfäden
unter dem Mikroskop gesehen hat, kann für diese Ei=Seele
nur ein Lächeln haben. Körperliche oder stoffliche, von den
Eltern ererbte Anlagen oder Dispositionen, auf deren Grund
sich später seelische oder geistige Eigenschaften ebenso ent=
wickeln werden, wie leibliche, können und müssen diese Keim=
stoffe freilich besitzen, und zwar in sehr ausgedehntem Maße;
aber von einem wirklichen seelischen oder geistigen Inhalt
derselben, von denselben eingebornen Vorstellungen, Kennt=
nissen oder Begriffen kann auch nicht im entferntesten die
Rede sein. Bereits Voltaire äußerte sich sehr spöttisch
über diese vermeintliche Seele und den Ort ihrer Ent=
stehung.

Andere Zeiten, als die unseren, entbehrten jener religiösen und philosophischen Ueberschwänglichkeit, welche uns heute oft die einfachsten Dinge in einem falschen Lichte erscheinen läßt. Moses und die Aegypter waren der bestimmten Meinung, daß das Kind im Mutterleibe noch nicht beseelt sei. Auch nach der Rechtsauffassung des Talmud gilt das ungeborne Kind nur als ein Theil der Mutter, und künstliche Fehlgeburt ist erlaubt. Dasselbe war im ganzen Alterthum der Fall und ist es heute noch bei einer ganzen Reihe nicht-christlicher Nationen oder in nicht-christlichen Ländern. In Arabien setzte erst der Islam der verderblichen und die öffentliche Moral beleidigenden Unsitte ein Ziel.

Auch mit dem Geborenwerden oder mit der Lostrennung des kindlichen Körpers vom mütterlichen ist es nicht möglich oder denkbar, daß irgend eine fertige, zum voraus auf diesen Zeitpunkt lauernde Seele herzustürze und Besitz von der neuen Wohnung nehme, in ähnlicher Weise, wie der böse Geist in den Besessenen fährt; sondern das seelische oder geistige Wesen des Individuums entwickelt sich erst nach und nach und sehr langsam in Folge der Beziehungen, welche nun durch die erwachenden Sinne zwischen dem Individuum und der Außenwelt gesetzt werden. Wohl ist es, wie wir soeben gesehen haben, möglich und gewiß, daß schon im Mutterleibe, und wohl meist durch erbliche Uebertragung bedingt, die körperliche Organisation des neuen Individuums gewisse Anlagen, Prädispositionen mit sich bringe, welche sich später, sobald die Eindrücke von außen hinzukommen, zu geistigen Qualitäten, Eigenthümlichkeiten u. s. w. entwickeln. Auch können allmälig entstandene Triebe, geistige Gewohnheiten oder während des Lebens erworbene Dispositionen des Nerven-Systems oder des Denk-Organs, in einer bestimmten Richtung thätig zu sein, bei Mensch und Tier von den Eltern auf die Kinder forterben; niemals aber kann eine bewußte Vorstellung, Idee,

ober ein bestimmtes geistiges Wissen an sich angeboren
sein. *)

Daher ist denn auch die von einem unserer bedeutend=
sten Physiologen, Rudolf Wagner, in Verbindung mit
dem Philosophen H. Lotze seinerzeit aufgestellte Behaup=
tung, als werde durch die Physiologie der Zeugung und
die Uebertragung geistiger Eigenthümlichkeiten von Eltern
auf Kinder das Dasein einer immateriellen, theil= und über=
tragbaren Seelen=Substanz bewiesen, eine gänzlich unhalt=
bare und beruht auf der falschen Vorstellung, als besäßen
die tierischen Keimstoffe einen wirklichen seelischen Inhalt.
Ein solcher kann weder getheilt, noch übertragen, noch ver=
erbt werden. **)

*) Das Saugen des neugebornen Kindes an der Mutterbrust ist
nicht Folge einer bewußten Vorstellung, eines Willens=Aktes, sondern
ein bloß reflektorischer Akt, d. h. erzeugt auf mechanische Weise
mit Hülfe eines bekannten, von Willkür und Bewußtsein unabhängigen
physiologischen Vorganges in den Nerven. Daher saugt das Kind
nicht bloß an der Mutterbrust, sondern an jedem beliebigen, ihm in
den Mund gesteckten Gegenstand. Auch gibt es Kinder, welche erst
mit großer Mühe an richtiges Saugen gewöhnt werden müssen. Uebri=
gens könnte auch vererbter Trieb oder Drang mit im Spiele sein.
Man vergl. deshalb Schneider: „Der tierische Wille" (Leipzig 1880),
S. 161 u. 162. — Wenn überhaupt in dem Leben des Menschen
und noch mehr der Tiere Erscheinungen aufzufinden sind, welche den
Anschein einer an= oder eingebornen Vorstellung erwecken, so erklären
sich dieselben jedesmal aus den Gesetzen der erst durch den Einfluß
der Darwin'schen Theorie in das rechte Licht gesetzten „Vererbung",
über welche Weiteres und Eingehenderes in dem Schriftchen des Ver=
fassers über „Die Macht der Vererbung" (Leipzig, Günther, 1882),
sowie in der Schrift von Th. Ribot über die Erblichkeit (Leipzig
1876), insbesondere bezüglich des hier behandelten Gegenstandes auf
S. 338 letztgenannter Schrift, zu finden ist.

**) Weiteres über die Seelensubstanz=Theorie und ihre wissen=
schaftliche Unhaltbarkeit findet sich in des Verfassers Schrift „Licht
und Leben", S. 299 u. flg. in dem Aufsatz über die Philosophie der
Zeugung.

Die weitere Entwicklung des kindlichen Geistes nun auf sensualistischem Wege und nach Maßgabe von Lehre, Erziehung, Beispiel u. s. w., immer unter nothwendigem Bedingtsein durch körperliche Organisation und Anlagen, spricht zu deutlich und unabweisbar für die objective Entstehungsweise der Seele, als daß daran irgendwie durch theoretische Bedenken gemäkelt werden könnte. Indem die Sinne an Stärke und Uebung gewinnen, indem sich die äußeren Eindrücke häufen und wiederholen, gestaltet sich langsam nach und nach ein innerliches Bild der äußeren Welt auf dem materiellen Grunde des der Denk-Funktion vorstehenden Organs, gestalten sich Anschauungen, Vorstellungen und Begriffe. Ein langer und schwieriger Zeitraum muß vergehen, bis der Mensch zum vollen Selbstbewußtsein erwacht ist, und bis er es erlernt, seine Organe und Glieder nach und nach zu bestimmten Zwecken zu gebrauchen, ja bis er nur überhaupt sich selbst als unterschieden vom Allgemeinen, als Person erkennt. (Kinder sprechen bekanntlich anfangs nie in der ersten Person von sich.) Dieses Allmälige und Sprunglose, zum Theil Unbewußte seines geistigen Wachsthums verleitet später den im vollen Besitz seiner geistigen Kräfte Befindlichen, seinen Ursprung zu vergessen, seine Mutter, die Welt, zu verachten und sich als den unmittelbaren Sohn des Himmels anzusehen, dem die Erkenntniß oder seine ganze Ideen-Welt als ein geistiges Geschenk von oben herab verliehen worden sei. Aber ein unbefangener Blick auf seine Vergangenheit, sowie auf jene Unglücklichen, denen die Natur den Besitz eines oder mehrerer Sinne versagt hat, und welche, wie z. B. Taubstumme, nur mit äußerster Mühe zu einem einigermaßen menschenwürdigen Zustand erzogen werden können, kann ihn eines Besseren belehren. Dasselbe gilt von jenen unglücklichen Geschöpfen, welche Habsucht oder Barbarei als Kinder in dunkle, abgeschlossene Räume eingesperrt und dort außerhalb der menschlichen Gesellschaft ohne jede geistige Anregung ver-

borgen gehalten hat, ober von solchen Menschen, welche
ebenfalls fern von der menschlichen Gesellschaft seit ihrer
frühesten Kindheit in Wäldern, unter Tieren u. s. w. auf=
gewachsen sind. Sie lebten und ernährten sich auf tierische
Weise, hatten keine andere geistige Empfindung, als die
des Nahrungsbedürfnisses, und zeigten keine Spur jener
göttlichen Beseelung oder jenes „göttlichen Funkens", welcher
nach spiritualistischer Meinung dem Menschen „angeboren"
sein soll.*) Wollte man sich gar einen Menschen vorstellen,
welchem von Geburt aus alle Sinne und damit alle sinn=
lichen Eindrücke durchaus fehlen würden, so könnte derselbe
kein andres Leben führen, als dasjenige einer Pflanze,
möchte sein Gehirn oder Organ des Denkens auch noch so
gut ausgebildet sein; und Niemand wird behaupten wollen,
daß ein solcher Mensch kraft seiner angebornen Vor=
stellungen irgend eine geistige Leistung zu vollbringen im
Stande sein würde.

Auch die Tier=Welt gibt uns deutliche Beweise gegen
die Theorie der angebornen Vorstellungen, obgleich man
grade den sog. Instinkt der Tiere als schlagenden Beweis
dafür hat geltend machen wollen. In einem späteren
Kapitel werden wir zu zeigen versuchen, daß es einen In=
stinkt in dem gewöhnlich angenommenen Sinne eines unbe=
wußten, unveränderlichen und unwiderstehlichen, nie irren=
den und auf Erreichung bestimmter Zwecke gerichteten Natur=
triebs, dessen Entstehung nur durch göttliche oder übernatür=
liche Dazwischenkunft zu erklären wäre, überhaupt nicht
gibt, sondern daß die Tiere ebenso wie die Menschen ben=
ken, lernen, erkennen, erfahren und überlegen, wenn auch
in einem weniger entwickelten Maße oder Grade. Nament=
lich lernen und bilden sich die Tiere ebensowohl durch den

---

*) Weiteres über solche wildaufgewachsene Menschen, welche da=
bei ben menschlichen Charakter mehr oder weniger eingebüßt haben,
bei Rauber: Urgeschichte des Menschen, II. Bd., S. 284 u. flgb.

Einfluß der Umgebung, der Eltern, der Erfahrung, des
Alters, des Beispiels u. f. w., wie der Mensch, wenn ihnen
auch dabei die von Eltern und Voreltern ererbten Anlagen
oder Dispositionen des Nervensystems zu dieser oder jener
Art des Denkens, Handelns und Empfindens noch mehr als
dem Menschen zu Statten kommen mögen. So ist z. B.
die berühmte Gesangs-Kunst der Singvögel diesen keines=
wegs als solche angeboren, sondern die angeborne Anlage
muß erst durch Lehre, Beispiel u. f. w. erweckt und aus=
gebildet werden. Daher haben oft dieselben Vögel, z. B.
Finken, in verschiedenen Ländern ganz verschiedene Sing=
weisen; oder ahmen viele Sänger fremde Gesänge nach;
oder bleiben einzelne Vögel, namentlich solche, welche man
einsam aufzieht, immer Stümper und nehmen fremde
Melobien an; oder gibt es in einzelnen Gegenden keine
guten Sänger mehr, weil die besten fortwährend weggefangen
werden und keinen Unterricht mehr ertheilen können; oder
hat die Goldammer in Deutschland eine andere Cadenz, als
jenseits der Alpen; oder gibt es nie zwei Sänger, welche
vollkommen gleich schlagen; oder kann man hören, wie ein=
zelne Vögel sich auf ihren Gesang förmlich einüben u. f. w.*)

Man hat auch noch die Tiere in dem Sinne für die
Lehre von den angebornen Ideen zu benützen versucht, daß
man sagte: Die Tiere besitzen ebenfalls Sinne wie der
Mensch, oft noch bedeutend schärfere, und sind dennoch nur
Tiere. Man übersieht dabei den generellen Unterschied
zwischen Mensch und Tier, namentlich die Verschiedenheit
in Größe und Organisation des Denkorgans, sowie die Ver=
schiedenheit der Körperbildung und der Lebensumstände. Die
Sinne sind nicht die Erzeuger, sondern nur die Vermittler
geistiger Qualitäten. Sie führen die äußeren Eindrücke
dem Gehirn und Nervensystem zu, welches sie nun nach

---

*) Ausführlicheres über die Instinkt=Frage findet sich in des Ver=
fassers Schrift über das Geistesleben der Tiere, im Eingange.

Maßgabe seiner materiellen Beschaffenheit und Energie ver=
arbeitet. Ohne Sinne kann dieser ganze Prozeß nicht vor
sich gehen, und es stammt daher zunächst alle Erkenntniß
aus der Quelle der Sinne. Aber auch mit den schärfsten
Sinnen muß der Prozeß nur in beschränktem Maße statt=
finden, wo der Denk=Apparat nicht entsprechend ausgebildet
oder entwickelt ist, oder wo jene großen Vortheile fehlen,
welche der Mensch durch die Annahme des aufrechten Gangs
und damit des Gebrauchs der Hände, sowie durch die bessere
Ausbildung des Kehlkopfs und die Erwerbung der geglie=
derten Wortsprache über das Tier davonträgt.

Man hat zur Widerlegung der sensualistischen Lehre
auf die Existenz gewisser allgemeiner Ideen oder geistiger
Anschauungen aufmerksam gemacht, welche sich angeblich in
dem Leben der Einzelnen, wie der Völler mit solcher Ge=
walt, Bestimmtheit und Allgemeinheit geltend machen sollen,
daß an ein Entstehen derselben auf empirischem oder auf
dem Wege der Erfahrung nicht zu denken, dagegen anzu=
nehmen sei, daß dieselben der menschlichen Natur als solcher
ursprünglich und in unverwischbarer Weise durch eine höhere
Macht eingepflanzt seien. Dahin seien denn vor allem die
metaphysischen, ästhetischen und moralischen Begriffe, also
die Ideen des Wahren, des Schönen und des Guten
zu rechnen.

Dagegen ist Folgendes zu bemerken: Vor allem ist zu
bedenken, daß das, was man Idee oder das Ideal nennt,
nicht Erwerbung des einzelnen Individuums, sondern eine
solche des ganzen Geschlechts und eine durch die zusammen=
hängende Arbeit zahlloser Generationen und langer Jahr=
hunderte gewonnene geistige Frucht oder Blüthe ist. Die
Idee erhält auf diese Weise nach und nach ein gewisses
historisches Recht und objective Gestaltung, und der Einzelne,
welcher in der Zeit erscheint, hat nicht mehr nöthig, den
ganzen Prozeß von Neuem in sich durchzumachen, sondern
braucht nur das bereits vorhandene in sich aufzunehmen,

wobei ihm die von Eltern und Voreltern ererbte Anlage seines Denkorgans für diese bestimmte Art des Thätigseins wesentlich zu Hülfe kommt. Nur langsam und allmälig hat sich der dem Sturm seiner tierischen Begierden fessellos preis= gegebene Urmensch zur Idee oder zum Ideal erhoben.

„Kunst, Dichtung, Wissenschaft, Sittlichkeit, alle diese erhabensten Offenbarungen des Menschengeistes," sagt Ribot (a. a. D. S. 390), „sind gleichsam eine zerbrechliche und kostbare, spät entsprossene und durch die lange Arbeit zahl= loser Geschlechter befruchtete Pflanze. — — Das Ideal hat sich nicht im Ganzen und auf einmal enthüllt; es ent= schleierte sich allmälig."

Ohne diesen nothwendigen Rückblick auf die Entstehungs= geschichte der Idee mag es nun dem Einzelnen, welcher die= selbe vom ersten Augenblick seines Daseins an durch tausend unsichtbare Fäden in sich aufgenommen hat, und welcher sie nun plötzlich in seinem Bewußtsein wiederfindet, scheinen, als müsse dieselbe angeboren sein. Aber niemals wäre die Idee im Stande gewesen, sich in historischer Zeit zu ent= wickeln ohne jene bestimmte Beziehung der objektiven Welt zu dem Anschauungs=Vermögen des Individuums. Nur eine supranaturalistisch sehr befangene Meinung kann daher mit Liebig behaupten, man wisse nicht, „von wannen die Idee stammt".

Ganz Aehnliches gilt von der sog. „Apriorität" ge= wisser Denk= oder Erkenntnißformen, wie namentlich Zeit, Raum und Causalität, von denen viele Philosophen behaupten, daß dieselben unserm Geiste vor und unabhängig von aller Erfahrung ursprünglich eingepflanzt seien, und daß wir deshalb nicht anders als nach Maßgabe dieser Formen zu denken vermöchten. Das Letztere ist — mit Ausnahme der Causalität — sicher der Fall, aber nicht des= wegen, weil der menschliche Geist ursprünglich von einer höheren Macht so eingerichtet worden ist, sondern weil die unaufhörliche Wechselwirkung, welche der menschliche Ver=

ſtand ſeit undenklicher Zeit mit der Außenwelt unterhalten
hat und fortwährend unterhält, ein anderes Reſultat gar
nicht haben konnte und nicht haben kann. Auch reichen
vielleicht ſchon die räumliche Ausdehnung unſeres Denkorgans und das zeitliche Geſchehen der Gehirnprozeſſe hin,
um jene anſcheinende Angeborenheit der Begriffe von Raum
und Zeit zu erklären.*)

Weiter iſt Folgendes zu bemerken, was den von den
Ideal-Philoſophen behaupteten göttlichen oder übernatürlichen und darum angebornen Urſprung der Idee gänzlich
zu Nichte machen muß: Wären die äſthetiſchen, moraliſchen
und metaphyſiſchen Begriffe angeboren, unmittelbar, über-
natürlich, ſo müßten ſie ſelbſtverſtändlich überall und unter
allen Umſtänden eine vollkommene Gleichförmigkeit zeigen;
ſie müßten einen abſoluten Werth, eine abſolute Geltung
haben. In Wirklichkeit dagegen ſehen wir, daß dieſelben
im höchſten Grade relativ und wechſelnd ſind, und daß ſie
zu verſchiedenen Zeiten, bei verſchiedenen Völkern und Individuen die allergrößten und weitgehendſten Verſchiedenheiten zeigen — Verſchiedenheiten, welche mitunter ſo groß
werden, daß geradezu Entgegengeſetztes daraus entſteht.

Was zunächſt die äſthetiſchen Begriffe angeht, ſo kann
es für das Unſtete und Wechſelnde, für das Relative und
Unbeſtimmte derſelben keinen augenſcheinlicheren Beweis
geben, als die ſog. Mode, welche ſich bekanntlich oft in
den wunderlichſten und entgegengeſetteſten Dingen gefällt
und nicht ſelten die unbegreiflichſten Monſtroſitäten zu Tage
bringt. Es geht uns mit den Schönheitsbegriffen ähnlich,
wie es uns mit den Begriffen der Zweckmäßigkeit ergeht.
Wir finden etwas zweckmäßig oder ſchön, weil wir uns an
ſein Daſein oder an ſeinen Anblick gewöhnt oder gewiſſer-

*) Die genauere Begründung des oben Geſagten findet ſich in
des Verfaſſers bereits citirter Schrift über die Macht der Vererbung,
S. 91 u. flg.

maßen hineingefunden haben, und weil es unserem Auge
abäquat geworden ist, oder weil sich die Empfindung der
Augenbewegung oder des Augenreizes demselben allmälig
angepaßt hat. Wir würden es aus demselben Grunde
höchst wahrscheinlich nicht minder schön oder nicht minder
zweckmäßig finden, wenn es durch eine ganz andere Be=
schaffenheit nach und nach dieselbe Uebereinstimmung mit
unserm Bedürfniß oder Empfinden erlangt hätte. Daher
erscheinen dem Menschen in der Regel alle Vorstellungen
als schön, welche ihm am häufigsten vorkommen und seinen
Vorstellungs=Apparat in möglichst gewohnter Weise erregen,
während alle ungewohnten oder abweichenden Eindrücke das
Gegentheil hervorrufen. Dinge, welche zu andern Zeiten
oder bei andern Völkern höchste Bewunderung oder höchstes
Gefallen erregten oder noch erregen, kommen uns verab=
scheuungswürdig, häßlich oder abstoßend vor, während wir
umgekehrt über Dinge in Entzücken gerathen, welche Andere
ganz gleichgültig lassen. So hatte das klassische Alterthum
trotz seiner hohen ästhetischen Bildung kaum einen Begriff
von den Schönheiten der Natur, welche wir so sehr bewun=
dern, oder vermischte in seinen Bildwerken Mensch= und
Tiergestalt in einer Weise, welche uns als unschön oder herab=
würdigend erscheint. So findet der Südländer nur helle,
schreiende Farben für schön, weil sein Auge an größeren
Lichtreiz gewöhnt ist, während der in diesem Punkt weniger
verwöhnte Nordländer die matten oder dunkeln Farben
vorzieht.*)

---

*) Eine vortreffliche Theorie der Aesthetik nach evolutionistischen
Grundsätzen hat Max Nordau in seiner bekannten Schrift „Para=
doxe" gegeben. Nach ihm ist das Gefühl für das Schöne auf sehr
natürliche Weise nach und nach entstanden, und zwar aus ursprüng=
lichen Lust= und Unlust=Gefühlen. Die heutigen Organismen stellen
deshalb die Auslese solcher Vorfahren dar, in welchen ihr Dasein ge=
fährdende Eindrücke die stärksten Unlust=, dasselbe fördernde die stärk=
sten Lustgefühle erregten. Denn alle diese Empfindungen . beruhen

Es ist unmöglich, daß es in dem menschlichen Geist (wie Darwin sehr richtig bemerkt) irgend einen allgemeinen Maßstab der Schönheit in Bezug auf das, was uns am nächsten liegt, oder in Bezug auf unsern eignen Körper gibt, da wir hier den sonderbarsten Verirrungen oder Gegensätzen begegnen. Der Chinese findet eine Frau allerliebst, welche möglichst dick ist, verstümmelte Füße, schrägliegende Augen und große Ohren hat, während uns dieses Alles abstoßend häßlich vorkommt. Die Japaner finden nur eine gelbe Haut schön und beizen sich die Zähne schwarz, weil es ihnen abscheulich vorkommt, weiße Zähne zu haben wie ein Hund, während unsere Poeten nichts stärker zu rühmen wissen, als die blendenden Perlenreihen der Zähne ihrer Geliebten. Ebenso haben sich die Bewohner der Insel Ceylon durch das Betelkauen so sehr an den Anblick schwarzer Zähne gewöhnt, daß ihnen weiße Zähne unschön erscheinen, während die graden oder leicht gekrümmten Nasen der Singhalesen den chinesischen Eroberern der Insel im Vergleich mit ihren plattnasigen Landsleuten so sehr mißfielen, daß ihre Berichterstatter nach Hause schrieben, die Einwohner von Ceylon seien ein häßliches Volk, das Vögelschnäbel statt der Nasen im Gesichte hätte. Die Batokas in Südafrika schlagen bei beiden Geschlechtern zur Zeit der Pubertät die oberen Schneidezähne aus, wodurch die unteren um so mehr emporwachsen, und das ganze Gesicht einen

---

ursprünglich auf der Nützlichkeit oder Schädlichkeit der sie hervorrufenden Erscheinungen, und speziell die Lustempfindungen des Schönen sind eine Folge davon, daß das, was wir heute als schön empfinden, entweder ursprünglich auch dem Einzelwesen oder der Gattung zuträglich oder förderlich war, oder daß die Lebewesen es zuerst in Begleitung zuträglicher oder förderlicher Erscheinungen kennen lernten und mit der Erinnerung an diese organisch verwebten. Die Begründung dieser Theorie, welche kein übersinnliches Element anzurufen braucht, um die Empfindung des Schönen zu erklären, im Einzelnen lese man in der Schrift selbst nach.

eklen, greisenhaften Ausdruck erhält. Dennoch hält sich
jedes Mädchen, an dem diese abscheuliche Operation noch
nicht vorgenommen ist, für überaus häßlich. Ueberhaupt
haben sich zu allen Zeiten und in allen Zonen die Menschen
der verschiedensten Rassen und Völker bemüht, durch Entstellung und Verstümmelung verschiedener Theile ihres Körpers eine vermeintliche oder ihrem Geschmack zusagende
Verbesserung oder Verschönerung desselben herbeizuführen.
Ausschlagen oder Ausreißen, Spitz- oder Kurzfeilen der für
Schönheit und Wohlsein so unentbehrlichen Zähne, deren
Defekte der Culturmensch künstlich zu ersetzen sucht, — Ausreißen der Kopf- und Barthaare, welche wir für die schönste
Zierde männlicher oder weiblicher Köpfe halten, oder der
Augenbrauen, ohne welche wir uns ein schönes menschliches
Antlitz gar nicht vorzustellen vermögen, — Durchlöcherung
von Nase, Lippen, Ohren und Einfügung hölzerner Stöpsel
oder sonstiger Fremdkörper in die entstandenen Oeffnungen
— künstlich herbeigeführte Mißstaltungen des Schädels —
widerwärtige Bemalung oder Beritzung der Haut u. s. w.
— dieses und ähnliches sind die praktischen Anwendungen
des Schönheits-Begriffes der meisten wilden Völker, bei
denen, wie Darwin bemerkt, das Gesicht nur dazu da zu
sein scheint, um auf die mannichfachste und abenteuerlichste
Weise verunstaltet und verstümmelt zu werden.[*)]
Der Frau von Sir Samuel Baker wurde von der
Gattin eines Häuptlings in Latoaka zugemuthet, ihre Vorder-
zähne aus der unteren Kinnlade herauszureißen und einen
langen, zugespitzten Krystall in der Unterlippe zu tragen,
um sich dadurch, wie Jene meinte, bedeutend zu verschönern!
Den Frauen einiger süd-afrikanischer Negerstämme gibt ein
hohler oder schüsselförmiger Ring, den sie in der Oberlippe
tragen, das sog. Pelele, ein abstoßendes Ansehen. Living-

---

*) Näheres bei Darwin: „Abstammung des Menschen", II.,
S. 299 u. flg.

ſtone fragte einen Häuptling um die Urſache dieſer Sitte.
Ganz verwundert antwortete er: „Nun, der Schönheit
wegen! Das iſt ja das einzige Schöne, was die Weiber
haben. Männer haben Bärte, Weiber nicht. Was wären
ſie ohne Pelele?“

Dieſe letztere Anektode erinnert daran, daß die Männer
der bebarteten Menſchenraſſen den größten Stolz in ihren
Bart ſetzen, während diejenigen der bartloſen Raſſen ſich
unendliche Mühe geben, jedes einzelne Haar aus ihrem Geſicht als etwas· Widerwärtiges auszureißen. K. von den
Steinen (Die Naturvölker Braſiliens) erzählt, daß die
Frauen der von ihm beſuchten Wilden ſeinen langen und
dichten Bart mit Abſcheu betrachteten und ihn aufforderten,
denſelben auszurupfen. Die bartloſen Neuſeeländer haben
ein Sprüchwort, welches beſagt, daß es für einen haarigen
Mann keine Frau gibt, während die bärtigen Türken den
Bart für etwas ſo Wichtiges halten, daß ſie beim Barte
des Propheten ſchwören. Auch unſere europäiſchen Frauen
müſſen den Bart für etwas Schönes halten; denn ſie haben
ein Sprüchwort, welches ſagt, daß ein Kuß ohne Bart einer
Suppe ohne Salz gleiche. — „Man frage,“ ſagt Hearne,
ein bewährter Beobachter, der jahrelang unter den ameri-
kaniſchen Indianern lebte, „einen nördlichen Indianer, was
weibliche Schönheit ſei, und er wird antworten: „„Ein
breites, plattes Geſicht, kleine Augen, hohe Wangenknochen,
drei oder vier ſchwarze Linien quer über jede Wange, eine
niedrige Stirn, ein großes breites Kinn, eine kolbige Haken-
naſe, eine gelbbraune Haut und Brüſte, die bis zum Gürtel
herabhängen.““ Im Orient, auch in einigen Theilen Inner-
afrikas gelten Frauen, welche dicken Fleiſchklumpen gleichen,
für ſchön, während in den Augen des Negers blaue Augen
und weiße Hautfarbe ſehr häßlich erſcheinen.

Dieſe Beiſpiele gründlicher Verſchiedenheit äſthetiſcher
Begriffe ließen ſich beliebig häufen. Gibt es etwas Gemeinſames in dieſen Begriffen, ſo iſt es die Gemeinſamkeit der

Gattung, der Umgebung, der allgemeinen Lebens-Verhält=
niffe und in engerem Kreise die Macht der Gewohnheit,
der Erziehung, des Beispiels und der Vererbung, welche
die Schuld davon trägt. Auch läßt sich mit Leichtigkeit
nachweisen, daß keine Art von Kunst jemals im Stande
gewesen ist, ein Ideal zu schaffen, das von der Wirklichkeit
gänzlich abstrahirt und nicht vielmehr jede seiner Einzel=
heiten aus der objektiven Welt entlehnt oder vielmehr zu=
sammengetragen hätte. Die zerstreute Schönheit des Ein=
zelnen in ein harmonisches, wenn auch als solches nur
gedachtes Gesammtbild zu vereinigen — ist die Aufgabe
der Kunst. Uebrigens soll nicht vergessen werden, daran
zu erinnern, daß sich in der Kunst= und Gedanken=Welt jedes
einzelnen Volkes der Einfluß seiner inneren und äußeren
Eigenart oder Eigenthümlichkeit mit Leichtigkeit wieder=
erkennen läßt. —

Nicht minder sind die m o r a l i s c h e n Begriffe mit
Recht als Folge allmäliger Erudition oder Erziehung an=
zusehen. Völker im Natur=Zustand entbehren meist aller
moralischen Eigenschaften und begehen Grausamkeiten und
Velleitäten, für die gebildete Nationen keinen Begriff haben;
und zwar finden Freund und Feind solches Benehmen in
der Ordnung. Den moralischen Begriff des Eigenthums
z. B. besitzen sie in der Regel gar nicht oder in äußerst
geringem Grade; daher die große Neigung aller Naturvölker
zu Diebstahl. Bei den I n d i a n e r n gilt ein gut ausge=
führter Diebstahl für das höchste Verdienst; und selbst die
alten L a c e d ä m o n i e r betrachteten einen mit großer Schlau=
heit begangenen Diebstahl als höchst ehrenvoll. Dem stets
armen und hungrigen Z i g e u n e r erscheint Diebstahl nicht
als Sünde, sondern einfach als Nothwendigkeit. Nach den
Berichten des Kapitäns M o n t r a v e l über die Neu=Kale=
bonier theilen diese, was sie besitzen, Jedem mit, der es
nothwendig hat, und verschenken einen Gegenstand, den sie
soeben erhalten haben, ebenso rasch wieder an den Ersten,

der kommt, so daß oft ein Objekt von großem Werth rasch
durch tausend Hände geht u. s. w. Selbst bei Völkern auf
höherer Entwickelungs-Stufe ist der Sinn für Eigenthum
oft sehr schwach, und bei Chinesen und Slaven gehören
Eigenthumsskrupel bekanntlich nicht in die Kategorie der
Ehrenpunkte. Von den Malayen auf Java sagt Se=
lenka (Ein Streifzug durch Indien), daß sie die heim=
liche Aneignung fremden Eigenthums als etwas Selbstver=
ständliches betrachten, und daß sie ebenso wie der Javaner
selbst, keinen Begriff von Dankbarkeit oder Aufopferung
haben.

Aber nicht bloß Diebstahl, sondern auch Lüge, Betrug,
Mord und Blutschande sind bei Naturvölkern oder bei halb
civilisirten Völkern ganz gewöhnlich und erlaubt oder sogar
verdienstlich. Den Eingebornen Hinter-Indiens gilt nach
Dr. J. Helfer (Asiatische Reisen) als erste, stets befolgte
Klugheits-Regel, niemals die Wahrheit zu sagen, auch wenn
sie zur Lüge gar keine Veranlassung haben — eine Untugend,
welche sie nach demselben Autor mit fast allen asiatischen
Völkerschaften theilen. Den Motu's, einem Volksstamm
Neu-Guinea's, sind nach Stone's Bericht (Journ. of the
Anthrop. Instit.) Wahrheitsliebe und Ehrlichkeit voll=
kommen fremd. Sie haben nur Hang zum Lügen, Be=
trügen und Stehlen und betrachten Diebstahl nicht als Ver=
brechen. Das Gefühl der Dankbarkeit ist ihnen ganz
unbekannt. Auch glauben sie an keinen Gott und beo=
bachten keine religiösen Gebräuche. Brehm (Reiseskizzen
aus Nordost-Afrika, 1855) erzählt, daß „die Neger von
Ost-Suban (Nilländer) Betrug, Diebstahl und Mord nicht
nur entschuldigen, sondern sogar für eine des Mannes ganz
würdige That halten.“ Lug und Trug gilt bei ihnen als
Sieg geistiger Ueberlegenheit über Beschränktheit. Noch
schlimmer lauten die Berichte des erfahrenen Afrika-Reisenden
Burton über die Neger Ost-Afrika's. Ihre Vernunft ist
nicht wie unsere Vernunft und bewegt sich ohne Logik in

lauter Widersprüchen. Mitleid, Rechtschaffenheit, Dank-
barkeit, Vorsorge, Familienliebe, Schamhaftigkeit, Wohl-
wollen, Gewissen und Gewissensbisse u. s. w. sind dem Ost-
Afrikaner unbekannte Dinge; er hat keine Geschichte, keine
Erzählungen, keine Poesie, keine Moral, keine Phantasie,
kein Gedächtniß, kein über den nächsten Kreis des sinnlich
Wahrnehmbaren hinausreichendes Denken, keine Ahnung von
den großen Geheimnissen des Lebens und Todes, keine
Religion, keinen Glauben, außer dem rohesten Fetischdienst.
Er kennt keine Trauer oder Schmerz um den Tod von
Anverwandten, keine Anhänglichkeit zwischen Eltern und
Kind; im Gegentheil herrscht, wie bei den wilden Tieren,
eine natürliche Feindschaft zwischen Vater und Sohn. Er
mordet, raubt, stiehlt, lügt, spielt, trinkt und bettelt, so gut
es geht, u. s. w. Von den Somalis, den Bewohnern
eines südlich von Aden liegenden und durch den Meerbusen
von Aden von der arabischen Küste getrennten Landstrichs,
erzählt Kapitän Speke, daß ein erfolgreicher Betrug
ihnen angenehmer sei, als jede andere Art, ihren Lebens-
unterhalt zu erwerben, und daß die Erzählung solcher
Thaten die Hauptwürze ihrer geselligen Unterhaltungen
bilde. (Blackwood's Edinburgh Magazine.) Für sie
ist der Räuber ein Ehrenmann, der Mörder ein Held. Bei
den Fidschi-Insulanern ist Blutvergießen kein Verbrechen,
sondern ein Ruhm. Wer auch das Opfer sein mag, Mann,
Weib oder Kind, ob im Kriege erschlagen oder durch Verrath hingeschlachtet — irgendwie ein anerkannter Mörder
zu sein, ist der Gegenstand des ruhelosen Ehrgeizes jedes
Fidschi-Insulaners! Kinder tödten ihre Eltern, Eltern ihre
Kinder ohne Gewissensbisse. Der Alfure (Indischer Archipel) gelangt erst zur vollen Manneswürde, wenn er einen
Menschen erschlagen hat; er darf sich auch nicht früher ver-
heirathen. Ueberhaupt ist Mord bei den meisten Wilden
sehr verdienstlich, und ein Mann wird um so mehr geachtet,
je mehr Schädel von ihm getödteter Menschen er aufzuweisen

hat — einerlei auf welche Weise sie gewonnen wurden.
Einem Feind vergeben ist ein großer Fehltritt; höchste Tugend ist die Rache. Die Dajak-Jungfrau verschmäht einen
Liebhaber, der nicht wenigstens einen Kopf abgeschnitten
hat; und die indianische Squaw schätzt die Mannheit ihres
Courmachers nach der Zahl der Kopfhäute, welche er in
seinem Wigwam aufgehängt hat — einerlei ob sie in ehr-
lichem Kampfe oder durch Verrath und Hinterlist gewonnen
worden sind. In Indien gibt oder gab es sogar eine
schreckliche Verbindung von gewerbsmäßigen Mördern, die
sog. **Thugs** oder **Thags**, welche den heimlichen Mord zu
religiösen Zwecken ausüben.*)

Von den Eingebornen Australiens, den sog. Austral-
negern, sagt **Gason** (Globus, 1883, S. 169): „Ich glaube
nicht, daß es eine mehr hinterlistige Rasse gibt. Sie saugen
den Verrath mit der Muttermilch ein und üben ihn bis
zum Tode, ohne sich eines Unrechts bewußt zu sein. Dankbarkeit ist eine ihnen unbekannte Tugend. Wegen einer
Kleinigkeit können diese Schwarzen ihrem besten Freunde
das Leben nehmen. In dem einen Augenblick lachen sie
ihrem Opfer noch freundlich in das Gesicht, im andern
versetzen sie ihm ohne Gewissensbisse den Todesstreich. Nur
Furcht kann sie zur Freundlichkeit gegen Fremde zwingen.
Am Lügen scheinen sie ein ganz besonderes Vergnügen zu
finden; sie belügen nicht bloß die Weißen, sondern hinter-
gehen sich auch untereinander und scheinen darin gar nichts
Schlechtes zu sehen."

Die **Ilongoten**, ein primitiver, auf den philippini-
schen Inseln wohnender Malaienstamm, sind nach den Be-

---

*) Von einem solchen indischen Thug wird berichtet, daß er
Gewissensbisse empfand, weil er nicht ebenso viele Reisende stran-
gulirt und beraubt hatte, wie sein Vater vor ihm gethan hatte. Durch
die englische Herrschaft ist die Bande in den letzten Jahrzehnten
größtentheils ausgerottet worden.

richten der Spanier **Morea** und **Lillo** in moralischer
Beziehung die verkommensten Wesen, die man sich vor=
stellen kann. Sie haben keine Liebe zu Ihresgleichen, kein
menschliches Gefühl, kein Herz für irgend eine eble That,
kennen keine Gastfreundschaft, sind blutdürstig und rach=
süchtig, aber babei so feig, daß sie nur aus dem Hinterhalt
zu tödten wagen. Auch begnügen sie sich nicht damit, ihre
Opfer zu tödten, sondern verstümmeln dieselben auf eine
schauderhafte Weise.

Von ben **Bogos**, einer Völkerschaft in Norb=Abys=
sinien, erzählt **Werner Munzinger** (Ueber die Sitten
und das Recht der Bogos. Winterthur), daß die Begriffe
von **Gut** und **Bös** bei ihnen ganz ineinander verschwim=
men und nichts Anderes, als Nützlich und Unnütz bedeuten.
Tugendhaft ist bei ihnen der Unerschrockene, der Blut=
rächer, der Schweigsame, der seinen Haß bis zu einem gün=
stigen Augenblicke in sich verschließt, der Höfliche, der Stolze,
der Träge, der niedere Arbeit verschmäht, der Großmüthige,
Gastfreundliche, Prunkliebende, Kluge. Raub bringt Ehre,
nur Diebstahl wird verachtet. In ähnlicher Weise erzählt
Waitz (Anthropologie der Naturvölker, 1859), wie ein
solcher Natur=Mensch, über den Unterschied von **Gut** und
Bös befragt, anfangs seine Unwissenheit darüber eingestand,
nach einigem Besinnen aber hinzufügte, gut sei, wenn man
Andern ihre Weiber nehme, bös aber, wenn sie Einem
selbst genommen würden! Eine ähnliche Geschichte theilt
Sir **John Lubbock** von Eingeborenen Polynesiens mit,
welche in ihren Sprachen den Unterschied von **Gut** und
Bös im moralischen Sinne nicht ausdrücken vermögen.
Einem Missionär, welcher ihnen vergeblich begreiflich zu
machen suchte, daß es bös oder schlecht sei, seine Mitmen=
schen zu verzehren, antworteten sie stets in höchster Naivetät:
„Aber wir versichern dich, daß es sehr gut ist.“ Ein andrer
Wilder, dem ein Missionär die Qualen eines bösen Ge=
wissens deutlich zu machen suchte, wußte sich dasselbe (nach

der Mittheilung C. B. Tylor's) nur unter dem Bilde eines heftigen Magenschmerzes vorzustellen. Die Albanesen sollen noch bis auf den heutigen Tag in ihrer Sprache keine Ausdrücke für die Begriffe von Güte oder Bosheit haben.

Die wilden Papuas oder Orang-liar im Innern der malayischen Halbinsel haben nach dem Bericht des russischen Reisenden N. von Niklucho-Maclay keinen Begriff vom Incest (Blutschande), da die Väter bei ihren mannbar gewordenen Töchtern das jus primae noctis ausüben — ein Gebrauch, der übrigens auch anderwärts, z. B. auf den östlichen Molukken, vorkommt. Bei den Damaras, einer Völkerschaft in Südafrika, welche in Polygamie lebt und ebenfalls keine Ahnung vom Incest hat, fand Andersson (Explor. in South-Western Africa, London 1856) Mutter und Tochter zugleich im Harem eines der Häuptlinge. Eheliche Verbindungen zwischen Geschwistern werden von uns verabscheut, während sie im Alterthum, namentlich in Persien und Aegypten, häufig waren und als ehrenhaft und verdienstlich galten.

Auch der Selbstmord galt im Alterthum für ehrenvoll und als würdige Mannesthat, während die religiöse Sentimentalität der Gegenwart ihn als Sünde brandmarkt.

Der Kindermord kommt civilisirten Nationen mit Recht als eines der häßlichsten Verbrechen, als eine abscheuliche Sünde vor. Aber es ist Thatsache, daß fast alle Cultur-Völker in früheren Jahrhunderten eine Zeit durchgemacht haben, wo man denselben als etwas ganz Natürliches und Erlaubtes ansah. Dieses war sogar noch zur Zeit des Christenthums der Fall, indem derselbe erst durch Kaiser Constantin für das römische Reich, in welchem der Kindermord im ersten Jahrhundert nach Chr. ganz allgemein üblich war, verboten wurde. Auch ist derselbe noch bis auf den heutigen Tag bei fast allen Naturvölkern im Gebrauch, wohl hauptsächlich veranlaßt durch die Schwierigkeit der Erwerbung des Lebensunterhalts oder des Transports der

Kinder beim Umherziehen. Gewohnheit und Sitte stumpfen allmälig selbst das mächtige Gefühl der Mutterliebe dagegen bis zu einem solchen Grade ab, daß die Mütter ihre eignen Kinder verzehren helfen. Wie die Kinder, werden auch bei vielen Wilden, namentlich bei nomadisirenden, die Altersschwachen getödtet und aufgefressen. Aus diesem Grunde gibt es nach dem Bericht des Kap. Wilkes bei den Fidschi-Insulanern wenig Leute, die älter sind als vierzig Jahre. *)

Aber nicht bloß bei wilden, sondern auch bei civilisirten Völkern und deren einzelnen Angehörigen findet man die moralischen Begriffe oft in hohem Grade unentwickelt oder widerspruchsvoll, bis in die äußersten Extreme verschieden und bis zu einem solchen Grade relativ, d. h. von jeweiligen Zuständen oder individuellen Anschauungen abhängig, daß es jederzeit als eine Unmöglichkeit erscheinen mußte und immer erscheinen wird, irgend eine absolute Werthbestimmung für den Begriff des Guten zu gewinnen.**) An tausend und aber tausend Beispielen des täglichen Lebens ließe sich dieses mit Leichtigkeit nachweisen. Scheint uns dennoch in den Hauptgeboten der Moral auf den ersten Anblick etwas Festes oder Unverrückbares zu liegen, so ist die Ursache hiervon in der bestimmten Form jener gesetzlichen Vorschriften und socialen Gewohnheiten zu suchen, welche die menschliche Gesellschaft zu ihrer Selbsterhaltung nothwendig erachtet und nach und nach festgestellt hat. Da nun aber die Bildung menschlicher Gemeinwesen im Großen und Ganzen überall dieselben Bedürfnisse für Erhaltung

---

*) Man vergleiche den vortrefflichen Aufsatz über Kindermord als Volkssitte von C. Haberland im „Globus", 1880, Nr. 25.

**) Die Undefinirbarkeit des Begriffs des Guten ist eine bekannte Sache. Die Theologen haben sich in der Weise zu helfen gewußt, daß sie sagen: Gut ist, was den Geboten Gottes entspricht. Die Gebote Gottes sind aber natürlich von ihnen selbst gemacht. Die einfache Consequenz daraus kann sich Jeder leicht selbst ziehen.

ihrer selbst gehabt haben muß, so ist auch nicht zu verwundern, daß jene Vorschriften oder Gewohnheiten überall
eine gewisse, auf ganz natürliche Weise entstandene Gleichförmigkeit darbieten müssen. Nichtsdestoweniger und dem-
ohnerachtet sind dieselben im Einzelnen oft äußerst schwankend nach Verhältniß äußerer Umstände, verschiedener Zeiten
und Ansichten. Die Tödtung einer ungeborenen Frucht
schien den Römern, wie bereits erwähnt, eine nicht im geringsten gegen die Moral verstoßende Sache; heute hat man
dafür strenge Strafen, während die Chinesen auch jetzt noch
den Kindermord, namentlich den Mädchenmord, als rechtliche
Handlung ausüben. Das Heidenthum pries den Haß der
Feinde als höchste Tugend, das Christenthum verlangt Liebe
auch für den Feind. Welches von beiden ist nun moralisch?
Eine Menge von Dingen, welche die Sitte heute als abscheulich brandmarkt, fand man früher ganz in der Ordnung. Erziehung, Lehre, Beispiel machen uns Tag für
Tag mit jenen Vorschriften bekannt und verleiten uns, an
ein angebornes Sitten-Gesetz oder „Gewissen“ zu
glauben, dessen einzelne Bestandtheile sich bei näherer Betrachtung entweder als Paragraphen des Strafgesetzbuches
oder als fleischgewordene Ausdrücke gesellschaftlicher Lebens-
gewohnheiten erweisen. Wenn eine Mohamedanerin darüber, daß sie ihr Gesicht enthüllt, oder ein Hindu darüber,
daß er vermeintlich unreine Nahrung gegessen oder durch
Verfehlung irgend einer nichtssagenden Ceremonie seine
Kaste verloren hat, oder ein junger Australier darüber, daß
er Emu-Fleisch, oder ein Jude darüber, daß er Schweine-
fleisch gegessen hat, Gewissensbisse empfindet, so wird doch
wohl Niemand daran denken, dafür etwas Anderes als ein
gesellschaftliches Vorurtheil verantwortlich machen zu wollen.
Oder wenn es im alten Aegypten für selbstverständlich galt,
daß Derjenige, welcher, wenn auch nur aus Versehen, einen
Ibis getödtet hatte, sterben müsse, so halten wir dieses
heutzutage für den Gipfel der Verrücktheit. Vielleicht wird

es mit so Manchem, was wir heutzutage noch für Recht oder Sitte halten, in der Zukunft ebenso gehen.

„Es gibt kaum ein nennenswerthes Verbrechen", sagt Savage (Die Religion im Lichte der Darwin'schen Lehre, 1886), „welches das Gewissen nicht irgendwo als Pflicht geheiligt hätte; und es gibt kaum eine nennenswerthe Pflicht, welche das Gewissen nicht irgendwo als Verbrechen verdammt hätte; die Lehre vom Recht und Unrecht ist auf dem ganzen Wege der menschlichen Geschichte einem fort= während Wechsel und Fortschritt unterworfen gewesen. Das Gewissen jedes Menschen verändert und entwickelt sich in Uebereinstimmung mit seinem eignen Zustand, seiner Erziehung und Entwicklung von der Kindheit bis zum Alter." — „Das Gewissen des Plato trieb ihn dazu, eine ideale Republik mit Männer= und Frauengemeinschaft zu empfehlen, während wir Solches als unmoralisch verab= scheuen. Das Gewissen kreuzigte Jesus, und das Gewissen vergötterte ihn, weil er für sein Ideal des Guten starb. Das Gewissen errichtete die Inquisition, und das Gewissen gab den Menschen die Kraft, um ihres Glaubens willen jene Foltern zu ertragen," u. s. w., u. s. w. „Dieses Alles widerlegt ganz und gar die Lehre, daß das menschliche Gewissen die „Stimme Gottes in der Seele", oder ein „inneres Licht" sei." — „Es giebt ein Rassegewissen, ein Familiengewissen, ein Kirchengewissen, ein Nationalitäts= gewissen, ja sogar ein Berufs= und Geschäftsgewissen oder ein Tiergewissen." *)

---

*) Das angeborene Sitten=Gesetz oder „Gewissen" oder der „kate= gorische Imperativ" Kant's ist selbst von den meisten Philosophen heutzutage in das Gebiet der Märchen verwiesen. Schopenhauer nennt es eine „Kinderschulen=Moral". Höchst bezeichnend für die Ent= stehung desselben ist die bei wilden Stämmen gemachte Beobachtung, daß die bei ihnen geltenden Moral=Vorschriften sich immer nur auf den eignen Stamm beziehen und innerhalb desselben um deswillen gehalten werden, weil eine Nicht=Beobachtung derselben die Existenz

Dabei besteht aber doch wieder ein sehr großer Unterschied zwischen den Gesetzen des Staates und denen der Moral; ein noch größerer zwischen den Gesetzen des Staates, der Sitte, der Religion und denen, welche seine eigne Natur und Ueberlegung dem Einzelnen in jedem besonderen Falle vorschreiben. Diese Unterschiede haben in Geschichte und Dichtung von je die größten tragischen Motive abgegeben. Der Staat, die Gesellschaft brandmarken oft etwas als Verbrechen, was man moralisch als eine Großthat ansieht.

---

des Stammes selbst gefährdet würde, während fremden Stämmen gegenüber jede moralische oder Rechts-Rücksicht gänzlich wegfällt und jede Art von Greuel und Schandthat nicht bloß erlaubt ist, sondern auch für verdienstlich gehalten wird. Der Begriff einer allgemeinen „Menschlichkeit", eines für Alle geltenden Menschen-Rechtes ist erst eine Erwerbung der culturhistorischen Entwicklung der Neuzeit. Dennoch zeigt der bei jeder passenden Gelegenheit wieder neu hervortretende Nationalhaß oder Chauvinismus, daß jene gewissermaßen durch atavistische Erinnerung festgehaltene Stammes-Feindschaft in den Herzen der Menschen noch lange nicht erloschen ist und nur des zündenden Funkens bedarf, um wieder neu hervorzubrechen. — In Wirklichkeit ist das Gewissen oder moralische Gefühl nichts anderes, als der Ausdruck der durch lange Gewohnheiten mächtig gewordenen socialen Instinkte und abhängig von Erkenntniß der Gesetze des civilisirten Zusammenlebens und Gewöhnung an dieselben. Daher es auch nicht zu verwundern ist, wenn man nicht selten bei schweren, in Rohheit und Unbildung aufgewachsenen Verbrechern eine totale Abwesenheit von Reue oder moralischem Gefühl beobachtet. Das Moralgesetz selbst aber beruht weder auf einem Vertrag, wie die Rechtslehrer behaupten, noch auf einer angebornen Idee, wie die Moralisten wollen, sondern es erscheint als ein echtes, durch den Zwang der Umstände selbst herbeigeführtes Naturgesetz, ohne welches die menschliche Gesellschaft einfach eine Unmöglichkeit sein oder gewesen sein würde. Ohne Sittlichkeit keine Gesellschaft, und ohne Gesellschaft kein Mensch! „Moral oder Ethik", sagt sehr richtig Tylor (Anfänge der Civilisation), „bedeutet das sich Anpassen an die Sitten der Gesellschaft, der man angehört. Es gibt in der ganzen Welt nicht zwei Rassen, welche genau dieselbe Moral haben; jede hat vielmehr ihre eignen Vorschriften, denen die öffentliche Meinung eine Sanktion verleiht."

Ueberhaupt ist der ganze, tiefgreifende Unterschied zwischen
„juristisch" und „moralisch" Folge äußerer Verhältnisse oder
Bedingungen und der beste Beweis dafür, daß die Idee des
Guten keinen absoluten Werth besitzt. Die meisten Ver=
brechen, welche begangen werden, werden von Angehörigen
niederer Stände verübt und sind fast jedesmal nachweisbare
Folge mangelhafter Erziehung und Bildung oder angebore=
ner Schwachheit der intellectuellen Kräfte. Die ganze mora=
lische Natur des Menschen hängt aufs Innigste mit seinen
äußeren Verhältnissen zusammen. Je höher die Cultur
steigt, desto mehr erhebt sich die Sittlichkeit und mindern
sich die Verbrechen. —

Noch mehr verdankt endlich der Begriff des Wahren
dem Fortschritt der Wissenschaften und der menschlichen Er=
kenntniß seine Entstehung und allmälige Ausbildung und
ist ein so wenig feststehender, daß sich die Menschen zu allen
Zeiten über seine richtige Auslegung die Köpfe und gegen=
seitig sogar die Hälse zerbrochen haben und auch wohl
immer zerbrechen werden. Wenn nichtsdestoweniger die
Gesetze des Denkens oder der Logik eine gewisse unab=
änderliche Nothwendigkeit oder Stabilität zeigen, so liegt
dieses an den bereits in einem vorhergehenden Kapitel aus=
einandergesetzten Ursachen und daran, daß das Denkgesetz
geradeso wie das Moralgesetz ein aus natürlicher oder natur=
geschichtlicher Entwicklung hervorgegangenes und daher durch
die unabänderlichen Gesetze des Alls bestimmtes Naturgesetz
ist. Die menschliche Vernunft ist, wie dort gezeigt wurde,
nur der Spiegel, der das All zurückwirft, und Logik und
Mechanismus sind dasselbe.

So beruht die sicherste aller Wissenschaften oder die
Mathematik, über deren empirische oder apriorische
Begründung man sich soviel gestritten hat, auf lauter
objectiven Verhältnissen, ohne deren Dasein auch mathe=
matische Gesetze unmöglich wären — weswegen auch die
Mehrzahl der Mathematiker sich heutzutage dahin erklärt,

daß die Mathematik zu den Naturwissenschaften, nicht aber zu den philosophischen oder spekulativen Wissenschaften zu rechnen sei. Die Begriffe von Raum, Größe, Ausdehnung, von Höhe, Breite, Tiefe sind nur aus der sinnlichen Erfahrung, aus der Anschauung genommen und würden ohne sie nie existirt haben. Es ist somit der Grundsatz aller mathematischen Betrachtung auf empirischem oder erfahrungsmäßigem Wege gewonnen worden.*) Zahlen bezeichnen keine absoluten, sondern nur relative Begriffe, welchen keine Wirklichkeit außerhalb der damit bezeichneten Gegenstände zukommt; sie stellen nur die Form dar, unter welcher wir die Wirklichkeit betrachten. Daher auch die Zahl an und für sich und ohne Beziehung auf Objecte nur eine reine Abstraktion ist. Die Bildung der Zahlwörter ist, wie man aus etymologischen Anzeichen schließen darf, erst ziemlich spät erfolgt und scheint ein schweres Stück Arbeit für die betreffenden Völker gewesen zu sein. Noch heute gibt es eine Menge wilder Völker, welche in dieser Beziehung weit zurück sind, und für welche das Ausdrücken größerer Zahlen eine totale Unmöglichkeit ist. Die wilden Neger in Surinam können nicht weiter zählen, als bis zu der Zahl zwanzig, wozu sie ihre Finger und Fußzehen als Anhaltspunkte nehmen und sogar deren Namen zur Bezeichnung jener Zahlen gebrauchen. Alles, was über die zwanzig Finger und Zehen hinausgeht, ist

---

*) Wenn Kant von der von ihm sog. „reinen" Mathematik behauptet, daß sie nicht empirische, sondern bloß reine Erkenntnisse a priori enthalte, so läßt er es ebenso unklar, was er unter reiner Mathematik versteht, wie es unklar bleibt, was die Ausdrücke reine Naturwissenschaft, reine Anschauung, reiner Verstand und reine Vernunft zu bedeuten haben. Alle diese „reinen" Begriffe, welche uns durch die ganze Kritik der reinen Vernunft hindurch zum Ueberdruß verfolgen, sind nichts anderes als Unbegriffe oder Schatten an der Wand, welche nur solchen Geistern zugänglich sind, die auf der Höhe der Kant'schen Philosophie stehen. (Man vergl. Bolliger: Anti-Kant Basel 1882.)

für sie nicht mehr zählbar und heißt „Wiriwiri" oder
„Viel". Das nämliche gilt von den wilden Grönländern.
Nach Sir John Lubbock (Ueber den vorhistorischen
Menschen II, S. 272) geht sogar keine australische Sprache
über die Zahl vier hinaus; die Damaras und Abepoinen
zählen nur bis zu drei; einige brasilianische Stämme
ebenso wie die ausgestorbenen Tasmanier sogar nur bis
zwei. Was darüber hinaus geht, heißt „Viel" („Pop"
bei den Abepoinen, „Uruhu" bei den Botokuden). Viele
amerikanische und afrikanische Stämme von Wilden bezeichnen nach Tylor die Zahl fünf mit dem Ausdruck
„eine ganze Hand"; für sechs sagen sie: „eins der andern
Hand"; für zehn: „beide Hände"; für elf: „eins vom
Fuß"; für zwanzig: „ein Indianer"; für einundzwanzig: „eins der Hand eines andern Indianers" —
oder kürzer für elf: „Fuß eins", für zwölf: „Fuß zwei",
für zwanzig: „ganze Person" oder „ein Mensch". Die
Zahl hundert bezeichnen sie mit „fünf Menschen". Uebrigens
ist der Begriff fünf = Hand bereits ein sehr später Begriff,
wie K. von den Steinen bei den Wilden Central-
Brasilien's constatirt hat. Es gibt nach ihm eine ganze Reihe
zählender Naturvölker, welche ihn noch nicht erreicht haben.
Die Arfakis in Neu-Guinea können, wie Dr. A. E. Meyer
mit Bestimmtheit zu constatiren Gelegenheit fand, mit
Sicherheit nur bis fünf zählen und haben nur für diese
Zahlen feststehende Ausdrücke. Von fünf bis zehn sind sie
schon geneigt, sich zu irren; doch der Gebrauch der Finger
hilft ihnen über Unsicherheiten hinweg. Zwanzig drücken
sie durch Zusammenhalten der Finger und Zehen aus,
weiter aber reichen ihre Zahl-Begriffe nicht. Dennoch sind
sie im Uebrigen nicht unintelligent zu nennen. Die Bemühungen der Missionäre, jenen Wilden das Zählen zu
lehren, bleiben in der Regel erfolglos.*)

---

*) Weitere Beispiele bei Lubbock, Entstehung der Civilisation,
S. 364 u. flgd.

Vielen wilden Völkern mangeln ganz die Ausdrücke für allgemeine Begriffe oder Eigenschaften, welche verschiedenen Körpern auf einmal zukommen, wie „Farbe", „Ton", „Baum" u. s. w.; sie haben ein besonderes Wort für jede Art von Farbe, für jede Art von Baum, aber keine allgemeine Bezeichnung. Nach dem Bericht des Missionär Pater Baegert, der lange unter den Eingebornen Nieder=Californiens gelebt hat, haben dieselben gar keine Worte oder Bezeichnungen für allgemeine Begriffe oder Abstraktionen, wie Leben, Tod, Wetter, Hitze, Kälte, Freundschaft, Wahrheit, Herr, Diener, Urtheil, Reich, Arm, Fromm, Alt, Jung u. s. w., sondern nur Bezeichnungen für materielle Dinge, die man sehen oder fühlen kann, oder für bestimmte Personen, z. B. für eine junge Frau, einen alten Mann u. s. w. (Rep. of the Smithson. Inst. 1864, S. 394.) Die Mohikaner haben Worte für verschiedene Arten von „Schneiden", aber keines für den Begriff des Schneidens selbst; die Australier kennen eine Mannichfaltigkeit von Schlägen, haben aber kein Hauptwort mit der Bedeutung „Schlag"; die Tschirogesen haben dreizehn verschiedene Bezeichnungen für ebensoviele Arten von „Waschen", ohne das Zeitwort „Waschen" selbst bezeichnen zu können; die malayische Sprache ist sehr reich an konkreten, aber sehr arm an abstrakten Ausdrücken u. s. w. (Weiteres bei Romanes: Die geistige Entwicklung beim Menschen, Leipzig 1893.)

Ein eigentlich metaphysisches oder transcendentes Wissen vollends gibt es gar nicht, und alle metaphysischen, noch so fein ausgedachten Systeme sind im Laufe der Zeit zu Schanden geworden. Jeder neue Philosoph behauptet, daß er alle Systeme seiner Vorgänger widerlegt oder überholt habe, und daß seine Lehren den Abschluß alles philosophischen Denkens für alle Zeiten bilden müßten, während sehr bald darnach ein anderer kommt, der dasselbe von sich behauptet. „Die Metaphysik," sagt A. Lefèvre sehr be=

zeichnend, „erhebt sich über das, was ist, um das zu erreichen, was nicht ist." Alle philosophischen Raisonnements,
welche sich von dem Boden der Thatsachen und Objekte
entfernen, werden alsbald unverständlich und unhaltbar
und sind meist nur willkürliche und subjective Ausstrahlungen
aus einem früher auf empirischem Wege gewonnenen Urtheil, ein phantastisches Spiel mit Begriffen und Worten.
Versuche es jeder an sich selbst, ob er jemals im Stande
war oder ist, einen allgemeinen Satz, eine sog. Abstraktion
zu begreifen ohne den nothwendigen Bezug auf Beispiele,
auf äußere Objecte! „Auch die höchsten Ideen," sagt
Virchow (die Einheits-Bestrebungen in der wissenschaftlichen Medicin, neue Ausgabe 1855), „entwickeln sich langsam und allmälig aus dem wachsenden Schatze sinnlicher
Erfahrung, und ihre Wahrheit wird nur verbürgt durch
die Möglichkeit, concrete Beispiele für sie in der Wirklichkeit aufzuweisen."

Was die oft gehörte Behauptung von dem auffälligen
Hervortreten allgemeiner Begriffe im Leben der Kinder
angeht, so muß vollkommen abgeleugnet werden, daß ein
solches Hervortreten unter Umständen stattfindet, wo die
Einflüsse der Erziehung, der Umgebung des Beispiels u. s. w.
gänzlich fehlen. Der Sinn für Recht kann sich im Knaben
nur da entwickeln, wo das Zusammensein mit Andern ihm
erlaubt, Vergleichungen anzustellen und einzelne Rechts-
sphären abzugrenzen, während das Fehlen solchen Umgangs
in der Regel Eigensinn, Herrschsucht und Unduldsamkeit
erzeugt. Erst nach Erreichung eines ziemlich hohen Alters
erkennt der Staat eine persönliche Zurechnungsfähigkeit an
— Beweis genug dafür, daß man dem Kinde keine angeborne Rechts-Idee zutraut. Ebensowenig lassen die moralischen oder ästhetischen Begriffe des Kindes irgendwie den
Werth einer angebornen Anschauung erkennen. Im Gegentheil äußern Kinder oft einen sehr sonderbaren und für
Erwachsene lächerlichen Geschmack. Sie wissen nicht oder

nur schwer zwischen Mein und Dein zu unterscheiden, haben
keinen Begriff von dem Unrecht, welches in der Lüge oder
im Diebstahl liegt, sind große Egoisten, zeigen Neigung zu
Hinterlist und Grausamkeit u. s. w. und ähneln so in vieler
Beziehung den wilden Völkern, welche Mangel an Erziehung
und Bildung gewissermaßen als große Kinder erscheinen
läßt. Am auffallendsten zeigt sich diese Aehnlichkeit durch
die Abwesenheit einer geistigen Qualität, welche bei dem
civilisirten Menschen erst nach Erreichung der Pubertät
mit so großer Gewalt hervorzutreten beginnt, nämlich des
Schamgefühls oder des Begriffs der Keuschheit — obgleich
bei dem letzteren ohne Zweifel ererbter Trieb oder ererbte
Anlage mit im Spiele ist. Dagegen begegnet man bei
Australiern, Süd= und Nordost=Afrikanern, Anbaman=
Insulanern, Botokuden, Papuas u. s. w. nach den Be=
richten von Dübol, Orton, Schiele, Ehrenreich,
Livingstone, Sarasin u. A. einem totalen Mangel alles
Schamgefühls. Sie gehen zum Theil vollkommen nackt oder
verhüllen ihre Geschlechtstheile nur zum Schutz gegen
äußere Schädlichkeiten und begatten sich öffentlich, wie die
Tiere. Nach Lorimer Finson begatten sich die Fidschi=
Insulaner bei Gelegenheit der sog. Nanga=Mysterien öffent=
lich auf der Straße, und alle arktischen Völkerschaften haben
den Gebrauch, Frau und Tochter dem Gastfreund zur Be=
nutzung anzubieten. Nach Ludwig Wolf (Reise im
Norden von Dahomé, Mitth. aus dem Deutschen Schutz=
gebiet 1888) gehen im Gebiet des Jabo Bukari die Sclaven
(Männer, Frauen und Mädchen) vollkommen nackt; nur
die Freien tragen Turban und Hemden aus Baumwolle.
In Barëi fand Wolf sämmtliche Bewohner als Heiden und
ganz nackt gehend. Auch Contre=Admiral A. von Werner
berichtet von seinen Reisen in der Südsee viele Beispiele
vollkommner Nacktheit bei beiden Geschlechtern. Die Skulp=
turen auf alten indischen Tempeln beweisen nach Lubbock
(S. 372 a. D., II, S. 262), daß ein Volk sich sogar

bis zu einer bedeutenden Culturstufe erheben kann, ohne
die leiseste Nothwendigkeit einer Bekleidung einzusehen; und
selbst heute noch sind die Begriffe von Keuschheit und
Schamhaftigkeit in Indien und auf der Insel Ceylon, auf
welcher die wilden oder Jäger-Webba's ganz nackt gehen,
wenn sie unter sich sind, von den unsrigen himmelweit verschieden.*) Die Hindus an der Südspitze von Vorderindien
halten das Bedecken der Frauenbrüste für höchst unanständig;
und in Fibore, einem niederländischen Vasallenstaat der
Moluken, dürfen Frauen nur vollkommen nackt vor ihren
Fürsten erscheinen. Selbst die alten Griechen, die klassischen
Vorbilder unsrer höheren Geistesbildung, besaßen kaum eine
Ahnung von dem, was wir heute unter Scham und Sitt-
samkeit in Beziehung auf geschlechtliche Verhältnisse begreifen.
Ehebruch und jede Art geschlechtlicher Vermischung war bei
ihnen ganz gewöhnlich und wurde ohne die geringste Scheu
vor Tadel oder Oeffentlichkeit betrieben, während man in
den Theatern die maßlosesten Obscönitäten zur Darstellung
brachte. Die Tempel der Venus oder Aphrodite an der
phönizischen Küste oder auf der Akropolis von Corinth oder
auf der Insel Cypern u. s. w. waren priviligirte Prosti-
tutionshäuser, in welchen sich die Damen der feinsten Gesellschaft durch Hingabe an die fremden Reisenden ihre Mit-
gift zu verdienen pflegten. Aehnlichem begegnet man noch
heute bei vielen wilden und halbwilden Völkern, bei denen
der Werth eines Mädchens nicht nach der bei uns so hoch-
geschätzten Keuschheit, sondern umgekehrt nach der größeren
oder geringeren Zahl ihrer Liebhaber beurtheilt wird.
Die Ismaëliten, eine orientalische Religionssekte, sind
alles Schamgefühls baar; abscheuliche Glaubens-Lehren und
empörend cynische Gebräuche bilden die Haupt-Dogmen des

---

*) Man vergleiche die interessanten Schriften von A. Jacoil-
lot: Voyage au pays des Bajadères und Voyage au pays des
perles.

ismaëlitischen Cultus. Die Begriffe der Japaner, eines in der Cultur weit vorangeschrittenen Volks, von Anstand und Sitte sind von den unsrigen so grundverschieden und anscheinend sittenlos, daß eine Vergleichung zwischen beiden eigentlich gar nicht vorgenommen werden kann. Die Moral ist nach dem Bericht von W. Reinholb ein Begriff, den man in Japan ganz anders auffaßt, als bei uns. Was man bei uns mit einem verächtlichen Ausdruck „Prostitution" nennt, ist in Japan allgemeine Sitte und durch Gesetze und die Aufsicht des Staates gefördert und geregelt; und diese uns so seltsam erscheinende Anschauungsweise erstreckt sich durch das ganze öffentliche und Familienleben. Nur heimliche, nicht legalisirte Prostitution bringt Verachtung mit sich. „Es ist schwer," sagt Reinholb sehr bezeichnend, „für diese Unterscheidung eine Erklärung zu finden, wenn man Moral nicht als einen relativen Begriff auffassen will." Wer daher mit Liebig behauptet, daß „die moralische Natur des Menschen ewig dieselbe bleibt", der muß von den hierauf bezüglichen, beinahe zahllosen Thatsachen, welche das Gegentheil beweisen, kaum irgend eine Ahnung besitzen.

Der Sinn für Wahrheit, für Schönheit und für Recht, obgleich er am Ende in jedem einigermaßen Gebildeten und in geordneten Gesellschafts-Zuständen Lebenden bis zu einem gewissen Grade mit Nothwendigkeit durch den Einfluß der Umgebung selbst erweckt wird, kann und muß doch geübt werden, um Kraft und Geltung zu erlangen. Wie anders überlegt und schließt der ans Denken gewöhnte und durch Wissenschaft erleuchtete Gelehrte, als Derjenige, der sich nur mit körperlichen Arbeiten beschäftigt! Wie ganz anders erglüht der vom Leben gewiegte und am Busen der Geschichte großgezogene Mann für Recht und Gerechtigkeit, als der einem unbestimmten und noch unklaren innern Drang folgende Jüngling! Wie anders urtheilt der Kenner über Schönheit, als der Laie!! Wie eine Pflanze im Boden, so wurzeln wir mit unserm Wissen, Denken, Empfinden in der objectiven Welt, darüber hinaus die Blüthenkrone der Idee tragend; aber herausgerissen aus diesem Boden müssen wir gleich der Pflanze verwelken und sterben.

Aus allem diesem geht hervor und steht damit im innigsten Zusammenhang, daß wir keine Wissenschaft, keine Vorstellung vom Absoluten, d. h. von dem haben können, was über die uns umgebende sinnliche Welt hinausgeht. So sehr die Herren Metaphysiker vergeblich sich bemühen mögen, das Absolute zu definiren, so sehr die Religion streben mag, durch Annahme unmittelbarer Offenbarung den Glauben an das Absolute zu erwecken, nichts kann diesen inneren Mangel verdecken. All' unser Wissen und Vorstellen ist relativ und geht nur aus einer gegenseitigen Vergleichung der uns umgebenden sinnlichen Dinge hervor. Wir hätten keinen Begriff vom Dunkel ohne das Licht, keine Ahnung von Hoch ohne Niedrig, von Warm ohne Kalt u. s. w.; absolute Ideen besitzen wir nicht. Wir sind nicht im Stande, uns eine auch nur entfernte Vorstellung von „Ewig" oder „Unendlich" zu machen, weil unser Verstand in seiner sinnlichen Begrenzung durch Raum und Zeit eine unübersteigliche Grenze für jene Vorstellung findet. Weil wir in der sinnlichen Welt gewohnt sind, überall, wo wir eine Wirkung sehen, auch eine Ursache zu finden, haben wir fälschlich auf die Existenz einer höchsten Ursache aller Dinge geschlossen, obgleich eine solche dem Bereiche unserer sonstigen Begriffe nicht zugänglich ist und der wissenschaftlichen Erfahrung widerstreitet.

Dieses näher darzulegen, soll die Aufgabe des folgenden Capitels sein.

Die Gottes-Idee.

- - - -

Gott ist eine leere Tafel, auf der nichts weiter steht,
als was du selbst darauf geschrieben.

Luther.

Gott ist ein lauter Nichts, ihn rührt kein nun noch hier;
Je mehr du nach ihm greifst, je mehr entwird er dir.

Angelus Silesius (1624—1677.)

In seinen Göttern malt sich der Mensch.

Schiller.

So oft die Wissenschaft einen Schritt vorwärts macht,
weicht Gott einen Schritt zurück.

Laquet.

Wenn es richtig ist, daß es keine angeborenen An=
schauungen oder Ideen gibt, so muß auch die Behauptung
Derjenigen unrichtig sein, welche annehmen, daß die sog.
Gottes=Idee oder der Begriff eines höchsten persön=
lichen Wesens, welches die Welt erschaffen hat, regiert
und erhält, etwas dem menschlichen Geiste von Natur Ein=
geborenes, Nothwendiges oder Instinktives und darum durch
alle Vernunft=Gründe Unwiderlegliches sei. Es behaupten
die Anhänger dieser Ansicht, es werde durch die Erfahrung
gelehrt, daß es keine noch so rohen oder ungebildeten Völker
oder Individuen gebe, bei denen die Gottes=Idee oder der
Glaube an ein höchstes persönliches Wesen nicht vorgefunden
werde, und daß dieser allgemeine consensus gentium der

beſte Beweis für die Wahrheit oder Nichtigkeit der Idee ſelbſt
ſei. — In der That aber lehrt uns eine genaue Kenntniß
und unbefangene Beobachtung der Einzelnen wie der Völker
in rohen und unentwickelten Bildungs-Zuſtänden das gerade
Gegentheil; und es gibt nach dem übereinſtimmenden Zeugniß von Kaufleuten, Philoſophen, Seefahrern und Miſſio-
nären eine nicht geringe Anzahl von Völkern, welche entweder gar keine Spur von religiöſem Glauben beſitzen oder
aber denſelben in einer ſo entſtellten und unvollkommenen
Weiſe zeigen, daß er den Namen der Religion kaum ver-
dient.   Wenn es daher nicht wenige Philoſophen wie Naturforſcher gibt, welche den auszeichnendſten Charakter der
Menſchheit oder Menſchlichkeit in der „Religioſität" oder noch
ſpezieller in dem Gottesglauben finden, ſo iſt dieſe Behauptung entweder falſch, oder man müßte ſich entſchließen,
einer ganzen und nicht geringen Anzahl wirklicher und un-
zweifelhafter Menſchen den menſchheitlichen Charakter ab-
zuſprechen.

    „Es iſt," ſagt der berühmte Anthropolog Broca, „in
meinen Augen über jeden Zweifel erhaben, daß es unter
den niederen Raſſen Völker ohne Cultus, ohne Dogmen,
ohne metaphyſiſche Begriffe, ohne gemeinſame Glaubens-
ſätze und folglich auch ohne Religion gibt;" und der Rei-
ſende de Lauture ſchreibt: „Es iſt ein ſeltſamer Irrthum,
anzunehmen, daß alle Völker an das Daſein eines Gottes
glauben; ich habe viele Wilde geſehen, die davon keinen
Begriff hatten."   Lubbock (Die vorgeſchichtliche Zeit, II,
S. 277) ſagt: „Diejenigen, welche annehmen, daß ſelbſt die
tiefſtſtehenden Wilden an ein überirdiſches Weſen glauben,
ſprechen eine Behauptung aus, die im vollſtändigen Widerſpruch zu der Wirklichkeit ſteht."   Auch Darwin (Abſt. b.
Menſchen, I, S. 55) ſchreibt: „Es ſind reichliche Zeugniſſe,
nicht von flüchtigen Reiſenden, ſondern von Männern,
welche lange unter Wilden gelebt haben, beigebracht worden, daß zahlreiche Raſſen exiſtirt haben und noch exiſtiren,

welche keine Idee eines Gottes oder mehrerer Götter und
keine Worte in ihren Sprachen haben, um eine solche Idee
auszudrücken."

Darwin selbst (ebenda, S. 57) konnte bei Gelegen=
heit seiner berühmten Reise an Bord des Beagle ebenso=
wenig wie seine Begleiter finden, daß die Feuerländer
(welche den Archipel an der Südspitze des amerikanischen
Continents bewohnen) an das glaubten, was wir einen
Gott nennen würden, oder daß sie irgendwelche religiöse
Gebräuche ausübten. Nach R. Elcho (Westermann's
Monatshefte, Juli 1881, sowie nach einem Bericht in der
Zeitschrift „Globus", Bd. XXIX, Nr. 21) haben die
californischen Indianer durchaus keine Vorstellung von
einem höchsten oder überirdischen Wesen oder von einer
welterhaltenden und weltregierenden Kraft. Einige Stämme
sind der Meinung, daß der Tod Alles abschließe, während
andere von einem besseren Leben in einem westlich ge=
legenen Lande träumen. Wenn sie von dem „großen Mann"
oder dem „alten Mann Oben" und Aehnlichem sprechen,
so ist dieses nur ein modernes Pfropfreis auf ihre alten
Anschauungen; denn niemals spielt dieses Wesen eine Rolle in
ihren Angelegenheiten und kommt auch nicht in ihrer Volks=
Mythologie vor; es schafft nichts und erhält nichts.*) Die
Natur ist ihr einziger Gott, und ihr Diener ist der
Coyote, eine Art Hund oder Schakal, welcher nach ihrer
Vorstellung die Welt und Alles, was darin ist, gemacht

---

*) Schon vor zwanzig Jahren hat der ausgezeichnete ameri=
kanische Gelehrte Garrick Mallery in einer sorgfältigen Unter=
suchung nachgewiesen, daß kein einziger Indianerstamm vor seiner
Beeinflussung durch Missionäre eine Vorstellung von einem
„großen Geist" oder von irgend etwas hatte, das dem jüdischen oder
christlichen Gott nahekommt. Alle Angaben darüber sind irrthümlich.
Das Wort „Manito", welches angeblich Gott bezeichnen soll, ist ein=
fach falsch gedeutet. (Man vergl. G. M.: Israelite and Indian.
A parallel in Planes of Culture, New-York 1889.)

hat. Pater Baegert, der siebzehn Jahre lang als Missionär
unter den californischen Indianern lebte, versichert, daß
ihnen Idole, Tempel, religiöse Handlungen oder Gottesdienst
ganz unbekannt gewesen seien, und daß sie weder an den
einzigen und wahren Gott geglaubt, noch falsche Götter an=
gebetet hätten (Smithson. Contrib., 1863 bis 1864, S. 390).
Gleiches und Aehnliches berichten de la Perouse, Colben,
Hearne von verschiedenen amerikanischen Indianerstämmen
(man vergl. Lubbock, a. a. O., II, S. 274 und „Ent=
stehung der Civilisation", S. 174 u. flb.). Auch der be=
rühmte englische Reisende Bates (Der Naturforscher am
Amazonenstrom, London, 1863) erzählt von den sonst wohl
gesitteten brasilianischen Indianern an den Ufern
des Tapajos und Cupari: Sie haben keine Idee oder
Ahnung von einem höchsten Wesen und kümmern sich nicht
um die Ursachen der sie umgebenden Natur=Erscheinungen.
Sie kennen nur eine Art von bösem Kobold, welcher Ur=
sache ihrer kleinen Unglücksfälle ist. Auch keiner der am
oberen Amazonenstrom wohnenden indianischen Stämme
hat ein Wort, um den Begriff Gottes auszudrücken; und
die ebenda wohnenden Caishanas=Indianer kennen nicht
einmal die bei den übrigen Stämmen gebräuchlichen Cere=
monien zu Ehren des bösen Dämon. Von vielen südame=
rikanischen Stämmen, die Azara besuchte (Voyages dans
l'Amer. merid., II., S. 3 bis 166), gilt dasselbe. Von
dem Stamm der Abepoinen erzählt Pater Dobrizhof=
fer, daß er zu seiner größten Ueberraschung in der Sprache
dieser Wilden nicht ein einziges Wort angetroffen habe, das
einen Gott oder ein göttliches Wesen bezeichnete (bei Lubbock,
a. a. O., II, S. 276). Ueber den Indianerstamm der
Payaguas am Paraguay in der Nähe von Asuncion berichtet
M. A. Baguet (Bull. de la Soc. Geogr. d'Anvers, 1878,
II. Bd., S. 63), daß sie keine Idee von einem höheren
Wesen haben, und daß alle Versuche der Jesuiten zu ihrer
Belehrung fehlschlugen. Von den sog. „Tobas=Indi=

anern" in Südamerika berichtet der französische Reisende
A. Thouar: „Von eigentlichem Gottesglauben findet
sich bei ihnen keine Spur; nur eine leichte Andeutung der
Vorstellung eines Geistes, den sie Päjak nennen." Nach
Lubbock (a. a. O., II, S. 273) besagen die Missionär=
berichte über die südamerikanischen Indianer von Gran=
Chaco, daß sie „keine Religion haben, keinerlei Götzendienst
treiben und auch nicht die leiseste Ahnung von Gott oder
von einem höheren Wesen besitzen. Sie machen keinerlei
Unterschied zwischen Recht und Unrecht, haben keine Hoff=
nung auf jetzige oder zukünftige Belohnung, keine Furcht
vor Bestrafung und kein geheimes Grauen vor einer über=
natürlichen Macht, die sie sich durch Opfer oder Götzen=
dienst geneigt machen könnten." Nach Dr. Carl von den
Steinen (Bericht über dessen Xingu=Expedition in der
Berliner Gesellschaft für Erdkunde, Globus 1888, S. 282)
haben die Bakairi=Indianer in Südamerika kein Wort
für Gott; sie haben auch keine Idole oder gottesdienstliche
Handlungen. Nach diesem Schriftsteller ist die induktive
Ethnologie berechtigt zu sagen, daß der Begriff „Gott"
kein fundamentaler Begriff des menschlichen Denkens ist.

Nicht weniger auffallende Beispiele totaler Religions=
oder Gottlosigkeit liefert der dunkle Welttheil oder Afrika.
Unter den Negern von Dukanyama, einer der vielen
Stationen Südafrikas, vermochte Ladislaus Magyar
keine Spur einer Religion zu entdecken. Wie es scheint,
verehren sie ihren König oder Häuptling als höchstes Wesen
und suchen ihn durch Menschen= und Tieropfer zu gewinnen.
Die in der Gegend der Nilquellen wohnenden Latuka's
fand S. W. Baker (Der Albert=Nyanza u. s. w. 1867)
ohne jede Spur einer Religion oder eines Gottesglaubens;
ja nicht einmal der bei den Negern so gebräuchliche Feti=
schismus (Fetisch=Anbeterei) ist ihnen bekannt. Nach des
berühmten Livingstone's Berichten haben die Bet=
juanen oder Bechuana's, einer der intelligentesten

Stämme im Innern Südafrikas, sowie alle mittelafrikani-
schen Völker keine Spur von Cultus, keinerlei Götzen und
keine einzige religiöse Vorstellung (Bull. de la Soc. d'Anthrop. de Paris, 1864, S. 227). Desgleichen berichtet
Anbersson (Reise in Südafrika, London 1856), daß
der Sprache der Betjuanen jedes Wort für den Begriff eines Schöpfers mangelt; und der Missionär Moffat
erzählt von ihnen in sehr charakteristischer Weise: „Ich
habe oft gewünscht etwas zu finden, wodurch ich auf das
Herz der Eingeborenen einwirken könnte — ich habe bei
ihnen nach „einem Altare des unbekannten Gottes" gesucht,
einer Hindeutung auf den Glauben ihrer Voreltern, auf
die Unsterblichkeit der Seele oder einen anderen religiösen
Begriff. Aber sie haben nie an etwas derartiges gedacht.
Wenn ich mit den Vornehmsten unter ihnen von einem
Schöpfer sprach, der Himmel und Erde regiert — vom
Sündenfall und von der Erlösung der Welt — von der
Auferstehung der Todten und einem ewigen Leben, so kam
es ihnen vor, als spräche ich von Dingen, die fabelhafter,
ungereimter und lächerlicher sind, als ihre inhaltsleeren
Geschichten von Löwen, Hyänen und Schakalen. Wenn ich
ihnen sagte, daß man solche und andere Lehren der
Religion nothwendig wissen und glauben müsse, entlockte
ihnen dies nur Ausrufe der höchsten Ueberraschung, gleich
als wenn dies zu albern wäre, als daß selbst die Dümmsten
darauf hören könnten." Von den Kaffern, einer bekanntlich körperlich und geistig sehr gut entwickelten Rasse,
erzählt Oppermann: „Eine Vorstellung von einem
höchsten Wesen haben sie nicht im entferntesten — ihr
Häuptling ist ihr Gott". Das harmlose Volk der Hottentotten glaubt wohl an ein gutes und böses Prinzip,
kennt aber weder Tempel noch Gottesdienst, mit Ausnahme
der Festtänze zu Ehren des Vollmonds und der Verehrung
eines kleinen glänzenden Käfers, der beinahe für einen
Gott gehalten wird. Le Vaillant, der lange unter

ihnen gelebt hat, sagt, daß er keine Spur von Religion oder Gottesglauben bei ihnen gefunden habe (Voyages dans l'Afrique, Bd. I, S. 93). Die Buschmänner, eine zwerghafte Abart jener, haben weder Religion, noch einen Begriff von einer Gottheit, dagegen eine Menge abergläubischer Vorstellungen. Im Rollen des Donners glauben sie die Stimme böser Geister zu vernehmen und antworten darauf mit Flüchen und Verwünschungen. Nach Gustav Fritsch (Die Eingebornen Südafrikas, Breslau 1872) haben die Ova-herero oder Vieh-Damara's in Südafrika gar keine Religion, sondern nur äußerliche, abergläubische Gebräuche, welche mit Hexerei, Amuletten, Tier-Geistern, Baum-Verehrung und Aehnlichem zusammenhängen. Burton (Trans. Ethnol. Soc., New Ser., Bd. I, S. 323) sagt von einigen der in den Seegebieten des mittlern Afrika wohnenden Stämme, daß sie „weder an Gott, noch an Engel, noch an Teufel glauben."

Werfen wir einen Blick nach Australien und nach den Inseln der Südsee oder des Stillen Oceans, so erfahren wir Folgendes: „Den Eingeborenen Australiens", erzählt Haßkarl (Australien und seine Colonien, 1849), „fehlt der Begriff eines Schöpfers oder eines moralischen Regierers der Welt, und alle Versuche, sie hierüber zu belehren, enden in Unsinn oder in einem plötzlichen Abbrechen des Gesprächs." Der französische Schiffbrüchige Narcisse Pelletier, welcher siebzehn Jahre unter solchen Wilden bei First Red Rock Point, südlich vom Kap Direction, gelebt hat, theilte mit, daß sie keine Idee von einem höheren Wesen und dementsprechend auch keinerlei Form einer Religionsübung besäßen. Latham sagt von den Australiern, daß sie noch nicht einmal dahin gekommen seien, auch nur die rohesten Elemente einer Religion bei sich auszubilden, und daß ihr Geist sogar zu träg zum Aberglauben zu sein scheine. „Was kann man," sagt ein Missionär von

ihnen, „mit einem Volke anfangen, dessen Sprache nicht einmal Ausdrücke für „Gerechtigkeit", „Sünde" u. dgl. kennt,
und dessen Geist die Begriffe, welche mit diesen Worten ausgedrückt werden sollen, vollständig fremd und unerklärlich
sind?" Sir M. Brabley sagt von einem australischen
Stamm: „Die einsilbige Sprache dieser Wilden besteht aus
mehr oder minder tierischen Lauten. Sie haben keinerlei
abergläubische Ideen und nicht die geringste Spur eines
Glaubens an ein zukünftiges Leben (Revue scient. 1873,
S. 473). Der englische Reverend A. Pyne (Erinnerungen
colonialen Lebens, 1873, S. 293) sagt von den australischen Schwarzen: „Ich konnte nie eine Spur von Religion
bei ihnen entdecken. Es gibt Theologen, welche behaupten,
daß noch nie ein Volk entdeckt worden sei, welches nicht
an Gott geglaubt habe; aber ich bin fest überzeugt, daß
der australische Wilde keine Spur von Gottesglauben zeigt.
Diejenigen, welche ich in ihrem wilden, unberührten Heiden-
zustand entdeckte, hatten keinen Begriff von einem künftigen
Leben oder irgend welche religiösen oder abergläubischen Gebräuche, welche auf das Vorhandensein eines solchen könnten
schließen lassen." Die Motu's in Neu-Guinea glauben,
wie schon erwähnt, nach b. Ver. b. Journ. of the Anthr.
Inst. (Deutsch v. Dr. E. Jung in der Zeitschr. „Natur",
1879, Nr. 22) an keinen Gott und beobachten keinerlei
religiöse Gebräuche. Die Geister der Gestorbenen gehen
nach ihrer Meinung nach „Taulu", was wahrscheinlich den
weiten Luftraum bedeutet. Auf der Damood-Insel zwischen
Australien und Neu-Guinea fand Jukes (Voyage of the
Fly, I, S. 164) „keine Spur von religiösem Glauben oder
gottesdienstlichen Gebräuchen." Die Samoa-Insulaner
haben weder Tempel, noch Altäre, noch Opfer (Mission.
Enterpr., S. 464). Dr. Monnat sagt von den Min-
copis, den Bewohnern der Andaman-Inseln: „Sie be-
schmieren sich mit Roth und Farbe, tragen aber keine
Kleider. Sie scheinen in der That aller Schamhaftigkeit

bar zu sein und gleichen in ihren Gewohnheiten wilden Tieren. Sie haben keine Ahnung von einem höchsten Wesen, keine Religion, keinen Glauben an ein künftiges Leben" (Transac. Ethnol. Soc., II, S. 45). Dasselbe berichtet Otto E. Ehlers (Westermanns Monatshefte, 1894, Heft 448). Die Bewohner von Neu-Britannien (Melanesien) im stillen Ocean sind nach Dr. O. Finsch (Gartenlaube, 1882, S. 606) sehr gutgeartete Menschen, haben aber keine Spur einer Religion oder irgend eines Cultus; auch der Glaube an irgend eine Fortdauer nach dem Tode ist ganz unbekannt. Die Negrito's oder schwarzen Ur-Einwohner des Philippinen- und Molukken-Archipels haben nach Dr. Th. Mundt-Lauff in London keinerlei Religion, außer schwachen Spuren von Feuer- und Sonnen-Anbetung; sie kennen weder Götzenbilder noch Tempel. Leichen werden mit dem Gesicht nach der Sonne gerichtet.

Auch die alte Wiege der Cultur, Asien, läßt ähnliche Erscheinungen nicht vermissen und hat sogar in ihrem Innern mehrere berühmte und weitverbreitete Religions-Systeme entstehen sehen, welchen der Gottesglaube oder die Gottes-Idee als solche ganz fremd ist. Die Karens im Königreich Pegu (Indien) glauben nach dem Bericht eines englischen Offiziers an keinen Gott und erkennen nur die Einwirkung zweier böser Geister an. Die Bewohner von Pasummah Labar auf der Insel Sumatra beten weder Götzen noch sonstige äußere Gegenstände an, haben keinen Priesterorden und keinen Begriff von einem höchsten Wesen, das alle Dinge geschaffen.

Von den Dschuangas, einem primitiven Naturvolk in Indien, welches sich selbst als directe Abkömmlinge der ersten menschlichen Geschöpfe ansieht, erzählt der britische Oberst Dalton, daß sie nicht einmal an Zauberei glauben; ihre Sprache hat keinen Ausdruck für Gott oder Himmel oder Hölle, und sie besitzen auch, soviel man weiß, keine

Vorstellung von einem künftigen Leben. Im Mißgeschick opfern sie der Sonne und der Erde Hühner, damit sie gute Ernten bekommen; sonst findet sich von irgend welchem Cultus keine Spur. Die Khasias oder Khasiaten, eben- falls ein indischer Stamm, begnügen sich bei gleicher Gelegen- heit mit dem Zerbrechen von Hühnereiern; sonst haben sie nach Dr. Hooker's Bericht (bei Lubbock, a. a. O., II, S. 277) ebenfalls keine Religion. Die wilden Djakun der Halbinsel Malacca, welche nackt gehen (nur ein hand- großes Stück Baumrinde bedeckt die Schaam), auf Bäumen schlafen oder sich Nachts mit Baumblättern zudecken, eine gekrächzartige Sprache haben, ihre Todten offen da liegen lassen, wo sie gestorben sind, vergiftete Pfeile aus Blas- rohren blasen, haben nach dem Bericht des Globus (Bnd. LXIV, No. 4) keine Spur von Religion oder Gottesver- ehrung. Darauf bezügliche Fragen verstehen sie gar nicht. Dasselbe gilt von den bereits erwähnten wilden Natur- Stämmen der Webbas auf der Insel Ceylon, welche nach dem Bericht der Gebr. Sarassin (Drei Jahre in Ceylon) nicht einmal Dämonen, Ahnen, Zauberer u. dgl. kennen, nicht zählen können, auf offner Erde schlafen, keine Töpferei und keine Steinwerkzeuge haben, sondern nur Holz oder eingetauschtes Eisen benützen, keine Leichenbestattung und keine Zeiteintheilung kennen und keine Spur eines religiösen Glaubens besitzen. Die glücklichen Bewohner der Liu-Kiu- Insel Amami Oshima bei Japan kennen nach dem Be- richt von Dr. Döderlein, der sich sechzehn Tage dort auf- hielt und in den „Mittheilgn. der deutschen Gesellschaft für Natur- und Völkerkunde Ost-Asiens" darüber berichtet, weder Gott noch Götter, noch Gebete, noch Tempel, noch Priester. Der einzige Gegenstand ihrer religiösen Verehrung sind ihre Vorfahren. Auch die neun Millionen Menschen, welche die an der Ostseite Asiens gelegene Insel Korea bewohnen, kennen keine Religion oder Gottesverehrung irgend welcher Art und handeln nur nach moralisch-philosophischen Grundsätzen. Der einzige Gegenstand ihrer Verehrung sind Eltern und Voreltern. Dieser Ahnendienst stellt nach Dr. D. viel= leicht die ursprünglichste Form der japanischen Shinto= oder Sintu=Religion vor, welche jetzt in Japan selbst nicht mehr angetroffen wird. Auch die Japaner selbst, ein Volk von 34 Millionen, welches nach dem Urtheil aller Reisenden nach Moralität, Sitten und Staats=Einrichtungen sehr hoch steht, glauben weder an Gott, noch an Fortdauer; sie sind nach dem Ausdruck des amerikanischen Reisenden Burrows „eine Nation von Atheisten", nach Andern eine solche von Skeptikern oder Materialisten. Trotzdem behauptet der britische Reisende Alcock, daß bei keinem Volk der Erde die Volksbildung weiter vorgeschritten sei, als bei den Japanern.

Was die atheistischen Religionssysteme Asiens angeht, so weiß die berühmte Religion des Buddha, von welcher in einem späteren Kapitel ausführlicher die Rede sein wird, nichts weder von Gott noch von Unsterblichkeit und predigt das Nichtsein als das höchste Ziel der Befreiung. Dasselbe gilt von der dem Buddhismus verwandten und vielleicht aus ihm entstandenen indischen Sekte der sog. Dschains, welche nach dem Census von 1881 ca. 1—2 Millionen Anhänger zählt. Die Dschains sind nach dem Bericht Prof. Feistmantels (Globus, Bd. LVIII, Nr. 11) Atheisten und erkennen keinen Schöpfer der Welt an, welche letztere nach ihrer Ansicht von Ewigkeit existirt. Leib und Seele oder Natur und Geist sind unvergänglich, unzerstörbar; nur ihre Formen ändern sich. Die Dschains verbrennen ihre Leichen. Ebenso atheistisch, wie der Buddhismus, sind auch die beiden Religionssysteme der Chinesen, so daß nach Schopenhauer (Ueber die vierfache Wurzel des Satzes vom zureichenden Grunde, 2. Aufl. 1847) die chinesische Sprache für „Gott" und „Schaffen" gar keine Ausdrücke besitzt. Nach den Berichten der Reisenden ist in der That auch heute noch eine gute Hälfte der chinesischen Bevölkerung,

die gebildete oder unterrichtete Hälfte nämlich, einfach
atheistisch und betreibt keinen religiösen Cultus. Auch im
ganzen Sanskrit, der Ursprache der pantheistischen Arier,
gibt es kein Wort, welches erschaffen im christlichen Sinne
bedeutet. Das Nämliche gilt nach Lubbock (a. a. O.) vom
Zendavesta und von den homerischen Gesängen. Auch weiß
die ganze alte Mythologie nichts von einer „Schöpfung"
der Materie, welche vielmehr als allem Andern voraus-
gehende „Urmaterie" gedacht wird.*) Nach Schopenhauer
kommt überhaupt die Idee und Offenbarung eines persönlichen Gottes ursprünglich nur einem einzigen Volke,
den Juden, zu und pflanzt sich fort in den beiden, aus
dem Judenthum hervorgegangenen Religionssystemen, dem
Christenthum und dem Mohamedanismus.

    Selbst Europa ist nicht frei von religionslosen Stäm-
men. Die letzte Reise des Kaisers von Oesterreich durch
seine Länder führte ihn, wie die Zeitungen berichteten, nach
der Stadt Kolomea in Galizien, in deren Nähe ein herr-
lich gebauter Menschenschlag, die Huzulen, wohnt. Obgleich dieselben sehr gutgeartete Menschen sind, kennen sie
kaum eine Religion; und im Umkreis vieler Stunden ist
keine Kirche zu sehen. Nur einmal im Jahre reitet der
Pope, den sie kaum kennen, durch die Dörfer und tauft die
neugebornen Kinder. Dennoch leben diese Leute friedlich
und sittlich, sterben ohne die Tröstungen der Kirche und
kommen, wenn es einen solchen gibt, ebensowohl in den
Himmel, wie diejenigen, welche viermal im Jahr zur Beichte
gehen oder jeden Tag ihren Rosenkranz abbeten. Auch
die durch Europa, wie durch die halbe Welt zerstreuten
Zigeuner sind nach den genauen Untersuchungen von
G. Leland (The English Gipsies and their language,
London 1873) vollständige Atheisten und besitzen keine Spur

---

*) Man vergleiche des Verfassers Schrift über die Darwin'sche
Theorie, fünfte Vorlesung.

eines religiösen Glaubens, selbst da nicht, wo sie seit Jahr=
hunderten inmitten religiös gesinnter Völker wohnen.*)

Derselben Abwesenheit religiöser Begriffe in unsrem
Sinne, wie bei den genannten Völkern, begegnen wir in
unsrer eignen Mitte bei solchen Individuen, bei denen Er=
ziehung, Lehre oder Beispiel keine Gelegenheit hatte, die
Idee eines höchsten Wesens wach zu rufen. Häufig genug
kann man lesen, wie vor den Zuchtpolizeigerichten großer
Städte, wie Paris oder London, fortwährend Menschen
erscheinen, welche von den Begriffen, die man mit den
Worten Gott, Unsterblichkeit, Religion u. dgl. verbindet, auch
nicht die leiseste Ahnung besitzen. Der Census in England
hat nachgewiesen, daß daselbst sechs Millionen Menschen
leben, die nie die Schwelle einer Kirche betreten haben und
die nicht wissen, welcher Sekte oder welchem Glaubensbe=
kenntniß sie angehören.**) Der blinde Taubstumme Eduard
Meystre, über den Hirzel ausführlich berichtet, hatte keine
Idee von Gott, und konnte ihm eine solche, obgleich er sehr
gute geistige Anlagen hatte, trotz aller Anstrengung nicht
beigebracht werden. Dasselbe war der Fall bei der be=
rühmten blinden Taubstummen Laura Bridgeman, über
welche ihre Lehrerin M. S. Lamson einen ausführlichen
Bericht veröffentlicht hat (London, Trübner, 1878), und

---

*) Eine Anzahl weiterer, gut beglaubigter Beispiele von absolut
religionslosen Natur=Völkern hat Sir John Lubbock gesammelt.
Siehe dessen: „Die vorgeschichtliche Zeit" u. s. w., 2. Band, Seite 273 ff.
(Jena 1874) und: „Die Entstehung der Civilisation" (Jena 1875) in
den Kapiteln über Religion. Desgl. Rev. F. W. Farrar in einem
Aufsatz über die Allgemeinheit des Glaubens an Gott und Unsterb=
lichkeit in der „Anthropol. Review" (London 1864), August=Heft,
S. CCXVII ff.

**) Man rechnet gegenwärtig in England eine Million Menschen,
die nicht getauft sind und die sich zu keiner religiösen Gemeinschaft
zählen. „Was können Sie mir über Jesus Christus sagen?" frug
ein Geistlicher einen der Londoner Straßen=Menschen. „Ich habe nie
von dem Gentleman gehört!" war die Antwort.

bei einer zweiten, in dieser Schrift erwähnten blinden Taub=
stummen, Namens Julia Brace.*) Rev. Dr. Smith
(bei Romanes: Die geistige Entwicklung beim Menschen,
Leipzig 1892) theilt mit, daß er einem seiner taubstummen
Zöglinge vergeblich deutlich zu machen gesucht habe, daß
die Bibel eine Offenbarung Gottes sei; er glaubte nur, daß
dieselbe im Himmel von ungewöhnlich starken Druckern ge=
druckt worden sei. Auch wurde bereits im vorhergehenden
Kapitel auf die tierische und vernunftlose Natur solcher
menschlichen Geschöpfe hingewiesen, welche ohne Umgang mit
Ihresgleichen geblieben sind und jedes höheren geistigen In=
teresses entbehrten. Wenn die Natur nicht im Stande ist,
mit größerer Gewalt auch ohne Lehre oder Erziehung ihr
Recht geltend zu machen, so muß geschlossen werden, daß
dieselbe von solchen ein= oder angebornen, einen übernatür=
lichen Ursprung verrathenden Begriffen überhaupt nichts
weiß. Alle diese Begriffe sind anerzogene, aus eignem oder
Andrer Nachdenken hervorgegangene, geschlossene, nicht an=
geborne.

Wer trotz alledem darauf bestehen wollte, die Gottes=
Idee eine angeborne zu nennen, könnte nicht umhin, auch
dem Teufelsglauben oder der Idee eines bösen, mit höherer
Macht ausgerüsteten Wesens, eines Teufels, Satans, eines
oder mehrerer Dämonen dasselbe Prädikat beizulegen. Denn
der Glaube an böse, dem Menschen feindliche und über=
natürliche Mächte hat nachweisbar zu allen Zeiten und bei
allen Völkern eine kaum mindere, ja unter vielen Natur=
völkern eine noch weit größere Ausdehnung und Bedeutung
gehabt, als der Glaube an einen wohlwollenden Gott.
„Der Glaube an solche grausame und böswillige Geister,"
sagt Darwin (a. a. O., II., S. 348), „ist viel allgemeiner,

---

*) Man vergl. Revue philos., 1879, Nr. 3, S. 376 u. flg.
und den Aufsatz über Sinneswahrnehmung und sinnliche Erkenntniß
in des Verfassers Schrift „Thatsachen und Theorien" 2c. (Berlin 1887.)

als derjenige an eine liebende Gottheit." Ja, es gibt Naturvölker genug, welche nur böse Geister verehren und ihnen Opfer bringen, um sie günstig zu stimmen, während die guten Geister ihnen gleichgültig sind, da sie von ihnen, wie sie annehmen, nichts zu befürchten haben.*) Der Teufels= glaube bildet auch einen wesentlichen Bestandtheil der christ= lichen Religion, und zwar mit vollem Recht, da ohne ihn das Vorhandensein des Bösen in der Welt im christlichen Sinne absolut unerklärbar bleibt; er ist eine gar nicht zu umgehende Consequenz des wirklichen Gottesglaubens. Heißt es doch in der Bibel ausdrücklich, daß Christus in die Welt gekommen sei, um die Werke des Teufels zu zerstören!**)

Niemand hat den rein menschlichen Ursprung der Gottes=Idee besser erklärt und nachgewiesen, als Ludwig

---

*) Die Neger am Gaboon (Süd=Afrika) verehren den bösen Geist Mbuiri, der ihnen für den Herrn dieser Welt gilt, um seinen Zorn abzuwenden, während sie sich um den guten Rbschambi nicht viel kümmern. Die Einwohner von Madagaskar verehren nur den bösen Geist Niang; ihr guter Gott Zamhor ist ihnen gleichgültig. Die Sekte der Izedis oder Jezidis in Mesopotamien und den angrenzenden Ländern anerkennt die Existenz einer obersten Gottheit, verehrt dieselbe aber nicht, sondern betet zu dem Satan, welcher die Gewalt hat, den Menschen Böses zu thun, und von dem sie spätere Belohnung erwarten. Sie heißen daher „Teufelsanbeter". Die Patagonier beten nur zu einem teuflischen Wesen, Namens Galitschu, und Aehnliches gilt von vielen andern wilden Stämmen. Die Theo= kratie der Congo=Neger ist ganz auf die Verehrung der Schlange (Schlangen=Cultus), welche das Sinnbild des Teufels ist, gegründet. Sogar die alten Aegypter glaubten dem Krokodil als Sinnbild des Teufels göttliche Verehrung erweisen zu müssen. Ueber den Schlangen= und den Tier=Cultus überhaupt vergl. man des Verfassers Schrift über das goldne Zeitalter oder das Leben vor der Geschichte (Leipzig 1890) S. 307 u. 308.

**) Man sehe Weiteres hierüber, sowie über den Gottesbegriff überhaupt in des Verfassers kleiner Schrift: „Der Gottesbegriff und dessen Bedeutung in der Gegenwart", 3. Aufl. 1897 unter dem Titel „Gott und die Wissenschaft."

Feuerbach. Derselbe nennt alle Vorstellungen von Gott und göttlichem Wesen Anthropomorphismen, d. h. Erzeugnisse menschlicher Phantasie und menschlicher Anschauungsweise, gebildet nach dem Muster der eigenen menschlichen Individualität, und sucht den Ursprung dieses Anthropomorphismus in dem Abhängigkeitsgefühl und sclavischen Sinn, welcher der menschlichen Natur inne wohnt. „Der außer- und übermenschliche Gott," sagt Feuerbach, „ist nichts Anderes, als das außer- und übernatürliche Selbst, das seinen Schranken entrückte, über sein objectives Wesen gestellte subjective Wesen des Menschen." — „Gott ist das Selbstbewußtsein des Menschen. Der Mensch schuf Gott nach seinem Bilde." In der That ist die Geschichte aller Nationen ein ununterbrochener Beweis für diese Behauptungen; und wie könnte es auch anders sein? Ohne Kenntnisse oder Begriff vom Absoluten, ohne eine unmittelbare Offenbarung, deren Dasein zwar fast von allen religiösen Secten behauptet, aber nicht bewiesen wird — können alle Vorstellungen von Gott, einerlei, welcher Religion sie angehören, keine andern als menschliche sein; und da der Mensch in der belebten Natur kein höher stehendes, geistig begabtes Wesen, als sich selbst kennt, so können auch seine Vorstellungen eines höchsten Wesens nicht anders als von seinem eigenen Selbst abstrahirt sein — sie müssen eine Selbst-Idealisirung darstellen. Daher spiegeln sich denn auch in den religiösen Vorstellungen aller Völker die jedesmaligen Zustände, Wünsche, Hoffnungen, ja die geistige Bildungs-Stufe und besondere geistige Richtung eines Volkes jedesmal aufs Treueste und Charakteristischste ab; und wir sind gewohnt, aus dem Götterdienste eines Volkes auf seine geistige Individualität und den Grad seiner Bildung zu schließen. Man denke an den poetischen, von ideellen Kunstgestalten bevölkerten Himmel der Griechen, in welchem die in ewiger Jugend und Schönheit blühenden Götter menschlich genießen, lachen, kämpfen, Intriguen spinnen und den

eigentlichen Reiz ihres Daseins in dem persönlichen Ein=
greifen in menschliche Schicksale finden — jenen Himmel,
welcher Schiller zu seinem schönen Gedichte an die Götter
Griechenlands begeisterte! Man denke an den zürnenden,
finstern Jahu oder Jehovah der Juden, welcher bis in das
dritte und vierte Glied straft; an den christlichen Himmel,
in welchem Gott seine unendliche Allmacht mit seinem Sohne
theilt und die himmlische Rang=Ordnung der Seligen ganz
nach menschlichen Begriffen bestimmt; an den Himmel der
Katholiken, in welchem die im Schooße des Heilands liegende
Jungfrau Maria ihre sanfte weibliche Ueberredungskunst zu
Gunsten der Straffälligen bei dem himmlischen Richter gel=
tend macht; an den Himmel der Orientalen, welcher
blühende Houris in Menge, rauschende Cascaden, ewige
Kühle und ewigen sinnlichen Genuß verspricht; an den
Himmel des Grönländers, in welchem dessen höchster
Wunsch in dem reichsten Ueberfluß an Thran, Fischen und
Seehunden sich ausspricht; an den Himmel des jagenden
Indianers, in welchem eine ewige reichliche Jagd den
Seligen lohnt, oder an denjenigen des Neukaledoniers,
welcher sein jenseitiges Leben mit dem Verzehren reifer Ba=
nanen und mit sonstigen sinnlichen Vergnügungen auszu=
füllen hofft; an den Himmel des Germanen, welcher in
Walhalla den Meth aus den Schädeln der erschlagenen
Feinde zu trinken gedenkt u. s. w., u. s. w.

Ja, jeder einzelne Mensch stellt sich Gott jedesmal
wieder anders und nach Maßgabe seiner speziellen oder per=
sönlichen Gemüthsart vor. „Ein Jeder," sagt der fran=
zösische Pfarrer Meslier in seinem berühmten „Testament",
in welchem er den Devoten und Gottesgläubigen so unbarm=
herzig die Maske vom Gesichte reißt, „macht sich einen Gott
für sich selber. Der frohsinnige Mensch kann sich nicht vor=
stellen, daß Gott strenge und mürrisch sein kann; der strenge,
zornmüthige verlangt einen Gott, der zittern macht, und

betrachtet alle Diejenigen als Ketzer, welche einen gelinden
und nachsichtigen Gott annehmen," u. s. w.*)

Dazu kommt, daß der Begriff eines göttlichen Willens
oder einer göttlichen Intelligenz nach dem Muster der mensch=
lichen nothwendig eine Lokalisation in Raum und Zeit ver=
langt, eine Beschränkung oder Bedingung durch andre Willen
und Intelligenzen, welche mit dem wahren Gottesbegriff
unvereinbar ist. Eine von solchen Beziehungen freie und
unabhängige Intelligenz ist eine Vorstellung ohne Sinn.

Auch in der Art des religiösen Cultus, der äußeren
Form der Gottesverehrung wies Feuerbach die rein mensch=
liche Vorstellungsweise von Gott überall mit Deutlichkeit
nach. Der Grieche opfert seinen Göttern Fleisch und Wein;
der Neger speit die zerkauten Speisen seinen Idolen als
Opfer ins Gesicht; der Ostiake beschmiert seine Götzen mit
Blut und Fett und stopft ihnen die Nase mit Schnupftabak
voll; der Christ, der Mohamedaner, der Jude, der Inder
glauben ihren Gott durch persönliches Zureden, durch Gebete
versöhnen oder gar in seinen Handlungen bestimmen zu
können. Ueberall menschliche Schwächen, menschliche Leiden=
schaften, menschliche Genußsucht! Alle Völker und Reli=
gionen theilen die Gewohnheit, hervorragende Menschen
unter die Götter oder die Heiligen zu versetzen — ein auf=
fallender Beweis für das menschliche Wesen der göttlichen
Idee! Wie fein und richtig ist die Bemerkung Feuerbach's,
daß der gebildete Mensch ein ungleich höheres Wesen als
der Gott der Wilden ist — der Gott, dessen geistige und kör=
perliche Beschaffenheit natürlich im geraden Verhältniß zu
dem Bildungsgrade seiner Verehrer stehen muß. Dieser
nothwendige Zusammenhang des Menschlichen mit dem Gött=
lichen und die Abhängigkeit des letzteren von dem ersteren

---

*) Näheres über das interessante und höchst lesenswerthe „Testa=
ment" eines katholischen Priesters findet sich in des Verfassers Schrift
„Aus Natur und Wissenschaft", II. Band, S. 177.

muß sich selbst Luther als unabweisbar aufgedrängt haben, da er sagt: „Wenn Gott für sich allein im Himmel säße, wie ein Klotz, so wäre er nicht Gott." Und schon der griechische Philosoph Xenophanes von Kolophon (572 v. Chr.) bekämpfte den Aberglauben seiner Landsleute mit den Worten: „Den Sterblichen scheint es, daß die Götter ihre Gestalt, Kleidung und Sprache hätten. Die Neger dienen schwarzen Göttern mit stumpfen Nasen, die Thraker Göttern mit blauen Augen und rothen Haaren. Und wenn die Ochsen und Löwen Hände hätten, Bilder zu machen, so würden sie Gestalten der Götter zeichnen, wie sie selbst sind", u. s. w.

Auch der Einfluß der Natur und äußerer Umgebung ist in den Gottesbegriffen verschiedener Völker oder Menschen mit Leichtigkeit wieder zu erkennen. So stellt sich die über-wuchernde Phantasie der in einem Land voll tropischer Natur-Wunder und Natur-Schrecknisse lebenden und von orientalischer Tyrannei gequälten Hindus ihren Gott Siva als ein entsetzliches, von Schlangen umwundenes, mit einem Tigerfell bekleidetes, dreiäugiges Ungeheuer vor, das einen menschlichen Schädel in der Hand hält, ein Halsband von menschlichen Knochen trägt und wie toll umhertobt. Sein ebenso schreckliches Weib Doorga oder Kali hat eine dunkel-blaue Haut; aber die Innenfläche ihrer Hände ist roth, um ihren unersättlichen Blutdurst anzuzeigen. Sie hat vier Arme, deren einer den Schädel eines Riesen hält; ihre Zunge hängt lang aus dem Munde; um ihren Leib und Hals hängen die Hände und Köpfe ihrer menschlichen Opfer.

Ist der einfache Menschenverstand nicht im Stande gewesen, den Gottesbegriff seines anthropomorphistischen Charakters zu entkleiden oder eine reine, abgezogene Idee vom Absoluten zu gewinnen, so ist der Verstand der Philo-sophen in diesen Versuchen womöglich noch unglücklicher gewesen. Wollte sich Jemand die Mühe nehmen, alle die philosophischen Definitionen, welche von Gott, vom Ab-

foluten, vom Weltgeist, Allgeist, vom reinen Sein oder von
der fog. Weltseele der Natur=Philosophen gemacht worden
sind, zusammenzustellen, so müßte ein höchst wunderlicher
Mischmasch herauskommen, in welchem von Anbeginn der
historischen Zeit an bis heute trotz des angeblichen Fort=
schritts der philosophischen Wissenschaften nichts wesentlich
Neues oder Besseres zu Tage gebracht wurde. An schönen
Worten und klingenden Phrasen würde es dabei freilich
nicht fehlen, aber solche können kein Ersatz für den Mangel
an innerer Wahrheit sein.

Es gibt Philosophen, welche allen Schwierigkeiten zu
entgehen meinen, indem sie die Begriffe „Gott" und „Welt"
identificiren und annehmen, daß Gott nicht außer oder über
der Welt sei, sondern in ihr selbst darin stecke, sich gewisser=
maßen in die Welt verwandelt und ihr damit alle Voll=
kommenheit seines Wesens mitgetheilt habe. Da hapert es
denn freilich mit der Vollkommenheit nicht weniger als bei
dem persönlichen Gott. Sehr witzig bemerkt der Philosoph
Schopenhauer gegen diese pantheistische oder Allgott=
Theorie: „Einen Gott, der sich hätte beigehen lassen, sich
in sechs Millionen Negersclaven mit sechszig Millionen
Peitschenhieben täglich oder aber in drei Millionen euro=
päischer Weber zu verwandeln, einen solchen Gott müßte
doch wahrlich der Teufel geplagt haben!" Wenn Gott in
uns Allen und gewissermaßen die Seele der Welt ist, so
nimmt er in der That an allen ihren Schlechtigkeiten und
Unvollkommenheiten unmittelbaren Antheil. Er bekommt
in uns allen Zahn= oder Leibweh, er leugnet oder läßtert
in dem Mund des Einen sich selbst, während er in dem des
Anderen sich ehrt und anbetet. Er thut in dem Einen das
Gute, während er in dem Andern das Schlechte vorzieht
und damit seine eignen Gesetze bekämpft. Er quält sich
selbst mit unlösbaren Räthseln, stirbt in jedem Einzelnen
unter Zweifeln und Schmerzen, belohnt oder bestraft sich
selbst in einem künftigen Leben u. s. w. oder muß all den

grenzenlofen Unfinn verbauen, der bereits von den Menfchen
über ihn felbft ausgekramt worden ift und fortwährend aus=
gekramt wird.

Geht man nun aber noch einen Schritt weiter und
fagt, diefe Gründe bedeuteten um deswillen nichts, weil Gott
in der Welt keine Perfönlichkeit befitze, alfo auch keine
Empfindung haben könne, fondern nur, wie Spinoza an=
genommen hat, der eigentliche materielle Grund der Welt
oder die einige, ewige und unendliche Subftanz felbft mit
ihren beiden Hauptmerkmalen der Ausdehnung und des
Denkens fei, fo fällt jeder wirkliche Unterfchied zwifchen
Gott und Welt hinweg, und wir ftehen wieder auf dem
Boden der materialiftifchen oder Einheitsphilofophie, d. h.
wir find bei den unerfchütterlichen Begriffen des ewigen
Stoffs und der ewigen Kraft angelangt. Daß damit der
Glaube an ein fchaffendes, erhaltendes Princip der Welt
hinwegfällt und als das höchfte uns bekannte geiftige Prin=
cip die menfchliche Vernunft übrig bleibt, bedarf keiner
weiteren Erläuterung. Diefe Vernunft fteht daher ganz
allein auf fich felbft und ift die einzige Richterin über fich
und die Wahrheit. Alle Wahrheit liegt daher lediglich in
uns felbft und in unferem freien Denken, welches unver=
träglich ift mit jeder Art von Autoritätsglauben, und welchem
Niemand (und fei er auch der gelehrteften einer) wagen darf,
beftimmte Grenzen fetzen zu wollen. Wenn fich diefes freie
Denken ebenfo wie das perfönliche Bewußtfein auf eine
allerdings unerklärliche und vielleicht immer unerklärt blei=
bende Weife aus dem ewigen Spiel der Atome nach und
nach losringt, fo ift diefes an und für fich nicht wunder=
barer oder unbegreiflicher, als alle übrigen, wenn auch viel=
leicht weniger verwickelten Naturvorgänge und als die ge=
fammte Entwicklung der Welt felbft. Nicht Gott erfchafft
die Welt, fondern der Gottgläubige erfchafft Gott und damit
auch alle aus diefem Glauben entfpringenden nachtheiligen
Folgen und Folgerungen, während umgekehrt das freie

durch keine Autorität bestimmte Denken zur Freiheit, zur
Vernunft, zum Fortschritt, zur Anerkennung der Rechte des
Menschen und des echten Menschenthums, mit einem Wort
zum Humanismus führt. Dieser Humanismus aber strebt
die volle freie Menschheit an und sucht die Beweggründe
seiner Sittlichkeit nicht in äußerlichen Beziehungen zu einem
außerweltlichen oder übermenschlichen Gott, sondern in sich
selbst und in dem Glück der Menschheit.

Persönliche Fortdauer.

Vom Augenblicke des Todes an hat der Leib wie
die Seele ebensowenig irgend eine Empfindung, wie
vor der Geburt.

Plinius.

— — Charon's Rachen
Führt in ewige Nacht uns Alle.

Horaz.

— — Dein bestes Ruh'n ist Schlaf,
Den rufst du oft und zitterst vor dem Tod,
Der doch nichts weiter!

Shakspeare.

— — Des Menschen Leib wird Staub,
Doch seine Seele lebt in seinem Werke.

R. Voß.

Wir glauben in einem früheren Kapitel durch sprechende
Thatsachen nachgewiesen zu haben, daß das, was wir Seele
oder Geist nennen, in unlöslicher Verbindung mit seinem
körperlichen Substrat, insbesondere mit dem Gehirn steht;
wir haben die seelischen Erscheinungen zugleich mit diesem
Substrat entstehen, wachsen, abnehmen und erkranken ge=
sehen. Sind wir auch außer Stande, uns über die inneren
Zusammenhänge dieses Verhältnisses oder über die Frage,
wie und auf welche Weise seelisch=geistige Wirkungen durch
materielle Combinationen und Thätigkeiten ermöglicht werden,
irgend welche Vorstellung zu machen, so glauben wir uns
doch durch jene Thatsachen zu dem Ausspruche ermächtigt,

Büchner, Kraft und Stoff.   26

daß die Verbindung in einer solchen Weise besteht, um jede dauernde Trennung beider als unmöglich erscheinen zu lassen. So wenig ein Denken ohne Gehirn oder ohne ein körper= liches Analogon desselben möglich ist, so wenig kann ein normal gebildetes und ernährtes Gehirn sein, ohne zu denken; und wenn wir uns einen denkenden Weltgeist vor= stellen wollten, so könnte dieses nur auf Grund eines mit sauerstoffreichem Blut gespeisten Welt=Gehirns sein. Es wiederholt sich also in dieser mikrokosmischen Erscheinung nur der oberste Grundsatz unsrer philosophischen Naturbe= trachtung, wonach eine Kraft so wenig ohne Stoff, wie ein Stoff ohne Kraft denkbar oder möglich ist. Eine Seele ohne Leib, ein Geist ohne Körper, ein Denken ohne Sub= stanz ist ein ebenso undenkbares und ebensowenig vor= handenes Ding, wie eine Elektricität, ein Magnetismus, eine Wärmeschwingung, eine Schwerkraft u. s. w. ohne jene Körper oder Stoffe, durch deren Thätigkeit die mit jenen Namen belegten Erscheinungen hervorgebracht werden.

Im Einklang hiermit haben wir in einem weiteren Kapitel nachgewiesen, daß die tierische wie menschliche Seele nicht mit sog. angebornen Ideen oder Vorstellungen zur Welt kommt, oder daß sie nicht ein für sich existirendes Wesen, ein sog. ens per se darstellt, sondern daß ihre Entwicklung parallel geht mit der Entwicklung und Aus= bildung der ihr dienenden Organe, sowie mit der Zahl, Art und Mannichfaltigkeit der empfangenen Eindrücke und ge= machten Erfahrungen.

Im Angesicht einer solchen Häufung von Thatsachen kann eine vorurtheilsfreie Naturbetrachtung nicht anders als sich gegen alle jene Annahmen zu erklären, welche mit dem Glauben an eine individuelle Unsterblichkeit oder eine per= sönliche Fortdauer nach dem Tode zusammenhängen. Mit dem Untergang und Zerfall seines materiellen Substrats und mit dem Heraustritt aus derjenigen Umgebung, durch welche allein es zu einem bewußten Dasein gelangt und zu

einer Perſon geworden iſt, muß auch ein geiſtiges Weſen
ein Ende nehmen, das wir allein auf dieſem doppelten
Boden und in innigſter Abhängigkeit von demſelben haben
emporwachſen ſehen. Alle Kenntniß, welche dieſem Weſen
zu Theil geworden iſt, bezieht ſich auf irbiſche Dinge; es
hat ſich ſelbſt erkannt und iſt ſich ſeiner ſelbſt bewußt
geworden nur in, mit und durch dieſe Dinge; es iſt Perſon
geworden nur durch ſein Gegenübertreten gegen irbiſche
abgegrenzte Individualitäten; wie ſollte es benkbar oder
möglich ſein, daß dieſes Weſen, herausgeriſſen aus dieſen
ihm wie Lebensluft nothwendigen Bedingungen, mit Selbſt-
bewußtſein und als dieſelbe Perſon weiterexiſtiren könne?
Nicht Ueberlegung, ſondern nur eigenſinnige Willkür, nicht
die Wiſſenſchaft, ſondern nur der Glaube können die Idee
einer perſönlichen Fortdauer ſtützen.

In der That lehrt uns denn auch die alltäglichſte und
einfachſte Beobachtung und Erfahrung, daß die geiſtige
Thätigkeit mit der Zerſtörung ihres materiellen Subſtrats
zu Grunde geht, oder — daß der Menſch ſtirbt. „Da
war's Gebrauch," ſagt Macbeth, „daß, war das Hirn
heraus, der Menſch auch ſtarb." Keine wirkliche Erſcheinung
gibt es, und keine hat es jemals gegeben, welche uns glauben
oder annehmen ließe, es exiſtire die Seele eines geſtorbenen
Individuums weiter, einerlei ob in dieſer oder jener Geſtalt.
„Daß die Seele eines geſtorbenen Individuums," ſagt
Burmeiſter, „mit dem Tode desſelben zu erſcheinen aufhört, wird von verſtändigen Leuten nicht beſtritten. Geiſter
oder Geiſter-Erſcheinungen haben nur kranke oder aber-
gläubiſche Leute beobachtet." —

Nachdem wir ſo unſre Anſicht im Allgemeinen feſtgeſtellt haben, können wir nicht umhin, im Folgenden auf
einige der hauptſächlichſten Geſichtspunkte, welche man im
Intereſſe individueller Fortdauer geltend gemacht hat, näher
einzugehen und dieſelben vom Standpunkt einer nüchternen

und auf Erfahrung gestützten Natur=, wie Moral=Betrachtung zu beleuchten.

Zunächst hat man von naturphilosophischer Seite ver= sucht, aus der Unvergänglichkeit der Natur oder aus der Unzerstörbarkeit von Stoff und Kraft auf die Unsterblichkeit des Geistes zu schließen. Wie es überhaupt, sagte man, keine absolute Vernichtung gibt, so ist es auch an sich un= denkbar oder unmöglich, daß der menschliche Geist, einmal vorhanden, wiederum vernichtet werde; es streitet eine solche Annahme gegen Vernunft= und Naturgesetz. — Dagegen ist zu bemerken, daß eine vorübergehende Aeußerung oder Erscheinungsweise des „Kraft= und Stoff"=Princips nicht mit diesem selbst verwechselt werden darf. Im ewigen Kreislauf der Stoffe und Kräfte ist freilich nichts sterblich; aber dieses gilt nur für die Gesammtheit, für das Ganze, während das Einzelne einem unaufhörlichen Wechsel von Geburt und Verfall unterliegt. Während Kraft und Stoff als solche ihre Unzerstörbarkeit auf unzweifelhafte, experimentell nachgewiesene Weise darthun, kann von der Seele, welche sich nur als Wirkung oder Produkt einer ganz bestimmten und dem Zerfall unterworfenen Combination von Stoffen und Kräften darstellt, nicht das Gleiche gesagt werden. Mit dem Zerfall dieser Combination muß nothwendig auch ihre Wirkung aufhören. Zertrümmern wir eine Uhr, so zeigt sie keine Stunde mehr; tödten wir die Nachtigall, so ver= schwindet ihr Gesang. Wir haben nichts mehr vor uns, als einen Haufen anscheinend todter Stoffe, welche erst wieder neue Verbindungen oder Combinationen eingehen oder in solche gebracht werden müssen, um der früheren ähnliche Wirkungen hervorzubringen.

Hiermit im vollsten Einklang lehrt uns denn auch die Erfahrung, daß die persönliche Seele trotz ihrer angeblichen Unvernichtbarkeit während einer Ewigkeit nicht da oder nicht vorhanden war, so lange nämlich der Leib, zu dem sie ge= hört, noch nicht gebildet war. Was aber einmal nicht war, kann auch wieder untergehen, vernichtet werden. Ja, es liegt in der Natur alles Entſtehenden mit Nothwendigkeit, daß es wieder zu Grunde gehe, und die ewige Dauer oder Unſterblichkeit eines in der Zeit beginnenden Weſens ent= hält einen Widerſpruch in ſich ſelbſt. Sie iſt, wie A. Mayer richtig bemerkt, ebenſo unmöglich, wie die Quadratur des Zirkels.

Es gibt ſogar einen Zuſtand, welcher im Stande ſein dürfte, einen ganz direkten und der Erfahrung entnommenen Beweis für die Vernichtbarkeit der perſönlichen Seele zu liefern — wir meinen den bekannten Zuſtand des Schlafes. In Folge einer langſameren Blutbewegung und vermin= derter Blutanhäufung im Gehirn wird die Funktion oder Verrichtung des Denk=Organs, welche einer ſehr lebhaften Wechſelwirkung zwiſchen dem Sauerſtoff des Blutes und der Gehirnſubſtanz bedarf, derart geſtört oder beeinträchtigt, daß die ſeeliſchen oder Bewußtſeins=Erſcheinungen für eine Zeitlang vollſtändig aufhören — geradeſo wie die Blut= bewegung ſtilleſteht, wenn das Herz zu ſchlagen aufhört, oder die Anſäuerung des Blutes nicht mehr von Statten gehen kann, wenn die Lungen nicht mehr arbeiten. Nur der Körper lebt weiter in einem Zuſtande, welcher dem Zuſtand jener Thiere gleicht, denen Flourens die Gehirnhemiſphären weggeſchnitten hatte. Beim Erwachen, d. h. bei dem Wieder= eintritt der normalen Blutcirculation und Oxydation im Gehirn, findet ſich die vorher gewiſſermaßen dem Daſein entrückte Seele genau da wieder, wo ſie beim Einſchlafen ein Ende genommen hatte; die lange Zwiſchenzeit war für ſie nicht vorhanden, ſie iſt gewiſſermaßen geſtorben und zum zweiten Mal geboren.

Dieſes eigenthümliche Verhältniß iſt ſo in die Augen ſpringend, daß man von je Schlaf und Tod mit einander verglich und ſie Brüder nannte. „Tod iſt wie Schlaf,“ ſagt Byron, „und Schlaf ſchließt unſere Lider.“ Während der erſten franzöſiſchen Revolution ließ der bekannte Chau=

mette*) Bildsäulen des Schlafs auf den Begräbnißplätzen
errichten und die Inschrift an die Kirchhofsthüren setzen:
„Der Tod ist ein ewiger Schlaf." Andreä, der Verfasser
einer alten descriptio reipublicae christianopolitanae
aus dem Jahre 1619, sagt: „Diese eine Republik kennt
den Tod nicht, und doch ist er bei ihr in aller Vertraulich=
keit, aber sie nennen ihn Schlaf."

Zwar hat man gegen diese Beweisführung einen Gegen=
grund geltend zu machen geglaubt, indem man auf die Er=
scheinungen des Traumes hinwies und behauptete, der
Traum sei ein vollgültiger Beweis dafür, daß das Seelen=
vermögen auch im Schlafe, wenn auch in untergeordneter
Weise, thätig sei. Dieser Einwand beruht indessen auf
einem thatsächlichen Irrthum, indem der Traumzustand nicht
den Zustand des eigentlichen Schlafes, sondern nur die
Uebergangszeit zwischen Schlaf und Wachen, also eine Art
von Halbwachen, bezeichnet. Ganz gesunde Menschen kennen
nicht einmal diesen Uebergang; sie träumen bekanntlich
überhaupt nicht. Daher auch das Träumen gegenwärtig
von ärztlicher Seite allgemein als ein pathologischer oder

---

*) Chaumette, Gemeindeprocurator von Paris während der
Revolution von 1789 und eines der Häupter der sog. „Hebertisten",
welcher den Namen des griechischen Philosophen Anaxagoras an=
genommen hatte, predigte die guten Sitten, die Arbeit, die patriotischen
Tugenden, die Vernunft, hob die öffentlichen Häuser auf, verjagte
Bettler und feile Dirnen, gründete dagegen eine Anstalt, um den
Armen Arbeit zu verschaffen, und hob den Klub der Weiber auf,
welche ihren Haushalt vernachlässigten, um sich in Politik zu mischen.
Er setzte einen Beschluß des Gemeinderaths durch, daß keine Religion
außerhalb der Tempel ausgeübt werden dürfe, verbot den Handel mit
Reliquien und das öffentliche Cultus= und Leichengepränge und ließ
die Begräbnißplätze mit lachenden und wohlriechenden Blumen be=
pflanzen. Er und seine Anhänger wurden durch den doctrinären
Fanatiker und Theisten Robespierre gestürzt und der Guillotine
überliefert, am 12. April 1794.

frankhafter Zuſtand angeſehen wird.*) Der tiefe oder voll=
ſtändig geſunde Schlaf kennt keinen Traum, und ein aus
ſolchem Zuſtande plötzlich aufgerüttelter Menſch iſt eine Zeit
lang ſo wenig im vollen Beſitz ſeiner geiſtigen Kräfte, daß
dieſer Zuſtand der ſog. Schlaftrunkenheit als gerichtliche
Unzurechnungsfähigkeit bedingend angeſehen wird. A. Maury
kommt nach intereſſanten, an ſich ſelbſt gemachten Beobach=
tungen zu dem Schluß, daß der Traum faſt immer Folge
einer Störung oder doch Veränderung irgend eines Theils
unſeres Organismus und einer Rückwirkung dieſer Störungen
auf das Gehirn ſei. Während des Traumes gleicht der
Menſch nach ihm einem Geiſteskranken.

Noch mehr als der Schlaf ſind gewiſſe krankhafte Zu=
ſtände geeignet, dieſe temporäre oder zeitweiſe Vernichtbar=
keit unſres geiſtigen oder ſeeliſchen Weſens darzuthun. Es
gibt Störungen der Gehirnthätigkeit durch Verletzung, Er=
ſchütterung, Blitzſchlag, Starrſucht u. ſ. w., welche einen
vollkommenen Verluſt des Selbſtbewußtſeins oder einen
völligen Stillſtand aller ſeeliſchen Lebensäußerungen zur
Folge haben. Solche Zuſtände können unter Umſtänden
Wochen und Monate andauern. Kommen die Kranken zur
Geneſung, ſo macht man an ihnen die Erfahrung, daß ſie
nicht die geringſte Erinnerung an den hinter ihnen liegen=
den Zuſtand behalten haben, und daß ſie ihr geiſtiges Leben
genau an demjenigen Zeitpunkt fortſetzen, an dem ihnen
zuerſt das Bewußtſein entſchwunden war. Die Zwiſchenzeit
war für ſie nicht vorhanden und hätte ebenſowohl Millionen
Jahre oder eine Ewigkeit dauern dürfen, ohne daß ſie ein
Bewußtſein oder eine Empfindung davon gehabt hätten.
Tritt hingegen ſtatt Geneſung der wirkliche Tod ein, ſo iſt
der Moment dieſer Kataſtrophe ganz irrelevant für das

---

*) Näheres bei Binz: Ueber den Traum. Bonn 1878. Auch
vergleiche man den Aufſatz „Schlaf und Träume" in des Verfaſſers
Schrift „Thatſachen und Theorien ꝛc." (Berlin 1887.)

betreffende Individuum, es war als Person, als geistig be=
lebtes Wesen bereits früher oder in jenem Augenblick ge=
storben, als die Krankheit die geistige Thätigkeit des Gehirns
zum Stillstand brachte. Es möchte Denjenigen, welche die
Existenz eines besonderen, unsterblichen Seelenwesens an=
nehmen, sehr schwer, ja unmöglich sein, den Zusammenhang
derartiger Vorgänge zu erklären und auch nur eine gegrün=
dete Vermuthung darüber auszusprechen, wo und wie dieses
Seelenleben oder jenes bewußte Ich oder Selbst, von dem
die Herren Philosophen soviel Aufhebens zu machen wissen,
während solcher Zeiträume gelebt oder wo es sich aufgehal=
ten habe. Außer man müßte im Einklang mit den aber=
gläubischen animistischen Vorstellungen früherer Jahrhun=
derte annehmen, daß die Seele, allenfalls in Gestalt eines
kleinen Tieres, den wie ein Leichnam daliegenden Körper
zeitweise verlassen habe, um sich in unbekannten Regionen,
Himmel, Hölle u. s. w. umherzutreiben und später wieder
in ihren Wohnsitz zurückzukehren.

Noch auffallender wird dieses Verhältniß, wenn man
sich an die Erfahrungen der Physiologen über das sog.
„latente Leben" oder über Wiederbelebung erstarrter oder
vertrockneter Tiere oder an den bekannten Winterschlaf vieler
selbst hochorganisirter Tiere oder an das Lebendigbegraben
der indischen Gaukler (Yogis oder Jogins) erinnert.*)

Schließlich glauben wir uns auch gegen Diejenigen
erklären zu müssen, welche, von der persönlichen Seele ab=
sehend, die Existenz einer allgemeinen geistigen Materie oder
Grundseele annehmen, aus welcher, wie sie sich vorstellen,
die einzelnen Seelen bei ihrer Entstehung ausströmen, und
in welche sie nach Vernichtung des Leibes, zu dem sie ge=
hörten, wieder zurückkehren. Solche Vorstellungen sind

---

* Ueber das Lebendigbegraben der indischen Fakire, welches kein
Märchen ist, vergleiche man des Verfassers „Physiologische Bilder"
I. Band, S. 152 der dritten Aufl.

ebenſo hypothetiſch wie grundlos. Auch enthält der Aus=
druck „geiſtige (d. h. immaterielle) Materie" einen eben=
ſolchen Widerſpruch in ſich ſelbſt, wie die ehemalige An=
nahme der Imponderabilien oder unwägbaren Materien; ſie
iſt ein logiſches wie empiriſches Unding. Zudem wäre mit
ſolcher Annahme für die Anhänger der perſönlichen Fort=
dauer nichts gewonnen. Denn die Rückkehr in eine allge=
meine Urſeele mit Preisgeben der Perſönlichkeit und der
Erinnerung an ein früheres Leben käme einer wirklichen
Vernichtung gleich; und es würde für den Einzelnen ganz
gleichgültig ſein, ob ſein ſog. geiſtiger Stoff weitere Ver=
wendung oder Verwerthung im Aufbau andrer Seelen fände.

In neuerer Zeit hat man allerdings verſucht, die
„geiſtige Materie" oder „Seelenſubſtanz", welcher letzteren
bereits in dem Kapitel über die angebornen Ideen Er=
wähnung geſchah, als Grundlage für eine individuelle oder
perſönliche Fortdauer zu benützen. Prof. R. Wagner in
Göttingen ſprach zuerſt von einer immateriellen und indivi=
duellen Seelenſubſtanz, welche, zeitlich mit dem Körper ver=
bunden, ſich nach deſſen Zerfall vielleicht in ähnlicher Weiſe
wie das Licht und ebenſo geſchwind wie dieſes in ferne
Welträume verpflanzen ſollte, um von bort vielleicht wieder
gelegentlich zur Erde zurückzukehren. Das Haltloſe einer
ſolchen Theorie und das gänzlich Unphyſikaliſche jenes Ver=
gleichs zwiſchen dem Lichtäther und der angeblichen Seelen=
ſubſtanz machte es ſeinem Gegner Karl Vogt leicht, dieſe
ganze, im Intereſſe perſönlicher Fortdauer gemachte Erfin=
bung in das Gebiet ſpekulativer Märchen zu verweiſen.
(Man vergleiche deſſen Schrift: „Köhlerglaube und Wiſſen=
ſchaft", 1855.) *)

Hat man ſo vom naturphiloſophiſchen Standpunkte

---

*) Ausführlicheres über die Seelenſubſtanztheorie und ihre Un=
haltbarkeit findet ſich in des Verfaſſers Aufſatz über die „Philoſophie
der Zeugung" in „Licht und Leben", S. 299 u. flg. der 2. Aufl.

gegen die Vernichtbarkeit der menschlichen Seele nach dem
Tode protestirt, so hat man dasselbe von moralischen Gesichtspunkten aus zu thun versucht — wenn auch, wie es
uns scheint, mit ebensowenig Glück oder Erfolg. Zunächst
hat man behauptet, es streite der Gedanke an eine ewige
Vernichtung so sehr gegen alle menschliche Empfindung und
empöre so sehr das menschliche Gefühl, daß er schon um
deswillen ein unwahrer sein müsse. Abgesehen davon, daß
eine solche Appellation an das Gefühl keinen Ersatz für
den Mangel wissenschaftlicher Gründe bieten kann, so muß
entgegnet werden, daß der Gedanke an ein ewiges Leben
oder Nichtsterbenkönnen unendlich abschreckender ist und das
menschliche Gefühl weit mehr beleidigt oder abstößt, als
derjenige an eine ewige Vernichtung. Auch hat ja die Mythe
die ganze Furchtbarkeit dieses Gedankens längst in der tiefsinnigen Erzählung von dem nichtsterbenkönnenden Ahasverus ausgedrückt, dessen schwere Sünde durch die furcht-
barste aller denkbaren Strafen gesühnt werden sollte. Ein
ewiges Leben verlangen, heißt, wie Galilei sagt, Ver-
steinerung verlangen. Auch der große römische Naturforscher
Plinius, welcher seinen festen Glauben an die Sterblichkeit der menschlichen Seele offen bekannte und die entgegengesetzte Lehre „Beschwichtigungsmittel für Kinder und Hirn-
gespinnste einer Sterblichkeit, die nie aufhören möchte"
nennt, sagt, daß dieser angeblich süße Trost dem eigentlichen
Gute der Natur, dem Tode, seine Kraft raubt und den
Schmerz des Sterbenden durch die Aussicht auf eine ferne
Zukunft verdoppelt. „Denn wenn es süß ist, zu leben,
für wen kann es süß sein, gelebt zu haben?"

In der That kann und muß der Gedanke an Vernichtung oder Aufhören des individuellen Lebens für das Gemüth eines philosophisch denkenden Menschen weit mehr
Beruhigendes als Abschreckendes haben. Nichtsein ist, wie
dieses bereits die tiefsinnige Religion des Buddha so klar
erkannt hat, vollkommene Ruhe, Schmerzlosigkeit, Befreiung

von allen, das körperliche oder geiſtige Weſen quälenden
oder alterirenden Eindrücken und darum auch nicht zu fürch=
ten, ſondern nach Ablauf der normalen Lebenszeit und bei
Eintritt der unvermeidlichen Schwächen des Alters auf das
Höchſte zu wünſchen. Es kann kein Schmerz in der Ver=
nichtung liegen, ſo wenig wie in der Ruhe des Schlafes,
ſondern nur in dem Gedanken daran. „Die allen
Menſchen,“ ſagt Kant, „ſelbſt den Unglücklichſten oder
auch den Weiſeſten natürliche Furcht vor dem Tode iſt nicht
ein Grauen vor dem Sterben, ſondern, wie Montaigne
richtig ſagt, vor dem Gedanken, geſtorben zu ſein; den
alſo der Candidat des Todes nach dem Sterben noch zu
haben vermeint, indem er das Cadaver, was nicht mehr er
ſelbſt iſt, doch als ſich ſelbſt im büſtern Grabe oder irgend
ſonſtwo denkt.“ Ebenſo wahr ſagt Fichte: „Es iſt ganz
klar, daß Derjenige, welcher nicht exiſtirt, auch keinerlei
Schmerz fühlt. Vernichtung, wenn ſie ſtattfindet, iſt daher
aus dieſem Grunde gar kein Uebel,“ oder Shakeſpeare
in „Maaß für Maaß“: „Des Todes Schmerz liegt in der
Vorſtellung,“ oder der große Epikur: „Der Tod geht uns
nichts an; denn wo wir ſind, da iſt der Tod nicht, und
wo der Tod iſt, da ſind wir nicht.“ Im gleichen Sinne
ſchreibt der klardenkende römiſch-katholiſche Prieſter Jean
Meslier (a. a. O.): „Iſt die Furcht, nicht ewig zu dauern,
trauriger, als die, nicht von Ewigkeit geweſen zu ſein?
Die Furcht, das Daſein zu verlieren, iſt in Wirklichkeit nur
ein Uebel für die Phantaſie, welche allein das Dogma von
einem zukünftigen Leben erzeugt hat.“ Und ſchon Sokra=
tes ſagt bei Plato (Apologia Socratis), daß der Tod,
ſelbſt wenn er uns auf immer das Bewußtſein raubte, ein
wundervoller Gewinn ſein würde, da ein tiefer, traumloſer
Schlaf jedem Tage auch des beglückteſten Lebens vorzuziehen
ſei. Auch würde es leicht ſein, aus den griechiſchen Tra=
gikern eine ganze Blumenleſe ſolcher und ähnlicher Aus=
ſprüche zuſammenzuſtellen.

Hat sich jemals ein Mensch Kummer darüber gemacht, daß er nicht da war, als die Griechen Troja belagerten? Ebensowenig kann es uns bekümmern, daß wir nicht da sein werden, wenn künftige Dinge Welt und Menschen bewegen.

„Wie es bereinst gleichgültig uns ließ, als zum Kampfe Carthagos

„Heere sich drängten heran und der Erbkreis bebte vom Kriegslärm — —

„So wird, wenn wir dahin, wenn der Geist und der Körper zerfallen,

„Draus wir bestehen, uns nichts anfechten, und sollte die Erde

„Sich mit dem Meer und das Meer mit dem Himmel selber vermischen.“

(Lukretius Carus).

Vielmehr kann sich Derjenige, welcher deswegen eines Trostes bedarf, an dem Gedanken erfreuen, daß die künftigen Dinge nur die Frucht der gegenwärtigen sind, und daß sie nicht ohne seine Mitwirkung zu Stande gekommen wären. Wer Unsterblichkeit verlangt, muß sie nicht für sich oder seine eigne armselige Persönlichkeit verlangen, welche ja in dem ungeheuren Ocean des Daseins nur einem einzigen Wellenschlage gleicht, sondern für den Beitrag, welchen er als Einzelner zu dem Bestehen des Ganzen geliefert hat. Mag dieser Beitrag noch so groß oder noch so klein sein, er kann im Leben des Ganzen nicht mehr untergehen, sondern klingt oder wirkt fort in alle Ewigkeit, ebenso wie im ewigen Kreislauf der Kraft auch nicht die leiseste Bewegung verloren gehen kann, ohne das unverbrüchliche Gesetz von Ursache und Wirkung zu verletzen. Mit vollem Recht sagt daher unser großer Schiller:

„Vor dem Tode erſchrickſt Du? Du wünſcheſt unſterblich
zu leben?
„Leb' im Ganzen! Wenn du lange dahin biſt, es bleibt!"

Ganz benſelben Gedanken drückt Rückert mit den
Worten aus:

„Vernichtung weht Dich an, ſo lang Du Einzler biſt.
„O, fühl' im Ganzen Dich, das unvernichtbar iſt!" —

Die Schul-Philoſophen, welche die Haltloſigkeit des
Bodens, auf bem ſie in der Unſterblichkeits-Frage ſtehen,
wohl fühlen, aber gleichwohl Philoſophie und Glauben in
ein gemeinſames Joch ſpannen wollen, haben ſich mitunter
auf ſehr wunderliche und unphiloſophiſche Weiſe in dieſer
kitzlichen Frage zu helfen geſucht. „Die Sehnſucht unſerer
Natur," ſagt z. B. M. Carrière, „der Drang der Er=
kenntniß nach der Löſung ſo vieler Räthſel verlangt die
Unſterblichkeit, und viele Schmerzen der Erbe würden eine
ſchreiende Diſſonanz im Weltaccorbe ſein, wenn dieſe nicht
dadurch ihre Auflöſung in einer höheren Harmonie fände,
baß jene für die Läuterung und Fortbildung der Perſön=
lichkeit fruchtbar bleiben. Dieſe und andere Betrach=
tungen machen uns die Unſterblichkeit auf unſerem Stand=
punkte zur ſubjectiven Gewißheit, zur Herzensüberzeugung
u. ſ. w."

„Herzensüberzeugungen" kann und barf freilich Jeder
haben. Aber ſolche Ueberzeugungen ſollten ſich nicht an=
maßen, in philoſophiſchem Gewand auftreten zu wollen.
Mag ſein, baß wir von vielen Räthſeln umgeben ſind,
beren Löſung benkenden Geiſtern großen Genuß bereiten
würde. Aber wir kommen ihrer Löſung nicht näher durch
„Herzensüberzeugungen" oder durch die wirren Gedanken=
ſprünge philoſophiſcher Phantaſten, ſondern durch eine
nüchterne, auf Vernunft und Erfahrung gebaute Ueber=
legung; und eine ſolche Ueberlegung kann nicht anders, als

mit Nothwendigkeit den Schluß auf die Endlichkeit der Person oder des einzelnen Menschen als einer vorüber- gehenden Erscheinung des Gesammtlebens des Naturganzen zu ziehen. Ja, eine wirkliche Enthüllung der Räthsel- haftigkeit des Weltganzen, wie sie Herr Carrière zu verlangen scheint, oder eine vollkommne Erkenntniß muß für den menschlichen Geist aus inneren Gründen als eine Unmöglichkeit angesehen werden. Wo kein Sterben, da kann auch kein Leben mehr sein; die volle Wahrheit wäre ein Todesurtheil für den, der sie begriffen, und er müßte an Apathie und Thatenlosigkeit zu Grunde gehen. Schon Lessing verknüpfte mit dieser Idee eine solche Vorstellung von Langeweile, daß ihm, wie er sagt, „Angst und Wehe dabei ankam."

Wollte man aber, hiervon absehend, sich damit be- gnügen, ein immerdauerndes, wenn auch stets vollenbeteres Streben in einem andern Leben anzunehmen, so wäre für die letzte Frage von der Endlichkeit oder Unendlichkeit des menschlichen Geistes nichts gewonnen; sondern die Entschei- bung wäre nur um einige Zeitspannen weiter hinaus- gerückt. Das zweite Leben wäre eine vermehrte und verbesserte Auflage des ersten, mit denselben Grundmängeln, denselben Widersprüchen, derselben schließlichen Resultat- losigkeit. Aber wie der angehende Staatsstellen-Aspirant lieber eine Anstellung auf unbestimmte Zeit, als gar keine annimmt, so klammern sich Tausende und aber Tausende in geistiger Befangenheit an die ungewisse Aussicht auf eine ewige oder zeitliche Fortdauer.

Nur gleichsam im Vorbeigehen wollen wir uns er- lauben, mit wenigen Worten auf die Schwierigkeiten und Unmöglichkeiten hinzuweisen, welche, wenn die persönliche Fortdauer eine Wahrheit wäre, das Fort- und Zusammen- leben jener zahllosen Schaaren oder Heere von Seelen, welche lebenden Menschen oder denkenden Bewohnern anbrer Weltkörper angehört haben, im Gefolge haben müßte.

Schon die in einigen früheren (von der Conſtruktion des
Himmels und der Allgemeinheit der Naturgeſetze handelnden)
Kapiteln gewonnenen Reſultate laſſen es vom Standpunkte
der Naturforſchung aus als unmöglich oder undenkbar erſcheinen, daß irgend ein Ort außerhalb der Erde exiſtire
oder exiſtiren könne, an welchem die abgeſchiedenen und von
den Banden der Schwerkraft befreiten Seelen ſich verſam-
meln werden. Wäre aber auch dieſe Schwierigkeit der ſog.
„Wohnungsnoth" nicht, ſo würde doch die außerordentlich
große und bis in die äußerſten Extreme auseinandergehende
Verſchiedenheit in dem moraliſchen und geiſtigen Bildungs-
grad der Abgeſchiedenen deren gemeinſamen Weiterleben
die größten Hinderniſſe in den Weg legen. Das ewige
Leben ſoll nach ziemlich übereinſtimmenden Anſichten der
Herren Theologen und Philoſophen eine Fortbildung oder
Vervollkommnung des irdiſchen darſtellen. Darnach muß
es unerläßlich erſcheinen, daß für jede einzelne Seele auf
der Erde wenigſtens eine gewiſſe Stufe der Bildung erreicht
würde, von welcher anfangend weiter gebildet werden könnte.
Nun denke man aber an die Seelen der frühe verſtorbenen
Kinder oder der geiſtesſchwach gewordenen Greiſe oder der
Geiſteskranken, der Blödſinnigen, der ſchlecht Erzogenen,
der Unzurechnungsfähigen, der wilden ungebildeten Völker
oder auch nur der unteren Stände unſrer europäiſchen
Geſellſchaft!! Soll die mangelhafte Volksbildung und Kinder-
Erziehung ſich drüben in gleichem oder höherem Maßſtabe
fortſetzen? „Ich habe das Sitzen auf den Schulbänken ſatt"
— läßt Georg Büchner ſeinen Danton in dem berühmten Drama „Danton's Tod" ſagen. Oder wie ſollen
ſich im jenſeitigen Leben Diejenigen mit einander vertragen, welche ſich hier im Leben als die erbitterſten Feinde
oder in den verſchiedenſten Lebensſtellungen einander gegenüber geſtanden haben? Wie der Gepeinigte mit ſeinem
Peiniger, der Ketzer mit ſeinem Ketzerrichter, der Betrogene
mit ſeinem Betrüger, der Sclave mit ſeinem Herrn, der

Henker mit seinem Opfer, der Andersgläubige mit seinen
Gegnern, der Fromme mit dem Atheisten usw.? Würde
ein solches Zusammenleben nicht eine Hölle im Himmel genannt werden müssen? Daher auch die menschliche Phantasie in der Ausmalung der gehofften Freuden des Himmels
bekanntlich weit weniger fruchtbar gewesen ist, als in derjenigen der ewigen Höllenstrafen. Man sah sich außer
Stande, eine haltbare Vorstellung zu bilden über die An-
nehmlichkeiten eines Zustandes, der nach christlicher Anschauung eigentlich nichts Anderes sein könnte, als eine ewige
Anbetung Gottes. Dagegen gaben die vielen Leiden und
Schrecken irdischen Daseins überreichen Stoff für das entgegengesetzte Gemälde.

Eine der stehenden Anklagen der Kirche gegen die
Wissenschaft besteht bekanntlich darin, daß dieselbe materialistisch sei. Aber wer will leugnen, daß die ganze kirchliche
Vorstellung von einem zukünftigen Leben in einem materiellen Himmel und mit Auferstehung der Leiber der krasseste
Materialismus ist, den man sich denken kann? Und dabei
ist diese Vorstellung nicht einmal so trostreich, daß sie einen
der glaubensstärksten Männer, welche je gelebt haben, oder
Martin Luther abhalten konnte, bei dem Tode seiner
geliebten Tochter Magdalena in lautes Jammern aus-
zubrechen und zu sagen: „Wunderlich ist es zu wissen, daß
sie im Frieden und ihr wohl ist, und doch noch so traurig
sein."

Und — so müssen wir zuletzt fragen — was soll denn,
wenn die Seelenfortdauer wahr ist, mit den Seelen der
Tiere geschehen? Der menschliche Hochmuth hat bei Be-
sorgung dieser Angelegenheit nur an sich selbst gedacht und
nicht einsehen wollen, daß dem Tiere, welchem der Besitz
einer Seele (wenn auch nur einer tierischen) ebensowenig
abgesprochen werden kann, wie dem Menschen, ganz das
nämliche Recht zukommt, wie dem letzteren. Daß zwischen
Menschen- und Tierseele kein fundamentaler Gegensatz, son-

dern nur ein Unterſchied des Grades beſteht, und daß ſich
die Wurzeln und Anfänge der höchſten geiſtigen und ſeeli=
ſchen Fähigkeiten des Menſchen in der Tierwelt wiederfinden
laſſen, wird in einem ſpäteren Kapitel erörtert werden; es
iſt ein Unterſchied des Grades oder der Entwicklung, nicht
der Art. Es iſt daher vollkommen gerechtfertigt, wenn
Burmeiſter ſagt: „Iſt die menſchliche Seele unſterblich,
ſo muß es auch die tieriſche ſein. Beide haben, vermöge
ihrer gleichen Grundqualitäten, auch gleiche Anſprüche auf
Fortdauer.“ Verfolgt man nun dieſe Conſequenz bis in
die unterſten Tier=Reihen, welchen ebenſowenig eine Seele
im allgemeinſten Sinne abgeſprochen werden kann, wie den
höchſten, oder gar bis zu den ſog. Moneren oder einfachſten
Urweſen, ſo fallen alle jene moraliſchen Gründe, welche
man für die individuelle Unſterblichkeit geltend gemacht hat,
in ſich zuſammen, und es kommen Abſurditäten heraus,
welche das ganze Gebäude alberner Hoffnungen umſtürzen
müſſen.*)

Auch vergeſſe man nicht, daß die Seele eines intelligen=
ten Tieres, z. B. eines Hundes, Affen oder Elefanten, doch
ohne Zweifel hoch über derjenigen eines menſchlichen Idioten,
Kretinen oder Blödſinnigen ſteht. Welcher Widerſinn würde
nun darin liegen, wenn man der letzteren Unſterblichkeit
zuerkennen wollte, der erſteren aber nicht!

Man hat endlich behauptet und behauptet es noch, daß

---

*) Der Miſſionär Moffat theilt eine intereſſante Anekdote mit,
welche recht deutlich die durch keine Dogmen befangene Anſchauung
des Naturmenſchen in dieſen Dingen dokumentirt. Ein Angehöriger
eines Bechuana=Stammes (im Innern Süd=Afrikas) erſchien eines
Tages bei ihm und fragte ihn, indem er auf ſeinen Hund zeigte:
„Welcher Unterſchied iſt zwiſchen mir und dieſem Geſchöpf? Ihr be=
hauptet, ich ſei unſterblich, warum iſt es nicht mein Hund und mein
Ochs? Sie ſterben, und gewahrt Ihr etwas von ihren Seelen? Was
iſt alſo der Unterſchied zwiſchen Menſch und Tier? Keiner, nur daß
der Menſch der größere Schelm iſt.“ (Siehe Ausland, 1856, Nr. 33.)

die Unsterblichkeits-Idee (in ähnlicher Weise wie die Gottes-Idee) eine dem innersten geistigen Wesen des Menschen an- und eingeborne und darum durch alle Vernunftgründe un-widerlegliche sei. Auch soll es — so behauptet man weiter — aus demselben Grunde keine Religion geben, welche nicht die individuelle Unsterblichkeit als einen ihrer ersten und Hauptgrundsätze festhalte. Was die angebornen Ideen be-trifft, so glauben wir uns darüber bereits hinlänglich ver-breitet zu haben; und an Völkern oder Religionen und Religionssekten, von welchen die Unsterblichkeits-Idee per-horrescirt wurde oder wird, fehlt es und hat es so wenig gefehlt, daß vielmehr nur ein verhältnißmäßig geringer Bruchtheil der Menschheit als jener Idee ergeben angesehen werden kann. Obgleich die Juden als Vorläufer des Christenthums zu betrachten sind, kannten doch ihre ange-sehensten Religionssekten keine persönliche Fortdauer. So lehrte namentlich die den Pharisäern oder den Loyoliten des Judenthums entgegenstehende lichtfreundliche Sekte der Sabbucäer, daß die Menschenseele ihren Leib nicht über-baure, sondern mit demselben zu planetarischen Atomen und weiteren Verwandlungen übergehe. Eine Auferstehung der Todten gibt es nach ihnen nicht; das Schicksal des Menschen steht in seiner eignen Hand. Die Menschen müssen Gott dienen aus reiner Liebe, nicht aus Eigennutz oder Furcht. Diese Lehre beeinträchtigte nicht im Mindesten die Sittlich-keit ihrer Bekenner, welche keinen Anstand nahmen, auch heiterem Lebensgenuß zu huldigen. Nach Richter (Vor-träge über persönliche Fortdauer) stimmt die bei Weitem größte Mehrzahl unsrer Theologen darin überein, daß in den vor dem babylonischen Exil geschriebenen Büchern des Alten Testaments sichere Spuren einer Lehre von indivi-dueller Fortdauer nach dem Tode nicht zu finden sind. Die Mosaische Lehre verweist nie auf einen Lohn im Himmel und nach dem Tode und verspricht nur irdische Belohnungen für gutes Verhalten. Im Gegentheil fehlt es nicht an alt-

teſtamentlichen Stellen, welche dem Unſterblichkeitsglauben
grabezu entgegen ſind. Erſt nach dem Babyloniſchen Exil
fängt dieſer Glaube an aufzutauchen, wenn auch anfangs
nur in ſehr matter oder ſchattenhafter Weiſe. Das jüdiſche
Scheol (Grab) war als Reich weſenloſer Schatten gleichbedeutend mit dem ſogleich zu erwähnenden Hades der
Griechen.

Die urſprüngliche Religion des großen Confutſee
oder Confucius weiß ebenſowenig von einem himmliſchen
Jenſeits, von einer außerweltlichen Gottheit oder von Dog-
matik und Prieſterſtand, wie die alte, durch ſie erſetzte Volks-
Religion der Chineſen ſelbſt. Beide ſind nur ein verblümter
oder verfeinerter Atheismus und Materialismus und beruhen
auf einer durchaus realiſtiſchen Weltanſchauung. Confutſee
ſpricht, wie bereits in einem früheren Kapitel erwähnt wurde,
nie von einem Schöpfer oder von einer höheren Weltordnung, und Pietät gegen die Vorfahren iſt die einzige, über
das eigne Leben hinausgehende Vorſchrift ſeiner Religion.
Die Jeſuiten, welche zuerſt die Chineſen zu katechiſiren ver-
ſuchten, kamen zu der Ueberzeugung, daß alle gebildeten
Chineſen Atheiſten ſeien! Dasſelbe iſt bereits im vorhergehenden Kapitel von den Japanern berichtet worden.

Der berühmte Buddhismus, das verbreitetſte und
einunddreißig Procent der geſammten Menſchheit oder 450
Millionen Menſchen umfaſſende Religionsſyſtem der Erde, zugleich eins der älteſten, kennt keine perſönliche Fortdauer und
predigt (geradeſo wie unſere modernen Peſſimiſten Leopardi,
Hartmann u. ſ. w.) das Nichtſein oder die definitive
Auflöſung des perſönlichen Daſeins in dem berühmten Nirvana oder Nichts als das höchſte Ziel der Befreiung.*)

*) Dieſe merkwürdige, 5 bis 600 Jahre v. Chr. von einem indi-
ſchen Königsſohn, Namens Siddhartha, Gautama oder Buddha
(Erleuchteter, Wiſſender, Erkennender, Siegreicher) oder Saljamuni
(Einſiedler aus dem Stamm der Salja im nordöſtlichen Indien) ge-
ſtiftete, auf rein naturaliſtiſcher Grundlage beruhende atheiſtiſche und

Die edle und in so manchen Stücken der Bildung unsre eingebildete Jetztwelt weit überragende Nation der Griechen kannte nur ein Jenseits der Schatten als Wohnung der

---

materialistische Religions-Lehre, welche das häßliche Kastenwesen verwarf, die Gleichheit und Brüderlichkeit aller Menschen lehrte, den Opferdienst abschaffte, Gott und das angeborene Gewissen leugnete und alle ihre Grundlagen nur in dem Menschen selbst und in der Liebe des Nächsten suchte, verbreitete sich durch ihre herzerobernde Gewalt, sowie durch ihre Volksthümlichkeit in kurzer Zeit über beinahe den dritten Theil der damals lebenden Menschheit, ohne, wie das Christenthum, durch ein Meer von Blut und Greueln gewatet zu sein — bis sie, 800 n. Chr., durch die Reaktion der Priester oder Brahmanen nach den blutigsten Religionskämpfen in Indien selbst wieder ausgerottet wurde. Um so mehr verbreitete sie sich dagegen nach den Nachbarländern, so daß sie heute noch das verbreitetste Religionssystem des Morgenlandes ist und mehr Anhänger, als selbst das Christenthum, zählt. Die Kosmologie des Buddha lehrt geradeso wie die moderne Naturforschung als Uranfang der Dinge die Existenz eines unendlichen und in das Unendliche verdünnten Urstoffs, aus welchem die einzelnen Welten nach und nach durch Verdichtung entstehen. Diese verflüchtigen sich abermals, um wieder neue Bildungen entstehen zu lassen, und so fort. Die Weltregierung liegt in einer unbegreiflichen, mittelst des obersten Weltgesetzes von Ursache und Wirkung erzielten Nothwendigkeit. Die Welten folgen stufenweise aufeinander und vervollkommnen sich mehr und mehr; desgleichen die organischen Wesen, bis schließlich Alles wieder in den Urzustand absoluter Ruhe und Erlösung, in das sog. Nirvana oder Nichts zurückkehrt. Dieses Nirvana ist das Höchste, was der Mensch erreichen kann und muß, wenn er sich von den Uebeln des Daseins und von den Gefahren der Wiedergeburt mit Erneuerung des alten Elends befreien und seine Seele zur Ruhe kommen lassen will. Dabei huldigte Buddha dem Grundsatz absolutester Freisinnigkeit und Toleranz andern Meinungen gegenüber, welche er nur als niedrigere Formen der Erkenntniß ansah. Um sich auf seine große Mission würdig vorzubereiten, brachte er nicht bloß, wie Christus, vierzig Tage, sondern mehrere Jahre in der Wüste und Einsamkeit zu, wo er, wie die buddhistische Legende erzählt, ebenso wie Jener, vom Teufel vergeblich versucht wurde. Auch läßt ihn dieselbe Legende, ähnlich wie die christliche Legende den Stifter des Christenthums, auf übernatürliche Weise von einer durch

Abgeſchiebenen. Dieſer ſog. Hades war aber für ſie kein
Ort der Seligkeit, ſondern nur ein matter Abglanz des
wirklichen Lebens oder das in poetiſchem Sinne aufgefaßte

einen Sonnenſtrahl befruchteten Königstochter, Maja, geboren werden.
Die Buddhiſten ſandten auch in der Abſicht, das Elend in der ganzen
Welt zu tilgen, Miſſionäre aus, wie die Chriſten, und hielten, wie
dieſe, Concilien oder Kirchen=Verſammlungen. Ihr Ziel war das
Wohl der Menſchheit, im Gegenſatz zu dem Brahmanismus, der nur
den eignen Vortheil im Auge hatte. Die Blüthezeit des Buddhismus
war unter den beiden Königen Aſoka, deren erſter im Jahre 250
vor Chr. den Buddhismus zur Staats=Religion erhob, ohne jedoch
Andersdenkende zu verfolgen. Friedlich lebten unter ſeiner Regierung
Brahmanen und Buddhiſten nebeneinander. Fünfzig Jahre nach Chr.
berief König Kaniſchka das vierte Concil. Max Müller nennt
den buddhiſtiſchen Moral=Codex einen der vollkommenſten, welche die
Welt je geſehen hat — obgleich Buddha die Seelentheorie nicht bloß
verwirft, ſondern ſie für ſchädlich und dem Aberglauben förderlich
erklärt. An der Stelle theologiſcher Legenden und Märchen lehrte
der große Weiſe Wiſſenſchaft, Wohlwollen und den Troſt ſchließlicher
Ruhe; er — nicht Chriſtus — iſt es geweſen, welcher zuerſt das
Princip allgemeiner Menſchenliebe zur oberſten Tugend erhob und
welcher zuerſt den berühmten, chriſtlichen Ausſpruch that: „Mein Reich
iſt nicht von dieſer Welt.“ Die Sagen, von denen Buddha's Leben
umgeben iſt, haben die auffallendſte Aehnlichkeit mit den chriſtlichen,
ebenſo viele ſeiner Lehren oder Moralſchriften. Man vergleiche da=
rüber R. Seydel („Das Evangelium von Jeſu in ſeinen Verhält=
niſſen zur Buddha=Sage und Buddha=Lehre“, Leipzig 1882), deſſen
gründliche Unterſuchungen im Weſentlichen darauf hinauslaufen, daß
der ganze chriſtliche Glaubenskreis bei näherer Prüfung als ein
ſchwacher oder verdorbener Abklatſch altindiſcher Religionsvorſtellungen,
insbeſondere der Buddha=Lehre erſcheint, ſowie das darüber erſtattete
Referat des Verfaſſers „Chriſtus und Buddha“ in dem zweiten Bande
ſeiner geſammelten Aufſätze „Aus Natur und Wiſſenſchaft“. Viele
vermuthen, daß Chriſtus von ſeinem zwölften bis dreißigſten Lebens=
jahr, über welchem Lebensabſchnitt bekanntlich ein vollſtändiges Dunkel
ſchwebt, ein Schüler der Buddhiſten=Mönche in Indien geweſen ſei.
— Uebrigens war Buddha im Grunde nur der theologiſche Ausleger
und Vollender der Lehren eines vor ihm dageweſenen Weiſen, des im
ſiebenten oder achten Jahrhundert vor unſrer Zeitrechnung in Nord-

Grab. Ihr großer Dichter Homer malt ihn bekanntlich in den schwärzesten Farben und läßt Achilles als Todten-beherrscher zu Odysseus (Odyssee, XI, 14—19) sagen, daß

indien geborenen Kapila, welcher gewissermaßen als der philosophische Johannes Buddha's angesehen werden kann und der ein nicht=gläubiger Philosoph vom reinsten Wasser war. Dessen sog. Sankhja= oder Vernunft=Lehre predigte bereits einen vollendeten Atheismus und er-kannte weder Gott noch Offenbarung, dagegen einen ewigen Urstoff (Prakriti) und einen aus der Natur selbst sich entwickelnden, von den Sinnen abhängigen und eine Form des Stoffes bildenden Geist an, der aber, auf einer gewissen Stufe der Entwicklung angekommen, sich von den Banden der Natur befreit und in Gegensatz zu der Materie tritt, so daß die Sankjahlehre in der Regel als entschiedener Dualis-mus angesehen wird, während Andere darin einen auf materieller Grundlage sich aufbauenden idealistischen Monismus erblicken. Aller-dings nehmen die Sankjahschriften entschieden Partei gegen die indische Schule der ausgesprochenen Materialisten oder Tscharvakas, welche lehrten, daß der Geist nichts von dem Körper verschiedenes sei. Etwas Höheres als den menschlichen Verstand gibt es nach der Sankjah=Lehre nicht. Von der Entwicklungslehre, sowie von der Aether=Theorie hatte Kapila bereits deutliche Vorstellungen. Auch das Nirwana oder die schließliche Selbstbefreiung der Seele durch Uebergang in einen Zustand ewiger Ruhe und Stille ist bereits in seiner Philosophie, welche das Kastenwesen und professionelle Lehrer-thum (Brahmanenthum) verwarf, enthalten. Uebrigens konnte Kapila's Lehre, welche wir erst durch die Forschungen des Dr. J. Davies ge-nauer kennen gelernt haben, nicht in das Volk bringen. Sie wurde nur von einem kleineren Kreise freidenkender Männer angenommen und erlangte erst durch Buddha, welcher sie durch seine bewunderungs-werte Morallehre ergänzte, die Bedeutung einer Weltreligion.*) — Leider entartete der Buddhismus (ebenso wie das Christenthum) in denjenigen Ländern, in denen er sich herrschend erhielt, später in den verschiedensten Richtungen und nahm alle denkbaren Thorheiten und Wahnvorstellungen in sich auf, während sein Haupt=Princip oder das Nirwana in ein Paradies voll von Wundern und Heiligen umge-

---

*) Näheres über die Sankjah=Philosophie ist enthalten in R. Garbe's Schrift über dieselbe (Leipzig 1894), sowie in dessen Aufsätzen in der amerikanischen Monatsschrift „The Monist", Jan. 1894, S. 177 und 193 und Juli 1894, S. 580 u. flgb.

er lieber auf der Erde als ärmſter Tagelöhner das Feld
beſtellen, als die ſämmtliche Schaar der Todten beherrſchen
wolle. Auch das berühmte Todtenbuch der alten Aegypter

---

wandelt wurde. Denn während die buddhiſtiſchen Philoſophen und
Denker die Lehren des Stifters in logiſcher Entwicklung zu immer
klarerem Atheismus ausprägten, wurden ſie vom ungebildeten Volk
zu theils monotheiſtiſchen, theils polytheiſtiſchen Syſtemen umgeſchaffen
und durch Vermiſchung mit brahmaniſtiſchen Elementen ihrer ur=
ſprünglichen Reinheit entfremdet, während umgekehrt der Brahmanis=
mus eine Menge buddhiſtiſcher Elemente in ſich aufnahm. Auch
chriſtliche Vorſtellungen und Einrichtungen miſchten ſich, als das
neſtorianiſche Chriſtenthum nach Central-Aſien vorgedrungen war
(namentlich in Tibet), mit der buddhiſtiſchen Glaubens-Lehre und
trugen das Meiſte dazu bei, daß die tibetaniſche Kirche jetzt ihren
Papſt, ihre Cardinäle, Biſchöfe, Prieſter und Nonnen, ſowie ihre
Seelenmeſſen, Paternoſter, Roſenkränze, Weihkerzen und Weihwaſſer,
Proceſſionen, Feier= und Faſttage u. ſ. w., geradeſo wie die katholiſche
Kirche, beſitzt, und daß dem Dalai=Lama oder Oberprieſter in Tibet als
dem irdiſchen Stellvertreter des inzwiſchen zu einem Gott erhobenen
Buddha göttliche Verehrung erwieſen wird. (Näheres bei Raden=
hauſen: „Chriſtenthum iſt Heidenthum", Hamburg 1881, S. 60.)
Nichtsdeſtoweniger ſind ſelbſt heute noch die Prinzipien des Buddhis=
mus in einem Theile ſeiner Anhänger ſo mächtig, daß nach Dr. J.
W. Helſer's Bericht über die Tenaſſerim=Provinzen die Buddhiſten
daſelbſt nicht, wie die Anhänger anderer Religionen, Bekehrungen
verſuchen und ſich gegen alle Bekenntniſſe gleich duldſam beweiſen.
Sie behaupten nicht, daß ihr Bekenntniß das beſte oder allein wahre,
wohl aber, daß es das für ſie paſſendſte ſei. Auch ſcheuen ſie ſich
nicht, Beſtandtheile andrer Religionen, welche ihnen gut ſcheinen, in
ihre eigne aufzunehmen. Dagegen ſetzen die Buddhiſten, wie leicht zu
denken, den Bekehrungs=Verſuchen chriſtlicher Miſſionäre einen energi=
ſchen Widerſtand entgegen. Wenn die engliſchen Pfaffen ihnen ſagen,
daß ſie die Religion der Menſchen= und Feindesliebe zu der ihrigen
machen ſollen, antworten ſie mit vollem Recht: „Wie, wir ſollen Fein=
den vergeben, die in unſer Land einbrechen? Ihr verzeiht niemals
euren Feinden. Während Ihr von Frieden redet, ſtoßt ihr in die
Kriegstrompete. Eure Friedensſtimme iſt die Stimme des Pulvers
und der Gewalt. Ihr predigt Enthaltſamkeit, aber eure Prieſter leben
in Hülle und Fülle. Bei eurem Gottesdienſt zündet ihr Kerzen an,

faßt das Gericht, welches jede Seele nach dem Tode er-
wartet, nicht im christlichen Sinne, sondern nur mit Bezug
auf die möglichst sichere Todtenbestattung auf. Erst durch
Plato's Schule fing das Dogma von der Unsterblichkeit der
Seele an, sich bei den Griechen zu verbreiten, verursachte
aber (wie das Système de la Nature auf S. 281 des ersten
Bandes, Note 78, nach dem Argument du dialoge de
Phédon de la traduction de Dacier erzählt) die größten
Verwirrungen, indem es viele mit ihrem Loose unzufriedene
Menschen veranlaßte, sich das Leben zu nehmen. Ptole-
mäus Philadelphus, König von Aegypten (so fährt
die Erzählung fort), als er die Wirkungen sah, welche
dieses heute als so segensreich betrachtete Dogma auf die
Gehirne seiner Unterthanen ausübte, verbot bei Todesstrafe
dasselbe zu lehren.*) In der That kann nicht geleugnet

---

als ob Gott im Dunkeln wohnte. Geht nach Haus und lehrt euer
eignes Volk friedlich, ehrbar und mäßig zu sein." Die christliche
Theorie einer Schöpfung aus nichts erschien den buddhistischen Priestern nicht bloß ungeheuerlich, sondern sogar frevelhaft, da doch, so
ewig wie der göttliche Urgrund der Dinge selbst wäre, so ewig auch
seine Erscheinungsform oder die Welt sein müsse. Und zu Dr. Haug,
dem Professor des Sanskrit an dem brittischen Colleg zu Puma
(Präsidentschaft Bombay), sagten die Brahmanen, indem sie großen
Anstoß an dem fanatischen Religions= und Bekehrungseifer des Christenthums nahmen: „Dieser Fanatismus ist ein deutliches Zeichen von
Geistesschwäche und Bornirtheit. Ein weiser Mann verfolgt Niemanden seiner religiösen Ansichten wegen." — Weiteres über den
Buddhismus und seine Lehren findet sich in des Verfassers Vorlesungen über die Darwin'sche Theorie, im Beginn der fünften Vorlesung.

*) Aehnliches ereignet sich übrigens selbst noch in unsrer Zeit.
Im Anfang dieses Jahrhunderts bildete sich in dem buddhistischen
Birma (Indien) eine deistische Secte, welche einen allmächtigen
und allwissenden Nat (Geist) als Schöpfer der Welt annahm und
eine Art Unsterblichkeit lehrte. Der gegenwärtige König hat vierzehn
dieser „Ketzer" auf den Scheiterhaufen gebracht und verfolgt die

werden, daß die Neigung zu Selbſtmord, Trägheit und
krankhaftem Ascetenthum, Prieſterherrſchaft, Angſt vor böſen
Geiſtern, Dämonenfurcht und Aehnliches, ſowie die abſcheu=
liche Sitte des Schlachtens von Weibern, Sclaven und
Dienern auf dem Grabe hochgeſtellter Perſonen durch den
Unſterblichkeitsglauben eine mächtige Unterſtützung finden
mußten.

Endlich erzählen uns die Reiſenden von einer nicht
geringen Anzahl von Naturvölkern, bei denen der Glaube
an eine perſönliche Fortdauer nach dem Tode entweder gar
nicht oder im Verein mit ſolchen Vorſtellungen vorhanden
iſt, welche denſelben bedeutungslos machen oder wieder auf=
heben. (Man vergleiche Meiners: Kritiſche Geſchichte der
Religionen, 1806 und 1807.) Bates erzählt von den
Indianern am oberen Amazonenſtrom (a. a. O., II, S. 214),
daß keine Spur eines Glaubens an ein künftiges Leben bei
ihnen gefunden werde, und daß nur Solche unter ihnen,
welche Umgang mit Weißen haben oder gehabt haben,
mitunter davon ſprechen, ohne jedoch irgend ein Intereſſe
an der Sache zu zeigen. Dr. J. W. Helfer erzählt von
den Seelongs in Indien, daß ſie von einem Leben nach
dem Tode gar nichts wiſſen, und daß ihre beſtändige Ant=
wort auf darauf bezügliche Fragen iſt: „Daran denken
wir nicht.“ Die Bongos vom Suden beſitzen, ſagt
Schweinfurth (Im Herzen von Afrika, I, S. 304),
nicht die leiſeſte Ahnung von Unſterblichkeit. Sie haben
nicht mehr Begriffe von der Fortdauer der Seele oder
irgend einer derartigen Lehre, als von dem Vorhandenſein
des Oceans. Von den Niaſſern (Bewohnern der Inſel
Nias an der Weſtküſte Sumatras) erzählt der Miſſionär
H. Sundermann, der vierzehn Jahre unter ihnen lebte

Sekte eifrig. (Siehe „Ausland“ 1858, Nr. 19.) Aehnliche Verfol=
gungen der chriſtlichen Lehren und der ihr Anhängenden durch kaiſer=
liche Verordnungen werden aus China berichtet.

(Globus Bd. LIX, Nr. 24), daß sie kein religiöses Be=
dürfniß, kein Gefühl für eine überirdische Welt oder für
ein Leben nach dem Tode haben. Sie sagen selbst, daß
sie für etwas Weiteres, als was sie hier auf der Erde
haben, keinen Sinn haben. Ihr Cultus bezieht sich nur
auf irdische Dinge, wie Hülfe in Krankheiten, Sorge für
Haus und Vieh, Vertreibung böser Geister u. dgl. Eine
Anzahl ähnlicher Beispiele fand bereits in dem vorhergehen=
den Kapitel Erwähnung. Auch hat Lubbock (Entstehung
der Civilisation, S. 312 u. flg.) deren noch eine ganze
Anzahl gesammelt.

Unter den gebildeten und aufgeklärten Männern aller
Nationen und Zeiten hat der Unsterblichkeits=Glaube nicht
allzuviele Anhänger gehabt, wenn sich auch aus leicht be=
greiflichen Gründen ihre Meinung nicht immer mit gleicher
Gewalt an das Licht drängte, wie die entgegengesetzte.
Welche Anfeindungen mußte der berühmte Voltaire er=
dulden, weil er es wagte, seine Ueberzeugung von der
Vergänglichkeit des menschlichen Geistes zu bekennen! und
selbst mitten in unsrer, ihrer Aufklärung sich rühmenden
Zeit ist es dem großen David Friedrich Strauß
nicht besser ergangen. Auch einer unserer ersten deutschen
Geister, Friedrich der Große, bekannte, daß er an
keine persönliche Fortdauer glaube. Er nennt das Dogma
einen „verführerischen Traum, den die Vernunft beim Er=
wachen zerstöre.“

Wie weit sich endlich trotz aller Anstrengungen und
Versicherungen der Herren Theologen in diesem Punkte die
allgemeinen Ansichten in unserm Jahrhundert bei Gebilde=
ten wie Ungebildeten von den Dogmen der Kirche entfernen,
kann Niemandem verborgen bleiben, welcher Gelegenheit hat,
die Menschen in solchen Lagen des Lebens kennen zu lernen,
welche Heuchelei oder Verheimlichung unmöglich machen.
Wie sollte denn auch sonst die trotz aller Tröstungen der
Religion unter den Menschen fortherrschende Todesfurcht zu

erklären ſein? wie ſollte es möglich ſein, daß die Mehrzahl
der Menſchen den Tod als das größte Uebel anſieht, weil
er der kurzen Freude des Daſeins ein plötzliches Ende
macht? oder weil ſie im Grunde ihres Herzens mit dem
großen Dichter Platen übereinſtimmen, wenn er ſagt:

„Warum erfreun wir uns am Klang der Leyer,
„Am holden Spiel, an tauſend ſüßen Trieben,
„Wenn ſtets im Hintergrund die Furie lauert
„Und unſer Leben zwo Sekunden dauert?"

Hören wir zuletzt die ebenſo ſchönen als treffenden
Worte, welche ein italieniſcher Philoſoph, Petrus Pomponatius, der zu Anfang des 16. Jahrhunderts lebte,
über dieſen Gegenſtand äußert: „Will man die Fortdauer
des Individuums annehmen, ſo muß man vor Allem den
Beweis führen, wie die Seele leben könne, ohne den Körper als Subject oder Object ihrer Thätigkeit zu bedürfen.
Ohne Anſchauungen vermögen wir nichts zu denken; dieſe
aber hängen von der Körperlichkeit und ihren Organen ab.
Das Denken iſt an ſich ewig und immateriell, das menſchliche jedoch iſt mit den Sinnen verbunden, erkennt das
Allgemeine nur im Beſonderen, iſt niemals anſchauungslos
und niemals zeitlos, da ſeine Vorſtellungen nacheinander
kommen und gehen. Darum iſt unſere Seele in der That
ſterblich, da weder das Bewußtſein bleibt, noch die Erinnerung." — Und endlich: „Die Tugend iſt doch viel
reiner, welche um ihrer ſelbſt willen geübt wird, als um
Lohn. Doch ſind diejenigen Politiker nicht gerade zu
tadeln, welche um des allgemeinen Beſten willen die Unſterblichkeit der Seele lehren laſſen, damit die Schwachen
und Schlechten wenigſtens aus Furcht und Hoffnung auf
dem rechten Wege gehen, den edle, freie Gemüther aus
Luſt und Liebe einſchlagen. Denn das iſt geradezu
erlogen, daß nur verworfene Gelehrte die

Unsterblichkeit geleugnet und alle achtbaren Weisen sie angenommen; ein Homer, Plinius, Galenus, Simonides und Seneka waren ohne diese Hoffnung nicht schlecht, sondern nur frei von knechtischem Lohndienst."*)

*) Weiteres über die Unsterblichkeitsfrage findet sich in des Verfassers Schriften „Aus Natur und Wissenschaft", II. Band (1884), S. 272 und S. 392, und „Das künftige Leben und die moderne Wissenschaft. Zehn Briefe an eine Freundin." (Leipzig 1889.) — Den oben genannten Klassikern hätte Pomponatius noch den großen Cicero zugesellen können, welcher sagt: „Es ist Naturgesetz, daß für uns alles mit der Geburt beginnt und mit dem Tode endet. Wie uns vor unsrer Geburt nichts unsre Theilnahme erweckte, so wird es auch nach dem Tode sein. Was fürchten wir, da doch der Tod weder für die Lebenden, noch für die Gestorbenen eine Bedeutung hat? Keine für die Todten, denn sie sind nicht mehr; keine für die Lebenden, denn sie empfinden ihn nicht."

Die Lebenskraft.

„Die Lebenskraft-Theorie, welche in der ersten Hälfte dieses Jahrhunderts allgemein herrschend war, ist heute vollständig veraltet."

Wallace Wood.

Die Annahme einer speciellen Lebenskraft führt nothwendig zu solchen Absurditäten, daß kein Naturforscher, der auf den Namen eines ernsten Anspruch macht, noch an dieselbe denkt.

Huxley.

Die Annahme einer besonderen Lebenskraft ist durch die Wiederbelebungen ausgetrockneter, erfrorner, luftfreier, nahrungsloser Tiere und Pflanzen und Eier und Samen aus den verschiedensten Classen für immer beseitigt.

Preyer.

Unter jene mystischen und die Klarheit naturphilosophischer Anschauung verwirrenden Begriffe, welche eine an Naturkenntniß schwache Zeit ausgedacht hat, und welche von der neueren Naturforschung über Bord geworfen worden sind, gehört vor Allem der Begriff der sog. Lebenskraft. Kaum je mag es eine Annahme gegeben haben, welche der Wissenschaft mehr geschadet hat, als die Annahme jener besonderen organischen Kraft, welche gewissermaßen als Gegnerin der anorganischen Kräfte (Schwere, Affinität, Licht, Wärme, Electricität, Magnetismus u. s. w.) oder unabhängig von denselben auftreten und für die lebenden Wesen natürliche Ausnahmegesetze begründen sollte, nach denen es

diesen möglich werden sollte, sich dem Einfluß und dem
Wirken der allgemeinen Natur=Gesetze zu entziehen, ein Ge=
setz für sich, einen Staat im Staate zu bilden. Wäre die
Wissenschaft genöthigt, eine solche Annahme anzuerkennen,
so fiele damit auch unser Satz von der Allgemeinheit der
physikalischen Naturgesetze und von der Existenz oder Un=
veränderlichkeit der natürlichen Weltordnung. Glücklicher=
weise hat die Wissenschaft, anstatt sich in dieser Frage vor
dem unvernünftigen Anbrängen der Dynamisten oder Kraft=
gläubigen zurückziehen zu müssen, überall über dieselben den
glänzendsten Sieg davongetragen und eine Masse so ekla=
tanter Thatsachen gehäuft, daß der Begriff einer besonderen
Lebenskraft als Ursache der Lebenserscheinungen jetzt nur
noch an den Grenzen der exakten Naturforschung wie ein
körperloser Schatten umgeht und sich in den Köpfen ent=
weder der Alles besser wissen wollenden Schreibtisch=Philo=
sophen oder Derjenigen breit macht, welche hinter der Wissen=
schaft zurück sind.*) „Denn", wie Virchow (Archiv für
path. Anat. und Physiol., IX. Bd., 1856, 1. u. 2. Heft)
vortrefflich sagt, „nicht eine Irrlehre, sondern reiner Aber=
glaube ist diese alte Doktrin von der Lebenskraft, welche
ihre Verwandtschaft mit der Lehre von dem Teufel und
mit dem Forschen nach dem Stein der Weisen nicht zu ver=
leugnen vermag." Und schon acht Jahre früher fühlte sich
Prof. Dûbois=Reymond in seinem berühmten Buche
„Untersuchungen über tierische Elektricität" zu der folgenden
Erklärung berechtigt: „Diejenigen, welche sie aufrecht zu er=

---

*) Selbst ein so bedeutender Denker, wie A. Schopenhauer,
konnte sich kraft seiner philosophischen Vorurtheile und seiner Theorie
zu Liebe von der Idee der Lebenskraft nicht frei machen und nennt
das Polemisiren gegen dieselbe einfach „dumm". Man sieht daran,
wie der Mangel wissenschaftlicher Kenntnisse oder philosophisches Vor=
urtheil selbst sonst recht gescheute Leute dumm machen kann. Man
vergl. darüber des Verfassers Schrift „Aus Natur und Wissenschaft",
I. Band, S. 129.

halten streben, welche die Irrlehre von der Lebenskraft
predigen, unter welcher Form, welcher täuschen=
den Verkleibung es auch sei, solche Köpfe sind,
mögen sie sich dessen für versichert halten, niemals bis an
die Grenzen ihres Denkens vorgedrungen."

Es kann heute keinem wissenschaftlichen Zweifel mehr
unterliegen, daß das Leben keinen besonderen oder Aus=
nahmsgesetzen gehorcht, daß es sich auch nicht dem Einfluß
der anorganischen Kräfte entzieht, sondern daß es vielmehr
als das Resultat eines bestimmten Zusammenwirkens chemi=
scher und physikalischer Kräfte selbst oder als ein allerdings
in hohem Grade complicirter mechanischer Bewegungs=
Complex angesehen werden muß, zu dessen Erklärung nur
die gewöhnlichen und bekannten Naturkräfte beigezogen
werden können und dürfen. Derjenige, welcher zur Erklä=
rung des Lebens der Annahme einer besonderen „Lebens=
kraft" nicht entbehren zu können glaubt, urtheilt daher ge=
rade so verständig, wie Derjenige, welcher die Bewegung
einer Uhr nicht aus ihren mechanischen Verhältnissen, son=
dern aus dem Wirken einer besonderen „Uhrkraft" herleiten
wollte. Wie aber die Bewegung der Uhr nur eine Wir=
kung der in ihr in bestimmter Weise verbundenen Stoffe
und Kräfte ist, so ist auch das Leben keine Kraft, sondern
ein Resultat oder eine Bewegung der in bestimmter Weise
gruppirten Theile, wobei seine Grunderscheinungen (Ernäh=
rung, Empfindung, Fortpflanzung) bereits an der orga=
nischen Grundsubstanz oder dem sog. Protoplasma haften. —

Vor allen Dingen war — um dies näher und im
Einzelnen zu begründen — die Chemie im Stande, es über
jeden Zweifel hinaus festzustellen, daß die chemischen Ele=
mente oder Grundstoffe in der organischen, wie anorganischen
Welt vollkommen dieselben sind, und daß das Leben in seiner
materiellen Grundlage kein einziges Stoff=Atom aufzuweisen
vermag, welches nicht auch in der anorganischen Welt
gleicherweise vorhanden und im Kreislauf des Stoffwechsels

thätig und wirksam wäre. Man hat es möglich gemacht,
die organischen Körper oder Zusammensetzungen ganz in
derselben Weise in ihre Grundelemente zu zerlegen und diese
einzeln daraus darzustellen, wie man dieses bei den nicht=
organischen Körpern schon lange vorher gethan hatte, wo=
bei sich denn, wie gesagt, gezeigt hat, daß diese Elemente
in beiden Welten dieselben sind, und daß nur die Art der
Zusammensetzung eine verschiedene ist. Man kann z. B. ein
lebendes Wesen durch einen Akt vollständiger Verbrennung
in lauter unorganische Verbindungen auflösen, so daß nichts
als die nicht flüchtige Unterlage desselben übrig bleibt, ohne
daß auch nur ein einziges Atom bei diesem Proceß ver=
loren gegangen wäre.

Schon diese eine Thatsache hätte hinreichen dürfen,
jeden Gedanken an eine besondere Lebenskraft aus der
Wissenschaft zu verbannen, da, wie in früheren Kapiteln
gezeigt wurde, die Kraft von dem Stoff nicht getrennt
werden kann, und da jede auf solcher Basis zu Stande
kommende Bewegung den allgemeinen, in den Atomen ge=
legenen Anlagen oder Fähigkeiten oder Kräften entsprechen
muß. Die Qualitäten der Atome sind, wie man dieses
mehr wissenschaftlich ausgedrückt hat, unvernichtbar, und
kein Unterrichteter wird zugeben, daß z. B. ein Sauerstoff=
Theilchen durch ein ihm benachbartes Wasserstoff=Theilchen
innerhalb eines Organismus anders oder nach andern
Naturgesetzen beeinflußt werden könne, und umgekehrt, als
außerhalb desselben, oder — mit andern Worten — daß
ein solches Theilchen innerhalb des Organismus seine eigenste
und unverwüstliche Natur ändern könne. Das Leben schafft
weder einen neuen Stoff, noch eine neue Kraft; es gefällt
sich nur in zahllosen Umwandlungen, welche ohne Ausnahme
nach dem großen Gesetz von der Erhaltung der Kraft oder
der Gleichwerthigkeit aller Naturbewegungen vor sich gehen.
Jeder Zusammenziehung eines Muskels, jeder Art von Ar=
beit, welche ein Organismus leistet, entspricht das Ver=

schwinden einer ganz bestimmten und gleichwerthigen Menge von Wärme. Wenn die organischen oder lebenden Körper Eigenschaften zeigen, welche von denen der unorganischen verschieden sind, so liegt dieses nicht an dem Wirken einer besonderen, in ihnen vorhandenen Kraft, sondern nur an der Eigenthümlichkeit der chemischen Zusammensetzung, welche die Wirkung als eine vorübergehende Manifestation der allgemeinen Materie erscheinen läßt. Die Lebenskraft ist deswegen kein Princip, sondern, wie bereits bemerkt, ein Resultat.

Bekanntlich pflegen Lebens-Erscheinungen nur dort aufzutreten, wo gewisse eiweißartige Verbindungen vorhanden sind. Wo diese fehlen, fehlen auch jene Erscheinungen. Allerdings kann man entgegnen, daß diese Verbindungen auch im Tode vorhanden sind. Aber sie sind hier offenbar im Uebergang zu einem ganz verschiedenen chemischen oder physikalischen Zustande begriffen, der übrigens nicht auf einmal, sondern erst nach und nach eintritt. Denn auch der Tod, der ganz mit Unrecht als der absolute Gegensatz des Lebens angesehen wird, ist nicht im Stande, die Lebensfunktionen mit Einemmale erlöschen zu machen. Die isolirte oder aus dem Körper genommene Muskelfaser zieht sich unter dem Einfluß der Elektricität zusammen; und selbst Herzen, welche man aus dem Körper herausgenommen und aus jeder Verbindung mit demselben gelöst hat, können noch Stunden und Tage lang zu schlagen oder sich zu bewegen fortfahren. Selbst abgeschnittene Stücke fahren fort sich zu bewegen oder zu pulsiren, was dem Beschauer einen eigenthümlichen und unheimlichen Anblick gewährt. Bei hingerichteten Menschen hat man noch viele Stunden nach dem Tode Bewegungen des Herzens beobachtet. Die Blutkörperchen können im Reagens-Glase durch Kohlenoxyd ebenso vergiftet werden, wie innerhalb der Blutgefäße. Der Haarbulbus fährt fort, in der Leiche seine eigenthümlichen Produkte zu erzeugen, und die Leber fährt fort, Zucker zu bilden. Nach dem Tode

durch Cholera nimmt die Temperatur der Gewebe zu, statt
ab. Abgeschnittene Tierköpfe kann man, wie bereits in dem
Kapitel über den Sitz der Seele Erwähnung fand, durch
Einspritzen sauerstoffhaltigen Blutes wieder zu Leben und
Bewußtsein bringen. Ebenso wurde in einem früheren
Kapitel erwähnt, daß erstarrte oder vertrocknete Tiere (und
Pflanzen) selbst nach jahrelangem Pausiren aller und jeder
Lebensfunktion durch Wärme, Luft und Anfeuchtung wieder
zum Leben gebracht werden können. Solchen Erfahrungen
gegenüber ist, wie Prof. Preyer bemerkt, kein Winkel
mehr da, in den sich die Lebenskraft flüchten könnte. Sie
jetzt noch halten zu wollen, wäre so, wie wenn Jemand,
der einen Springbrunnen versiegen läßt und durch Zufuhr
von Wasser wieder hervorruft, zur Erklärung dieser Er=
scheinung eine besondere Springbrunnenkraft annehmen
wollte.

Werfen wir nach diesen allgemeinen Auseinander=
setzungen einen Blick auf die Einzelheiten, so finden wir,
daß nicht bloß die einfachen Elementarstoffe, wie Sauer=
stoff, Wasserstoff, Kohlenstoff, Stickstoff u. s. w., auf die
mannichfaltigste Weise in die chemischen Verbindungen des
lebenden Körpers eingehen, ohne hier irgendwie ihre Natur
zu ändern, sondern daß dieses auch bezüglich der zusammen=
gesetzten Körper der Fall ist. Das Wasser, welches als
der erste und an Menge ungleich größte Bestandtheil aller
organischen Wesen angesehen werden muß, und ohne welches
tierisches und pflanzliches Leben vollkommen unmöglich wäre,
durchdringt, erweicht, löst auf, fließt, sinkt nach den Gesetzen
der Schwere, verdunstet, schlägt sich nieder und bildet sich
innerhalb des Organismus nicht um eines Haares Breite
anders, als außerhalb desselben. Die organischen Stoffe,
die Kalksalze, welche es aufgelöst mit sich führt, setzt es in
den Knochen der Tiere oder in den Geweben der Pflanze
ab, wo sie dieselbe Festigkeit zeigen, wie in der unorganischen
Natur. Der Sauerstoff der Luft, welcher in den Lungen

mit dem dunkeln Venenblut in Berührung tritt, folgt hier
ganz genau den allgemeinen physikalischen Gesetzen der Verbreitung der Gase und ertheilt dem Blute dieselbe hellrothe
Farbe, welche es erlangt, wenn man es in einem beliebigen
Gefäße mit Luft durchschüttelt. Der im Blute enthaltene
Kohlenstoff verbrennt bei dieser Begegnung, welche übrigens
nicht bloß innerhalb der Lunge, sondern in allen Theilen
und Geweben des Körpers gleicherweise stattfindet, in derselben Weise zu Kohlensäure, wie bei jeder Verbrennung
eines kohlenstoffhaltigen Körpers, und erzeugt auf diese Weise
die merkwürdige Erscheinung der tierischen Wärme, welche
demnach nicht, wie man früher glaubte, ein Produkt der
Lebenskraft ist, sondern auf ganz gleiche oder ähnliche Weise
zu Stande gebracht wird, wie die Wärme eines mit Holz
oder Kohle geheizten Ofens.*)

Ueberhaupt ist jede Leistung eines Organs mit chemischem
Stoffwechsel verbunden, der innerhalb des lebenden Körpers
ganz nach denselben Gesetzen vor sich geht, wie außerhalb.
Den tierischen Magen kann man mit vollkommenem Rechte
als eine chemische Retorte bezeichnen, in welcher die sich
begegnenden Stoffe ganz nach den allgemeinen Gesetzen
chemischer Affinität sich zersetzen, verbinden u. s. w. Ein
in den Magen eingebrachtes Gift kann durch ein chemisches
Gegengift in derselben Weise entkräftet werden, als hätte
man diese Procedur außerhalb desselben vorgenommen; ein
krankhafter, in demselben angesammelter Stoff wird durch
eingeführte chemische Mittel ebenso neutralisirt und zerstört,
wie in jedem beliebigen, nicht organischen Gefäß. Die
chemischen Veränderungen, welche die Nahrungsmittel bei
ihrem Aufenthalt im Magen und Darmkanal erleiden, hat
man in der Neuzeit meist bis in ihre letzten Einzelheiten
hinein kennen gelernt und hat des Näheren erkannt, auf

---

*) Näheres hierüber in des Verfassers „Physiologische Bilder",
I. Bd., S. 130 u. flg. der 3. Aufl.

welche Weise sie sich in die Gewebe und Stoffe des Körpers verwandeln. Ebenso weiß man, daß ihre Grund=Elemente genau in derselben Menge und auf verschiedenen Wegen aus dem Körper wieder austreten, wie sie in denselben ein= getreten sind, theils unverändert, theils in anderer Form und Zusammensetzung. Kein einziges Stoff=Atom geht auf diesem Wege verloren oder wird ein anderes. Die Ver= bauung ist ein rein chemischer Akt. Das Nämliche wissen wir von der Wirkung der Arzneien; diese ist, wo nicht zu= gleich mechanische Kräfte mit ins Spiel kommen, stets eine rein chemische. Alle Arzneien, welche in den Flüssigkeiten des tierischen Organismus unlöslich sind und daher keine chemischen Wirkungen entfalten können, müssen als gänzlich wirkungslos angesehen werden.

Ebenso wie mit den chemischen, verhält es sich auch mit den physikalischen Vorgängen im Innern des lebenden Körpers. Die Bewegung des Blutes, welche man früher durch eine „Lauftraft" desselben zu erklären versuchte, ist eine so vollständig mechanische, wie sie nur gedacht werden kann, und die sie bezweckende anatomische Einrichtung hat die vollkommenste Aehnlichkeit mit den mechanischen Werken der menschlichen Hand. Das Herz ist in derselben Weise mit Klappen und Ventilen versehen, wie eine Dampf= maschine, und das Zuschlagen dieser Klappen erzeugt laute, hörbare Töne. Die Luft reibt sich beim Einströmen in die Lungen an den Wänden der Luftröhrenäste und erzeugt das sog. Athmungsgeräusch. Ihr Ein= und Ausströmen wird durch rein physikalische Kräfte bewirkt. Das Aufsteigen des Blutes aus den unteren Körpertheilen nach dem Herzen, entgegen dem Einfluß der Schwere, wird nur durch rein mechanische Einrichtungen möglich gemacht. Auf eine mecha= nische Weise befördert der Darmkanal mit Hülfe wurm= förmiger Bewegungen seinen Inhalt nach abwärts; auf mechanische Weise erfolgen alle Muskel=Aktionen, und voll= bringen sich die Geh=Bewegungen bei Menschen und Tieren.

Der Bau des Auges beruht auf denselben Gesetzen, wie die Construction einer camera obscura, und das Ohr empfängt die Schallwellen gleich jeder anderen Höhlung.

Wenn — wie zugestanden werden muß — noch lange nicht alle Vorgänge des lebenden Organismus physikalisch-chemisch erklärbar oder zu durchschauen sind, und wenn sich hier noch Räthsel an Räthsel reiht, so mache man dafür nicht die Natur, sondern nur die Unvollkommenheit unsres Wissens verantwortlich, welche übrigens mit jedem neuen Tage oder mit jedem Fortschritt der Wissenschaft der mechanischen Erklärung der Lebens-Erscheinungen weniger Hindernisse in den Weg legt. Erinnern wir uns doch nur an unsere allerjüngsten Erfahrungen und bedenken wir, daß uns erst seit wenigen Jahren eine Menge Vorgänge klar geworden sind, die früher in ihrer Unerklärlichkeit als die wirksamste Stütze für wunderbarliche Lebenskräfte angesehen wurden! Wie lange ist es her, daß man den Chemismus der Respiration oder der Verdauung kennt, oder daß die Vorgänge der Zeugung und Befruchtung aus ihrem mystischen Dunkel herausgetreten sind und als solche erkannt wurden, welche sich den einfachen und mechanischen Vorgängen der anorganischen Welt an die Seite stellen! Der Samen stellt sich nicht mehr als eine belebte und belebenden Dunst ausströmende Flüssigkeit, sondern als eine auf mechanische Weise mit Hülfe der sog. Samentierchen oder Samenfäden sich voranbewegende Materie dar; und was man vorher als unerklärliche Wirkung jenes belebenden Dunstes angesehen hatte, löst sich in eine unmittelbare und auf mechanische Weise zu Stande kommende Berührung von Ei und Samen auf. Wie viele Vorgänge des tierischen Körpers, so die Heraufbeförderung kleiner Stofftheilchen auf Schleimhäuten und nach außen, entgegen dem Gesetze der Schwere, schienen unerklärlich und die Annahme einer Lebenskraft zu rechtfertigen, bis man das interessante Phänomen der sog. Flimmer-Bewegung, eines auf rein mechanischen Principien beruhenden Vorgangs, entdeckte. Diese merkwürdige Bewegung ist unabhängig von dem Einflusse des Lebens und dauert noch lange nach dem Tode fort, um erst mit der vollständigen Erweichung der organischen Theile durch Fäulniß ein Ende zu nehmen. Welches Licht fiel auf die wunderbaren Vorgänge im Blut seit der Entdeckung der Blut-Zellen oder auf die Vorgänge der Absorption und Resorption seit der Entdeckung der Gesetze der End- und Exosmose! Und von der allerwunderbarsten und am unbegreiflichsten scheinenden physiologischen Aktion des Tierkörpers, der Nerven-Thätigkeit, ist nunmehr, wie bereits in dem Kapitel über den Gedanken gezeigt wurde, nachgewiesen, daß dieselbe in letzter Linie nichts anderes als die umgewandelte Kraft der Elektricität ist.

„Der lebende Organismus", sagt Professor Matteucci, „ist eine Maschine, wie die Dampf- oder elektrisch-magnetische Maschine, d. h. ein System, in welchem die chemischen Verwandtschaften und namentlich die Verbindung des Sauerstoffs der Luft mit den Ernährungs-Materialien anhaltend Wärme, Elektricität und Muskelarbeit hervorbringen." Er hätte hinzufügen können: „und geistige Arbeit", da wir wissen, daß ohne chemische, mechanische und physikalische Veränderungen nicht nur keine Bewegung, sondern auch kein Gefühl, kein Gedanke, keine Willensäußerung zu Stande kommen kann. Empfindung ist nur ein besonderer Bewegungszustand der organischen Materie; und da, wie schon früher gezeigt wurde, alle psychische Thätigkeit in letzter Linie aus dem Empfindungs-Element herleitbar ist (geradeso wie alle körperliche Organisation sich aus dem Element der „Zelle" zusammensetzt), so macht auch die höchste Thätigkeit des lebenden Organismus von der allgemeinen Regel keine Ausnahme. Alle organische Materie ist empfindungsfähig, jeder lebende Körper empfindend.

Man hat den Chemikern, um ihnen dennoch die Nothwendigkeit der Annahme einer Lebenskraft zu beweisen, ent-

gegengehalten, daß ja die Chemie nicht im Stande sei, or=
ganische Verbindungen, d. h. jene besonderen Gruppirungen
chemischer Grundstoffe in sog. ternäre oder quaternäre Ver=
bindungen, deren Zustandekommen jedesmal ein organisches,
mit Leben und Lebenskraft begabtes Wesen voraussetze,
darzustellen; und man ließ dabei die komische, von höchster
naturwissenschaftlicher Unkenntniß Zeugniß ablegende Unter=
stellung mit unterfließen, es müsse, wenn keine Lebenskraft
existire und Leben nur Produkt chemischer Processe sei, der
Chemie auch möglich werden, organische Wesen in ihren
Retorten darzustellen, vielleicht gar Menschen zu machen!*)
Auch hierauf sind die Chemiker die Antwort nicht schuldig
geblieben und haben gezeigt, daß die allgemeine Chemie im
Stande ist, unmittelbar organische Grundstoffe darzustellen.
So ist es namentlich dem französischen Chemiker B e r t h e l o t
gelungen, die sog. K o h l e n w a s s e r s t o f f e oder die funda=
mentalen binären Grundstoffe der organischen Chemie bloß

---

*) Diese Unterstellung ist komisch, weil die Herren Gegner dabei
ganz vergessen, daß es, um organische Wesen hervorzubringen, nicht
bloß genügt, die chemischen Stoffe zur Hand zu haben, aus welchen
jene zusammengesetzt sind, sondern weil dazu mannichfaltige, schwierige
und complicirte Bedingungen gehören, welche wir künstlich herzustellen
gänzlich außer Stande sind, und unter denen namentlich der unerläß=
liche Einfluß sehr langer Zeiträume eine Hauptrolle spielt. Gibt es
doch auch anorganische Körper genug, welche wir nicht künstlich her=
zustellen vermögen, und von denen doch Niemand glaubt, daß sie
anders als durch physikalisch=chemische Processe erzeugt seien, so der
Diamant oder die Edelsteine überhaupt, der Quarz, der Granit, der
Topas, der Malachit, die Lava, der Marmor u. s. w. Auch der
Krystall, den wir aus Mutterlauge anschießen lassen, wird nicht von
uns „gemacht", sondern von der Natur hervorgebracht, nachdem wir
die dafür nöthigen Bedingungen in derselben Weise hergestellt haben,
wie sie die Natur ohne unser Zuthun herstellt. Man vergleiche
übrigens bezüglich dieses Punktes auch den Schluß der ersten Vor=
lesung in des Verfassers: „Die Darwin'sche Theorie in sechs Vor=
lesungen." (5. Aufl. Leipzig, 1890.)

aus ihren Elementen Kohlenstoff und Wasserstoff und nur
mit Hülfe der in der unorganischen Natur wirkenden Kräfte
herzustellen und so einen zweifellos mit der organisirten
Natur nicht im Zusammenhang stehenden Ausgangspunkt
für die sog. Synthese oder künstliche Zusammensetzung
organischer Körper zu gewinnen.*) „Man darf daher",
wie Berthelot sagt, „behaupten, daß die organische
Chemie nunmehr auf derselben experimentalen Grundlage
aufgebaut ist, wie die unorganische. In beiden Wissenschaften beruht die Synthese sowohl als auch die Analyse
auf der Wirkung derselben Kräfte auf dieselben Elemente.
— — Die Aufgabe der Synthese ist es, den bestimmten
Zusammenhang der Erscheinungen zu fixiren und den Nachweis zu liefern, daß die Grundgesetze der unorganischen und
der organischen Chemie identisch sind." Es ist daher heutzutage gar nicht mehr möglich, eine besondere organische
Chemie anzunehmen, außer für die Bequemlichkeit des Unterrichts, und die früher gebräuchliche Unterscheidung zwischen
organischer und unorganischer Chemie (welche erstere
man jetzt nur noch als „Chemie des Kohlenstoffs oder der
Kohlenstoff-Verbindungen" zu bezeichnen pflegt) ist gegenwärtig nur noch „ein conventionelles Hülfsmittel für die
Classifikation, das den Erscheinungen keineswegs entspricht,
das wir aber der Bequemlichkeit wegen beibehalten." (Dr.
Schiel.) Die synthetische Chemie selbst aber hat inzwischen
die großartigsten Fortschritte gemacht und macht sie fortwährend in einem solchen Maße, daß vorerst eine bestimmte

---

*) Zuerst vereinigte Berthelot Kohlenstoff und Wasserstoff mit
Hülfe der Elektricität zu Acetylen und gewann daraus durch Zu-
führung von Wasserstoff sog. ölbildendes oder Sumpfgas. Aus Acetylen kann man alle übrigen Kohlenwasserstoffe gewinnen. Aus
Sumpfgas und Sauerstoff bildete B. den Methyl-Alkohol; aus demselben und den Elementen des Wassers den gewöhnlichen Alkohol;
aus Alkohol und Kohlenwasserstoff die organischen Säuren; aus Alkohol und Ammoniak die sog. Amide und organischen Basen, u. s. w.

Grenze für ihr kühnes und erfolgreiches Voranschreiten noch
gar nicht abzusehen ist.*)

Und wollte man jene oben erwähnte Ansicht, wonach
die Entstehung sog. ternärer und quaternärer Verbindungen

*) Im Jahre 1828 stieß Wöhler durch künstliche Bildung des
Harnstoffs, dieses vorzüglichen organischen Stoffs, aus cyansaurem
Ammoniakoxyd zuerst die alte Annahme um, daß organische Verbindungen nur durch organische Körper hergestellt werden könnten.
1856 bewirkte Berthelot die Synthese der Ameisensäure aus unorganischen Stoffen, d. h. aus Kohlenoxydgas und Wasser durch Er-
hitzen mit kaustischem Kali und ohne Mitwirkung einer Pflanze oder
eines Tieres. Bald darauf glückte auch die Synthese des Alkohols
oder Weingeistes direkt aus seinen Elementen Kohlenstoff, Wasserstoff, Sauerstoff. Mit Hülfe des so gewonnenen Alkohols aber stellt
man eine ganze Reihe weiterer organischer Körper und eine Menge
neuer Verbindungen dar, wie die verschiedenen Aether=Arten, eine
Reihe pflanzlicher Oele oder Riechstoffe, eine Menge organischer Säuren,
wie Traubensäure, Milchsäure, Essigsäure, Oxalsäure u. s. w. Sogar
Fett kann man jetzt künstlich darstellen aus Fettsäuren und Oelsüß,
welche beide auf rein chemischem Wege gewonnen werden können; und
man hofft, daß es nicht zu lange dauern werde, bis auch die Synthese
der Zucker= und Eiweiß=Stoffe oder wirklicher organischer Nährstoffe gelingen wird. Hat doch Prof. Pellegrini neuerdings aus
Kohlensäure, Wasserdampf und Aethylen reinen Rohrzucker=Syrup
hergestellt! „Wir dürfen," sagt Berthelot am Schlusse seiner ausgezeichneten Schrift über die chemische Synthese (Leipzig 1877), „hoffen,
alle Materien, die sich seit dem Anfang der Dinge entwickelt haben,
von Neuem zu bilden, und zwar unter denselben Bedingungen, nach
denselben Gesetzen und durch dieselben Kräfte, welche die Natur zur
Bildung derselben angewendet hat." — „Wenn die Chemie," sagt
Nägeli (Abstammungslehre), „einmal die Constitution des Eiweiß-
Moleküls erforscht hat, wird sie auch die Grundlage der Organismen
oder das Eiweiß zu machen wissen, wie ihr die Synthese so vieler
organischer Verbindungen bereits gelungen ist, und wie es wohl auch
der Physiologie mit der Zeit gelingen wird, die Uranfänge des organischen Lebens entstehen zu lassen. Auch Prof. F. Cohn (Vortrag
über Lebensfragen auf der Berliner Naturforscher=Versammlung 1886)
spricht die bestimmte Hoffnung aus, daß es der Chemie mit der Zeit
gelingen werde, Eiweiß und organische Nährstoffe aus den Elementen

nur durch Lebenskraft vermittelt sein könne, durchführen, so würde man sich genöthigt sehen, gerade denjenigen organischen Wesen, welche das Princip des Lebens im höchsten Grade entwickeln, die Lebenskraft abzusprechen, da bekanntlich den Tieren die Fähigkeit abgeht, organische Stoff-Verbindungen aus anorganischen herzustellen, und dieselben daher in ihrer Existenz aufs vollkommenste abhängig von der Pflanzenwelt sind, welche allein im Stande ist, anorganische Stoffe in organische umzuwandeln.

Nach allem diesem wird es wohl Niemanden, der Werth auf Thatsachen legt und die Methode der naturwissenschaftlichen Induction kennt, zweifelhaft sein können, daß der Begriff einer besonderen organischen Kraft, welche die Phänomene des Lebens selbstständig und unabhängig von den allgemeinen Natur-Gesetzen erzeugt, aus Leben und Wissenschaft zu verbannen sei — daß die Natur mit ihren Stoffen und Kräften nur ein einziges untheilbares Ganze ohne Grenzen oder Ausnahmen darstellt. Weiter, daß jene strenge Trennung, welche man zwischen „Organisch" und „Anorganisch" vornehmen wollte, nur eine gewaltsame sein kann; daß nur ein Unterschied zwischen beiden Begriffen besteht in Bezug auf äußere Form und auf Gruppirung der stofflichen Atome, nicht aber dem Wesen nach. Die Verschiedenheit zwischen organischen und anorganischen Formen entsteht eben nur dadurch, daß die erste Anordnung der

---

zu erzeugen. — Uebrigens erinnern die Mittel, welche Berthelot zur Erzielung seiner merkwürdigen Resultate anwendete (hermetischer Verschluß unorganischer Stoffe mit Wasser in Glaskolben, welche er Monate hindurch einer hohen Temperatur aussetzte), auffallend an die chemischen und physikalischen Zustände des ehemaligen Ur-Meeres, auf dessen Boden sich die frühesten organischen Stoff-Verbindungen gebildet haben mögen. — Man vergleiche auch bezüglich dieses Gegenstandes in „Unsere Tage" (Braunschweig, Westermann) 78. Heft, 1865, S. 779, den Aufsatz: „Künstliche Darstellung der organischen Verbindungen aus ihren Elementen." —

Molecule eine verschiedene ist und damit den Keim jener
Formen einschließt. Aber die Bildung des Krystalls und
die merkwürdigen Erfahrungen über Ausheilung verwun=
deter Krystalle zeigen, wie auch in der anorganischen Welt
bestimmte Form=Gesetze bestehen, welche nicht überschritten
werden können, und welche sich denen der organischen Welt
annähern. Auch haben neuere Forschungen gezeigt, daß der
Krystall, die unorganische Ur=Form, mit der Zelle, der
organischen Ur=Form, in einer viel näheren Verbindung
und Analogie steht, als man bisher glaubte oder ahnte.
Beide ergreifen das von ihnen Aufzunehmende nur mit einer
gewissen Wahl; beide sind in ihrer Bildung bestimmten
äußeren Einflüssen unterworfen; beide können sich aus den=
selben Stoff=Verbindungen hervorbilden; beide entstehen,
wachsen und vergehen. Ja man hat sogar, wie dieses be=
reits in einem früheren Kapitel Erwähnung fand, im Innern
von Pflanzen= und Tierzellen mikroskopische Krystalle (von
Nägeli Krystalloide genannt) entdeckt, welche imbibitions=
oder quellungsfähig sind, d. h. Flüssigkeiten von außen in
sich aufnehmen und dadurch aufquellen können, geradeso wie
Zellen. Dabei zeigen sie alle wesentlichen Eigenschaften oder
Reaktionen des Protoplasmas oder der den Zelleninhalt
zusammensetzenden Eiweißmasse; weswegen sie von Reichert,
der sie zuerst 1849 im Innern des Tierkörpers entdeckte,
„Protein=Krystalle“ genannt wurden. Auch hat man Kry=
stalloide dargestellt, indem man künstlich Kohlenstoff=Verbin=
dungen zum Krystallisiren brachte. Ihre Begrenzung durch
krumme Flächen bedeutet offenbar einen Uebergang von den
eigentlichen Krystallen zu den Formen der belebten Natur
und hat, wie es scheint, seine Ursache in der ganz beson=
deren Natur des der organischen Welt zu Grunde liegenden
Kohlenstoffs, wovon ja auch der aus reinem Kohlenstoff be=
stehende und ebenfalls von gebogenen Flächen begrenzte
Diamant Zeugniß ablegt. „Der weite Abstand,“ sagt Prof.
Cohn in Breslau am Schlusse einer ausführlichen Arbeit

über diese merkwürdigen Körper, „welcher bisher die Kry=
stalle der anorganischen Welt und die organisirten Zellbil=
dungen der Tier= und Pflanzenwelt auseinanderhielt, ist
durch die Proteinkrystalle ausgefüllt!"*)

Die Lehre von der Lebenskraft ist heute eine verlorene
Sache. So sehr sich einzelne Mystiker unter den Natur=
forschern bemühen mögen, diesem Schatten neues Leben ein=
zuhauchen, so ungern manche Philosophen dieses Schooßkind
spiritualistischer Gedanken=Verwirrung missen werden, so
sehr Einzelne auf die Unerklärbarkeit oder Dunkelheit so
vieler Lebens=Processe hinweisen mögen — ihr Schicksal
muß als besiegelt angesehen werden. Sie gehört zu der
Zahl jener Hinterthüren, deren man so manche in den
Wissenschaften besitzt, und die stets der Zufluchtsort müßiger
Geister sein werden, welche sich die Mühe nicht nehmen
mögen, etwas ihnen Unbegreifliches zu erforschen; oder sie ist,
wie Prof. O. Schmidt (Descendenz=Lehre und Darwinis=
mus) sagt, mit einem „Gespenst" zu vergleichen, „welches
heutzutage kaum noch weiß, wo es sein Unwesen treiben soll."

Die Lebenskrafts=Ideen haben übrigens im Lauf der
Geschichte ganz dieselben Phasen durchgemacht, wie die am
Schlusse des ersten Kapitels beschriebenen Ideen über Kraft
und Stoff in der Physik. Während die Lehre vom Leben
in der ersten Phase eine vollständige, in der zweiten eine
unvollständige Trennung der Begriffe von Kraft und Stoff
erkennen läßt, hat die dritte oder letzte Phase der Neuzeit
klar gemacht, daß eine absolute Einheit oder Untrennbar=
keit der Körpersubstanz und ihrer Lebens=Eigenschaften be=
steht. Das Leben kann einen neuen Stoff oder eine neue
Kraft weder schaffen, noch einen alten zerstören; und wenn
einmal alle Bedingungen bekannt sein werden, unter denen
sich chemische Lebens=Thätigkeiten vollziehen, so wird man

---

*) Weiteres über diesen Punkt in des Verfassers „Physiologische
Bilder", Band I der 3. Aufl., Seite 408 u. flgb.

sehen, daß kein Unterschied zwischen diesen Thätigkeiten und denen, welche man außerhalb des Körpers zu Stande bringen kann, besteht. Jede Kraft, welche der Organismus entfaltet oder verliert, kommt und geht mit den ihm zu- oder von ihm hinweggeführten wägbaren Substanzen; und schon die allgemein anerkannten, ewigen Principien der Unzerstörbarkeit des Stoffs und der Erhaltung der Kraft schließen jede besondere organische Kraft unbedingt aus. Stoff und Kraft sind auch hier ebenso ewig und unzerstör- bar, wie überall.

Wir schließen dieses Kapitel mit einer Anführung des ebenso entschiedenen wie begründeten Urtheils, welches Prof. Häckel in seinem Vortrag über Entwicklungsgang und Aufgabe der Zoologie (Jena 1869) über die Lebenskraft gefällt hat: „Soviel ist aber jedenfalls schon jetzt gewonnen, daß das metaphysische Gespenst der sog. Lebenskraft nicht bloß von dem Gebiete der menschlichen, sondern auch der gesammten tierischen Physiologie völlig und für immer ver- bannt ist. Von diesem mystischen Produkte dualistischer Confusion, welches bald als zweckthätiges Lebensprincip, bald als zweckmäßig wirkende Endursache, bald als organische Schöpfungskraft soviel Unheil und Verwirrung angerichtet hat, kann jetzt bei einer wahrhaft wissenschaftlichen Unter- suchung und Erklärung der Lebenserscheinungen nicht mehr die Rede sein."

Die Tierseele.

Die Intelligenz des Tieres äußert sich ganz
in derselben Weise, wie die des Menschen. —
Es ist kein wesentlicher, sondern nur ein
gradueller Unterschied zwischen Instinkt und
Vernunft erweisbar.

Krahmer.

Der menschliche Körper ist eine modificirte
Tier-Gestalt; seine Seele eine potenzirte Tier-
Seele.

Burmeister.

Instinkt ist nichts als ein leeres Wort, ein
Deckmantel für unsre Unwissenheit oder Bequemlichkeit.

F. E. Kol.

Die besten Autoritäten in der Physiologie und Tier-
seelenkunde sind gegenwärtig ziemlich einstimmig in ihrem
Urtheil darüber, daß sich die Seele der Tiere nicht der
Qualität, sondern nur der Quantität oder dem Grade nach
von der menschlichen Seele unterscheidet. Der Mensch hat
keinen absoluten Vorzug vor dem Tier, alle seine Vorzüge
sind mehr oder weniger relativ. Es gibt keine geistige
Fähigkeit, welche dem Menschen allein oder ausschließlich
zukäme; nur die größere Stärke und höhere Entwicklung
dieser Fähigkeiten und ihr vollkommneres Zusammenwirken
geben ihm seine große und bewunderungswürdige Ueberlegenheit über das Tier. Daß aber diese Fähigkeiten bei

dem Menschen größer und entwickelter sind, hat seinen Grund
theils in der höheren und vollkommneren Ausbildung seines
Denkorgans, theils in den durch Annahme des aufrechten
Gangs und veränderten Gebrauch der vorderen Gliedmaßen
und durch Entstehung der gegliederten Wortsprache ganz
veränderten Lebensumständen. Wie sich aber in der physischen Ausbildung jenes Denkorgans eine ununterbrochene
Stufenleiter allmäliger Vervollkommnung von dem niedersten
Tier bis zu dem höchsten Menschen hinauf nachweisen läßt,
so zieht sich dieselbe Reihenfolge seelischer und geistiger
Eigenschaften in allmäliger Vervollkommnung von unten
nach oben. Weder morphologisch, noch chemisch, weder
makroskopisch, noch mikroskopisch läßt sich ein wesentlicher
Unterschied zwischen menschlichen und tierischen Gehirnen
nachweisen; die Unterschiede sind zwar groß, aber nur gra-
duell. Daher auch alle selbst bis in die neueste Zeit herab
unternommenen Versuche einzelner Gelehrten, solche charakteristische oder principielle Unterschiede aufzufinden und mit
Hülfe solcher Unterschiede dem Menschen eine abgesonderte
naturhistorische oder Classifikations-Stellung anzuweisen,
vollständig gescheitert sind.*)

Dem entsprechend haben sich denn auch alle jene bekannten theils physiologischen, theils psychologischen Unterscheidungszeichen, welche man zu allen Zeiten als Beweis
für das Vorhandensein einer unüberbrückbaren Kluft zwischen
Mensch und Tier geltend gemacht hat, bei genauerer Untersuchung als entweder nicht vorhanden oder als nur relative,
nicht absolute herausgestellt.**) Es ist heute ein von allen
empirischen Psychologen oder nach Erfahrung urtheilenden

---

*) Man vergl. darüber des Verfassers Schrift über den Menschen,
S. 107 und 108, sowie Anm. 70 und 71 der III. Aufl.; desgl. diejenige über die Darwin'sche Theorie, S. 157 u. flg. der V. Aufl.

**) Das Genauere hierüber findet sich in des Verfassers Schrift
über den Menschen, S. 160 u. flg. u. Note 90—105 der III. Aufl.

Seelenkundigen angenommener Grundsatz, daß auch die höchsten Seelenfähigkeiten des Menschen in niederen Regionen zu keimen anfangen, und daß die geistigen Thätigkeiten, Fähigkeiten, Gefühle und Neigungen des Menschen bis zu einem fast unglaublichen Grab in der Tierseele bereits vorgebildet und vorhanden sind. Liebe, Treue, Dankbarkeit, Pflichtgefühl, Religiosität, Gewissenhaftigkeit, Freundschaft und Nächstenliebe, Mitleid und höchste Aufopferung, Gefühl von Recht oder Unrecht, aber auch Stolz, Eifersucht, Haß, Heimtücke, Hinterlist, Rachegefühl, Neugierde u. s. w. kennt das Tier ebensowohl wie berechnende Ueberlegung, Klugheit, höchste Schlauheit, Voraussicht, Sorge für die Zukunft u. s. w.; ja sogar die dem Menschen allein zugeschriebene Gourmanderie oder die Fähigkeit des Fortschritts theilt es mit dem ersteren. Es kennt und betreibt auch die Einrichtungen oder Principien von Staat und Gesellschaft, von Sclaverei und Rangordnung, von Haus- und Feldwirthschaft, von Erziehung, Krankenpflege und Heilkunde; es macht die wunderbarsten Bauten von Häusern, Höhlen, Nestern, Wegen und Flußbau; es hält Versammlungen, gemeinschaftliche Berathungen und selbst Gerichte über Verbrecher oder Schuldige ab; es trifft die genauesten Verabredungen mit Hülfe einer ausgebildeten Laut-, Zeichen- und Geberden-Sprache; es erinnert sich an die Vergangenheit und lernt aus Erfahrung und ist mit einem Wort ein ganz andres und weit höher begabtes Wesen, als die Mehrzahl der Menschen weiß oder auch nur ahnt.*)

---

*) Die ausführlichen, thatsächlichen Beweise oder Nachweise für obige Behauptungen findet der geehrte Leser in des Verfassers beiden Schriften über Tierpsychologie: 1. „Aus dem Geistesleben der Tiere", III. Aufl.; 2. „Liebe und Liebesleben in der Tierwelt", II. Aufl., beide bei Th. Thomas in Leipzig, sowie in dem Aufsatz über die geistige Entwicklung im Tierreich in des Verfassers Schrift „Thatsachen und Theorien 2c." (Berlin 1887.)

In sonderbarer Unkenntniß und Selbstüberschätzung hat sich der Mensch darin gefallen, die unverkennbaren Seelen-Aeußerungen der Tiere mit dem Namen „Jnstinkt" zu belegen, welches Wort von dem lateinischen instinguere (anregen oder anreizen) herkommt und daher nothwendig einen übernatürlichen Anreger oder Anreizer voraussetzt. Einen Jnstinkt aber in dem gewöhnlich angenommenen Sinne eines unbewußten und unwiderstehlichen, nie irrenden oder abändernden, zum Zweck ihres Wohls oder ihrer Erhaltung in die Seelen der Tiere absichtlich hineingelegten Natur-triebs oder natürlichen Antriebs gibt es ebensowenig, wie es eine Lebenskraft oder ein für sich bestehendes Seelen-wesen oder angeborne Jdeen und dergl. mehr gibt; und alle vorurtheilslosen Forscher sprechen sich mit Entschiedenheit gegen eine solche sinnlose und jede wissenschaftliche Tier-Psychologie unmöglich machende Annahme aus. Das Wort „Jnstinkt" ist, wie sich Dr. Weinland ausdrückt, „offen-bar nichts als ein Trägheitskissen, das uns das so schwere Studium der Tierseele unnöthig machen soll," oder, wie der Engländer Lewes bemerkt, „eines jener Worte, hinter denen die Menschen ihre Unwissenheit vor sich selbst ver-bergen." Kein blinder, willenloser Trieb, kein Einfluß einer höheren Macht lenkt und leitet die Tiere in ihrem Thun und Treiben, sondern eine aus Vergleichen, Urtheilen und Schlüssen hervorgegangene Ueberlegung, neben welcher aller-dings die von den Eltern ererbte Organisation oder geistige Disposition eine wesentliche Rolle spielt. Der Denk-Proceß selbst, durch welchen dieses geschieht, ist seinem Wesen nach ganz derselbe, wie bei dem Menschen, wenn auch die Urtheilskraft selbst eine weit schwächere ist und die ererbte geistige Disposition dieser schwächeren Urtheilskraft gegen-über mehr in den Vordergrund tritt, als bei jenem. Dar-nach könnte man mit demselben Rechte, mit welchem man das Thun der Tiere aus dem Jnstinkt herleitet, sagen, der Mensch folge bei seinen Handlungen nur instinktiven Antrieben. Aber das Eine, wie das Andere ist falsch. Beide handeln nach Verstand oder Vernunft und — nach Instinkt, wenn man dieses Wort für die ererbten geistigen Dispositionen oder Anlagen des Nervensystems beibehalten will; nur mit dem Unterschied, daß das Tier m e h r nach Instinkt, der Mensch m e h r nach Verstand und Ueberlegung handelt. Der Unterschied ist kein principieller, sondern nur ein gradweiser. Auch befähigt der bei den Tieren bekanntlich in weit höherem Grade, als bei dem Menschen entwickelte Sinn des G e r u c h s die ersteren zu Leistungen, welche auf den ersten Anblick unerklärlich und die Annahme eines besonderen, angeborenen Instinkts zu rechtfertigen scheinen, während der Unterrichtete nur einfache und natürliche Zusammenhänge vor sich sieht.

Uebrigens ist der Instinct in hohem Grade sowohl dem Irrthum wie der Abänderung unterworfen, was die alte Instinkttheorie gänzlich über den Haufen wirft. Auch gibt es keine bestimmte Grenze zwischen Instinkt und Vernunft, welche überall durch die unmerklichsten Uebergänge verbunden sind. Ebenso wie beim Tier überwiegen beim Menschen in seiner ersten Kindheit die instinktiven Handlungen die aus Einsicht hervorgegangenen, während sich in der späteren Kindheit das Verhältniß umkehrt.

Nicht aus Instinkt baut der Fuchs eine Höhle mit zwei Ausgängen oder mit einer sog. Fluchtröhre und stiehlt die Hofhühner zu einer Zeit, da er weiß, daß Herr und Knechte abwesend oder zu Tische sind, sondern aus — Ueberlegung. Nicht aus Instinkt sind ältere Tiere klüger und vorsichtiger, sondern aus — Erfahrung; und wenn man in Gegenden, wo die Füchse viel gejagt werden, die Beobachtung gemacht hat, daß die jungen Tiere schon beim ersten Hervorkommen größere Vorsicht an den Tag legen, als anderwärts, so ist dieses Folge einer von den Eltern und Voreltern ererbten besonderen Anlage zur Aengstlichkeit. Warum fürchten sich jagdbare Tiere, z. B. Krähen oder Sperlinge, nicht vor

Leuten, bie keine Flinte tragen? ober warum haben Tiere
auf unbewohnten Eilanden, bie noch keine Menschen gesehen
unb keine Verfolgungen burch bieselben erlitten haben, keine
Furcht vor Menschen unb lassen sich wiberstanbslos töbten
ober ergreifen?

Wolbemar Schulz erzählt von seinen brasilianischen
Reisen ("Auslanb" 1866, Nr. 24), baß ältere Maultiere,
welche im Dienste bes Menschen ergraut sinb, oft beim
Anblick eines Packkoffers ganz außer sich gerathen unb mit
ben Beinen nach bem Gegenstanbe ihrer Qual ausschlagen.
Anbere, heimtückischere lassen sich zwar belaben, fangen aber
bann an zu bocken unb bavonzurennen, bis sie alle Gegen-
stänbe abgeworfen haben. "Bewunberungswürbig ist," sagt
Schulz, "wie bie älteren bepackten Maultiere bei ber
Reise nur solche Durchgänge zwischen Felsen unb Baum-
stämmen wählen, bie breit genug sinb, um bie mit ber Last
belabenen hinburchzulassen, sie machen beshalb oft große
Umwege. Dagegen nehmen es bie jüngeren Tiere nicht
so genau unb suchen sich mit ihrer Last burch Engpässe
mühselig hinburchzuzwängen." Die Beispiele, welche für bie
Einsicht unb Ueberlegungskraft ber Tiere sprechen, sinb
ebenso bekannt, als schlagenb, babei so zahlreich, baß man
ganze Bücher mit ihnen anfüllen könnte. Jeber, ber mit
Hunden umgeht, weiß bie merkwürbigsten, fast unglaublichen
Dinge von beren berechnenber Einsicht unb Schlauheit zu
erzählen. Man lese, was Dujarbin von ber Intelligenz
ber Bienen, was Burbach von bem Verstanb ber Krähen,
was Vogt von ben Delphinen unb von ber merkwürbigen
Erziehung eines jungen Hunbes burch einen alten erzählt;
man erinnere sich an bie bekannte Anekbote von ber im
Frühling rückkehrenben Schwalbe, welche ihr Nest von bem
Sperling besetzt finbet unb sich nun an bem sich zur Wehre
setzenben Usurpator baburch zu rächen sucht, baß sie bas
Flugloch mit Straßenschmutz zuzumauern beginnt, wobei
anbre Schwalben ihr behülflich sinb, während ber Insasse

im vollen Bewußtsein des ihm bevorstehenden Schicksals die aufgemauerten Theile mit dem Schnabel wieder herabstößt! Wem wären nicht die wunderbaren Einrichtungen des Ameisen=, Bienen= oder Termitenstaates, deren Beschreibung der Verfasser den größten Theil seiner Schrift über das Geistesleben der Tiere gewidmet hat, bekannt? Und wer hat nicht von den Hundestaaten in den norbamerikanischen Prairien gelesen? oder von den so fabelhaft klingenden, aber nichtsdestoweniger unzweifelhaft bestehenden politischen und socialen Gewohnheiten der Ameisen, welche sich förm= liche gegenseitige Schlachten liefern, Raubzüge unternehmen, Sclaven heimbringen und zu ihren Dienst abrichten, Melk= kühe in ihren ausgedehnten und wohleingerichteten Woh= nungen unterhalten, Felbbau betreiben u. s. w. u. s. w.

Der Engländer Hooker schreibt von einem auf der geistigen Stufenleiter eine der obersten Stellen einnehmen= den Tiere oder dem Elefanten: „Die Gelehrigkeit dieser Tiere ist seit Alters her bekannt, verliert aber soviel durch die bloße Erzählung, daß ihre Gutartigkeit, Gehorsamkeit und Klugheit mir so fremd erschienen, als wenn ich nie etwas davon gehört oder gelesen hätte. Unser Elefant war vorzüglich, wenn er nicht eine eigensinnige Laune hatte, und so gelehrig, daß er auf Verlangen einen Stein aufnahm und mit dem Rüssel über seinen Kopf dem Reiter zuwarf, dem so bei geologischen Excursionen die Mühe erspart ward, herabzusteigen."

Die weitgehende Intelligenz der Affen, dieser dem Menschen körperlich und geistig am nächsten stehenden Tiere, obgleich ihn nicht genealogische, sondern nur seitlich=verwandt= schaftliche Bande mit den heute lebenden Affen=Arten ver= binden, ist so bekannt, daß man ganze Bände mit den wunderbarsten und gut beglaubigten Erzählungen darüber anfüllen könnte. Umgekehrt erinnert der Neger nach der Schilderung von Burmeister in seinem geistigen wie in seinem physischen Wesen an das Auffallendste auf den Affen,

während derselbe Autor den brasilianischen Ur- oder Wald-
menschen als ein Tier in seinem ganzen Thun und Treiben
und jedes höheren geistigen Lebens entbehrend schildert.
Aehnliche Schilderungen andrer Reisenden über wilde oder
tiefstehende Menschenrassen und deren Tierähnlichkeit hat die
Litteratur massenhaft aufzuweisen.*)

Man hört oft sagen, der Besitz der Sprache bedinge
eine so charakteristische Unterscheidung zwischen Mensch und
Tier, daß kein Zweifel über die tiefe und unausfüllbare
Kluft zwischen beiden bleiben könne. Wer diesen Einwand
erhebt, weiß freilich nicht, daß auch die Tiere sprechen können, und daß sie das Vermögen der gegenseitigen Mittheilung in hohem Grade und selbst über ganz concrete Dinge
besitzen. Man muß blind sein, um dieses nicht an tausend
und abertausend Beispielen und Vorkommnissen zu bemerken.
Allerdings fehlt ihnen die gegliederte Wortsprache des Menschen, aus Gründen, die in ihrer niedrigeren Organisation
liegen; dafür sind sie aber im Besitz einer reichen Laut-,
Mienen-, Tast- und Geberdensprache, welche ihnen erlaubt,
allen sie bewegenden Gefühlen und Gedanken den entsprechenden und ihren Genossen verständlichen Ausdruck zu geben
— grade so, wie es menschliche Kinder und Wilde zu thun
pflegen. Auch sind höhere Tiere im Stande, in einem
überraschenden Maße das Verständniß von Worten mit dem
Menschen zu theilen; sie verstehen, was zu ihnen gesprochen

---

*) Ueber die Affen-Intelligenz einerseits und über den geistigen
Tiefstand der wildesten Menschenrassen andrerseits vergleiche man die
ausführlichen Noten 90 u. 92 des Anhangs in der Schrift des Verfassers über den Menschen, sowie die Aufsätze „Anfänge der Menschheit" und „Mensch und Tier" in des Verfassers öfter citirter Schrift
„Thatsachen und Theorien" ꝛc. (Berlin 1887.) Auch der Aufsatz
„Halb Mensch, halb Tier" in des Verfassers Schrift „Aus Natur
und Wissenschaft", II. Band, S. 12, sowie ein einziger Blick auf Cretinen und Idioten belehrt darüber, daß es Menschen gibt, welche in
geistiger Beziehung noch tief unter dem Tiere stehen.

wird auch ohne Rücksicht auf Ton oder Betonung oder auf damit verbundene Zeichen, wofür zahlreiche, unzweideutige Erfahrungen vorliegen. Die mit besonderer Sprachfähig= keit begabten Papageien verstehen auch vollständig das, was sie selbst sprechen und wenden die einzelnen Redensarten richtig an. Wie will man die merkwürdigen Schwalben= oder Storchberathungen, die Storchgerichte, die Berathungen der Wander= oder Zugvögel vor dem Aufbruch, die Parla= mente der wilden Enten in England oder unserer Haus= sperlinge, die gemeinsamen, auf einem bestimmten Plan beruhenden Jagden der Hunde, Wölfe oder Füchse und Aehn= liches erklären, wenn nicht aus gegenseitiger, sehr ins Ein= zelne gehender Verständigung und Verabredung? Aber weil der Mensch die Sprache der Tiere nicht versteht, meint er, es sei besser, sie ganz zu leugnen.

Dujardin stellte weit entfernt von einem Bienen= stand eine Schale mit Zucker in eine Mauernische. Eine einzelne Biene, welche diesen Schatz entdeckte, prägte ihrem Gedächtnisse durch Umherfliegen um die Ränder der Nische und Anstoßen mit dem Kopfe an dieselben die Beschaffenheit der Lokalität genau ein, flog dann davon und kehrte nach einiger Zeit mit einer Schaar ihrer Freundinnen zurück, welche sich über den Zucker hermachten. Hatten diese Tiere nicht miteinander geredet? Wie viele Beispiele beweisen, daß namentlich die Vögel sich gegenseitig sehr betaillirte Mittheilungen machen, Verabredungen treffen, gemeinsame Berathungen, sowie Gerichte über Schuldige abhalten u. s. w. Das kurze, eintönige „Schüpp" des Sperlings ruft die Kameraden zur Atzung herbei, während das warnende „Schüllip" sie veranlaßt, vor einer Gefahr auf der Hut zu sein und das schrille „Terreck" sie sofort zur eiligen Flucht treibt. Das scharfe „Rix, Rix" der Amsel oder Schwarz= drossel jagt nicht allein die andern Amseln und Drosseln, sondern auch alle übrigen Tiere, selbst Rehe, Rothwild,

Fuchs, Hase u. s. w., welche diese Sprache sehr wohl ver=
stehen, in die Flucht und verdirbt dem Waidmann sein
schönstes Vergnügen, d. h. die Jagd auf dem Anstand.
Gleiches können auch der Heher oder Holzschreier, die Elster,
die Krähe, die verschiedenen Spechte und mehrere andre
Vögel bewirken, und diese Vogelsprache verstehen ebenso wie
ihresgleichen, alle übrigen Tiere weit und breit. Die Art;
wie die Gemsen ihre Wachen ausstellen und sich gegenseitig
von der herannahenden Gefahr unterrichten, zeigt nicht
minder dieses Mittheilungs=Vermögen an. (Und kann ihnen
diese Vorsicht auch durch den Instinkt gelehrt worden sein,
da doch die Gemsjäger nicht so alt sind, wie die Gemsen?)
Viele in Gemeinschaft lebende Tiere wählen sich einen Führer
und stellen sich freiwillig unter seine Befehle. Kann dies
ohne gegenseitige Besprechung geschehen? Die Art, wie
Hunde, Wölfe, Füchse gemeinsame, auf einem bestimmten
Plan beruhende Jagden anstellen, zeigt auf das Deutlichste,
daß vorher eine ganz bestimmte, nur durch sprachliche Mittheilung mögliche Verabredung zwischen den einzelnen Theil-
nehmern der Jagd stattgefunden haben muß — wie denn
überhaupt die bei den Tieren in so hohem Grade vorhan-
bene Sociabilität oder Geselligkeit ohne das Vermögen
weitgehender gegenseitiger Mittheilung gar nicht möglich
wäre.

Der Engländer Parkyns, welcher in Abyssinien
reiste, unterhielt sich längere Zeit mit der Beobachtung des
Treibens der Affen und erkannte dabei, „daß sie eine
Sprache hätten, für sie so verständlich, als die unsrige für
uns." (Revue britannique.) „Die Affen," sagt Parkyns,
„haben Führer, denen sie besser gehorchen, als gewöhnlich
die Menschen, und ein regelmäßiges Raub=System. Wenn
einer ihrer Stämme aus den Felsenspalten, die sie bewohnen,
niedersteigt, um z. B. ein Getreidefeld zu plündern, führt
er alle seine Glieder, Männchen und Weibchen, alte und
junge mit sich. Vorposten, unter den ältesten des Stam-

mes, die man leicht an ihrem reichlichem Haarwuchs erkennt, gewählt, durchforschen sorgsam jede Schlucht, ehe sie
hinabsteigen, und erklettern alle Felsen, von denen aus man
die Umgegend überschauen kann. Andere Vedetten stehen
auf den Seiten und im Rückhalt, ihre Wachsamkeit ist merkwürdig. Von Zeit zu Zeit rufen sie sich an und antworten
einander, um anzuzeigen, ob Alles gut geht, oder ob Gefahr
vorhanden ist. Ihr Geschrei ist so scharf betont, so mannichfach, so deutlich, daß man es endlich versteht oder wenigstens zu verstehen glaubt u. s. w. Beim geringsten Alarm-
ruf macht die ganze Truppe Halt und horcht, bis ein zweiter
Schrei von verschiedener Intonation sie wieder in Marsch
setzt u. s. w."

    Von den wilden Enten wird nach den Beobachtungen
der sog. Punter's in England berichtet, daß sie förmliche
Parlamente halten und abstimmen. Bis jetzt kennt jedoch
der gewöhnliche Punter nicht viel mehr von ihrer Sprache,
als die Warnungs- und Sicherheitsrufe, während sie, wie
alle Tiere, besondere Ausdrücke für Lust, Schmerz, Hunger,
Liebe, Angst, Eifersucht u. s. w. haben. Der erfahrene
Punter dagegen weiß, wann die Vögel von Aufbruch, von
Ruhe, von Gefahr, von Sicherheit, von Liebe, von Zorn
u. s. w. reden. Jede Art hat dabei wieder ihre eigne
Sprache. Vor dem üblichen Morgen-Aufbruch findet jedesmal eine sehr laute und lebhafte Discussion statt, zehn bis
zwanzig Minuten lang, nach deren Beendigung der Aufbruch
erfolgt. — Der Fuchs hat nach F. W. Gruner sehr verschiedene Beugungen und Ausdrücke in seiner Stimme. Der
Hund bellt anders bei Freude, als bei Zorn, und weiß fast
jeder seiner Empfindungen einen besonderen Ausdruck in
seiner Stimme zu geben. Dasselbe gilt von fast allen
unsern Haustieren, welche sich Demjenigen, der mit ihnen
umgeht, durch die Art ihrer Lautgebungen sehr verständlich
zu machen wissen. Jedes Tier hat eine besondere Sprache
und eine Anzahl bestimmter Laute, um seine Wünsche,

Bedürfnisse, Empfindungen u. s. w. auszubrücken.*) Die Geberden= und Lautsprache der Insekten (Bienen, Amei=sen, Käfer u. s. w.) durch Befühlen und Drücken mit den Fühlhörnern, Pochen, Zirpen, Reiben der Flügelbecken u.s.w. ist bekanntlich eine sehr reiche und ausgebildete.

Ein Beobachter erzählte neuerdings, wie er einst im Frühjahre einer merkwürdigen Schwalbenberathung bei=gewohnt habe. Ein Schwalbenpaar hatte unter dem First eines Hauses den Bau seines Nestes begonnen. Eines Tages gesellte sich eine Schaar andrer Schwalben hinzu, und es entspann sich zwischen ihnen und den Erbauern des Nestes eine weitläufige Discussion. Auf dem Dache des Hauses saßen alle in der Nähe des angefangenen Nestes beisammen, unter lautem und heftigem Schreien und Zwitschern. Nach=dem diese Berathung eine Zeitlang gedauert hatte und da=zwischen Besichtigungen des Nestes durch einzelne Theil=nehmer derselben stattgefunden hatten, löste sich die Ver=sammlung auf. Das Resultat davon war, daß das Schwalbenpaar den begonnenen Bau verließ und den Bau eines zweiten Nestes an einer anderen, besser gelegenen Stelle des Dachfirstes unternahm!!

Eine dem sehr ähnliche Anekdote erzählt Julius Hensel in Bodenstedt's Tägl. Rundsch.: Im September 1864 sah er in der Hannöver'schen Stadt Osterode, wie ein

---

*) Einzelnes hierüber ist enthalten in der Note 105 des Anhangs zu des Verfassers Schrift über den Menschen (3. Aufl.). Uebrigens wußte bereits Lukretius Carus dieses so gut, daß er im fünften Ge=sang seines Lehrgedichts eine längere Auseinandersetzung über die verschiedenen Lautgebungen zahmer und wilder Tiere als Ausdruck verschiedener Empfindungen oder Gefühle einflicht. Am klangvollsten und schönsten kommt die Tiersprache bei den Aeußerungen der Liebe zur Geltung, vom Brunstruf des Hirsches im Hochwald bis zu dem klangreichen Liebesjubel unsrer gefiederten Sänger in Feld, Wald und Hain — worüber das Nähere in des Verfassers Schrift: „Liebe und Liebesleben in der Tierwelt."

Schwälbchen an dem Wetterhahn des Kirchthurms hängen
blieb oder bei dem Versuch eines raschen Durchflugs ein=
geklemmt wurde. Schaaren von Schwalben suchten vergeb=
lich der mit dem Tode ringenden Schwester zu helfen. Am
nächsten Morgen aber, als das Tierchen längst todt war,
umkreisten solche Schaaren von Schwalben die gefahrbrohende
Thurmspitze, daß die Luft wie schwarz erschien. Man hatte
sich das Ereigniß gegenseitig mitgetheilt und besah sich die
Gefahr in der Nähe, um ihr in der Folge ausweichen zu
können. Zwei Stunden darnach war die Versammlung
wieder vollständig aufgelöst.

Sehr bekannt sind auch die merkwürdigen Versamm=
lungen, welche Wander= oder Zug=Vögel einen oder einige
Tage vor der Abreise an bestimmten Plätzen abzuhalten
pflegen, und wobei der Plan und das Arrangement der
Reise durch gegenseitige Verabredung festgestellt werden.
Noch weit complicirter müssen diejenigen Berathungen sein,
welche manche Vögel, namentlich Störche, behufs Abhaltung
von Gerichten über Schuldige, namentlich über Verbrecher
gegen die bei manchen Vögeln sehr hoch gehaltenen Gesetze
der Ein=Ehe pflegen. Ausführliches über diese Strafgerichte,
sowie über Vogelehe überhaupt hat der Verfasser in seiner
Schrift über das Leben der Liebe in der Tierwelt, S. 73
und flg. mitgetheilt.

Wohl — sagt man endlich — die Tiere haben auch
eine Sprache, aber sie ist der Ausbildung nicht fähig. Wieder
eine mit der Wirklichkeit nicht harmonirende Behauptung!
Abgesehen davon, daß wir von der möglichen oder wirk=
lichen Ausbildung der Tiersprache nichts Bestimmtes wissen
oder wissen können, weil uns das Verständniß derselben
abgeht, so gibt es in der That eine Anzahl von Thatsachen
und Beobachtungen, welche beweisen, daß die Lautsprache
der Tiere nicht minder wie ihre Geberden= und Mienen=
sprache allerdings einer gewissen Ausbildung und Vervoll=
kommnung fähig sind. So zeigen sich nach Fuchs (Das

Seelenleben der Tiere, 1854) wesentliche Unterschiede in der
Lautsprache **wilder** und **gezähmter** Tiere derselben
Gattung. Am deutlichsten kann man dies bei dem Haus-
hund beobachten, welcher auf sehr verschiedene Weise bellt,
um seine Gefühle auszudrücken, während der wilde Hund
nur ein eintöniges Heulen kennt. Unsre gemeine Henne
hat nicht weniger als neun bis zwölf verschiedene Töne, um
ihre Gefühle beim Brüten, Führen der Brut, Futterfinden,
bei Unruhe, Schutzsuchen, Aerger, Schmerz, Furcht, Freude
oder Stolz über ein gelegtes Ei an den Tag zu legen.
Aehnliches gilt von der Hauskatze, vom Hornvieh u. s. w.
Welcher Ausbildung die Sprache künstlich oder durch Nachahmung zum Sprechen angeleiteter Tiere, wie Papageien,
Staare, Raben u. s. w. fähig ist, ist zu bekannt, als daß
es mehr als eines Hinweises darauf bedürfte. Und wenn
wir in dieser Beziehung auf den Menschen zurückblicken, so
müssen wir uns die Frage vorlegen, welcher Ausbildung
denn die Sprache jener wilden Menschenstämme fähig sei,
von denen uns die Reisenden erzählen, daß sie mehr durch
Zeichen und Geberden, als durch Töne reden, und daß die
letzteren mehr dem rohen Geschrei und Krächzen der Tiere,
als einer menschlichen Wortsprache ähneln. *)

Auch wissen wir, daß die geistigen Fähigkeiten der
Tiere ebenso erzogen und ausgebildet werden können, wie
die des Menschen, wofür die oft wunderbaren Erfolge der
sog. Dressur hinlängliches Zeugniß ablegen. Daß die Erziehung des Tieres auf eine langsame und mühevolle Weise
vor sich geht, liegt weniger in dem Begriffsmangel desselben, als vielmehr in der Schwierigkeit der Verständigung;
es müssen dieselben Mittel angewendet werden — und sie
werden es in der That — welche der mühvolle Unterricht
des Taubstummen erfordert. Aber auch ohne besondere

---

*) Man vergl. darüber die Note 105 des Anhangs zu des Ver-
fassers Schrift über den Menschen.

Dreſſur werden bekanntlich alle gezähmten oder Hausttiere durch den fortwährenden Umgang mit dem Menſchen zu geiſtig höher gebildeten und höher befähigten Weſen als in der Wildniß. So ſtammen unſere Haushunde von Wölfen und Schakalen ab und haben ſeitdem nicht bloß an Intelligenz bedeutend zugenommen, ſondern auch moraliſche Eigenſchaften erworben, wie Zuneigung, Gewiſſenhaftigkeit, Treue, Mitleid, Pflichtgefühl, Temperament u. ſ. w. Aber auch im wilden Zuſtande ändern und verbeſſern die meiſten Tiere im Einklang mit der Aenderung der ſie umgebenden Lebens-Verhältniſſe ihre Bedürfniſſe, Gewohnheiten, die Art ihrer Wohnungen u. ſ. w., wofür Espinas in ſeiner vortrefflichen Schrift über die tieriſchen Geſellſchaften eine Anzahl beweiſender Beiſpiele geſammelt hat. Allerdings gehen dieſe Aenderungen in der Regel ſo langſam vor ſich, daß ſie unſerer Beobachtung mehr oder weniger entgehen. Eine Ausnahme von dieſer Regel macht der Neſt-Bau der gewöhnlichen Hausſchwalbe, von welchem F. A. Pouchet (Actes du Muséum d'histoire naturelle de Rouen, tome III, 1872) durch directe Vergleichung nachgewieſen hat, daß derſelbe im Laufe der letzten vierzig bis fünfzig Jahre eine bedeutende Verbeſſerung der Conſtruction erfahren hat, durch welche mehr Raum für die Jungen, ſowie Schutz des Neſtes gegen Feinde, Regen u. ſ. w. gewonnen worden iſt.[*) Derſelbe Beobachter theilt mit, daß die europäiſche Goldammer ihr Neſt unter den Baumzweigen gegenwärtig nur noch mit Hülfe von aufgeleſenen Garn- oder Bindfadenſtücken auf-

---

[*) Die Richtigkeit der Pouchet'ſchen Beobachtung iſt nachträglich von Roulet in Zweifel gezogen worden. Dagegen haben die Beobachtungen von Elliot Coues gezeigt, daß Thatſachen, wie die von Pouchet behauptete, in der That bei vielen Schwalbenarten vorgekommen ſind. (Man vergl. J. Romanes: Die geiſtige Entwicklung im Tierreiche, Leipzig 1885, S. 229.) Auch die Hausbiene hat ſich im Laufe der Zeit in dem Bau ihres Zellenſyſtems weſentlich vervollkommnet.

hängt, während doch die Benutzung dieses Materials ihr
erst seit der Zeit menschlicher Kunst=Thätigkeit möglich ist
— ein Verfahren, das übrigens auch verschiedene andre
Vogelarten bei dem Bau ihrer Nester beobachten. „Zu
sagen", so fügt Herr Pouchet hinzu, „daß die Tiere un=
veränderliche Maschinen seien, heißt: nicht ein einziges der=
selben beobachtet haben! Wenn sie nur Maschinen sind,
so zeigt die oberflächlichste Untersuchung des geringsten unter
ihnen, daß diese Maschinen beobachten, vergleichen und ur=
theilen, oder daß sie alle Fähigkeiten des Verstandes be=
sitzen."

Daß die Vernunft des Menschen allein aus innerem
oder eigenem Antriebe bildungs= und fortschrittsfähig sei,
während die Intelligenz des Tieres ohne Anregung durch
den Menschen ewig stationär bleibe, ist ebenfalls eine
Behauptung, welche (wie schon die eben angeführten Bei=
spiele zeigen) einerseits nicht vollkommen richtig, andrerseits
aber in keiner Weise geeignet ist, einen prägnanten Unter=
schied zwischen Menschen= und Tier=Seele herzustellen.
Denn daß die Vernunft der niedersten Menschen=Rassen jenen
inneren Antrieb nicht besitzt, und daß daher diese Rassen
einer eigenen und selbstständigen Culturgeschichte ganz ent=
behren, ist bekannt; und daß selbst das Menschengeschlecht
als Ganzes einer im Vergleich zur historischen Zeit uner=
meßlich langen Periode bedurfte, um jenen Antrieb endlich
zu empfinden, wurde bereits an anderen Stellen erwähnt.
Aber auch innerhalb dieses Geschlechts ist schließlich ein
Fortschritt von so rascher und anhaltender Art, wie wir
ihn in unsrer eignen Mitte gewahren, nur das Kennzeichen
eines kleinen Theils der menschlichen Familie während der
jüngsten Stunden ihrer in vorweltliche Zeiten zurückreichen=
den Existenz. Umgekehrt kann die Entstehung der wunder=
baren Kunsttriebe oder Kunst=Instinkte so vieler Tiere gar
nicht anders als durch allmälige, unsrer direkten Beobach=
tung unzugängliche Entwicklung und Vervollkommnung im

Laufe ungezählter Jahrtausende unter Mitwirkung des wichtigen Moments der Vererbung erklärt werden.

So kann der allmälige Uebergang, welcher durch unzählige Mittelstufen vom Tiere zum Menschen stattfindet, sowohl nach geistigen als nach körperlichen Eigenschaften, nur mehr von Denen geleugnet werden, welche es lieben, ihre eigene Ansicht über die Thatsachen zu setzen. Alle jene bekannten Unterscheidungszeichen, welche man im Interesse einer strengen Trennung geltend gemacht hat, sind, wie bereits erwähnt, ihrer Natur nach relative, keine absoluten, wie Verfasser in seiner Schrift über den Menschen (3. Aufl., S. 162 und 163 und Note 92—107) im Einzelnen nachgewiesen zu haben glaubt. Freilich darf man bei der Vergleichung zwischen Mensch und Tier nicht den oft gemachten Fehler wiederholen, daß man den höchstgebildeten Europäer auf die eine und das rohe, wenig gekannte Tier auf die andere Seite stellt, während man doch seinen Blick auf die äußersten Grenzen der Menschheit in Vergangenheit und Gegenwart und auf die zahllosen Uebergangsstufen richten sollte. Wie könnte es auch anders sein? Die Natur ist ein in ununterbrochenem Zusammenhang nach allen Richtungen sich ausbreitendes Ganze, welches keine absoluten Grenzen oder Scheidewände kennt; die letzteren sind nur Erzeugnisse des systematisirenden menschlichen Verstandes. Deshalb hat auch der Mensch kein Recht, sich über die übrige organische Welt vornehm hinweg- oder hinauszusetzen und sich als Wesen verschiedener und höherer Art anzusehen: im Gegentheil soll er den festen und unzerreißbaren Faden erkennen, der ihn an die Natur selbst kettet; mit Allem, was lebt und blüht, theilt er gleichen Ursprung und gleiches Ende.

„Was nicht wenig dazu beigetragen,“ sagt der Verfasser von „Menschen und Dinge, Mittheilungen aus dem Tagebuche eines reisenden Naturforschers, 1855“, „uns die psychologische Seite der Tier=Welt so lange und so dicht zu verhüllen, ist die uralte Meinung, daß der Mensch allein mit Verstand und Geist begabt und zwischen ihm und ihr eine unübersteigliche Kluft befestigt sei. — Ist man einmal von diesem Irrthum befreit — —, und hat man die Ein= sicht gewonnen, daß nicht nur in physischer, sondern auch in intellectueller und moralischer Hinsicht die Tier=Welt ein auseinandergelegter Mensch sei, so wird ebenso gut eine vergleichende Psychologie entstehen, als wir nach und nach eine vergleichende Anatomie geschaffen haben."

Der freie Wille.

—

Der Mensch ist frei, wie der Vogel im Käfig;
er kann sich innerhalb gewisser Grenzen bewegen.
Lavater.

Wie naiv ist doch der leere Dünkel von der
absoluten Freiheit des menschlichen Willens, den
die Natur mit den Erhaltungstrieben, die sie in
den Menschen gelegt hat, vollständig beherrscht.
G. H. Schneider.

Alles begreifen hieße Alles verzeihen.
Frau von Staël.

Da der Mensch, wie in den vorhergehenden Kapiteln gezeigt wurde, ein Erzeugniß der Alles schaffenden Natur ist, sowohl in seinem körperlichen, wie in seinem geistigen Wesen, so kann es keinem Zweifel unterliegen, daß nicht bloß das, was er ist, sondern auch das, was er will, thut, empfindet und denkt, auf ebensolchen natürlichen Zusammenhängen und Natur-Nothwendigkeiten beruht, wie der ganze Bau der Welt. Nur eine oberflächliche und kenntnißlose Betrachtung des Menschen und des menschlichen Daseins, gepaart mit spiritualistischen oder metaphysischen Vorurtheilen, konnte zu dem Glauben verleiten, als sei das Thun und Lassen der Einzelnen wie der Völker der Ausfluß oder Ausbruck eines vollkommen freien und selbstbewußten Willens.

Eine tiefer bringende Betrachtung dagegen lehrt uns, daß der Zusammenhang der allgemeinen Natur-Bestimmtheit und natürlicher Einflüsse mit dem Einzelwesen ein so inniger und unabweisbarer ist, daß hier überall von Willkür und freier Entschließung nur in einem sehr beschränkten Maße die Rede sein kann; sie lehrt uns bestimmte Regeln oder Gesetze in allen jenen Erscheinungen kennen, welche man bisher entweder für Produkte des Zufalls oder für solche freier Selbstbestimmung hielt. „Die menschliche Freiheit, deren Alle sich rühmen,“ sagt der große Denker Spinoza, „besteht allein darin, daß die Menschen sich ihres Wollens bewußt und der Ursachen, von denen sie bestimmt werden, unbewußt sind.“

Es ist das große Verdienst der erst in der Neuzeit nach Verdienst gepflegten und gewürdigten Wissenschaft der Statistik, feststehende Regeln in einer Menge von Erscheinungen nachgewiesen zu haben, von denen man bisher nicht bezweifelt hatte, daß sie dem Zufall oder der Willkür ihre Entstehung verdankten. Wenn z. B. die Statistik nachgewiesen hat, daß unter gewissen gleichbleibenden Verhältnissen innerhalb einer gewissen Zeit immer die fast gleiche Anzahl von Morden oder Selbstmorden oder Diebstahl oder Heirathen u. s. w. u. s. w. vorkommt, so wird man sich wohl genöthigt sehen, die anscheinende Zufälligkeit oder Willkürlichkeit solcher Handlungen durch eine Regel oder durch eine Art natürlicher Vorherbestimmung zu ersetzen. Nur in der Betrachtung des Einzelnen und Kleinen verlieren wir leicht die Anhaltspunkte für die Erkenntniß dieser Regel oder Wahrheit, während uns aus dem Großen und Ganzen überall eine solche Ordnung der Dinge entgegenleuchtet, welche Menschheit und Menschen bis zu einem gewissen Grade unerbittlich beherrscht. In der That kann man denn auch ohne Uebertreibung sagen, daß sich heute eine Mehrzahl von Aerzten und praktischen Psychologen in dem alten Streite über die Freiheit des menschlichen Willens auf Seite Derjenigen neigt, welche anerkennen, daß das menschliche Thun und Handeln überall in letzter Linie derart von bestimmten Natur=Nothwendigkeiten oder äußeren, wie inneren Einflüssen abhängig ist, daß in jedem einzelnen Falle nur der kleinste, häufig gar kein Spielraum für die freie Wahl übrig bleibt.

Wir können nicht daran benken, diese große und für die Anerkennung des Bestehens einer natürlichen Weltord= nung unentbehrliche Wahrheit an dieser Stelle im Einzelnen oder das wichtige Thema erschöpfend nachzuweisen, da wir sonst fast das ganze Bereich menschlichen Wissens und Denkens in Anspruch nehmen müßten. Wir müssen uns damit begnügen, gewisse Anhaltspunkte für die Möglichkeit dieses Nachweises in einigen wenigen, leicht verständlichen thatsächlichen Andeutungen zu geben.

Drei große Gruppen von Einflüssen sind es nun, welche ben Willen des Menschen mehr oder weniger be= herrschen und seinem Thun und Lassen bestimmte Schranken setzen.

Der erste und mächtigste dieser Einflüsse beruht in der individuellen Organisation jedes Einzelnen und in seinen, zumeist von Eltern und Voreltern ererbten körperlichen und geistigen Dispositionen, Trieben, Neigungen, Charakter=An= lagen u. s. w. — lauter Momente, welche laut Erfahrung so sehr bestimmend auf seine Handlungen einwirken, daß der freien Wahl nur der kleinste, oft gar kein Spielraum übrig bleibt.

Der zweite Einfluß wird durch die Momente der Bil= dung, der Erziehung und des Beispiels dargestellt, welche auf den angebornen Charakter bald verbessernd, bald ver= schlimmernd einwirken und die freie Wahl ebenfalls auf das Aeußerste einschränken.

Der dritte Einfluß liegt in den äußeren Lebens=Um= ständen und in der Einwirkung der sog. Medien, innerhalb deren sich jeder einzelne Mensch bewegt und bewegen muß.

Wir rechnen dahin im allgemeinsten Sinne Land, Boden, Klima, allgemeine Naturzustände, aber auch Sitten, Gewohnheiten, gesellschaftliche und politische Zustände, Grad der Bildung und des Wissens, Charakter-Eigenthümlichkeit, Ernährungs= und Lebensweise des Volkes oder der Nation oder der Rasse, der jeder Einzelne angehört; endlich die besonderen persönlichen Umstände, durch welche der im Schooße der Gemeinschaft Lebende, außer durch die allgemeinen Umstände, nochmals individuell bestimmt wird, wie Gesundheit, Nahrung, Armuth oder Reichthum, Ueberfluß oder Entbehrung, gesellschaftliche Stellung, Glück oder Unglück u. s. w. u. s. w.

Es würde zu weit führen, wollte man die Bedeutung dieser Einflüsse an einzelnen, in großer Menge zu Gebote stehenden Beispielen erhärten. Es genüge daher zu bemerken, daß der Mensch in seinem Thun und Lassen ganz denselben Naturgesetzen unterliegt, wie die unter ihm stehende Lebewelt. Wie die Pflanze nach Existenz, Größe, Gestalt, Schönheit, Lebenskraft usw. neben der ererbten Anlage von dem Boden abhängig ist, in dem sie wurzelt, oder von der Luft, welche sie einsaugt, oder von dem Regen, der sie erquickt usw.; wie das Tier klein oder groß, zahm oder wild, schön oder häßlich, klug oder dumm erscheint je nach den äußeren oder inneren Bedingungen, unter denen es aufwuchs; wie ein Entozoä jedesmal ein ahderer wird, wenn er in das Innere eines anderen Tieres gelangt, so ist der einzelne Mensch nicht minder körperlich und geistig ein Erzeugniß äußerer und innerer Einwirkungen, Zufälligkeiten, Anlagen usw. und wird auf diese Weise nicht jenes geistig unabhängige, frei wählende Wesen, als welches ihn die Moralisten und Philosophen sich vorzustellen pflegen. Wer eine angeborene Neigung zu Wohlwollen, Mitleid, Gewissenhaftigkeit, Gerechtigkeitsliebe usw. mit auf die Welt bringt, wird mit seltenen Ausnahmen ein echter Moralist werden, vorausgesetzt, daß schlechte Erziehung oder widrige Lebensumstände

die Anlage nicht gewaltsam unterdrücken, während umge=
kehrt eine angeborene Neigung zu Melancholie oder zu Träg=
heit oder zu Leichtsinn oder zu Eitelkeit oder zu Hochmuth
oder zu Geiz oder zu Wollust oder zu Trunksucht oder zu
Spiel oder zu Gewaltthat usw. in der Regel durch keine
Art von Wille oder Vorstellung zu bändigen oder zurück=
zuhalten ist. Die tägliche Erfahrung lehrt denn auch auf
das Augenscheinlichste, daß jeder Einzelne in der Regel so
handelt, wie es seiner Natur und inneren Neigung am
meisten entspricht; und diese angebornen oder ererbten Triebe
und Neigungen unsrer Natur üben zumeist einen Einfluß
auf unsre Entschließungen und Handlungen, im Vergleich
mit welchen alle andern Beweggründe, namentlich aber die
der Reflexion oder des religiösen Glaubens, mehr oder
weniger in den Hintergrund treten. „Die Handlungen der
Menschen," läßt Auerbach seinen Baumann sagen, „sind
unabhängig von dem, was sie über Gott u. s. w. glauben;
sie handeln nach inneren Eingebungen oder Gewohnheiten."

Wie oft kommt es vor, daß ein Mensch sich selbst oder
seine geistige und Charakter=Eigenthümlichkeit genau kennt,
daß er weiß, welche Fehler er machen wird und daß er
dennoch nicht im Stande ist, gegen diesen inneren Zwang
mit Erfolg anzukämpfen. Er macht immer wieder von
Neuem dieselben Fehler und bringt sich in dieselben Un=
gelegenheiten; denn nur ausnahmsweise sind die sog. Vor=
stellungs= oder Gedankentriebe im Stande, den Sieg über
die Wahrnehmungs= und Begehrungstriebe davonzutragen.
Der jugendliche Mensch oder der Wollüstige opfert in der
Regel Alles seinem Liebestrieb, der ältere Mann oder der
Geizige und Habsüchtige dem Erwerbstrieb, dem Streben
nach Besitz, der Faule dem Ruhebedürfniß oder der Arbeits=
scheu, der Ehrgeizige dem Streben nach Ehre und Aus=
zeichnung, die Mutter der Liebe zu ihren Kindern u. s. w.
Der Geizhals, der bereits Millionen zusammengerafft hat,
hört dennoch nicht auf, bis zu seinem letzten Athemzug

Schätze zu sammeln, wenn er auch weiß, daß sie weder ihm, noch Andern etwas nützen werden. Angeborne Leidenschaft besiegt alle Vorstellungen, hört auf keine Vernunftgründe und läßt jede Gefahr oder Rücksicht vergessen. Kein Mensch kann durch den bloßen Willen einer angebornen Furchtsamkeit oder Schreckhaftigkeit Herr werden, und ererbte Zaghaftigkeit oder Schwäche des Entschlusses kann zum Mörder der herrlichsten Vorsätze oder Thaten werden. Der Zornmüthige begeht im Affekt Handlungen, deren er sich bei ruhiger Gemüthsverfassung selbst für vollkommen unfähig hält. Der Mitleidige oder Gutmüthige opfert sich selbst und sein eigenstes Interesse für das Wohl Andrer, während keine noch so rührenden Bitten, keine Scenen des Elends, keine Schrecken der Hölle das Gemüth des Hartherzigen zu rühren vermögen. Eitelkeit, Beifallsliebe oder Ruhmsucht kann die Ursache der größten Verbrechen oder verkehrtesten Handlungen, aber auch je nach Umständen der herrlichsten Erfolge im Leben werden u. s. w u. s. w.

Alle diese, bald ererbten, bald erworbenen Anlagen, Triebe oder Neigungen sind so mächtig in der menschlichen Natur, daß, wie bereits bemerkt, die Ueberlegung ihnen nur einen geringen, die Religion meist gar keinen Damm entgegenzusetzen vermag; und stets bemerken wir, wie der Mensch am liebsten und leichtesten seiner Natur oder dem folgt, was ihm für seine Empfindung das Angenehmste scheint. Wir stehen einem Leidenden bei, nicht weil es die Gesetze der Moral so wollen, sondern weil uns das Mitleid dazu drängt, oder weil wir uns in Gedanken unwillkürlich an die Stelle des Leidenden hinversetzen und nun dasselbe thun, was wir in einem solchen Falle von Andern verlangen oder erwarten würden.

Aber nicht genug damit, daß seine eigenste Natur dem Menschen in der Regel vorschreibt, wie er zu handeln hat, oder daß seine Handlungen nothwendige Ausflüsse seines ganzen individuellen Wesens sind, so wirken auch noch in

jedem einzelnen Augenblick oder bei jeder einzelnen Hand=
lung mächtige und den freien Willen beengende Natur=Ein=
flüsse mit. Wer wüßte nicht, welche mächtige Wirkung
z. B. Witterungs=Einflüsse auf unsre jedesmalige geistige
Stimmung und damit auf unsre Entschließungen ausüben,
und wer hätte eine derartige Beobachtung noch nicht an
sich selbst gemacht? Unsre Entschlüsse schwanken mit dem
Barometer oder mit dem Breitegrad, unter dem wir leben,
oder mit der Natur des Landes und Volkes, in dessen Mitte
wir uns befinden, und eine Menge Dinge, die wir aus freier
Wahl gethan zu haben glauben, waren vielleicht nur Folge
zufälliger oder vorübergehender Einwirkungen. Ebenso üben
persönliche körperliche Zustände einen fast unwiderstehlichen
Einfluß auf unsre geistigen Stimmungen und Entschließungen.
„Der junge Mensch," sagt Krahmer, „hat andere Vor=
stellungen als der alte, der Liegende denkt anders als der
Aufrechtstehende, der Hungerbe anders als der Gesättigte,
der Behagliche anders als der Verstimmte und Gereizte
u. s. w." Welche tiefgreifenden Einflüsse auf das mensch=
liche Denken und Handeln durch die mannichfaltigsten Leiden
der verschiedenen Körper=Organe ausgeübt werden können
und in der That ausgeübt werden, ist zu bekannt, als daß
es mehr als einer Hinweisung hierauf bedürfte. Bereits in
einem früheren Kapitel wurde dies mehrfach im Einzelnen
angedeutet. Die scheußlichsten Verbrechen sind ohne Willen
des Thäters durch solche abnorme körperliche Zustände
unzähligemal hervorgerufen worden. Aber erst die neuere
Wissenschaft hat angefangen, einen tieferen Blick in das
Innere dieser merkwürdigen Verhältnisse zu werfen und
Krankheit in Fällen anzunehmen, wo man früher keinen
Zweifel an dem Vorhandensein freier Entschließung gehegt
haben würde.

Somit kann Niemand, der in die Tiefe blickt, leugnen,
daß die Annahme eines sog. freien Willens des Menschen
nach Theorie und Praxis in die engsten Grenzen einge=

schränkt werden muß, und daß, wie der anonyme Verfasser
der trefflichen Schrift über den Gottes=Begriff (Nördlingen,
1856) sagt, „unser ganzes Leben wie unser ganzer Orga=
nismus aus Nothwendigkeit und Freiheit zusammengesetzt
ist." Der Mensch ist frei, aber mit gebundenen Händen;
er kann nicht über eine bestimmte, ihm von der Natur ge=
steckte Grenze hinaus, während er sich innerhalb dieser von
den Natur=Gesetzen ihm gezogenen Grenzen allerdings bis
zu einem gewissen Grade insofern selbst bestimmen kann,
als zweckmäßigere Vorstellungen über unzweckmäßigere, oder
als Verstand und Ueberlegung den Sieg über angeborne
oder angewöhnte Triebe und Begehrungen oder über augen=
blickliche Stimmungen davontragen. Je höher ein Mensch
geistig entwickelt und gebildet ist, um so stärker ist auch sein
Wille und um so größer seine Verantwortlichkeit, während
die letztere in demselben Maße abnimmt, in welchem die
Verstandes= und Ueberlegungs=Kräfte den Kampf mit den
niederen oder unwillkürlichen Antrieben der menschlichen
Seele weniger zu bestehen im Stande ist. Daher die
große Mehrzahl der Verbrecher gegen die Gesetze des
Staates und der Gesellschaft mehr als bedauerungswürdige
Unglückliche, denn als Verabscheuungswürdige zu betrach=
ten sind! Bei weitem die meisten aller Verbrechen gegen
Staat oder Gesellschaft entspringen nachweisbar aus Affekt
oder aus Unkenntniß, als Ausfluß mangelhafter Bildung
oder dürftiger Ueberlegungskraft u. s. w. Der Gebildete
oder Schlaue findet Mittel und Wege, um irgend einem ihm
unerträglichen Verhältniß zu begegnen, ihm aus dem Wege
zu gehen, ohne gegen das positive Gesetz zu verstoßen; der
Ungebildete weiß sich nicht anders, als durch ein Verbrechen
zu helfen, er ist ein Opfer seiner Verhältnisse. Was thut
der freie Wille bei Dem, welcher aus Noth oder beherrscht
von dem unwiderstehlichen Trieb der Selbsterhaltung lügt,
stiehlt, raubt, mordet! Wie hoch beläuft sich die Zurech=
nungsfähigkeit eines Menschen, dessen Zerstörungstrieb, dessen

Anlage zur Grausamkeit groß und dessen Verstandeskräfte
klein sind! Mangel an Verstand, Armuth und Mangel an
Bildung sind neben schlechtem Beispiel und ererbter Anlage
die drei großen, Verbrechen zeugenden Faktoren. Schon
der Philosoph Plato war tiefblickend genug, um zu sagen:
„Verbrechen haben ihren Grund in der Bildungslosigkeit
und in der schlechten Erziehung und Einrichtung des Staates.“
Und der geistvolle Verfasser der „Grundzüge der Gesellschaftswissenschaft“ sagt: „Weder in dem Verbrechen noch
in dem Wahnsinn ist etwas Seltsames oder Außerordent-
liches. Beide entstehen aus festen und bestimmten Ursachen,
die unsrer Forschung geradeso zugänglich sind, wie die Gesetze der Physik, außer daß der menschliche Geist wegen
seiner großen Zusammengesetztheit schwerer zu begreifen
ist. — — Es ist eine Wahrheit, daß ein Jeder unter uns
verbrecherisch oder wahnsinnig werden könnte, würde er
in Umstände versetzt, die dem günstig wären u. s. w.“
    Daß aber die in diesen Worten enthaltene Zusammen-
stellung von Verbrechen und Wahnsinn in der That auf
keiner Uebertreibung beruht, ist durch viele ärztliche Untersuchungen der Neuzeit festgestellt. Wenn auch nicht von
allen, so ist doch von vielen Verbrechern durch diese Untersuchungen nachgewiesen, daß sie durch eine verfehlte oder
unvollkommene Organisation ihres Körpers und Geistes schon
von vornherein zum Verbrechen gewissermaßen bestimmt
oder prädestinirt waren. So besteht nach den Untersuchungen von Saure (Ann. méd. psych.) über die Ursachen
der Geistesstörungen in den Gefängnissen die größte Analogie zwischen Geisteskranken und einer gewissen Klasse Ge-
fangener, zusammengesetzt aus Leuten von einer unvollständigen Organisation; und ein Theil der Bevölkerung der
Gefängnisse wäre nach ihm besser in Irrenanstalten
untergebracht! Auch ist nach ihm (im 19. Jahrhundert!)
die Zahl der Verurtheilungen Geisteskranker beträchtlich!!
Zu einem gleichen Resultat ist Prof. Benedikt in Wien

gelangt, welcher die Gehirn-Bildung einer Reihe schwerer Verbrecher zu untersuchen Gelegenheit hatte und dieselbe als eine durchaus mangelhafte constatirte. Namentlich zeigten sich die wichtigen Windungen der Oberfläche des Gehirns auffallend schlecht entwickelt, und die als Sitz des Gefühls oder der moralischen Empfindung geltenden Hinterhaupts= Lappen waren so unentwickelt oder verkümmert, daß sie das Kleinhirn nicht mehr vollständig bedeckten. Prof. Bene= dikt hält Wahnsinn und Verbrechen für Zwillingsgeschöpfe und ist der Meinung, daß der Verbrecher nur zum ge= ringsten Theile aus eigner sittlicher Freiheit und Selbst= bestimmung handle. (Bericht über die Naturforscher=Ver= sammlung in Graz, 1875.)

Dasselbe Urtheil fällt Dr. Borbier in Paris, welcher die Gehirne von sechsunddreißig hingerichteten Verbrechern untersucht und gefunden hat, daß bei fast allen die sog. Parietal=Gegend auf Kosten der Frontal= oder Stirn=Gegend stärker entwickelt war, was einen geringeren Grad von In= telligenz bei stärkerer Neigung zu Gewaltthätigkeit bedeutet. Auch entspricht dieser Zustand dem allgemeinen Zustand des Gehirns des vorhistorischen Menschen, so daß derselbe ge= wissermaßen als Atavismus oder vereinzelter Rückfall in den Zustand ehemaliger Barbarei angesehen werden kann. Ganz normale Gehirne sind nach demselben Gelehrten überhaupt sehr selten bei Verbrechern. Meist findet man Asymmetrie, frühzeitig verknöcherte Näthe, Reste alter Hirnhaut=Entzün= dungen, Blutüberfüllung der Scheiteltheile u. s. w.

Zu ganz gleichen oder ähnlichen Resultaten sind durch ihre Untersuchungen Dr. Flesch (Unters. über Verbrecher= gehirne, Würzburg 1882), der italienische Kriminalist R. Garofolo (Revue philos. 1886, S. 303 u. flg.) u. Prof. Lombroso in Turin, welche beiden letzteren einen eigentümlichen, an die wilden oder Anfangszustände der Menschheit erinnernden „Verbrechertypus" constatirt zu

haben glauben, gekommen. Ganz normal gebildete Gehirne
sind nach ihnen bei Verbrechern sehr selten.

Darum that die geistvolle Frau von Staël mit Recht
den schönen Ausspruch: „Alles begreifen hieße Alles ver=
zeihen," und darum wird man vielleicht in einigen Jahr=
hunderten, wenn die Menschheit weiser und glücklicher ge=
worden sein wird, als sie gegenwärtig ist, auf die Kriminal=
processe der Gegenwart mit ungefähr oder beinahe denselben
Gefühlen zurückblicken, mit denen wir heute die Hexenprocesse
des Mittelalters betrachten.*)

---

*) Man vergleiche über den in diesem Kapitel behandelten
Gegenstand auch noch des Verfassers Aufsatz über „Wille und Natur=
gesetz" in dem I. Bande seiner Schrift „Aus Natur und Wissenschaft",
sowie die Ausführungen auf S. 75 u. flg. seines Schriftchens: „Die
Macht der Vererbung" (Leipzig 1882), und diejenigen auf S. 224
u. flgb. seiner Schrift „Thatsachen und Theorien rc." (Berlin 1887.)

Die Moral.

Der Tod der Dogmen ist die Geburt der Moral.

Kant.

Wenn wird es doch einmal dahin kommen, daß die
Menschen einsehen lernen, die Quelle der edelsten, erhabensten Handlungen, deren wir fähig sein können, habe
nichts mit den Begriffen zu thun, die wir uns vom
lieben Herrgott und von dem Leben nach dem Tode und
von dem Geisterreiche machen!

G. Forster.

Menschenliebe ist die einzig wahre Gottesliebe.

L. Feuerbach.

Und die Moral?! — So hören wir bereits im Geiste
ein Heer von Moralisten, nachdem sie den Versuch gemacht
haben, unserm Gedankengange bis hierher zu folgen, aus
tausend Kehlen rufen und sehen sie bereit, mit allem theologischen und philosophischen Kriegsgeräth ihres wohlge-
füllten Arsenals auf unsre, wie sie denken, aus höheren
Gründen unhaltbare Position einzudringen. Und die Moral?!
Wenn es keine höheren und übernatürlichen Mächte, wenn
es keine im Himmel richtenden und strafenden Gewalten,
wenn es keinen Gott, keine Erlösung und kein ewiges Leben,
sondern nur eine blinde, unerbittliche Naturnothwendigkeit
gibt, was bedeuten alsdann die Begriffe Tugend und Sünde?

Was soll ferner die Handlungen der Menschen bestimmen?
Gingen wir nicht mit solchen Grundsätzen oder Anschau=
ungen einer Auflösung aller staatlichen und gesellschaftlichen
Ordnung und einem bellum omnium contra omnes oder
einem Krieg Aller gegen Alle entgegen, in welchem nur
noch der nackte Egoismus oder das persönliche Interesse das
oberste Wort zu sprechen hätte? — und eine ganze Reihe
andrer, gewissermaßen stereotyp gewordener Fragen, welche
man niemals versäumt hat, Denjenigen entgegenzuhalten,
welche es gewagt haben, bestehenden und durch Alter
heilig und mächtig gewordenen Vorurtheilen entgegen zu
treten.

Der Verfasser könnte sich sehr wohl der Pflicht oder
der Mühe überheben, auf derartige Fragen zu antworten
und sich für unfähig erklären, zu wissen, welche moralischen
Consequenzen eine auf den Bestand einer natürlichen Welt=
ordnung gegründete Welt= und Lebensanschauung haben
könne oder müsse. Sind seine Anschauungen richtig oder
der Wahrheit entsprechend, so müssen sie anerkannt werden,
einerlei, welche Folgen daraus entstehen möchten; denn die
Wahrheit steht, wie wohl Niemand im Ernste bestreiten
wird, hoch über allen Rücksichten der Moral oder Nützlich=
keit und kann keiner noch so drohenden Consequenz wegen
verleugnet werden.

Auch könnte der Verfasser Denjenigen, welche ihm ent=
gegenhalten, daß er durch seine Kritik Alles zerstöre, aber
keinen Ersatz dafür biete, mit dem vortrefflichen Wort Vol=
taire's antworten, welcher bei einer ähnlichen Gelegenheit
seinen Tadlern entgegnete: „Wie? ich habe Euch von einem
reißenden Tiere befreit, das Euch verschlang; und Ihr
fragt mich, was ich an seine Stelle setze?" In ähnlicher
Weise könnte der Verfasser seinen Tadlern antworten: „Wie?
ich habe Euch (soweit dieses bei dem gegenwärtigen Stande
unsres Wissens und der Schwäche menschlicher Erkenntniß
überhaupt möglich ist) von den zwei größten und gefähr=

lichsten Feinden der Menschheit, d. h. von Unwissenheit und
Aberglauben, befreit, und Ihr fragt mich, was ich an deren
Stelle setze? Bekümmert Euch darum nicht, sondern laßt
ruhig Wahrheit und Wissenschaft für sich selber sorgen;
beide haben, wie eine tausendfältige Erfahrung lehrt, der
Menschheit noch niemals Schaden, sondern immer nur Nutzen
gebracht. Was sie auf der einen Seite zerstören oder ver=
nichten, geben sie auf der andern mit hundertfältigen Zinsen
zurück. Auch ist in keiner Weise ersichtlich, wie ein ein=
gebildetes oder nur in der Phantasie bestehendes Glück die
Menschen auf die Dauer befriedigen soll, während die Wahr=
heit bisweilen schmerzlich ist, aber die Wunden, die sie
schlägt, auch wieder heilt.

Mit einer solchen Antwort würde Alles gesagt sein,
was vom Standpunkt des Verfassers und seiner Schrift zu
sagen nöthig wäre. Nichtsdestoweniger will sich derselbe
nicht vollständig der Verpflichtung des Nachweises entziehen,
daß die Moral oder Sittenlehre nichts mit den Vorstellungen
zu thun hat, welche sich die Menschen von überirdischen
oder übersinnlichen Dingen zu machen pflegen, und daß
sich dieselbe auf dem von den Naturwissenschaften übrig ge=
lassenen Boden einer natürlichen Weltordnung ebensowohl,
wenn nicht weit besser einrichten kann, als auf dem alten
der Religion und des Geisterglaubens. Ist die Moral, oder
sind die sittlichen Gebräuche und Vorschriften, nach denen
wir leben, solche, welche nicht ohne religiösen oder kirchlichen
Zwang existiren können, so taugen sie überhaupt nichts und
müssen durch bessere ersetzt werden. Aber in Wirklichkeit
ist es eine längst über allen Zweifel erhobene Thatsache,
daß Moral und Kirche oder auch Moral und Religion von
einander unabhängige Dinge sind, und daß die besten Moral=
prediger, welche es gibt, Erziehung, Bildung, Wohlstand und
Freiheit sind. Die moralischen Instincte oder Antriebe
ruhen glücklicherweise auf einer weit dauerhafteren und so=
lideren Grundlage, als auf den in tausenderlei verschiedenen

Gestalten und Farben schillernden Religionsvorstellungen oder auf den veralteten Ueberlieferungen der theologischen Lehrsätze, welche in Folge ihres heillosen Widerspruchs mit Vernunft und Wissenschaft früher oder später verschwinden müssen. Wäre dieses nicht so, so würde das Menschengeschlecht längst zu bestehen aufgehört haben.

Daß die Moral nicht Ausfluß der Religion oder bestimmter Glaubens-Vorschriften ist, zeigt die Erfahrung, daß die religiösesten Zeiten und Völker nicht immer die moralischsten gewesen sind. Im Gegentheil hat religiöser Fanatismus eine Sündenschuld auf sich geladen, im Vergleich mit welcher alle andern Sünden der Geschichte mehr oder weniger verblassen, und sind die Zeiten der höchsten Blüthe des religiösen Glaubens in der Regel die unmoralischsten gewesen. So verkehrte z. B. der blinde Glaube an die Offenbarungen des Alten Testaments das moralische Gefühl bis zu einem solchen Grade, daß die entsetzlichsten Grausamkeiten im Namen der Religion begangen wurden, und daß selbst Luther sich nicht enthalten konnte, zu sagen: „Die Theologie macht sündhafte Leute." Mord, Ehebruch, Zauberei, religiöse Kriege und Verfolgungen — Alles fand seine Begründung und seine Entschuldigung in Textstellen, welche entweder geradezu dazu aufforderten oder zeigten, daß solche Dinge unzertrennlich von Leuten „nach Jehovas Herzen" seien. Auch in der Gegenwart zeigt sich in denjenigen Ländern, wo die Kirche unbestritten herrscht und kein freier Gedanke geduldet wird, ein viel tieferer Stand der Sittlichkeit, als da, wo die Aufklärung ihr siegreiches Banner erhoben hat. Auch wissen wir, daß die atheistischen Religionssysteme eines Buddha oder Confucius trotz ihres Atheismus die reinste und lauterste Moral predigten, und daß Ungläubigkeit nicht gleichbedeutend mit Unmoralität ist. Im Gegentheil gehen Religion und Unmoralität oft genug Hand in Hand; und wie sich zu allen Zeiten Verbrechen und Thaten von ausgesuchtester Schlechtigkeit mit einem

ungewöhnlichen Eifer in religiösen Dingen vertragen haben,
so ist dieses auch noch heute der Fall, namentlich in solchen
Ländern, wo die kirchliche Sünden-Vergebung dem Verbrecher sein Verbrechen erleichtert oder dazu auffordert.

Andrerseits wissen wir, daß Atheisten und Ungläubige
die moralischsten Menschen sein können und zu allen Zeiten
gewesen sind, und daß Ungläubigkeit nicht gleichbedeutend
mit Unmoralität ist. Viele Philosophen des Alterthums lehrten
keine Strafe oder Belohnung nach dem Tode und entwickelten
doch aus ihren Lehren Moralgrundsätze, welche die Bewunderung der Mit- und Nachwelt bildeten! Wahrscheinlich sind
die vielgerühmten christlichen Moralvorschriften, sowie der
ganze christliche Glaubenskreis nichts weiter als ein schwacher
oder verdorbener Abklatsch altindischer Religionsvorstellungen,
insbesondere der Buddha-Lehre, während neuerdings von
den zehn Mosaischen Geboten nachgewiesen worden ist, daß
ihr wesentlicher Inhalt bereits auf einem, zwischen vier- und
fünftausend Jahre alten egyptischen Grabsteine niederge-
schrieben war.

Die Moral ist auch nicht, wie bereits in einem früheren
Kapitel eingehend gezeigt wurde, angeboren oder durch eine
höhere Macht in Form bestimmter Moralvorschriften in die
Seele jedes Einzelnen hineingelegt, sondern durch eine lange
Uebung und Erfahrung erworben. Wäre jenes der Fall,
und besäße der Mensch als Ausfluß der Gottheit eine angeborene Erkenntniß und Nöthigung des Guten, wie die
Idealisten und Theologen behaupten, so könnten alle andern
Antriebe zur Moralität, namentlich aber die Aussicht auf
künftigen Lohn oder Strafe im Himmel, sowie die Veranstaltungen der Gesellschaft zur Verhütung und Bestrafung
von Verbrechen ganz oder größtentheils entbehrt werden.

Die Moral ist vielmehr, wie Alles, was der Mensch
besitzt, Ausfluß einer langen Reihe von Erwerbungen und
Vererbungen auf Grund bestimmter Natur- und Gesell-

schafts-Zustände und ist daher nicht etwas Feststehendes oder Angebornes, sondern etwas Gewordenes und Wechselndes oder eine Aeußerung menschlicher Erkenntniß, welche mit der Erkenntniß selbst fort- und voranschreitet. Was wir „moralisches Gefühl" nennen, findet seinen Ursprung in jenen socialen Instinkten oder Gewohnheiten, welche jede menschliche (oder tierische) Gesellschaft bei sich entwickelt und entwickeln muß, wenn sie nicht sofort an eigner Unfähigkeit zu Grunde gehen will. Die Moral entwickelt sich daher aus der Sociabilität oder Gesellschaftlichkeit und wechselt mit den in einer bestimmten Gesellschaft herrschenden Begriffen oder Bedürfnissen. So hält es der nomadisirende Wilde für eine höchst preiswürdige Handlung, wenn er seinen altersschwachen Vater tödtet, während in den Augen des gebildeten Europäers Vatermord oder Elternmord das scheußlichste aller Verbrechen bildet.

Da nun der Mensch ein wesentlich gesellschaftliches Wesen ist und ohne Gesellschaft als solcher gar nicht oder nur als Raubtier gedacht werden kann, so ist leicht einzusehen, daß sein Zusammenleben mit Andern ihm Pflichten der Gegenseitigkeit auferlegen mußte, welche sich im Laufe der Zeit zu bestimmten Moral-Grundsätzen entwickelten. Den ersten Anfang hierzu bildete das Familienleben, welches sich später erweiterte zu dem Stammes- und Staatsleben. Die Moral ist daher weit älter, als die Religion, welche letztere nur ein Bedürfniß des Einzelnen, während die erstere ein Bedürfniß der Gesellschaft selbst und im Keim bereits mit deren ersten Anfängen gegeben ist. Die Moral kann daher unmöglich aus der Religion entstanden sein und ist vielmehr als solche ganz unabhängig von ihr. Erst auf einer ziemlich späten Culturstufe sind beide in Beziehung zu einander getreten, aber nicht zum Nutzen der ersteren. Denn man kann ohne Uebertreibung behaupten, daß die Religion der Moralität insofern schädlich ist, als sie ein egoistisches oder auf Selbstsucht gegründetes Ziel derselben

hinstellt, während echte Moralität ihren Lohn in sich selbst
und darin finden sollte, daß sie den Zwecken der Gesellschaft
und damit auch dem Einzelnen als Glied derselben nützt
Der ursprüngliche Zweck der religiösen Institutionen war
auch gar nicht, wie E. Bournouf aus der Geschichte der
Religionen vortrefflich nachgewiesen hat, moralische oder
tugendhafte Menschen zu schaffen, sondern lediglich, eine einfache Bestätigung der von den Voreltern erfundenen metaphysischen oder übernatürlichen Theorien zu liefern. Erst
viel später legten die verschiedenen Kirchen ihren Anhängern
bestimmte Regeln des Betragens auf. In Uebereinstimmung
hiermit haben die ethnologischen Untersuchungen von E. B.
Tylor nachgewiesen, daß die moralischen Begriffe wilder
Völker durchaus nicht aus der Religion entspringen, und
daß bei ihnen die Berührung von Religion und Moral in
der Regel sehr leise und sekundär ist. Namentlich ist der
wilde Animismus, diese früheste Vorstufe der Religion, ganz
ohne jene ethischen oder sittlichen Beziehungen, welche dem
modernen Geiste als die eigentliche Triebfeder der praktischen Religion erscheinen; und wilde Völker oder Stämme
können, wie bereits in der Anm. zu einem früheren Kapitel
erwähnt wurde, nur durch die nothwendige Rücksicht der
Selbsterhaltung zu moralischem oder sittlichem Verhalten
der eignen Angehörigen untereinander gezwungen werden,
während sie fremden Stämmen gegenüber jede Art von
Scheußlichkeit oder Gewaltthat für erlaubt halten. Religion
und Moralität standen daher, wo sie existirten, ursprünglich jede auf selbstständigem Boden; und die Einführung
von moralischen Vorschriften oder Pflichtgeboten gegen den
Nächsten kommt in der Geschichte der Religionen viel später,
als die Rücksicht auf angebliche Wünsche oder Gebote einer
Gottheit. Anerkannte Gewohnheiten und Regeln für den
Verkehr zwischen Mensch und Mensch als systematisches
Resultat socialer Kräfte bildeten nach Tylor den ersten Anfang einer selbstständigen Moralität, während erst auf höherer

Culturstufe ein Einfluß der Religion auf die Sittlichkeit möglich oder bemerkbar wird.

Daraus geht zur Evidenz hervor, daß es die Sitten sind, welche die Moral erschaffen, nicht aber die Religion. Vielmehr scheint es, daß die letztere der ersteren mehr hinderlich, als förderlich ist, und daß die Sitten um so fester und mächtiger werden, je mehr die Religion in den Hintergrund tritt, und je weniger der Einzelne hoffen darf, durch Benutzung religiöser Heilsmittel oder durch Gefälligkeit gegen die Kirche oder ihre Diener seiner Sünden ledig zu werden. Auch wirkt die Religion insofern der Moralität und allgemeinen Menschenliebe entgegen, als sie durch verschiedene Glaubenslehren oder Glaubensansichten die Menschen gegeneinander aufhetzt und so gerade den schlimmsten Trieben der Menschennatur Nahrung gibt. So legen z. B. die entsetzlichen Aeußerungen fanatischer Glaubenshelden über die ewige Bestrafung der Sünder, Ketzer und Ungläubigen Zeugniß ab für eine Rohheit und Härte des Herzens, welche mit dem angeblich mildernden und wohlthuenden Einfluß der Religion auf das menschliche Gemüth im schneidendsten Widerspruch steht. Endlich ist nicht zu vergessen, daß die von der Religion, z. B. von der christlichen, gegebenen Moralvorschriften zum Theil der menschlichen Natur derart zuwiderlaufen, daß sie gar nicht ausführbar sind. Eine strenge Befolgung derselben müßte den Ruin der Völker herbeiführen und alle Bande der Gesellschaft zerstören, da jede Verfolgung irdischer Zwecke der Sorge für das christliche Seelenheil zuwiderläuft. Auch denkt in der That kein Mensch daran, jene Vorschriften ernstlich zu nehmen.*)

---

*) Der niedrige Standpunkt der christlichen Moral drückt sich recht deutlich in den Worten des Apostels Paulus, des eigentlichen Vaters des Christenthums, aus: „Steht Christus nicht auf, und gibt es keine Auferstehung der Todten, so laßt uns essen und trinken; denn morgen sind wir todt!"

„Es gibt" sagt Pfarrer Meslier (a. a. O.) „nicht
leicht einen Hofmann, welcher den Zorn Gottes mehr fürchtet,
als die Ungnade seines Herrn. Eine Pension, ein Titel,
ein Band genügen, um die Qualen der Hölle und die
Freuden des himmlischen Hofes vergessen zu machen. Die
Liebkosungen eines Weibes überwiegen zu jeder Zeit die
Drohungen des Allerhöchsten. Ein Scherz, ein Spott, ein
Witzwort machen auf den Weltmann einen tieferen Eindruck, als alle ernsthaften Begriffe seiner Religion,"
u. f. w.

Auch der moralische Trost, welchen, wie die Theologen
versichern, der Glaube an Gott dem Sterbenden gewähren
soll, ist nur ein eingebildeter. Ganz im Gegentheil hat die
Furcht vor dem jüngsten Gericht oder dem Zorn Gottes
Millionen und aber Millionen das Sterben schwerer gemacht, als den Ungläubigen, während der Lehrsatz von der
absoluten Verderbtheit der menschlichen Natur gewiß nicht
geeignet ist, Hoffnung und Seelenstärke zu verleihen. Geht
man der Sache auf den Grund, so wird man bald finden,
daß die Religion (einerlei in welcher Gestalt dieselbe erscheinen mag) bisher mehr Ursache für innere Pein und
Beängstigung gewesen ist, als für Trost und Beruhigung.

Nach allem diesen kann es keinem Zweifel unterliegen,
daß nicht der Glaube an Gott oder Unsterblichkeit und
an Alles, was damit zusammenhängt, die Quelle aller guten
Handlungen bildet, sondern die Ueberzeugung, daß es Pflicht
des Einzelnen sei, demjenigen gemäß oder entsprechend zu
handeln, was die Gesellschaft oder die gemeinsame Vereinigung Aller zum gegenseitigen Besten als gut oder nützlich
erkannt und festgestellt hat. Außerdem handelt der Einzelne
gut aus Rücksicht auf das eigne Wohl, auf den eignen Vortheil, auf seinen Ruf, seine gesellschaftliche Stellung u. f. w.,
oder aus Furcht vor der Macht des Gesetzes und vor
Strafe. Je besser und geregelter die gesellschaftliche Ordnung, in welcher der Einzelne lebt, um so stärker ist auch

sein eigner Antrieb zu tugendhaftem und gesittetem Betragen. Dazu kommt noch jener moralische Instinkt oder jene unwillkürliche Anlage zu moralischem Verhalten, jene moralische Organisation, welche jeder Einzelne von solchen Eltern oder Voreltern ererbt, welche lange Zeit hindurch in mehr oder weniger geordneten gesellschaftlichen oder staatlichen Zuständen gelebt haben. Rechnet man dazu endlich den mächtigen Einfluß von Erziehung, Gewohnheit, Beispiel u. s. w., so hat man alle Bedingungen moralischen Verhaltens in der Hand, ohne zu einem angebornen Sittengesetz oder zu den Heil= und Hülfsmitteln der Kirche oder der Religion seine Zuflucht nehmen zu müssen. Wozu also ferner noch jenes ewige, heuchlerische Bekennen von Glaubensworten oder von der Vernunft widerstreitenden religiösen Dogmen, welche kein Verständiger für wahr halten kann, und welche für Pflege von Tugend und Moralität weder nützlich noch nothwendig sind? Nicht die Gottesfurcht wirkt moralisirend, wie ja das von Gottesfurcht und moralischen Greueln aller Art ganz erfüllte Mittelalter auf das Deutlichste beweist, sondern die allgemeine Verebelung der Sitten und der gesellschaftlichen Gewohnheiten, überhaupt der ganzen Weltanschauung. Es muß daher heutzutage eine ganz andre Grundlage unsrer Sittlichkeit gesucht werden, als der entfernt liegende, phantastische und unpraktische Glaube an über= und außernatürliche Dinge. Die Wissenschaft muß an die Stelle der Religion, der Glaube an eine natürliche und unverbrüchliche Welt=Ordnung an die Stelle des Geister= und Gespenster=Glaubens, die naturgemäße Moral an die Stelle der künstlichen oder Dogmen=Moral gesetzt werden.

Was nun diese naturgemäße Moral selbst angeht, so dürfte es nach dem Gesagten klar sein, daß dieselbe in dauernder oder haltbarer Weise nur auf dasjenige Princip gegründet werden kann, aus dem sie selbst hervorgegangen ist — auf das Princip der Gegenseitigkeit nämlich. Es gibt daher keine bessere Richtschnur für moralisches Ver-

halten, als die alte, schon von Confucius aufgestellte Regel:
„Was Du nicht willst, daß man Dir thue, das füge auch
keinem Andern zu." Ergänzt man diese negative Regel
durch die positive: „Was Du willst, daß man Dir thue,
das thue auch Andern," so hat man den ganzen Coder einer
naturgemäßen Tugend- und Sittenlehre in der Hand, und
zwar besser und einfacher, als die dickleibigsten Handbücher
der Ethik oder die Quintessenz aller Religionssysteme der
Welt ihn uns liefern könnten. Alle weiteren moralischen
Anleitungen, mag man sie nun aus dem Gewissen oder aus
der Religion oder aus der Philosophie herleiten, werden
neben diesen einfachen und praktischen Regeln vollkommen
entbehrlich; und alle Befürchtungen des Gegentheils sind
grundlos. Natürlich müssen jene Regeln um so wirksamer
erscheinen, je höher das Verhältniß der Gegenseitigkeit durch
Ausbildung der gesellschaftlichen Zustände und des Rechts-
sinnes entwickelt ist, und je mehr der Einzelne durch Anlage,
Erziehung, Beispiel und Gewohnheit befähigt ist, den Gesell-
schaftszwecken und seinen persönlichen Verpflichtungen gegen
seine Nebenmenschen gerecht zu werden. Es ist daher ein
allgemein anerkanntes und durch die Geschichte bewiesenes
Faktum, daß sich der Moralbegriff im Einzelnen, wie im
Ganzen in demselben Maße weiter entwickelt und stärker
hervorbildet, in welchem der gesellschaftliche Organismus im
Voranschreiten begriffen ist, und daß dem entsprechend stets
größere öffentliche Ordnung mit verhältnißmäßiger Milde-
rung der Strafgesetze Hand in Hand gegangen ist. Denn
da die Einrichtungen von Staat und Gesellschaft zum Beherrschen der rohen, aus dem Zustand der Tierwelt über-
kommenen Leidenschaften und Antriebe zwingen, so wird
der Einzelne durch Vererbung und Gewohnheit immer be-
fähigter, den durch Erziehung und Beispiel ihm vorgestellten
Regeln sittlichen Verhaltens nachzuleben. Wenn daher die
Moralisten den starren und praktisch unbrauchbaren Grundsatz aufstellen: „Thue was Du mußt", so sagt im Gegen-

theil, wie Carneri sehr richtig bemerkt, die moderne, auf Naturwissenschaft gegründete Ethik: „Thue was Du kannst."

Im Zustande der Vereinzelung oder Wildheit besitzt der Mensch überhaupt keine anderen moralischen Antriebe, als die aus der tierischen Sociabilität ererbten, und folgt in der Regel, ähnlich dem Tier selbst, blindlings den Antrieben des Hungers, der Leidenschaft, der Grausamkeit, des Eigenwohls u. s. w.; seine moralischen Eigenschaften entwickeln sich erst durch das Zusammensein mit Andern im Innern einer nach gewissen Grundsätzen der Gegenseitigkeit geregelten Gesellschaft und durch die Erkenntniß der Gesetze, welche für das Bestehen einer solchen Gemeinschaft nothwendig sind. In einem einzelnen Menschen hätte, wie Wießner (Der wiedererstandene Wunderglaube, Leipzig 1875) sehr richtig bemerkt, nur ein durch und durch egoistisches Gewissen zu Stande kommen können, während ein Gewissen in dem umfassenden Sinn des Sittengesetzes nur dann entstehen kann, wenn unsre Thaten und Gesinnungen das Wohl und Wehe Anderer mit berühren. Daher auch — wie bereits in einem früheren Kapitel gezeigt wurde — die Begriffe von Gut und Bös äußerst relativ sind und die auffallendsten Verschiedenheiten zeigen, je nach Zeit, Ort, Volk, Rasse, Bildungsstufe, Klima u. s. w. Im Grunde genommen ist, wie Hamlet sagt, nichts an und für sich bös oder gut; „das Denken macht es erst dazu", d. h. das Bewußtsein, welches der Einzelne von seiner That in ihrem Verhältniß zu Zeit, Umgebung, Umständen, herrschenden Vorstellungen u. s. w., sowie zu seiner persönlichen Eigenart hat.

Die Moral kann somit definirt werden als das Gesetz der gegenseitigen Achtung des allgemeinen, wie des privaten gleichen Menschenrechtes zum Behuf der Sicherung allgemeinen Menschenglücks. Alles, was dieses Glück und diese Achtung stört oder untergräbt, ist bös, Alles, was dieselben förbert, gut. Das Böse besteht nach dieser Definition nur noch in der Ausartung oder in den Uebergriffen des menschlichen und privaten Egoismus oder Eigenwillens gegenüber diesem allgemeinen Glück sowohl, wie den Interessen des Nebenmenschen; und eine menschliche Gemeinschaft wird eine um so höhere Stufe der Moralität erreichen, je mehr es ihr gelingt, die egoistischen oder eigenwilligen Triebe der menschlichen Natur mit den Interessen des Gesammtwohls oder dem Willen der Gesammtheit zu versöhnen. Die größten Sünder sind daher die Egoisten oder Diejenigen, welche ihr eignes Ich höher stellen, als die Interessen und Gesetze des Gemeinwohls, und dieses Ich auf Kosten und zum Nachtheil der mit ihnen Gleichberechtigten in übermäßiger Weise zu befriedigen trachten. Zwar ist der Egoismus oder die Sorge für das eigne Wohl an und für sich durchaus nichts Verwerfliches und kann, richtig geleitet, höchst wohlthätig für den Einzelnen wie für das Ganze wirken. Bildet doch die Eigenliebe im Grunde die letzte und höchste Triebfeder aller unsrer Handlungen, selbst der guten, da die meisten guten Handlungen aus dem Mitleid oder aus einem verfeinerten Egoismus entspringen,*) und da auch unser allgemeines moralisches Verhalten zumeist durch die Rücksicht auf das eigne Wohl oder den eignen Vortheil bestimmt wird. Auch wird man den Egoismus der menschlichen Natur niemals ganz zu beseitigen oder zu unterdrücken im Stande sein; und es kommt daher nur darauf an, ihn in die richtigen Bahnen zu lenken oder ihn vernünftig und menschlich zu machen, indem man seine Befriedigung in Uebereinstimmung mit dem Wohle Aller und mit den Interessen der Gesammtheit zu bringen sucht. Die Gesellschaft muß so organisirt werden, daß nicht, wie dieses jetzt noch leider so vielfach der Fall

---

*) Man vergleiche deshalb die Note 138 in der Schrift des Verfassers über den Menschen. (3. Aufl.)

ist, daß Wohl des Einen in dem Verderben des Andern
wurzelt, sondern daß jeder Einzelne sein eignes Wohl in
dem Wohl der Gesammtheit und der Uebrigen wieder=
findet, und daß umgekehrt das Wohl der Gesammtheit
nur durch das Wohl des Einzelnen möglich ist. Sobald
dieses Ziel, dessen Erreichung durchaus nicht so schwer ist,
als man sich dieses gewöhnlich vorzustellen pflegt, gewonnen
ist, hört jeder aus egoistischen Motiven hervorgegangene
Conflikt zwischen den Interessen des Einzelnen und den=
jenigen der Gesellschaft oder des Staates auf, und der
Hauptanlaß zu Verbrechen, Sünde, Laster oder Schlechtig=
keit ist hinweggenommen. Der Einzelne wird dann viel
leichter, als gegenwärtig, im Stande sein, nach persönlicher
Glückseligkeit und angenehmen Empfindungen zu streben
oder das eigne Ich zu befriedigen, ohne daß er die Inter=
essen der Gesammtheit verletzt; er wird nur sein eignes
Wohl befördern, indem er das Wohl der Gesammtheit be=
fördert, und wird das Wohl der Gesammtheit befördern,
indem er sein eignes befördert.

Man muß die Menschheit zu cultiviren suchen in der=
selben Weise, wie wir einen fruchttragenden Boden culti=
viren, indem wir das Wachsthum der guten Pflanzen auf
jede Weise zu befördern, dasjenige der schlechten oder des
Unkrauts auf jede Weise zu hindern oder zu vertilgen
suchen. Die sog. altruistischen oder der Gesellschaft nütz=
lichen Instinkte oder Leidenschaften müssen gepflegt oder
cultivirt, die egoistischen oder schädlichen zurückgedrängt
werden.

In dieser Uebereinstimmung der Interessen des Ein=
zelnen mit den Interessen der Gesammtheit oder aller
Andern liegt daher das ganze große Moralprincip der
Zukunft. Gelingt es, jene Uebereinstimmung herbeizu=
führen, so haben wir Moral, Tugend und edle Gesinnung
im Ueberfluß. Gelingt es nicht, so fehlen uns dieselben

in dem nämlichen Maße, in welchem die Gesellschaft jenem
Ziele fern bleibt; und keine inneren und äußeren Mittel,
kein Gewissen, keine Religion, keine Moralprediger, keine
Strafgesetze, keine Art von Kirchlichkeit u. s. w. werden
auch nur entfernt im Stande sein, jenen Mangel zu er=
setzen. Das öffentliche Gewissen ist zugleich das Gewissen
des Einzelnen, und jenes öffentliche Gewissen kann nur die
Folge vernünftiger, das menschliche Bedürfniß befriedigender
Staats= und Gesellschafts=Zustände und einer auf den Grund=
sätzen allgemeiner Menschenliebe aufgebauten Erziehung
und Bildung Aller sein. Die Zeit der erziehungs= und
bildungsfähigen, allen äußeren und inneren Eindrücken so
leicht zugänglichen Jugend ist es, in welcher der Grund zur
Bildung jenes Gewissens und damit aller Moral gelegt
werden muß; und es muß oberste Aufgabe der öffentlichen
und allgemeinen Erziehung sein, die guten und der mensch=
lichen Gesellschaft nützlichen Triebe und Anlagen in dem
jungen Menschen zu erwecken und zu stärken, die schädlichen
und schlechten dagegen zu schwächen und zu unterdrücken.
Ein ganz neues und moralisch höher angelegtes oder organi=
sirtes Geschlecht wird auf diese Weise nach und nach heran=
wachsen, und Verbrechen, Sünde, Laster u. s. w. werden
in demselben Maße verschwinden, in welchem der Boden,
auf dem sie allein gedeihen können, kleiner oder unfrucht=
barer werden wird.

Wenn es nun nach und trotz allem diesem immer
noch Menschen gibt, welche in dem Verlust religiöser
oder metaphysischer Dogmen und in der Verbreitung des
Glaubens an das Bestehen einer natürlichen, nicht von
außen oder oben bestimmten Weltordnung eine Gefahr
für Moral und Sittlichkeit und damit für Staat und
Gesellschaft erblicken, so kann man auf solche Unwissen=
heit oder Kurzsichtigkeit nur mit Bedauern herabblicken.
Die Menschheit kann durch Verbreitung von Wissen und

Bildung und durch Verlust abergläubischer Vorstellungen
nicht verlieren, sondern nur gewinnen — sowohl in in=
tellektueller, wie in moralischer Hinsicht; und es hieße
allen Verstand und die Geschichte selbst verleugnen, wenn
man dieses nicht anerkennen wollte. „Unwissenheit,“ sagt
Shakspeare, „ist Fluch von Gott und Wissenschaft der Fittich,
durch den wir in den Himmel uns erheben.“ Mögen sich
daher die allgemeinen Ansichten über Weltregierung und
Unsterblichkeit ändern oder gestalten, wie sie wollen — die
menschliche Gesellschaft wird deswegen nicht anders werden
oder Noth leiden.

Sollte aber unsre Ansicht nicht vollkommen richtig und
sollte es in der That nicht möglich sein, das menschliche
Geschlecht seinen langjährigen Irrthümern und Vorurtheilen
zu entreißen, ohne ihm Schaden zuzufügen, so könnten
doch die Wissenschaft und eine auf derselben aufgebaute
naturgemäße Pilosophie oder Weltbetrachtung nicht anders,
als sagen, daß die Wahrheit (wie bereits im Eingang
dieses Kapitels hervorgehoben wurde) hoch über allen gött=
lichen und menschlichen Dingen steht, und daß keine Gründe
stark genug sein können, um sie veräußern zu lassen.
„Die Wahrheit,“ sagt der große Voltaire, „hat un=
veräußerliche Rechte. Wie es immer an der Zeit ist, sie
aufzusuchen, so ist es niemals außer der Zeit, sie zu ver=
theidigen.

*) Man vergleiche, was der Verfasser über Moral und Religion
auf S. 253 u. flgb. seiner Schrift über den Menschen gesagt hat,
desgleichen über die künftige Organisation der Gesellschaft in dem
oben angedeuteten Sinne S. 199 u. flg. derselben Schrift. Ferner
die Aufsätze: „Die Moral des Freidenkers“, „Ketzermoral“, „Zur
natürlichen Moral“ in „Aus Natur und Wissenschaft“, 2. Bb., und
die Aufsätze über „Religiöses“ in der Schrift des Verfassers: „Fremdes
und Eignes aus dem geistigen Leben der Gegenwart“, Leipzig 1890.
Ferner Lubbock: „Entstehung der Civilisation“, S. 326 u. flgb., und

die ausgezeichnete Schrift von Ch. Letourneau: „L'évolution de la morale", Paris 1887, über welche ein kurzes Referat auf S. 52 u. flgb. der zuletzt genannten Schrift des Verfassers zu finden ist. Endlich das Schriftchen des Verfassers über die „Macht der Vererbung und deren Einfluß auf den moralischen und geistigen Fortschritt der Menschheit." (Leipzig, 1882.)

Schlußbetrachtung.

Es gibt nur eine wahre Bibel, das ist die
Natur. Wer in ihr zu lesen versteht, dem stehen
- · · die Pforten des Paradieses offen.

Erichsen.

„Die Menschen", sagt das berühmte im vorigen Jahr=
hundert erschienene „System der Natur", „werden sich immer
täuschen, so oft sie die Erfahrung gegen von der Phantasie
ausgeheckte Systeme eintauschen. Der Mensch ist ein Werk
der Natur, er lebt in der Natur, er ist ihren Gesetzen unter=
worfen, er kann sich nicht einmal im Gedanken darüber
erheben. Vergeblich versucht sein Geist, die Grenzen der
sichtbaren Welt zu überschreiten; er muß immer wieder zu
ihr zurückkehren."

Diese Worte haben im Laufe unseres Jahrhunderts
eine alle Erwartungen übertreffende Bestätigung gefunden.
Schneller, als man nach dem langsamen Voranschreiten
menschlicher Erkenntniß hätte erwarten dürfen, haben sich
die mit so vielem Prunk aufgetretenen ideal=philosophischen
Systeme der nach=Kant'schen Zeit, an welche leider so viele
Menschen die ganze Kraft ihres Lebens und Geistes ver=
schwendeten, überlebt und sind der verdienten Vergessenheit
anheimgefallen. Man hat hinter das in glänzenden Farben
schillernde Gewand dieser Philosophie geblickt und nichts
dahinter gefunden als das dürre Gerippe philosophischen
Phrasenthums, gewundene, hochtrabende Sätze ohne Inhalt,

triviale Ideen hinter einem gesuchten und schwülstigen Styl, auf die Spitze getriebene Sophistik, kurz lauter geistiges Blendwerk, welches nur einer Generation von Schwachköpfen imponiren konnte, aber in dem verständigen Leser oder Hörer das Gefühl von Ekel oder Langeweile erzeugen mußte.

Legt man sich die Frage nach den Ursachen dieser in einem der philosophischen Spekulation so geneigten Lande, wie Deutschland, doppelt bemerkenswerthen Ernüchterung vor, so geht man wohl nicht fehl, wenn man eine der wirksamsten in dem gewaltigen Einfluß erblickt, welchen die seit einer Reihe von Jahrzehnten in ganz ungeahnter Weise sich entwickelnden Naturwissenschaften nicht blos auf das materielle, sondern auch auf das geistige Leben gewonnen haben. Nicht blos durch ihre großartigen Entdeckungen und Erfindungen, sondern auch durch die mit Wiederaufnahme der Entwicklungstheorie verbundene Art und Weise ihrer Forschung haben sie dem Denken ganz neue Gebiete oder Gesichtspunkte eröffnet und dasselbe gezwungen, aus den nebelhaften und unfruchtbaren Regionen spekulativer Träumerei auf den Markt des Lebens und der Wirklichkeit herabzusteigen, oder — mit andern Worten — an die Stelle des hoffnungslosen Suchens nach dem Absoluten die Erforschung des Wesens des Einzelnen und seiner Zusammenhänge zu setzen. Besäße der menschliche Geist, wie die Philosophen und Theologen behaupten, metaphysische, d. h. über Natur und sinnliche Erkenntniß hinausreichende, durch die Welt des Wirklichen nicht bestimmbare Kenntnisse, so müßte man von den Metaphysikern dieselbe Uebereinstimmung und Sicherheit der Ansichten verlangen dürfen, wie sie z. B. unter den Physikern über das Gesetz der Schwere oder unter den Physiologen über die Verrichtung eines Muskels u. s. w. besteht. Statt dessen finden wir bei ihnen nichts als Unklarheiten und Widersprüche und die auseinander gehendsten, oft diametral einander gegenüberstehenden Ansichten und

Behauptungen. Der Eine sagt so, der Andre so; Jeder
nennt seinen Gegner einen Esel, und wenn dreiste, einbring=
lich und oft wiederholte Versicherungen Beweise wären, so
wären wir genöthigt, die widersprechendsten und unsinnigsten
Behauptungen als bewiesen anzuerkennen.

„In unseren Tagen," sagt Lewes, der ausgezeichnete
Geschichtsschreiber der Philosophie, „sind Spekulationen
nach der metaphysischen Methode nicht vernünftiger, als
Theorien über die Entwicklung lebender Wesen auf dem
Sirius."

Aber schon Voltaire charakterisirte diese Methode mit
den scharfen Worten: „Wenn der, welcher spricht, anfängt,
sich selbst nicht mehr zu begreifen, und wenn die, welche
ihm zuhören, ihn gar nicht begreifen — dann beginnt die
Metaphysik."

Uebrigens steht die Kühnheit der Philosophen in meta=
physischen Dingen in auffallendem Widerspruch mit ihrer
gezierten Bescheidenheit und Zurückhaltung in Sachen der
Erfahrung oder in einer auf wissenschaftlich erwiesenen
Thatsachen gestützten Daseinserklärung. Während man sich
vorher die ausschweifendsten Gedankenflüge in eine über=
sinnliche Welt gestattete, sinkt man hier plötzlich zu einem
im Staube kriechenden Wurm herab, dessen Seh= und
Erkenntnißkraft nicht weiter als in seine nächste Umgebung
reicht, und der nicht einmal sicher darüber ist, ob das, was
ihm seine beschränkte Sinnenwelt vorspiegelt, auch Gewiß=
heit oder Wirklichkeit ist. Seine ganze Erkenntniß soll nur
persönliche Sinnesempfindung sein oder ein Schein, hinter
welchem das demselben ewig verborgene Wesen der Dinge
oder das berühmte „Ding an sich" unerkannt und unerkenn=
bar stehen bleibt, und wobei die alte sokratische Regel wie=
der zu Ehren kommt, daß der Weisheit höchster Schluß ist,
zu wissen, daß wir nichts wissen.

Dieser Hochmuth des Nichtswissens ist ebenso unbe=
gründet und verwerflich, wie derjenige des Alleswissens, und

beraubt den denkenden Menschen jeder inneren Lust an
wissenschaftlicher Forschung. Daß der menschlichen Erkenntniß gewisse unübersteigbare Schranken gesetzt sind, wer hat
dies jemals bezweifelt? Auch der Umstand, daß die materiellen Bewegungen der Außenwelt erst innerhalb unserer
Sinnesorgane gewisse Eigenschaften empfangen, welche wir
ihnen andichten, wie Töne, Farben, Gerüche, Empfindungen
von Wärme, Licht, Druck, Geschmack u. s. w., war schon,
obgleich man daraus eine funkelnagelneue Entdeckung zur
Begründung der erkenntnißtheoretischen Zweifelsucht zu
machen sucht, den ältesten griechischen Philosophen, noch
besser Erfahrungsphilosophen, wie Hobbes und Locke, bekannt.
Aber folgt daraus, daß jene Bewegungen, welche ja die
letzte Ursache der allmäligen Entstehung unserer Sinnesorgane auf natürlichem Wege bilden, nicht existiren, oder
daß wir die allgemeine Untersuchung des Daseins an der
Hand sinnlicher Erkenntnißmittel — und andere besitzen wir
nicht — aufzugeben hätten? Die Erfahrungsphilosophie
hat dasselbe Recht, wie die Idealphilosophen, sich auf den
bekannten Grundsatz des Protagoras zu berufen, daß der
Mensch das Maß aller Dinge sei; nur bleibt sie diesem
Grundsatz mehr getreu als jene, indem sie über dieses Maß
nicht hinausgeht und sich weder mit dem „Ding an sich",
noch mit dem sog. „Absoluten", noch mit der ewig unlösbaren Frage nach dem Warum? beschäftigt, sondern sich
mit Beantwortung der Frage nach dem Wie? oder Woburch?
der Dinge begnügt.

> Das Warum wird offenbar,
> Wenn die Todten aufersteh'n.
> Doch das Wie ist sonnenklar,
> Wenn die Welt wir recht versteh'n.

Ein „Ding an sich" kann es schon um deswillen nicht
geben, weil alle Dinge nur für einander da sind und ohne
gegenseitige Beziehungen nichts bedeuten. Es gibt nur Dinge

unter Dingen. Gäbe es aber ein solches, so wäre es doch absolut unerkennbar und könnte weder für unser Denken, noch für unser Thun irgend einen Werth beanspruchen. Kann man sich doch bei diesen Sätzen auf den alten Kant selbst berufen, welcher (Kritik der reinen Vernunft, Ausg. 1791, S. 332) wörtlich sagt: „Was die Dinge an sich sein mögen, weiß ich nicht und brauche es auch nicht zu wissen, weil mir doch niemals ein Ding anders als in der Erscheinung vorkommen kann," und weiter auseinandersetzt, daß es ganz Unbilliges verlangen heißt, wenn man ohne Sinne oder mittelst eines von dem menschlichen ganz verschiedenen Erkenntniß-Vermögens Dinge erkennen wolle. Nur mittelst Beobachtung und Zergliederung der Erscheinungen bringen wir in das Innere der Natur, „und man kann nicht wissen, wie weit dieses mit der Zeit gehen werde". (a. a. O., S. 333.)

Auch die Grenzen, welche einzelne angesehene Natur-forscher selbst ihrer Wissenschaft neuerdings ziehen zu müssen glauben, sind unhaltbare. Eine Wissenschaft kennt keine Grenzen, außer denjenigen, welche in ihrem Gegenstande selbst liegen, und es gibt kein thörichteres Beginnen, als dasjenige, der menschlichen Forschung (soweit sie sich nicht auf das übernatürliche Gebiet verirrt) von vornherein be-stimmte, für immer unüberschreitbare Schranken setzen zu wollen. Denn Derjenige, welcher solches versucht, ist seiner-seits niemals im Stande, sich über die Grenzen seines eigenen Zeitalters oder Zeitwissens zu erheben, und müßte die Gabe eines Sehers in die Zukunft besitzen, um in solcher Weise über den Gang der Erkenntniß in der Zukunft aburtheilen zu können. Wenn ein Gelehrter vor tausend oder mehr Jahren behauptet hätte, man würde niemals dahin kom-men, das Wesen der Seeschlange oder die Natur der Dämonen zu ergründen oder etwas Genaueres über den Stein der Weisen oder über die chemische und physikalische Beschaffenheit entfernter Weltkörper oder über Bau und

Bewegung des Weltalls oder über die Geschichte der Ent=
stehung der Erde und ihre Begrenzung oder über die natür=
liche Herkunft des Menschen und der organischen Welt oder
über die Lebenskraft oder über die Geschwindigkeit des Ge=
dankens oder das Wesen des Nervenprincips u. s. w. zu
erfahren, so würde eine solche Behauptung für jene Zeit
eine ebenso große Berechtigung gehabt haben, wie heutzu=
tage das vornehm thuende Prunken mit der Unerklärlichkeit
einer ganzen Anzahl sog. „Welträthsel". Nur soweit der
letzte Grund des Daseins oder die Frage nach dem Warum?
aller Dinge in Betracht kommt, kann, wie bereits erwähnt,
ein solcher Standpunkt berechtigt erscheinen; nicht aber,
soweit sich unsere Forschung auf den inneren Zusammen=
hang der Dinge nach dem unverbrüchlichen Gesetz von Ur=
sache und Wirkung bezieht. „Es gibt," sagt Page, „keine
beleidigendere Zweifelssucht, als diejenige, welche die Ergeb=
nisse ehrlicher und gewissenhafter Beobachtung in Zweifel
zieht, und keine gröbere Unehrlichkeit, als diejenige, welche
Mißtrauen in die Folgerungen eines berechtigten und unpar=
teiischen Urtheils setzt."

Die Enthusiasten oder Fanatiker des Nichtwissens sind
in ihrer Art ebenso unbuldsam, wie diejenigen des Glaubens,
und insofern gefährlicher, als sie den trügerischen Schein der
Parteilosigkeit um sich zu verbreiten wissen, während doch
in Wirklichkeit die von ihnen eingenommene Mittelstellung
mehr durch lächerliche Furcht vor dem Vorwurf der Gott=
losigkeit und durch Mangel an Muth in folgerichtigem Den=
ken erzeugt zu sein scheint. Man fürchtet den mächtigen,
die Geister befreienden Einfluß der Naturwissenschaften und
sucht, auf eine alte, aber abgebrauchte philosophische Auto=
rität gestützt, das Bereich dieser Wissenschaften auf die bloße
Erscheinungswelt einzuschränken, damit die alte Philosophie
und Theologie in dem Reiche des Geistes um so ungehin=
derter fortwirthschaften könne. Aber in Wirklichkeit und
bei Licht betrachtet ist das berühmte „Unknowable" oder

„Unerkennbare" der modernen Agnostiker oder Nichtwisser (ebenso wie das demselben sehr verwandte „Wir werden nicht wissen" des Herrn Dubois-Reymond, welches ein wahres Freudengeheul aller Dunkelmänner zur Folge gehabt hat) nichts anderes, als der alte gute liebe Herrgott der Theologen, welcher in der Geschichte der Philosophie bereits unter so vielen täuschenden Verkleidungen aufgetreten ist.*) Ob man ihn auf die Namen „Absolutes" oder „Subject-Object" (Schelling) oder „Idee" (Hegel) oder „Ding an sich" (Kant) oder „Allseele" oder „Weltvernunft" oder „Ewige Kraft" (Naturphilosophie) oder „Organ-Intellect" (J. G. Vogt) oder „Unerkennbares" (Spencer) oder „Wille" (Schopenhauer) oder „Unbewußtes" (Hartmann) u. s. w. tauft, macht in der Sache selbst keinen Unterschied; es bleibt immer derselbe Grundgedanke, dieselbe anthropomorphistische (vermenschlichende) Entstellung, dasselbe Asylum ignorantiae (Zufluchtsort der Unwissenheit) oder das nämliche dunkle Wesen, welches, ursprünglich hervorgegangen aus der Furcht vor dem Unbekannten, bereits den rohen Urmenschen beherrschte und auch den gebildeten Menschen so lange zu beherrschen fortfahren wird, bis die Sonne der Erkenntniß und die Anerkennung einer natürlichen, durch und in sich selbst bestehenden Weltordnung das fiat lux! (Es werde Licht) zur Wahrheit gemacht haben wird!**)

---

*) Man vergl. über das Unknowable den betreffenden Aufsatz in des Verfassers Schrift „Aus Natur und Wissenschaft", 2. Band, S. 246.

**) Die Stelle dieser Schlußsätze vertrat in den älteren Auflagen eine polemische Auseinandersetzung gegen einen öffentlichen Angriff, den ein damals sehr angesehener Naturforscher kurz vor Erscheinen der ersten Auflage dieser Schrift (1855) gegen die darin vertretene Weltanschauung gerichtet, und welcher damals die Aufmerksamkeit der gebildeten Welt in hohem Grade auf sich gezogen, auch viele Entgegnungen hervorgerufen hatte. Diese Polemik lautete folgendermaßen: „Bedauern wird es gewiß Jeder, der die Verhältnisse kennt, mit uns,

daß gerade ein Mann, dem die exalte Naturforschung nicht wenig
Dank schuldet, sich, angestachelt von einer krankhaften Empfindlichkeit,
versucht fühlen konnte, vor Kurzem öffentlich und unaufgefordert
der mechanischen und materiellen Natur-Anschauung den Fehdehand-
schuh hinzuwerfen. Freilich geschah es in einer Weise, welche dem
Muthe der Verzweiflung eigen zu sein pflegt; denn durch positives
Wissen hinlänglich befähigt, die machtlose Stellung des Idealismus
einzusehen, begann er selbst mit dem Geständniß, daß aller Widerstand
gegen den immer näher und drohender heranrückenden Feind vorerst
vergeblich sein werde. Aber nicht mit Thatsachen suchte er seinen
unsichtbaren und ihm doch so furchtbaren Gegner zu bekämpfen — es
konnte ihm ja nicht unbekannt sein, daß dem Idealismus keine Thatsachen zu Gebote stehen — sondern durch eine Wendung, welche man
im gewöhnlichen Leben einen „fälschlichen Vorhalt" zu nennen pflegt,
durch eine Wendung, welche mit moralischen Consequenzen
Natur-Wahrheiten bekämpfen will, und welche so gänzlich
unwissenschaftlich genannt werden muß, daß schwer zu begreifen ist,
wie sich Jemand entschließen konnte, sie vor einer Versammlung wissenschaftlich gebildeter Männer vorzubringen. Der Lohn dafür ist ihrem
Urheber freilich sogleich geworden, und der allgemeine Unwille der
Versammlung sprach sich nach den darüber laut gewordenen Berichten
unverholen genug aus. „Die Lehre," rief Professor und Hofrath
Rudolf Wagner in der letzten Versammlung deutscher Naturforscher
und Aerzte in Göttingen, „die Lehre, die aus der materialistischen
Welt-Anschauung folgt, ist: laßt uns essen und trinken, morgen sind
wir todt. Alle großen und ernsten Gedanken sind eitle Träume,
Phantasmen, Spiele mechanischer, mit zwei Armen und Beinen herum-
laufender Apparate, die sich in chemische Atome auflösen, wieder zu-
sammenfügen u. s. w., dem Tanze Wahnsinniger in einem Irrenhause
vergleichbar, ohne Zukunft, ohne sittliche Basis u. s. w." Die Idee,
welche diesem unüberlegten Zornesausbruche zu Grunde liegt, fällt so
sehr mit den Einwendungen zusammen, welche wir im vorigen Kapitel
zu bekämpfen Gelegenheit fanden, daß wir uns wohl der Mühe überheben können, diesen fälschlichen und übel angebrachten Vorhalt hier
nochmals genauer zu kritisiren. Aus den allenfallsigen Consequenzen,
welche unverständige Leute aus einem an sich richtigen oder bewiesenen
Princip schöpfen zu dürfen glauben — auf die Unwahrheit dieses
Princips selbst zu schließen, ist eine in der That allzusehr verbrauchte
und verkehrte Manier. „Wenn Herr Wagner," sagt Reclam (Deutsch.
Mus.) „dieses Princip als oberste Richtschnur gelten lassen will, so
müssen die Streichzündhölzchen verboten werden, denn es kann eine

Feuersbrunst entstehen — gegen die Locomotiven müssen Steckbriefe erlassen werden, denn es sind bereits Menschen überfahren worden — und die Häuser dürfen keine Stockwerke erhalten, damit Niemand aus dem Fenster fallen kann."

Daß aber durch die natürliche Welt=Anschauung alle großen und ernsten Gedanken zu eitlen Träumen werden, daß Zukunft und sitt= liche Basis verloren gehen sollen — ist eine so gänzlich willkürliche und übereilte Behauptung, daß sie auf eine ernstliche Widerlegung nicht Anspruch machen darf. Zu allen Zeiten haben große Philo= sophen solchen oder ähnlichen Anschauungen gehuldigt und sind des= wegen weder Narren, noch Räuber oder Mörder oder Verzweifelnde geworden. Heute bekennen sich unsere fleißigsten Arbeiter, unsere unermüdlichsten Forscher im Gebiete der Naturwissenschaften zu der= gleichen Ansichten, aber man hat niemals gehört, daß sie den Wag= ner'schen Voraussetzungen entsprochen hätten. Das Streben nach Kenntniß und Wahrheit und die Ueberzeugung von der Nothwendig= keit einer gesellschaftlichen und moralischen Ordnung ersetzt ihnen mit Leichtigkeit das, was die herrschenden Begriffe als Religion und Zukunft bezeichnen. Und sollte dennoch jene Erkenntniß, allgemeiner geworden, dazu beitragen, das Streben nach augenblicklichem Genuß in den Menschen, dessen Stärke übrigens zu allen Zeiten auffallend genug war und auch heute noch ist, noch zu vermehren, so könnten wir uns mit den Worten Moleschott's trösten: „Kaum dürfte je= mals die Irrlehre der Genußsucht nur halbsoviele Nachfolger finden, wie die Herrschaft der Pfaffen aller Farben unglückselige Schlachtopfer gefordert hat." — Indessen muß es uns in letzter Linie erlaubt sein, von allen derartigen Moral= oder Nützlichkeitsfragen vollkommen abzusehen. Der oberste und einzig bestimmende Gesichtspunkt unserer Untersuchungen liegt in der Wahrheit. Die Natur ist nicht um der Religion, um der Moral, um der Menschen, sondern um ihrer selbst willen da. Was können wir anders thun, als sie nehmen, wie sie ist? Würden wir uns nicht einem gerechten Spotte aussetzen, wollten wir wie kleine Kinder Thränen darüber vergießen, daß unsere Butter= bemme nicht dick genug gestrichen ist! „Die empirische Naturforschung," sagt Cotta, „hat keinen andern Zweck, als die Wahrheit zu finden, ob dieselbe nach menschlichen Begriffen beruhigend oder trostlos, schön oder unästhetisch, logisch oder inconsequent, vernünftig oder albern, nothwendig oder wunderbar ist."

Könnte es einem Vernünftigen im Ernste einfallen, den Fort= schritten der Naturwissenschaften und ihrer gerechten Betheiligung an Erörterung philosophischer Fragen ein Verbot entgegensetzen zu wollen

— aus keinem andern Grunde, als weil die letzten Resultate derartiger Untersuchungen nicht solche sind, wie sie der Einzelne vielleicht für sich und Andere an g e n e h m hält? Daß die Wahrheit nicht immer angenehm, nicht immer trostvoll, nicht immer religiös, nicht immer lieblich ist — ist ebenso bekannt, wie die alte Erfahrung von dem beinahe vollständigen Mangel an äußerem und innerem Lohn, den sie ihren Anhängern bereitet. Wenigstens steht dieser Lohn auch nicht entfernt im Verhältniß zu den Schwierigkeiten, die der Einzelne auf solchem Wege durchzukämpfen hat. A e u ß e r l i c h bestand derselbe von jeher überall, wo die Wahrheit mit den hergebrachten Meinungen in Kampf gerieth, in persönlichen Gefahren und Verfolgungen; und wie zweifelhaft selbst ihr i n n e r e r Lohn sei, hat ein geistvoller Perser in trefflichen Worten ausgedrückt:

„Und doch nein! wirf hin den Geist, seine Fesseln brich!
„Thor sei! denn der Thor allein ist ein froher Mann.
„Ewig, wie die Nachtigall bei der Rose, lauchzt
„Solch' ein Herz, das, Einsichtsqual, deinem Dorn entrann.
„Darum, segnend seinen Gott, preise sein Geschick,
„Wer, durch Irrthum selig noch, still sich freuen kann."

Ihm, dem Dichter erschien das Wesen der Dinge in seiner letzten Einfachheit und unverhüllt von der Masse jener äußerlichen Zuthaten, mit denen Irrthum oder Berechnung von je die klare Sprache der Natur für den größten Theil der Menschen unverständlich gemacht haben; aber er konnte dafür auch nicht jener geistigen Unruhe, jenem Seelenschmerz entgehen, der nur Demjenigen begreiflich ist, welcher gewisse Bahnen der Erkenntniß überschritten hat. Er preist gewiß mit Recht Denjenigen glücklich, der „noch durch Irrthum selig ist"; aber er ermahnt ihn mit Unrecht, darum seinen Gott zu segnen. Nur der Wissende kann den Irrenden wegen seiner Beschränktheit glücklich preisen, denn nur für ihn gibt es einen Schmerz der Erkenntniß, während das Wesen des Irrthums eben vor Allem darin besteht, daß er seinen eignen Irrthum weder begreift, noch ahnt. Im tiefsten Bewußtsein jenes merkwürdigen Verhältnisses und vielleicht im Ge= danken an den weichen, träumerischen Lebensgenuß des Orients hat der Perser geradezu aufgefordert, einen solchen Genuß dem unruhvollen Jagen nach Erkenntniß vorzuziehen. Anders fühlt und denkt die abendländische Welt; und Leben ohne Kampf und Schaffen hat für sie keinen Reiz. Die Wahrheit birgt einen inneren Reiz der Anziehung in sich, neben dem alle andern menschlichen Rücksichten leicht ver= schwinden und daher wird es ihr unter den abendländischen Cultur= Nationen nie an begeisterten Anhängern und rücksichtslosen Verfolgern

fehlen. Auch kein Verbot, keine äußere Schwierigkeit kann ihr auf
die Dauer einen ernstlichen Damm entgegensetzen; sie erstarkt im
Gegentheil unter der Wucht der Widerwärtigkeiten. Die ganze Ge=
schichte des menschlichen Geschlechts ist troß der maßlosen Summe von
Thorheiten, welche in ihr auftreten und sich sozusagen einander die
Hände reichen, doch ein fortlaufender Beweis für diese Behauptung.
Noch unter den Händen der Inquisition und deren Drohungen mit
der Folter sprach Galilei sein berühmtes und seitdem tausend Mal
mit Begeisterung wiederholtes:

„E pur si muove!“

(Und sie bewegt sich doch!)

Alphabetisches Register.

Abnotitus 102 Anm.
Absolutes 378.
Acephalen 302, 329.
Adam, biblischer 244.
Aegypten 240.
Aegypter 271.
Aether 45, 46 Anm.
Aetherismus 46 Anm.
Aëtosaurus 195.
Affen 187, 452, 455.
Agassiz 147, 338.
Ahasverus 410.
Ahnungen 340.
Alcod 889.
Alsurer 362.
Alibert 275.
Alluvium 187.
Alter des Menschengeschlechts 188.
Ameisen 256.
Ameren 48 Anm.
Amöben 174.
Anaxagoras 23, 71, 83.
Andersson 365, 384.
Andreä 406.
Andromeda=Nebel 137 Anm.
Angelus Silesius 379.
Animismus 481.
Anoplotherien 196.
Anthropozoisches Zeitalter 188.
Apeddu, Dr. A. XIII.
Aphasie 326.
Apollonius von Thana 102 Anm.
Archäogeologie 240.
Archaeopteryx macrura 196.
Archegosaurus 193.

Archolithisches Zeitalter 179.
Arsalis 872.
Aristoteles 83, 160 Anm., 318, 347.
Armgreif 195.
Asola 421 Anm.
Asteroïden 141.
Atom 20, 46, 47.
Atomistik 47 Anm.
Auerbach 468.
Auge 215.
Autogonie 163.
Axolotl 198 Anm.
Azara 382.

Bako v. Ver. 320.
Baegert, Pater, 373, 382.
Baguet, R. A., 382.
Baillarger 270.
Baker, S. W., 858, 383.
Bakterien 38, 228 Anm.
Bart 359.
Bastian 308.
Bates 382, 425.
Bechuanas 153, 383, 417 Anm.
Bed, Dr., 268 Anm.
Beethoven 260.
Bence, Jones 13.
Benedikt, Prof., 472, 473.
Beneke, Prof., 317.
Berthelot 489, 440, 441 Anm., 442 Anm.
Beseelung der Frucht 346.
Beß, Prof., 286.
Bienen 256.
Binz 407 Anm.

Bischoff, Prof., 154, 156.
Blanchet 156.
Bogos 364.
Bolliger 71, 86, 371 Anm.
Böhme, J., L.
Borchier, Dr., 473.
Börne 247.
Borsarelli 263.
Bournouf 481.
Boz XXI.
Brace, Julia, 392.
Bradley, S. M., 386.
Braun, Louise, 337.
Brehm 361.
Bridgeman, Laura, 391.
Broca, Prof., 266, 267, 268, 380.
Brookes 245.
Broussais 254.
Brown-Séquard 328 Anm.
Brühl, Prof., 254.
Bruno, Giordano, 23.
Büchner, Alexander XIX.
— Ernst, V.
— Georg, 106 Anm., 415, V, VII.
— Ludwig, V u. flgd.
— Louise, XVIII.
— Wilhelm, XXVIII.
Buchführung, doppelte, 109.
Buckland 32 Anm.
Buddha und Buddhismus 233,
    251, 389, 419 u. flg.
Büffon 147.
Bulwer 100.
Burdach 451.
Burmeister, Prof., 150, 151 Anm.,
    193, 208, 403, 417, 446, 452.
Burrows 389.
Burton 361, 385.
Byasson, Dr., 263.
Byron 268, 405.

Cabanis 295.
Camüset, Dr., 311.
Carneri 486.
Carrière, M., 413, 414.
Cartesius 319, 344.
Cerebrin 288, 289.
Cetiosaurus 196.

Chaumette 405, 406 Anm.
Chevandier 154.
Chinesen 361, 389.
Chrysippos 318.
Cicero 219, 428 Anm.
Clarc-Maxwell 48 Anm.
Clark 116.
Clausius, S., 41, 42, 43, 79.
Claviertheorie 292.
Cohn, Prof., 38, 228 Anm., 441
    Anm., 443.
Colin, Dr., 338.
Colomer 264 Anm.
Confucius 250, 419, 485.
Constantin 365.
Cook, J. H., 144.
Cornelius, S., 2.
Cotta, B., Prof., 2, 165, XXIV.
Coues, E., 460 Anm.
Cretinen 269, 270.
Croll 155.
Cromwell 268.
Crookes 42, 43.
Crookes 42, 43.
Culturzeit 187.
Cüvier 147, 268.

Dalton, Oberst, 387.
Damaras 365, 385.
Dämonax 59.
Darwin 202, 225, 357, 380, 381,
    392.
Darwinismus 201.
Daubrée 119.
Davies, A. J., 334.
— Dr. B., 422 Anm.
Dementia paralytica 279.
Demokrit 17, 23, 47 Anm., 83.
Descartes 83, 319, 344.
Diderot II, 85.
Diluvial-Zeit 197.
Diluvium 187.
Ding an sich 343.
Dinosaurier 195.
Diogenes 318.
Dobrizhofer, Pater, 382.
Dodel 184, 186.
Döderlein, Dr., 388.
Doppelsterne 115.

Doppeltes Bewußtsein 310 u. flg.
Drohnen 227.
Dualismus 72.
Dü-Bois-Reymond 2, 176, 314 Anm., 315, 430.
Dühring 837 Anm., II.
Düjardin 451, 454.
Dü-Prel 112.

Ehlers, O. E., 387.
Eiszeiten 187.
Ekliptik, Schiefe der, 140.
Ekstase 333.
Elben 221.
Elcho, R., 381.
Elektricität 5, 7, 34.
Empedokles 23, 219.
Engels, F., 76.
Ennemoser 320, 329.
Entwicklungsgeschichte 200.
Eocäne 155, 185.
Epikur 24, 47 Anm., 83, 411.
Erblichkeit der Geisteskrankheiten 279.
Erdmann, Prof., 327.
Erichsen 492.
Epaltirte in Languedoc 834.
Eskimos 271.
Espinas 460.

Farrar, Rev., 391 Anm.
Feistmantel, Prof., 389.
Feliba, X., 811.
Fenton, Prof., 388.
Feuerbach, Ludwig, 61, 100, 101, 208, 239, 247, 249, 343, 394, 396, 475, II, XXIV.
Fichte 411.
Fidschi-Insulaner 362.
Finsch, Dr. O., 387.
Finson, L., 375.
Fischer, J. E., 283.
Fischer in Basel 820, 822.
Fischmolch 198 Anm.
Fiske, J., 172.
Fixsterne 122.
Flechsig 326 Anm.
Flemming 275.

Flesch, Dr., 473.
Flimmer-Bewegung 437.
Flourens 273, 326.
Floraministeren 38.
Forster, Georg, 475.
— Prof., 136.
Fossilien 147.
Foster, J., 306.
— Prof., 264 Anm.
Fraas, Prof., 195.
Frank, Sebastian, 22.
Franzos, K. E., V Anm.
Friedrich der Große 282, 299, 426.
Fritzsch, G., 385.
Fruchttödtung 347 u. flg.
Fuchs 458.

Gage, Phineas, 280.
Galenus 318.
Galilei 502.
Galle 115.
Ganoiden 182.
Garbe, R., 422 Anm.
Garofalo 473.
Garrison 222, 224.
Gason 363.
Gassendi 109.
Gayet 277.
Gehirn 254 u. flg.
Geistererscheinungen 339.
Generatio aequivoca 163.
Geoffroy St. Hilaire 201, 203.
Gérard 112.
Gesetz der excentrischen Erscheinung 323.
Gibbon 57 Anm.
Giebel, Prof., 223.
Goethe 72, II.
Gorilla 271.
Graber, Prof., 159, 227.
Gravitation 114.
Griechen 420.
Griesinger, Prof., 279.
Grove, W. R., 6, 7, 30, 50, 73, 75, 105, 155.
Gruner, F. W., 456.

Haan, de, XII, XIII.
Haberland, C., 366 Anm.

Häckel, Prof., 2, 92, 163, 173, 174, 175, 178, 180, 187, 192, 198, 199, 200, 216, 290. 445.
Habes 421.
Hamlet 303, 486.
Hansen 341.
Hanstein 81.
Harleß, E., 130.
Harmonie des Weltalls 143.
Harvey 161.
Haßlarl 385.
Haug, Dr., 424 Anm.
Hearne 359.
Helfer, Dr. J., 361, 423 Anm., 425.
Helionde 157.
Helium 121 Anm.
Hellsehen 331 u. flg., 333 u. flg.
Helmholtz 3, 41, 155, 167, 215, 232, 235.
Helvetius 320.
Hensel, Julius, 457.
Heraklit von Ephesos 1, 74, 211.
Heritier, Dr., 263.
Herschel, W., 53, 136.
Herzen, Prof. A., 3, 297, 311 Anm.
Heschl, Prof., 278.
Heterogenie 163.
Hippokrates 318.
Hirn, G. A., 107 Anm.
Hirngewicht 256.
Hirnmantel 258.
Hirzel 391.
Hobbes, Th., 84, 344.
Höhlentiere, blinde, 217.
Holbach 84, 295.
Homer 422.
Hooter, Dr., 388, 452.
Horaz 401.
Humboldt, A. von, 103, 155.
Huschke, Prof., 284, 293, 295, 317.
Huxley, Prof., II, 154, 201 Anm., 308.
Husulen 390.
Hypnotismus 341, 342.
Hyrachus 197.

Jacolliot 376 Anm.

Jäger, Dr. G., 204 Anm.
Jakoby, L., 239.
Japan und Japaner 377, 389.
Jchthyosaurus 194.
Idealismus 93.
Jezidis 393 Anm.
Jessen, Dr. J., 262.
Iguanodon 195.
Jlongoten 363.
Insekten-Sprache 472.
Instinkt 351 u. flg.
Jogins 408.
Jones Bence 13.
Joule 27.
Jouvencel 86, 92.
Jsmaëliten 376.
Jsnard 145.
Juden 418.
Jules 386.
Jung, Dr. E., 386.

Känolithisches Zeitalter 185.
Kalischer, Dr., 43.
Kampf ums Dasein 218, 251.
Kanischta 421 Anm.
Kant 211, 213, 319, 321, 371 Anm., 411, 475, 496.
Kapila 422 Anm.
Kayser, Prof., 121.
Kepler 140, 141.
Kerbtiere 184.
Kindermord 365.
Kircher, Ath., 154 Anm.
Kirchhoff, Prof., 123.
Klein, G. J., 50.
Klob, Dr., 229.
Knauthe 168.
Knochenfische 181, 184.
Knolz, Dr., 270.
Kölliker, Prof., 204.
Kohlensäure 183.
Kohlenstoff 90, 171.
Kohlenwasserstoffe 489.
Kolomea 390.
Kometen 141.
Konfutsee 251.
Kopffüßer 184, 192.
Korea 388.

Kosmozoische Hypothese 166 u. flg.
Kraftmittelpunkte 48 Anm.
Krahmer, Prof., 446, 470.
Krasser 129.
Krystall 90, 443.
Krystalloide 91, 443.
Kühne, H., 304.
Kundt, Prof., 42.
Kußmaul, Prof., 346.

Labyrinthodonten 193.
Lalande 132.
Lamarck 201, 203.
Lamettrie II, 299.
Lamson 391.
Lange, F. A., 62, 165, 211, 336.
Laotse 249.
Laplace 132, 133, 136.
Latham 385.
Laubwälder 186.
Laugel, A., 4, 95.
Lauture, de, 380.
Lavater 464.
Lavoisier 26, 48 Anm.
Lebenskraft 15.
Lecithin 264, 288.
Lefèvre, A., 3, 373.
Leibnitz 83.
Leichtenstern, Prof., 229.
Leidesdorf, Dr., 278.
Leidy, Prof., 197.
Leland, G., 390.
Lenau 269.
Lepas anatifera 160 Anm.
Lepidosiren 197 Anm.
Lessing 414.
Letourneau 491 Anm., XIII.
Leucippos 47 Anm., 83.
Leuret 256.
Leverrier 115.
Lewes 3, 449, 494.
Licht 5, 6, 117.
Licht=Zeit 50.
Liebig, von, 25, 33, 100, 377.
Liebreich 264 Anm., 288 Anm.
Lilienfeld, Paul von, 128.
Linné 206.
Livingstone 358, 383.

Locke 344.
Lockyer, R., 112, 121 Anm.
Lombrosa, Prof., II, 473.
Longet 260.
Loschmid 44.
Lotze, Prof., 302, 349.
Lubbock, Sir John, 252, 364, 372, 375, 380, 382, 383, 390, 391 Anm., 426, 490 Anm.
Lucian 59.
Lukanus, O., 157.
Lukretius Carus 24, 47 Anm., 83, 213, 246, 262, 282, 412.
Luther 100, 247, 379, 397, 416, 478.
Lyell, Sir Charles, 148, 149, 151 Anm., 155, 185, 189 Anm., XI.
Lyonnet 309.

Machairodus 137.
Mädler 52.
Magcee 156.
Magnetismus und magnetischer Schlaf 333 u. flg.
Magus, Simon, 102 Anm.
Magyar, Ladislaus, 383.
Maha Moughout 233.
Mallery=Garrld 381 Anm.
Manu 158 Anm.
Mark=Aure! 85.
Marsh, Prof., 188, 196, 266.
Materialismus und Materialisten 71.
Materie, Begriff der, 66 u. flg.
Mathematik 370.
Matteuci, Prof., 438.
Maudsley 264 Anm., 291.
Maury, A., 407.
Maxwell, C., 43.
Mayer, Dr. A., 2, 9, 304, 405.
— Dr. Karl, 155.
— Robert, 27.
Megalosaurus 194.
Meibauer 167.
Meiners 425.
Meißner, Dr., 277 Anm.
Mensch 188.

Meslier, Pfarrer, 395, 411, 483.
Mesmer, A., 336 u. Anm.
Mesolithisches Zeitalter 183.
Meteore und Meteorsteine 119.
Mettrie, de la, 299.
Mexikaner 271.
Meyer, Dr. A. E., 372.
— und Stilling 221.
M. W. Meyer 45, 50, 75, 78,
　116, 124, 314.
Meynert 289 Anm., 304.
Meystre 391.
Microcephalen 302.
Milchstraße 52.
Miocäne 155, 185.
Mißbildungen und Mißgeburten
　229 u. flg.
Mitbewegungen 325.
Mitempfindungen 324.
Mitleid 487.
Mittelalter 58.
Mode 355.
Moffat 153, 384, 417 Anm.
Mohr, F., 17, 27, 71, 145, 151
　Anm., 168 Anm.
Moldenhauer, Th., 95, 120.
Moleschott 1, 56, 96, 264, 295,
　343, 500.
Mond 139.
Moneren 173 u. flg.
Monnat, Dr., 386.
Montaigne 411.
Montravel 360.
Mosasaurus 194.
Motus 361.
Müller-Erzbach 168.
— Max, 421 Anm.
Münzer, Thomas, 251.
Mund-Lauff, Dr. Th., 387.
Munzinger, W., 364.

Nachtleben d. Seele 331 u.flg., 333.
Nachtwandeln 340.
Nägeli 2, 39, 48 Anm., 91, 175
　Anm., 441 Anm., 443.
Napoleon I. 268.
Naquet 379.
Nasmyth 138 Anm.

Naturheilkraft 230.
Nebelflecke 52, 136.
Nebularhypothese 135.
Neptun 115.
Nerven-Elektricität 301, 438.
Nervenzellen 286, 287.
Newton 83, 104, 133.
Niklucho-Maclay 365.
Nirvana 419 u. flg.
Nobbe, F., 138 Anm.
Noll, F. E., 446.
Nordau, Max, 356 Anm.
Roulet 460 Anm.
Nuclein 289 Anm.

Oersted 104, 124.
Ofellus Lukanus 157.
Olen 82.
Oppermann 384.
Orges II.
Ornithorhynchus 197 Anm.
Ornithofeliden 195.
Ovid 160 Anm.
Owen, Prof., 198.

Page 497.
Paläolithisches Zeitalter 180.
Paläotherium 196.
Palmerston 102.
Palmieri, Prof., 121 Anm.
Panspermie 164.
Paracelsus 15.
Paradies 225.
Parchappe 269.
Parkyns 455.
Parry 275.
Pasteur 164.
Paulus, Apostel, 57, 482 Anm.
Pellegrini 441 Anm.
Pelletier, N., 385.
Pennetier 164.
Peruaner 271.
Pferd 196.
Pflüger, Prof., 290.
Pharmacopulo XII.
Philipps, Prof., 161.
Phineas Gage 280.
Phlogiston 14.

Phosphorgehalt des Gehirns 263, 275.
Physik 28.
Pisko, H. J., II.
Pivany 429.
Planetenbewohner 166.
Plasmogonie 163.
Platen 427.
Plato 318, 347, 472.
Plesiosaurus 194.
Plinius 160 Anm., 401, 410.
Pliocäne 185.
Polymastie 229.
Polzenius XIII.
Pomponatius, B., 427.
Popow, L. K., 85.
Bouchet, F. A., 460, 461.
Preyer, Prof., 166 Anm., 168, 429, 434.
Primärzeit 180.
Primaten 199.
Primordialzeit 179.
Prochyon 116.
Proktor 237.
Protagon 288 Anm.
Protagoras 495.
Proteinkrystalle 91, 443.
Proterosaurus 194.
Protisten 206.
Protoplasma 90.
Pterodaktylus 195.
Pterosaurier 195.
Ptolemäus Philadelphus 424.
Punters in England 456.
Pyne, A., 386.
Pythia 334.

Quartär-Zeit 187.
Quinet, E., 167.

Rabenhausen 37, 44, 55, 105, 423 Anm.
Radiolarien 92.
Rädertier 38.
Ramsay, Prof., 121 Anm.
Ranke, Prof., 267.
Rassenbildung 243.
Rauber 351 Anm.

Reclam, Prof., 499.
Reichert, Prof., 91, 443.
Reinhold, W., 377.
Reinke 74.
Reptilien 182, 183.
Ribot 343 Anm., 354.
Richter, Prof., 166 Anm.
— 418.
Roberts, B., 137 Anm.
Robespierre 406 Anm.
Romanes 373, 400 Anm.
Roßmäßler, Prof., 151 Anm.
Rostan 53.
Rudimentäre Organe 226, 230.
Rückenmarks-Seele 329.
Rückert 55, 413.

Sadducäer 418.
Säugetiere 186.
Samenzelle 290.
Sammito, A. XIII.
Sanfhja-Philosophie 422 Anm.
Sao hirsuta 190.
Sarassin, Gebr., 388.
Saure 472.
Saurier 193.
Savage 368.
Schall 6.
Schamhaftigkeit 387 u. flg.
Schemeil, Dr., XII.
Schiel, Dr., 440.
Schiff, Prof., 297.
Schiller 268, 317, 379, 395, 413.
Schlaf, magnetischer 333.
Schlaf 405.
Schlaftrunkenheit 407.
Schleicher, Prof., 59.
Schleiden, Prof., 226.
Schmelzschupper 182.
Schmidt, Oskar, Prof., 171, 243, 444.
Schnabeltier 197 Anm.
Schneider, G. H., 98, 227, 349 Anm., 464.
Schopenhauer, A., 63, 321, 368 Anm., 389, 398, 430 Anm.
Schöpfungsbericht, Mosaischer 158 Anm.

Schöpfungs=Perioden 148.
Schulz, Woldemar 451.
Schuppenmolch 197 Anm.
Schweinfurth 425.
Secchi, P. A., 25, 37, 50, 75, 165.
Seelen=Substanz 113, 349.
Seelen=Theorie 307.
Sekundär=Zeit 183.
Selenka 361.
Sensorium commune 313.
Seydel, R., 421 Anm.
Shakspeare 401, 411.
Silurzeit 180.
Simon, Prof., X.
Sintfluth 154, 167, 169.
Sirius 51, 116.
Sittengesetz 367.
Siva 397.
Slaven 361.
Smith, Angus, 167.
Sokrates 71, 411.
Solger, Dr., 280.
Somalia 362.
Sömmering 319.
Sonnengeflecht 330.
Sonnenschmidt 133.
Sonnenweiten 50.
Sophokles 239.
Soury 305.
Spaltpilze 222.
Speke, Kap., 362.
Spektral=Analyse 118, 141 Anm.
Spezifische Mittel 231.
Spiller, Prof. H., 45 Anm., 120, 127, 130, 135, 320.
Spinoza 399, 465.
Spiralnebel 136.
Spiritismus 337 Anm., 338.
Sprachbildung 243 u. flg.
Sprache der Tiere 453 u. flg.
Staël, Frau von, 464, 474.
Stanski 65.
Statistik 465.
Steinen, Karl von den, 359, 372, 383.
Steinhaus XIII, XIV.
Steinkohlen=Bildung 181.

Stephenson, G., 32 Anm.
Sterne, C., 42, 88, 128, 243, 266.
Sternschnuppen 121.
Stewart, Balfour, 20.
Stoffwechsel 21.
Stoiker 347.
Stone 361.
Strauß, David F., 95, 292, 426.
Strecker, W., 288.
Stufenleiter, organische, 190 u. flg.
Sundermann, H., 425.
Synthetische Chemie 176.
Système de la nature 158, 219.

Tait 42.
Talmud 348.
Tangi 298.
Tao 250.
Tao=Lehre 250.
Tao-te-king 250.
Taschenberg, O., 178.
Teleostier 184.
Telepathie 342.
Telesius, B., 22.
Tertiär=Mensch 188, 241.
Tertiär=Zeit 155, 185, 196.
Tier=Sprache 453 u. flg.
Thomas XVI.
Thompson, Prof., 40, 167.
Thouar, A., 383.
Thugs 363.
Tiedemann 268.
Tillotherium 196.
Tod 427.
Toland 84.
Traum und Träume 340, 406.
Trilobiten 180, 183.
Tscharvakas 422 Anm.
Turgenjeff 268.
Tuttle, H., II, 25, 254, 261.
Tycho de Brahe 138 Anm.
Tylor, E. B., 365, 369 Anm., 372, 481.
Tyndall, Prof., 35, 49, 64, XXIV Anm.

Ule, O., 342.
Ulpian 347.
Umsetzung der Kräfte 29.

Unknowable 497, 498.
Urvogel 196.

Vaillant, le, 384.
Valentin, Prof., 40, 274.
Versehen 333.
Verworn 82.
Vignoli, T., 2.
Virchow 161, 173, 269, 345, 374, 430, VII.
Virgil 105 Anm.
Vinot 156.
Vitale 340.
Vogt, Karl, 19, 194, 227, 295, 409, 451.
Volger, O., 151 Anm.
Voltaire 35, 36, 299, 347, 426, 476, 490, 494.
Voß, R., 401.
Vrolik 270.
Vullan 115.

Wärme 6, 118.
Wagner, Hermann, 259.
— Dr. J., 260.
— Moriz, 167, 203.
— Rudolf, 107, 349, 409, 499.
Wahnsinnige 277 u. flg.
Waitz, Prof., 364.
Wallace 271.
Wasserstoff 124 Anm.

Wega 54.
Weinland, Dr., 449.
Weiß, Dr., 2.
Welträthsel 497.
Werner, v., C.-Admiral, 375.
Whitney, Prof., 189.
Wießner, A., 316 Anm., 486.
Wiegand, A., 204 Anm.
Wilder, Dr., 268.
Wilkes, Kap., 366.
Wille, Dr., 278.
Willis 319.
Windungen d. Gehirns 257 u. flg.
Wirbeltiere 196.
Wirbeltierstamm 184.
Wöhler 441 Anm.
Wolf, Ludwig, 375.
Wood, W., 45, 178, 429.
Wunder 100 u. flg.
Wunderkuren 399.
Wundt, W., 159, 176.
Würz 43.

Xenophanes 397.

Zeise 126.
Zelle 90, 161, 443.
Zigeuner 373, 404.
Zirbeldrüse 319.
Zittel, Prof., 74, 184, 194.
Zosimus 58 Anm.
Zweites Gesicht 340.